DUMONT

PETER HESSLER

ORAKELKNOCHEN

EINE ZEITREISE
DURCH CHINA

AUS DEM ENGLISCHEN VON
PAUL BULLER

DUMONT

Die englische Originalausgabe erschien 2006 unter dem Titel
»Oracle Bones. A Journey through time in China«
bei Harper Collins Publishers/HarperPerennial, New York

© Peter Hessler, 2006
Erste Auflage 2014
© 2014 für die deutsche Ausgabe: DuMont Reiseverlag, Ostfildern
Alle Rechte vorbehalten
Übersetzung: Paul Buller
Gestaltung: Herburg Weiland, München
Umschlagfoto: Getty Images, München, V2 images
Umschlagkarte: Angela Hessler, adaptiert von DuMont Reiseverlag
Printed in Spain
ISBN 978-3-7701-8265-7
www.dumontreise.de

Für meine Schwestern

Amy
Angela
und Birgitta

INHALT

Vorbemerkung des Autors

Dies ist ein nichtfiktionales Werk, in dem ich reale Namen verwende – mit einer Ausnahme: Polat. Das Pseudonym geht auf seine Bitte zurück; es ist der sensiblen politischen Situation in der Volksrepublik China geschuldet.

Das Buch wurde von 1999 bis 2004 recherchiert, ein Zeitraum, dessen Ereignisse bis heute nachhallen. Über die Vorkommnisse werden wir in Zukunft zweifellos neue Erkenntnisse gewinnen, insofern zielt meine Darstellung nicht darauf ab, umfassend oder abschließend zu sein. Mein Ziel war es, bestimmte Individuen in dieser Zeit zu begleiten und aufzuschreiben, wie ihr Leben durch eine Welt im Wandel geprägt wurde.

Diese Menschen führten mich an zahlreiche Orte – einige in China, andere in den Vereinigten Staaten, wieder andere, wie etwa Xinjiang und Taiwan, bilden den Gegenstand von Kontroversen. Grenzen und Definitionen schienen häufig zu verschwimmen, selbst der Zeitbegriff wurde unscharf. Die Hauptkapitel dieses Buchs sind chronologisch geordnet, anders die kurzen Abschnitte mit der Bezeichnung »Artefakte«. Sie spiegeln ein tiefergehendes Zeitempfinden und beschreiben, wie Menschen Geschichte einen Sinn geben, nachdem sie weiter in die Vergangenheit gerückt ist.

Polat bedeutet in der uighurischen Sprache Stahl. Er wählte diesen Namen aufgrund der Qualitäten, die seiner Ansicht nach all jene brauchen, die weit weg von ihrer Heimat sind.

TEIL 1

ARTEFAKT A

Die unterirdische Stadt
历史

Die Bahnfahrt von Peking nach Anyang – von der modernen Hauptstadt zu der Stadt, die als eine Wiege der alten chinesischen Zivilisation bekannt ist – dauert sechs Stunden. Während ich, am Fenster sitzend, in einer Art Halbschlaf dämmere, erscheint mir die
Landschaft so gemustert wie eine Tapete: ein Bauer, ein Feld, eine
Straße, ein Dorf. Ein Bauer, ein Feld, eine Straße, ein Dorf. Das Gefühl, ständig Wiederholungen zu erleben, ist nicht neu. 1982 fuhr
David N. Keightley, ein amerikanischer Professor für Geschichte,
mit dem Zug nach Anyang. Anschließend schrieb er seiner Familie
in einem Brief: »Alles in allem ist das Land flach, monoton, ein Dorf
sieht wie das andere aus ... Wo sind die Adelsgüter, die Herrenhäu-
ser, die alten Geschlechter von England und Frankreich? Woran
liegt es, dass diese Gesellschaft derartige Denkmäler einer zivili-
sierten, aristokratischen Lebensweise nicht hervorzubringen ver-
mochte?«

Man gehe weiter zurück in die Vergangenheit, und es ist dasselbe:
ein Bauer, ein Feld, eine Straße, ein Dorf. In den Dreißigerjahren des
20. Jahrhunderts schrieb ein in China lebender Ausländer, ein gewisser Richard Dobson: »Honan hat keine Geschichte.« Heute wirkt
eine solche Feststellung merkwürdig, weil die Region als Archiv und
Grabstätte der Shang-Dynastie bekannt ist. Die Shang brachten das
früheste bekannte Schriftgut Ostasiens hervor, eingeritzt in Knochen und Schalen – die Orakelknochen, wie sie im Westen genannt
werden. Wenn man unter Geschichte schriftliche Aufzeichnungen
versteht, dann ist es diese Gegend von Henan, in der für China alles
seinen Anfang nahm.

Nur haben sich die Besucher oft nicht über die Anfänge, sondern über etwas anderes gewundert. Man gehe noch weiter zurück in die Vergangenheit. In den Achtzigerjahren des 19. Jahrhunderts schrieb ein Amerikaner namens James Harrison Wilson: »Seit dem Mittelalter hat ihr Wissen keinerlei Fortschritt gemacht.« Er erklärte: »Die Quintessenz ihrer Geschichte lässt sich in ein paar kurzen Kapiteln zusammenfassen.« Dass man zu einem solchen Schluss kommt, hängt mit dem Verlauf der historischen Entwicklung und mit den Fortschrittserwartungen des Westens zusammen. Die traditionelle Sicht der Vergangenheit Chinas kennt kein Gegenstück zu dem Fall Roms, keine Renaissance, keine Aufklärung. Stattdessen folgt ein Kaiser auf den anderen, eine Dynastie auf die andere. Die Geschichte als Tapete. In »A Truthful Impression of the Country«, eine Analyse westlicher Reiseliteratur über China, beschreibt Nicholas R. Clifford diese Sichtweise von Ausländern im 19. Jahrhundert: »Dass China eine deutlich längere Vergangenheit als der Westen hatte, wird niemand bestreiten, aber Vergangenheit und Geschichte sind nicht dasselbe. In Chinas Vergangenheit gab es keinen durchgehenden Erzählstrang, sondern nur einzelne Geschichten.«

In einer archäologischen Ausgrabungsstätte namens Huanbei in Anyang arbeitet eine kleine Gruppe Männer auf einem Feld und kartografiert eine unterirdische Stadt. Die Stadt geht auf das 14. und 13. Jahrhundert v. Chr. zurück, als sich die Shang-Kultur wahrscheinlich ihrem Höhepunkt näherte. Heute liegen die Shang-Ruinen weit unter der Erdoberfläche, in der Regel eineinhalb bis zweieinhalb Meter tief. Bauern haben jahrhundertelang gesät und geerntet, ohne zu ahnen, dass unter ihnen eine ganze Stadt schlummerte.

Mit der Zeit häuften sich Erdschichten an. Die Grabungsstätte wird vom Huan-Fluss begrenzt, regelmäßig wiederkehrende Fluten haben Schwemmböden auf dem Feld abgelagert. Darunter befindet sich auch Löss: dünne, trockene Partikel, die ursprünglich aus der Wüste Gobi und anderen Wüsten im Nordwesten stammten. Löss wird leicht vom Wind davongetragen, im Laufe der Jahrhunderte wurden ganze Schichten in Richtung Süden geweht, wo sie sich an Orten wie Anyang erneut ablagerten. In Nordchina kann die gelbe Erde bis zu einhundertachtzig Meter tief sein.

Weltweit suchen Archäologen nach Bodenerhebungen und Hügeln, sichtbaren Zeichen von unterirdischen Strukturen. Hier dagegen reicht das bloße Auge nicht aus: Eine zweidimensionale Ansicht von Anyang offenbart nur ebene Flächen. Die Männer auf dem Feld arbeiten unter der Leitung eines jungen Archäologen namens Jing Zhichun. Er erläutert die Herausforderungen, die ein solcher Ort für die Forschung darstellt.

»Man muss sich die Landschaft dynamisch vorstellen«, sagt er. »Man muss einen Blick dafür haben, wie sie sich entwickelt hat. Möglicherweise sieht sie heute vollkommen anders aus als vor dreitausend Jahren. Auf die Gesellschaft schauen wir ebenfalls in drei Dimensionen; nicht nur die Oberfläche ist wichtig. Wir mussten eine weitere Dimension hinzufügen: die Dimension Zeit. Man kann sich hier überall umschauen und nichts sehen, tatsächlich aber war dies die erste Stadt in der Region. Wenn man die Zeit nicht hinzunimmt, entdeckt man gar nichts.«

Die Arbeiter sind Bauern aus der Umgebung. Sie graben mit Luoyang-Spaten – dem typischen Werkzeug der chinesischen Archäologie. In Luoyang, früher eine von vielen Hauptstädten Chinas, haben es Generationen von Grabräubern in ihrem Handwerk bis zur technischen Innovation gebracht: ein röhrenförmiges Spatenblatt, das, ähnlich einem Schöpflöffel, halbkugelförmig geteilt und anschließend an einem langen Stiel befestigt wurde. Wenn man das Spatenblatt gerade in die Erde stößt und es vorsichtig dreht, extrahiert man einen Bodenkern, der ungefähr fünfzehn Zentimeter lang ist und einen Durchmesser von weniger als fünf Zentimetern hat. Wenn man es immer wieder macht – mehrere Dutzend Mal –, dann wird aus dem Loch ein kleiner Schacht, der den Boden einen Meter achtzig oder mehr durchsticht und tiefer liegende Kerne zutage fördert. Wenn der Schacht tief genug ist, enthalten die Bodenproben möglicherweise Teilchen aus Ton oder Knochen oder Bronze oder vielleicht die harte, zusammengepresste Erde, die man üblicherweise verwendete, um Gebäude zu errichten.

Diebe entwickelten den Luoyang-Spaten, aber in der ersten Hälfte des 20. Jahrhunderts passten chinesische Archäologen das Werkzeug an ihre Zwecke an. Ein erfahrener Archäologe kann aus großer Tiefe eine Probe ziehen, den Inhalt analysieren und genau bestimmen, ob er auf einer alten unterirdischen Mauer, einem Grab oder auf einer Abfallgrube steht. Die Erdpfropfen sind ein Spiegel dessen, was unter der Erdoberfläche liegt; sie sind wie Worte, die sofort verstanden werden.

Seit Jahren ›lesen‹ Jing und die anderen die Erde in diesem Teil von Anyang. Zunächst erkundeten sie das Gelände systematisch, gruben überall auf den Feldern Löcher und prüften, ob Anzeichen für unterirdische Strukturen vorhanden waren. Eine Serie zufälliger Bohrungen förderte einen Gegenstand zutage: verdichtete Erde, ca. sechs Meter zehn breit und einen Meter achtzig unter der Erdoberfläche. Als sie die unterirdische Struktur erkundeten, stellten sie fest, dass sie pfeilgerade verlief. Sie folgten ihr über die Sojabohnenfelder und hinterließen dabei kleine Löcher und Probenhaufen. Zweihundertfünfundsiebzig Meter, neunhundertfünfzehn Meter – mehr Löcher, mehr Proben. Als das Objekt plötzlich endete, entdeckten sie eine Neunzig-Grad-Kurve: eine Ecke. An dem Punkt erkannten sie, dass es eine Siedlungsmauer sein musste, und seitdem sind sie der Grenze und den anderen innenliegenden Bauwerken auf der Spur. Sie kartografieren eine Stadt, die kein Lebender je gesehen hat.

Sobald die Bohrungen in diesem frühen archäologischen Stadium abgeschlossen sind, werden umfassendere Ausgrabungen folgen. Jing scheint es dennoch nie eilig zu haben. Er geht langsam und überlegt vor. Er ist siebenunddreißig Jahre alt, ein freundlicher Mann mit einem flüchtigen Lächeln und einem Gesicht, das einer einfachen Geometrie folgt: runder Kopf, runde Wangen, Brillengläser mit runden Fassungen. Er ist in Nanjing aufgewachsen, Archäologie studierte er jedoch an der Universität von Minnesota. Er schöpft aus einem großen kulturellen Fundus, der mich bisweilen in Erstaunen versetzt. Während wir auf der unterirdischen Stadt spazieren gehen, erzählt er mir, ich solle mir die Shang möglichst nicht als Dynastie in einem politischen Sinn vorstellen.

»Viele sprechen über die Shang-Dynastie, als sei sie sehr groß gewesen«, sagt er. »Sie schauen auf den alten Staat, als sei er ein moderner Staat. Überall finden die Leute Shang-Artefakte, und deshalb glauben sie, diese Region habe zum Staatsgebiet der Shang gehört. Man muss aber zwischen kultureller und politischer Herrschaft unterscheiden: Ich nehme an, dass die Dynastie, als politische Einheit gesehen, in Wirklichkeit sehr klein war – vielleicht nicht größer als drei Flusstäler. Der kulturelle Einfluss dagegen war viel größer. Es ist vergleichbar mit einem Einkauf bei McDonald's: Wenn ich dort bin, würde man auch nicht sagen, dass ich in Amerika bin. Es ist die Kultur.«

Die Bauern schwitzen in der Herbstsonne. Ihre Stiele bewegen sich in einer ungeraden Linie, die dem unsichtbaren Pfad einer vergrabenen Mauer folgt. Die Männer graben ein Loch, gehen ein paar Schritte, graben ein weiteres Loch. Würde man aus der Entfernung zuschauen, ohne etwas von der unterirdischen Stadt zu wissen, dann würde die Arbeit wie ein bedeutungsloses Ritual anmuten: Bauern mit Stielen schreiten über die trockene Erde. Ein Loch, ein paar Schritte, noch ein Loch. Ein Bauer, ein Feld, eine Straße, ein Dorf. Ein Loch, ein paar Schritte, noch ein Loch.

Kapitel

1

Der Mittelsmann

8. Mai 1999

Ich war der letzte *clipper* in der Pekinger Niederlassung des »Wall Street Journal«. Das Büro war klein – zwei Räume und eine umgebaute Küche –, und das Team bestand aus zwei Auslandskorrespondenten, einer Sekretärin, einem Fahrer und einem *clipper.* Ich teilte mir mit dem Fahrer die Küche. Meine Werkzeuge waren einige Teppichmesser, ein Metalllineal und ein Schreibtisch mit Glasplatte. Jeden Nachmittag stapelten sich darauf die ausländischen Zeitungen. Wenn ein Artikel über China interessant genug schien, breitete ich die Zeitung auf dem Glas aus, schnitt den Bericht aus und archivierte ihn in den Schränken hinten im Hauptbüro. Fünfhundert Dollar zahlten sie mir dafür jeden Monat.

Das Büro lag ein paar Kilometer vom Tian'anmen-Platz entfernt im zentral gelegenen Botschaftsviertel. In der Gegend nördlich davon, in einem gemischten Viertel mit alten Werkssiedlungen aus Ziegelstein, einigen traditionellen *hutong* (Gassen) und einem Luxushotel, fand ich eine preiswerte Mietwohnung. An einer Ecke stand neben dem Bürgersteig eine große, von Scheinwerfern angestrahlte Pepsi-Plakatwand. In diesem Teil der Hauptstadt konnte man noch recht günstig leben. Das Mittagessen in den Restaurants kostete weniger als einen Euro, und ich fuhr alle Wege mit dem Rad. Wenn es in den Frühlingsnächten warm wurde, spielten junge Paare im Licht der Pepsi-Werbung Badminton.

In den meisten Auslandsbüros in Peking galten Mitarbeiter für Zeitungsausschnitte schon als nicht mehr zeitgemäß, weil alles auf Computer umgestellt wurde. Früher waren Papierarchive notwendig, und junge Leute mochten den Job, weil er eine Einführung in den Journalismus bot. Ein *clipper* half manchmal bei Recherchen, und wenn es plötzlich ein wichtiges Nachrichtenevent gab, durfte er vielleicht zur Berichterstattung vor Ort. Der Job beanspruchte im Durchschnitt nur ein paar Stunden pro Woche, sodass viel Zeit für Reisen und freiberufliches Schreiben blieb. Ein clipper konnte sich einarbeiten, die eine oder andere Story veröffentlichen und mit etwas Glück ein richtiger China-Korrespondent werden. Ich war schon vorher im Land gewesen, hatte Englisch unterrichtet und Chinesisch gelernt, aber nie als Journalist gearbeitet. Nun kam ich in Peking mit drei Taschen, einem Stapel Reiseschecks und einer unbegrenzt gültigen Rückfahrkarte nach St. Louis an. Ich war neunundzwanzig.

Das kleine Büro war angenehm – es roch nach druckfrischen Zeitungen, und über die alten Fußbodenfliesen hallte ein Sprachengemisch. Die ausländischen Mitarbeiter und die Sekretärin sprachen Englisch und Chinesisch, der Fahrer, ein untersetzter Mann, hatte einen starken Pekinger Akzent. Während ich die Zeitungsausschnitte archivierte, stellte ich mir die Schlagworte als eigenes Idiom vor, das ich eines Tages lernen würde. Die Ordner waren nach Themen alphabetisch sortiert:

> DEMOCRACY (Demokratie)
> DEMOCRACY PARTY (Demokratische Partei)
> DEMONSTRATIONS (Demonstrationen)
> DISASTERS (Desaster)
> DISABLED (Behinderte)
> DISSIDENTS (Dissidenten)

Komplexe Themen waren zusätzlich untergliedert:

U.S. –CHINA – EXCHANGES (Austausch)
U.S. –CHINA – RELATIONS (Beziehungen)
U.S. –CHINA – SCANDAL (Skandal)
U.S. –CHINA – SUMMIT (Gipfeltreffen)
U.S. –CHINA – TRADE (Handel)

In den ersten Arbeitstagen hoffte ich, die Unterlagen für ein sinnvolles Training nutzen zu können. Oft zog ich einen Ordner heraus und las mich durch Dutzende mit den Jahren vergilbte Berichte, die sich alle um dasselbe Thema drehten. Aber irgendwann fing ich zwangsläufig an, nur noch die Überschriften zu überfliegen; nach einer Weile langweilte mich selbst das. Um mir bei der Arbeit die Zeit zu vertreiben, las ich die Rückenschilder in alphabetischer Reihenfolge und stellte mir mögliche Handlungsstränge vor, die sie miteinander verbinden:

SCIENCE & TECHNOLOGY (Wissenschaft & Technologie)
SECRETS & SPIES (Geheimnisse & Spione)
SECURITY (Sicherheit)
SEX

Eine Abfolge unter ›P‹ las sich wie eine Tragödie, inklusive Hybris, in nur sechs Wörtern:

PARTY (Partei)
PATRIOTISM (Patriotismus)
POLITICAL REFORM (Politische Reform)
POPULATION (Bevölkerung)
POVERTY (Armut)

Eine andere Reihe wirkte chaotisch und unverständlich:

STUDENTS (Studenten)
STYLE (Stil)
SUPERPOWER (Supermacht)
SUPERSTITION (Aberglaube)
TEA (Tee)

Einmal zeigte ich diese Abfolge dem Büroleiter, der anmerkte, dass
früher oder später jeder China-Korrespondent einen Artikel über
Tee schreiben müsse. Als im Mai 1999 ein B2-Bomber der Vereinigten Staaten von der Whiteman Air Force Base in Missouri abhob,
nach Belgrad flog und satellitengesteuert Bomben auf die chinesische Botschaft abwarf, die drei chinesische Journalisten töteten, legte das »Wall Street Journal« einen neuen Ordner an: U.S.–CHINA – EM-
BASSY BOMBING (Botschaftsbombardierung). Er wurde neben dem
Ordner EXCHANGES (Austausch) eingeordnet.

Ich befand mich gerade im Süden in Nanjing, als sich der Angriff ereignete. Es war meine erste Recherchereise: Ich wollte für die Zeitung eine Reisereportage über die Geschichte der Stadt schreiben,
die mehrfach chinesische Hauptstadt gewesen war. Nanjing war so
ein Ort, durch den wichtige historische Ereignisse hindurchzuzie-
hen schienen. Im Laufe der Jahrhunderte hatten verschiedene Arme-
en die Stadt besetzt, große Herrscher waren gekommen und gegangen und hatten nichts als Gräber und stumme Gedenkstätten aus
Stein hinterlassen. Sogar der Name – Südliche Hauptstadt – war eine
Art historisches Andenken.

Überall rund um Nanjing lagen Artefakte verstreut. Außerhalb
der Stadt hatte der Yongle-Kaiser der Ming die größte Steintafel der
Welt meißeln lassen, zum Gedenken an seinen Vater, den Gründer
der Dynastie. Aus bisher nicht geklärten Gründen verlegte der Yongle-Kaiser die Hauptstadt 1421 in den Norden nach Peking, und seine
Baumeister ließen die unvollendete Tafel zurück. Vermutlich wussten sie nicht, wie man sie hätte fortbewegen können.

Als ich die Steintafel besichtigte, befand sich nur eine Handvoll
Touristen vor Ort. Der Steinbruch war größtenteils überwuchert, junge Bäume und niedrige Sträucher krochen die sanft geschwungenen
Hügel hinauf. Das Denkmal bestand aus drei Teilen: einem breiten Sockel, einem gewölbten Aufsatz und dem eigentlichen Hauptteil.

Der Kalksteinblock lag auf der Seite, als hätte ihn ein zerstreuter
Riese abgesetzt, um dann weiterzuziehen. Er war knapp fünfzig Meter lang, die Oberkante erreichte die Höhe eines dreistöckigen Gebäudes. Im Laufe der Jahrhunderte hatte herabfließender Regen
Streifen in die Oberfläche des Steins gewaschen, so gerade wie die Li-

nien eines Schulheftes. Abgesehen von diesen Wasserspuren war sie vollkommen unbearbeitet; niemand war je dazu gekommen, das geplante Denkmal mit einer Inschrift zu versehen. Besucher konnten frei darauf herumspazieren. Ein Geländer gab es nicht.

Im Kartenhäuschen saß eine junge Frau namens Yang Jun, ein Mädchen vom Land, zwanzig Jahre alt. Sie war nach Nanjing gekommen, um Arbeit zu suchen. Junge Menschen wie sie strömten im gesamten Land in die Städte – mehr als hundert Million Chinesen waren migriert, meist in die Boomtowns mit ihren Fabriken an der Südküste. Sozialwissenschaftler sprachen bereits von der größten friedlichen Migration in der Geschichte der Menschheit. Es war Chinas Industrielle Revolution: eine Generation, die die Zukunft des Landes prägen würde.

In diesem historischen Augenblick hatte Yang Jun einen Job an der größten unbeschriebenen Steintafel der Welt gefunden. Als ich ihr eine Frage zu der Tafel stellte, wirkte sie gelangweilt und ratterte Statistiken herunter: Das Objekt sei 15,24 Meter breit, 4,57 Meter tief und vermutlich hätten hunderttausend Männer daran gearbeitet. Es wog sechsundzwanzigtausend Tonnen. Ich fragte, ob viele Besucher kämen. Sie sah mich verwundert an. »Die Touristen gehen zum Sun-Yat-sen-Mausoleum.« Das klang wie ein Vorwurf: Warum sind Sie hier?

Ich versuchte es anders. »Ist schon mal jemand von oben heruntergefallen?«

Ich sah in den Augen der Frau ein Funkeln. »Zwei Männer, im vorletzten Jahr«, sagte sie. »Einer sprang herunter, und einer fiel herunter. Der, der sprang, weil er gerade von seiner Freundin sitzengelassen worden war, überlebte, aber der Typ, der herunterfiel, starb.«

Wir unterhielten uns eine Zeit lang, und die junge Frau kehrte genüsslich zu immer denselben Einzelheiten zurück: Der Unfall hatte zum Tod geführt, aber der Selbstmörder hatte überlebt. Yang Jun schien schon viel besser gelaunt, als ich ging. Sie erzählte mir, dass der Mann mit dem gebrochenen Herzen durch den Sprung von der Tafel dauerhaft entstellt worden sei.

In Nanjing schrieb ich alles Mögliche in mein Notizbuch: Gesprächsfetzen, Informationstexte aus Museen, beiläufige Beobachtungen. Beim Sun-Yat-sen-Mausoleum oben auf einem Berg fiel mir eine englischsprachige Hinweistafel auf:

DIE FORM DES MUSEUMS ÄHNELT EINER ALARMGLOCKE,
DIE DEN UNENDLICHEN KAMPFGEIST VON DR. SUN YAT-SEN
UND DIE HINGABE SEINER SELBST AN DEN AUFTRAG ZUR
ERWECKUNG DER MASSEN UND DER RETTUNG DER CHINESI-
SCHEN NATION UND DES STAATES SYMBOLISIERT.

Sun Yat-sen war eine Schlüsselfigur in der Bewegung, die 1911 Chinas
letzte Kaiser-Dynastie, die Qing, stürzte. Am Mausoleum verkauften
Händler Andenkennadeln der Männer, die in der Volksrepublik als
die Dreifaltigkeit der großen chinesischen Führer des 20. Jahrhunderts galten: Sun Yat-sen, Mao Zedong und Deng Xiaoping. Ihre unverwechselbaren Parolen ergänzten ihr Abbild, und diese drei Parolen standen fein säuberlich auf einem Kartonstreifen:

DIE GANZE WELT ALS EINE GEMEINSCHAFT
DIENE DEM VOLK
SEI PRAKTISCH UND REALISTISCH

Das waren die Ideale des 20. Jahrhunderts, in dreizehn Wörtern zusammengefasst. Moderne Kunstwerke gingen oft in einer ähnlichen
Weise vor, sie vereinfachten die Darstellung komplexer Zusammen-
hänge. In einem der Museen von Nanjing kaufte ich ein Poster mit
dem Titel »Übersicht über die alte chinesische Geschichte«. Es zeigte
einen spiralförmig angeordneten Zeitstrahl, der mit einem winzigen
Punkt in der Mitte beim Yuanmou-Affenmenschen begann. Vom
Yuanmou-Affenmenschen (vor ungefähr 1,7 Millionen Jahren) fuhr der
Zeitstrahl durch den Pekingmenschen und machte dann eine abrupte
Drehung. Bis zur Xia-Dynastie war der erste Spiralkreis geschlossen.
Die Shang- und die Zhou-Dynastie nahmen die zweite Windung ein.
Mit jeder Umdrehung vergrößerte sich die Spirale, als würde sie an
Fahrt zulegen. Ein Querbalken und ein schwarzes X markierten immer
das Ende einer Dynastie, eines Kriegszustands oder einer Ära, und da-
nach begann etwas Neues. Es gab weder Nebenstränge noch tote Enden. Vom Yuanmou-Affenmenschen bis zur Revolution von 1911 waren
es drei Ringe, dann brach der Zeitstrahl aus der Kreisbewegung heraus
und zeigte geradewegs nach oben zum Rand des Posters.

An diesem Abend ging ich zusammen mit einem Freund essen, als wir plötzlich von der Straße Gebrüll hörten. Als wir später die Rechnung beglichen, waren die Demonstranten schon vorbeigefegt, einen Häuserblock entfernt hallten ihre Stimmen in die Nacht.

Ein paar Ausländer standen sprachlos auf dem Bürgersteig – solche Straßendemonstrationen kannte man in einer Stadt wie Nanjing nicht. Einer der Ausländer erzählte mir, dass die NATO in der vergangenen Nacht die chinesische Botschaft in Jugoslawien bombardiert habe. Die NATO behauptete, dies sei ein Versehen gewesen, allerdings waren einige Chinesen bei dem Angriff ums Leben gekommen. Diese Nachricht war soeben in China verbreitet worden.

Wegen der Demonstration waren weder Autos noch Fahrräder auf der Straße unterwegs. Ich rannte hinter der Menschenmenge her, weil ich dachte, ich sollte das Geschehen beobachten und dann mit dem Büro telefonieren. Als ich näher kam, wurden die Sprechchöre verständlich:

»Nieder mit dem amerikanischen Imperialismus!«

»Nieder mit dem amerikanischen Imperialismus!«

Ich lief am Straßenrand entlang, vorbei an den ungleichmäßigen Reihen von Demonstranten. Es müssen Tausende gewesen sein; sie hielten Schilder und chinesische Fahnen, und nachdem sie die Parolen skandiert hatten, sangen sie die Nationalhymne. Plötzlich begann die Menge zu laufen, um dann an der Kreuzung Xinjiekou, wo eine Statue von Sun Yat-sen auf einem Sockel inmitten eines Kreisverkehrs stand, das Tempo wieder zu drosseln.

Ich mischte mich unter die marschierende Menge und hoffte, eine Zeit lang zuschauen und dann jemanden interviewen zu können. Die jungen Leute starrten mich kurz an, dann wendeten sie sich wieder dem Protestmarsch und den Sprechchören zu. Ein einzelner Student rief eine Parole, alle anderen wiederholten sie im Chor:

»Nieder mit der Nato!«

»Nieder mit der Nato!«

Ich erinnerte mich an die chinesischen Schüler, die ich ein Jahr zuvor unterrichtet hatte – an die Art und Weise, wie sie die Lektionen auswendig lernten und beim Üben vor dem Unterricht immer wieder aufsagten. Die Demonstranten sahen auch genauso aus wie meine ehemaligen Schüler: meist dünne Männer mit Brille und Button-down-Hemden.

»Vorwärts, Vorwärts!«

»Vorwärts, Vorwärts!«

Wir bogen einmal ab, dann noch einmal – und ich wusste nicht mehr, wo ich war; die Straßen sahen nachts alle gleich aus. Erneut begann die Menge zu laufen, und ich nahm an, wir würden uns einem Ziel nähern. Aber einen Augenblick später verlangsamten wir einmal mehr das Tempo. Nach ein paar weiteren Kurven erkannte ich das Wahrzeichen wieder: die Sun-Yat-sen-Statue. Wir waren zur Xinjiekou zurückgekehrt.

Ich entschied mich für einen Studenten links von mir – ein freundliches Gesicht, das unter dem Drahtgestell der Brille schwitzte – und fragte ihn, wohin wir gingen. Er deutete ungenau geradeaus und wandte sich mir zu.

»Woher kommen Sie?«

Ich antwortete, ich sei ein amerikanischer Journalist.

»Nieder mit der Nato!«

»Nieder mit der Nato!«

»Wie denken Sie über die Ereignisse in Belgrad?«, fragte der Student.

»Davon weiß ich nichts«, sagte ich. »Ich bin nur hier, um über die Proteste zu berichten.«

»Nieder mit dem amerikanischen Imperialismus!«

»Nieder mit dem amerikanischen Imperialismus!«

»Ihre Regierung muss den Krieg in Jugoslawien beenden«, sagte der Student. »Warum muss Amerika Weltpolizist spielen?«

Ich stammelte etwas und zuckte entschuldigend die Achseln. Ich hatte nicht damit gerechnet, mich in Nanjing über Jugoslawien unterhalten zu müssen. Im März hatte die NATO einen Bombeneinsatz zur Unterstützung der albanischen Muslime gestartet, die angegriffen worden waren, nachdem sie auf mehr Autonomie für die Provinz Kosovo gedrängt hatten. Schon bevor die chinesische Botschaft bombardiert wurde, hatten die staatlich kontrollierten Medien den NATO-Einsatz entschieden abgelehnt und Präsident Slobodan Milošević als Opfer der »amerikanischen Hegemonie« verteidigt. Die Chinesen schien vor allem die Frage zu beschäftigen, welchen Einfluss der Streitfall Jugoslawien auf die Unabhängigkeitsbewegun-

gen in Taiwan, Tibet und Xinjiang, einer Region im fernen chinesischen Westen, haben könnte.

Während wir demonstrierten, sprachen mich Studenten an, einer
nach dem anderen. Anfangs waren sie höflich – sie meinten es nicht
persönlich, betonten sie ausnahmslos; sie würden mir nicht vorwerfen, dass ich Amerikaner sei. Oft waren sie auf meine Antwort gespannt, die meisten wollten jedoch ihre eigene Meinung kundtun. Sie
wussten, dass es ein vorsätzlicher Angriff war. Es seien drei Bomben
gewesen, sie seien aus drei verschiedenen Richtungen gekommen.
Ich hatte keine Ahnung, aus welcher Quelle diese Informationen
stammten, aber alle sagten dasselbe. Drei Bomben aus drei Richtungen. Das könne kein Zufall gewesen sein. Die amerikanische Technologie sei die modernste der Welt, solche Fehler seien unmöglich.

»Nieder mit dem amerikanischen Imperialismus!«

»Nieder mit dem amerikanischen Imperialismus!«

Ein junger Mann stellte sich mir als Wu Ming vor, er war Student
an der Universität für Raumfahrt in Nanjing. Der Name hätte auch
erfunden sein können; viele Studenten weigerten sich, ihre Identität
preiszugeben, und Wu Ming ist ein gebräuchliches Pseudonym in der
chinesischen Presse (es klingt genauso wie ›ohne Namen‹). Aber dieser Student schien sich nicht zu verstellen und fragte, ob er seine Gefühle aufschreiben könne. Ich gab ihm nur zu gern meinen Kuli und
meinen Schreibblock. Mir war schon ganz schwindelig von dem Versuch, bei all dem Geschrei und Marschieren Notizen zu machen.

Es war ein warmer Frühlingsabend. Die Hitze ließ noch auf sich
warten, die Bäume standen aber bereits in vollem Laub und wölbten
sich über den Straßen. Ab und zu erhaschte ich einen kurzen Blick
von Nanjings historischer Stadtmauer, die sich dunkel vor dem Himmel abzeichnete. Überall säumten Menschen die Bürgersteige. Polizisten standen an Kreuzungen und beobachteten die Demonstranten, die gleichförmig und rhythmisch skandierten: Vorsprecher,
Pause, Sprechchor; Vorsprecher, Pause, Sprechchor. Wir marschierten, begannen plötzlich zu laufen und marschierten wieder. Wu Ming
hörte auf zu schreiben, sobald das Tempo anzog. Irgendwann kam
eine neue Parole auf:

»*Bu chi Kendeji!*«

»*Bu chi Kendeji!*«

Ich war mir nicht sicher, ob ich richtig verstanden hatte, und fragte Wu Ming, was gerufen würde. »Esst nicht bei Kentucky«, sagte er. Vor einem Lokal der KFC-Kette – der Name bedeutet auf Chinesisch schlicht Kentucky – wurden wir langsamer, dann wogte die Menge weiter. Bald darauf sah ich kurz die Tore der Universität von Nanjing, gefolgt von den goldenen Bögen.

»*Bu chi Maidanglao!*«

»Esst nicht bei McDonald's!«

Erst später wurde mir klar, dass die Proteste in ganz China stattfanden, es waren die heftigsten antiamerikanischen Demonstrationen seit der Kulturrevolution 1966–76. In Peking hatte der Kommunistische Jugendverband ganze Busladungen Studenten ins Botschaftsviertel befördert, wo sie an den amerikanischen und britischen Vertretungen vorbeimarschierten. Die nationalen Fernsehsender zeigten in den Nachrichten Bilder von den Demonstrationen in Peking, und sofort organisierten sich die Studenten im ganzen Land. In Chengdu, der Hauptstadt der Provinz Sichuan, steckten Demonstranten das Haus des amerikanischen Generalkonsuls in Brand. Mit einem Fahrradständer aus Eisen, den sie als Rammbock benutzten, versuchten sie die kugelsichere Eingangstür des Konsulats aufzubrechen. In Peking bewarfen Studenten die amerikanische und britische Botschaft mit Steinen, Ziegeln und Farbbeuteln. Der Vandalismus traf auch ein paar andere Botschaften, darunter die albanische. Offenbar waren die Demonstranten wütend auf die Albaner, weil letztlich deren Notlage den NATO-Einsatz veranlasst hatte.

Da Nanjings Tage als politisches Zentrum längst der Vergangenheit angehörten, hatte die Stadt weder ausländische Botschaften noch Konsulate. Stundenlang zog unsere Gruppe auf der Suche nach geeigneten Zielen durch die Innenstadt. Mal marschierten wir, dann liefen wir, dann hielten wir an, um die gelben Bögen anzuschreien. Wu Ming gab mir meinen Notizblock zurück, den ich in meine Hosentasche steckte; Schreiben machte keinen Sinn, wenn sich ständig dieselben Szenen wiederholten. Eine Kurve, ein kurzer Sprint, noch eine Kurve: die Sun-Yat-sen-Statue. Ein anderer Student an meiner Seite: amerikanische Technologie, drei Bomben, drei Richtungen. Nieder mit Amerika, nieder mit der NATO. Drei Richtungen, drei Bomben. Esst nicht bei Kentucky, esst nicht bei

Kentucky. Wir marschierten, wir liefen. Und noch einmal Sun Yat-sen.

Im Laufe des Abends steigerte sich die Wut. Die Konversation löste sich in ein Stakkato knapper Sätze auf; man fragte mich kaum noch nach meiner Meinung. Schließlich löste ich mich aus der Menge und sah vom Bürgersteig aus zu:

»Esst nicht bei Kentucky!«

»Esst nicht bei Kentucky!«

Gegen Mitternacht schlug eine Demonstrantengruppe die Fenster eines KFC ein. Als ich dort ankam, hatten Ordnungshüter das Restaurant abgeriegelt – die Lichter waren aus, die Fenster weit geöffnet. Schaulustige erzählten mir, die Polizisten hätten die Angreifer auseinandergetrieben, indem sie ihnen erklärten, das Restaurant gehöre Chinesen.

»Esst nicht bei McDonald's!«

»Esst nicht bei McDonald's!«

Ein anderer Mob machte sich in der Nähe der Nanjing-Universität über eine Statue von Ronald McDonald her, die vor einer Filiale der Kette seelenruhig auf einer Bank saß. Als ich am nächsten Morgen mit einer McDonald's-Mitarbeiterin darüber sprach, erzählte sie mir, die Leute hätten Stöcke und Stangen eingesetzt, um Maidanglao Shushu zu zerstören. Der chinesische Name bedeutet übersetzt Onkel McDonald. Die Mitarbeiterin wirkte nervös; sie sagte, das Restaurant bliebe am Abend geschlossen, für den Fall, dass es noch einmal Gewaltausbrüche gebe. Draußen steckte noch ein einzelnes, ausgefranstes Stück leuchtend gelber Glasfaser in der Bank – die letzten Reste von Onkel McDonalds Hintern.

»Nieder mit dem amerikanischen Imperialismus!«

Später in dieser Woche bat ich die chinesische Assistentin des »Wall Street Journal«, mir beim Entziffern der Kommentare von Wu Ming in meinen Aufzeichnungen zu helfen. Aber sie konnte keinen einzigen vollständigen Satz verstehen.

Am zweiten Tag der Proteste musste ich den Leuten gar keine Fragen mehr stellen. Sobald ich mich auf dem Bürgersteig blicken ließ, stellten sie mich zur Rede und fragten: »Aus welchem Land kommen Sie?«

Meist nahm die Standpauke kein Ende, bis ich achselzuckend wegging. Für mich war die Spannung des ersten Abends verflogen; meine Jagd nach Informationen war in Gejagt-werden umgeschlagen. Ich hätte den Leuten gern gesagt, dass ich nur ein *clipper* sei, kein richtiger Journalist, und dass ich all die wütenden Äußerungen, mit denen die Chinesen mich überhäuften, gar nicht veröffentlichen könne.

Über Nacht waren rote Nationalflaggen auf den Restaurants und Läden gehisst worden, und den ganzen Tag über marschierten protestierende Studentengruppen durch Nanjing. Das Fernsehen berichtete nonstop: Bilder der zerstörten Botschaft in Belgrad, Fotos der drei ums Leben gekommenen chinesischen Journalisten. Die staatlichen Medien bezeichneten die Angriffe als vorsätzlich, als Werk »der US-geführten NATO«. Die NATO und die Vereinigten Staaten hatten Stellungnahmen veröffentlicht und betont, die Bombardierung sei ein Versehen gewesen. Sie wurden jedoch in den chinesischen Nachrichten nicht erwähnt. Es blieb unklar, wie die Regierung auf den Angriff reagieren würde.

Um mich abzulenken, versuchte ich am Nachmittag weiter für meinen Artikel über die Vergangenheit der Stadt zu recherchieren. Ich besuchte die Gedenkstätte des Nanjing-Massakers; sie erinnerte an die Gewalttätigkeiten, die 1937 und 1938 in der Stadt geschehen waren. In jenem Winter hatte die japanische Invasionsarmee Nanjing besetzt und die Kuomintang-Regierung dazu gezwungen, die Hauptstadt zu verlassen und ins Landesinnere zu fliehen. Nach ihrem Sieg hatten japanische Soldaten die Stadt geplündert und dabei Zivilisten getötet und vergewaltigt.

Sechs Jahrzehnte später stritten Historiker noch immer über die Geschehnisse, wobei die Zahl der Todesopfer ein Reizthema war. Chinesische Wissenschaftler behaupteten, dass dreihunderttausend Menschen ums Leben gekommen seien, während viele ausländische Historiker die Zahl für übertrieben hielten. In Japan bestritten einige rechtsgerichtete Gruppen das Massaker grundsätzlich (und sogar relativ liberale japanische Geschichtsbücher bevorzugten die Bezeichnung ›Zwischenfall‹). Für die Chinesen blieb es eine der schmerzhaftesten Wunden der Vergangenheit, und sie hassten es, wenn irgendein Außenstehender ihnen sagte, was oder was nicht geschehen war.

Die Gedenkstätte war mit Hinweistafeln auf Chinesisch, Englisch und Japanisch ausgestattet:

VERGESST DIE GESCHICHTE NICHT
DIE ERINNERTE VERGANGENHEIT IST EIN LEITFADEN
FÜR DIE ZUKUNFT

Mehrere riesige Tafeln kamen ganz ohne Worte aus:

300 000

In der zentralen Gedenkhalle wurden die Knochen von Opfern in Vitrinen zur Schau gestellt. Eine andere Abteilung zeigte Schwarz-Weiß-Fotografien – sie bezeugen die Fähigkeit von Soldaten, ihre schlimmsten Augenblicke noch selbst zu dokumentieren. Viele japanische Soldaten waren dumm genug gewesen, Fotos zu machen und ihre Filme in den Fotoläden von Shanghai entwickeln zu lassen. Chinesische Labortechniker leiteten Duplikate an Auslandskorrespondenten weiter, und so erhielt die Außenwelt handfeste Beweise des Massakers von Nanjing.

Ich durchschritt die stille Halle mit den Fotografien. Dann blieb ich an drei zusammengehörenden Momentaufnahmen hängen, die zeigten, wie ein Chinese enthauptet wird: eine kniende Gestalt, ein erhobenes Schwert, ein Kopf, der in den Staub rollt wie eine behaarte Kugel. In diesem Moment wurde mir klar, dass ich keine weiteren Recherchen in Nanjing verkraften konnte.

Ich ging hinaus und setzte mich in den offenen Innenhof der Gedenkstätte. Ich wollte Nanjing verlassen; es war keine gute Zeit, um sich in einer fremden Stadt aufzuhalten, und ein Reiseartikel war das Letzte, worüber ich jetzt nachdenken wollte. Aber ich fürchtete die nächtliche Bahnfahrt nach Peking wegen der unvermeidlichen, zornigen Gespräche. Ich saß allein auf einer Bank und versuchte, all meinen Mut für den Weg zurück in die Stadt zusammenzunehmen.

Eine Schar Tauben trippelte in der Sonne über den Hof. Sie gehörten zur Gedenkstätte, ein Angestellter kümmerte sich um die Vögel. Der Mann hatte ein handgefertigtes Hinweisschild aufgestellt und die Buchstaben nachlässig auf eine Sperrholzplatte gekritzelt:

Die Tauben nicht bedrängen, anfassen, erschrecken oder anschreien

Als ich hinging, um das Schild zu lesen, sprach mich der Taubenwart an. Sein Name war Gong Bangxing, er war sechzig Jahre alt. Den Job im Museum hatte er angenommen, nachdem er aus der örtlichen Glasfabrik ausgeschieden war. Er verdiente gut sechzig Euro im Monat. Er war redselig, und sein einziges Thema waren die Tauben. Noch nie war ich so versessen darauf gewesen, etwas über Vögel zu erfahren.

Herr Gong erläuterte mir, die Tauben seien ein wichtiger Teil der Gedenkstätte, weil die Exponate zu dem Massaker nun einmal, offen gestanden, sehr deprimierend seien. Wenn ein Vogel erkranke, erzählte er, würden die anderen schnell angesteckt, sodass er viel Zeit mit der Reinigung der Federn und der Beseitigung des Taubenkots verbringe. Es sei kein leichter Job, aber er gefalle ihm. Ich fragte ihn, wie viele Vögel es in der Gedenkstätte gebe.

»Mehr als hundert«, sagte Herr Gong. »Aber genau weiß ich es nicht, weil ich Angst habe, sie zu zählen. Das bringt Unglück. Was ist, wenn ich sie eines Tages zähle, und es kommt eine andere Zahl dabei heraus? Die ganze Zeit würde ich mir Sorgen machen.«

Hastig notierte er seine Kontaktdaten in mein Notizbuch und sagte, ich solle ihn anrufen, falls ich je wieder nach Nanjing käme. Er trug große, schwarze Gummistiefel und eine khakifarbene Kappe. Ein einzelner weißer Fleck aus Taubenkot lag auf der Krempe. Er war an diesem Tag der einzige Mensch, der in meiner Gegenwart nicht die NATO-Bombardierung erwähnte.

Ich war froh, nach Peking zurückzukehren. Im Büro hatten sich während meiner Abwesenheit die Zeitungen aufgetürmt. Ich schnitt die ausländischen Berichte aus und las die Überschriften:

Propaganda – Heftige Proteste verdeutlichen den anhaltenden Einfluss des chinesischen Erbes

Lautstarke Proteste offenbaren verzerrte chinesische Weltsicht

Wut auf die USA erreicht die chinesischen Provinzen: Grosse Nervosität nach Angriff auf Botschaft

Das Büro hatte auch die »China Daily« abonniert, das englischsprachige Blatt der Kommunistischen Partei. Die Artikel schnitt ich ebenfalls aus:

Gewaltverbrechen löst Volkswut aus

Hegemonie zum Scheitern verurteilt

Umfrage: Bombardierung der Botschaft war vorsätzlich

Jeden Abend um sieben Uhr sah ich zusammen mit den Korrespondenten die chinesischen Nachrichten. Wir verfolgten auch die ausländischen Sendungen und checkten die Nachrichtenticker der Agenturen. Die NATO gab an, sie habe eine Versorgungszentrale des jugoslawischen Militärs bombardieren wollen, eine veraltete Karte habe jedoch zu dem falschen Zielort geführt. Am ersten Tag der Proteste gaben die mächtigsten Führer Chinas weder eine Stellungnahme ab, noch traten sie öffentlich in Erscheinung. US-Botschafter James Sasser verbarrikadierte sich mit seinen Mitarbeitern in der Pekinger Botschaft und ernährte sich von Marine-Proviant. Er konnte das Gebäude nicht verlassen, solange Demonstranten es mit Steinen, Ziegeln und Farbe bewarfen. Die chinesische Polizei sah passiv zu und wartete offenbar auf einen unbekannten Befehl.

Am 9. Mai meldete sich erstmals ein hochrangiger chinesischer Politiker öffentlich zu Wort. Es war der düster wirkende Vizepräsident Hu Jintao – schwarzes Haar, schwarzer Anzug, schwarzer Schlips. Nervöse Augen. Es war zwölf Uhr mittags, eine landesweit ausgestrahlte Sondersendung. In seiner kurzen Ansprache erwähnte Hu die Demonstranten ein einziges Mal:

Wir glauben, dass das Volk seine Aktionen, ausgehend von den fundamentalen Interessen des Landes und unter Berücksichtigung der Gesamtsituation, wohlgeordnet und im Einklang mit dem Gesetz organisieren wird.

Am späten Abend umstellte die bewaffnete Volkspolizei die amerikanische und die britische Botschaft, und damit war das Schlimmste vorüber. Als Präsident Clinton am nächsten Tag in die Fernsehkameras vor dem Weißen Haus sprach, benutzte er zum ersten Mal öffentlich das Wort Entschuldigung:

> Ich habe Präsident Jiang und dem chinesischen Volk bereits meine Entschuldigung angeboten. Ich halte es jedoch für sehr wichtig, klar zwischen einem tragischen Fehler und einem vorsätzlichen Akt der ethnischen Säuberung zu unterscheiden.

Am nächsten Tag brachte das nationale chinesische Fernsehen zur Mittagszeit einen kurzen Videoclip mit Clintons Entschuldigung. Allerdings hatte man den Film nach »Entschuldigung angeboten« geschnitten – der Hinweis auf die ethnischen Säuberungen fehlte. Am 12. Mai konnte der amerikanische Botschafter endlich das Botschaftsgelände verlassen. An diesem Tag wurde die Asche der drei Opfer nach Peking zurückgebracht. Die Nachrichten zeigten Bilder vom Flughafen: feierliche Musik, Beamte mit traurigen Mienen, Verwandte mit Tränen in den Augen. Der Ton in den chinesischen Medien schaltete von Wut auf Trauer um; schließlich verlor der Vorfall immer mehr an Bedeutung. Xinhua, die englischsprachige Nachrichtenagentur der Regierung, veröffentlichte den folgenden Beitrag:

> *Peking (Xinhua) – Um die persönliche Habe der drei chinesischen Journalisten, die am vergangenen Freitag während des von den USA angeführten NATO-Raketenangriffs getötet wurden, wird sich das Museum der Chinesischen Revolution kümmern, teilte der stellvertretende Direktor Ma Junhai heute mit.*
> *›Bei diesen Sachen handelt es sich um Relikte, die für die Volksbil-*

dung von großer Bedeutung sind‹, erklärte er ... Zu den Objekten ge-
hören blutgetränkte Baumwoll-Steppdecken, Taschen, Stifte, Notiz-
bücher und Aufnahmegeräte. Zhai Huisheng, stellvertretender
Chefredakteur der ›Guangming Daily‹, präsentierte heute zwei Ta-
schen seiner getöteten Kollegen. Die Taschen riechen noch deutlich
nach Sprengstoff.

Ich ging nach der Arbeit nicht gern nach Hause. Jeden Abend trödel-
te ich und versuchte, mir irgendwie die Zeit zu vertreiben – noch
eine Nachrichtensendung sehen, noch einen Artikel lesen. In Wirklichkeit konnte ich einerseits in einen Vierhundertachtzig-Euro-Job
nur eine gewisse Zeit investieren, andererseits hatte mein Einhun-
dertneunzig-Euro-Apartment seine Nachteile: keinen Fernseher,
keine Klimaanlage. Die Küche war zu klein, um mit ihr etwas anzu-
fangen; ich hatte fast keine Bücher aus den Staaten mitgebracht. Ob
ich wollte oder nicht, ich musste einen Großteil meiner Zeit in der
Stadt verbringen.

Die Mahlzeiten wurden für mich zum größten Problem. In China
hatte mir immer die Intimität der preiswerten Restaurants gefallen,
und mein Chinesisch hatte ich in kleinen Nudelrestaurants und Tee-
häusern gelernt. Jetzt aber musste ich mir eine neue Körpersprache
angewöhnen: Ich zog den Kopf ein, lächelte und versuchte, freundlich zu wirken. Ich nickte bei allen Kommentaren, sogar bei den lä-
cherlichsten. Manchmal kamen Leute auf das Thema Taiwan zu sprechen und waren dabei auf den Opiumkrieg 1839–1842 fixiert und auf
die historischen Misshandlungen Chinas durch ausländische Mächte. Ein paar Chinesen erzählten mir, Amerika sei eine Nation ohne
Geschichte, und deswegen fehle ihm ein moralischer Kern. Wann
immer mich jemand nach meiner Nationalität fragte, sagte ich die
Wahrheit – ich wollte in diesen Stadtvierteln leben, und jede Lüge
hätte spätere Komplikationen nach sich ziehen können.

Von nun an aß ich meist in Yabaolu, das auf halber Strecke zwischen dem Büro und meiner Wohnung lag. Yabaolu war der russische
Bezirk. Händler aus der früheren Sowjetunion und aus Zentralasien
kauften dort im großen Stil in chinesischen Fabriken hergestellte
Kleidung ein. Von allen Möglichkeiten in der Nähe meiner Wohnung
war Yabaolu die beste Option für einen Mann aus dem Westen, der

nicht auffallen wollte. Aber ich passte nicht wirklich dorthin. Die meisten Russen waren groß, hatten schwere Oberkörper und kurze, dünne Beine, die wie laufende Scheren aussahen, wenn sie über die Bürgersteige stolzierten. Sie hatten derbe Gesichter und häufig krumme Nasen, die offensichtlich von früheren Nasenbeinfrakturen stammten. Die schlaffen Tränensäcke unter den Augen waren wohl die Folge von Berufsstress oder der Schatten von Wodka. Ihr Geld trugen sie in Kunststoffbeuteln mit sich herum, die sie unter ihren gefüllten Bäuchen fest verzurrt hatten.

Die russischen Händler beherrschten das Viertel, daneben gab es in Yabaolu viele andere ethnische Gruppen. Die meisten Restaurants und Geschäfte gehörten Han-Chinesen (ethnischen Chinesen), doch ein paar Lokale waren auch von Angehörigen der einheimischen muslimischen Minderheiten eröffnet worden. Nach dem Vorfall mit der Bombardierung hielt ich diese Restaurants für die sichersten; falls dort Chinesen essen gingen, würden sie wahrscheinlich keinen Ärger machen wollen. Und die Muslime würden wegen der NATO-Aktionen im Kosovo wohl kaum erbost sein.

Eines Abends ging ich in einen kleinen muslimischen Teigtaschen-Schuppen. Die anderen Gäste verstummten, als ich ihn betrat. An drei Tischen saßen Han-Chinesen, an einem weiteren Tisch zwei Uighuren, Angehörige einer ethnischen Gruppe, die vorwiegend muslimisch ist und aus der Region Xinjiang in Westchina stammt. Einen der Uighuren erkannte ich auf den zweiten Blick wieder – vor wenigen Tagen hatte ich ihn in anderen Restaurants in der Umgebung gesehen, aber wir hatten nie mehr als ein schnelles Hallo miteinander gewechselt. In Yabaolu lebten viele Uighuren, in der Regel arbeiteten sie als Zwischenhändler. Für die Chinesen sahen sie teilweise ebenso fremd aus wie ich selbst.

Ich setzte mich allein an einen Tisch und bestellte Teigtaschen und ein Bier. Die Kellnerin lächelte, als sie die Flasche und den Teller brachte. Es dauerte nicht lange und einer der Chinesen fragte: »Aus welchem Land kommen Sie?«

Mit meiner Antwort zog ich alle Blicke auf mich. Der Mann fragte, warum die Amerikaner Weltpolizei spielen müssten; ein anderer Gast murmelte etwas über den Opiumkrieg. Ein Dritter ritt auf dem unvermeidlichen Technologiethema herum: »Wenn Amerika ein so modernes Land ist, wie kann es dann bei der Bombardierung überhaupt von einem Fehler sprechen?«, sagte er. »Die Geschichte mit der alten Karte ist einfach lächerlich.«

Ich räumte ein, dass die Ereignisse auch mich verwirrt hätten, und versuchte, mich wieder den gefüllten Teigtaschen zuzuwenden. Der Mann wiederholte seine Frage. »Die Amerikaner können vom Weltraum aus alles sehen«, sagte er. »Wie konnten sie mit so überragenden Fähigkeiten das falsche Gebäude bombardieren?«

Ich starrte auf meinen Teller und hoffte, er würde sein Interesse verlieren. Der Mann wollte gerade wieder anheben, als sich der Uighure, den ich wiedererkannt hatte, einmischte. »Mit so überragender Technologie«, sagte er, »warum hat Amerika damit nur drei Chinesen getötet?«

Im Restaurant wurde es totenstill. Der Chinese fragte den Uighuren, worauf er hinauswolle, und der Mann lächelte. »Ich sage nur, wenn Amerika ein so großes Land ist und eine so moderne Technologie hat, dann sollte es in der Lage sein, mehr als drei Chinesen zu töten, wenn es das will.«

»*Feihua!*«, rief einer der Chinesen. »Das ist Quatsch!«

Aber der Uighure redete weiter. »Sei kein Trottel und glaub nicht all das Zeug im Fernsehen«, sagte er. »Wenn die Amerikaner Chinesen töten wollten, dann wären Sie auf der Stelle tot.«

Die anderen klinkten sich in das Gespräch ein, und zehn Minuten lang schlug die Diskussion hohe Wellen. Man hatte mich vergessen, ich aß in Ruhe weiter und bezahlte. Als ich gehen wollte, kam der Uighure zu mir und stellte sich vor. Auf einem Stück Papier notierte er seinen Namen und seine Handynummer. Er lud mich ein, ihn irgendwann zum Abendessen zu treffen. Alle anderen sahen schweigend zu. Die Diskussion flammte erneut auf, als ich in die Nacht entschwand.

In diesem Frühjahr wurde es für mich zur Routine, ihn auf dem Handy anzurufen und mich zum Abendessen in Yabaolu zu verabreden. Keiner von uns sah je die Wohnung des anderen; dazu waren wir zu stolz. Er hatte ein Zimmer direkt neben dem Teigtaschen-Restaurant gemietet, eine sehr einfache Unterkunft, sodass er die öffentliche Toilette auf der anderen Straßenseite benutzen musste. Mir erging es nicht viel besser; jedes Mal, wenn mein Badezimmer Ärger machte, ging ich die Straße hinunter zum Swissôtel. Wir sprachen nicht darüber, aber es kam unserer Freundschaft zugute, dass uns beiden vor dem Nachhauseweg graute.

Er hieß Polat und arbeitete in Yabaolu in einer Grauzone. Er war, wie viele Uighuren, sprachbegabt. Xinjiang ist einer der ethnisch vielfältigsten Landesteile. Dreizehn nichtchinesische Ethnien sind in der Region beheimatet. Die rund acht Millionen Uighuren bilden die größte Gruppe. Polat konnte sich auf Uighurisch, Chinesisch, Russisch, Usbekisch, Kasachisch, Kirgisisch, Türkisch und Ungarisch verständigen. Er nutzte seine Sprachkenntnisse als Mittelsmann zwischen ausländischen Händlern und chinesischen Großhändlern. Außerdem tauschte er amerikanische Währung auf dem Schwarzmarkt, manchmal Zehntausende Dollar in einem einzigen Deal, was ihm eine Provision von einem Tausendstel einbrachte. Der private Währungstausch war jedoch illegal, und es war gefährlich, so viel Geld zu bewegen; 1999 wurden zwei uighurische Geldwechsler in Yabaolu ermordet. Polat handelte daher lieber mit Markenkleidung.

Er war Mitte vierzig und seit 1990 in diesem Geschäft tätig. In der Anfangszeit unternahm er Auslandsreisen, meist in Zentralasien: Usbekistan, Kirgisistan, Kasachstan, Turkmenistan. Damals war es für normale chinesische Bürger schwierig, an Pässe und Visa heranzukommen, aber Polat lernte, dass er für die richtigen Bestechungsgelder die richtigen Dokumente erhielt. Er fuhr nach Russland, Rumänien, Bulgarien. Er war viel in der Türkei unterwegs, deren Sprache dem Uighurischen ähnelt, und er versuchte es in Pakistan, wo seine Geschäfte schlecht liefen. Als er einmal Trauben aus Xinjiang durch Tibet nach Kathmandu transportieren wollte, blieb er im Monsun auf der nepalesischen Seite hängen, und die Früchte verdarben. Den Iran behielt er ebenfalls in schlechter Erinnerung – ein Kunsthändler in Teheran überzeugte Polat davon, dass er mit dem Verkauf alter chinesischer Gemälde, die man im Iran gefunden hatte, Geld verdienen könnte; am Ende zeigte sich jedoch, dass die Gemälde weder alt waren noch aus China stammten. Seit Polat bei diesem Deal viel Geld verloren hatte, setzte er hauptsächlich auf den Großhandel mit Kleidung; allerdings war auch das vor allem wegen der Transporte nicht ohne Risiko. Nachdem er 1993 zehntausend amerikanische Dollar gespart hatte, investierte er den größten Teil davon in den Überlandtransport von in China gefertigten Kleidern nach Kasachstan. Er verlor alles, weil Insekten über die Kisten herfielen.

1997 zog er nach Peking und ließ sich als Zwischenhändler in Yabaolu nieder. Die Gegend hatte sich zu einem Zentrum für Schwarzmarkthändler entwickelt, die mit Kleidung aus den Fabrikstädten des östlichen und südlichen China handelten. Ausländische Marken waren am beliebtesten: The North Face, Nike, Tommy Hilfiger. Oft wurde gefälschte Ware und Ausschussware vertickt, was allerdings kein Problem war, solange die Etiketten gut aussahen. Nautica, Adidas, Timberland. Die Billigversionen verkauften sich gut in Russland und Osteuropa, auch in dem breiten zentralasiatischen Korridor, in dem die Grenzen schon immer unsicher und die Ethnien für Außenstehende nicht zu unterscheiden waren. Kasachen, Usbeken, Tataren – sie alle kamen nach Yabaolu. Frauen sah man hier nur wenige. Am auffälligsten waren die Prostituierten – russische, mongolische, chinesische –, die an den Restaurants vorbeischlenderten, in denen die Händler Geschäfte abschlossen.

Polat verhökerte alles Mögliche. 1998 räumte er zweitausend Dollar ab, als er zwei Lkw-Ladungen mit gefälschten 555-Markenschuhen an ein Konsortium von Händlern aus Polen, Rumänien und Jugoslawien losschlug. An einem anderen Tag verdiente er einen Tausender, als er einigen Russen dabei half, eine Kleiderlieferung mit Nautica-Imitaten von einer illegalen Fabrik in Tianjin zu kaufen. Das Jahr 1998 hatte viele gute Tage. Unter anderem gelang es ihm, einigen Russen zwanzigtausend gefälschte Büstenhalter, made in Guangdong, zu verkaufen, mit Etiketten, auf denen Pierre Cardin stand. Die Gewinnmarge bei diesem Deal lag bei fast einem Vierteldollar pro Büstenhalter.

Ich sah Polat seinen Wohlstand nicht an. Er kleidete sich einfach, und im Unterschied zu den anderen Yabaolu-Händlern prahlte er nach Abschluss eines Geschäfts nicht. Sie waren Geschäftsleute der reinsten Sorte, die mit Fälschungen handelten, die Gewinnmargen ausreizten und deren Geschichten man, wie ich erfuhr, nicht allzu ernst nehmen durfte. Polat schien anders zu sein. Er hatte gewelltes, schwarzes Haar mit weißen Sprenkeln, seine Augen waren braun und traurig. Er lächelte nicht oft. Seine Haut war dunkelbraun, und er hatte den kräftigen Kiefer und die markante Nase der Menschen aus dem Mittleren Osten. Wenn er doch einmal lächelte, hellte sich sein Gesicht auf. Er benutzte häufig das chinesische Wort *jiade* (gefälscht) und verachtete die von ihm verkauften Produkte zutiefst. Seiner Ansicht nach war die nachgemachte Kleidung Müll, Mist, Scheiße – *jiade*. Kurz nachdem wir uns kennengelernt hatten, erwähnte er, dass er ursprünglich an einem Gymnasium in Xinjiang uighurische Sprache und Literatur unterrichtet hatte. Da er so abfällig über seine Geschäfte redete, verstand ich nicht recht, warum er das Unterrichten aufgegeben hatte. Er sah auf gewisse Art gut aus, auch wenn seine Wangen von tiefen Linien zerfurcht waren, die wie Nähte aussahen. Er hatte leichtes Übergewicht und war Kettenraucher. Oft sah er müde aus. Ich hatte keine Ahnung, was er mit seinen Gewinnen machte.

Eines Abends Ende Mai lud Polat mich zu einem Essen mit einem anderen Händler ein. Wir trafen uns in der Ritan North Road in einem kleinen uighurischen Restaurant, das inzwischen mein Lieblingslokal geworden war. Es hatte eine breite Außenplattform, auf der wir unser Essen einnahmen und die vorbeigehenden Händler und Prostituierten beobachteten. Meist bestellten wir Yanjing-Bier. Der Geschäftsführer des Restaurants stieg die Plattform hinab, öffnete einen Gullydeckel im Bürgersteig und zog zwei Flaschen heraus. Das kalte Wasser im Straßenablauf diente als Getränkekühler des Restaurants. Das Essen war nicht sehr teuer.

Polats Begleiter war an diesem Abend ein Händler aus Aserbaidschan. Er hatte ein sehr schmales Gesicht, dunkle Augen mit langen Wimpern und ein kleines Schnurrbärtchen, das dezent über der Lippe spielte. Er trug einen preiswerten grauen Anzug. Er war nach Yabaolu gekommen, um Kleider en gros einzukaufen, und Polat vermittelte die Kontakte zu den chinesischen Verkäufern.

»Mein Freund entschuldigt sich dafür, dass er nicht auf Englisch oder Chinesisch mit dir sprechen kann«, sagte Polat, nachdem wir reihum Hände geschüttelt hatten. »Er möchte wissen, ob wir heute Abend *baijiu* statt Bier trinken können.«

Baijiu ist chinesischer Getreidebranntwein, den wegen seines Geschmacks kein Mensch trinkt. Widerstrebend stimmte ich zu, und der Restaurantbesitzer stellte eine Flasche auf den Tisch. Ich nahm an, dass der junge Mann Muslim sei, aber die meisten zentralasiatischen Händler tranken ohnehin. Sie schienen ihre Religion zu Hause zu lassen, wenn sie geschäftlich unterwegs waren.

An unserem Tisch wechselten ständig die Sprachen, und Polat war mittendrin. Er unterhielt sich auf Türkisch mit dem jungen Mann, dann wandte er sich mir zu und sprach auf Chinesisch über die Bombardierung der Botschaft. Er kam von dem Thema nicht los – die Proteste waren nach weniger als zwei Wochen zwar verebbt, er aber brachte sie immer wieder zur Sprache, vor allem in Gegenwart von Fremden. Sein früherer Temperamentsausbruch im Teigtaschen-Restaurant war für ihn nicht ungewöhnlich gewesen. Er liebte es, die Han-Chinesen aus der Ruhe zu bringen.

»Sie können nicht richtig denken«, sagte er, nachdem er uns *baijiu* nachgeschenkt hatte. »Die Studenten sind alle unglaublich dumm – sie verstehen gar nichts.«

»Bist du mit dem, was die NATO in Jugoslawien unternimmt, einverstanden?«, fragte ich.

»Natürlich bin ich einverstanden. Die Albaner werden umgebracht, weil sie eine ethnische Minderheit sind. Ich höre Voice of America und weiß, was dort vor sich geht. Und wichtig ist es für mich deshalb, weil ich ein Uighure aus Xinjiang bin. Verstehst du, was ich sage?«

Ich nickte, aber er sah mich sehr genau an.

»*Mingbai le ma?*«, sagte er. »Verstehst du?«

»Ich verstehe«, antwortete ich.

»Über vieles kann man in Peking nur schwer offen sprechen«, sagte er. »*Mingbai le ma?*«

»Ich verstehe«, antwortete ich. Er blickte mich forschend an, dann lächelte er und erhob sein Glas. Alle drei tranken wir aus und verzogen das Gesicht, so wie es Männer machen, wenn sie *baijiu* trinken. Der junge Aserbaidschaner fragte mich via Polat, ob Amerikaner häufig diese Art Alkohol trinken. Ich schüttelte den Kopf, woraufhin Polat auf die Trinkgewohnheiten der Russen zu sprechen kam. Das war ein gutes Thema für unsere internationale Konversation; jeder von uns kannte Geschichten über betrunkene Russen, die sich als bemerkenswert ähnlich erwiesen, egal ob sie aus uighurischer, aserbaidschanischer oder amerikanischer Perspektive erzählt wurden.

Polat übersetzte die Anekdoten vor und zurück. Der junge Händler meinte, dass der durchschnittliche Aserbaidschaner nicht so viel trinken könne wie der durchschnittliche Russe, die besten aserbaidschanischen Trinker seien jedoch besser als die besten russischen. Seine Ansicht trug er mit Bedacht und mit großem Stolz vor. Der Kellner brachte uns gegrilltes Lamm. Es war würzig und ziemlich gut; mit Bier hätte es noch besser geschmeckt. Ich blickte sehnsüchtig zum Gullydeckel hinüber.

Etwas später unterhielten wir uns über die Uighuren, und Polat erwähnte, dass sie mitunter wie Europäer aussehen. »Einer meiner engsten Freunde ist blond«, erzählte er mir. »Er sieht ausländischer aus als du. Er sieht so sehr wie ein Ausländer aus, dass er sie manchmal in chinesischen Filmen spielt. Hast du ›Der Opiumkrieg‹ gesehen?«

Ich nickte. Das mit staatlichen Geldern finanzierte Epos war 1997 herausgekommen, kurz bevor Hongkong an China zurückgegeben wurde. Es war ein gutes Jahr für den chinesischen Nationalismus gewesen, und der Film zeigte zwei Stunden lang böse britische Imperialisten und heroischen chinesischen Widerstand.

»Erinnerst du dich an die Szene, in der dem Ausländer von dem Chinesen die Kehle durchschnitten wird?«, fragte Polat.

»Nicht wirklich«, erwiderte ich. »Aber wahrscheinlich habe ich sie gesehen.«

Er sagte, ich könne sie gar nicht übersehen haben, sie hätten die Kehle seines Freundes genau in der Mitte der Leinwand durchschnitten. Der Mann war für einen Auftritt in einem weiteren Spielfilm der Regierung engagiert worden, der später in diesem Jahr gedreht würde und die Rückgabe von Macao an das Mutterland feiere.

»Es gibt da einige Uighuren und Kasachen, die in diesen patriotischen Filmen häufig die Ausländer spielen«, erläuterte Polat. »Für die großen Rollen setzen sie echte Ausländer ein, für die kleineren dagegen Uighuren und Kasachen.«

»Werden sie gut bezahlt?«

»Nicht besonders. Mein Freund hat dreitausend Yuan verdient. Die Arbeit war aber nicht schwer.«

Das Geld entsprach etwa dreihundertdreißig Euro. Polat lachte, als ich ihn fragte, ob ihm der Film gefallen habe.

»Natürlich nicht«, sagte er. »Du weißt, wie diese chinesischen Geschichtsfilme sind – alles *jiade*. Es ist nicht das, was wirklich passiert ist.«

Der junge Aserbaidschaner saß schweigend da, während wir uns auf Chinesisch unterhielten, er schien mich jedoch aufmerksam zu beobachten. Polat fuhr fort: »Ich ziehe amerikanische Filme vor. Die Pate-Filme mag ich am liebsten. Mir gefallen auch alle Filme mit *De Ni Luo*.«

Als er das sagte, fiel mir seine entfernte Ähnlichkeit mit dem Schauspieler auf: müde Gesichtszüge, kräftiger Kiefer und eine gewisse Bedeutungsschwere, die hinter seinen Augen zum Vorschein kam. Er war ein uighurischer Robert De Niro. Der junge Aserbaidschaner musterte noch immer mein Gesicht und wandte sich dann an Polat.

»Mein Freund möchte etwas wissen«, sagte Polat. »Bist du Jude?«

Da wir in einem muslimischen Restaurant saßen, verblüffte mich die Frage. Der junge Händler beugte sich vor, und Polat erläuterte: »Er sagt, dass du wie ein Jude aussiehst, sehr sogar.«

»Ich bin kein Jude«, sagte ich. »Tatsächlich bin ich Katholik. Einige meiner Vorfahren waren Deutsche und einige Italiener. *De Ni Luo* ist ebenfalls Italiener.«

Er übersetzte, und das Gesicht des jungen Mannes wirkte enttäuscht. Es folgte eine Flut auf Türkisch, woraufhin Polat sagte: »Meinen Freund interessiert die Frage, weil er selbst Jude ist.«

»Oh«, sagte ich. »Ich wusste nicht, dass es in Aserbaidschan Juden gibt.«

»Es sind auch nicht sehr viele«, meinte Polat, und kurz darauf erhob er wieder sein Glas.

Polat war der Erste, der mir die ungeheure Größe und Vielfalt Chinas vor Augen führte. Wenn man Uighuren und Han-Chinesen verglich, dann schienen sie in jeder Hinsicht, ob Geografie, Kultur, Sprache oder Geschichte, zu verschiedenen Welten zu gehören. Sie waren wie Antipoden, die in den Grenzen eines einzigen Landes miteinander verbunden waren.

Xinjiang liegt unmittelbar nördlich von Tibet und ist ähnlich abgeschieden und unzugänglich. Es umfasst ein Sechstel der Landmasse Chinas – ein Gebiet viermal so groß wie Kalifornien –, und besitzt einige der höchsten Berge und der ausgedehntesten Wüsten der

Welt. Über die Frühgeschichte ist wenig bekannt; die ältesten Bewohner waren Nomadenvölker, die keine Schriftzeugnisse hinterließen. Gelegentlich stationierten die frühen chinesischen Dynastien
dort Militärgarnisonen, die Landschaft eignete sich aber nicht für
den Ackerbau, und die Kaiser kontrollierten das Gebiet nicht konsequent. Erst ab dem 9. Jahrhundert ließen sich die Vorfahren der heutigen Uighuren in größerer Zahl in der Region nieder. Schon damals
bevorzugten sie die Oasen und überließen die ausgedehnten Gebirge
und Wüsten den Nomaden.

Die Uighuren fungierten häufig als Mittelsmänner. Sie brachten
den Mongolen mithilfe des uighurischen Alphabets das Schreiben bei
(in einer früheren Phase hatten die Uighuren eine Runenschrift verwendet), und sie übernahmen eine Vermittlerrolle zwischen dem Hof
Dschingis Khans und den anderen zentralasiatischen Mächten. Ihre
Religion war pragmatisch und änderte sich häufig, wenn eine neue
Militärmacht die Herrschaft erlangte. In unterschiedlichen Epochen
glaubten die Uighuren an Schamanismus, Manichäismus, Nestoria-
nismus und Buddhismus. Im 10. Jahrhundert begannen sie, zum Islam
zu konvertieren, und danach, für einen Zeitraum von fast einem Jahrtausend, bezeichneten sie sich nicht mehr als Uighuren. Auch ihr
Schriftsystem veränderte sich, und zwar hin zur arabischen Schrift.

War Kontinuität der ganze Stolz der Chinesen, so schienen viele
zentrale Merkmale der Uighuren wie Name, Schrift, Religion oder
politische Zugehörigkeit einem ständigen Wechsel zu unterliegen.
Jedoch gelang es ihnen anscheinend immer, am Rand der jeweils do-
minierenden Zivilisation zu überleben. Diese Fähigkeit war noch in
der Neuzeit offensichtlich. Uighuren machten in allen chinesischen
Städten Geschäfte. Häufig eröffneten sie Restaurants, oder sie verkauften Produkte aus Xinjiang, etwa Rosinen und Melonen, und sie
beherrschten den Schwarzmarkt für Währungen. In der überwiegend von Han-Chinesen dominierten Wirtschaft konnten sich Angehörige von Minderheiten nur schwer behaupten. Einige Händler
in Yabaolu erzählten mir einen beliebten uighurischen Spruch: Als
die Amerikaner auf dem Mond landeten, fanden sie dort bereits einen uighurischen Geschäftsmann vor.

Polat und ich hatten eine Zweitsprachen-Freundschaft – wir
kommunizierten ausschließlich auf Chinesisch miteinander. Ich

konnte die uighurischen Stammkunden des Restaurants zwar nicht verstehen, ihre Körperbewegungen sprachen jedoch Bände. Sie waren größer als die Chinesen, hatten einen wiegenden Gang und einen festen Händedruck – in China eine Seltenheit. Kam eine Frau an den Tisch, erhoben sie sich. Schweinefleisch fassten sie nicht an. Sie tranken viel – dies eine islamische Verbot hielten sie nicht strikt ein. Sie hatten lange, sonnengebräunte Nasen, einen festen Blick und eine Körperhaltung, die Selbstvertrauen ausstrahlte, was Chinesen nervös machte. Die wenigen Chinesen, die in dem uighurischen Restaurant aßen, blieben unter sich, und ich hielt es genauso, wenn Polat nicht dabei war. Vor allem war da ein großer uighurischer Händler mit buschigen Augenbrauen, der eine Gewaltbereitschaft signalisierte, die ich nicht austesten wollte. Einmal erzählte er mir, er habe soeben ein großes Geschäft abgeschlossen und eine halbe Million in Tianjin gefertigte Kondome an einen Usbeken verkauft. In meinen Ohren klang das so beeindruckend wie die Geschichte vom Uighuren auf dem Mond. An einem anderen Abend blieb der Mann mit den buschigen Augenbrauen lange in dem Restaurant und trank mit einem uighurischen Freund Wodka. Während der Alkohol durch ihre Kehlen rann, brannten sich die beiden Männer abwechselnd mit Zigaretten Löcher in ihre Unterarme. Immer wenn sie sich später trafen, fühlten sie beim Händedruck die vernarbten Handgelenke des anderen und erinnerten sich lächelnd an den gemeinsamen Teufel, der sie in jener Nacht geritten hatte.

Die jüngere Geschichte hatte die Uighuren auf eine harte Probe gestellt. Im 18. Jahrhundert schickte die Qing-Dynastie ihre Armee nach Westen, um das Gebiet in das Kaiserreich zu integrieren. Trotz des hartnäckigen Widerstands annektierten die Qing die Region 1884 offiziell und nannten sie Xinjiang (Neue Grenze). Nach dem Sturz der Qing 1911 war Xinjiang eine von vielen Provinzen eines Imperiums, dem die Auflösung drohte. In den Zwanzigerjahren begannen einige turkstämmige Einwohner auf Unabhängigkeit zu drängen und bezeichneten sich selbst als Uighuren – ein Name, der fast ein Jahrtausend lang nicht verwendet worden war. 1944, als die Kuomintang-Regierung durch die japanische Invasion und den Kampf gegen die Kommunisten geschwächt war, griff eine Gruppe Uighuren, Kasachen und Weißrussen im Norden von Xinjiang an und besiegte die lokale chinesische Garnison. Die Rebellen verkündeten die Gründung eines multiethnischen Staates mit dem Namen Republik Ostturkestan.

In den nächsten fünf Jahren war Ostturkestan im Grunde ein unabhängiges Land mit engen Verbindungen zur UdSSR. Von den Sowjets erhielt es jedoch keine wirkliche Unterstützung. Sie sahen in der neuen Republik wahrscheinlich einen Spielball für künftige Verhandlungen mit dem Sieger des chinesischen Bürgerkriegs – ganz gleich wer ihn gewinnen würde. Das Überleben an den Rändern barg derartige Risiken: Mächtige Nachbarn hatten immer Verwendung für ein Bauernopfer. Nachdem die Kommunisten 1949 die Kontrolle über China gewonnen hatten, luden sie die charismatischsten Führer der Republik Ostturkestan zu Gesprächen nach Peking ein. Die Männer fuhren von Xinjiang zum Flughafen von Alma Alta in der Sowjetunion – und waren fortan verschollen. Monate später, nachdem die Volksbefreiungsarmee die Kontrolle über Xinjiang erlangt hatte, gaben die Chinesen bekannt, das Flugzeug sei abgestürzt. Viele Uighuren glaubten jedoch, man habe ihre Führungspersönlichkeiten ermordet, sie seien Opfer eines Geheimabkommens zwischen Mao Zedong und Josef Stalin geworden.

Seitdem war Xinjiang fest unter chinesischer Kontrolle geblieben. Nachdem in den Achtzigerjahren in der Region neue Öl- und Gasreserven entdeckt worden waren, stieg die Zuwanderung von Han-Chinesen dramatisch an. Die Angst der Uighuren, in ihrer eigenen Heimat zu Außenseitern zu werden, führte zu Unruhen. In den Neunzigerjahren kam es regelmäßig zu Gewaltakten: Auf Busse wurden Sprengstoffanschläge verübt, Züge entgleisten. Viele glaubten, die Angriffe seien das Werk von Uighuren und ihres erbitterten Kampfes gegen die Chinesen, allerdings bekannte sich keine Organisation offiziell zu den Anschlägen. Die Gewalt blieb, wie so vieles in Xinjiang, ein Rätsel.

In Yabaolu beobachtete ich die Händler aus Zentralasien, dem Mittleren Osten und andere, deren Herkunft ich nicht kannte. Ich fragte mich, wie viele von ihnen zu einer unbekannten ethnischen Gruppe gehörten, die immer wieder vorübergehend Teil der einen oder anderen großen Nation gewesen war. Meist wurde das Schicksal der Uighuren nicht durch ihre Sprache, Kultur und Tradition bestimmt, sondern durch die Launen mächtiger fremder Herrscher. Die Mongolei war vor einiger Zeit unabhängig geworden, ein Weg, den wahrscheinlich auch Xinjiang hätte gehen können, wenn es von Anfang an zur UdSSR und nicht zur Volksrepublik China gehört hätte. Im ›Großen Spiel um Zentralasien‹ zählten die Uighuren zu den Verlierern.

Nachdem ich Polat gut kennengelernt hatte, erzählte er mir mehr von seiner Familie. Mitte der Vierzigerjahre des 20. Jahrhunderts hatte sich sein Vater der Armee der Republik Ostturkestan angeschlossen. Wie viele seiner Kameraden hatte er das Bild eines Gewehrs auf seine linke Schulter tätowieren lassen. Es war gefährlich, dieses Zeichen während der chinesischen Kulturrevolution zu tragen, und an ihrem Ende war der Mann ein Krüppel. Polat meinte, er würde darüber gern in einer wahren Geschichte der Uighuren schreiben. Er wollte auch über seine persönlichen Erfahrungen schreiben, etwa über die Inhaftierung 1985 wegen seines Protests gegen die chinesische Herrschaft. Deshalb, so erzählte er mir, könne er auch nicht mehr in Xinjiang unterrichten: Er hatte die Provinz aufgrund des politischen Drucks verlassen. Außerdem erwähnte er, dass er vierzigtausend Dollar gespart habe. Er gab mir Brief und Siegel darauf, dass er in die USA fliehen werde, sobald das Geld ausreiche und der richtige Zeitpunkt gekommen sei.

Ich versuchte meinen Reiseartikel über Nanjing zu schreiben, gab aber schließlich auf. Die Ausgaben konnte ich in den Wind schießen. Mein Scheitern führte ich auf ungünstiges Timing zurück und wandte mich anderen Projekten zu. Im Sommer schien die Bombardierung der Botschaft nur noch eine weit zurückliegende Erinnerung zu sein. Gelegentlich kamen die Chinesen zwar auf das Thema zu sprechen, sie behandelten es aber nur selten mit Nachdruck. Wenn sie es anschnitten, waren sie eher enttäuscht als wütend, weil ihre Regierung die amerikanische Entschuldigung und einen finanziellen Ausgleich für die Schäden an der Botschaft in Belgrad angenommen hatte. Kaum ein Chinese, dem ich begegnete, hielt den Angriff für ein Versehen.

Wenn ich im Büro Zeitungsartikel ausschnitt, stieß ich manchmal im Nachgang der Ereignisse auf entsprechende Beiträge. Im Juli machte George Tenet, der Direktor des CIA, vor dem Kongress eine Zeugenaussage. Er räumte ein, dass von den neunhundert Zielen im Rahmen der NATO-Bombardierung nur eines ausschließlich von der CIA erkundet und ausgewählt worden sei: die chinesische Botschaft. Tenet betonte, dass der Irrtum auf eine veraltete Karte zurückzuführen sei.

Drei Monate später veröffentlichte der »Observer«, eine Londoner Tageszeitung, einen investigativen Artikel, in dem behauptet wurde, die Bombardierung sei in der Tat Vorsatz gewesen. Der Story lagen Interviews mit drei in Europa stationierten NATO-Offizieren zugrunde, die sich von der Zeitung Anonymität hatten zusichern lassen. Ihnen zufolge hatten amerikanische Militärbeamte die chinesische Botschaft ins Visier genommen, weil sie insgeheim Milošević unterstützt habe. Die Zeitung bekräftigte, dass NATO-Bomben zuvor die Funkstation der Serben zerstört hätten, woraufhin die Chinesen den Serben erlaubten, ersatzweise ihr Gelände zu nutzen, um Befehle in den Kosovo zu senden.

Der »Observer« mutmaßte, die Hilfe der Chinesen für Milošević sei möglicherweise eine Gegenleistung dafür gewesen, dass sie Zugang zu den Trümmern eines bereits zuvor abgeschossenen Tarnkappenbombers erhielten. Die abgeschossene amerikanische Maschine sei für den chinesischen Nachrichtendienst von großem Wert gewesen. Auf jeden Fall habe es seit Längerem eine Zusammenarbeit zwischen chinesischen Militärs und Serben gegeben. Und es treffe auch zu, dass die NATO-Bombardierung für ein Versehen doch recht präzise gewesen sei. Alle drei Bomben waren im südlichen Trakt der chinesischen Botschaft eingeschlagen, wo sich das Büro des Verteidigungsattachés und das Zentrum des Nachrichtendienstes befanden. Das übrige Gelände blieb unversehrt, die Zahl der Todesopfer war erstaunlich gering. Wie viele andere ausländische Publikationen behauptete auch der »Observer«, dass zwei der drei toten chinesischen Journalisten in Wirklichkeit Offiziere des Nachrichtendienstes gewesen seien – in staatlichen Medien eine durchaus übliche Rolle.

Aber das war es dann auch – keine Namensquellen, kein Beweis. Die NATO bestritt die Vorwürfe, und nur wenige amerikanische Zeitungen griffen die Story auf. Im Büro schnitt ich den Artikel aus und heftete ihn ab:

U.S. –CHINA – EMBASSY BOMBING (Bombardierung der Botschaft)

U.S. –CHINA – EXCHANGES (Austausch)

U.S. –CHINA – RELATIONS (Beziehungen)

U.S. –CHINA – SCANDAL (Skandal)

U.S. –CHINA – SUMMIT (Gipfeltreffen)

U.S. –CHINA – TRADE (Handel)

ARTEFAKT B

Die geschriebene Welt
塔塔儿族

Qin Shihuang verbrannte Bücher. 221 v. Chr. war er der erste Herrscher, der sich selbst zum *huangdi,* zum Kaiser, kürte. Er vereinheitlichte Währung, Gewichte und Maße, er befahl den Bau von Straßen, Kanälen und der Großen Mauer. Er zerstörte klassische Werke der Geschichte, Philosophie und Dichtkunst. Gelehrte begrub er bei lebendigem Leib. Unter seiner Herrschaft wurden alle Chinesen gezwungen, Schriftzeichen auf ein und dieselbe Weise zu schreiben.

Der Erste Minister riet seinem Kaiser, nicht nur die Bücher zu zerstören, sondern auch die in den Büchern enthaltene *Idee:*

»Wenn jemand es wagt, die ›Lieder‹ oder ›Urkunden‹ in privaten Gesprächen zu erwähnen, dann sollte er hingerichtet werden. Wer das Alte nutzt und das Neue ablehnt, wird zusammen mit seiner Sippe ausgelöscht.«

Mehr als hundert Jahre später wurde all dies von einem Historiker der Han aufgezeichnet, jener Dynastie, die auf die Qin folgte. Das Buch, »Historische Aufzeichnungen«, blieb zweitausend Jahre lang ein Klassiker.

Imre Galambos ist fünfunddreißig Jahre alt, seine Ahnentafel ist für einen Gelehrten, der sich mit klassischem Chinesisch beschäftigt, ungewöhnlich. Mütterlicherseits ist er Zentralasiate: der Großvater ein Tatar, die Großmutter Kasachin. Die Großmutter wurde in Harbin geboren, im Nordosten Chinas, und zog als Erwachsene nach Westen. Im Ural brachte sie Galambos' Mutter zur Welt. Das Mädchen zog weiter nach Westen und besuchte in Moskau eine Hochschule, wo sie sich in einen Ungarn verliebte. Noch weiter nach Westen: Imre Galambos wurde in Nordungarn geboren, in der Nähe der Donau. Er ist zur Hälfte Ungar und je zu einem Viertel Kasache und Tatar. Er ist klein und kräftig, hat dunkles Haar und lange Wimpern. Er ist zurückhaltend. Am Telefon ist er bis zur Einsilbigkeit wortkarg; begegnet man ihm zum ersten Mal, kann eine unbehagliche Atmosphäre aufkommen. Kennt man ihn aber erst einmal gut, beeindruckt er durch seinen scharfen Verstand, und auf seinem Fachgebiet hat er sich bereits als innovativer Wissenschaftler einen Namen gemacht.

An der Universität von Berkeley in Kalifornien verfasste Galambos seine Dissertation über die Entwicklung der klassischen chinesischen Schrift. Seine Primärtexte waren zweitausend Jahre alte, mit Schriftzeichen beschriebene Bambusstreifen. Die Texte waren zwar alt, die Quellen jedoch neu: Die meisten hatte man in der zweiten Hälfte des 20. Jahrhunderts ausgegraben. Früher hatten Wissenschaftler keinen Zugang zu solchen Unterlagen. Sie studierten Klassiker wie die »Historische Aufzeichnungen«, die wiederholt kopiert und durch die Jahrhunderte weitergereicht worden waren.

Die Bambusstreifen hatte man zwar in den Jahrhunderten nach der Herrschaft Qin Shihuangs beschrieben, dennoch sind die Schriftzeichen nicht einheitlich. Für einzelne Wörter gibt es unterschiedliche Schreibweisen, so als hätten der alten Kultur klare Richtlinien gefehlt. Auf dieser Grundlage stellt Galambos die Theorie auf, dass die Standardisierung der Schriftzeichen zur Zeit der Qin eine Übertreibung, möglicherweise ein Mythos sei – und das Gleiche treffe unter Umständen auf andere Zusammenhänge zu. In seiner Dissertation stellt Galambos fest, dass Historiker viele Jahrhunderte lang wie besessen von der Geschichte über die Bücherverbrennung waren, »den ruhigen, aber kontinuierlichen Prozess der Auswahl von Werken, die kopiert wurden« jedoch ignorierten.

Sein Argument ist einfach: Der Gedanke an die Zensur fesselt die Fantasie, doch der Schaffensprozess an sich ist vielleicht noch zerstörerischer. Denn um eine Geschichte zu schreiben und um Ereignissen einen Sinn zu geben, schließt man andere mögliche Interpretationen aus. Die Geschichte Chinas wurde, so wie die Geschichte aller großen Kulturen, auf Kosten anderer Geschichten geschrieben, über die geschwiegen wurde.

Nach Ansicht von Galambos fand der wichtigste literarische Einigungsprozess Chinas jedoch während der Han statt. Die Dynastie brachte neben ihrem Geschichtsbuch das erste Wörterbuch hervor, und ihre Betonung des geschriebenen Wortes bildete die Grundlage für ein zweitausendjähriges Reich. »Es gibt diese Vorstellung von literarischen Welten«, erklärt er. »In manchen Kulturen, wie etwa der byzantinischen und der chinesischen, erzeugen schriftliche Dokumente eine Welt, die wichtiger als die reale Welt ist. Die Beamten, die im alten China das Sagen hatten, wurden durch Prüfungen ausgewählt, durch den Prozess des Auswendiglernens klassischer Werke. Sie lebten in dieser Parallelwelt aus Buchstaben. Wer sie von außen betrat, wurde ein Teil von ihr – selbst die mongolischen Stämme, die später die Yuan-Dynastie bildeten. Man muss sich klarmachen, dass sie hundertprozentige Nomaden mit sehr wenig geschriebener Sprache waren. Aber sie passten sich an und waren eine Zeit lang wie die Chinesen. Ich denke, dass diese literarische Welt das zeitliche Verbindungsstück ist, das die ›chinesische Geschichte‹, wie wir sie nennen, erst ermöglicht. Es geht nicht um die Zahl der Menschen oder Ähnliches, es geht um die riesige geschriebene Welt, die sie schufen. Es ist eine Welt, die so groß ist, dass sie nicht nur sie selbst, sondern alle um sie herum verschlingt.«

Galambos ist von Natur aus ein Skeptiker. Er misstraut der Ordnung, dem Regelmäßigen und den geradlinigen Handlungsabläufen; aus seiner Sicht sind Geschichten oft eine Fassade für Unordnung. Diese Sichtweise mag genetisch bedingt sein – tatarische DNA – oder sie stellt sich wie von selbst ein, wenn die eigene Geschichte keinen Sinn ergibt. Abgesehen von einigen grundlegenden Details ist seine Familiengeschichte nicht bekannt. Er weiß nicht, warum seine kasachische Großmutter im Nordosten Chinas lebte oder warum sie von dort wegzog. Er weiß nicht, wie sie den Tataren traf oder auf welcher Route sie den Ural erreichten.

Galambos kann nicht einmal einen guten Grund dafür nennen, dass er sich ursprünglich so eifrig mit China befasste. Er wuchs im kommunistischen Ungarn auf, der Militärdienst war für alle jungen Männer Pflicht. Nach der Hochschule ging er zur Armee und erkannte schnell, dass er dort als geborener Skeptiker fehl am Platz war. Zur

Strafe schickte ihn das Militär zu einer sechsmonatigen Zusatzausbildung ins Bakony-Gebirge, wo er die meiste Zeit mit Küchendienst verbrachte. Einmal täuschte er einen Leistenbruch vor und ließ sich operieren, nur um die achtundzwanzig Tage Genesungsurlaub in Anspruch nehmen zu können. Die Operationstechnik war primitiv, noch heute fühlt er gelegentlich ein Stechen im Unterleib.

Die nächste Flucht beinhaltete ein Studium. Die Zeit des Militärdienstes wurde in Ungarn um ein halbes Jahr verkürzt, wenn ein Soldat ein Hochschulstudium aufnahm. Galambos bewarb sich, verpasste aber alle Bewerbungsfristen bis auf eine: ein Stipendium für ein Studium in China. Er sagte zu – in der Annahme, dass es die sechs Monate weniger Zeit in der Armee wert sei. Das war vor fünfzehn Jahren. »China hat mich nicht mehr losgelassen«, erklärt er.

Eines Abends treffe ich Galambos auf einen Drink in Peking, wir kommen auf das Thema Geschichte zu sprechen. Er findet, dass Menschen von Natur aus dazu neigen, bestimmte Personen und Ereignisse auszuwählen, ihre Bedeutung zu übertreiben und sie anschließend in ihre Erzählungen einzubauen.

»So nimmt Geschichte in den Köpfen Gestalt an«, sagt er. »Durch wichtige Menschen und Ereignisse. Allerdings lernt man während des Studiums der chinesischen Geschichte, dass einige dieser Ereignisse vielleicht gar nicht stattgefunden haben, dass sie von sehr geringer Bedeutung sind oder dass viele andere Ereignisse viel wichtiger waren. Die Chinesen sagen, dass alle fünf- oder sechshundert Jahre ein Weiser auf der Bildfläche erschienen ist. Ich würde sagen, dass die Realität stärker im Fluss und komplexer ist; es passiert noch viel mehr. Natürlich kann man Geschichte so nicht lehren; man kann nicht einfach sagen: ›Es passiert noch viel mehr.‹ Deshalb ist es unvermeidlich, dass man bestimmte Dinge auswählt.«

Wir sitzen in einer kleinen, namenlosen Bar in der Nähe des Houhai, eines Sees im Zentrum von Peking. Es ist eines der letzten intakten alten Viertel der Hauptstadt, und die Fenster der Bar öffnen sich zum See hinaus. Es ist ein schöner Abend; die Lichter ziehen rote und gelbe Streifen über das dunkle Wasser. Galambos spricht über die Macht der Wahrnehmung, und dann zeigt er auf mich.

»Deshalb machen sich die Chinesen um Sie, den Korrespondenten, Sorgen«, sagt er. »Für den Westen ist alles, was Sie zu Papier bringen, China. Darüber hinaus gibt es nur irgendwelche Zahlen – zum Beispiel veröffentlichte Zahlen über das BIP, und die Leute denken vielleicht: ›Wow, das ist wirklich wenig‹. Oder vielleicht denken sie auch, dass es viel ist. Aber ihr Journalisten erklärt es und peppt es auf, und so wird es dann veröffentlicht. Wenn Sie darüber schreiben, wie wir hier am Houhai sitzen, dann werden die Leute denken: ›Wow, China ist richtig cool.‹ So gewinnt die Stadt in ihrer Vorstellung Konturen. Aber mit der Wirklichkeit hat das vielleicht nur sehr wenig zu tun.«

Kapitel

2

Voice of America

Mai 1999

Peking war die erste Stadt, in der ich Vollzeit als Schriftsteller arbeitete. Früher war ich entweder Schüler oder Lehrer, und in China war ich zuvor beides gewesen. Von 1996 bis 1998 hatte ich als Englischlehrer des Friedenscorps in einer kleinen Stadt namens Fuling Dienst geleistet, wo ich auch Chinesisch lernte.

Die meisten meiner Studenten am Lehrerkolleg in Fuling stammten aus Bauernfamilien und wurden ausgebildet, um Englischlehrer in ländlichen Mittelschulen zu werden. Noch vor einer Generation war das Fach tabu – während der politischen Kampagnen der Kulturrevolution von 1966 bis 1976 war die Nähe zu Fremdsprachen gefährlich. Im heutigen China dagegen ist Englisch von der sechsten Klasse aufwärts Pflichtfach, und die jungen Leute sind von der Sprache geradezu besessen. In meinem ersten Jahr als Lehrer fragte ich mich manchmal, ob das erworbene Wissen von praktischem Nutzen sein würde. Ich war einer von nur zwei ausländischen Einwohnern in Fuling, und die meisten meiner Studenten würden am Ende in noch ab-

gelegeneren Orten unterrichten. Dennoch arbeiteten sie hart und
griffen auf alle möglichen Englischunterlagen zurück. Abends gingen
sie auf dem Campus mit Kurzwellenradios spazieren, hörten BBC
oder The Voice of America.

Nach meinem Umzug nach Peking fand ich mich in meinem neu-
en Leben oft nur schwer zurecht – das Durcheinander der Mai-Pro-
teste, der Kleinkram der Selbstständigkeit, die Aktenordner beim
»Wall Street Journal«. Aber all das war vergessen, sobald ein früherer
Student schrieb oder anrief. In jenem Frühjahr erhielt ich eines
Nachmittags einen Anruf von Jimmy, der in einem Dorf in der Nähe
des Jangtsekiang unterrichtete. Er klang begeistert; er hatte jetzt
eine Freundin, und sein neuer Job gefiel ihm. Ich fragte ihn, wie viele
Schüler er unterrichte.

»Es sind vierundneunzig«, sagte er.

»Wie viele Klassen?«

»Eine Klasse.«

»Sie haben vierundneunzig Schüler in einer Klasse?«

»Ja«, sagte er. »Es ist sehr voll.«

Nach dem Gespräch versuchte ich mir vorzustellen, wie es ist,
wenn man in der Mittelschule eines abgelegenen Dorfes am Jangtse
vierundneunzig Kinder in Englisch unterrichtet. Von meinem
Schreibtisch aus blieb die Realität völlig abstrakt:

> STUDENTS (Studenten)
> STYLE (Stil)
> SUPERPOWER – NEW THREAT (Supermacht – Neue Bedro-
> hung)
> SUPERSTITION (Aberglaube)
> TEA (Tee)

An einem anderen Tag rief mich D.J. an. Wie viele meiner früheren
Studenten hatte er seinen englischen Namen aus unerfindlichen
Gründen gewählt. Jetzt unterrichtete er in einer der ärmsten Gegenden Sichuans. Er verdiente weniger als vierzig Euro im Monat. Ein
Klassenkamerad erzählte mir, dass D.J. so aufgeregt war, als er seinen
ersten Gehaltsscheck erhielt, dass er einen neuen Fußball kaufte und
einen vollen Nachmittag ganz allein damit spielte.

»Ich habe meinen Schülern englische Namen gegeben«, erzählte mir D. J. am Telefon. »Den meisten habe ich die Namen meiner Klassenkameraden in Fuling gegeben. Ich möchte aber, dass Sie wissen, dass ich einen Schüler Adam und einen anderen Peter genannt habe.«

Adam Meier hatte 1996 mit mir zusammen den Dienst als Ausbilder im Friedenscorps aufgenommen. Ich war gerührt, und dankte D. J. Als er weitersprach, konnte ich sein Lächeln hören. »Der Schüler mit Namen Peter«, sagte er, »ist wohl der dümmste Schüler der Klasse.«

In der Regel heirateten meine ehemaligen Studenten, wie die meisten Chinesen vom Land, in jungen Jahren. In jenem Frühjahr erhielt ich häufig Briefe, in denen sie ihr Werben beschrieben. Freeman schickte mir Mitteilungen, die er mit dem Computer ausgedruckt hatte, was für ländliche Gegenden ungewöhnlich war. Den Namen hatte er sich gegeben, nachdem er in einer amerikanischen Zeitschrift ein Foto des Schauspielers Morgan Freeman entdeckt hatte. In einem seiner Briefe beschrieb er, dass er sich auf Verwandte als Heiratsvermittler verlassen hatte, um eine Frau zu finden:

Nach meinem Abschluss am Lehrerkolleg in Fuling wollten meine Eltern und Verwandten mir Freundinnen vorstellen. Also präsentierten sie mir eine nach der anderen, aber eine nach der anderen ging an mir vorüber, und keine wurde meine Frau. Ich lernte auf diese Weise fast drei Dutzend Mädchen kennen. Einige waren so dick wie Schweine; andere waren so dünn, dass sie wie Fahnenstangen und Angelruten aussahen; wieder andere waren sehr schön, aber wenn sie mich sahen, machten sie sofort kehrt und lästerten über den Frosch, der sich einen Schwan angeln wolle. Natürlich hatte meine Familie viel Zeit und Geld in meine Freundinnen investiert.

Jetzt habe ich endlich eine Freundin gefunden, sie wird nach 2000 meine Frau. Sie ist nicht schön, sie hat viele schwarze Punkte im Gesicht, aber ich liebe sie, weil sie mehr Geld hat als ich, vielleicht liebe ich mehr ihr Geld ...

Ich unterrichte imn der zweiten Klasse Englisch für Anfänger. Ich finde das Unterrichten in diesem Ort sehr schwierig, die Leute sind sehr arm, sie verstehen noch nicht, dass Schulbildung wichtig ist ...

Ich hätte noch viel zu sagen, muss aber Schluss machen. Diesen
Brief habe ich mit dem Computer meiner Freundin geschrieben. Ich
werde Ihnen wieder schreiben.
Viele Grüße,
Freeman

Früher verließen Chinesen ihre Heimatregionen nur selten. Vier
Fünftel der Bevölkerung lebten auf dem Land. Das änderte sich nach
1978, als Deng Xiaoping beschloss, Reformen mit dem Ziel der
Marktöffnung einzuleiten. Die Politik wurde schließlich als *gaige kai-*
fang bekannt, Reform und Öffnung. Veränderungen nach kapitalisti-
schem Vorbild nahmen in den Achtzigerjahren zunächst in den Küstenregionen Fahrt auf. Dort entstanden Fabrikstädte, die den neuen
Außenhandel ankurbeln sollten. Migranten strömten vom Landesinnern herbei, arbeiteten auf Baustellen und an Fließbändern. Ende
der Neunzigerjahre war einer von elf Chinesen auf Achse.

Es brauchte Mut fortzugehen. Wanderarbeiter waren meist leis-
tungsfähiger als jene, die in den Dörfern blieben. Und oft waren es
die besten Schüler, die sich nach Ende der Schulzeit vom Land auf
den Weg an die Küste machten. Meinen Studenten fiel die Entscheidung besonders schwer, weil die Regierung ihnen zukunftssichere
Lehrerstellen bot, wenn sie in ihren Heimatorten blieben. In jedem
Frühjahr wurde im Klassenzimmer eifrig darüber diskutiert, ob man
in den Süden oder Osten gehen solle, wo die Gehälter zwar höher waren, wo Wanderarbeiter aber nicht das Sicherheitsnetz einer traditionellen *danwei,* einer Arbeitseinheit, vorfinden würden. Viele meiner
Studenten diskutierten darüber, nur wenige ergriffen die Chance. All
jene, die fortgingen, hatten in der Regel bestimmte Eigenschaften:
Sie zählten zu den besten Studenten, sie waren extrovertiert und engagiert und sprachen ein gutes Englisch. Sie zeichneten sich durch ei-
genständiges Denken aus – ihre Aufsätze stachen für gewöhnlich
hervor.

William Jefferson Foster war einer dieser herausragenden Studenten. Ursprünglich hatte er den englischen Namen Willy angenommen, aber im Frühjahr seines letzten Studienjahres änderte er
ihn unversehens in William Foster. Ich hatte mich noch nicht einmal
an die Unterschrift seiner Aufsätze gewöhnt, als das Jefferson hinzu-

kam. Er signierte seine Arbeiten immer mit Schnörkeln, alle drei Namen liefen in einer riesigen Schrift über den oberen Rand der Seite. Wegen der Namensänderungen holte er sich nie Rat, obwohl er erwähnte, dass er Bill Clinton bewunderte, weil der amerikanische Präsident, wie Willy, aus einer armen Gegend eines großen Landes stammte. Es überraschte mich nicht, dass William Jefferson Foster nach seiner Abschlussprüfung 1998 in den Osten ging, um dort sein Glück zu suchen. Er war dreiundzwanzig Jahre alt.

Willy war wahrscheinlich der hellste Kopf in meiner Klasse; sein gesprochenes Englisch war auf jeden Fall das beste. Alle anderen sprachen chinesisch, wenn sie telefonierten, Willy dagegen wollte unbedingt englisch sprechen – er war fest entschlossen, die Sprache zu lernen. Mag sein, dass sein Lebensweg nicht der bemerkenswerteste war; auf jeden Fall hatte ich seine Geschichte im Laufe der Zeit am besten kennengelernt. Er war einer von hundert Millionen Wanderarbeitern.

William Jefferson Foster wurde am 18. August 1975 in der Gemeinde Doppelter Drache, Dorf Nummer Zehn, Produktionsteam Nummer Drei, geboren. Nichts Wichtiges hat sich dort jemals ereignet. Aus Dorf Nummer Zehn ist kein Prominenter hervorgegangen, und es gab dort weder alte Gebäude noch beschriftete Steintafeln. Das älteste Bauwerk war die Siegesbrücke über dem Schneckenfluss. Die steinerne Brücke aus den Vierzigerjahren des 20. Jahrhunderts war von einer Flut fast sofort zerstört und danach nur teilweise wiederaufgebaut worden; sie war nur so breit, dass eine einzelne Person sie eben überqueren konnte. An der Brücke war kein bestimmter Sieg errungen worden, es war einfach ein beliebter Name für Wahrzeichen im Neuen China. Die Kommunisten hatten der Einfachheit halber Zahlen verwendet, um Dörfer und Verwaltungseinheiten neu zu benennen. Das Dorf Nummer Zehn hatte weniger als tausend Einwohner.

Achtzig Kilometer entfernt, jenseits der niedrigen grünen Hügel und der schimmernden Reisfelder des nordöstlichen Sichuan, lag die Stadt Guang'an, in der Deng Xiaoping zur Welt gekommen und aufgewachsen war. 1975 war Guang'an ein unbekanntes Dorf wie viele andere, und Deng war ein vormals vielversprechender Politiker, der während der Kulturrevolution zweimal Verleumdungskampagnen ausgesetzt war. Als er nach 1977 rehabilitiert wurde, stieg er rasch zum mächtigsten Führer des Landes auf, kehrte allerdings nie nach Guang'an zurück. Wahrscheinlich wollte er einen Personenkult vermeiden, wie er sich um den Vorsitzenden Mao entwickelt hatte, dessen Heimatstadt zum Mekka für Pilger wurde. Deng schützte das Land zum Teil dadurch, dass er zuließ, dass seine Ecke Sichuans arm blieb und vergessen wurde.

Die Gemeinde Doppelter Drache war ärmer als Guang'an, und das Dorf Nummer Zehn war noch ärmer als Doppelter Drache. Der Ort hatte keine offizielle Geschichte. Die meisten Einwohner waren Analphabeten, so wie Willys Eltern, und die Vergangenheit bestand hier aus Dingen, an die man sich erinnerte, und aus Dingen, die unausgesprochen blieben. Willys Vater wurde 1941 geboren. Seinen Söhnen erzählte er, die schlimmste Phase seines Lebens sei die Zeit des Großen Sprungs nach vorn gewesen. Die politische Kampagne dauerte von 1958 bis 1961, als Mao Zedongs wahnsinnige Anstrengungen für eine größere Industrieproduktion zu einer Hungersnot führten, die Zigmillionen Menschen auf dem chinesischen Land das Leben kostete. Einige Verwandte und Kindheitsfreunde von Willys Vater waren in dieser Zeit verhungert, aber der Mann weigerte sich, darüber zu sprechen. Die Einzelheiten sollten, soweit es ihn betraf, in Vergessenheit geraten.

An spätere Zeitabschnitte, etwa die Kulturrevolution, war er durchaus bereit sich zu erinnern. Im Gegensatz zum Großen Sprung nach vorn betraf die Kulturrevolution in erster Linie die Städte und die gebildete Klasse – die historischen Zusammenhänge sind heute unter anderem aus diesem Grund viel besser bekannt. Obwohl die politischen Kämpfe der Kulturrevolution in Städten wie Peking und Shanghai tödlich waren, hatte sich die Bewegung nicht selten abgeschwächt, wenn sie ländliche Regionen erreichte. Die Politik funktionierte oft so – die Kampagnen waren wie ein Computercode, der aus weiter Ferne näher rückte, Bit um Bit, Bruchstück um Bruchstück, und die Dorfbewohner hielten sich an einigen Fragmenten fest, während sie andere ignorierten. In den Jahren nach dem Sieg der Kommunisten hatte ein Einwohner von Nummer Zehn namens Li drei Söhne, die er stolz Li Mao, Li Ze und Li Dong nannte. Wenn er wollte, dass sie ihm auf den Feldern halfen, dann rief er: »Mao, Ze, Dong, kommt sofort her!« Er behauptete, das sei seine Art, dem Vorsitzenden gegenüber seine Liebe zum Ausdruck zu bringen. Dennoch wurde der Mann während der Kulturrevolution ein leichtes Ziel, als die Bauern die ›Kampfsitzungen‹ nachahmten, von denen sie aus den Propagandalautsprechern im Dorf gehört hatten. In Nummer Zehn hängten die Bauern Li an den Handgelenken auf, sie kritisierten seinen Missbrauch des Namens und zwangen ihn, Urin aus einer öffentlichen Latrine zu trinken.

Willys Eltern waren zu arm und ungebildet, um während der Kulturrevolution zum Ziel zu werden. Tatsächlich war es für das Ehepaar eine relativ glückliche Zeit, weil Willys Mutter drei gesunde Söhne zur Welt brachte. Dai Jianmin, der Älteste, wurde 1971 geboren und Dai Heping zwei Jahre später. 1975 folgte der dritte Sohn. Sie nannten das Baby Xiaohong, Kleiner Roter, wegen seiner Größe und Farbe. Rot ist in China eine Glück verheißende Farbe, und tatsächlich brachte das erste Lebensjahr des Babys große Veränderungen mit sich. Bevor Willy zehn Monate alt war, starb der Vorsitzende Mao.

Als der Tod verkündet wurde, half Willys Vater gerade bei Bauarbeiten in einer Düngemittelfabrik in einem anderen Teil der Gemeinde. Drei weitere Arbeiter waren dort, alle machten eine Pause, um zuzuhören, als die Nachricht über die Lautsprecher kam. Als sie die Durchsage gehört hatten, verlor keiner der Arbeiter ein Wort darüber. Jahrelang waren die Slogans wiederholt worden – *Mao Zhuxi, wan sui!* Zehntausend Jahre für den Vorsitzenden Mao! – und nun schien es unglaublich, dass er tot war.

An diesem Abend gingen die Arbeiter nicht nach Hause. Sie verbrachten den Abend in einer Hütte auf der Baustelle, gemeinsam lagen sie auf einem breiten, einfachen Bett. Willys Vater konnte nicht schlafen; er wusste, dass sich gerade etwas ereignete, das anders war als die verschiedenen politischen Kampagnen, die kamen und gingen. Es war unmöglich vorherzusagen, was passieren würde, aber er war sich sicher, dass sich alles ändern würde. In dieser Nacht weinte er lange und leise. Erst später wurde ihm klar, dass auch die anderen Arbeiter an diesem Abend wach gelegen und geweint hatten.

Die Gedenkfeier für den Vorsitzenden Mao fand im Dorf Nummer Zehn im überfüllten, ungepflasterten Hof der Dorfschule statt.

Sieben Tage lang wurde nicht gearbeitet; die Menschen fertigten weiße Gedenkkränze aus Papier an und erwiesen dem verstorbenen Führer vor einem Plakat ihre Ehrerbietung. Am ersten Tag zeichnete sich eine Frau namens Liu Yuqing dadurch aus, dass sie am lautesten weinte. Am zweiten Tag begannen sich die anderen Dorfbewohner zu fragen, ob mit ihr etwas nicht stimmte. Am Ende des Jahres wanderte sie ziellos in den Reisfeldern umher und erzählte jedem, der es hören wollte, sie sei die heimliche Geliebte des Vorsitzenden Mao gewesen. Sie behauptete, sie habe zusammen mit dem Vorsitzenden und mit Premierminister Zhou Enlai die Siegesbrücke geplant. Gespräche brach sie oft mit den Worten ab, sie müsse sich beeilen und an einem wichtigen Treffen des Politbüros teilnehmen. Als Willy noch ein Junge war, schlich Liu Yuqing am Schneckenfluss herum, wusch ihr zerzaustes Haar und sang bekannte Lieder über den Vorsitzenden Mao, die sie um eigene Texte ergänzte, die mit sexuellen Anspielungen gespickt waren. Unverblümt gebrauchte sie das Dialektwort für den Liebesakt – ich 睡瞌睡 mit dem Vorsitzenden Mao. Willy und die anderen Jungen lachten und riefen: »Wann hast du dein nächstes Treffen mit dem Vorsitzenden Mao? Wirst du wieder mit ihm 睡瞌睡?« Als Liu Yuqings Söhne erwachsen waren, schlossen sie ihre Mutter meist im Haus ein, bevor sie zur Arbeit auf die Felder gingen.

Willys Vater behielt in Bezug auf die Veränderungen recht. Obwohl er Analphabet war – er hatte nicht einen einzigen Tag in seinem Leben eine Schule besucht –, besaß er eine natürliche Intelligenz, und er reagierte schnell, als die Wirtschaftsreformen ins Dorf vordrangen. In den frühen Achtzigerjahren organisierte er in der Gemeinde Doppelter Drache private Bauarbeiterteams. Als die Reform- und Öffnungspolitik fünf Jahre alt wurde, gehörte Willys Familie zu den wohlhabendsten im Produktionsteam Nummer Drei.

Auch andere Anzeichen deuteten darauf hin, dass die Welt größer wurde. 1980 war ein Onkel Willys der erste Dorfbewohner, der um der Arbeit willen wegzog. Er reiste in den fernen Westen, in die Provinz Gansu, wo er sich mehrere Monate einem Arbeitstrupp anschloss. Bald darauf verließen andere Einwohner das Dorf, nur gingen sie in der Regel in die entgegengesetzte Richtung, nach Osten. Ein weiterer früher Wanderarbeiter war Willys Nachbar, ein Mann in den Zwanzigern, der zugleich der gebildetste Einwohner des Dorfes war. Mit seinem Abschluss nach der fünften Klasse fand er einen Job in einer Schuhfabrik in der Provinz Heilongjiang. Als er ins Dorf zurückkehrte, erzählte er Geschichten und schrieb Gedichte über seine Erfahrungen in der Fremde. Als Kind war Willy fasziniert von dem Mann, und er liebte es, ihm zuzuhören, wenn er seine Verse rezitierte.

Das erste Fernsehgerät in der Gegend tauchte im Produktionsteam Nummer Vier auf. Jeden Abend nahmen Willy und seine älteren Brüder den halbstündigen Weg zu Nummer Vier auf sich. Der Eigentümer hatte ein zweistöckiges Haus, und den Fernseher stellte er nachts auf seinen Balkon, sodass alle ihn sehen konnten. Eines Abends starrten Willy und seine Brüder mehr als vier Stunden lang hoch zum Balkon, fasziniert von dem neuen Gerät. Danach hatten sie alle genau den gleichen Schmerz in ihren Nacken. Für Willys Vater war damit der Zeitpunkt gekommen, um zu handeln.

Eine von Willys lebhaftesten Kindheitserinnerungen geht auf jenen Tag im Jahr 1982 zurück, an dem seine Familie als erste im Produktionsteam Nummer Drei einen Fernseher ihr Eigen nennen durfte. Noch Jahre später hat er die Szene vor Augen:

»Ich war sehr stolz, sehr glücklich. Als sie das Fernsehgerät im Haus abgestellt hatten, wusste niemand, wie man es bedient. Alle versuchten es, aber es funktionierte nicht; fünf oder sechs Stunden ging das vielleicht so. Mehr als hundert Menschen waren bei mir zu Hause, die meisten im großen Zimmer, das wie eine Lobby war: Die Leute sitzen in Reihen, einer hinter dem anderen. Einige saßen draußen. Nachdem sie herausgefunden hatten, wie man es bedient, gab es nur einen Kanal: Sichuan TV. Die Shows aus Hongkong waren beliebt, und wir sahen uns immer eine über Huo Yuanjia an, eine historische Figur aus der Qing-Dynastie. Er war ein Meister des *gong fu* und kämpfte gegen viele Japaner, die im japanischen *gong fu* erstklassig waren. Sie kamen nach China, um Huo Yuanjia herauszufordern, und er besiegte sie. Das war gegen Ende der Qing-Dynastie. Ich kann mich noch an das Lied erinnern:

China ist wie ein Drache, der viele hundert Jahre lang
geschlafen hat,
Jetzt ist er aufgewacht,
Öffne die Augen, sieh genau hin,
Wer will schon ein Sklave des Schicksals sein?
Die Geschichte hat gezeigt, dass alles Böse, das von außen kommt,
besiegt wird.

Auf die Show über Huo Yuanjia folgte eine mexikanische Seifenoper, die für die Einwohner von Produktionsteam Nummer Drei ähnlich faszinierend war. Die mexikanische Soap hieß auf Chinesisch »Verleumdung«. Ihre Charaktere stürzten sich in außereheliche Beziehungen, die extrem schnell wechselten. Die Mätressen waren stets böse und hinterhältig, Ehefrauen dagegen waren dermaßen unwissend, dass es weh tat zuzuschauen. Bei Willy daheim riefen die Dorfbewohner oft im Chor, zu wem sie hielten: Sympathie für die Ehefrauen, Verachtung für die Mätressen. Mit »Verleumdung« erhielt das Produktionsteam Nummer Drei eine erste Vorstellung von dem Privatleben von Ausländern.

In Sichuan regnet es oft, und wenn das Wetter schlecht wurde, standen Zuschauer, die nicht mehr in Willys Haus passten, Schirme haltend draußen vor dem Fenster. Der Fernsehbildschirm war vierzehn Zoll groß. Es dauerte nicht lange, bis es einen weiteren Kanal gab:

»Die Leute schrien und sagten: ›Schalt um!‹ Und ich sagte: ›Nein, darüber entscheide ich!‹ Ich war genau wie ein Boss, sehr arrogant. Ich entschied, was wir uns ansahen. Als wir eines Abends vor dem Fernseher saßen, verschwand plötzlich die Stimme. Kein Ton mehr. Einige Leute reagierten verärgert und machten sich auf den Nachhauseweg. Ich ging zum Fernseher und machte ihn aus – die Leute riefen: ›Tu das nicht!‹ Aber als ich ihn wieder einschaltete, kehrte der Ton zurück. Später passierte es erneut, und ich wiederholte dasselbe Spiel. Zuweilen reichte ein Mal nicht aus, sodass ich das Gerät zwanzig, dreißig Mal aus- und einschalten musste. Es bestand die Gefahr, dass wir den Fernseher kaputtmachten. Manchmal, wenn das Bild schlecht war, hielt ich die Antenne. Viele Leute wechselten sich dabei ab und hielten sie, damit die anderen fernsehen konnten.«

Als Willy klein war, sah er jeden Tag, wie sich seine Brüder auf den Weg in die Schule machten. Am frühen Morgen gingen Dai Jianmin und Dai Heping in südlicher Richtung den Feldweg entlang, zwischen sich trugen sie eine einfache Holzbank. Mehrere Stunden waren sie verschwunden, dann kehrten sie mit der Bank zurück. Aus Willys Sicht war Schule genau das: ein Ritual, an dem Brüder und Bänke beteiligt waren.

Die Dorfschule hatte Lehmwände, und die Lehrer waren schlecht ausgebildete, lokale Bauern, für die die Landwirtschaft oberste Priorität hatte. Wenn ein Lehrer zur Feldarbeit musste, konnten die Kinder frei herumlaufen, und zu landwirtschaftlichen Spitzenzeiten war die Schule ganz geschlossen. Keiner von Willys Brüdern kam über die fünfte Klasse hinaus, und beide wurden Bauern und Arbeiter.

Als Willy zehn Jahre alt war, hatten die Folgen von Reform- und Öffnungspolitik schon damit begonnen, seinen Vater abzuhängen. Die neue Wirtschaft veränderte sich so schnell, dass die Zeitfenster für geschäftliche Möglichkeiten kurz waren – ein bestimmtes Produkt oder bestimmte Fertigkeiten waren manchmal nur ein oder zwei Jahre lang gefragt. In den frühen Achtzigerjahren waren eine in die Wiege gelegte Intelligenz und Fleiß genau richtig für ein kleines Bauunternehmen, sodass Willys Vater erfolgreich war. Aber schon bald nahm der Wettbewerb zu, und die Projektausschreibungen verlangten eine knallharte Kalkulation. Manchmal organisierte sich Willys Vater einen Auftrag, der über längere Zeit lief, und verlor dabei Geld. Häufig warnte er Willy vor den Nachteilen einer fehlenden Schulbildung: »Mein Vater sagte, dass Arbeit ohne Bildung fatal sei; er meinte, man würde von jedem, der lesen und schreiben könne und der sich auskenne, betrogen. Wer nicht zur Schule gehe, werde als Tagelöhner enden.«

Der Mann beschloss, bei seinem jüngsten Sohn mit der Schulbildung umsichtiger zu sein. Er zahlte Geld dazu, um Willy auf die Gemeindeschule schicken zu können, die einen besseren Ruf hatte. Dennoch war der entscheidende Augenblick in Willys Schulzeit ein »Wunder« – zumindest erinnerte er sich Jahre später so daran:

»In den ersten vier Grundschuljahren war ich nicht so gut. Die Fächer fielen mir schwer. Ich denke, es war ein Wunder – denn ab dem fünften Jahr war ich in Mathematik sehr, sehr gut. Ich weiß nicht, wie sich die Situation so schnell ändern konnte. Der Lehrer schrieb viele Fragen an die Tafel und forderte uns auf, sie so schnell wie möglich zu beantworten, und ich war immer der Erste. Bei der Aufnahmeprüfung für die Mittelschule erhielt ich unter siebzig Schülern den zweiten Preis.«

Willys Eltern erwarteten schon bald nicht mehr, dass er ihnen auf dem Bauernhof half, der ungefähr ein Zehntel Hektar groß war. Seine Brüder beschwerten sich, aber Willys Vater spürte, dass das jüngste Kind bessere Entwicklungsmöglichkeiten hatte. Willy half seinem Vater oft bei Berechnungen für seine Bauvorhaben, aber in der Mittelschule entdeckte der Junge, dass ihm Mathematik nicht mehr gefiel. Zum Glück hatte er einen zweiten Geistesblitz:

»In der sechsten Klasse gab man uns das Buch für den Englischunterricht. Ich denke, es war ein weiteres Wunder. Ich lernte sehr, sehr schlecht. Wir hatten einen Lehrer vom Land, der gerade die höhere Schule abgeschlossen und keinen Hochschulabschluss hatte. Tan Xingguo – Tan Wohlhabende Nation. Ich verstand nichts von dem, was er sagte, und fiel ständig durch die Prüfung. Nie schaffte ich sechzig Punkte. Aber als das Halbjahr zu Ende war, lernte ich allein. Ich klaute etwas Kreide und schrieb zu Hause Wörter an die Tür. Ich tat so, als wäre sie eine Tafel. Ich schrieb die Wörter, und ich las sie. Mir gefiel es, sowohl Lehrer als auch Schüler zu sein. Für mich war es so am besten.

Am Ende des Schuljahres war ich sehr erstaunt darüber, dass ich die Prüfungsarbeit, die man uns zugesandt hatte, sehr, sehr einfach fand. Ich schaffte achtzig Punkte. Zu der Zeit hatte ich Vertrauen in meine Fähigkeiten.«

Am Ende seiner Zeit in der höheren Schule, im Frühjahr 1995, absolvierte Willy die landesweite Prüfung und qualifizierte sich für den Fachbereich Englisch des Lehrerkollegs in Fuling. Er und zwei weitere Jungen waren die Ersten aus dem Produktionsteam Nummer Drei, die eine Hochschule besuchten.

Willy war der Junge hinten in der Klasse mit dem aufgeschlagenen Wörterbuch. In meinen Prüfungen schnitt er immer gut ab, und wenn ich ihn aufrief, beantwortete er die Fragen ohne zu zögern. Er gehörte aber nicht zu den Studenten, die ihre Hand bei jeder Gelegenheit hoben. Für ihn kam der Kurs nicht schnell genug voran; wenn ich während der Stunde die letzte Reihe entlangging, legte er schnell einige Papiere zusammen, damit ich nicht sehen konnte, dass er sein Wörterbuch studiert hatte. Er war klein, kräftig und von dunkler Hautfarbe. Er trug eine Brille und war ordentlich gekleidet, aber die Kleidungsstücke – T-Shirts mit ausgefransten Kragen, Anzugsjacken, bei denen das Herstelleretikett noch am Ärmel hing – waren billig. Wie bei vielen meiner Studenten, so konnte man auch sein Äußeres auf Chinesisch als *tu* beschreiben: ungeschliffen, ungehobelt. Er sah aus wie ein Bauer, und er hatte den rauen Humor der Bauern. Einmal nach dem Unterricht, als die anderen Studenten zum Flur hinausgingen, schlich Willy zu mir hinüber und sagte, mit sorgfältig einstudierter Aussprache: »Was macht Ihre vorzeitige Ejakulation?«

Er probierte ständig neue Sätze aus, die oftmals obszön waren. Er war besessen von Sprache – er liebte das Wort *yahoo,* auf das er in »Gullivers Reisen« gestoßen war, und er gebrauchte oft das Wort *tonto,* das er in Adam Meiers Spanischklasse gelernt hatte. Er war begeistert, als ich eine Unterrichtsstunde über chinesische Wörter hielt, die Eingang in die englische Sprache gefunden hatten, und danach machte er *coolie* (Kuli, Lastträger) zu einem festen Bestandteil seines Wortschatzes. Er mochte den Zynismus des Ausdrucks *sogenannt*: Chinas sogenannter Patriotismus, die sogenannte Morgengymnastik am Lehrerkolleg. Auch der Dialekt der Provinz Sichuan gefiel ihm besonders gut. In ihrem letzten Jahr an der Hochschule brachten Willy und einige seiner Klassenkameraden mir etwas *tuhua* bei, Sprache der Erde, ein chinesischer Begriff für regionalen Slang. In Sichuan konnte man jemanden beleidigen, indem man ihn Sohn einer Melone nannte oder Sohn einer Schildkröte. Die regionale Aussprache von Hammer bedeutete Penis. *Yashua* – Zahnbürste – war aus unbekannten Gründen eine Demütigung, wenn man es als Adjektiv benutzte (Sie sind sehr Zahnbürste!). Wenn ein Sportler beim Basketballspiel den Korb und das Brett verfehlte oder schlecht spielte, skandierten die Sichuaner Fans *yangwei, yangwei, yangwei* – impotent, impotent, impotent. Nachdem ich mit Willys Klassenkameraden Basketball gespielt hatte, sagte er oft mit vorgetäuschtem Ernst: »Ich sehe, dass Sie noch immer ein großes Problem mit der Impotenz haben.«

Aber viel von der Grobheit war nur Theater, zumindest wenn es statt der Sprache um das wirkliche Leben ging. Während seines zweiten Jahrs am Kolleg fiel Willy eine Englischstudentin namens Nancy auf. Sie war zierlich, mit dunklen Augen und feinen Gesichtszügen; Nancy war so schüchtern, dass sie schlicht erstarrte, wenn ein Junge sie außerhalb des Unterrichts ansprach. Willy war fast genauso zurückhaltend, und es dauerte Wochen, bis er den Mut aufbrachte, Nancy einen förmlichen Brief in chinesischer Sprache zu schreiben, der ihre Schönheit, Ruhe und ihren Charakter pries. In dem Brief bat er um Erlaubnis, mit ihr allein Zeit verbringen zu dürfen.

Das Lehrerkolleg wurde von konservativen Kadern überwacht, die Liebesbeziehungen unter Studenten als unnötige Ablenkung kritisierten. Junge Menschen, die anderen den Hof machten, konnten mit einem offiziellen Tadel bestraft werden, der in ihrer politischen Akte stehen bleiben würde und von künftigen Arbeitgebern eingesehen werden konnte. Nancy reagierte nicht auf Willys Nachricht, aber am nächsten Wochenende gesellte sie sich auf einem Spaziergang um den Campus schweigend zu ihm:

»Später gingen wir ins Kino. Wir redeten nicht. Wir schwiegen. Es war unangenehm, ich war sehr verlegen. An den Film kann ich mich im Moment nicht erinnern. Ich glaube, es war ein sehr bekannter Film aus den USA. Ich schickte sie zurück nach Hause in ihr Wohnheim. Ein paar Wochen ging es so weiter. Sie redete nicht viel.

Eines Nachts gingen wir zum Sportplatz und saßen nur auf der Treppe. Es war dunkel. Dort redeten wir; wir redeten und waren glücklich. Plötzlich kam der Wachmann und fragte, was wir dort machten. Er schrieb unsere Namen auf. Nancy hatte Angst und sagte, es sei Schicksal. Danach war sie sehr traurig. Ich versuchte mit ihr auszugehen, aber sie wollte nicht. Vielleicht einen Monat oder länger.«

Im Unterschied zu Willy war Nancy eine Pessimistin. Es war ein Erbe ihres Vaters, eines Bauern aus dem Norden von Sichuan, der nie eine Nische in der sich wandelnden Wirtschaft gefunden hatte. Nancys Vater träumte davon, reich zu werden, und ersann immer neue Pläne, um die Reformen zu nutzen. Mitte der Neunzigerjahre erlebte die Sichuaner Schweinefleischindustrie einen Boom, und überall in der Provinz sprossen Futtermühlen aus dem Boden. Eine Stadt in der Nähe von Guang'an – Deng Xiaopings Geburtsort – wurde für ihr Schweinefutter bekannt, und Nancys Vater beschloss, er müsse in seinem Dorf der Erste sein, der die neue Markenware einsetzte. Er fuhr mehr als sieben Stunden mit dem Bus, um das Futter zu kaufen. In den nächsten Wochen starben seine gesamten zwanzig Ferkel, eines nach dem anderen. Wahrscheinlich hatte man ihn reingelegt, und er hatte ein Markenimitat gekauft. In Chinas neuer Wirtschaft stellte immer irgendwer von irgendwas Fälschungen her; es gab gefälschte Handys, gefälschte Pierre-Cardin-Büstenhalter und gefälschtes Schweinefutter. Ein gängiger Betrug bestand darin, Futtermittel mit – unverdaulichen – Rapsschalen zu strecken.

Es gab für alles eine logische Erklärung, die man aber in den abgelegenen Dörfern nicht kannte. Wunder segneten Willy; das Schicksal verfluchte Nancys Vater. In einem Jahr kaufte er ein Motorrad, um Waren zu transportieren, aber es kam zu einem Unfall. Dann versuchte er, Kaninchen zu züchten, doch die Tiere wurden krank und starben. Das Unglück lauerte überall.

Im letzten Hochschuljahr gelang es Willy schließlich, Nancys Angst vor dem Ausgehverbot zu zerstreuen. Der bevorstehende Abschluss stellte jedoch eine noch größere Bedrohung dar. Wenn sie die Lehrerstellen annahmen, die ihnen von der Regierung zugewiesen wurden, würden sie in ihren Heimatorten enden, die Hunderte Kilometer voneinander entfernt lagen.

In jenem Frühjahr kam der Direktor einer Privatschule aus der Provinz Zhejiang nach Fuling, um sich nach neuen Lehrkräften umzusehen. Es war ein alljährliches Ritual – die Anwerber kamen immer im April und hofften, das Einkommensgefälle zwischen den Küstenregionen und dem Landesinnern ausnutzen zu können. In einem Ort wie Fuling konnten sie hochkarätige Talente für einen Bruchteil des Gehalts anlocken, das im Osten üblich war.

Der für die Personalrekrutierung zuständige Schulleiter hieß Herr Wang. Er trug einen traditionellen Sun-Yat-sen-Anzug mit Messingknöpfen und einem kurzen steifen Kragen (Ausländer nennen ihn zuweilen Mao-Anzug). Herr Wang erzählte den Studenten, dass er der Kommunistischen Partei im Alter von sechzehn Jahren beigetreten sei. Er habe sein Leben dem chinesischen Bildungswesen gewidmet, und in den vergangenen Jahren habe er auf der Insel Yuhuan die Höhere Schule der Hundert Talente gegründet. Laut Herrn Wang hatte Yuhuan eine gut entwickelte Wirtschaft, und junge Menschen aus ganz China kämen dorthin, um in den Fabriken und Handelsunternehmen der Insel ein neues Leben zu beginnen. Lehrern, die dort ihre Arbeit aufnähmen, versprach Herr Wang eine kostenlose Unterkunft und ein monatliches Gehalt von achthundert Yuan – knapp neunzig Euro. Das war mehr als doppelt so viel wie Willy und Nancy als Lehrer in ihren Heimatorten verdienen konnten. Aber um sich auf den Weg machen zu können, mussten die Parteifunktionäre des Fachbereichs Englisch in Fuling damit einverstanden sein, die Personalakten des jungen Paares weiterzuleiten.

Willy und Nancy reichten ihre Anträge ein. Politisch gesehen standen ihre Bewerbungen auf wackeligen Füßen: Keiner von beiden war Mitglied der Kommunistischen Partei, und die Kader hatten sie nie sonderlich gemocht. Beide waren, neben anderen kleineren Übertretungen, wegen ihrer Liebesbeziehung gerügt worden. Als der Abschlusstermin näher rückte, war das letzte Wort zu den Personalakten noch immer nicht gesprochen.

Schließlich ergriff Willy die Initiative. Er fragte nie jemanden um Rat – Jahre später erklärte er mir, er sei einfach seinem »sechsten Sinn« gefolgt. Eines Abends begleitete er Nancy zu dem Haus des Sekretärs der Kommunistischen Partei des Fachbereichs Englisch. Der Parteisekretär war nicht besonders freundlich, und Willy hatte ihn nie gemocht; jetzt aber lächelte der Kader und bat das junge Paar herein. Er meinte, Yuhuan klinge nach einem guten Ort mit einer vielversprechenden Wirtschaft. Nur sei die Provinz Zhejiang weit entfernt, und die Übermittlung der Dokumente sei nicht einfach.

Willy erklärte, dass er um mehr als alles in der Welt in den Osten gehen wolle. Er nahm einen Briefumschlag, legte ihn auf den niedrigen Teetisch, der vor ihm stand, und sagte: »Bitte tun Sie mir den Gefallen.«

»Ich werde es versuchen«, sagte der Parteisekretär, und dann begleitete er das junge Paar zur Tür. Niemand verlor ein Wort über den Briefumschlag.

Ein anderer Beamter kümmerte sich um die Zuteilung der Arbeitsplätze von Hochschulabsolventen. Willy und Nancy besuchten die Wohnung des Mannes und vollzogen das gleiche Ritual. Jeder Briefumschlag enthielt fünfhundert Yuan; insgesamt entsprach das einem halben Jahreseinkommen von Willys Vater. Zum ersten Mal in seinem Leben hatte Willy einen Beamten bestochen.

Kurz vor dem Abschluss teilte die Hochschule Willy und Nancy mit, dass ihre Personalakten in den Osten geschickt worden seien.

Peter Hessler
The Wall Street Journal
7-2-63 Jianguomenwai Diplomatic Apartments
12. März 1999

Lieber Pete,
ich war wirklich froh, jetzt von Ihnen zu hören. Ich finde, der zusätzliche ausländische Yashua [Zahnbürste] von der anderen Seite des Pazifiks ist für China eine gute Nachricht. Wahrscheinlich liegen Sie gerade mit einem chinesischen Luder im Bett, wenn mein Brief Sie erreicht. Wie auch immer, lesen Sie ihn bitte, Sie können ihn als ›Viagra‹ benutzen ...

Mit dem Job in der Schule läuft es nicht so gut. Ich fühle mich sehr müde, wir arbeiten hier wie Kulis und werden diskriminiert. Wir haben hier nämlich eine alte Schlampe, die für die Gehälter zuständig ist, die für Sex nichts übrig hat und gemein ist, die an nichts Freude hat außer an Geld. Ein halbes Jahr ist vergangen. Ich fühle mich immer besser, und irgendwie bin ich auch froh, dass ich in die Provinz Zhejiang gehen konnte. Schließlich hat man hier mehr Möglichkeiten. Während ich mich noch immer mit der englischen Sprache abmühe, von der ich restlos begeistert bin, habe ich genug Selbstvertrauen, um eines Tages ein VIP zu werden und nicht mehr wie eine Zahnbürste zu sein. Inzwischen bin ich mit meinem Unterricht sehr erfolgreich. Sie und Adam sind für mich so etwas wie Ikonen des Unterrichtens ...

Pete, ich hoffe, dass Sie es bald schaffen, mich in Yuhuan zu besuchen. Meine Yahoo-Studenten haben ein unbändiges Verlangen, Sie zu sehen.

Übrigens habe ich einige Fragen an Sie.
1. Wofür steht KTV?
2. Wie heißt der Begriff (in der englischen Standardsprache) für Menschen, die in eine andere Stadt gehen, um ihren Lebensunterhalt zu verdienen (besonders Bauern aus Sichuan)?

3. Wie schreibt man DVD und VCD aus?
4. Möchten Sie ein chinesischer Amerikaner sein?
5. Wie viele Frauen möchten Sie haben?
6. Sind Sie noch immer impotent?
(Ihr Vogel kann sich nicht aufrichten?)
Viele Grüße
Willy

Nach der Ankunft in Yuhuan wurde Willy und Nancy klar, dass Herrn
Wangs Beschreibung der Insel nicht korrekt war. Zunächst einmal
war der Ort relativ unentwickelt. Die Stadt Wenzhou, die knapp
fünfzig Kilometer entfernt am Ou-Fluss lag, war die Boomtown der
Region. Zweitens gab es ein Problem mit Willys und Nancys Arbeits-
stellen. Tatsächlich existierten die hoch bezahlten Jobs gar nicht.
Herr Wang entschuldigte sich für das Missverständnis und gab ihnen
andere Stellen, die ihnen ungefähr die Hälfte des versprochenen Gehalts einbrachten. Aus dem zugesicherten freien Wohnraum wurde
ebenfalls nichts. Willy und Nancy mussten Privatzimmer in einem
Gebäude nehmen, in dem die Wohnverhältnisse so schlecht waren,
dass Willy von »meine sogenannte Wohnung« sprach.

Herr Wang trug jeden Tag den Sun-Yat-sen-Anzug, komplett zu-
geknöpft bis zum Kragen. Er war Mitte sechzig, hatte kurzes, weißes
Haar, ein kluges, rotes Gesicht und humpelte deutlich sichtbar. Er
ließ durchblicken, dass er sich die Verletzung während seines Diens-
tes für die kommunistische Revolution zugezogen hatte. Seine Frau
trug altmodische ›Befreiungsschuhe‹ aus Stoff und hielt einen Geldbeutel aus Seide so fest umklammert, dass er schwarz und fettig geworden war. Die Frau war für die Finanzen der Schule zuständig.
Wenn sie Willy und Nancy ihr Gehalt auszahlte, zog sie geheimnisvolle Gebühren und Bußgelder ab. Sie war das größte Scheusal, das
Willy jemals kennengelernt hatte.

Die Höhere Schule der Hundert Talente gab es ebenfalls nicht,
zumindest nicht an einem bestimmten Ort. Der Standort des
Campus wechselte fast jedes Jahr. Herr Wang organisierte kurzfristig Mietverträge für Gebäude, die erst halb fertiggestellt waren, oder für alte staatliche Schulgebäude, die man aufgegeben hatte. Die meisten Schüler kamen von entlegenen Inseln; ihre Eltern

schickten sie aus Verzweiflung in die Privatschule, weil die Kinder
die Aufnahmeprüfung für die staatliche höhere Schule nicht bestanden hatten. In China betrug die allgemeine Schulpflicht nur
neun Jahre.

Das Wirtschaftsimperium der Familie Wang war unbeständig,
aber vielfältig: Ein erwachsener Sohn von Herrn Wang war in der
Nähe geschäftlich tätig und züchtete Kampfhunde für die örtliche
Polizei. Herrn Wangs Büro war, so wie der Rest der Schule, ein Roh-
bau, in dem es, abgesehen von einem Schreibtisch und ein paar Büchern, keine Möbel gab. Der Titel des dicksten Buches lautete »Bericht über die berühmten Persönlichkeiten der Welt«, das die
Biografien erfolgreicher Einzelpersonen aus einer Vielzahl von Sach-
gebieten enthielt. Das Buch stand an prominenter Stelle auf Herrn
Wangs Schreibtisch. Besucher ermutigte er dazu, darin zu blättern.
Willy überflog das Buch, und stellte fest, dass er darin nur den Namen von Herrn Wang kannte. Die Biografie beschrieb detailliert dessen Liebe zu China, außerdem seine Karriere als hochdekoriertes
Mitglied der Kommunistischen Partei. Das Buch schilderte die vielen Fälle, in denen Herr Wang sein eigenes Geld eingesetzt hatte, um
armen Studenten zu helfen, die sich die Schulgebühren nicht leisten
konnten.

Nach zwei Monaten kündigte Nancy und kehrte nach Sichuan
zurück. Sie fand eine Lehrerstelle in ihrem Heimatort, wo ihr ein
Nachbar in der geduldigen, aber entschlossenen Art der Landbevöl-
kerung den Hof machte.

William Jefferson Foster nahm in diesem ersten Jahr ab. Er vermisste
Nancy, und er hasste die Höhere Schule der Hundert Talente jeden
Tag mehr. Die Einrichtung war in hohem Maße auf die zugezogenen
Lehrern angewiesen, die nur ein Drittel so viel wie die einheimischen
verdienten, denn Herr Wang wusste, wie schwer es für Fremde war,
einen neuen Job zu finden. Unterdessen warfen Schüler oft vorzeitig
das Handtuch, wenn sie merkten, dass die Schule eine Mogelpa-
ckung war, und Willys Gehalt wurde bei jedem Kind, das aufgab, gekürzt. Er konnte kaum noch Geld beiseitelegen.

In den Abendstunden lenkte er sich ab, indem er auf seinem Kurz-
wellenradio Voice of America hörte. Ursprünglich hatte die amerikani-

sche Regierung den Sender während des Krieges gegründet; das erste Programm wurde 1942, kurz nach der Bombardierung von Pearl Harbor, auf Deutsch ausgestrahlt. Seitdem war der Sender gewachsen und verfügte über Programme in fünfundfünfzig Sprachen. Laut ihrer Satzung war es Ziel der Voice, amtliche und zuverlässige Nachrichten zu liefern. Sie beschrieb sich selbst in einem allgemeinen, nicht politischen Sinne als »amerikanisch«. Aber nur relativ wenige Amerikaner hatten den Sender jemals gehört. Es war ihm gesetzlich untersagt, im eigenen Land aktiv zu werden, weil man befürchtete, dass jede von der Regierung finanzierte Nachrichtenquelle zu Propaganda würde. Es schien ein typisch amerikanisches Paradox zu sein: erst eine Stimme in die Welt setzen, dann die eigenen Bürger davor schützen, sie zu hören.

In Ausland dagegen gab es jede Woche schätzungsweise neunzig Millionen Hörer. In China war Voice of America äußerst populär – während der Pro-Demokratie-Demonstrationen 1989 sollen nach Angaben des Senders jede Woche mehr als sechzig Millionen Chinesen auf Empfang gegangen sein. Ein Jahrzehnt später hatten viele Chinesen in den großen Städten Zugang zu Internet und Kabelfernsehen, dennoch blieb VOA in kleineren Orten wie Yuhuan eine wichtige Informationsquelle. Gesendet wurde in Mandarin, Kantonesisch und Tibetisch.

Die Voice of America hatte auch Programme auf Englisch, einschließlich einer als Special English bekannten Variante. Die beste Beschreibung dieser Sprachform ist auf der Voice-Website zu finden, die ebenfalls in Special verfasst ist:

Drei Elemente machen Special English einzigartig: Es hat einen begrenzten Wortschatz von 1500 Wörtern. Meistens sind es einfache Wörter, die Objekte, Aktivitäten oder Emotionen beschreiben. Einige Wörter sind schwieriger. Sie werden zur Berichterstattung über weltweit wichtige Ereignisse verwendet und beschreiben Entdeckungen aus Medizin und Wissenschaft. Special English wird in kurzen, einfachen Sätzen geschrieben, die nur eine Aussage enthalten. Redensarten werden nicht verwendet. Zudem wird Special English in einem langsameren Tempo gesprochen, etwa zwei Drittel langsamer als Standardenglisch.

Special English war ein Produkt des Kalten Krieges. Als in den späten Fünfzigerjahren häufig Störsender der Sowjetunion den Empfang von Voice of America erschwerten, kamen die Verantwortlichen zu dem Schluss, dass eine einfachere Form der Sprache durch das Rauschen hindurch leichter zu verstehen sei. Zwar war es nicht als Hilfsmittel für den Unterricht gedacht, wurde aber innerhalb kurzer Zeit genau das. Millionen Menschen auf der ganzen Welt lernten Englisch mithilfe der Special-Sendungen.

Meine Schüler in Fuling lauschten andächtig, ahmten den Rhythmus nach, und bald sprachen auch Adam und ich so, wenn wir uns verständlich machen mussten. Wir waren in der Stadt die einzigen Muttersprachler, und nach ein paar Monaten setzten wir in der Konversation routinemäßig Special English ein, ohne es zu merken. In meinem ersten Jahr im Friedenscorps kam ein Freund aus New York zu Besuch und fragte, ob Adam und ich unsere Muttersprache verlieren würden. Immer wieder machte er uns darauf aufmerksam, dass wir mit ihm nicht wie mit einem Kind sprechen sollten.

Manchmal fragte ich mich, ob Special English das linguistische Spiegelbild von McDonald's war – eine langsame Fast-Food-Sprache. Allerdings lernte ich selbst Chinesisch, und ich bemerkte schon bald, dass ich mein eigenes Special Chinese entwickelte. Es war eine natürliche Methode, sich eine neue Sprache anzueignen: Zunächst lernt man grundlegende Satzstrukturen und den Grundwortschatz – ähnlich einem Maler, der zu Beginn die grundlegenden Elemente eines Porträts skizziert. Im Laufe der Zeit kommen komplexere Wörter und Sätze hinzu, die man mit dem bestehenden Fundament verknüpft. Es fühlte sich an, als ob man in einer groben Skizze der Welt lebte, auf der tagtäglich neue Einzelheiten sichtbar wurden.

In Yuhuan hörte Willy fast jeden Abend die Special-English-Sendungen. Wörter und Sätze aus verschiedenen Programmen schrieb er bunt gemischt in ein liniertes Notizbuch:

Die meisten Amerikaner schlafen samstagmorgens gern lang.
Special English
VOA
Washington
Präsident beenden Kosovo

gegenwärtig könnte nach Belgrad fliegen
hängen von dem Treffen ab

Den Themen lagen meist Nachrichten zugrunde, gelegentlich wurden sie von Sendungen über die amerikanische Kultur, Politik oder Geschichte ausgelöst:

Erdgeschoss: Kongressbibliothek
Am Kamin: George Washington
132 Zimmer, 20 Schlafzimmer
weiterhin 34 Badezimmer
Privatsphäre = weg/ein Weg aus der Öffentlichkeit
Räume, die Präsidenten und ihren Familien gehören, sind nicht
erlaubt zu besuchen, aber sie denken nie, dass diese Räume ihnen
gehören, sie besitzen es nicht.
Amerikanischem Volk gehört das Weiße Haus

Eines von Willys Lieblingsprogrammen auf Voice of America hieß »American Idioms« (Amerikanische Redensarten). Es stellte neue Formulierungen vor, die für Special English zu unklar oder zu kompliziert waren. Willy listete sie in seinem Tagebuch auf:

turn over a new leaf (einen Neuanfang machen)
see beyond one's nose (über den Tellerrand blicken)
turn up one's nose at (die Nase rümpfen über)
on spin and needles (auf glühenden Kohlen)

Leider war »American Idioms« frei von Obszönitäten, aber Willy spürte zusätzliche Unterlagen auf. Er fand ein in China veröffentlichtes Buch mit dem Titel »American Colloquialisms« (Amerikanische Umgangssprache). Seine wertvollste Entdeckung machte er jedoch in einem Antiquariat in Hangzhou mit dem »A Dictionary of English Euphemisms« (Wörterbuch englischer Euphemismen). Der Band befasste sich nahezu ausschließlich mit sexuellem, skatologischem und drastischem Vokabular. Als ich Willy einmal besuchte, schlug ich das Buch auf einer beliebigen Seite auf. Das erste Wort sprang mir sofort ins Auge:

Dominatrix *n.* (amerikanisch) 1. ein weiblicher Diktator.
2. ein weiblicher Sadist. 3. ein weiblicher Oberbefehlshaber
für Aktivitäten im Bereich des sexuellen Sadismus.

Während der Ferien zum chinesischen Neujahrsfest 1999 unternahm
William Jefferson Foster die lange Heimreise. Im Dorf Nummer
Zehn waren die meisten seiner ehemaligen Klassenkameraden aus
der Grundschulzeit ebenfalls weggezogen; die Männer arbeiteten in
der Regel auf dem Bau, die Frauen fanden Arbeit in Restaurants oder
Fabriken. Aufgrund seiner Ausbildung hatte Willy erwartet, erfolgreicher zu sein als seine Schulfreunde, tatsächlich aber hatte er kaum
genug sparen können, um die Reise zu bezahlen. Auf der anderen Seite der Provinz war für Nancy das Leben nicht einfacher. In der Dorfschule verdiente sie etwa knapp fünfundzwanzig Euro im Monat.
Der Bauer, der ihr den Hof machte, war komplett glatzköpfig.

Nancys Sicht auf ihr Schicksal hatte sich seit ihrer Heimkehr dramatisch verändert. Jetzt spürte sie, dass ihr Schicksal besiegelt war, wenn sie
im Dorf bliebe: der Job als Sackgasse, eine unerfüllte Ehe. Während der
Ferien reiste sie allein quer durch Sichuan, um Willy zu besuchen. Bevor
ihre Eltern die Reise erlaubten, musste sie ihnen versprechen, dass sie gegen Ende der Ferien zurückkehren würde. Sie glaubten, das Leben in der
Provinz Zhejiang sei für ein unverheiratetes Paar zu unsicher.

Aber kaum war Nancy wieder mit Willy zusammen, da dauerte es
nicht lange, und er hatte sie davon überzeugt, wieder in den Zug
Richtung Osten zu steigen. Er versprach ihr, dass sie nicht lange in
Yuhuan bleiben würden; an der Höheren Schule der Hundert Talente würden sie höchstens noch das Halbjahr beenden. Willy war sicher, dass es in Zhejiang bessere Jobs geben musste.

Eine Woche später war Nancys Eltern klar, was passiert war. Sie
riefen in der sogenannten Wohnung in Yuhuan an und beschimpften
Willy. Wenn Nancy am Apparat war, weinten sie und fragten, wer
sich um sie kümmern würde, wenn sie alt sein würden. Nach einer
Weile schalteten sie Verwandte ein, die das junge Paar anrufen und
einschüchtern sollten. Nancys ältere Cousine war am hartnäckigsten
– über eine Woche rief sie jeden Tag an. Jedes Mal schrie sie Willy an,
und dann wurde sie plötzlich ruhig. »Du bist verantwortlich«, sagte
sie. »Du bist für das verantwortlich, was du getan hast.«

18. April 1999

Lieber Pete, wie geht es Ihnen zurzeit?

Ich hoffe, Sie fühlen sich in Peking nicht einsam. Einige chinesische xiaojie werden sicher scharf auf Sie sein. Aber seien Sie lieber vorsichtig, manche chinesische Mädchen sind auch sehr unbeständig.

Es hat in den letzten Tagen ununterbrochen geregnet, ich fühle mich genau wie die Regentage ... Die Schule und alles, was damit zu tun hat, ödet mich etwas an und nervt mich. Für Unterricht bin ich nicht lange in der rechten Stimmung. Sobald ich auf dem Podest im Klassenzimmer stehe, hoffe ich, dass die Glocke läutet. Alle Schüler sind yahoos. Einige sind brutal und ungebildet. Viele wollen die Schule verlassen, während ich es versäumt habe, einigen den Weg nach draußen zu versperren ... viele yahoos merken, dass man sie hinters Licht geführt hat, sicher werden noch mehr Schüler flüchten ...

Am meisten bin ich noch daran interessiert, Englisch mit VOA und einem Wörterbuch der amerikanischen Umgangssprache zu lernen. Ich hoffe, dass ich schon bald richtig und ungehindert davon Gebrauch machen kann. Ich befürchte, dass meine Motivation nachlassen könnte, ich wünsche mir einen Ausweg ...

Yuhuan ist ein sehr kleiner Ort. Mit anderen Worten, er ist etwas abgeschottet von der wundervollen Außenwelt. Ich befürchte, dass ich Englisch nicht richtig nutzen kann, solange ich hier bleibe. Sie sehen, ich bin sehr eifrig, wenn es um die englische Sprache geht, die mein Leben lang meine bessere Hälfte sein soll ...

Übrigens, hat Ihr Pager die Nummer 6491-1166-56599? Muss ich die Vorwahl (010) wählen? Wie denken Sie über den Militäreinsatz der NATO gegen die jugoslawische Union?

Machen Sie es gut!

Viele Grüße

William Foster (gedruckt)

William Jefferson Foster (Unterschrift)

Zu Beginn des Ersten-Mai-Feiertags kaufte Willy ein neues Notizbuch und schrieb sorgfältig einen Titel auf die erste Seite:

Hör-Tagebuch
William Jefferson Foster, Gattin: Nancy Drew
1. Mai Neunzehn Neunzig-9

Nancys Nachnamen hatte Adam Meier in ihrem letzten Jahr in Fuling vorgeschlagen. Tatsächlich hatte das Paar nicht geheiratet, und es gab offiziell auch keine Heiratspläne. Früher wäre ihr Verhältnis ein Skandal gewesen: Ein junges, unverheiratetes Paar, das sich eine Wohnung teilt. Gelegentlich hatten sie Schwierigkeiten; einmal verweigerte man den beiden ein Zimmer in einer Pension in Wenzhou, weil sie keine Heiratsurkunde vorzeigen konnten. Aber solche Probleme waren selten, und niemand an der Höheren Schule der Hundert Talente regte sich darüber auf. Wanderarbeiter lernten gleich zu Beginn, dass die Einheimischen überhaupt nicht über sie nachdenken wollten.

In diesem Frühjahr lernte Willy weiter jeden Abend Englisch und führte sein Voice-of-America-Tagebuch:

Gipfeltreffen der NATO
(1) Halte Milosovic für Hitler, der ein Volk sterben lassen wollte
(2) Japaner
Streitfall Tibet, Streitfall Xinjiang
Einspruch gegen Einmischung in innere Angelegenheiten
Tibet ist genau wie der Kosovo
Forschung zeigt, dass Homosexualität nicht durch Gene verursacht wird
Bill Clinton Colorado Denver

Nach dem NATO-Bombardement wurden Willys Tagebucheinträge noch chaotischer:

8. Mai 1999
Wir haben keine andere Absicht
Militärgelände
sein tiefes Bedauern zum Ausdruck bringen
Kriegsverbrechen
Der Raketenangriff auf die chinesische Botschaft in Jugoslawien hat die chinesisch-amerikanischen Beziehungen stark intensiviert

9. Mai 1999
Belgrad soll Waffen in chinesische Botschaft verlagert haben
Chinesen geben Belgrad Geheimdienstinformationen –
Kollaboration
Humantiaratität Gemeinschaft
Auftrag Zugang – kooperieren
CIA
›Nieder mit den USA‹, ›Nieder mit der NATO‹

Willy rief mich in jener Woche häufig an. Er war um meine Sicherheit in Peking besorgt, und nachdem sich die Situation beruhigt hatte, sprachen wir regelmäßig miteinander. Einmal erwähnte er, er könne in der Hauptstadt nach Arbeit suchen, und ich versicherte ihm, dass ich in dem Fall mein Bestes geben würde, um ihm zu helfen.

Aber er beschloss, es erneut in Wenzhou zu versuchen. Er besuchte Jobmessen in der Stadt, aber niemand wollte einen jungen Sichuaner Lehrer mit einem Abschluss von einer unbekannten Hochschule am Jangtse einstellen. Eines Tages stieß er zufällig auf eine Zeitungsannonce, in der eine Lehrerstelle an einer Privatschule in Yueqing, einer Satellitenstadt außerhalb von Wenzhou, zu vergeben war. Er ging zu der Schule, wo die Verwaltungsleiterin ihn bat, zur Probe eine Unterrichtsstunde zu halten. In solchen Situationen war Willy immer gut: Er sprach mühelos Englisch, und vor einer Schulklasse fühlte er sich wohl. Nach seiner Vorführung bot die Frau ihm einen Job ab September an.

Die Verwaltungsleiterin machte auf Willy einen guten Eindruck, die Erfahrungen des vergangenen Jahres hatten ihn aber gelehrt, gegenüber Versprechungen misstrauisch zu sein. Nichtsdestotrotz gab es diese Schule: Sie hatte einen festen Standort mit einem Campus, der sich jedes Jahr an derselben Stelle befand. Er hielt das für ein gutes Zeichen. Je mehr er darüber nachdachte, desto mehr erkannte er, dass es ihm gar nicht schlechter ergehen konnte als in der Höheren Schule der Hundert Talente.

Kurz vor Ende des Sommers packten William Jefferson Foster und Nancy Drew heimlich ihre Sachen. Herr Wang glaubte, sie würden im neuen Semester unterrichten, und Willy gefiel der Gedanke, dass der Schulleiter in letzter Minute zwei Ersatzlehrer würde finden müssen. Willy und Nancy besaßen zusammen zwei Taschen, einen Fernseher, einen Haufen alte Decken und Ersparnisse in Höhe von rund hundertachtzig Euro. Sie verließen Yuhuan, ohne sich zu verabschieden.

Kapitel

3

Die Gebrochene Brücke

4. Juni 1999

In diesem Sommer wurde an den zehnten Jahrestag der Demonstrationen auf dem Tian'anmen-Platz erinnert. In der zweiten Maihälfte veröffentlichten die ausländischen Zeitungen entsprechende Artikel. Im Büro schnitt ich die Beiträge aus und legte sie unter T ab:

TEA (Tee)
THINK TANKS (Denkfabriken)
TIANMEN SQUARE (Tian'anmen-Platz)
TRADE FARES (Messen)
TRANSPORT

Das Problem mit dem Jahrestag war, dass es schwierig war, ein Ereignis zu erwähnen, über das die Chinesen nicht offen sprechen konnten. Während ich Meldungen ausschnitt, führte ich nebenher eine informelle Liste mit Begriffen aus der ausländischen Presse:

Brutales Vorgehen auf dem Tian'anmen-Platz
Massaker auf dem Tian'anmen-Platz
Hartes Durchgreifen auf dem Tian'anmen-Platz
Die blutige Unterdrückung von prodemokratischen De-
monstrationen auf dem Tian'anmen-Platz
Brutales Vorgehen am 4. Juni
Die blutige Niederschlagung auf dem und um den Tian'an-
men-Platz herum
Der 4. Juni 1989, militärische Niederschlagung der Demons-
trationen
Das harte Durchgreifen gegen demonstrierende Studenten in
der Nähe des Tian'anmen-Platzes

In den Pekinger Zeitungen las man kein Wort darüber; seit 1989 hatten die staatlich kontrollierten Medien das Ereignis nur selten bestätigt. Der Durchschnittschinese nannte es einfach *liu si:* 4. Juni. In
den Provinzen hatte man den Vorfall nur verschwommen wahrgenommen. Als ich in Fuling lebte, fragten mich einige gute Freunde allen Ernstes, ob bei der Niederschlagung Studenten zu Tode gekommen seien. In Peking, wo viele Bürger auf die Straße gegangen waren,
stellte sich niemand ernsthaft die Frage nach dem Ob. Die Menschen erinnerten sich nur zu gut an einzelne Szenen, aber das große
Ganze blieb ein Rätsel. Niemand wusste genau, wie die Niederschlagung abgelaufen oder wie hoch die Zahl der Todesopfer war. Die
meisten ausländischen Publikationen schätzten, dass Hunderte ihr
Leben verloren hatten.

Die Informationen reichten gerade aus, um zu wissen, dass die
landläufigen Beschreibungen der Geschehnisse nicht ganz korrekt
waren. Die meisten Opfer hatte es außerhalb des Tian'anmen-Platzes gegeben, in verschiedenen Straßen überall in der Stadt, vor allem
im Westen. Und die Niederschlagung hatte bereits am Abend des
3. Juni begonnen, nicht am vierten. Als 1989 die Gewalt in der Stadt
um sich griff, verbreitete ein mutiger chinesischer Journalist eine
Nachricht über das offizielle englische Radioprogramm der staatlichen Medien: »Hier ist Radio Beijing International. Bitte behalten
Sie den 3. Juni 1989 in Erinnerung. Etwas furchtbar Tragisches ist in
der chinesischen Hauptstadt Peking geschehen. Tausende von Men-

schen, die meisten unschuldige Zivilisten, wurden von schwer bewaffneten Soldaten getötet ...«

Zehn Jahre später hatten die meisten Gedenkstätten das Datum leicht verschoben, und als Ort des Geschehens hatte man sich auf den Platz konzentriert. Trotz einiger Ungenauigkeiten im Detail war die Erinnerung in ihren Grundzügen wahrscheinlich genauso stark, wie der Journalist es sich gewünscht hatte. Berichten zufolge hatte man ihn mit mehreren Jahren Umerziehung außerhalb der Hauptstadt bestraft.

Am Tag des 4. Juni gingen Korrespondenten des »Wall Street Journal« und ich abwechselnd zum Tian'anmen, um nachzusehen, ob es irgendwelche Gedenkveranstaltungen gab. Wir verpassten die beiden wichtigsten Demonstrationen, an denen jeweils genau eine Person teilnahm und die nur ein paar Sekunden dauerten. Ein Mann mittleren Alters öffnete einen weißen Regenschirm, der mit einem handgeschriebenen Slogan dekoriert war:

ERINNERT EUCH AN DIE STUDENTENBEWEGUNG
VERTEILT DAS VERMÖGEN AN DAS STAATSVOLK

Beamte in Zivil schoben den Mann schnell zur Seite, aber ein Associated-Press-Fotograf fing die Szene ein. Etwas später warf ein Student mit Flugblättern um sich und wurde sofort festgenommen. Die Flugblätter enthielten regierungsfeindliche Parolen, außerdem den Satz: NIEDER MIT DEM AMERIKANISCHEN IMPERIALISMUS.

Ich übernahm die späte Nachmittagsschicht. Den Platz selbst hatte man abgeriegelt – praktischerweise wurde er für den bevorstehenden fünfzigsten Jahrestag der Gründung der Volksrepublik saniert. Aber es gab noch immer einen offenen Bereich vor dem Tian'an Men, dem Tor des Himmlischen Friedens. Es war ein sonniger Tag. Touristen aus den Provinzen unterhielten sich und machten Fotos mit dem Porträt des Vorsitzenden Mao im Hintergrund.

Wenig später fiel mir auf, dass einige Leute in der Menge nicht wie Touristen aussahen. Viele der Männer, die zumeist in den Dreißigern und Vierzigern waren, hatten einen Bürstenhaarschnitt. Sie waren schlecht gekleidet, mit abgetragenen Hosen und billigen Ano-

raks. Sie sahen nicht gebildet aus. Sie schienen auch keine schöne
Zeit zu haben – sie lächelten nicht, machten keine Fotos und kauften
keine Souvenirs. Sie lungerten und trödelten herum; sie schlichen
umher und schauten sich um. Sie verschwendeten ihre Zeit. Einer
stand mitunter direkt hinter einer Gruppe Touristen, die sich unterhielten, so als wolle er sie belauschen. In regelmäßigen Abständen
schlenderte ein Mann mit Bürstenhaarschnitt zu einem anderen
Mann mit Bürstenhaarschnitt, sagte etwas, und schlenderte weiter.
Mehrere hielten zusammengerollte Zeitungen in ihren Händen. Ich
sah, wie einer seine Zeitung hob, sie neben sein Gesicht hielt und zu
ihr sprach. Ich ging neugierig an ihm vorbei und warf heimlich einen
Blick zur Seite. In der zusammengerollten Zeitung sah ich schwarzen
Kunststoff – ein Walkie-Talkie.

Eine Stunde lang schaute ich mir die Männer in Zivil an, die zugleich die einzig sichtbare Gedenkveranstaltung auf dem Platz waren. Anschließend fuhr ich mit dem Rad zu der muslimischen Teigta-
schen-Kneipe in Yabaolu, um früh zu Abend zu essen. Während ich
aß, hielt ein Rikscha-Fahrer am Straßenrand und fragte, ob er sich zu
mir an den Tisch auf dem Bürgersteig setzen könne, um sein Fahrrad
im Blick zu haben. Er bestellte eine Flasche *baijiu* und eine Schale
Erdnüsse. Er goss Essig über die Erdnüsse und verzehrte sie zum
Schnaps. Den *baijiu* kippte er schnell hinunter und verzog dabei keine Miene. Seine nackten Beine sahen hart und verknotet aus, so als
hätte man sie aus einem Klotz altem Hartholz geschnitzt.

Zum Abendessen war es noch zu früh, und wir waren die einzigen
Kunden. Der Besitzer, ein gebürtiger Pekinger, döste in der Nähe,
die Arme verschränkt auf einer schmutzigen Tischplatte. Der Rikscha-Fahrer erzählte mir, dass er im Sommer etwa zehn Euro oder
mehr pro Tag verdienen könne. Er war Mandschure und stolz darauf.
Er schilderte, wie die Mandschuren die Qing-Dynastie gegründet
hatten und China fast dreihundert Jahre lang regierten. Sie waren ein
kriegerisches Volk, die Han-Chinesen hätten ihnen nicht das Wasser
reichen können; sogar die Kaiser der Qing hätten gewusst, wie man
richtig kämpfe. Es war eine tolle Sache, Mandschure zu sein.

Als der Rikscha-Fahrer die Erdnüsse verspeist hatte, weckte er
den Besitzer und bestellte eine riesige Schüssel Teigtaschen. Er tunk-
te sie, wie zuvor die Erdnüsse, in den Essig ein. Ich hatte lange nie-

manden gesehen, der so viel aß. Aus Neugier fragte ich ihn, welches Datum wir hätten. Er wusste es nicht, deshalb wandte er sich an den Restaurantbesitzer.

»4. Juni«, sagte der Chef sofort. Er kreuzte zwei Finger und bildete so das chinesische Schriftzeichen für zehn: 十. Sein Gesicht war völlig ausdruckslos. Er sagte: »Zehnter Jahrestag.«

In Yabaolu besorgte ich mir häufig bei Polat Informationen. Er schien jeden im Viertel zu kennen, und seine Kontakte waren exzellent. Als Heineken Anfang Juli in einem Park in der Nähe ein ausländisches Musikfestival sponserte, besorgte Polat einen Stapel Arbeitsausweise. Während einer Jazz-Nummer stand ein halbes Dutzend von uns um die Bühne herum. Nie zuvor hatte sich in der Hauptstadt so wenig überzeugendes Wartungspersonal versammelt: ein amerikanischer *clipper,* zwei uighurische Mittelsmänner, ein chinesischer Kleiderhändler und zwei weitere Chinesen, die am Arbeiterstadion als Wachleute eingesetzt wurden. Indem er die Wachleute in den Jazz einführte, hatte sich Polat zugleich den freien Eintritt für alle bevorstehenden Fußballspiele gesichert.

Zusammen verbrachten wir beide oft Stunden auf der Terrasse des uighurischen Restaurants, tranken das im Gully gekühlte Bier und beobachteten die vorbeigehenden Menschen. Wenn mir ein Händler auffiel, fragte ich Polat, und in der Regel kannte er dessen Lebensgeschichte – aus welchem weit entfernten Land er kam, mit welchem ungewöhnlichen Produkt er handelte. Es war immer ein schlechtes Zeichen, wenn er jemanden nicht kannte. Die bärtigen Afghanen waren ein unbeschriebenes Blatt; es kursierten Gerüchte, dass sie mit Edelsteinen und Opium handelten, aber Polat wusste es nicht genau. Die Nordkoreaner waren ebenfalls ein Rätsel. Ihre Botschaft befand sich ein Stück die Straße hinunter, nur wenige Meter von dem uighurischen Restaurant entfernt. Eine riesige Anlage, deren Eingangstor mit Propagandafotos dekoriert war: glückliche, singende koreanische Kinder, glückliche koreanische Truppen, die Kim Jong-il inspizierte.

Gelegentlich gingen nordkoreanische Diplomaten am uighurischen Restaurant vorbei. Ich sah nie einen allein, sie waren immer zu zweit – Männer in dunklen Anzügen, die in dem andauernden Strom aus Händlern, Großhändlern und Prostituierten steif und fremd wirkten. Polat deutete immer auf die verräterischen Kim-Il-sung-Abzeichen an ihrem Revers, außerdem pickte er die Fahrzeuge der nordkoreanischen Botschaft heraus, die an den Anfangsnummern der Diplomatenschilder (133) zu erkennen waren. Die Nordkoreaner fuhren schwarze, in China hergestellte Audis. Es war unmöglich, durch die getönten Scheiben hindurchzusehen. Die Botschaft war noch geheimnisvoller – kein Lebenszeichen hinter den Propagandafotos. Das große Eingangstor war immer geschlossen.

An einem Abend im Juni traf ich Polat im uighurischen Restaurant, um ein paar Hundert Dollar zu wechseln. Er bestellte drei Bier, was darauf hindeutete, dass er eine Weile bleiben würde. Zu abendlichen Geschäftsterminen verabredete er sich häufig am Restaurant, wo Devisenhändler ihre Wagen direkt auf dem Bürgersteig abstellen konnten. Solange Polat weniger als vierzigtausend US-Dollar mit sich herumtrug, hatte er kein Problem damit, die Geschäfte in den Fahrzeugen abzuwickeln. Bei größeren Beträgen ging er in der Nachbarschaft in das Büro eines Freundes. Der höchste Einzelbetrag, den er je wechselte, waren zweihunderttausend Dollar.

Der Chef des uighurischen Restaurants öffnete den Gullydeckel und nahm das Bier heraus. Ich wartete, bis wir mit der zweiten Flasche begonnen hatten, bevor ich das Geld auf den Tisch legte. Polat erklärte mir, dass der Wechselkurs in Yabaolu am Morgen bei 8,86 Yuan für einen Dollar gelegen habe, am Nachmittag jedoch auf 8,84 gefallen sei. Er bot mir aus Höflichkeit 8,85 an. Bei den Banken waren nicht mehr als 8,26 drin, was dem offiziellen Kurs der Regierung entsprach. Die chinesische Währung war nicht konvertierbar und an den Dollar gekoppelt; es gab keine wesentlichen Kursänderungen – außer auf dem Schwarzmarkt. Eine Woche zuvor hatten die Yabaolu-Händler neun für einen Dollar gezahlt.

»In dieser Woche ist er gefallen, weil einer der großen Bosse in Peking eine Lieferung Bargeld nicht nach Hongkong schaffen konnte«, erklärte Polat. »Diese Dollar sind noch immer in Shenzhen, und der Kurs wird erst wieder steigen, wenn sie rübergehen.«

Ein extrem komplexes System aus Gerüchten und Nachrichten trieb den Schwarzmarkt an. Aus meiner Sicht machte es kaum Sinn, Polat dagegen fand es absolut plausibel; er hob oft zu langen Erklärungen darüber an, wie etwa verschärfte Anti-Korruptionsmaßnahmen an einer Grenze zu Kasachstan eine leichte Reaktion – eine Veränderung um einen Dezimalpunkt – in Peking ausgelöst hatten. Ich hörte mir die Geschichten gern an, besonders nach einem Tag *clipping* beim »Wall Street Journal«. Matt Forney, einer der Journal-Reporter, war für Qualcomm zuständig, ein amerikanisches Telekommunikationsunternehmen, das ein neues Mobilfunksystem in China etablieren wollte. Manchmal schwankte der Kurs der Qualcomm-Aktie an einem Tag um drei oder vier Punkte, und das nur wegen Matts Artikeln. Seine Berichte hingen immer von subtilen Hinweisen ab – von einer undichten Stelle in einer Firma oder von einem Regierungsstatement aus zweiter Hand. Die Hinweise waren widersprüchlich, so dass die Qualcomm-Aktie das ganze Jahr über wie verrückt hin und her sprang. Ich überlegte, dass ich eine Art Huckepack-Handel betreiben könnte, falls es mit der Selbstständigkeit nicht klappen sollte, indem ich die Insiderinformationen eines *clipper* mit dem Yabaolu-Geldwechsel-Gerüchte-Netzwerk kombinierte.

Schnell tranken wir das zweite Bier aus. Ein weißer Mann und eine asiatische Frau setzten sich an einen Tisch auf der anderen Seite der Plattform. Sie sah nicht wie eine Chinesin aus, und ich erkundigte mich bei Polat nach ihr.

»Sie ist Nordkoreanerin«, sagte er. »Ihre Eltern wurden während des Koreakriegs zu Waisen.« Er gebrauchte diese Bezeichnung für den Krieg bewusst anstelle der chinesischen Standardformulierung *Kangmei Yuanchao Zhanzheng* (Krieg zum Widerstand gegen die USA und zur Unterstützung Koreas).

»Nach dem Krieg nahm Stalin einige dieser Waisen auf«, erklärte Polat. »Viele von ihnen brachte er nach Usbekistan, wo sie adoptiert wurden. Genau das widerfuhr auch ihren Eltern; sie wuchsen dort auf und lernten sich als Erwachsene kennen. Diese Frau wurde in Usbekistan geboren und kommt nun nach Peking, um Handel zu treiben.«

Ich fragte, ob sie koreanisch spreche.

»Sie alle haben ihre Sprache vergessen«, sagte Polat. »Heute sind sie wie ganz normale Usbeken.«

Wir bestellten zwei weitere Biere. Ein schwarzer Audi kurvte langsam aus östlicher Richtung heran und hielt am Straßenrand. Polat entschuldigte sich, nahm seine lederne Geldtasche und stieg ins Auto. Die Fenster waren verdunkelt, der Motor lief weiter. Als er sich wieder an den Tisch setzte, konnte ich die Kühle der Klimaanlage spüren, die in seiner Kleidung steckte.

»Das war einer der größten Geldwechsler in Yabaolu«, sagte er. »Sein Freund ist Pilot bei Air China. Manchmal hilft er ihm, die amerikanischen Dollar außer Landes zu schaffen.«

Als es zu dämmern begann, bestellten wir Nudeln und gegrilltes Lamm. Die koreanisch-usbekische Frau und ihr Begleiter beendeten ihr Essen, bezahlten und gingen. Ich fragte mich, ob sie froh darüber war, dass ihre Eltern nach Usbekistan verpflanzt worden waren. Wahrscheinlich hatten sich die Dinge zu ihren Gunsten entwickelt, aber bei vielem in Yabaolu konnte man sich nicht sicher sein.

Später in jenem Sommer unternahm ich eine Recherchereise in eine chinesische Stadt namens Dandong, die diesseits des Yalu-Flusses gegenüber von Nordkorea liegt. Ich dachte, ich könnte an der Grenze zu einem solch isolierten Land etwas finden, über das es sich zu berichten lohnte. Als ich das gegenüber Polat erwähnte, lachte er und sagte, dass Nordkorea einer der Orte sei, die China gut aussehen ließen.

An meinem dritten Tag in Dandong wachte ich um zwei Uhr in der Früh mit einem Dieb in meinem Hotelzimmer auf. Es war ein Mittelklassehotel, knapp zehn Euro pro Nacht, und Dandong war eine mittelgroße chinesische Stadt, ein Ort, den man kaum beachten würde, läge er nicht am Grenzfluss zu Nordkorea. Aber die Nähe zum Einsiedler-Königreich änderte alles. Dandong warb für sich als »Chinas größte Grenzstadt«. Entlang des Flussufers waren Fernrohre aufgereiht, die von Touristen gemietet werden konnten. Die meisten Touristen waren Chinesen, die hofften, ihren ersten Blick auf eine ausländische Nation werfen zu können. Schilder neben den Fernrohren verkündeten: VERLASSEN SIE DAS LAND FÜR NUR EINEN YUAN! Für zehn Yuan konnte man eine Fahrt mit einem Schnellboot unternehmen und sich die Nordkoreaner genauer anschauen, die während der Nachmittagshitze in den flachen Bereichen auf ihrer Seite des Flussufers schwammen. An Glück verheißenden Hochzeitstagen war es in Dandong üblich, dass chinesische Brautleute sich ein Boot mieteten, eine Rettungsweste über die Hochzeitskleidung streiften und am nordkoreanischen Ufer entlangsurrten.

Es gab viel, worüber man in Dandong nachdenken konnte. Wahrscheinlich hatte ich deshalb vergessen, in der Nacht mein Fenster zu schließen. Weil sich mein Zimmer im ersten Stock befand, dachte ich, ich wäre vor Eindringlingen sicher, aber ich hatte den fußbreiten Sims nicht bemerkt, der knapp unterhalb des Fensters verlief. Ich hatte mir auch nicht die Mühe gemacht, meinen Gürtel mit Geld und den Pass unter das Kopfkissen zu legen, was ich normalerweise auf Reisen immer tat. Ich hatte sie auf einer Kommode liegen lassen, zusammen mit meiner Kamera, der Brieftasche, dem Reporter-Notizbuch und einem Paar Shorts. Als ich aufwachte, war der Dieb gerade dabei, alles zusammenzuraffen. Einen Augenblick lang bewegte sich keiner von uns beiden.

Wenn man in zwei Sprachen lebt, gibt es Augenblicke, in denen Grenzen verschwinden. In China weckte mich manchmal mitten in der Nacht ein Anruf, und ich brauchte einen Moment, um die Stimme am anderen Ende zu verstehen – ein alter Freund aus den USA. Dann wieder unterhielt ich mich auf Chinesisch, und plötzlich fiel mir ohne ersichtlichen Grund ein englisches Wort ein. Träume, in denen sich die Sprachen vermischten, waren keine Seltenheit. In den merkwürdigsten tauchten Menschen auf, die ich aus Missouri kannte und die chinesisch sprachen. Wenn ich dann aus den Träumen erwachte, lag ich im Bett und fragte mich, wie das Unterbewusstsein die tiefen Schichten von Sprache und Erinnerung vermischen konnte. Ich vermutete, dass ich das, was ganz tief in mir lag, vielleicht in einer plötzlichen Krise kennenlernen könnte.

In Dandong saß ich kerzengerade im Bett und schrie: »Scheißkerl!« Der Dieb drehte sich um und rannte zur Tür, meine Sachen im Arm. Ich war aus dem Bett gesprungen, bevor ich das Wort ein zweites Mal geschrien hatte. Beim dritten »Scheißkerl!« sprintete ich, so schnell ich konnte, den Flur hinunter. Es gab dort kein Licht; die schattigen Hotelzimmertüren huschten vorüber. Meine Stimme dröhnte, als sie von den Wänden zurückhallte: »Scheißkerl!« Der Dieb lief schnell, aber ich gewann bei jedem Schritt an Boden. Wir stürmten um eine Ecke und schlidderten über den billigen Fliesenboden. Ich war barfuß, trug nur ein Paar Boxershorts. Am Ende des Flurs befanden sich ein Ausgang und ein Treppenhaus, und dort packte ich ihn.

Ich schlug den Mann, so hart ich konnte. Er wehrte sich nicht; in seinen Händen hielt er meine Sachen. Jedes Mal, wenn ich zuschlug (»Scheißkerl!«), ließ er etwas fallen. Ich schlug ihn, und meine Kamera kam zum Vorschein (»Scheißkerl!«); ich schlug wieder zu, und da war auch schon mein Geldgürtel (»Scheißkerl!«); ein weiterer Schlag und meine Shorts flogen durch die Luft (»Scheißkerl!«). Geldbörse, Notizbuch, Reisepass – ich ließ alles auf dem Boden liegen. Die Wut hatte mich voll im Griff, und ich schlug selbst dann noch zu, als er alles fallen gelassen hatte. Er wollte jetzt nur noch fliehen und rannte zurück in den Flur, drehte verzweifelt an Türknöpfen: verriegelt, verriegelt, verriegelt. Ich lief hinter ihm her: schrie, packte zu, schlug zu. Zu guter Letzt fand er eine unverschlossene Tür, die zu einem offenen, zwei Stockwerke hohen Fenster führte, und dort sprang er.

Ich wäre beinahe hinter ihm hergesprungen. Ich war den ganzen Weg bis zum Fenster gerannt und so in Fahrt, dass mein Körper regelrecht durch den Raum getragen wurde. Und dann schien es, als wäre ich plötzlich aufgewacht. Ich blickte nach unten und sah, dass der Dieb Glück gehabt hatte – unter diesem Teil der zweiten Etage gab es einen breiten Überstand. Ich hörte auf zu schreien; plötzlich war die Nacht still. Ich hörte die Schritte des Mannes, als er um die Ecke des Gebäudes rannte. Er lief immer noch schnell.

Auf die Wut folgte der Schmerz. Während des Kampfes hatte ich mir den dritten Finger der linken Hand ausgerenkt – er muss aus der Gelenkpfanne gezogen worden sein, als ich den Mann packte. Der Nachtmanager des Hotels begleitete mich in das örtliche Krankenhaus, wo wir den Arzt weckten, der Nachtdienst hatte. Er gähnte, steckte den Finger zurück an seinen Platz und machte eine Röntgenaufnahme. Das Gelenk sah noch immer verkrümmt aus, also zog der Arzt den Finger noch mal heraus und versuchte es erneut. Diesmal funktionierte das Röntgengerät nicht; ich sollte später am Morgen wiederkommen, wenn ein Techniker Dienst hatte. Wir gingen zur Polizeistation, um das Verbrechen zu melden. Benommen antwortete ich auf Fragen und füllte Formulare aus; ich war immer weniger dazu in der Lage, ein Gespräch auf Chinesisch zu führen. Um fünf Uhr war ich endlich wieder im Bett. Ich konnte nur schlecht schlafen.

Ein paar Stunden später kam der Hotelbesitzer, um mich persönlich zurück ins Krankenhaus zu begleiten. Er war ein gut aussehender Mann mit gegeltem Haar, das blau-schwarz in seine Stirn hing. Er trug ein neues, weißes Button-down-Hemd und eine gut gebügelte Freizeithose. Er entschuldigte sich überschwänglich für den Raubüberfall und stellte sich vor.

»Ich heiße 李鹏 «, sagte er.

Ich konnte es nicht glauben: »Li was?«

»Li Peng.«

»Der gleiche Name wie der frühere Premierminister?«

»Ja«, sagte er. Der Mann lächelte müde, und ich konnte sehen, dass ich nicht der Erste war, der diese Beobachtung gemacht hatte. Im Sommer 1989 hatte Li Peng den Kriegsrechtsbeschluss offiziell verkündet, und viele Durchschnittschinesen brachten ihn mit dem brutalen Vorgehen in Verbindung. Später berichtete eine Hongkonger Zeitung, dass aufgebrachte Bürger zwanzig Einwohner von Peking, die zufällig auch Li Peng hießen, angerufen und beschimpft hatten. Mindestens einer von ihnen hatte auf dem Rechtsweg eine Namensänderung beantragt. Zehn Jahre später waren Li-Peng-Witze unter chinesischen Intellektuellen beliebt geworden.

»Ist Ihnen Li Peng sympathisch?«, fragte ich den Hotelbesitzer.

»Nein,« sagte er mit Nachdruck auf Englisch. Es war klar, dass er lieber über andere Themen sprach. Er erkundigte sich nach dem Raubüberfall.

Ich hatte der Polizei bereits alles über den Dieb erzählt, woran ich mich erinnerte: Er hatte schwarze Haare und war zwischen zwanzig und vierzig Jahre alt. Er war kleiner als ich. Ich würde ihn nicht wiedererkennen, wenn ich ihn sehen würde.

Diese ungenaue Beschreibung störte die Polizisten: Wie können Sie sich einen Finger an einer anderen Person brechen und sich dann überhaupt nicht mehr an sie erinnern? Mich störte das auch. Ich konnte mich sehr deutlich an Details der Jagd erinnern – aus irgendeinem Grund hatte ich ein besonders lebendiges Bild von einem abgedunkelten Flur mit aufblitzenden Türen. Vor meinem inneren Auge konnte ich auch das Treppenhaus sehen und meine Kamera, die durch die Luft hüpfte, und das offene Fenster. Ich konnte noch immer das Echo des Wortes hören, das ich gerufen hatte. Am besten erinnerte ich mich noch an die überwältigende Wut; die Erinnerung daran beunruhigte mich. Und dennoch waren die Konturen des Diebes verschwommen. Li Peng runzelte die Stirn.

»War es ein Kind?«, fragte er.

»Nein«, sagte ich. »Kein Kind.«

»Aber wie konnten Sie ihn so leicht fangen?«

»Ich weiß es nicht.«

»Gibt es Diebe in Ihrem Amerika?«

Ich sagte Li Peng, dass es Diebe in Amerika gebe, aber sie trügen Waffen, und man laufe nicht hinter ihnen her.

»Die meisten Diebe hier in China haben Messer«, sagte er nachdenklich. »Welche Diebe tragen denn keine Messer? Deshalb denke ich, dass es ein Kind war.«

»Es war kein Kind. Da bin ich mir ganz sicher.«

»Aber warum hat er sich nicht gewehrt? Warum konnten Sie ihn so leicht festhalten?« Li Peng klang fast enttäuscht.

»Ich weiß es nicht«, sagte ich.

Die Polizei hatte ähnliche Fragen gestellt, und langsam nervte es mich. Als wir den Ablauf Revue passieren ließen, stellte sich eine Reihe an Fragen: Vor allen Dingen schämten sich die Leute, dass man in ihrer Stadt einen Ausländer überfallen hatte. Nachdem man diese bedauerliche Tatsache zugegeben hatte, erschien als fast noch größere Schande, dass der Ausländer den Dieb erwischt hatte. Nur ein ungewöhnlich unfähiger Krimineller würde sich von einem Ausländer um zwei Uhr morgens verdreschen lassen, und deshalb musste mit ihm etwas ganz und gar nicht gestimmt haben. Die Polizei schlug verschiedene Ausreden vor: Er musste betrunken gewesen sein, oder er war ein Krüppel oder ein Wanderarbeiter, der völlig verarmt war. Dandong, betonte die Polizei, sei eine moderne, eine ordentliche Stadt mit einer wachsenden Tourismusindustrie. Keine dieser Städte, in der Ausländer mitten in der Nacht mit hergelaufenen Dieben in ihrem Zimmer aufwachen.

Niemand schien ernsthaft eine weitere Möglichkeit in Erwägung zu ziehen: dass der Mann ein Flüchtling aus Nordkorea war. Die Polizei hatte mir versichert, dass es an diesem Grenzabschnitt nur wenige Flüchtlinge gab, weil Sinuiju, die nordkoreanische Stadt auf der anderen Seite des Flusses, nicht so arm wie der Rest des Landes war. Nach Angaben von Einwohnern von Dandong, die Verwandte dort hatten, aßen die Menschen in Sinuiju zweimal am Tag. Aber weiter östlich, wo die Folgen des Hungers in Verbindung mit einer hirnlosen Wirtschaftspolitik besonders brutal waren, flohen jedes Jahr schätzungsweise siebzigtausend Nordkoreaner nach China. Es schien durchaus wahrscheinlich, dass es mindestens eine Handvoll von ihnen bis nach Dandong geschafft hatte. Diese Möglichkeit beunruhigte mich: Während die Einheimischen davon ausgingen, dass der Dieb gehandicapt war, sah ich ihn lieber als völlig gesund an. Ich wollte, dass er erfahren, clever und laufstark war – ein würdiger Gegner. Ich wollte, dass er ein Chinese war, kein Nordkoreaner. Mich irritierte der Gedanke, dass ich brutal auf einen Mann eingeschlagen hatte, der möglicherweise verhungerte.

Li Peng und ich schwiegen eine Weile, dann fiel ihm noch eine andere Möglichkeit ein. »Wahrscheinlich war er heroinabhängig. Das würde erklären, warum er so schwach war.«

»Gibt es viele Heroinabhängige in dieser Gegend?«, fragte ich.

»Oh, nein«, sagte Li Peng rasch. »Ich glaube nicht, dass es in Dandong überhaupt welche gibt.«

Die größte Attraktion der Stadt war die Gebrochene Brücke über den Yalu, die einst Dandong und Sinüiju verbunden hatte. Im November 1950, dem ersten Jahr des Koreakriegs, als General MacArthurs Truppen in Richtung chinesische Grenze vorrückten, zerstörten amerikanische Bomber den größten Teil der Brücke. Nachdem die Chinesen ihre Hälfte des Bauwerks wiederhergestellt hatten, öffneten sie es 1993 für den Tourismus. Besucher konnten über die Brücke spazieren, sich die zerbombte Ruine anschauen, die mitten im Fluss endete, und einen Yuan zahlen, um durch ein Fernrohr auf die andere Seite zu starren. Die Nordkoreaner hatten ihren Teil des Bauwerks nicht wiederhergestellt. Eine Reihe verlassener Pfeiler bildeten Punkte in dem klar dahinfließenden Yalu und endeten am gegenüberliegenden Ufer.

Eines Morgens stand ich auf der chinesischen Brücke und fragte den Mann, der für das Fernrohr zuständig war, was die Nordkoreaner gerade machten.

»Sie schwimmen«, sagte er.

Ich zahlte und blickte durch das Okular. Am anderen Ufer stand ein hübsches nordkoreanisches Mädchen in einem altmodischen, rot-weiß gestreiften Badeanzug mit Röckchen. Sie zitterte, als sie in den Fluss schritt. Hinter ihr scharten sich Kinder um einen Erwachsenen – vielleicht ein Lehrer. Ich suchte mir einen Frechdachs heraus und folgte ihm mit dem Fernrohr. Er rempelte einen anderen Jungen an, hopste um die Gruppe herum und bewarf ein Mädchen mit Sand. Der Lehrer schimpfte mit ihm. In der Nähe stand ein Soldat mit geschultertem Gewehr. Die runde Linse des Fernrohrs rahmte all diese Figuren ein, und eine Minute lang verlor ich mich in der geschlossenen Welt. Dann fragte mich der Fernrohr-Verleiher nach meiner Nationalität. Ich trat von dem Okular zurück und antwortete ihm.

»Wenn Amerika und China heute Krieg führen würden, wer, glauben Sie, würde gewinnen?«, fragte er.

»Ich glaube nicht, dass Amerika und China heutzutage noch Krieg führen werden.«

»Aber wenn sie es täten«, sagte er, »wer, glauben Sie, würde gewinnen?«

»Ich weiß es wirklich nicht«, sagte ich. Der Zeitpunkt schien günstig, um ihn zu fragen, wie die Geschäfte liefen. Er sagte, sie liefen gut; neben dem Fernrohr hatte er einen Fotostand, an dem Touristen sich in Schale werfen und Bilder von sich mit der Gebrochenen Brücke im Hintergrund machen lassen konnten. Sie konnten entweder eine traditionelle koreanische Tracht oder eine komplette chinesische Militäruniform tragen, einschließlich Helm und Plastikgewehr.

Ein anderer Anbieter auf der Brücke betrieb ein Café, in dem Touristen »Titanic«-Eisriegel mit Bildern von Leonardo DiCaprio und Kate Winslet auf der Verpackung kaufen konnten. Der Manager des Cafés erklärte, dass die Brücke zwar dem Staat gehörte, dass Privatunternehmer aber Platz für ihre Fernrohre und Imbissstände mieten konnten. Neben der Brücke unterhielt ich mich mit einem weiteren Touristen-Fotografen. »Glauben Sie, dass China Mitglied der World Trade Organization werden kann?«, fragte er. »Im vergangenen April, als Zhu Rongji nach Amerika reiste, waren sich alle Zeitungen einig, dass es soweit war. Nach der Bombardierung in Jugoslawien sieht es nun aber nicht mehr so gut aus.«

Wir plauderten eine Zeit lang, und der Fotograf brachte immer wieder das Thema WTO zur Sprache. Ich fragte ihn, warum er daran so interessiert sei. »Die Zeitungen sagen, dass mehr ausländische Besucher nach China kommen, wenn wir der WTO beitreten«, meinte er. »Und wenn Chinas Wirtschaft wächst, dann werden natürlich auch mehr chinesische Touristen hierherkommen. Also betrifft das Thema auch mich.«

Ich reiste immer gern in kleine Städte wie Dandong, in die nur wenige ausländische Besucher kamen. Die Einheimischen unterhielten sich gern – aus ihrer Sicht war ein einfaches Gespräch mit einem Amerikaner ein echtes Erlebnis. Und häufig erinnerten mich die Diskussionen an die vielschichtigen Beziehungen Chinas mit der Außenwelt. Es war keineswegs ungewöhnlich, dass die Menschen über Krieg oder über Konflikte sprachen, als seien sie unvermeidlich. Auch glaubten sie fest daran, dass die Vereinigten Staaten und andere Länder China bewusst tyrannisierten. Gleichzeitig jedoch waren die Menschen unglaublich freundlich zu Ausländern, und sie sprachen begeistert über internationale Handelsbeziehungen.

Anfangs hatten mich diese Widersprüche vor ein Rätsel gestellt – ich dachte, ich würde irgendwann schon herausfinden, was die Menschen wirklich glaubten. Aber mit der Zeit wurde mir klar, dass sich widersprechende Ansichten und Vorstellungen gleichzeitig existieren konnten, auch im Kopf einer einzigen Person. Die Nachricht von einer weit entfernten Bombardierung konnte die eine Reaktion auslösen, während ein Gespräch mit einem chinesisch sprechenden Ausländer eine andere auslöste. Die schiere Komplexität des modernen Lebens hatte viel damit zu tun. Wenn man eine Brücke besichtigte, die von Amerikanern zerbombt und von Chinesen wiederaufgebaut worden war, und wenn man an Kleinunternehmer vermietete, die »Titanic«-Eisriegel verkauften, dann war es nicht verwunderlich, dass die Menschen unlogisch auf die Außenwelt reagierten.

Die Gebrochene Brücke über den Yalu stand an dem einen Ende der Dandong Border Economic Cooperation Zone, der Zone für wirtschaftliche Zusammenarbeit an der Dandonger Grenze zu Nordkorea. Die Einheimischen sprachen stolz von der Entwicklungszone, und die Gegend war ein Beispiel dafür, dass Dandong in den letzten zehn Jahren große Fortschritte gemacht hatte, nachdem die Reform- und Öffnungspolitik auch in diesem Teil des Landes Fuß gefasst hatte. Die Leute erzählten mir, dass die Entwicklungszone noch vor zehn Jahren aus nichts als Bauernhütten und provisorischen Docks bestanden hatte. Jetzt gab es Restaurants, Eisdielen, Karaoke-Hallen und eine Anlage mit Luxusapartments, die »Europäischer Blumengarten« hieß. Am östlichen Ende der Entwicklungszone lagen das Tor zum ländlichen Jagdpark und eine neue Brücke, die einen schmalen Strom aus Zug- und Automobilverkehr über das Wasser nach Nordkorea zuließ. Zwischen der Brücke und den Luxusapartments befanden sich eine Klinik für Haut- und Geschlechtskrankheiten, die rund um die Uhr geöffnet war, und das Finnische Bade- und Vergnügungszentrum, ein Massagesalon, auf dessen Vordach das Oben-ohne-Foto einer Ausländerin zu sehen war, die duschte.

Am Eingang des ländlichen Jagdparks jagten Touristen ›wilde‹ Wachteln, Tauben, Fasane und Kaninchen. Die Vögel waren am Boden festgebunden, und für einen Yuan konnten Touristen auf sie schießen – entweder mit einem .22-Kalibergewehr oder mit Pfeil und Bogen. Für drei Yuan konnten sie aus nächster Nähe auf ein Kaninchen schießen, das ebenfalls am Boden festgebunden war. Alles, was sie töteten, durften sie auch essen.

Eines Nachmittags beobachtete ich, wie zwei Besucher aus der Provinz Guangdong Wachteln jagten. Das junge Paar war Anfang zwanzig, gut gekleidet, und der Mann war stark angetrunken. Er schoss so schlecht, dass die Wachteln nicht einmal an ihren Bändern zogen. Sie saßen nur da in der Sonne. Ich hatte nie zuvor Wachteln gesehen, die gelangweilter aussahen.

»Ich bin zu betrunken«, sagte der Mann. »Ich möchte, dass du für mich schießt.« Er war ursprünglich in diesem Landesteil aufgewachsen, und nun war er mit seiner Freundin auf einen Besuch zurückgekommen.

»Ich will nicht mit der Waffe schießen«, sagte sie. »Sie ist zu laut.«

»Hier«, sagte er. »Du schießt. Ich bin zu betrunken. Ich kann nicht geradeaus schießen.«

»Ich möchte nicht.«

»Nur zu. Es ist ganz einfach.«

Der Mann zeigte ihr, wie sie die Waffe so auf den Zaun legen konnte, dass es ihr leichter fallen würde zu zielen. In der Regel war das den Kunden nicht erlaubt, weil es unsportlich war, aber die Parkaufseher waren bereit, für die Frau eine Ausnahme zu machen. Ich saß in der Nähe, hörte zu und versuchte mich zu entsinnen, an welche Erzählung Hemingways mich das Gespräch erinnerte. In den besten Geschichten gab es immer Waffen, Tiere, Frauen und Betrunkene, die miteinander stritten. Der einzige Unterschied bestand darin, dass die Tiere in den Geschichten von Hemingway nie am Boden festgebunden wurden.

Schließlich überredete der Mann seine Freundin dazu, das Kleinkalibergewehr zu nehmen, und der Aufseher half ihr, die Waffe auf dem Zaun abzustützen. Sie schoss dreimal, und jedes Mal, nachdem es gekracht hatte, kreischte sie und hielt sich die Ohren zu. Die Schüsse verfehlten ihr Ziel deutlich. Die Wachtel schien eingeschlafen zu sein.

Später, als es dunkel wurde, war die Entwicklungszone ein grelles Lichtermeer – neonfarben und fluoreszierend leuchtete es von den Restaurants und Karaoke-Bars und vom Finnischen Bade- und Vergnügungszentrum herüber. Jenseits des Yalu, am nordkoreanischen Ufer, war es stockfinster. Da war keine Spur von Elektrizität, und nachts gingen die Nordkoreaner auch nicht schwimmen.

In Dandong verbrachte ich viel Zeit am Ufer des Flusses. Ich lernte einige der Schnellboot-Piloten kennen, und mehrmals am Tag fuhren sie mich am nordkoreanischen Ufer entlang. Wir kurvten an verwahrlosten, menschenleeren Touristenbooten vorbei und passierten Fabriken, die heruntergekommen aussahen. An den Sandstränden, an denen die Nordkoreaner schwimmen gingen, lächelten und winkten Kinder, wenn wir vorbeifuhren. Bewaffnete Soldaten standen steif auf ihren Posten und wachten über die Badenden. Sie waren wie Rettungsschwimmer mit Gewehren.

China unterhielt offiziell gute Beziehungen zu Nordkorea, aber die Normalbürger in Dandong wiesen ohne zu zögern darauf hin, dass ihre Nachbarn eine schlechte Führung hatten. Wenn ich die Chinesen dazu drängte, mir mehr Informationen zu geben, zuckten sie mit den Achseln. »*Meiyou yisi*«, sagten sie. »Das ist uninteressant.« Selbst der Fotoverkäufer, der von der WTO so begeistert war, schaute gelangweilt, als ich ihn auf die Möglichkeit ansprach, nach Nordkorea zu reisen. »Was kann ich von denen schon lernen?«, fragte er. Niemand in Dandong schien an der Armut und der Isolation der Nachbarn besonders interessiert zu sein; die Chinesen hatten während der ersten dreißig Jahre Kommunismus selbst genug davon erlebt.

Aus meiner Sicht war Nordkorea ein tragischer Fall, und die Tatsache, dass das Land seit einem halben Jahrhundert abgeschottet war, faszinierte mich. Während wir die Küste entlangfuhren, achtete ich auf Details: ein leeres Ausflugsboot, ein bewaffneter Soldat, ein schwimmendes Kind. Aus meiner Sicht war jeder noch so flüchtige Eindruck aussagekräftig, so wie meine kurzen Gespräche für die Menschen in Dandong bedeutungsvoll zu sein schienen. Aber die Chinesen und ich blickten aus unterschiedlichen Gründen über den Fluss: Ich schaute hinein, sie schauten hinaus. Chinesische Touristen rasten an der nordkoreanischen Küste entlang, weil sie auf diese Weise einer Auslandsreise am nächsten kamen.

Wenn sie Geld hatten, konnten sie auch hinüberfahren. Mein Hotel bot Touren ab rund einhundertsiebzig Euro an. Reisepässe waren nicht erforderlich, ein chinesischer Personalausweis reichte aus. Für einen chinesischen Staatsbürger war es leichter, Nordkorea zu besuchen als Hongkong, das vor zwei Jahren offiziell zum Mutterland zurückgekehrt war. Die chinesische Regierung hatte in Dandong ungewöhnlich laxe Bestimmungen eingeführt, weil sie sich ziemlich sicher war, dass alle, die den Yalu-Fluss überquerten, wieder zurückkommen würden.

Jeden Morgen trafen sich Reisegruppen aus Mittel- und Oberschicht-Chinesen vor meinem Hotel, bevor sie nach Nordkorea abfuhren. Eines Tages beobachtete ich, wie ein Reiseführer seine Anweisungen gab. Die Szene erinnerte mich an einiges von dem, was man mir beim Friedenscorps erzählt hatte, als ich das erste Mal in China angekommen war. Der Reiseführer erklärte, dass die chinesischen Touristen darauf bedacht sein sollten, sich respektvoll zu verhalten, wenn sie nordkoreanische Gedenkstätten besichtigten, und sie sollten es vermeiden, Menschen bei der Arbeit zu fotografieren. Die Chinesen sollten nicht vergessen, dass die Nordkoreaner stolze Menschen seien. Auch beim Besuch der Demilitarisierten Zone sei es wichtig, dass sie US-Soldaten auf der anderen Seite nicht »Hallo!« zuriefen.

»Sie werden feststellen, dass Nordkorea nicht so entwickelt ist wie China«, sagte der Reiseführer. »Sie sollten die Nordkoreaner nicht darauf hinweisen, dass sie eine Reform- und Öffnungspolitik

brauchen oder dass sie sich an unserem China ein Beispiel nehmen
sollten. Und denken Sie daran, dass viele ihrer Reiseleiter sehr gut
chinesisch sprechen, also seien Sie vorsichtig, was Sie sagen.«

Der Koreakrieg war der einzige Konflikt, in dem die Volksrepublik
China und die Vereinigten Staaten direkt gegeneinander gekämpft
hatten. Der Krieg begann im Juni 1950, als Nordkorea in den Süden
einfiel. Gemeinsam mit anderen Mitgliedsländern der Vereinten
Nationen leisteten die USA Südkorea umgehend Hilfe, und General
MacArthurs Truppen stießen bis zur chinesischen Grenze vor. Im Oktober des Jahres begann Mao Zedong damit, ›freiwillige‹ Soldaten zu
entsenden, um dem Nachbarn im Norden zu helfen. Der Krieg dauerte drei Jahre und kostete mehr als vierundfünfzigtausend Amerikanern
das Leben. Ausländische Historiker schätzten, dass die Zahl der chinesischen Opfer – Verwundete und Tote – bei neunhunderttausend lag.
Genaue Zahlen kannte allerdings niemand, weil die chinesischen Angaben zu dem Krieg nicht zuverlässig waren. Das örtliche Museum in
Dandong behauptete, dass nur elftausend Chinesen umgekommen
waren.

    Während ich mich an den Yalu-Docks umschaute, erzählte ich ei-
nem der Bootsführer, dass ich an einem Treffen mit einem Kriegsveteranen interessiert sei. Der Bootsführer kannte einen Mann, der gedient hatte – der Vater eines Freundes –, und er organisierte für uns
drei ein gemeinsames Essen. Als wir uns auf dem Bürgersteig vor dem
Restaurant trafen, machte der alte Mann große Augen. »Ich dachte,
du hättest gesagt, er sei ein Chinese aus Amerika«, sagte er laut,
machte auf dem Absatz kehrt und humpelte davon. Der Bootsführer
lief ihm nach und versuchte, den alten Mann zu beruhigen; nach einem langen Gespräch kehrten sie zurück. Ich erklärte ihm, dass ich
nur an dem historischen Geschehen interessiert sei, und ich versprach, dass ich den Namen des Kriegsveteranen nicht veröffentlichen würde. Schließlich willigte er ein, an einem Gespräch in einem
Hinterzimmer des Restaurants teilzunehmen.

    Der Mann hatte in der chinesischen Marine gedient und wurde
während des Kriegs nur selten in Kämpfe verwickelt, nachdem seine
Einheit an die Taiwan-Straße abkommandiert worden war. Später,
1964, war sein Bein in einer Schlacht vor der Küste von Taiwan

schwer verletzt worden. Er war vierundsechzig Jahre alt und war seit vier Jahrzehnten Mitglied der Kommunistischen Partei. Er humpelte. Der Feind, der ihn verwundet hatte, war ein Taiwaner, die Waffe jedoch war ein amerikanisches Fabrikat. Der Veteran achtete darauf, dass ich dieses Detail genau verstand.

Wir bestellten Abendessen und regionales Bier, und schon bald begann der alte Mann sich zu entspannen. Er erkundigte sich nach meinem bandagierten Finger und schüttelte anschließend den Kopf. »Heutzutage ist so vieles unsicher«, sagte er. »Zum Beispiel erhalten einige Leute im Ruhestand ihre Renten nicht. Und ein weiterer Unterschied besteht darin, dass China kapitalistische Seiten hat. Manche Leute sind zu reich, andere dagegen zu arm. Es ist nicht wie zur Zeit des Vorsitzenden Mao, als alle gleich waren. Damals gab es keine Verbrechen. Diese Geschichte, dass Sie im Hotel beraubt wurden – das wäre früher nicht passiert.«

Ich fragte ihn nach den Lebensverhältnissen auf der anderen Seite des Flusses.

»Als Kim Il-sung noch lebte, war er wie Mao Zedong«, sagte er. »Alle verehrten ihn, weil er ein großer Mann war. Aber der Sohn von Kim Il-sung ist nicht so groß wie sein Vater. Er ist zu jung, aber der wichtigste Grund ist, dass er nicht durch den Krieg abgehärtet ist; er hat nie gekämpft. Kim Il-sung dagegen erlebte den Krieg schon als kleiner Junge, deshalb wurde er ein großer Mann.«

Nach einer Stunde hatte das Interview eine völlig andere Richtung genommen. Der alte Mann feuerte seine Fragen über den Tisch: Wie hoch sind die Gehälter in Amerika? Wie denken die Amerikaner über China? Wie denken sie über die Bombardierung durch die NATO?

Der Kriegsveteran erklärte, dass sein Sohn, der sechsundzwanzig Jahre alt und im Besitz eines Hochschulabschlusses war, einen erstklassigen Regierungsjob ausgeschlagen hatte. Ein Privatunternehmen hatte dem jungen Mann mehr Geld geboten, die Stelle war jedoch nicht hundertprozentig sicher. Außerdem war er mit sechsundzwanzig immer noch unverheiratet! Warum dachte er so? Hatte er das von seinen amerikanischen Dozenten gelernt? Glauben die Amerikaner, dass es besser ist, einen hochbezahlten Job der langfristigen Sicherheit vorzuziehen?

Ich erklärte ihm, dass das Denken seines Sohns in verschiedener Hinsicht dem Denken der jungen Menschen in Amerika ähnelte. Der alte Mann kehrte immer wieder zu denselben Themen zurück – ein Job bei der Regierung sei erstklassig, China brauche einen neuen Vorsitzenden Mao. Er trank jetzt stark, begann zu lallen und kam dann durcheinander. Er beklagte sich über seinen Sohn und über die Bedienung im Restaurant. Er sagte, es müsse möglich sein, dass ein Ausländer nach Dandong komme, ohne ausgeraubt zu werden. Als der Bootsführer behutsam vorschlug zu gehen, wurde der alte Mann plötzlich wütend.

»Ich habe nicht jeden Tag Gelegenheit, mit einem Ausländer zu sprechen«, sagte er scharf. »Ich bin nicht müde. Ich muss nur kurz auf die Toilette.« Er stand auf und stolperte über seinen Stuhl; der Bootsführer fing den alten Mann auf, bevor er hinfiel. Eine Kellnerin betrat den Raum, und der Veteran schrie: »Bringen Sie die Rechnung!«

Ich hatte der Kellnerin bereits Geld gegeben, die nun erklärte, dass alles bezahlt sei. »Ich habe viel Geld!«, rief der alte Mann. »Ich kann das Abendessen bezahlen!« Der Bootsführer versuchte, ihn zur Tür zu manövrieren. »Ich kann bezahlen!«, schrie der alte Mann wieder und wedelte mit einem Bündel Bargeld.

Schließlich lenkten wir ihn nach draußen, wo die Nachtluft ihn ein wenig nüchtern machte. Ich dankte ihm für sein Kommen; der alte Mann schüttelte meine Hand und humpelte nach Hause. Er wollte nicht begleitet werden.

Der Bootsführer sah ihm nach und seufzte. Er war dreiunddreißig Jahre alt. Er meinte: »Viele alte Menschen verstehen das China von heute nicht.«

An meinem letzten Nachmittag in Dandong schwammen zahlreiche Hochzeitsboote auf dem Fluss. Wohlhabende Paare mieteten große Motoryachten mit zwei Decks, andere mieteten kleine, motorisierte Barkassen. Sie alle folgten der gleichen Route – eine Fahrt zur Gebrochenen Brücke, eine Pause, um Fotos zu machen, und danach eine langsame Fahrt am nordkoreanischen Ufer entlang. Unter ihren Schwimmwesten trugen die Bräute Kleider in Hellrosa, Orange und Lila. Sie standen am Bug wie blühende Galionsfiguren. Es war ein heißer Nachmittag, und die Nordkoreaner waren wieder einmal schwimmen gegangen.

Ein Bootsführer namens Ni Shichao fuhr mich hinaus auf den Fluss, wo wir in die Flotte aus Hochzeitsbooten hinein- und hinausfuhren. Ni erklärte, dass es im Mondkalender ein günstiger Tag war – der sechste Tag des sechsten Monats. Aber alles in allem, fand er, würden in diesem Jahr weniger Hochzeiten als sonst üblich gefeiert.

»Die Leute glauben, dass Jahre, die auf eine Neun enden, Unglück bringen«, erklärte er weiter. »Ich selbst glaube das nicht, aber viele Menschen tun es. 1989 hatten wir die Unruhen in Peking, und 1979 wurde der Viererbande der Prozess gemacht. 1969 fand die Kulturrevolution statt. 1959 habt ihr Amerikaner die Brücke bombardiert.«

Er machte eine Pause und dachte kurz nach. »Nein, das war 1950«, sagte er »Egal, irgendetwas Schlimmes ist auch 1959 passiert.«

In dem Jahr befand man sich mitten in Mao Zedongs Großem Sprung nach vorn, aber die Geschichtsbücher streiften das Desaster nur. Wie viele Chinesen, so kannte auch Ni Shichao sich mit den Entwicklungen der letzten Jahrzehnte nicht gut aus; im Hinblick auf den Prozess der Viererbande, der erst 1980 begann, hatte er sich ebenfalls geirrt.

»Was ist mit 1949?«, fragte ich.

»Das war das Gründungsjahr des Neuen China«, sagte er. Wir trieben im Schatten der zerstörten Brücke dahin; langsam bewegte sich der blaue Yalu unter uns fort. »Das Jahr war anders als die anderen«, fuhr er fort. »Es war natürlich ein gutes Jahr.«

Von Dandong folgte ich der Grenze in östlicher Richtung zum Japanischen Meer. Diese Region war dünn besiedelt; die Busse fuhren durch Birkenwälder. Ich hatte ein Zelt und einen Schlafsack dabei und campte im Changbai-Gebirge am Himmelssee – einem riesigen Vulkankrater, der mit klarem, blauem Wasser gefüllt war. Die chinesisch-nordkoreanische Grenze durchtrennte den See in zwei Hälften, wie ein zerstörtes Juwel. Nachts blies ein kräftiger Südwind, und ich bildete mir ein, außerhalb des Zeltes Schritte zu hören.

Einheimische hatten mir erzählt, dass die Grenze unbewacht sei, und am Morgen folgte ich einem mit Gras bewachsenen Grat, der den See umgab. Nachdem ich eine halbe Stunde gewandert war, sah ich weit unten eine winzige, weiße Markierung inmitten einer grünen Wiese. Bevor ich hinabstieg, warf ich einen prüfenden Blick über das Land: keine Menschen, keine Gebäude. Die nächste Stadt lag Dutzende von Kilometern entfernt hinter einer zerklüfteten Landschaft. Es war der menschenleerste Ort, den ich seit Langem in China gesehen hatte.

Der Steinblock trug auf der einen Seite chinesische Schriftzeichen und auf der anderen Seite koreanische Buchstaben. Ich hatte mich an linienförmige Grenzen wie Flüsse und Zäune gewöhnt. Nun war es seltsam, diesen einen Stein zu sehen, umgeben von Leere. Die Grenzlinie existierte nur als Idee, und die Wildnis machte sie bedeutungslos.

Ich ließ meinen Rucksack fallen und machte ein paar Schritte auf nordkoreanischem Boden, wo ich meine Kamera auf einem Felsen ausbalancierte und den Selbstauslöser einstellte. Auf dem Foto ist der Himmel tiefblau, weiße Wolken sind unten am Horizont zu sehen. Ich knie, und mein Schatten fällt über den Grenzstein. An meiner linken Hand trage ich einen schmutzigen weißen Verband. Die Berge könnten die Berge jedes x-beliebigen Landes sein.

ARTEFAKT C

Die Mauer

人民解放军

Die unterirdische Stadt kann man nicht getrennt von den anderen Schichten sehen, die sich im Laufe der Zeit in diesem Teil von Anyang überlagert haben. Man stelle sich die alte Shang-Stätte als Ganzes vor, so wie sie unter der Erde liegt – die Stadtmauer, die innen liegenden Gebäude. Möglicherweise sind hier Orakelknochen begraben, die dreitausend Jahre darauf gewartet haben, ihre Geschichten zu erzählen. Auf der Erdoberfläche trifft man hingegen auf einen Flickenteppich aus modernen Gebäuden, Organisationen und Landnutzungsrechten, der vollkommen getrennt davon existiert. Wenn Archäologen darauf hoffen, graben zu können, dann müssen sie zunächst mit allen verhandeln, denen die Erdoberfläche gehört.

Zum Glück ist ein Großteil der Region Ackerland – Sojabohnen, Mais, Hanf. Für Archäologen ist es meist einfacher, mit örtlichen Bauern zu verhandeln. In den vergangenen Jahrzehnten haben in diesem Teil Anyangs jedoch auch verschiedene Obrigkeiten ihre Spuren hinterlassen. Ende der Dreißigerjahre des 20. Jahrhunderts, zur Zeit der japanischen Besatzung, bauten die Invasoren einen Flugplatz, und noch heute durchziehen Landebahnen aus Zement die Felder. Später, als die Kommunisten die Kontrolle über China erlangten, legte die Volksbefreiungsarmee neben dem Flugplatz ein Militärgelände an. Und noch später, als die Zeit von Reform und Öffnung begonnen hatte, wurden die alten Landebahnen als Übungsplatz für Privatflugzeuge genutzt. Ironischerweise sind heute viele Kunden, die in Anyang trainieren, Japaner, weil es für sie dort preiswerter ist als in Japan. Aber was für einen japanischen Piloten preiswert ist, ist nicht notwendigerweise auch für einen chinesischen Archäologen preiswert. Bei Erkundungen vermied man umfangreiche Arbeiten auf dem Flugplatz, weil die Flugschule für die Erlaubnis, mit Luoyang-Spaten Proben zu nehmen, hohe Preise in Rechnung stellt. Hier in Anyang und überall sonst in China kontrolliert die Gegenwart den Zugang zur Vergangenheit. Als sich die Archäologen zu Beginn einen Überblick über die Mauer der unterirdischen Stadt verschafften, wurden sie direkt zu einem modernen Hindernis geführt, dem Gelände der Volksbefreiungsarmee. Zwei Mauern: eine alt, eine neu; eine unter der Erde, die andere darüber. An diesem Punkt hatte die moderne Barriere Vorrang. Die Erkundungsarbeiten wurden unterbrochen, zugleich reichten die Archäologen Anträge, Papiere und Karten ein. Es dauerte fast einen Monat, bevor ihnen das Militär Zutritt gewährte. Als die Archäologen endlich hineindurften, nahmen sie mit ihren Luoyang-Spaten weiterhin beharrlich Proben. Die begrabene Shang-Mauer verlief gerade wie ein Pfeil diagonal über das Militärgelände. Die Archäologen folgten ihr zu einem anderen modernen Hindernis, dorthin, wo die alte Mauer ohne jeden Richtungswechsel aus dem Zuständigkeitsbereich der Volksbefreiungsarmee hinausführte.

Die unterirdische Stadt ist rechteckig und umfasst eine Fläche von etwa drei Quadratkilometern. Archäologen wie Jing Zhichun haben die Mauer sorgfältig vermessen und dabei entdeckt, dass sie nicht vollständig ist; viele Abschnitte waren nur teilweise vorhanden. Die alte Siedlung scheint aufgegeben worden zu sein; vielleicht sind die Bewohner an einen anderen Ort gezogen.

»Irgendwann werden uns solche Informationen Auskunft darüber geben, warum sich die Stadt hier befand und warum sie nicht fertiggestellt wurde«, sagt Jing. »Wir haben von sechs Stellen Mauerprofile erstellt, und an keiner war sie komplett aufgebaut. Nur das Fundament war abgeschlossen. Eine sehr merkwürdige Geschichte. Deshalb denke ich, dass die Stadt wahrscheinlich unvollendet geblieben ist.«

Kapitel

4

Die Über-Nacht-Stadt

1. Oktober 1999

Shenzhen lebte. Weil sie so rasch gewachsen war, nannten die Leute sie die Über-Nacht-Stadt. Bisweilen verglichen sie ihre aufsteigenden Gebäude mit Bambussprossen nach einem guten Regen. Intellektuelle in Städten wie Peking verspotteten Shenzhen aus den üblichen Gründen – keine Geschichte, keine Kultur, keine Klasse –, aber die Stadt hatte für Wanderarbeiter aus dem Landesinnern eine völlig andere Bedeutung. Für sie war sie ein Gebilde mit Charakter: mit Stärken und Schwächen, Erfolgen und Niederlagen. In einem Land voller Boomtowns war Shenzhen die berühmteste von allen.

Ich hatte Dutzende Geschichten über Shenzhen gehört, bevor ich dort hinfuhr. In Fuling schrieben meine Studenten gern über die Stadt; manchmal benutzten sie sie als fiktiven Schauplatz oder beschrieben die Erfahrungen von Wanderarbeitern aus Sichuan, die sich Richtung Süden aufgemacht hatten. Bestandteil meines Schreibkurses war eine Unterrichtseinheit über Dialoge, in der ich die Stu-

denten bat, ein noch nicht lange zurückliegendes Gespräch nieder-
zuschreiben. Eine Frau namens Emily erinnerte sich an den Tag, an
dem ihre ältere Schwester die größte Entscheidung ihres Lebens traf:

> »*Ich habe beschlossen, nach Shenzhen zu gehen*«, *sagte meine Schwester.*
> »*Mutter wird dich nicht gehen lassen.*«
> »*Ich werde versuchen, sie zu überzeugen*«, *sagte sie.*
> »*Ich werde dich unterstützen*«, *sagte ich,* »*aber hast du dir das wirklich reiflich überlegt?*«
> »*Ich weiß, was ich tue. Mir ist klar, dass ich nie auf Dauer eine sichere Arbeit haben werde; vielleicht werde ich gefeuert oder Schlimmeres, aber was macht das schon? Ich bin jung und voller Energie.*«
> *Nach einer Pause sagte ich:*
> »*Okay, du hast recht. Es muss wunderbar sein, in dieser Stadt zu arbeiten, die sich ständig verändert.*«
> »*Ich wünsche dir viel Glück*«, *fügte ich hinzu.*
> »*Danke. Gute Nacht.*«
> »*Gute Nacht.*«
> *Inzwischen ist meine Schwester seit fünf Monaten in der aufstrebenden Stadt. Ich frage mich, ob sie sich noch an unser Gespräch erinnert und ob sie noch so viel Energie hat.*

Emily war eine der ersten Studentinnen, die mir auffielen – damals,
als die Klasse für mich noch ein verschwommenes Sammelsurium
aus eifrigen Gesichtern war. Ich unterrichtete ihre Gruppe in meinem ersten Semester in China (erst im folgenden Jahr übernahm ich
Willys Klasse). In meiner Anfangszeit hatte ich Probleme damit,
Aufgaben zu stellen; oft schrieb ich wahllos eine Frage an die Tafel
und bat die Studenten, zehn Minuten lang über sie zu schreiben. Eines Tages fragte ich: »Würden Sie lieber ein langes Leben mit den
normalen Höhen und Tiefen haben oder ein extrem glückliches Leben, das schon nach zwanzig Jahren zu Ende ist?«

Fast alle wählten die erste Option. Für Chinesen vom Land war
die Sache klar: Mehrere Studenten erklärten, dass ihre Familien so
arm waren, dass sie es sich nicht leisten konnten, nach zwanzig Jahren zu sterben, ganz gleich, wie glücklich sie waren. Wahrscheinlich

war ich es, der von der Übung am meisten profitierte. Danach war ich vorsichtiger damit, amerikanische Vorstellungen vom Streben nach Glück auf ein Klassenzimmer in Sichuan zu übertragen. Mir fiel jedoch auf, dass Emily sich für das kurze Leben entschied. Mit neunzehn war sie die jüngste Studentin in der Klasse. Sie schrieb:

> *Mir scheint, dass ich schon ziemlich lange nicht mehr wirklich glücklich war. Manchmal ist die Umwelt daran schuld, dass ich mutlos bin, vor allem die bedrückende Atmosphäre an unserem Kolleg. Allerdings sehe ich auch, dass die anderen Schüler Spaß haben, während ich mich beklage. Deshalb denke ich, das Problem liegt in mir selbst.*

Alles, was sie in jenem Jahr schrieb, deutete darauf hin, dass sie anders als die anderen war. Sie widersprach ihren Kommilitonen, folgte keiner Parteilinie und hatte eine eigene Meinung. Sie war eine von wenigen Studierenden, deren Eltern eine gute Ausbildung hatten; ihr Vater war Mathematikprofessor am Lehrerkolleg. Sie schrieb über seine Erfahrungen während der Kulturrevolution, als er zur Arbeit in eine Kohlengrube auf dem Land verbannt wurde. Als ich meine Studenten in der Unterrichtseinheit über Geschäftskorrespondenz bat, einen formellen Brief an eine amerikanische Organisation zu schreiben, fiel Emilys Wahl auf die Country Music Association in Nashville, Tennessee. Sie meinte, sie würde gern mehr über Country Music erfahren. Ein anderes Mal stellte sie in einem Tagebucheintrag die Frage, ob ich schwarze Freunde hätte, weil sie, außer im Fernsehen, noch nie einen Schwarzen gesehen hatte. Als mein Literaturkurs »Ein Sommernachtstraum« aufführte, spielte sie Titania. Sie war eine gute Schauspielerin, allerdings neigte sie dazu, jede Rolle mit dem Anflug eines Lächelns zu unterlegen, so als würde sie sich aus der Ferne beobachten. Sie hatte hohe Wangenknochen, volle Lippen, dunkle Augen, die sich schnell hin und her bewegten, und ein offenes Gesicht. Sie hatte sich nach Emily Brontë benannt.

Sie verließ ihre Heimat gleich nach dem Abschluss und ging in den Süden – gemeinsam mit ihrem Freund Anry, der einen der eher mysteriösen ›englischen‹ Namen im Fachbereich trug. Er gehörte zu den besten Sportlern der Klasse, ein gut aussehender junger Mann vom Land. Er hatte ein kantiges Gesicht, stoppeliges Haar und harte, schwarze Augen. Er war sehr launisch, und es schien mehr als ein Zufall zu sein, dass aus seinem Namen mit nur einem weiteren Buchstaben Angry (wütend) geworden wäre. Jahre später erzählte mir Emily, dass er sie oft zurechtgewiesen hatte.

»Er forderte mich oft dazu auf, nicht zu lächeln, wenn ich mit anderen Männern sprach«, erinnerte sie sich. »Mein Gesicht sollte vollkommen ausdruckslos sein. Er kritisierte mich deshalb ständig. Er meinte, ich würde zu viel lächeln. Außerdem hätte ich eine Art, mit den Augen zu zwinkern, wenn ich mit Männern spräche, die sich nicht gehöre. Früher stellte ich mich vor den Spiegel, schaute mich an und versuchte herauszufinden, wie ich mich richtig verhalte. Damals glaubte ich ihm jedes Wort. Später erkannte ich, dass er mit allem, was er sagte, unrecht hatte.«

Sie hatten ihre Heimat aus unterschiedlichen Gründen verlassen. Anrys Familie brauchte Geld: Ein Jahr zuvor hatte sein älterer Bruder mit Sprengstoff gefischt, wobei ihm eine kurze Lunte zum Verhängnis geworden war. Nach dem Unfall war er fast blind und konnte seine Hände nicht mehr benutzen. Er musste Frau und Kind ernähren. Das Fischen mit Sprengstoff war illegal, aber die Bauern taten es in abgelegenen Gebieten trotzdem.

Für Emily war Geld kein kritischer Faktor, da ihr Vater eine sichere Stellung an der Hochschule hatte. Eigentlich konnte sie mir nie genau sagen, warum sie Fuling verlassen hatte. »Es saß ganz tief«, sagte sie einmal. »Meine Mutter sagt, ein glückliches Leben würde mich nicht zufrieden stellen. Sie sagt, ich sei bestimmt für *chiku* – Bitteres zu essen [zu leiden].« Auf jeden Fall konnte sie sich nicht vorstellen, mit dem Leben als Lehrerin in Fuling glücklich zu werden. »Unterrichten ist ein guter Job für eine Frau, zumal man leicht einen Mann findet, weil Männer gerne Lehrerinnen als Frauen haben. Es hätte ein sehr bequemes Leben sein können. Aber wenn es zu bequem ist, dann ist es, denke ich, wie der Tod.«

Emily und Anry gingen zunächst nach Kunming, die Hauptstadt der Provinz Yunnan, wo sie getrennte Wohnungen fanden und einen Job suchten. Die neue Ökonomie hatte ›Talentmärkte‹ beziehungsweise Beschäftigungszentren hervorgebracht, die Emily und Anry in ganz Kunming besuchten. Beide hatten wenig Glück. Emily war eine

der besten Englischstudentinnen ihrer Klasse gewesen, aber kein
Mensch auf den Talentmärkten stellte ihr auch nur eine einzige Frage zu ihrem Hochschulabschluss. In vielen Stellenverzeichnissen
mussten weibliche Bewerber mindestens einen Meter sechzig groß
und *wuguan duanzheng* sein – wörtlich: Die fünf Sinne sind normal.
Die fünf Sinne sind Ohren, Augen, Lippen, Nase und Zunge; im
Grunde genommen bedeutet der Ausdruck: schön. Emily wusste,
dass ihre Augen, gemessen an klassischen Schönheitsstandards, etwas klein waren und ihre Lippen etwas groß. Sie maß nur einen Meter dreiundfünfzig. Nach ein paar Monaten in Kunming hatte sie
nichts Besseres gefunden als einen schlecht bezahlten Bürojob. Sie
beschloss, es in einer anderen Stadt zu versuchen.

Ihre Wahl fiel selbstverständlich auf Shenzhen. Alle jungen Leute
aus Sichuan waren mit Geschichten über die Über-Nacht-Stadt aufgewachsen, die oft wie Märchen klangen: der Wanderarbeiter, der es
zum Millionär brachte, die junge Sekretärin, die bis an die Spitze eines Handelsunternehmens aufstieg. Als Emily noch ein Kind war,
hörte sie oft, dass Nachbarn über ein Mädchen aus der Gegend redeten, das nach Shenzhen gezogen war, dort großen Erfolg hatte und
seinen Eltern häufig Geld schickte. Emilys Mutter lobte die Frau als
Vorbild für Unabhängigkeit. Solche Geschichten hatten dazu beigetragen, dass Emilys Schwester in den Süden gezogen war.

Anry war jedoch entschlossen, nach Shanghai zu gehen, wo er
Kontakte hatte. Das Paar stritt erbittert darüber und trennte sich
schließlich: Er ging in den Osten, sie in den Süden. In Shenzhen hatte Emilys Schwester erst kürzlich eine Stelle aufgegeben. Zusammen
verbrachten beide einen halben Monat auf den Talentmärkten, wo
Personalvermittler aus den Fabriken Stände aufgebaut hatten und
mit Arbeitern Vorstellungsgespräche führten. Eine Eintrittskarte für
den Markt kostete zehn Yuan pro Tag – etwa einen Euro. Zusammen
hatten die Schwestern gerade mal einhundertneunzig Euro zum Leben, und nach einer Woche kauften sie nur noch eine Tageskarte.
Auch andere Ressourcen bündelten sie: Emily hatte einen besseren
Abschluss, aber ihre Schwester war die bessere Rednerin, deshalb
war in der Regel sie es, die mit Emilys Lebenslauf unter dem Arm auf
die Märkte ging. Eines Tages arrangierte sie für Emily ein zweites
Vorstellungsgespräch bei einem Taiwaner Handelsunternehmen.

Der Chef schien von Emilys Englisch beeindruckt zu sein, und im November 1997 erhielt sie die Stelle. Ihr monatliches Einstiegsgehalt betrug achthundertsiebzig Yuan – etwas mehr als fünfundneunzig Euro. In jenem Herbst sandte sie mir einen Brief:

In den ersten beiden Tagen war nur ein Mädchen in unserem Büro gastfreundlich zu mir, andere taten so, als würde ich gar nicht existieren. Ich fühlte mich sehr einsam. Ich dachte an Sie – Sie müssen sich zu Beginn Ihres Aufenthalts in Fuling sehr einsam gefühlt haben. Ich sprach mir Mut zu und versuchte meine Ängste zu zeigen, um mich mit ihnen anzufreunden. Schließlich hatte ich Erfolg: Ich war eine von ihnen.

In unserem Büro arbeiten nur acht Leute. Mit Ausnahme des Chefs (ein alter Mann) sind alle anderen junge Mädchen. Sie stammen aus drei unterschiedlichen Provinzen. Lulu, Luyun, Xuli und Lily sind aus der Provinz Jiangxi; Yi Xiaoying aus Hunan, Linna aus Sichuan. Lulu ist das schönste, talentierteste und kleinste Mädchen; alle mögen sie. Luyun ist sehr nett, sie erinnert mich an Airane [eine Mitschülerin in Fuling]. Xuli ist eine klassische Schönheit, sie erhält die meisten privaten Anrufe von Jungs. Ich mag sie aber nicht sonderlich, weil ihre Worte manchmal verletzend sind. Lily ist die andere Sekretärin, sie hat zwei Tage vor mir angefangen. Sie erweckt den Eindruck, dumm und verantwortungslos zu sein. Deshalb ist sie in dem Büro nicht sehr beliebt. Xiaoying ist das dickste Mädchen, bei ihr dreht sich alles ums Abnehmen. Sie kann sehr gut mit dem Computer umgehen, ihr Englisch ist aber schlecht. Wir haben eine mündliche Abmachung, dass sie mir beibringt, wie man mit dem Computer umgeht, und ich unterrichte sie in Englisch. Mit Linna kann ich mich im Sichuan-Dialekt unterhalten. Der Dialekt ist jedoch so leicht zu verstehen, dass wir uns nicht überlegen fühlen, wenn wir ihn sprechen.

Oh! Sie wissen noch gar nicht, was unser Unternehmen macht. Es ist erst vor einigen Monaten von Taiwan hierher verlegt worden. Es exportiert Kleidermode, Kostüme und Muschelschmuck. Meine Aufgabe besteht darin, mit unseren Kunden brieflich oder per Fax Kontakt zu halten, Bestellungen entgegenzunehmen, Aufträge an Fabriken weiterzuleiten und die beste Firma zu finden, um unseren

*Kunden Produkte zu liefern. Da ich mit meiner Arbeit noch nicht
vertraut bin, hilft mir Lulu zurzeit sehr viel.*

Emilys Geschichten bahnten sich vom Süden aus ihren Weg. Sie
schrieb Briefe, manchmal rief sie abends an, wenn der Chef nach
Hause gegangen war. Oft sprach sie über ihre ältere Schwester, die
ständig den Arbeitsplatz wechselte. Emilys Schwester hatte zunächst
als Buchhalterin in einer Fabrik gearbeitet, die Kunststoffgartenmö-
bel herstellte. Anschließend fand sie eine Stelle als Handelsreisende.
Danach heuerte sie bei einer Firma an, die ein Pyramidensystem betrieb. Sie wusste, dass es Betrug war – die Regierung ging hart gegen
Pyramidenspiele vor, die in Südchina um sich griffen. Aber Emilys
Schwester besuchte ohnehin die Veranstaltung für Jobsuchende und
nahm Emily mit. »Viele Vertriebsleute hatten ein niedriges Bildungs-
niveau, sie waren aber sehr wortgewandt«, erzählte Emily mir später.
»Ich hielt es nicht für einen guten Weg, um Geld zu verdienen, es war
aber ein guter Weg, um sich weiterzubilden und um Selbstvertrauen
zu gewinnen.«

In meinem letzten Jahr in Fuling rief Emily eines Abends an und
berichtete, ihr Gehalt sei auf tausend Yuan erhöht worden. Das waren ungefähr einhundertzehn Euro, zu denen ich sie beglückwünsch-
te. Am Telefon klang sie allerdings ein wenig zurückhaltend, und
schließlich fragte ich sie, ob etwas nicht stimme.

»Das Unternehmen hat einen Agenten in Hongkong«, sagte sie
langsam. »Er kommt häufig hierher nach Shenzhen. Er ist ein alter
Mann, und er mag mich.«

»Was meinen Sie damit?«

Schweigen.

Ich versuchte es erneut. »Warum mag er Sie?«

»Weil ich dick bin.« Sie kicherte nervös. Ich wusste, dass sie seit
dem Umzug nach Shenzhen etwas zugenommen hatte, sodass sie
wahrscheinlich hübscher war als zuvor.

»Was meinen Sie damit, wenn Sie sagen, dass er Sie deshalb mag?«,
fragte ich.

Schweigen.

»Will er, dass Sie seine Freundin werden?«

»Vielleicht.«

»Ist er verheiratet?«

»Er ist geschieden. Er hat kleine Kinder in Taiwan, woher er auch stammt. Aber meistens arbeitet er in Hongkong.«

»Wie oft kommt er nach Shenzhen?«

»Zweimal im Monat.«

»Ist das ein großes Problem?«

»Er findet immer einen Weg, um mit mir zusammen zu sein. Er sagt, er will mir helfen, einen Job in Hongkong zu finden, sofern ich daran interessiert bin. Die Gehälter sind dort deutlich höher. Er sagt, dass ich viel mehr verdienen kann, wenn ich nach Hongkong gehe.«

Ich wählte meine Worte mit Bedacht. »Das klingt nach einer sehr schlechten Idee«, sagte ich langsam. »Wenn Sie einen anderen Job möchten, sollten Sie ihn nicht um Hilfe bitten. Das würde in Zukunft nur große Probleme mit sich bringen.«

»Ich weiß. Ich glaube, ich würde das niemals tun.«

»Sie sollten ihm aus dem Weg gehen.«

»Ich weiß«, sagte sie. »Ich bitte meine Kolleginnen schon immer, bei mir zu bleiben, wenn er da ist.«

»Glauben Sie, dass er ein großes Problem ist?«

»Zurzeit nicht.«

»Ich finde, Sie sollten den Job aufgeben, wenn er zu einem richtigen Problem wird. Die Situation könnte unerträglich werden.«

»Ich weiß«, sagte sie. »Ich denke nicht, dass es so weit kommt. Aber die Arbeit ist nicht wirklich gut, und wenn ich gehen muss, werde ich gehen.«

Shenzhen war in China die einzige Stadt mit einer modernen Stadtmauer. Sie war etwa drei Meter hoch und bestand aus Maschendraht. Einige Abschnitte schlossen oben mit Stacheldraht ab. Die gesamte Anlage war einhundertacht Kilometer lang. Wenn man sich der Stadt von Norden näherte, fuhr man über einen der Kontrollpunkte durch den Zaun in die Stadt hinein und folgte einer modernen Schnellstraße, die durch niedrige, grüne Anhöhen führte. Die neuen Gebäude wurden größer, je mehr man sich der Innenstadt näherte. An der Kreuzung von Shennan- und Hongling-Straße stand eine riesige Plakatwand, die gewissermaßen das geistige Herz der Stadt bildete. Darauf war ein riesiges Bild von Deng Xiaoping vor dem Hintergrund

der Skyline von Shenzhen zu sehen. Dazu der Satz: FOLGT DER LEIT-
LINIE DER KOMMUNISTISCHEN PARTEI EINHUNDERT JAHRE
LANG BEHARRLICH UND UNERSCHÜTTERLICH. Einheimische und
Besucher posierten vor der Wand häufig für Fotos. Im Februar 1997,
als Deng starb, versammelten sich hier spontan viele Tausend Einwohner Shenzhens, um Blumen, Verse und andere Andenken nieder-
zulegen. Sie sangen »Chuntian de Gushi« (Frühlingsgeschichte), das
offizielle Shenzhen-Lied:

Im Frühjahr 1979
Zeichnete ein alter Mann einen Kreis
an der Südküste Chinas
Und Stadt auf Stadt erhob sich wie im Märchen
Und Berge und Berge aus Gold
kamen zusammen wie durch ein Wunder ...

Andere chinesische Städte feierten ihre Historie, doch die Ursprünge Shenzhens trugen mythische Züge – die einer wunderbaren Geburt, eines gütigen Gottes. Von 1949 bis in die späten Siebzigerjahre
hatte die Regierung die Region aufgrund ihrer Nähe zu Hongkong
bewusst nicht erschlossen. Die Kommunisten fürchteten die politische und wirtschaftliche Verunreinigung durch die kapitalistische
britische Kolonie, und sie erklärten die Region Shenzhen zu einer
»politischen Verteidigungsgrenze«. Nur ein paar staatseigene Indus-
trien hatte man dort angesiedelt; die meisten Einwohner lebten von
Fischerei und Landwirtschaft.

Nach Beginn der Reform- und Öffnungspolitik 1978 stellte sich
Deng und den anderen Führern die Frage, wo sie anfangen sollten.
Sie wollten radikale Veränderungen nicht in Städten wie Peking und
Shanghai erproben, wo Fehler politisch verheerend wären. Stattdessen beschloss Deng, in entfernten, weniger entwickelten Gebieten
zu experimentieren, die als Sonderwirtschaftszonen bekannt wurden. Durch Steuervorteile und ein günstiges Investitionsklima wollte die Regierung ausländische Firmen dazu ermutigen, in diesen Zonen Niederlassungen zu eröffnen. 1980 ernannte China offiziell die
ersten Sonderwirtschaftszonen: Shenzhen und Zhuhai, eine Stadt an
der Grenze zur portugiesischen Kolonie Macao.

Im Laufe der Achtzigerjahre räumte die Regierung fünf Städten und Regionen den Status einer Sonderwirtschaftszone ein, Shenzhen war allerdings immer die wichtigste. Als »Reformlabor« und »Testgelände«, als »Fenster zur Außenwelt«, bezeichneten Beamte die Stadt. In ihren Augen war sie ein Experiment, und wie eine gute Petrischale hatte sie den Vorteil, von der Vergangenheit kaum verunreinigt zu sein. Während andere Gegenden Chinas Mühe hatten, ineffiziente Staatsbetriebe zu privatisieren, Arbeiter zu entlassen und Fabriken neu zu strukturieren, war Shenzhens Wirtschaft eine Tabula rasa. Die Regierung entwickelte die Stadt einfach und klar: Infrastruktur aufbauen, Anreize für ausländische Investitionen schaffen und Wanderarbeiter anwerben. Innerhalb von zwei Jahrzehnten explodierte die Einwohnerzahl von rund dreihunderttausend auf über vier Millionen. Im gleichen Zeitraum verzeichnete Shenzhens BIP eine jährliche Wachstumsrate von über dreißig Prozent. In den ersten fünf Jahren der Achtzigerjahre wurde Shenzhen die Ehre zuteil, mehr als zweihundert Wirtschaftsreformen zu erproben, von denen viele später von anderen Städten in ganz China übernommen wurden.

Alles in Shenzhen fühlte sich neu an. Der durchschnittliche Einwohner war unter neunundzwanzig Jahre alt; es gab nur wenige ältere Menschen. Die Universität Shenzhen hatte keinen Fachbereich für Geschichte, Studenten konnten stattdessen als Hauptfach Golf-Management wählen (die Region hatte einige der besten Golfplätze Chinas). Im Museum von Shenzhen stellten einige halbherzige Exponate nicht mehr als ein Lippenbekenntnis an das alte China und an den Opiumkrieg dar, hinzu kam pflichtschuldigst eine Inschrift auf Chinesisch und Englisch: WENN SIE VON DER PRACHT DER ÜBER-NACHT-STADT BERAUSCHT SIND, HABEN SIE DANN JEMALS DER MUTIGEN UND FLEISSIGEN VORFAHREN GEDACHT, DIE IHR BLUT VERGOSSEN HABEN UND DEREN SCHWEISS FÜR DIE HEIMAT GE-FLOSSEN IST?

Nachdem man das hinter sich gebracht hatte, befasste sich das Shenzhen-Museum mit einer viel enthusiastischeren Dokumentation zur modernen Geschichte. Ein Exponat stellte fest, dass die Stadt am 1. Dezember 1987 erstmals im Neuen China das Nutzungsrecht für ein Stück Land öffentlich versteigerte. In der Nähe erinnerte ein Foto an den ersten ›Talentmarkt‹ – ebenfalls eine Innovation aus

Shenzhen, die sich schnell ausbreitete. Es gab noch weitere fotografische Artefakte: die Gründung der ersten chinesischen Börse 1990; die erste Privatisierung von staatseigenem Wohnraum 1988. Ein Ausstellungsstück erinnerte stolz an die historische Eröffnung des ersten Wal-Mart in China, die 1996 in Shenzhen stattfand.

Trotz der Parolen war nichts davon über Nacht oder ohne Widerstand zustande gekommen. Wenn Deng Xiaoping der Gott der Stadt war, dann war er es im Sinne der Griechen – ein Schutzherr, dem sich regelmäßig geheimnisvolle Kräfte in den Weg stellten. Deng glaubte, die Sonderwirtschaftszonen würden dazu beitragen, den Wandel in der chinesischen Wirtschaft voranzutreiben. Die Sache hatte aber auch eine politische Dimension: Vor allem hoffte er, Investoren aus Hongkong und Taiwan anzulocken, um die Regionen auf elegante Weise enger an das Festland zu binden. Die Konservativen befürchteten das genaue Gegenteil: Sie glaubten, dass Städte wie Shenzhen es den ausländischen Unternehmen erlauben würden, billige chinesische Arbeitskräfte auszubeuten. Viele der neuen Wirtschaftszonen lagen ausgerechnet in Städten mit Handelshäfen, deren Öffnung man im 19. Jahrhundert nach dem Opiumkrieg erzwungen hatte. Dengs Gegner attackierten seine Strategie gelegentlich als Nachhall des ausländischen Imperialismus. Als Mitte der Achtzigerjahre in den Zonen verschiedene Schmuggelskandale aufflogen, nahm die Kritik zu.

Eine Antwort bestand darin, den Shenzhen-Zaun zu errichten, der 1984 fertiggestellt wurde. Dieser uralten chinesischen Lösung gab man einen neuen Dreh: In Shenzhen bestand eine Funktion der Stadtmauer darin, nichts nach draußen zu lassen. Die Beamten hofften, potenziell gefährliche Auswirkungen der Reform eindämmen zu können. Die Mauer verlieh ihnen das beruhigende Gefühl, alles unter Kontrolle zu haben – die physische Grenzlinie zeigte an, wo die experimentelle Stadt begann. Um Shenzhen ordnungsgemäß zu betreten, mussten die Bürger einen Grenzpass bei sich tragen, den ihre Heimatprovinz genehmigt hatte.

Nach dem Sommer 1989, als die Konservativen mit dem brutalen Durchgreifen in Peking die Oberhand gewannen, befürchteten einige, Shenzhen würde seine Sonderstellung verlieren. Doch drei Jahre später kehrte der gütige Gott zurück. 1992 machte Deng seine berühmte

Südreise, die zeigen sollte, dass die Wirtschaftsreformen fortgesetzt würden. Der entscheidende Augenblick der Reise kam in Shenzhen, wo der Achtundachtzigjährige eine Rede hielt und sagte: »Shenzhen lehrt uns, mutig zu sein und in verbotene Zonen vorzudringen.« Daraus ergab sich die zweite Strophe der »Frühlingsgeschichte«:

Dann im Frühling des Jahres 1992
Schrieb ein alter Mann ein Gedicht auf die
südliche Küste Chinas ...
Oh, China, China,
Du hast eine neue Schriftrolle geöffnet, die währen soll
einhundert Jahr'.
Du hältst deine schützende Hand über einen Frühling,
der ein Rausch der Farben ist.

In Shenzhen selbst war anscheinend nur wenigen Durchschnittsbürgern bewusst, dass sie Teil eines historischen Experiments waren. Doch sie spürten die Unsicherheit, und die Stadtentwicklung beschrieben sie eher als Ergebnis des Patronats eines mächtigen Mannes als das natürliche Ergebnis der freien Marktwirtschaft. Auf einer meiner Reisen nach Shenzhen traf ich einen Geschäftsmann, der meinte, die nach Dengs Tod vor der Plakatwand niedergelegten Opfergaben seien eine Art Danksagung gewesen. Er fügte jedoch hinzu, dass auch Angst und Aberglaube dabei eine Rolle gespielt hätten; es war fast wie im traditionellen chinesischen Ahnenkult, in dem die Verstorbenen noch immer das tägliche Leben beeinflussen konnten. Ein anderes Mal unterhielt ich mich mit einem Taxifahrer, der aus der Provinz Hunan nach Shenzhen gezogen war. »Früher war diese Stadt ein armes Dorf auf dem Land, und dann kam Deng Xiaoping und sagte den Leuten, dass sie bauen sollen«, erklärte er. »So funktioniert das in China – einer sagt, dass etwas getan werden soll, und es wird getan. Das ist Kommunismus.«

Die Führung versuchte zwar, ihr Experiment zu definieren und abzugrenzen, bestimmte Aspekte von Shenzhen entwickelten dennoch ein Eigenleben. Die Region wurde mit der Zeit von der arbeitsintensiven Leichtindustrie dominiert, und Betriebsleiter bevorzugten weibliche Arbeitnehmer, die schlechter bezahlt werden konnten und mit denen man einfacher zurechtkam. Zwar gab es keine verlässlichen Statistiken, es war aber offensichtlich, dass es in Shenzhen deutlich mehr Frauen als Männer gab. Die Einheimischen behaupteten oft, dass sieben Frauen auf jeden Mann kämen. Shenzhen wurde berühmt für seine Prostitution und auch für seine ›Zweitfrauen‹, die Geliebten der Fabrikbesitzer, die bereits Familien in Hongkong oder Taiwan hatten.

Versuche, die Grenze zu kontrollieren, hatten ungeahnte Folgen. Viele Fabriken zogen auf die anderen Seite des Shenzhen-Zauns, wo sie von Vorteilen wie preiswerterem Land und einer weniger strengen Strafverfolgung profitierten. Die Region Shenzhen wurde in zwei Welten geteilt, die Einwohner als *guannei* und *guanwai* beschrieben – innerhalb der Tore und jenseits der Tore. In früheren Jahrhunderten hatte man mit diesen Begriffen die Gebiete auf der einen beziehungsweise der anderen Seite von Shanhaiguan bezeichnet, einem berühmten Abschnitt der Großen Mauer, der die Grenze mit der Mandschurei markierte. In Shenzhen dagegen war mit den alten Begriffen die neue Grenze gemeint. Jenseits des Zauns entstanden über Nacht Satellitenstädte, die meisten waren schmutzig und ungeplant. In diesen wild wuchernden, billig erbauten Fabriken und Arbeiterwohnheimen waren die Löhne niedriger. Die typische Arbeitswoche hatte sechs statt fünf Tage. Arbeitsunfälle und Brände in den Fabriken waren häufiger als im eigentlichen Shenzhen.

Hier, jenseits der Tore, fand Emily ihren ersten Job in einer Satellitenstadt namens Longhua. Kurz nachdem sie die Arbeit aufgenommen hatte, kam der Bereich Produktion hinzu, sodass das Unternehmen zu einer vollwertigen Fabrik wurde, inklusive Werkstätten und Wohnheimen. Die Fabrik stellte Schmuck aus Zinn, Messing und minderwertigem Silber her, außerdem billige Perlen aus Kunststoff, die bemalt und lackiert, in Beutel mit Schnellverschluss verpackt und nach Hongkong, Südostasien und in die Vereinigten Staaten exportiert wurden.

Emilys Geschichte über den Geschäftsmann aus Hongkong fand ein schnelles Ende. Ein paar Wochen nach unserem Telefonat rief sie wieder an, und ich fragte sie nach dem Mann.

»Er mag alle Frauen, die er sieht«, sagte sie lachend. »Deshalb ist er kein großes Problem.«

Sie erzählte mir, dass ihre Schwester einen neuen Job bei einer Te-
lefon-Hotline für einsame Herzen gefunden hatte, die sich um Menschen kümmerte, die sich in Shenzhen verloren fühlten. Sie verdiente zwar nicht so viel wie Emily, die Arbeit war aber einfach. Auf Basis
der Anruferzahl erhielt sie Boni, und es gab viele Anrufer. Ich fragte
Emily, warum so viele Leute anriefen.

»Alle in Shenzhen haben viele Probleme«, sagte sie.

»Wieso das?«

»Viele Probleme haben mit Zuwendung zu tun«, sagte sie. »Manche Leute sagen, dass es in Shenzhen keine wirkliche Liebe gibt. Die
Menschen sind zu sehr damit beschäftigt, Geld zu verdienen und zu
überleben.«

Sie klang deutlich älter als die Studentin, an die ich mich erinnerte. Nach unseren Telefongesprächen fragte ich mich oft, wie junge
Menschen in Shenzhen oder in irgendeiner anderen Boomtown ihren Weg finden konnten. Die Anonymität war beunruhigend: Millionen gesichtslose Wanderarbeiter gingen in den Süden. Es schien geradezu unvermeidlich, dass eine junge Frau wie Emily vom Weg
abkommen würde.

Im Frühjahr nahm ein Mann namens Zhu Yunfeng in der Schmuckfabrik die Arbeit auf. Er war gelernter Formenbauer. In seinem früheren Job hatte er das Gewicht eines Metallteils falsch berechnet. Mit
drei anderen Arbeitern versuchte er, das Teil zu heben, aber es rutsch-
te weg. Zhu Yunfeng ließ los, die anderen aber nicht – und verloren
einige Finger. Den verletzten Arbeitern wurde eine Entschädigung
versprochen, und Zhu Yunfeng gab man keine Schuld an dem Unfall.
Dennoch fasste er den Entschluss, den Job aufzugeben. Wegen der
Arbeiter, die zu Krüppeln geworden waren, fühlte er sich in dem
Werk nicht mehr wohl.

Emily nahm kaum Notiz von Zhu Yunfeng, als er im März jenes
Jahres eintraf. Er verhielt sich ruhig, und auch sein Äußeres fand sie
kaum bemerkenswert. Er war mittelgroß, mit dichtem schwarzem
Haar und Schultern, die von der Arbeit mit den Formen breit geworden waren. Er war nicht attraktiv, aber mit der Zeit beachtete Emily
ihn immer mehr. Sie mochte die Art, wie er sich bewegte – in seinem
Gang lag Selbstvertrauen.

Zwei Monate später tauchten kleine Geschenke in ihrer Schreibtischschublade auf: zwei Puppen und eine kleine Schaffigur. Sie fragte nicht, wer sie dorthin gelegt hatte.

Im Juni waren Emily und Zhu Yunfeng mit ihren Kollegen unterwegs und gingen irgendwann allein durch den lokalen Park. Sie wusste nicht, wie sie von der Gruppe getrennt worden waren. Plötzlich bekam sie Angst, alles ging ihr zu schnell. Sie war zweiundzwanzig Jahre alt. Er war sechsundzwanzig.

»Ich möchte nicht mit dir spazieren gehen«, sagte sie.

»Mit wem möchtest du denn gehen?«, fragte er.

»Ich will mit niemandem gehen!«

Sie kehrten in die Fabrik zurück. Monate später erzählte ihr Zhu Yunfeng, dass er in dem Moment gewusst habe, dass er eine Chance hatte. Er konnte sehen, dass sie sich noch nicht entschieden hatte.

Die Fabrik hatte fünfzig Mitarbeiter. Sie produzierte Modeschmuck für den Export, vor allem nach Amerika. Der Taiwaner Chef machte den Arbeitern gegenüber keinen Hehl daraus, dass er einzig und allein wegen der billigen Arbeitskräfte auf das chinesische Festland gekommen war. Die Arbeiter mochten ihren Boss nicht sonderlich. Einige von ihnen verdienten nur einen Yuan pro Stunde, umgerechnet elf Eurocent, was bedeutete, dass sie Überstunden machen mussten, um ein akzeptables Einkommen zu erzielen. Wenn sie ihren Chef beschrieben, gebrauchten sie häufig zwei Wörter, mit denen viele Arbeiter in Shenzhen die taiwanchinesischen Eigentümer beschrieben: geizig und lüstern. Der Chef der Schmuckfabrik war allerdings nicht so schlecht wie viele andere, und die Arbeitsbedingungen im Werk waren besser als in den durchschnittlichen Fabriken jenseits der Tore. Die Arbeiter hatten sonntags frei, und unter der Woche durften sie nach der Arbeit das Werk verlassen, obwohl zur Sperrstunde alle im Wohnheim zurück sein mussten. Sperrstunde war um elf oder zwölf Uhr abends, je nach Laune des Bosses.

Das Wohnheim belegte die beiden obersten Etagen eines sechsstöckigen Gebäudes. In einem Raum waren vier bis zehn Arbeiter untergebracht. Es war eine Drei-in-eins-Fabrik: Produktion, Lagerhaltung und Wohnräume bildeten auf dem Gelände eine Einheit. Eine solche Anordnung war in China illegal, und die Arbeiter wussten das, genauso wie sie wussten, dass ein Teil der Herstellungsmaterialien, die im Erdgeschoss lagerten, extrem entzündlich waren. Mehr noch: Ein Elektriker hatte Emily und anderen Sekretärinnen während einer Inspektion gesagt, dass das Gebäude eine fehlerhafte elektrische Verkabelung habe. Danach überlegte sich Emily einen Fluchtweg. Sollte eines Nachts ein Feuer ausbrechen, würde sie in die sechste Etage auf den Balkon des Wohnheims rennen und von dort auf das Dach des Gebäudes nebenan springen. Das war der ganze Plan – es war sinnlos, sich bei irgendjemandem über den Verstoß gegen die Vorschriften zu beschweren. Es gab viele Drei-in-eins-Fabriken jenseits der Tore, dagegen konnten die Arbeiter nichts unternehmen. Sie alle waren weit weg von ihrer Heimat.

An einem Samstagabend im Oktober nahm Zhu Yunfeng Emilys Hand, als sie die Straße überquerten. Ihr Herz hüpfte in ihrer Brust. Zhu Yunfeng hielt die Hand ganz fest.

»Ich bin zu aufgeregt«, sagte sie, als sie die andere Straßenseite erreicht hatten. »Ich möchte es so nicht.«

»Was ist los?«, sagte er. »Hast du das noch nie zuvor gemacht?«

»Doch«, sagte sie. »Ich habe aber immer noch Angst.«

»So wird es zukünftig sein«, sagte er. »Du solltest dich daran gewöhnen.«

Als Emily mir die Geschichte viel später erzählte, musste sie lachen. Dabei machte sie eine Geste, die für chinesische Frauen typisch war: Sie verdeckte ihren Mund mit der Hand, so als dürfe sie sich über die Erinnerung nicht zu sehr freuen.

Alle sechs Monate fuhr ich mit dem Zug nach Shenzhen. In China erhielt man offizielle Journalistenvisa erst nach einer Menge Papierkram – mit finanzieller Unterstützung eines Publikationsorgans musste man eine Bürolizenz und einen Presseausweis beantragen. Beides fehlte mir, weshalb ich zweimal im Jahr über die Grenze nach Hongkong fuhr, wo ein Reisebüro, ohne weitere Fragen zu stellen, für fünfzig Dollar sechs Monate gültige, verlängerbare Visa für Geschäftsleute verkaufte. So sah meine Routine als Wanderarbeiter aus: Immer wenn der Sommer in den Herbst oder der Winter in den Frühling überging, kam für mich die Zeit, in den Süden zu fahren.

Das erste Visum besorgte ich mir im April 1999. Es war eine angenehme Zugfahrt. Ich konnte beobachten, wie an die Stelle der trockenen nördlichen Ebenen die saftigen Felder des Südens traten. In Hongkong dauerte es weniger als einen Tag, bis das neue Dokument ausgestellt war, und danach überquerte ich die Grenze zurück nach Shenzhen. Mit einem Bus fuhr ich zur Satellitenstadt Longhua, wo sich Emilys Fabrik befand. Sie hatte mir gesagt, ich solle sie am örtlichen McDonald's treffen, dem einzigen westlichen Restaurant der Stadt. Als ich ankam, sah ich sie draußen vor der Tür, sie stand neben einer Statue von Onkel McDonald. Sie hatte sich in der Fabrik einen Tag frei genommen.

Zwar waren zwei Jahre vergangen, seit wir uns zuletzt gesehen hatten, sie hatte sich aber kaum verändert. Sie trug ein einfaches blaues Seidenkleid, und ihre Haare waren zurückgebunden. Sie lächelte und schüttelte mir die Hand auf eine Art, die sie als amerikanisch kennengelernt hatte. Wir sprachen meist chinesisch – sie erzählte mir, dass sie sich wohler fühle, wenn wir uns in ihrer Muttersprache unterhielten. Die Schüchternheit, die sie als Studentin hatte, war verschwunden; nun war sie die Reiseleiterin und führte mich zügig durch die Stadt zu einer Bushaltestelle, von der wir zu den Toren der Sonderwirtschaftszone fuhren. Uniformierte Wachen am Zaun überprüften unsere IDs – meinen Reisepass, ihren Grenzpass. Danach fuhren wir auf der Schnellstraße ins Herz der Stadt.

Ein Jahr zuvor, als ich noch im Friedenscorps war, hatte Adam Meier Emily in Shenzhen besucht. Er erzählte mir, dass der Höhepunkt seiner Reise in den Süden das Opiumkrieg-Museum an der nahe gelegenen Küste gewesen sei. Um das Museum zu erreichen, musste man ein Minibike nehmen, und um ein Minibike zu mieten, musste man mit einem ganzen Rudel Fahrern verhandeln. Das Rudel war bissig, ein Ausländer war aus seiner Sicht wie ein Stück rohes Fleisch, das blutend auf die Straße fiel. Die Verhandlungen mit den Minibike-Fahrern dauerten eine halbe Stunde und halfen Adam dabei, sich für das Museum warm zu laufen, das aus verschiedenen Exponaten ›Lebendiger Geschichte‹ bestand. Zu den Ausstellungsstücken zählte ein ausländisches Kriegsschiff, das mit ausländischen Teufeln aus Wachs bestückt war, die militärische Gewalt anwandten, um den Chinesen Hongkong zu entreißen. Adam tauchte aus irgendeinem Grund buchstäblich in die ›Lebendige Geschichte‹ ab, sodass einige chinesische Touristen erschraken, als aus den Eingeweiden des Kriegsschiffs ein leibhaftiger ausländischer Teufel heraussprang. Emily hatte den Sinn für Humor ihres ausländischen Lehrers immer geschätzt, und in der Regel mochte sie es, wenn wir sie neckten. Dennoch hatte Adams Rolle in der ›Lebendigen Geschichte‹ die Geduld des armen Mädchens arg strapaziert.

Als wir mit dem Bus nach Shenzhen hineinfuhren, fragte sie mich, was ich besonders gern sehen würde.

»Ich würde gern ins Opiumkrieg-Museum gehen«, sagte ich.

»Ich werde nicht noch einmal dorthin gehen«, sagte sie.

»Herrn Meier hat es wirklich gefallen«, sagte ich. »Er hat es mir empfohlen. Wir können mit einem Minibike fahren.«

Aber Emily war viel taffer, als ich sie in Erinnerung hatte. Ruckzuck reduzierte sie unsere touristischen Optionen auf drei örtliche Themenparks: den Safari Park Shenzhen, der auf Plakaten als »interaktiv« angepriesen wurde; das China Folk Culture Village, in dem man alle ethnischen Minderheiten Chinas in ihrer jeweiligen Tracht sehen konnte; oder Splendid China, wo kleine Modelle berühmter Sehenswürdigkeiten aus dem ganzen Land ausgestellt waren. Am Ende überließ ich ihr die Entscheidung. Ich hatte eine starke Vorahnung, dass wir auf jeden Fall chinesische Yuppie-Unterhaltung der übelsten Sorte sehen würden.

Sie entschied sich für den Safaripark. Die Beschreibung »interaktiv« stellte sich insoweit als zutreffend heraus, als man die Tiere füttern durfte. Die Touristen gaben ihnen alles Mögliche – Karotten, Nüssen, Sellerie –, und wenn die Happen aufgebraucht waren, verfütterten sie das Papier, in dem sie verpackt gewesen waren. Überall im Park verhökerten Verkäufer für einen Yuan Futterbeutel. Vermutlich arbeiteten sie auf Kommissionsbasis, weil sie fast so aggressiv waren wie die Opiumkrieg-Minibike-Bande. »Nur ein Yuan«, riefen die Verkäufer. »Füttern Sie die Hirsche. Ein Yuan.« Und die Hirsche, wie alle anderen Tiere im Park auch, torkelten umher, mit glasigen Augen und aufgedunsen.

Am Affenhügel griffen die Verkäufer zu Drohungen. »Wenn Sie die Affen nicht füttern«, sagte ein Mann, »greifen sie Sie an. Der Affenhügel ist ohne eine Tüte Karotten für einen Yuan gefährlich. Füttern Sie die Affen. Ein Yuan. Die Affen müssen gefüttert werden.«

Emily wollte schon Karotten kaufen, aber ich hielt sie zurück. »Wollen Sie nicht wissen, was passiert, wenn wir sie nicht füttern?«, fragte ich, und sie neigte den Kopf zur Seite und lächelte. Und tatsächlich versuchte ein Affe, sich Emilys Handtasche zu schnappen, und ich musste meine Baseballmütze gut festhalten. Als wir hinausgingen, warf uns der Verkäufer einen triumphierenden Blick zu.

Als wir beim Krokodilteich ankamen, war nur noch eine Ente übrig. Man hatte sie in einen winzigen Käfig gepfercht. Sie starrte geradeaus, als ob sie jeden Blickkontakt vermeiden wollte – ähnlich wie ich es immer machte, wenn ich in einem Flughafen durch den Zoll ging. Die vorletzte Ente hatte man gerade hineingeworfen, und die Krokodile zerrten noch immer an den Stücken. Ein Vogel kostete fünfundzwanzig Yuan. Ich griff nach meiner Brieftasche.

»Ich will die Ente den Krokodilen nicht zum Fraß vorwerfen«, sagte Emily.

»Sie müssen sie nicht werfen«, sagte ich. »Der Arbeiter wirft sie. Und er wirft sie auch nicht den Krokodilen zum Fraß vor – er wirft sie nur ins Wasser.«

»Ich mag diese Tiere nicht«, sagte sie. »Ich will sie nicht füttern. Sie haben doch auch alle anderen Tiere nicht gefüttert.«

»Die Krokodile sind freundlich«, sagte ich. »Sehen Sie nur, das eine lächelt.«

Eines der Krokodile im Teich hatte sich einige Stücke der vorletzten Ente gepackt, und nun hob es mit Federn im Maul den Kopf aus dem Wasser.

»Es sieht nur wegen des Mauls so aus«, sagte Emily.

Geduldig versuchte ich, sie zu überzeugen. Ich erklärte ihr, dass es grausam sei, eine Ente in einem Käfig zu halten, besonders in einem Safaripark, der sich mit wilden Tieren beschäftige. Wilde Tiere seien nun mal so: Sie geraten in gefährliche Situationen, einige überleben, andere dagegen nicht. Und selbst wenn die Ente nicht überlebe, dann bedeute das noch lange nicht, dass wir sie physisch und persönlich umbringen würden. Wir berührten sie nicht einmal. Wir gäben nur einem Mann fünfundzwanzig Yuan. 2,75 Euro – ein kleiner Preis für die Freiheit einer Ente.

Emily machte mich darauf aufmerksam, dass der Vogel gestutzte Flügel habe. »Okay«, sagte ich, »er kann immer noch an Land schwimmen und dann weggehen. Enten können wirklich sehr schnell gehen, wenn sie nur wollen. Und wer weiß, vielleicht haben sie die Flügel nicht richtig gestutzt; vielleicht überrascht die Ente uns und fliegt auf und davon in die Freiheit, in eine Schuhfabrik hier in der Nähe. Wir werden es erst erfahren, wenn wir es versuchen.«

Kurz darauf wurde meine Logik noch verzweifelter. Ich erzählte ihr, dass Krokodile selten sind, praktisch vom Aussterben bedroht, und dass sie sterben, wenn man sie nicht füttert. Emily konterte mit den Worten, dass diese Krokodile in nächster Zeit sicher nicht verhungern würden, und obwohl ich es nicht zugeben wollte, hatte sie offensichtlich recht. Die Krokodile sahen aus, als würden sie platzen. Auch die vorletzte Ente hatten sie mehr zerfetzt als gefressen. Einzelne Teile trieben in Ufernähe im Wasser umher.

Zu guter Letzt konnte ich nur noch mit dem schwächsten aller moralischen Argumente punkten: Wenn wir die Ente den Krokodilen nicht zum Fraß vorwerfen, dann tut es ein anderer. Wir sind nicht besser oder schlechter – wir sind alle nur *laobaixing*, ganz normale Menschen. Da wir menschliche Wesen sind, sei es auch durchaus menschlich, sich an einem fairen Kampf zwischen einem Teich voller Krokodile und einer Ente mit gestutzten Flügeln zu erfreuen. Und überhaupt, was ist an dieser Ente so besonders? Warum sollte man sie anders behandeln als ihre Artgenossen? Und so weiter und so weiter. Emily war aber genauso unnachgiebig, wie sie es schon beim Opiumkrieg-Museum gewesen war, und am Ende blieb die Ente in ihrem Käfig.

Den Abschluss unserer Safarierfahrung bildete das »Große Treffen von Einhundert Tieren«, ein Umzug, der täglich im Stadion des Parks stattfand. Die Interaktiv-Thematik wurde fortgesetzt, indem sowohl Tiere als auch Menschen an der Prozession teilnahmen. Eine junge Frau in einem Schwanenkostüm führte eine Reihe zahmer Schwäne an, die ihre Notdurft verrichteten, während sie den unbefestigten Weg des Stadions hinunterwatschelten. Ihr folgten andere Frauen, die als Papageien verkleidet waren und dazu echte Papageien auf ihren Schultern trugen. Es folgten Männer, die auf Elefanten und Straußen ritten. Ein Strauß warf seinen Jockey ab; der Mann rannte weg, gejagt von dem wütenden Vogel, und die Menschenmenge jubelte.

Der Höhepunkt des Aufmarsches war eine Parade der Bären. Zu sehen waren sie in Kostümen und auf Fahrrädern, oder sie torkelten betrunken auf ihren Hinterbeinen herum. Eine Bärenhochzeit wurde gefeiert. Als Erste traten die Bärengäste auf, die Karren mit riesigen, farbigen Holzmodellen – Hochzeitsgeschenke der neuen Wirtschaft – vor sich herschoben: ein Kühlschrank, ein Fernseher, eine riesige Flasche Great-Wall-Wein. Das glückliche Hochzeitspaar kam zuletzt. Ein Bär trug einen Anzug, der andere ein Kleid; zusammen standen sie mit einem menschlichen Arbeiter auf einem Umzugswagen. Es gab eine kurze Zeremonie, bei der sich die Bären auf die Hinterbeine stellten, um ihr Eheversprechen abzugeben, und danach drängte der Arbeiter sie in das Brautgemach des Wagens. Der Mann trug eine Peitsche. Das Ganze wirkte wie eine Musshochzeit. Die rote Tür der Kammer war mit dem goldenen Buchstaben für »Doppeltes Glück« verziert. Fast alle Zuschauer im Park waren junge Chinesen aus der Oberschicht. Jemand erzählte mir, dass abends im selben Stadion Windhundrennen veranstaltet würden.

Bevor wir die Stadt verließen, machten wir an der Deng-Xiaoping-Plakatwand Halt. Der Tierpark hatte mich ganz benommen gemacht, und der Abstecher zu der Plakatwand fühlte sich wie ein Reinigungsritual an – eine Absolution für unseren Ausflug innerhalb der Tore. Es war ein trüber Nachmittag, und ich machte ein Foto von Emily. Sie lächelte nicht, sondern nahm, mit dem Bild des großen Führers im Hintergrund, auf eine typisch chinesische Art eine ernste Haltung ein.

Die Busfahrt zurück nach Hause schien sich in die Länge zu ziehen. Unser Bus entfernte sich zusehends von den Wolkenkratzern der Innenstadt – vom glitzernden, blaugrünen Glas der Börse, von den zwei Turmspitzen des Land King Tower. In nördlicher Richtung fahrend, passierten wir brandneue Apartmentblocks, die sich über mehrere Kilometer hinzogen. Danach wurde die Bebauung dünner. Direkt vor der Grenze – dem langen, niedrigen Streifen aus Maschendrahtzaun – durchschnitt die Straße menschenleere grüne Anhöhen. In der Nähe des Grenzübergangs stand eine Plakatwand: MISSION HILLS GOLF CLUB, THE FIRST 72-HOLE GOLF CLUB IN CHINA (Mission Hills Golf Club, der erste 72-Loch-Golfclub in China).

Jenseits der Tore erhob sich eine wirre Ansammlung noch nicht fertiggestellter Betonbauten mit Bergen aus Erde, die sich neben ge-

waltigen Baugruben auftürmten. Wir fuhren an einem Hinweisschild
vorbei, das zu einem Gefängnis mit niedriger Sicherheitsstufe führte: DAS ZWEITE ARBEITSLAGER. Während unser Bus seine Fahrt in
Richtung Norden fortsetzte, folgte eine Fabrikstadt auf die andere:
eingezäunte Arbeiterwohnheime, Fabrikschornsteine, die aus einer
schmutzigen Masse hervorsprossen. Die Stadtlandschaft zeichnete
sich durch vorzeitige Alterungsprozesse aus, die für chinesische
Boomtowns charakteristisch waren. Neue Gehwege waren bereits
stellenweise von Unkraut überwuchert, unfertige Wohnblöcke waren so billig gebaut, dass ihre Wände sich sofort verfärbten und auf-
platzten. Fast nichts war zu Ende gebracht, und alles war von so
schlechter Qualität, dass es sofort alt aussah.

Reklametafeln am Straßenrand warben für Fabrikprodukte und
richteten sich meist an Großhändler, die Teile in großen Mengen
kauften: Generatoren, Druckluftkompressoren, Wärmepumpen.
Solche Produkte kaufte man nicht für den täglichen Gebrauch, und
selbst für gute Werbeagenturen wären sie eine große Herausforderung gewesen. Das Design der Reklametafel hatte man, wie alles andere auch, meist überstürzt zu Ende gebracht. Die Anzeigen bestanden oft aus nichts anderem als einem Foto, das irgendein exotisches
Teil – technischen Krimskrams – zeigte, das man auf eine sonnige,
grüne Wiese gelegt hatte. Unter dem idyllischen Kettenrad stand ein
Firmenname, oft in hölzernem Englisch: Professional Manufacture
Various Hydraulic Machinery. Friendly Metal Working Lubricants.
Good Luck Paper Products.

An diesem Abend gingen wir in einem Freiluft-Restaurant in der
Nähe von Emilys Fabrik essen. In chinesischen Städten war der
Abend oft die angenehmste Tageszeit, was vor allem auf den Bereich
jenseits der Tore zutraf, wo erst die Dämmerung die Stadt menschlich erscheinen ließ. Bei Tageslicht war die Monotonie der Fabrikstädte unerträglich, und die Straßen waren während der Arbeitszeit
wie ausgestorben. Wenn aber in den Abendstunden die meisten
Schichten zu Ende gingen, stürmten die jungen Leute plötzlich aus
den Werksmauern. Sie machten sich in Gruppen auf den Weg und
unterhielten sich wie Schulkinder nach dem letzten Läuten. Ich saß
im Restaurant und beobachtete, wie sie auf dem Bürgersteig vorü-
bergingen, redeten, lachten und flirteten. Abgesehen von ihren Jobs

hatten sie in der Stadt kaum Verpflichtungen – keine Familien, keine Traditionen. In diesem Sinne waren sie frei.

Während des Abendessens unterhielt Emily mich mit Geschichten über die Fabrikbesitzer. Ein chinesisch-amerikanischer Kollege ihres Chefs, der vor Kurzem geschäftlich aus San Francisco eingetroffen war, ging in Emilys Büro, faxte seiner Frau einen Liebesbrief und ging dann sofort hinaus, um sich eine Prostituierte zu mieten. Emilys eigener Boss warf den jungen Frauen in seinem Werk ständig anzügliche Blicke zu. Die meisten seiner Freunde waren genauso. Ein anderer Taiwaner Besitzer in einem nahe gelegenen Werk hatte sich von seinen zwei Sichuaner Geliebten so sehr ablenken lassen, dass sein Unternehmen in Konkurs gegangen war.

Emily lachte, als sie die Geschichten erzählte, und ich stellte mir vor, wie schnell sie bei den jungen Frauen in Umlauf kamen, die zu zehnt in einem Schlafsaal wohnten. Bevor sie nach Shenzhen kam, hätte Emily sich nie vorstellen können, dass Menschen sich so verhalten konnten. Sie erzählte mir, dass sie eine ihrer größten Überraschungen erlebt habe, als sie Neuigkeiten von ihrer Nachbarin in Fuling erhielt – jene junge Frau, die immer als großer Shenzhen-Erfolg beschrieben worden war. Emilys Schwester hatte erfahren, dass die Frau in Wirklichkeit die ›Zweit-Ehefrau‹ eines Fabrikbesitzers aus Hongkong war.

Emily hatte nur wenig Respekt für die Geschäftsleute, die nach Shenzhen kamen, vor allem für Taiwaner. Ihr Freund Zhu Yunfeng hatte die Schmuckfabrik vor Kurzem wegen eines neuen Jobs verlassen. Dort arbeitete er unter einem Taiwaner, der seine Angestellten fair behandelte. Emily meinte jedoch, diese Art von Chef sei die Ausnahme, die meisten seien Ausbeuter und Sexbesessene. »Sie alle sind woanders gescheitert«, spottete sie und fügte hinzu, dass die alte Firma ihres Chefs in Taiwan schon vor Jahren pleitegegangen sei.

Auf meine Frage nach dem politischen Klima antwortete sie, dass Shenzhen von der Regierung weniger eingeschränkt werde als ihr Heimatort. Allerdings betonte sie, dass die Arbeitsbedingungen genauso einschränkend wirkten. »Hier ist es nicht die Regierung, hier sind es die Bosse, die alles kontrollieren«, sagte sie. »Mag sein, dass es am Ende auf dasselbe hinausläuft.«

Besonders deutlich wurde sie, als sie von einer Handtaschenfabrik in einer nahe gelegenen Stadt erzählte, die sich in Taiwaner Besitz befand. Wie die meisten Betriebe jenseits der Tore hatte die Fabrik eine Sechstagewoche, der Besitzer hielt die Werkstore jedoch die ganze Woche über verschlossen. Außer sonntags konnten die Arbeitnehmer das Gelände nicht verlassen.

»Das kann nicht legal sein«, sagte ich.

»Viele Fabriken gehen so vor«, sagte sie. »Sie alle haben gute Kontakte zur Regierung.«

Einer von Emilys Freunden hatte in der Handtaschenfabrik gearbeitet. Der Boss aus Taiwan hatte oft angeordnet, dass alle bis Mitternacht am Fließband blieben. Wenn sie müde wurden, schrie er sie an. Ein Arbeiter beschwerte sich und wurde gefeuert. Als er seinen letzten Gehaltsscheck haben wollte, ließ der Chef ihn verprügeln. Die Geschichte machte Emily so wütend, dass sie beschloss, etwas dagegen zu unternehmen. Ich fragte, ob sie zur Polizei oder zu einer anderen Regierungsbehörde gegangen sei oder ob sie einem Journalisten davon erzählt habe.

»Nein«, sagte sie. »Ich schrieb dem Boss einen Brief, in dem stand: ›Heute in einem Jahr wird Ihr Gedenktag sein.‹ Außerdem zeichnete ich ein Bild mit einem *guge*.«

Ich verstand das Wort nicht, deshalb zeichnete sie die Schriftzeichen auf ihre Handfläche, so wie es Chinesen oft machten, wenn sie einen Ausdruck erläuterten: 骨骼. Aber ich verstand immer noch nicht. Schließlich schob sie ihren Teller zur Seite und zeichnete eine Skizze auf den Tisch:

»Ein Skelett?«, fragte ich.

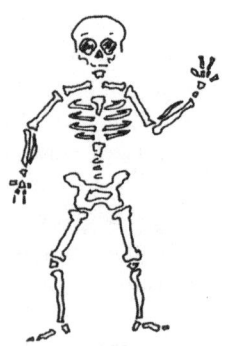

»Ja«, sagte sie, »ein Skelett. Aber ich unterzeichnete nicht mit meinem Namen. Ich schrieb: ›Ein unglücklicher Arbeiter.‹«

Sie kicherte und legte ihre Hand auf den Mund. Die Kellnerin räumte den Tisch ab. Ich wusste nicht, wie ich reagieren sollte – mein Schreibkurs damals in Fuling hatte sich nicht mit Morddrohungen befasst. Schließlich fragte ich: »Hat der Brief gewirkt?«

»Ich finde, er hat geholfen«, sagte sie. »Arbeiter in der Fabrik haben erzählt, der Boss sei sehr besorgt gewesen. Später sei er etwas besser geworden.«

»Warum sind Sie nicht zur Polizei gegangen?«

»Das bringt nichts«, sagte sie. »Die haben alle erstklassige Kontakte. In Shenzhen muss man sich um alles selbst kümmern.«

Nach dem Essen fragte Emily: »Wollen Sie etwas Interessantes sehen?«

Wir gingen in eine enge Gasse in der Nähe des Stadtzentrums. Unterhalb der Straße floss ein Bach träge im Schatten dahin. Die Straße war unbeleuchtet, aber Dutzende Männer standen entlang des Bordsteins. Die orangenfarbene Glut ihrer Zigaretten hing wie Glühwürmchen in der Dunkelheit. Ich fragte Emily, was hier los sei.

»Sie warten auf die Prostituierten«, flüsterte sie. Kurz darauf kam eine Frau vorbei – sie ging langsam und sah sich um, bis sich ein Mann ihr näherte und sie ansprach. Sie unterhielten sich einige Sekunden, daraufhin kehrte der Mann in den Schatten zurück. Die Frau ging weiter. Emily sagte: »Wollen Sie wissen, was passiert, wenn ich Sie hier allein lasse?«

»Nein«, sagte ich. »Wir können jetzt gehen.«

Ich verbrachte den Abend mit Zhu Yunfeng in seiner Ein-Zimmer-Wohnung. Sein neuer Job erlaubte es ihm, sich eine Privatwohnung zu leisten, was für ihn ein zusätzlicher Grund gewesen war, die Schmuckfabrik zu verlassen. Er verdiente mehr als Emily, ging aber vorsichtig mit dem Geld um, und seine Wohnung war entsprechend schlicht. Die umliegenden Häuser waren mit Reklamezetteln in fetter Schrift bedeckt, die für private Kliniken zur Behandlung von Geschlechtskrankheiten warben. Wir folgten einer Spur von Aushängen, die durchs Treppenhaus hinauf zu Zhu Yunfengs Wohnung im dritten Stock führte. Unfertige Wände, abgeplatzter Putz, unvollständige Sanitäranlagen. Der Boiler war noch nicht installiert. Wie so vieles jenseits der Tore, schien man die Arbeiten an dem Gebäude eingestellt zu haben, bevor sie abgeschlossen waren. Es gab zu viele Bauvorhaben; kaum war das Allernötigste an Ort und Stelle erledigt, zogen die Bauunternehmer auch schon weiter. Mir kam es so vor, als ob das Einzige, das in dieser Region überhaupt fertiggestellt wurde, die Fabrikerzeugnisse waren, die sofort exportiert wurden.

Zhu Yunfengs Wohnung war mit zwei einfachen Holzbetten mit Rattanmatten ausgestattet. An den Wänden war nichts aufgehängt. Abgesehen von einer Thermoskanne und ein paar Büchern besaß er kaum etwas. Seine derzeitige Arbeit bestand darin, Formen für eine Fabrik herzustellen, die Haushaltsgeräte für den Export produzierte.

Nachdem Emily gegangen war, sprach er über seinen neuen Job. Er erzählte mir, dass er sich wünschte, er hätte, so wie seine Freundin, Englisch gelernt. Man sah, dass er Emily bewunderte, und ich wusste, dass er etwas an sich hatte, das ihr Sicherheit gab. Einmal hatte sie mir ganz unverblümt erzählt, dass er nicht schön sei, und das stimmte – eine Akne hatte schlimme Narben in seinem Gesicht hinterlassen. Sie fand aber seine Offenheit anziehend. Sie war davon überzeugt, dass schöne Männer nicht zuverlässig waren.

Die zweite Fahrt zur Verlängerung des Visums wollte ich im Oktober antreten, der in jenem Jahr ein wichtiger Monat war: Der 1. Oktober markierte den fünfzigsten Jahrestag der Gründung der Volksrepublik. Große Jahrestage wurden in der Hauptstadt traditionell mit einer Militärparade gefeiert, bei der die Führer des Landes die Feierlichkeiten leiteten – Mao den fünfzehnten Jahrestag, Deng den fünfunddreißigsten Jahrestag. Der vierzigste war ohne Militärparade über die Bühne gegangen, die Einwohner von Peking hatten 1989 bereits genug Militär erlebt. Nun aber ging ein friedliches Jahrzehnt zu Ende, und diesmal war es Präsident Jiang Zemin, der die Truppenparade abnahm.

Den ganzen Sommer über traf die Hauptstadt Vorbereitungen. Der Tian'anmen-Platz wurde zwecks Sanierung eingezäunt, und die Fassaden einiger Gebäude entlang der Chang'an Avenue wurden aufpoliert. Am Abend des 16. August um 22.30 Uhr, als mein Boss Ian und ich nach einem späten Abendessen ein Taxi zurück ins Büro nahmen, war die Chang'an Avenue plötzlich von den süßen Klängen des »Ave Maria« erfüllt. Der Verkehr kam fast zum Erliegen: Fahrer kurbelten die Fenster herunter, Radfahrer fuhren rechts ran. Alle schauten sich verwirrt um. Als der zweite Titel ertönte – das Weihnachtslied »Chestnuts Roasting on an Open Fire« –, wurde uns klar, dass das neue Lautsprechersystem getestet wurde, das für die Militärparade installiert worden war.

Am folgenden Nachmittag tauchte plötzlich ein Strom von Panzern, Truppentransportern und Raketenwerfern auf, der sich in westlicher Richtung über die Chang'an in Richtung Tian'anmen-Platz bewegte. Es hatte so gut wie keine Vorwarnung gegeben. Kurze Mitteilungen in den Pekinger Morgenzeitungen hatten ihre Leser an diesem Tag darüber informiert, dass Teile der Innenstadt in der Zeit zwischen 16.30 Uhr und 2 Uhr für den Verkehr gesperrt würden, allerdings wurden die Waffensysteme nicht erwähnt. Ich war im Büro und bearbeitete Zeitungsausschnitte. Als ich das Dröhnen von der Straße hörte, lief ich nach draußen. Soldaten säumten die Bürgersteige und hielten die Gaffer auf Distanz. Eltern hoben Kinder auf ihre Schultern, damit sie besser sehen konnten.

Am nächsten Abend traf ich Polat zum Abendessen in Yabaolu. Er grinste und sagte: »In Peking waren schon lange keine Panzer mehr.« Als ich fragte, wie er den Jahrestag feiern wolle, sagte er, dass er in der Woche möglichst zu Hause bleiben werde. Er hatte Gerüchte gehört, dass die Polizei den Uighuren Ärger machen würde, weil sie befürchtete, dass irgendein Separatist eine Bombe zünden und das Fest stören könnte.

In Peking ordnete die Regierung die vorübergehende Schließung der Fabriken an, um die Umweltverschmutzung zu verringern, und unmittelbar vor dem Jubiläum ließ sie Hagelflieger aufsteigen. Am letzten Tag im September regnete es kräftig. Am Morgen des 1. Oktober war der Himmel strahlend blau, und die Parade verlief ohne Zwischenfälle. Jiang Zemin trug einen bis oben zugeknöpften Sun-Yat-sen-Anzug, und während er die Truppenparade abnahm, rief er mehrmals: »Genossen, Ihr arbeitet hart!« Alles war beim Alten geblieben – die alten Kleider des Kaisers, dieselbe hölzerne Formulierung, die die Führer schon früher gebraucht hatten. Anstelle des »Ave Maria« ertönte die Nationalhymne. Als ich die Parade eine Stunde lang im Fernsehen verfolgt hatte, wurde mir langweilig, und ich ging in Yabaolu essen. Polat hatte Wort gehalten: Er war nirgends zu sehen. Das uighurische Restaurant war, von mir abgesehen, menschenleer.

Die Regierung hatte verkündet, dass alle Bürger zur Feier des Tages eine Woche Urlaub hätten. In der Provinz Zhejiang hatten William Jefferson Foster und Nancy Drew nicht genug Geld gespart, um reisen zu können, weshalb sie gemeinsam eine ruhige Woche in Yueqing verbrachten. Am Jahrestag besuchten sie vier von Willys Schülern zu Hause. Für einen neu zugezogenen Lehrer war das ein guter Weg, um seine Beziehungen vor Ort zu festigen. Einer der Väter, dem eine Schuhfabrik gehörte, schenkte Willy ein neues Paar Halbschuhe aus Leder. Später schrieb Willy, halb im Scherz: »Interessanterweise wurde ich zum ersten Mal korrupt, als ich von der Familie eines Schülers etwas annahm.«

Weiter südlich, außerhalb von Shenzhen, hatten die Arbeiter in Emilys Fabrik nur einen Tag frei. Innerhalb der Tore gewährten die meisten Unternehmen die volle Woche Urlaub, außerhalb des Zauns dagegen waren die Produktionszeitpläne stets straffer organisiert. Zudem meinten die Arbeiter in Emilys Werk, dass sich der Eigentümer bezüglich des Urlaubs zum Nationalfeiertag besonders geizig verhielt, weil er Taiwaner war und die Kommunistische Partei hasste.

Später in der Woche brach in meinem eigenen, privaten Kalender eine neue Jahreszeit an. Ich fuhr mit dem Zug hinunter nach Shenzhen, überquerte in Hongkong die Grenze und kaufte mir ein neues Visum.

Für unsere zweite Reise innerhalb der Tore fiel Emilys Wahl auf den Land King Tower. Wir gingen genauso vor wie beim ersten Mal: Treffen bei McDonald's, Bus zum Zaun, Grenzkontrolle. Nach den niedrigen grünen Hügeln und den Reihen von Wohnblöcken wirkte die Innenstadt von Shenzhen wie eine Luftspiegelung: blitzende Türme aus Glas und Stahl, als Krone der höchste von allen, der Land King.

Wir kauften Eintrittskarten für die Fahrt zur Spitze. Glasaufzüge wirbelten uns nach oben. Vom neunundsechzigsten Stockwerk blickten wir über die Weite der Sonderwirtschaftszone. Je höher man in anderen chinesischen Großstädten nach oben fuhr, desto eindrucksvoller wirkte die Verdichtung, bis man zuletzt über ein Durcheinander aus Beton blickte: so viele Gebäude, so viele Jahre einer planlosen Entwicklung. Doch Shenzhen sah von oben völlig anders aus. Die Straßen waren breit und gerade; großzügige, grüne Flecken lagen über die ganze Innenstadt verstreut. Im Westen warfen geflutete Fischteiche ländlicher Stadtteile ihren Lichtschimmer wie riesige Spiegel in den Himmel. Die Stadt war eine Planstadt. Sie war nicht einfach ein Ort, an dem sich Jahre, Jahrzehnte und Jahrhunderte übereinandergetürmt hatten.

Im Innern des Wolkenkratzers erinnerten Objekte an die Geschichte von Shenzhen und Hongkong. Der kurze Abschnitt über Shenzhen war mit dem Schlagwort »The Overnight City«, Die Über-Nacht-Stadt, überschrieben.

Zu den Exponaten über Hongkong gehörten lebensgroße Figuren von Deng Xiaoping und Margaret Thatcher, jenen Spitzenpolitikern, die die Vertragsbedingungen für die Rückgabe der Kolonie ausgehandelt hatten. Mit der Übergabe durch die Briten 1997 schloss der Teil der Ausstellung ab. Eine Fotografie zeigte den letzten britischen Gouverneur, Christopher Patten, den die kommunistische Regierung wenig schätzte, um nicht zu sagen verabscheute, weil er in den letzten Jahren der britischen Herrschaft versuchsweise demokratische Reformen eingeführt hatte. Die Ausstellungsstücke im Land King erwähnten diese Reformen mit keinem Wort, nicht einmal Pattens Name wurde genannt. Sein Bild trug schlicht die Unterschrift »Ende des Kolonialismus«.

TEIL 2

Kapitel

5

Speisestärke

März 2000

Nachdem ich mich in meinem ersten Jahr als Freiberufler durch einige magere Monate gekämpft hatte, veröffentlichte ich Beiträge im »Hong Kong Standard«, der »South China Morning Post«, dem »Asian Wall Street Journal«, der »New York Times«, der »Chicago Tribune«, dem »Newark Star-Ledger«, dem »Seattle Post-Intelligencer«, dem »Junior Scholastic Magazine« und auf einer Website namens »ChinaNow«. Als die Stars des Weltwirtschaftsforums aus Genf zu ihrer jährlichen Chinakonferenz einflogen, schrieb ich Zusammenfassungen der Podiumsdiskussionen, die für Broschüren verwendet wurden. Jede Organisation hatte ihre eigenen Regeln und Vorschriften, Pauschalen und Honorare. Für das Weltwirtschaftsforum musste ich einerseits Anzug und Krawatte tragen, andererseits erhielt ich dreihundert Dollar pro Tag. Zeitungen bezahlten üblicherweise zwischen zwei- und dreihundert pro Story – und mehr, wenn ich außerdem ein passendes Foto liefern konnte. Für die Spesen kamen sie nicht auf. Ich unterschrieb jeden Vertrag, den man mir zusandte.

Von all diesen Publikationen waren das »Wall Street Journal« und die »New York Times« die renommiertesten, beide bezahlten aber nicht so gut wie das »Junior Scholastic Magazine«, das mir neunhundert Dollar für ein einziges Feature zahlte. »Junior Scholastic« bat mich, über drei Kinder im schulpflichtigen Alter in Peking zu schreiben; die Story sollte außerdem Hintergrundinformationen zur chinesischen Geschichte enthalten. Sie war für amerikanische Schüler der Mittelstufe gedacht. Der Redakteur bat darum, dass ich die Satzlänge auf achtzehn Wörter oder weniger begrenze. Als ich fertig war, las ich den Entwurf noch einmal durch und erkannte plötzlich, dass er in Special English geschrieben war:

> *Die Geschichte ist sowohl Chinas größte Stärke als auch seine größte Schwäche. China war in der Vergangenheit über weite Strecken viel moderner als westliche Länder. Die Chinesen waren die Ersten, die Papier, gedruckte Bücher, Schießpulver, Porzellan, Gusseisen, Seide und den Magnetkompass herstellten.*
>
> *Die letzten beiden Jahrhunderte nahmen jedoch oftmals einen tragischen Verlauf, insbesondere im Hinblick auf die Beziehungen Chinas zur Außenwelt. Die Folge ist, dass China heute immer noch ein Entwicklungsland mit vielen Problemen ist.*

Für einen freien Mitarbeiter ist es entscheidend, sich von den Geschichten, die den eigenen Namen tragen, zu trennen, bis man sie mit Abstand wieder sieht – so wie jemand, der plötzlich ohnmächtig wird und dann merkt, dass sein Körper bäuchlings auf dem Boden liegt. Das gilt bis zu einem gewissen Grad unabhängig davon, was man schreibt. Es trifft aber besonders auf ausländische freie Mitarbeiter zu, die in einem Land wie China leben. Es fühlte sich seltsam an, für Medien zu schreiben, die so weit weg waren; Redakteure schienen nur mehr Telefonstimmen zu sein. Zudem war es Journalisten in der Volksrepublik grundsätzlich untersagt, ohne offizielle Akkreditierung zu arbeiten. Dennoch gab es in Peking und Shanghai eine kleine Gruppe junger Autoren, die ein sechs Monate gültiges Business-Visum kauften und hofften, dass eine Agentur sie als festangestellte Korrespondenten übernehmen würde. Die Gefahr, in Schwierigkeiten zu geraten, war zwar nicht besonders groß, gelegentlich passierte aber doch etwas. Kurz bevor ich in Peking ankam, hatte ABC vertrauliche Informationen über China ausgestrahlt. Die Polizei reagierte, indem sie die nicht akkreditierten ausländischen Mitarbeiter des Büros so lange schikanierte, bis sie schließlich kündigten.

Dennoch streute ich meine Veröffentlichungen so breit wie möglich. Es war ein kalkuliertes Risiko: Vielleicht fielen die Geschichten den Behörden auf, sie konnten aber genauso gut den Redakteuren auffallen. Ich verschickte jede Woche Anfragen und lernte, wie man Reisen, etwa die entlang der nordkoreanischen Grenze, in mehrere Geschichten aufteilt. (Diese Reise ergab fünf verschiedene Veröffentlichungen.) Gleichzeitig hielt ich Ausschau nach jeder Art von regelmäßiger Arbeit. Matt Forney vom »Wall Street Journal« überließ mir einen seiner alten Aufträge, ein wöchentliches Feature für den »Hong Kong Standard«. Jeden Dienstag reichte ich eine sechshundert Wörter lange Story ein, für die ich hundertfünfzig Dollar und eine Kopie des veröffentlichen Beitrags erhielt. Darüber hinaus gab es keinerlei Kommunikation mit der Zeitung: In den zwei Jahren, in denen ich die Beiträge verfasste, traf ich nie einen Redakteur, und ich erhielt keinen einzigen Leserbrief. Auch während meiner Visum-Fahrt nach Hongkong besuchte ich die »Standard«-Büros nicht. Es gab absolut keinen Beweis dafür, dass irgendwer jemals meine Beiträge las.

In gewisser Weise wurde dadurch alles leichter. Ich unternahm ohne Planung lange Reisen und wartete ab, was geschehen würde. Manchmal ging ich nur in Peking spazieren und entdeckte eine Person oder ein Viertel für ein Porträt. Die Hauptstadt hatte für einen Schriftsteller ein perfektes Entwicklungsstadium erreicht – die freie Marktwirtschaft boomte, aber sie funktionierte noch nicht durchweg einheitlich und im großen Stil. Überall in der Stadt gab es Mikroökonomien, und jede von ihnen war eine Story wert. Eine Gasse in Yabaolu war auf Pelzmäntel für Russen spezialisiert; Xinjiekou hatte gute Läden mit geschmuggelten CDs und DVDs. Die U-Bahn-Haltestelle am Qianmen war bekannt für Händler, die gefälschte Quittungen verkauften. Sie versorgten die korrupten Kader aus dem Landesinnern, die für die Kommunistische Partei unterwegs waren. Die Händler hingen am U-Bahn-Ausgang herum und murmelten *fapiao, fapiao, fapiao*. Quittung, Quittung, Quittung. Sie sahen zwielichtig aus, mit verschlagenem Blick, die Hände in die Hosentaschen gestopft – Perverse der Spesenabrechnung.

Auf dem Markt an der Yuting Qiao drehte sich alles um ausrangierte Elektronik – gebrauchte Artikel, Ausstellungsstücke, Testgeräte, geschmuggelte Anlagen, Ware von undichten Stellen in Fabriken, Fälschungen, *jiade*. Zu jedem Produkt gab es eine Geschichte, die es unverdächtig erscheinen ließ, eine Art Erzähl-Garantie. Eines Morgens schaute ich mich auf dem Markt um und sprach mit einem Mann, der Panasonic-Stereoanlagen aus Taiwan verkaufte. Der Preis sei günstig, erklärte er, weil er bei den Zollgebühren spare – sein Freund arbeite unten in Xiamen beim Zoll. Ein anderer Händler erklärte mir, seine Waschmaschinen Marke Yangzi kämen direkt aus der Fabrik in der Provinz Anhui. Man habe sie nur wegen kleinerer Beulen und Kratzer ausrangiert. Nebenan verkaufte ein Mann CR2-Lithium-Batterien, die in den Ausstellungsstücken eines Kaufhauses für Luxusgüter gesteckt hatten. Er versicherte mir, dass sie noch immer zur Hälfte geladen seien – ein Schnäppchen zu einem Sechstel des Verkaufspreises.

Ich empfand eine Art Brüderschaft mit allen, die mit Geschichten hausieren gingen. Einmal, als ich in Taiyuan, der Hauptstadt der Provinz Shanxi, unterwegs war, schlenderte ich über einen Straßenmarkt, der die üblichen Sachen anbot: Uhren, Feuerzeuge, buddhistische Glücksbringer, handgefertigte Innensohlen für Schuhe. Die Händler legten einfach ein Laken auf den Boden und breiteten darauf ihre Waren aus.

Eine Menschenmenge hatte sich um einen Mann geschart, der Broschüren verkaufte. Er war Anfang zwanzig, und man konnte an seinem Äußeren – dunkle Haut, schmutziger Kragen, billiger blauer Anzug – erkennen, dass er ein Wanderarbeiter war. Allerdings konnte er gut reden, die Menge lauschte seinen Worten wie gebannt. Entscheidend war das Tempo: nie zu schnell, nie zu verzweifelt. Die Geschichte kam ruhig daher, als ob er den ganzen Tag Zeit hätte. Sie hörte sich auch nicht übermäßig einstudiert oder nach Schema F an. Er verkaufte die Broschüren nicht, weil er musste, sondern weil die Broschüren es verdient hatten, verkauft zu werden.

Sie waren eindeutig illegal. Auf dem Boden hatte er ein weißes Baumwolltuch mit einer Reihe handgeschriebener Fragen ausgelegt:

Wer War Besser, Mao Zedong oder Deng Xiaoping?
Eine Wichtige Nachricht, Über Die Nie Berichtet Wurde
Angesichts einer Welt, Die Sich Rasend Schnell Verändert: Wird
China in Zwanzig Jahren Noch Sozialistisch Sein?

»Sie werden auf all diese und weitere Fragen Antworten erhalten«, behauptete der Mann. »Es kostet nur einen Yuan.« Er blickte auf, irgendetwas Ungewöhnliches in der Menge war ihm aufgefallen, dennoch blieb er bei der Sache. »Es spielt keine Rolle, ob Sie aus dem Ausland oder aus dem Inland kommen, der Preis bleibt derselbe – nur ein Yuan. Ich werde Sie nicht betrügen. Alle Themen werden besprochen, Sie erhalten auf all diese Fragen Antworten.«

Die Broschüren waren billig gedruckt, hinter ein blaues Deckblatt waren zwei Dutzend Seiten getackert:

Nachrichten aus der Wissenschaft und Ausgewählte
Ungewöhnliche und Geheime Heilverfahren
Von Zhang Hong (Ökonom)
Herausgegeben vom Shenzhou Science News Publishing House

Sicher hatte der Verlag noch nie von dieser Broschüre gehört; wahrscheinlich existierte auch der Ökonom nicht. In einer politisch vorbelasteten Stadt wie Peking wäre der Verkäufer vielleicht rausgeworfen oder auf ein Polizeirevier gezerrt worden, seine Waren hätte man beschlagnahmt. Aber hier in der Provinz traf man gelegentlich noch auf solche Männer, die am Rande der staatlich kontrollierten Medien arbeiteten. Sie handelten mit Gerüchten, Mythen, Volksmärchen, Verschwörungstheorien – mit der inneren Stimme der Leute. Ich habe mich immer darüber gewundert. Ein Yuan ist nicht eben viel Geld. In Zeitungen findet man zu solchen Themen nie etwas.

Die Broschüre bestand aus einundzwanzig Artikeln, die nach einer eigenwilligen Logik angeordnet waren. Auf »Warum startete Mao Zedong die Kulturrevolution?« folgte direkt die Frage »Wie Sie herausfinden, ob Ihr Baby ein Junge oder ein Mädchen wird«. »Zehn Typen kurzlebiger Menschen« kam vor »Zehn Probleme, die China schnell lösen muss.« Eine Geschichte stellte einen inhaftierten Arbeiterführer der Proteste von 1989 vor. Ein weiterer Artikel befasste

sich mit den Ehefrauen von Liu Shaoqi, dem früheren stellvertretenden Sekretär der Kommunistischen Partei. Ein Thema waren Skan-
dale: »Die 500 Stewardessen, die schwanger wurden.« Es gab praktische Tipps: »Wie man Haarausfall und weiße Haare kuriert.«
Gaunereien: »Wie man beim Mah-Jongg betrügt.« Hausmittel: »Wie
man eine Schwangerschaft vermeidet« (nehmen Sie Natron und Wat-
te); »Wie man richtig abtreibt« (fermentierte Hefe und Hirsewein).
    Die Artikel waren kurz, die Sätze einfach und klar. Am Ende
machte alles Sinn. Aus drei Gründen hatte Mao die Kulturrevolution
begonnen: Er fühlte sich von Liu Shaoqi bedroht, er wollte den Klas-
senkampf fortsetzen, und er hoffte, Marxismus, Leninismus, Maoismus und Kommunismus vollständig entwickeln zu können. Wenn die
rechte Brustwarze einer schwangeren Frau dunkler ist als die linke,
dann wird es ein Junge. Mao Zedong und Deng Xiaoping waren gleich
gut. Wenn man regelmäßig trainiert, bekommt man keine Glatze.
China wird in zwanzig Jahren immer noch sozialistisch sein. Wenn
die linke Brustwarze dunkler ist, wird es ein Mädchen.

Im März 2000 erhielt ich den Auftrag, eine Story über Stärkemehl zu
schreiben. Eine niederländische Firma namens Dorr-Oliver gab eine
Firmenzeitschrift heraus und benötigte für Werbemaßnahmen In-
formationsmaterial über ihr Werk im Nordosten, in dem Landesteil,
den man früher als Mandschurei kannte. Dorr-Oliver lieferte Zentrifugen an zwei der ersten Maismehlfabriken in der Region, Yellow
Dragon und Dacheng. Meine Aufgabe bestand darin, den Erfolg dieser Anlagen publik zu machen. Das chinesische Wort für Werbung
ist *xuanchuan,* was laut Wörterbuch auch Propaganda bedeutet. Zwischen den beiden Bedeutungen wird nicht unterschieden. 1997 tauf-
te das Zentralkomitee der Regierung die offizielle englische Übersetzung ihres *Xuanchuan Bu* von Propaganda Department in Publicity
Department um (von Abteilung für Propaganda in Abteilung für
Werbung bzw. Öffentlichkeitsarbeit). Der chinesische Name blieb
völlig unverändert.
    Dorr-Oliver zahlte mir neunhundert Dollar für die Story. Mei-
nem Freund Mark Leong, einem freischaffenden Fotografen, bot
man einen Tausender an. Er bekam mehr Geld, weil er zusagte, etwas
Passendes für die Titelseite zu liefern. Am Vorabend unserer Reise

schickte mir Dorr-Oliver als Hintergrundinformation den Entwurf eines anderen Artikels der Firmenzeitschrift. Der Artikel war in Special English verfasst und begann mit dem Satz: »Nur wenige Rohstoffe sind so vielseitig einsetzbar wie Stärke.« Weiter erfuhr man, dass Stärke in allem steckt – von Lippenstift über Papier bis hin zur Tütensuppe. Jedes Jahr werden weltweit insgesamt fünfundfünzig bis sechzig Millionen Tonnen Stärke produziert. Ein großer Teil davon wird für Süßstoffe verwendet. Die Entwicklung ging auf die Napoleonischen Kriege zurück, als die Seeblockade den Zuckerimport aus Großbritannien unterband und die Franzosen gezwungen waren, Süßstoff aus Stärke herzustellen. Die Franzosen haben diese Kriege vielleicht verloren, ganz sicher aber haben sie den Siegeszug der Stärke ins Rollen gebracht.

Ein anderer Satz lautete: »Fastfood-Restaurants wie Burger King machen mit Stärke ihre Pommes Frites knuspriger.«

Mein Interesse war geweckt. Am nächsten Morgen flogen Mark und ich in die Mandschurei.

Aus der Luft konnte man über ganz Changchun verstreut kleine, gelbe Maishaufen sehen. In den Dreißigerjahren des 20. Jahrhunderts war die Stadt Hauptstadt von Mandschukuo gewesen, einem Marionettenstaat, den die Japaner während ihrer Invasion Chinas gegründet hatten. Im Zentrum von Changchun stand noch immer ein Palast, den die Japaner für Puyi, den ehemaligen Qing-Kaiser erbaut hatten.

Die Japaner hatten Puyi als Aushängeschild eingesetzt – ein *jiade* Kaiser. Dem sogenannten Kaiserpalast konnte man einen Besuch abstatten, Mark und mir fehlte dafür aber die Zeit. Unsere Betreuer erklärten uns, dass die Story uns in den nächsten acht Stunden voll in Anspruch nehmen würde.

Die Schwierigkeiten begannen gleich nach unserer Ankunft. Es stellte sich heraus, dass wir uns nicht beide Werke, Yellow Dragon und Dacheng, anschauen konnten. Dabei sah mein Auftrag ursprünglich vor, über beide Fabriken zu schreiben und darüber, wie China durch die enge Beziehung zwischen den Fabriken mehr Stärke produzieren konnte. Einer unserer Betreuer meinte, ich müsse einfach ein anderes Thema finden, nach Yellow Dragon könnten wir nicht fahren. Eine Erklärung dafür gab er nicht.

Als wir in Dacheng ankamen, mussten wir feststellen, dass die Fabrik sowohl Zentrifugen von Dorr-Oliver als auch vom deutschen Konkurrenten Westfalia gekauft hatte. Beide Modelle standen direkt nebeneinander, Seit' an Seit', was die Sache für Mark schwierig machte. Er musste einen Weg finden, die Dorr-Oliver-Systeme ohne die Westfalia-Systeme im Hintergrund zu fotografieren. Die Westfalia-Maschinen waren beige, die Dorr-Oliver-Maschinen blau. Dorr-Oliver führte den Mais von unten zu, Westfalia von oben. Beide machten einen heillosen Lärm. In der Fabrik roch es nach Malz. Die Arbeiter trugen hellbraune Overalls mit roten Sternen im kommunistischen Stil auf der Brust.

Während Mark fotografierte, interviewte ich einen Arbeiter, den unsere Betreuer ausgewählt hatten. Wir saßen in einem Konferenzraum der Fabrik, und ich fragte ihn, worin sich die Dorr-Oliver- und die Westfalia-Maschinen voneinander unterschieden.

»Dorr-Oliver werden von unten, Westfalia von oben befüllt«, sagte er.

Was mir bereits aufgefallen war. Ich fragte ihn, ob es Qualitätsunterschiede gab.

»Im Wesentlichen sind sie gleich«, sagte er. »Die Westfalia-Maschinen sind allerdings etwas besser.«

Herr Wang, der Generalbevollmächtigte von Dorr-Oliver in China, ein ehemaliges Mitglied der Staatlichen Wirtschaftskommission Chinas und der verantwortliche Koordinator unserer Werbemission, saß am anderen Ende des Tisches. Er telefonierte mit seinem Handy, und ich hoffte, dass er uns nicht hören konnte. Ich beugte mich vor und senkte die Stimme: »Warum glauben Sie, dass die Westfalia-Maschinen besser sind?«

»So ist es nun mal«, sagte der Arbeiter achselzuckend. Er war fünfundzwanzig Jahre alt, hatte kurzes, schwarzes Haar und einen kaum wahrnehmbaren Schnurrbart. Er verdiente einhundertzwanzig Euro pro Monat. »Die Dorr-Oliver-Maschinen sind etwas zu kompliziert«, sagte er. »Die Westfalia-Maschinen lassen sich einfacher bedienen. Bei den Dorr-Oliver muss man mehr aufpassen.«

Mir dämmerte, dass hier keine gute Propaganda zu holen war. Auch machte ich mir Sorgen um den Arbeiter, falls Herr Wang sein

Handy-Gespräch beenden würde. Ich änderte meine Strategie und stellte dem Arbeiter Fragen nach seiner Frau, die in der Fabrik in der Qualitätskontrolle beschäftigt war, und nach seiner Tochter, die zehn Monate alt war. Er sprach mit viel mehr Begeisterung über seine Tochter als über die Dorr-Oliver-Zentrifugen. Er ging davon aus, dass sie schon bald anfangen würde zu laufen.

Mein zweites Interview führte ich mit Herrn Guo, einem stellvertretenden Chefingenieur des Jilin Petrochemical Design and Research Institute. Die Einrichtung war 1957 unter dem Namen Local Industry Technology Institute gegründet worden. Ihr Ziel bestand ursprünglich darin, das Raffinieren von Zucker aus Zuckerrüben zu erforschen. Damals machte China eine Zeit großer Veränderungen durch, und es dauerte nicht lange, bis das Institut seinen Fokus änderte und sich in wissenschaftlichen Untersuchungen mit der Produktion von Nylonfäden befasste. Dann kam die Kulturrevolution, und Leute wie Herr Guo nahmen eine Auszeit von mehr als fünf Jahren. Wie es ihm in diesen Jahren ergangen war, sagte er nicht genau. Er ließ aber keinen Zweifel daran, dass er nicht mehr für die Nylonfäden-Branche arbeitete.

Als sich die Kulturrevolution in den frühen Siebzigerjahren abkühlte, änderte das Institut seinen Namen in Jilin Petrochemical Design and Research Institute. Etwa um dieselbe Zeit begann es, sich mit der Entwicklung verbesserter Zigarettenfilter zu beschäftigen. Herr Guo konnte sich mit dieser Neuausrichtung ohne Wenn und Aber identifizieren. 1979, als die Reform- und Öffnungspolitik einsetzte, änderte sich der Forschungsschwerpunkt erneut. Diesmal ging es um Maisstärke. Niemand konnte mir einen guten Grund dafür nennen, warum das Institut noch immer Jilin Petrochemical Design and Research Institute hieß.

Herr Guo war siebenundsechzig Jahre alt. Er war einer von jenen liebenswürdigen, leisen chinesischen Herren, die kichern, wenn ein unangenehmes Thema zur Sprache kommt. Herr Guo kicherte, als er die Kulturrevolution erwähnte, und er kicherte, als er über die Armut in Changchun in seiner Kindheit sprach. Er kicherte bei der Beschreibung der sechs Jahre, die er mit der Entwicklung von Zigarettenfiltern verbrachte. Herr Guo war einer der wenigen Nichtraucher, die ich in Changchun traf.

Er schien etwas überwältigt von dem Umstand, dass er im Restaurant des Fünf-Sterne-Hotels Shangri-La in Changchun von einem ausländischen ›Propagandisten‹ interviewt wurde – und auch das trug zum Kichern bei. Aber er war ganz zweifellos intelligent, und er wusste viel mehr über Maisstärke, als man von jemandem erwarten konnte, der seine wahre Berufung erst so spät im Leben gefunden hatte. Alle Zahlen konnte er aus dem Gedächtnis wiedergeben. Er erzählte mir, dass die Produktion der chinesischen Maisstärke seit 1980 um eintausendeinhundertfünfzig Prozent zugenommen hatte, weil der steigende Lebensstandard zu einer größeren Nachfrage nach Stärkeprodukten geführte hatte. In China gingen vierzig Prozent der Maisstärke in die Produktion von Mononatriumglutamat, während in den Vereinigten Staaten sechzig Prozent der Maisstärke für die Herstellung von künstlichen Süßstoffen verwendet wurden. Diese Zahlen schienen etwas über die tiefgreifenden Differenzen zwischen den beiden Nationen auszusagen.

Mitten im Interview rief Mark von seinem Handy aus an. Er fotografierte außerhalb der Fabrik.

»Da gibt es einen riesigen Berg Mais«, sagte er. »Den solltest du dir mal anschauen.«

»Ich bin im Hotel«, sagte ich. »Ich interviewe gerade einen Experten für Maisstärke. Ich komme später zurück.«

»Er ist etwa fünfzehn Meter hoch, und alle Bauern bringen ihren Mais hierher«, sagte Mark. »Ich habe noch nie im Leben so viel Mais gesehen. Große Maschinen schütten ihn auf. Du weißt, was ich meine – heißen die Tieflöffelbagger?«

»Vermutlich.«

»Solltest du dir anschauen«, sagte Mark. Wie viele Fotografen war er immer wieder davon fasziniert, wie die Welt durch einen ein Zoll großen Sucher aussah.

»Ich denke, wir können bald zurückfahren«, sagte ich. »Aber erst muss ich das Interview mit dem Maisstärke-Experten zu Ende führen.«

»Bring ihn mit hierher, wenn du fertig bist«, sagte Mark. »Vielleicht brauchen wir von ihm ebenfalls ein Foto.«

Mark legte auf, und ich setzte das Interview mit Herrn Guo fort. Er nannte weitere Zahlen: Der Pro-Kopf-Verbrauch von Zucker in den Vereinigten Staaten belief sich auf fünfzig Kilogramm pro Jahr, in China dagegen waren es weniger als acht. Auf der Liste der weltweit größten Stärkeproduzenten stand Amerika auf Rang eins und China auf Rang zwei. In China fiel der Preis für Mais. 1997 kostete eine Tonne rund einhundertneunzig Euro, jetzt war er auf etwas über achtzig Euro eingebrochen. Herr Guo kicherte. Sein Reservoir an Zahlen zum Thema Stärke war erschöpft.

Es entstand eine Pause, in der ich mir eine neue ›Propaganda‹-Frage überlegte. Schließlich fragte ich, ob er jemals Mais gegessen habe, und Herr Guo kicherte erneut.

»Früher verarbeitete man Mais in der Regel zu Lebensmitteln«, sagte er. »In meiner Kindheit haben wir immer Mais gegessen. Das war bis in die Siebzigerjahre so. Wenn ich ihn heute esse, dann nur, wenn ein Restaurant mal zufällig ein entsprechendes Tagesgericht anbietet. Zu Hause würde ich ihn nie essen. Niemand macht das; heutzutage haben die Leute mehr Geld.«

Herr Guo hatte im Restaurant des Shangri-La Hotels einen Fruchtshake bestellt, er war aber zu schüchtern, um sich am Büfett Essen zu nehmen. Ich forderte ihn auf zuzugreifen, er schüttelte jedoch nur den Kopf und kicherte. Immerhin schmeckte ihm der Shake.

In Nordostchina beträgt der Feuchtigkeitsgehalt von Mais zweiunddreißig bis achtunddreißig Prozent. In Zentralchina sind es nur vierzehn Prozent. Deshalb dauert es so lange, bis Mais in Changchun getrocknet ist.

Herr Wang erwähnte die Zahlen, als wir in die Dacheng-Fabrik zurückfuhren. Ich schrieb sie auf.

*   *   *

Zuletzt interviewte ich Herrn Xu, den Generaldirektor der Entwicklungszone für die Maisindustrie in Changchun. In den Achtzigerjahren hatte er die Yellow-Dragon-Fabrik gegründet, die erste Einrichtung für die Verarbeitung von Maisstärke in China. Es dauerte fünf Jahre, bis Herr Xu alle staatlichen Genehmigungen zusammengetragen hatte. Nachdem alle Schwierigkeiten aus dem Weg geräumt waren, machte er im ersten Jahr der Produktion einen Gewinn von mehr als fünf Millionen Euro. Später gründete er die Dacheng-Fabrik. Im Grunde war er der Vater der modernen chinesischen Maisstärke. Wir warteten in seinem Büro, während er eine Sitzung beendete.

Herr Wang, der wichtigste Betreuer auf Seiten von Dorr-Oliver, und zwei niederländische Vertreter, die in China zu Besuch waren, begleiteten mich. Mark war immer noch draußen. Manchmal rief er an, um herauszufinden, ob Herr Xu eingetroffen war, weil er Marks aussichtsreichster Kandidat für die Titelseite war. Mark wollte die Titelseite unbedingt. Inzwischen war er aber wie besessen von dem Maishaufen. Die beiden Holländer hießen Wim und Kees. Sie sprachen nicht viel.

Herr Wang und ich plauderten, und er erzählte mir von seiner Vergangenheit. Im Alter von fünfzehn Jahren war er in die U-Boot-Akademie der chinesischen Marine eingetreten, in der er sieben Jahre verbrachte. 1976 verließ er das U-Boot-Korps und nahm einen Job im Bereich der ausländischen Presse an. Er studierte Englisch und war anschließend für die Verbreitung kommunistischer Werbung in Skandinavien zuständig. Später war er Mitglied der Staatlichen Wirtschaftskommission. Über seine Aufgaben dort sagte er nichts.

Nach seiner Arbeit für die Regierung nahm Herr Wang eine Stelle bei Dorr-Oliver an und verkaufte Zentrifugen und anderes Equipment in China. So wie Herr Guo und viele andere Intellektuelle in mittleren Jahren oder älter, denen ich in China begegnete, nahm auch Herr Wang seine Karriere nicht als eine stringente Geschichte wahr. Stattdessen bestand sie aus einer Reihe meist zusammenhangloser Episoden. Über diese Episoden sprach er mit Verwunderung, so als gehörten sie jeweils zu einer anderen Person und als seien diese Menschen fortgegangen, sodass die Erinnerung an sie mit der Zeit verblasste.

Am meisten interessierte er sich sehr für den Mann, der früher einmal für die Staatliche Wirtschaftskommission gearbeitet hatte.

»Ich hätte Minister werden können«, sagte Wang. »Wenn ich geblieben wäre, hätte ich es wahrscheinlich geschafft.«

»Wie lange hätte es gedauert?«, fragte ich.

»Das hängt davon ab, wie gut man auf der Klaviatur der Politik spielt.«

Für ihn war Herr Xu ein Beispiel für das, was passiert, wenn man in der Politik mitmischt. In den frühen Neunzigerjahren, nach dem großen Erfolg der Yellow-Dragon-Anlage, bereitete Herr Xu den Startschuss für den zweiten Standort in Dacheng vor. Er wollte ihn Dragon Junior nennen, beide Anlagen zusammen sollten das Herz der chinesischen Maisstärke-Industrie bilden. Alles lief nach Plan – aber es kam zu einer plötzlichen, politisch motivierten Marktbereinigung, und Herr Xu wurde fast vollständig aus Yellow Dragon hinausgedrängt. Er verlor die Kontrolle über die Fabrik, für deren Aufbau er so hart gearbeitet hatte.

»Deshalb gründete er Dacheng allein«, erzählte mir Herr Wang. »Aus Rache. Auch nannte er das Werk nicht Dragon Junior, sondern Dacheng.«

Ich war zunehmend gespannt darauf, Herrn Xu kennenzulernen. Ich wollte herausfinden, welcher findige, kaltherzige, berechnende Mensch eine Fabrik für Maisstärke aus Rache gegen seine Feinde auf die Beine stellt.

»So ist das nun mal in der Politik«, fuhr Herr Wang fort. »Ständig wird man von seinen Stellvertretern verarscht. Das ist Politik. Wer Präsident werden will, muss seine Mitbewerber nach Strich und Faden verarschen. Wenn du ein freundlicher, netter Typ bist, dann werfen sie dich raus. Sie verarschen dich.«

Wim und Kees zuckten jedes Mal zusammen, wenn Herr Wang das Wort verarschen gebrauchte. Herr Wang sprach ausgezeichnet Englisch. Allerdings gehörte er zu jenen Ausländern, die die Sprache gelernt hatten, ohne sich über die Konsequenzen im Klaren zu sein, wenn man das Wort verarschen dreimal in einem Absatz verwendet. Die Folge ist, dass Holländer zusammenzucken.

Wahrscheinlich wollte er es schon wieder benutzen, als Mark anrief.

»Ist der Direktor schon da?«

»Nein«, sagte ich.

»Einer aus der Fabrik war eben stinksauer auf mich, weil ich fotografiert habe.«

»Was war das Problem?«

»Ich fotografierte gerade Arbeiter mit verstaubten Gesichtern, und das passte ihm nicht. Er fing an zu brüllen und meinte, ich solle verschwinden. Ich habe ihm die Sache erklärt, dann hat er mich in Ruhe gelassen.«

»Dachte er, du wolltest die Fabrik in ein schlechtes Licht rücken?«

»Möglich«, sagte Mark. »Vielleicht haben sie auch gedacht, ich würde für eine andere Fabrik spionieren.«

Ich überlegte, ob ich Mark von der Blutfehde um Yellow Dragon erzählen sollte, die Sache war aber zu kompliziert. Ich nahm an, dass Mark allein zurechtkommen würde. Ich versprach ihm, mich zu melden, sobald Herr Xu eintreffe.

Ich wollte mehr über Herrn Wangs Rolle in der Staatlichen Wirtschaftskommission in Erfahrung bringen, doch bei der Frage winkte er ab. Ihn interessierte etwas anderes.

»Als Sie heute Morgen den Arbeiter interviewt haben, was hat er auf die Frage nach dem Vergleich der Dorr-Oliver- mit den Westfalia-Maschinen geantwortet?«

Einen Augenblick lang war ich perplex, dann erwiderte ich: »Er sagte, sie seien im Wesentlichen gleich.«

»Welchen Unterschied hat er genannt?«

Ich antwortete freundlich: »Er hat mir gesagt, dass die Dorr-Oliver-Maschinen von unten befüllt werden, die Westfalia dagegen von oben.«

»Nein, nein, nein.« Herr Wang wurde ungeduldig. »Was hat er auf die Frage geantwortet, welche Maschine besser sei?«

»Er sagte, sie seien ungefähr gleich gut.«

»Nein, hat er nicht«, sagte Herr Wang. »Er hat ihnen gesagt, dass die Westfalia-Maschinen besser sind, stimmt's?«

Ich überlegte, ob ich lügen sollte, erkannte aber, dass ich in der Falle saß – und mit mir der Arbeiter.

»Ja«, sagte ich. »Genau das hat er mir erzählt. Er hat aber auch gesagt, dass der Unterschied nicht groß ist.«

Jetzt schienen Wim und Kees interessiert zu sein. Herr Wang sah mich triumphierend an.

»Wissen Sie was?«, sagte er. »Er hat recht!«

Niemand sprach ein Wort. Herr Wang schmunzelte.

»Unsere Anlagen sind nicht so gut designt wie die Westfalia-Zentrifugen«, sagte er. »Deren Anlagen sind besser.«

Die beiden Holländer starrten auf den Boden.

»Für uns ist es wichtig, das zu wissen«, sagte Herr Wang. »Wie können wir Geschäfte machen, wenn wir nicht wissen, dass unser Produkt schlechter ist?«

Im Raum war es totenstill. Ich ließ mir die Frage zweimal durch den Kopf gehen, wusste aber nicht, wie man sie beantworten konnte. Es war eine der intelligentesten Fragen, die ich seit Langem gehört hatte.

»Alle sagen immer, dass ihr Produkt das beste sei«, sagte Wang. »Immer reden sie darüber, dass sie viel besser seien als ihre Konkurrenz, und in der Regel glauben sie das wirklich. Aber in Wahrheit wird alles viel einfacher, wenn man erkennt, dass das eigene Produkt schlechter ist. Erst dann kann man sich darauf konzentrieren, Geschäfte zu machen!«

Jetzt wurde mir klar, welcher Art von Arbeit Herr Wang bei der Staatlichen Wirtschaftskommission nachgegangen war. Immer wenn ich Menschen wie ihn traf, erklärte sich für mich, warum viele Chinesen mit dem Übergang vom Kommunismus zu einer Marktwirtschaft so gut zurechtkamen.

Die Holländer schienen sich nicht wohl zu fühlen, bis Herr Wang das Thema wechselte. Er sprach über modifizierte Stärke und über die Unterschiede zu normaler, nicht modifizierter Stärke. Mir fiel es schwer, die feinen Unterschiede zu verstehen. Dann sprach Wim. Er wollte die Angelegenheit klären. »Modifizierte Stärke ist im Kern das Gleiche wie Rohöl«, sagte er. »Es ist ein Kohlenhydrat.«

Mark war schließlich mit dem Berg aus Mais fertig. Er kam ins Büro, wo er mit Herrn Wang über das Foto von Herrn Xu, dem Direktor, verhandelte. Die Verhandlungen waren nicht eben einfach.

Herr Wang wollte, dass der Direktor in seinem Büro fotografiert wird. Er zeigte auf die Wand, an der an hervorgehobener Stelle gerahmte Kopien von Kalligrafien von Li Peng und Zhou Jiqiu hingen, die beide Dacheng besucht hatten. Li Peng war der ehemalige Premierminister, der während der Demonstrationen 1989 offiziell das Kriegsrecht verkündet hatte. Wer Zhou Jiqiu war, wusste ich nicht, Herr Wang versicherte mir aber, dass er ein wichtiger Beamter sei. Auf Zhou Jiqius Kalligrafie stand: »Die strahlende Zukunft der industriellen Maisproduktion«. Auf Li Pengs Kalligrafie hieß es: »Die Grundlage der chinesischen Maisproduktion in Changchun«. In ganz China war Li Peng für seine lausige Handschrift bekannt.

Herr Wang wollte, dass Herr Xu mit der Kalligrafie im Hintergrund fotografiert wird. Mark sah, wie sich sein Titelbild in Luft auflöste.

»Hier drinnen ist das Licht zu schlecht«, sagte er. »In der Fabrik ist es besser, und ich kann ihn vor den Dorr-Oliver-Maschinen fotografieren.«

»Kommt nicht in Frage!«, rief Herr Wang. »Nie im Leben wird er zustimmen! Sie können den Vorstandsvorsitzenden eines so großen Unternehmens nicht nach Belieben durch die Gegend schleifen! So einfach ist das nicht – schließlich geht es hier um die Unternehmensstrategie!«

Mark wurde zusehends frustrierter. »Wenn das so ist, mache ich ein Foto von einem gewöhnlichen Arbeiter«, sagte er. »Meinen Sie, er wird sich freuen, wenn ein gewöhnlicher Arbeiter auf der Titelseite der Zeitschrift zu sehen ist?«

»Das würde ich Ihnen nicht raten«, warnte Herr Wang. »Steht ein hochrangiger Funktionär zur Verfügung, ist es keine gute Idee, ein Foto von einem Rangniederen zu machen, vor allem nicht von einem gewöhnlichen Arbeiter. Der höchste Funktionär gehört auf die Titelseite!«

Eine Zeit lang stritten sie. Beide waren wie besessen: Mark war besorgt wegen der Beleuchtung, Herr Wang machte sich Sorgen um die Strategie. Beides schien sich gegenseitig auszuschließen. Zumindest bis zu dem Augenblick, als Herr Xu den Raum betrat. Alle standen auf. Als ob die Diskussion nie stattgefunden hätte, fragte Herr Wang sofort, ob Herr Xu uns in die Fabrik begleiten würde, damit er neben den Dorr-Oliver-Maschinen fotografiert werden könne. Herr Xu stimmte ohne zu zögern zu.

Wir gingen hinaus. Es war kalt, leere Plastiktüten wehten über das Werksgelände. In der Ferne sah man Marks Maisberg, der riesig war. Wir gingen in den Maschinenraum.

Mark war bemüht, die Westfalia-Maschinen aus dem Bildkreis herauszuhalten. Herr Xu war kaum größer als einen Meter fünfzig und trug einen grau karierten Anzug. Er schmunzelte, als er fotografiert wurde. Er war siebenundfünfzig Jahre alt.

Anschließend kehrten wir in sein Büro zurück, wo ich ihn interviewte. Er gab mir seine Visitenkarte, auf der seine beiden wichtigsten Positionen standen: stellvertretender Generalsekretär der Stadtverwaltung von Changchun und Generaldirektor für die Maisindustrie in der Entwicklungszone Changchun. Die Entwicklungszone hatte man nach dem Vorbild von Shenzhen errichtet.

Ich fragte Herrn Xu, was sich seit der Gründung von Yellow Dragon in den Achtzigerjahren verändert habe.

»Das größte Problem war die Verwaltung,« sagte er. »Damals musste ich eine ganze Reihe von Ämtern aufsuchen, und alles musste vom Staatsrat genehmigt werden. Heute dagegen ist das Genehmigungsverfahren dezentralisiert. Ich muss nur noch zur Stadtverwaltung von Changchun – und dort kann ich mir die Genehmigung im Grunde genommen selbst erteilen, weil ich stellvertretender Generalsekretär bin. Wenn ich die Anträge unterzeichne, werden auch alle anderen Abteilungen sie genehmigen.«

Nach dieser Erklärung strahlte Herr Xu. Ich schrieb mit.

Er erläuterte, wie viel einfacher das Geschäft geworden war, seit er die Projekte offiziell bewilligen konnte. Viele Schwierigkeiten waren damit aus dem Weg geräumt worden, und er hoffte nun, die Maisstärkeproduktion von Dacheng vervierfachen zu können. Schon heute wurde eine halbe Million Tonnen pro Jahr hergestellt. Ein Vorteil war der sinkende Preis für Mais, der weiter fallen würde, wenn China erst Mitglied der WTO sein würde. Herr Xu lächelte bei dem Gedanken an die Zukunft. Am Ende des Interviews erwähnte er einen weiteren Punkt.

»Ich möchte außerdem bei den Fertigungsanlagen aufstocken, um angereicherte Stärke herstellen zu können«, sagte er. »Ich hoffe, dass wir auf diese Weise neue Beschäftigungsmöglichkeiten für Bauern schaffen können, die aufgrund der sinkenden Preise für Mais vielleicht Probleme haben.«

Ich schrieb den Beitrag innerhalb von zwei Stunden. Der Artikel war eintausend Wörter lang, und ich packte so viele statistische Informationen wie möglich hinein. Ich erwähnte weder, dass die Dorr-Oliver-Maschinen manchmal blockierten, noch die Fehde zwischen Yellow Dragon und Dacheng, oder wie leicht es Herrn Xu aufgrund seiner Stellung in der Stadtverwaltung möglich war, die Fabrikanlage zu erweitern. In der Mandschurei hatte ich etwas Wichtiges über ›Propaganda‹ gelernt: Entscheidend ist nicht das, was man reinschreibt, sondern das, was man weglässt.

Ein paar Wochen später erfuhr Mark von einer Mitarbeiterin der Zeitschrift, dass das Foto von Herrn Xu nicht auf die Titelseite kommen würde. Stattdessen sollte das Foto mit Herrn Guo veröffentlicht werden – jenem Herrn, der sechs Jahre damit verbracht hatte, Zigarettenfilter zu erforschen. Die Frau meinte, sie hätten ihn einfach auf die Titelseite nehmen müssen, weil er so schön lächelte.

Kapitel

6

Hollywood

25. April 2000

Für die Wintermonate besorgte mir Polat eine VIP-Karte für das Hollywood. Da wir bei kaltem Wetter nicht draußen auf der Terrasse des kleinen uighurischen Restaurants sitzen konnten, änderten sich unsere Gewohnheiten. Manchmal aßen wir im Hollywood, das sowohl Nachtclub als auch Restaurant war. Der Vorteil der VIP-Karte bestand darin, kein Eintrittsgeld zahlen zu müssen. Polat kannte den Manager – er schien die Manager aller Clubs in Yabaolu zu kennen.

Die Speisekarte des Hollywood war auf Russisch und Chinesisch gedruckt, und wir bestellten fast immer das Gleiche: Kiewer Kotelett für mich, Steak für Polat. An Wochenenden kam er abends gern früh, sodass wir uns mit dem Essen Zeit lassen und dabei zusehen konnten, wie sich das Restaurant nach und nach füllte. Die Besucher mussten zunächst an einer riesigen, bedrohlich wirkenden King-Kong-Statue vorbei, die über den Eingang wachte. Im Innern ahmte das Restaurant die Planet-Hollywood-Kette nach. In Schaukästen waren gefälschte Filmutensilien ausgestellt, Hinweisschilder boten dazu detaillierte Informationen: Ein silbernes Sheriffabzeichen stammte angeblich aus »Sidekicks« (Warner Brothers, 1992); dann ein schwarzer Umhang mit rotem Innenfutter (»Dracula – Tot aber glücklich«, Castle Rock, 1995) und eine Lederpeitsche (»Das Teufelsweib von Montana«, Columbia, 1958). Direkt hinter der Tür stand in einem röhrenförmigen Glaskasten eine lebensgroße Statue von Arnold Schwarzenegger als Terminator. Sie war wie viele andere Filmobjekte billig gemacht, sodass man den Schauspieler kaum erkannte. Das Restaurant wirkte wie ein Museum, das sich dem Konzept des *jiade* verschrieben hatte: Die Ausstellungsstücke machten den Leuten bewusst, wie weit sie sich von der Realität entfernt hatten. In einem Stadtviertel voller Billigkopien war das Hollywood die größte Fälschung von allen.

Es war außerdem das Stammlokal der russischen Prostituierten in Yabaolu. Immer wenn Polat und ich zum Abendessen dorthin gingen, behielt ich mit einem Auge im Blick, wie sich die Geschäfte an dem Abend entwickelten. Bis acht Uhr trafen die Frauen ein, eine Stunde später die potenziellen Kunden. Die meisten von ihnen waren kleine, chinesische Geschäftsleute, die Art Männer, die vielleicht etwas Geld, aber nicht viel Bildung hat. An den Handgelenken trugen sie billige buddhistische Gebetsketten, die Glück bringen sollten, und immer hielten sie die für Händler typischen Geldbeutel aus Kunstleder fest umklammert. Solche Männer waren an anderen Orten der Stadt eher laut – sie kläfften in ihre Handys oder schrien den Kellnerinnen Bestellungen zu. Angesichts der vielen weißen Frauen im Hollywood dämpften sie jedoch ihren Ton. Die chinesischen Männer blieben in Gruppen unter sich, sprachen leise und fingerten an ihren Handys herum. Wenn eine Wasserstoffblondine an ihnen vorüberging, wurden sie noch nervöser. Manchmal sah ich, wie sich ein Mann auf den großen Augenblick vorbereitete: Handy nehmen, Handy zurücklegen; Zigarette anzünden, Feuerzeug zurücklegen. Die Handgriffe beschleunigten sich – Handy hoch, Handy runter; Handy hoch, Handy runter –, bis er schließlich aufstand, durch den Raum ging und eine Frau direkt ansprach. Ich schaute dann auf mein eigenes Handy oder unterhielt mich wieder mit Polat, weil mir plötzlich bewusst wurde, dass ich mich wie ein Voyeur verhielt.

Polat sprach immer häufiger davon, nach Amerika gehen zu wollen. Er meinte, er könne möglicherweise im Ausland studieren oder irgendeinen Job finden, der ihn über den Pazifik bringen würde. Vorübergehend interessierte er sich für Kanada; jemand hatte ihm erzählt, dass es leicht sei, in Quebec einzuwandern. Dann aber beschloss er, dass er nicht Französisch lernen wollte. Am Ende kehrten unsere Diskussionen im Hollywood stets zu ein und demselben Land zurück: die Vereinigten Staaten.

Polats Wunsch, dorthin zu gehen, war für mich ein Rätsel. Er sprach kein Englisch, und ich konnte mir nicht vorstellen, dass er sich als Student oder Geschäftsmann eignete. Niemals würde die US-Botschaft ein Touristenvisum für jemanden ausstellen, der als Mittelsmann in Yabaolu arbeitete. Zu Hause in Xinjiang hatte er eine Frau, von der er allerdings selten sprach; ich spürte, dass die Beziehung kompliziert war. Er erzählte mir, dass ihr ein Ort wie Yabaolu nicht zuzumuten sei. Die beiden hatten keine Kinder, und ich hatte den Eindruck, dass sie nicht viel Zeit miteinander verbracht hatten. In China waren solche Beziehungen vor allem bei Arbeitsmigranten nicht ungewöhnlich.

Ich fragte mich einerseits, ob Polats Beschäftigung mit Amerika nur ein Spiegelbild seiner Sprunghaftigkeit war; andererseits beunruhigte mich auch der Gedanke, dass er sich möglicherweise ein falsches Bild von den USA machte. In China neigten Menschen, die nie in Amerika gewesen waren, zu extremen Ansichten, und oft lagen sie damit falsch: Ich traf viele Chinesen, die Amerika für den Inbegriff des Bösen hielten. Und ich traf Chinesen, für die Amerika der Inbegriff von Reichtum, Chancengleichheit und Freiheit war. In Gesprächen versuchte ich oft, die Leute behutsam von beiden Extremen abzubringen, was allerdings ohne einen konkreten Bezugsrahmen schwierig war. Amerika war für sie eine Idee, kein konkretes Land.

In einigen Gegenden Chinas waren bestimmte Vorstellungen von Amerika so tief verwurzelt, dass die Menschen fast alles taten, um dorthin auszuwandern. Im Januar des Jahres starben drei chinesische Männer in einem Schiffscontainer auf dem Weg nach Seattle. Sie waren zusammen mit anderen illegalen Einwanderern aus der südöstlichen Provinz Fujian gekommen, die berühmt war für ihre Schlepper – Menschenschmuggler, die Überfahrten über den Pazifik organisierten.

Nach den Todesfällen erhielt ich vom »Seattle Post-Intelligencer«
den Auftrag, eine Serie über die Schlepper zu schreiben. Fast eine
Woche lang reiste ich in der Nähe der Stadt Fuzhou die Küste entlang. Auf einer Insel namens Langqi fand ich die Familie eines Seattle-
Überlebenden. Der Mann war in Haft und wartete auf seine Verneh-
mung durch die Einreise- und Einbürgerungsbehörde. Solche
Einwanderer stellten immer einen Antrag auf politisches Asyl, obwohl die meisten von ihnen das Land aus wirtschaftlichen Gründen
verlassen hatten. In einem Dorf der Provinz Fujian traf ich zufällig einen jungen Mann, der mir erzählte, er habe vier Monate in einem In-
ternierungslager verbracht, in Jamaica, New York, bevor sein Asylantrag abgelehnt wurde. Die Schlepper verlangten für die Organisation
der Überfahrt meist zwischen zweiundzwanzig- und sechsunddrei-
ßigtausend Dollar. Die Schulden sorgten in der Regel dafür, dass sich
die Auswanderer viele Jahre als Schuldknechte in Restaurants oder
Ausbeuterbetrieben in den Chinatowns verdingen mussten.

In einer armen Gegend des Landes wäre das vielleicht verständlich gewesen, aber in Fujian ging es den Menschen viel besser als in
den meisten anderen Provinzen. Dennoch waren viele mit dem – für
chinesische Verhältnisse – guten Leben nicht zufrieden. Eine ganze
Branche war herangewachsen, die der hiesigen Variante des amerikanischen Traums auf die Sprünge helfen wollte: Schlepper, zwielichti-
ge Visa-Dienstleister, Englischkurse zur Vorbereitung auf die Aus-
wanderung. Im kleinen Dorf Tantou boten drei Privatschulen Kurse
an, zum Beispiel »Englisch für Restaurants«, »Englisch im Alltag« und
»Englisch für Ausreisewillige«. Ein Aushang warb für einen Kurs, der
einfach nur »Menü« hieß. Ein anderes Schild versprach: FÜR DAS
GELD, DAS SIE IN EINEINHALB TAGEN IN AMERIKA VERDIENEN,
KÖNNEN SIE EIN GANZES SEMESTER LANG ›ENGLISCH FÜR RES-
TAURANTS‹ LERNEN. Eine Schule bot einen Kurs in Kantonesisch
an, weil es der wichtigste Dialekt in den Restaurants vieler Chinatowns war. Die Fujianer lernten also eine weitere chinesische Sprache, um illegal in Amerika arbeiten zu können.

Einige Leute hatten die Reise gemacht und hart gearbeitet und
besaßen nun in den Staaten ein Restaurant oder ein anderes Geschäft. Sie überwiesen Geld an Angehörige in Fujian, die in ihren
Dörfern riesige Villen bauten. Diese Gebäude waren meist schmal

und hoch. Sie hatten auf einer Ebene vielleicht nur drei Zimmer, aber dafür fünf Stockwerke. Normalerweise waren sie mit weißen Kacheln verkleidet, und oft hatten sie dicke Glasfenster in einem Grünton, der im modernen chinesischen Wohnungsbau sehr häufig anzutreffen war. Bei der Farbe musste ich immer an »Der große Gatsby« denken – das Licht am Ende von Daisys Bootssteg.

In Fujian dagegen war sie wie ein kurz aufscheinendes Licht, das Jahre gebraucht hatte, um eine Galaxie zu durchqueren. Einige dieser Erfolgsgeschichten stammten von einer früheren Generation, aus einer Zeit, in der Chinas Wirtschaft noch kaum Chancen bot. Heute dagegen erging es den Fujianern möglicherweise besser, wenn sie zu Hause blieben. Selbst wenn sie in den Staaten höhere Dollarbeträge verdienten, würden sie in China wahrscheinlich glücklicher sein und langfristig bessere Aussichten haben. Doch die Leute hatten noch immer die Villen vor Augen, und noch immer verließen sie das Land. Sie jagten einem Stern nach, der vielleicht erloschen war, wenn sie dort ankamen.

In Tantou hielt ich an einem nagelneuen sechsstöckigen Gebäude an, in dessen Eingangstor drei goldene Schriftzeichen eingraviert waren: 德聲園. Sie bedeuteten: »Garten der Tugend und des Prestiges«. Drinnen traf ich eine alte Frau, die mir stolz erzählte, dass vier ihrer Kinder in Amerika seien; eine Tochter leitete ein Hotel. Ich fragte sie, wo sich das Hotel befinde, und die alte Frau schrieb langsam fünf englische Wörter in mein Notizbuch. Sie beherrschte die Sprache nicht. Ihre Handschrift sah merkwürdig kantig aus wie die von Leuten, die sich mehr an die Formen als an die Wörter erinnerten. Dennoch machte sie nur einen Fehler:

Vallege Inn Edison New Jersey

Immer wenn wir uns im Hollywood unterhielten, erwähnte ich Polat gegenüber die Fujianer, weil ich befürchtete, er würde die wirtschaftlichen Chancen in den USA überschätzen. Ich wusste außerdem, dass es mit den Geschäften in Yabaolu langsam zu Ende ging. Früher herrschte kein Mangel an Händlern aus Russland und Zentralasien. Viele von ihnen besorgten sich ein Visum, indem sie sich ›Reisegruppen‹ anschlossen, die eine Woche lang blieben. Spezielle Agenturen organisierten die Fahrten; nach China kam man viel einfacher als Tourist denn als Geschäftsmann. Ich stellte mir die Charterflüge ab Moskau vor, vollgepackt mit Frauen mit harten Gesichtszügen und korpulenten Männern mit Wodka-umrandeten Augen. Sie waren *jiade* Urlauber – ein Abklatsch von Menschen, die in die Ferien fuhren.

Ende 1999 begann die Zahl der Russen und Zentralasiaten in Yabaolu jedoch zu sinken. Polat beschrieb den Wandel manchmal in der Sprache der Kursbewegungen: Er erzählte mir, dass der kasachische Tenge ein Drittel seines Werts eingebüßt habe und dass die meisten seiner alten Kunden aus Almaty zu Hause blieben. Genauso die Usbeken, die Kirgisen und die Tataren. Den letzten großen Kleider-Deal organisierte Polat im September 1999, als er einem Kasachen dreitausend Paar blaue, in Guangzhou gefertigte Jeans verkaufte. Etwa zur gleichen Zeit half er einigen Russen beim Erwerb einer Lieferung von *jiade* Akkus für Nokia-Handys (er erzählte mir, dass sie nur fünfzehn Tage funktionieren würden). Danach war Polats Arbeit als Mittelsmann im Wesentlichen beendet.

Ein Teil des Problems war die starke chinesische Wirtschaft, die kleinen ausländischen Händlern das Leben schwer machte und auch den Schwarzmarkt für US-Dollar schwächte. Wenn Polat über Umtauschkurse sprach, betonte er die Auswirkungen staatlicher Kontrollen – ein Grenzproblem in Shenzhen oder eine Razzia in einer korrupten zentralasiatischen Zollstelle. Aus Sicht der Geldwechsler waren diese Trends entscheidend, tatsächlich aber kamen die Wechselkurse durch umfassendere wirtschaftliche Einflussgrößen zustande. Die chinesische Währung war nicht konvertierbar und an den US-Dollar gekoppelt – in einer Bank erhielt man rund 8,26 Yuan für einen Dollar. Die künstliche Stabilität brachte es aber mit sich, dass der Schwarzmarkt wie von selbst blühte und in China zu einem Ersatz für andere Einnahmequellen wurde. Wenn wohlhabende Chinesen kein Vertrauen in inländische Aktien oder Immobilien hatten, dann legten sie ihr Geld aus Sicherheitsgründen in US-Dollar oder Investitionen im Ausland an. Diese Situation veränderte sich jedoch rasend schnell. Seit 1999 hatten die Immobilienmärkte in Peking und in anderen Städten geboomt, und die Leute brauchten chinesische Währung, um investieren zu können. Als ich im Frühjahr 1999 ankam, konnte ich 9 Yuan für den Dollar bekommen; ein Jahr später war der Straßenkurs auf 8,70 gefallen. Für die chinesische Wirtschaft war diese Entwicklung ein gutes Zeichen, was jedoch aus Sicht von Leuten wie Polat keine Rolle spielte. Der zunehmende Wohlstand des Landes machte mit dem Schwarzmarkt kurzen Prozess.

Dennoch konnte er sich vom Geldwechsel nach wie vor gut ernähren, und ich wusste, dass seine Sprachkenntnisse in China viel nützlicher waren als in den USA. Ich sagte ihm unverblümt, dass es ihm aus wirtschaftlicher Sicht in Peking besser ginge als in den USA. Er beharrte jedoch darauf, dass Geld auf die Entscheidung, wo er lebte, keinen Einfluss hatte. »Ich bin kein Geschäftsmann«, sagte er mir einmal. »Ich bin gebildet, ich war Lehrer. Dieses Land ist nicht meine Heimat, und dieses Leben ist nicht das Leben, das ich mir wünsche.«

Er hatte eine bemerkenswert distanzierte Haltung zu seinen Geschäften. In China sprachen die Menschen offen über Geld. Polat war da nicht anders; unsere Gespräche drehten sich häufig um Wechselkurse und Großhandelspreise. Allerdings schien er einen Teil seiner selbst von dieser Welt fernzuhalten. Über seine Geschäfte sprach er mit Verwunderung, so als hätte eine Person sie durchgeführt, die er kaum kannte. Als er mir von den gefälschten Nokia-Akkus erzählte, fragte ich ihn, ob er sich nicht Sorgen mache, dass die Russen wütend würden, wenn sie merkten, wie schlecht die Produkte waren. »Sie wissen, dass sie *jiade* sind«, sagte er. »Warum sonst sollten sie so billig sein? Auf jeden Fall würden die Russen nie sauer auf mich sein. Ich übersetze nur, ich stelle das Zeug ja nicht her.«

Sein Leben war klar getrennt in eine pragmatische und in eine idealistische Seite. Seinen Lebensunterhalt verdiente er im Geschäftsmilieu von Yabaolu, gleichzeitig verbrachte er viel freie Zeit damit, über ferne Länder und Menschen nachzudenken. Seine Frau war mehr als tausendfünfhundert Kilometer entfernt; seine Zeit als Lehrer in Xinjiang war längst Vergangenheit. Wenn wir über die Region sprachen, bezeichnete er sie oft als »Ostturkestan«, der Name der unabhängigen Republik, die 1949 zerschlagen worden war. Amerika schien ähnlich weit entfernt zu sein. Er erzählte mir, dass er gern Bücher über amerikanische Geschichte lese, vor allem über Abraham Lincoln, weil der Präsident eine unterdrückte Minderheit befreit habe. Polat liebte die amerikanische Kultur. Jeden Sommer beschaffte er sich eine Arbeitsbescheinigung für das Jazzkonzert im Ritan-Park. Immer wieder schaute er sich die Pate-Filme an – selbst in einer Nebenrolle fand er *De Ni Luo* fabelhaft.

Anfangs dachte ich, diese Träume seien eine Flucht aus der trostlosen Realität von Yabaolu: Er wolle nicht nach Amerika gehen, sondern nur darüber sprechen. Erst mit der Zeit wurde mir klar, dass Polats Position komplexer war. Die kleinkarierten Geschäfte waren ihm lästig, und über andere uighurische Händler konnte er sich ausgesprochen hochnäsig äußern. Wenn sie sich trafen, schüttelte er ihnen freundlich die Hände; später aber erzählte er mir geradeheraus, dass sie ungebildet seien und von Politik keine Ahnung hätten. Polat selbst glaubte, dass er sich vor allem in einem Punkt von anderen abhob: Er war ein Intellektueller, der nur deshalb nach Peking gekommen war, weil er Probleme in Xinjiang hatte.

Die uighurische Kultur war schon immer eine Frage der Klassenzugehörigkeit, wobei sich Intellektuelle höher einstuften als Bauern und Händler. Seit der Reform- und Öffnungsära waren die Trennlinien noch schärfer geworden. Jede Gruppe hatte ihre eigene Beziehung zu den Chinesen aufgebaut, die die wirtschaftliche Entwicklung in Regionen wie Xinjiang als politisches Instrument nutzten. Uighurische Bauern, die bisweilen von der staatlich finanzierten Infrastruktur und von Agrarsubventionen profitierten, konnten sich gegenüber der chinesischen Regierung passiv oder sogar fügsam verhalten. Uighurische Händler waren ebenfalls pragmatisch, weil sie vom Zugang zu chinesischen Waren abhängig waren. Viele Intellektuelle dagegen widersetzten sich vehement der Kontrolle Pekings. Oft waren sie verbittert über das, was sie als Komplizenschaft auf Seiten der weniger gebildeten Uighuren wahrnahmen.

Bei jemandem wie Polat, der sich gezwungenermaßen am Handel beteiligte, war die Wut noch größer. Das entgegengesetzte intellektuelle Extrem – der Punkt, an dem Idealismus und Glaube in Orthodoxie umschlugen – war genauso bedrohlich. So sehr er auch die Kleinkariertheit der Händler hasste, so verachtete Polat noch mehr all jene, die seiner Meinung nach von Idealen besessen waren. In Yabaolu sprach er in der Regel freundlich über andere ausländische Händler. Unerbittlich kritisch war er jedoch gegenüber zwei Gruppen: Er verachtete die Nordkoreaner, die er für die schlimmsten Kommunisten aller Zeiten hielt, und auch mit afghanischen Händlern hatte er keine Geduld. Manchmal kamen sie in das uighurische Restaurant, in der Regel zu dritt oder zu viert. Kein Mittelsmann, den ich kannte, hatte je einen Deal mit ihnen gemacht. Die Afghanen kamen nicht nach Yabaolu, um Tommy Hilfiger oder North Face zu kaufen. Die bärtigen, hageren Männer trugen auch im Sommer lange Roben. Es kursierten Gerüchte, dass sie mit Edelsteinen und Drogen handelten. Wenn sie an Polat vorbeigingen, verzog er verächtlich den Mund.

»Die sind genauso wie Kommunisten«, sagte er mir einmal. »Es gibt keine Freiheit in Afghanistan. Man wird gezwungen, an etwas zu glauben, und es ist nicht erlaubt, Fragen zu stellen. Diese Art von Islam und Kommunismus ist genau gleich.«

Für uighurische Intellektuelle war es nicht ungewöhnlich, dem Islam zu misstrauen. Früher war die ethnische Gruppe nicht besonders fromm gewesen, aber auch das hatte sich seit der Reform- und Öffnungspolitik geändert. In den frühen Achtzigerjahren hatte die chinesische Regierung den Islam in Xinjiang bewusst gefördert. Sie finanzierte den Bau von Moscheen und zahlte sogar uighurische Religionsführer dafür, den Hadsch nach Mekka zu unternehmen. Die Regierung hoffte, die Förderung der Religion würde die Unruhen entschärfen, sie wurde jedoch 1985 von einer Serie von Protesten überrascht. Tausende von Uighuren demonstrierten gegen die Migration von Han-Chinesen, außerdem kritisierten sie die Nutzung von Wüstengebieten in Xinjiang für Atomtests. Polat hatte an den Protesten teilgenommen, danach wurde er zu seiner ersten Haftstrafe verurteilt.

Die Demonstrationen waren in erster Linie politisch motiviert, dennoch war die chinesische Führung davon überzeugt, dass der Islam dabei eine wichtige Rolle spielte. Nach 1985 änderte die Regierung abrupt ihre Strategie und reagierte auf die Proteste der Uighuren, indem sie scharf gegen religiöse Aktivitäten vorging. Aber der Islam wuchs weiter – viele glaubten, dass die staatliche Förderung und die anschließende Unterdrückung genau dieselbe Wirkung hatten. Für uighurische Intellektuelle wie Polat war der Aufstieg des islamischen Fundamentalismus fast genauso bedrohlich wie der Maoismus. Er glaubte, die Uighuren würden von einer Orthodoxie in die andere getrieben.

Die Welt der Uighuren war vergleichsweise klein, und innerhalb dieser Welt gab es nur wenige Menschen, denen Polat traute. Regelmäßig rief er ein paar Uighuren in den Vereinigten Staaten an, und in festen Abständen organisierte er Abendessen mit engen Freunden, die in Peking arbeiteten. Sie alle waren Intellektuelle, und das Ansehen der meisten von ihnen hatte gelitten – sie waren auf das Niveau von Händlern gesunken, oder sie unterrichteten an örtlichen Schulen für Minderheiten, die von der Kommunistischen Partei streng kontrolliert wurden.

An einem Abend im Frühjahr 2000 lud Polat mich zu einem Abendessen ein, das er zu Ehren eines engen uighurischen Freundes organisiert hatte. Polat hatte mir einmal von dem Mann erzählt, der mitunter zusätzlich etwas Geld verdiente, indem er in chinesischen Filmen Ausländer spielte. Er hatte gerade unten im Süden in einem weiteren Film vor der Kamera gestanden, und nun kam er auf dem Weg in seine Heimat Xinjiang in Peking vorbei.

Polat reservierte einen langen Tisch im uighurischen Restaurant am Ritan-Hotel neben dem Hollywood. Insgesamt kamen etwa ein Dutzend Männer, und ich fühlte mich weniger als sonst in China fehl am Platz; die meisten von ihnen hatten, so wie ich, dunkle Gesichtszüge und lange Nasen. Nur ein unscheinbares Zeichen deutete darauf hin, dass etwas nicht stimmte: Meist wurde chinesisch gesprochen. Ich wusste, dass diese Männer sich nicht gerne in dieser Sprache unterhielten, und ich war gerührt, dass sie sich bemühten, mich in ihren Kreis aufzunehmen.

Mit einer Ausnahme waren alle Uighuren: Ein Tatar war innerhalb der Grenzen Chinas geboren worden. Er erzählte mir, dass die Tataren von den fünfzig und mehr Minderheiten des Landes die einzige Ethnie seien, deren Heimat sich nicht in China befinde. Sie waren die Nachfahren von Menschen, die in der ersten Hälfte des 20. Jahrhunderts zumeist wegen der Politik Stalins über die sowjetische Grenze geflohen waren.

Sowohl der Tatar als auch der zeitweise schauspielernde Uighure waren blond. »Er ist ein *jia yangguizi*«, scherzte Polat. »Ein gefälschter ausländischer Teufel. Du bist der echte ausländische Teufel.«

Die Redewendung beschrieb üblicherweise Chinesen, die alles Westliche sklavisch nachahmten. Ich fragte den Mann nach seiner Filmarbeit, und Polat neckte ihn gutmütig.

»Wie oft wurdest du von Chinesen umgebracht?«, fragte er.

»Ein paar Mal«, sagte der Mann grinsend.

»In ›Der Opiumkrieg‹ hat dich eine chinesische Frau umgebracht!«

Ein anderer Uighure, ein Professor, ergriff das Wort: »In dem Film haben sie eine Menge Studenten der Nationalitäten-Universität als Komparsen eingesetzt. Jemand wurde am Set verletzt – ich glaube, ein kasachischer Student.«

Ein Gast warf ein, dass er in einem Propagandafilm einen französischen Imperialisten gespielt hätte. »Ich habe einen chinesischen Revolutionär exekutiert«, sagte der Mann stolz. Er war ebenfalls Professor. »Das war ein großer Tag für mich.«

Die anderen lachten und erhoben ihre Wodka-Gläser. Der Tisch füllte sich mit uighurischen Gerichten: Lammbraten, flaches *nan*-Brot, Spieße mit gebratenem Fleisch und Gemüse. Während der Abend voranschritt und die Männer tranken, entfernte sich die Sprache immer weiter vom Chinesischen, bis ich am Ende kein Wort mehr verstehen konnte. Ich saß schweigend da, schaute zu und hörte zu. Mir gefiel der Klang der Turksprache und die Art, in der sich die Gesichter aufhellten, wenn sie sich in ihr unterhielten. Als das Abendessen beendet war, stand Polat auf, ging langsam um die Festtafel herum und stieß mit einem nach dem anderen an. In dieser Nacht, an diesem Tisch im Herzen von Yabaolu schien es, als wäre er der Mittelpunkt der Welt.

Nach einem Jahr in der Hauptstadt wurde ich mit dem Rhythmus des städtischen Terminkalenders vertrauter. In Peking hatte die Zeit keinen gleichmäßigen Takt: Gelegentlich schien sich eine Woche ewig hinzuziehen, oder es dauerte Monate, sich auf einen einzigen Morgen wie den Jahrestag des Nationalfeiertags im Jahr 1999 vorzubereiten. Es gab Tage, an die sich die Partei erinnern wollte, und Tage, die die Partei vergessen wollte. Es gab Tage, an denen etwas passieren musste, und Tage, an denen nichts passieren durfte. Und gelegentlich gab es Tage, an denen sich etwas ereignete, an das man sich in Zukunft erinnern würde.

Die Pekinger Polizei machte, wenn ein wichtiges Datum bevorstand, in den Wohngegenden oft Razzien. Es konnte sich dabei um einen Jahrestag wie den 4. Juni, um den Geburtstag der Volksrepublik oder um die Einberufung des Nationalen Volkskongresses handeln. Was es auch war, es fühlte sich immer gleich an: mehr Polizisten in den Gassen, die von Haus zu Haus gingen und Eintragungen im Melderegister überprüften. Diese Zeiten waren hart für Wanderarbeiter, da ihnen oft ordnungsgemäße Papiere fehlten. Auch Uighuren hatten Schwierigkeiten. Polat versuchte immer unterzutauchen, wenn ein wichtiges Datum bevorstand.

Doch für die meisten Menschen in Peking, die Polizei eingeschlossen, war es einfach nur lästig. Der Befehl kam zweifellos von ganz oben: Irgendein Büro wies ein anderes Büro weiter unten an, wachsam zu sein, woraufhin der Befehl durch die verschiedenen Dienststellen nach unten durchsickerte. Zu guter Letzt kam er bei den zuständigen Polizisten im Viertel an, die pflichtgemäß ihre Razzien durchführten. In der Regel waren sie aber nicht mit dem Herzen bei der Sache. Sie spulten ihr Pflichtprogramm ab, um den Schein zu wahren, dann zogen sie weiter. Wenn sie an meine Tür klopften, verhielt ich mich einfach ruhig und reagierte nicht. Ich habe mich in den Wohnungen, in denen ich lebte, nie registrieren lassen, weil sie für Journalisten rechtlich gesehen tabu waren.

Natürlich waren Nachrichtenreporter mit dem Hauptstadtkalender besonders vertraut. Über bestimmte Ereignisse berichteten sie in Vorankündigungen; an dem Tag selbst weilten sie stundenlang auf dem Tian'anmen-Platz und hielten Ausschau nach Protesten. Das meiste davon war uninteressant, manchmal auch unangenehm; gelegentlich ging es mir wie der Polizei – gegen meinen Willen musste ich diese Tage beachten. Man konnte Ereignissen nur schwer eine Bedeutung beimessen, wenn sie an ganz unterschiedlichen Orten stattfanden: ein Protest hier, ein Jubiläum dort. Das Fragmentarische arbeitete zugunsten der Partei. Wenn jemand im Gedenken an den 4. Juni zu dem Platz ging und wenn ein anderer der Repressionen gegen Falun Gong gedachte, dann trafen sie sich nie. Die Jubiläen überschnitten sich nicht; die Tage kamen und gingen, ohne einen Zusammenhang zu bilden.

Allerdings fühlte es sich anders an, wenn man ein Ereignis und später sein Echo erlebte. In dem Fall zog sich ein einzelner Faden, der zwei Zeitpunkte miteinander verknüpfte, über Jahre hin. Für mich war der erste Gedenktag, den ich zweimal erlebte, der 25. April.

25. April 1999

Die Stadt ist noch immer neu für mich. Morgens fahre ich oft ziellos mit dem Rad umher und versuche, ein Gefühl für die Straßen zu entwickeln. Ich bin in der Nähe des Zentrums, als sich mein Pager meldet. Ich finde ein öffentliches Telefon und rufe die Nummer an: Ian Johnson, mein Chef beim »Journal«. Er bittet mich, einen Abstecher nach Zhongnanhai zu machen, dem Regierungsviertel neben der Verbotenen Stadt. Es gehe das Gerücht, dass dort einige Leute protestierten.

Ich fahre in westlicher Richtung auf der Wenjin-Straße am Beihai-Park vorbei und sehe die Menschenmenge. Zu dritt und zu viert haben sie sich hintereinander entlang des Bürgersteigs aufgestellt. Die meisten scheinen in mittlerem Alter zu sein und tragen einfache Kleidung – Leute aus der Provinz. Als Erstes schätze ich instinktiv ihre Zahl: einhundert, fünfhundert, eintausend, zweitausend. Allein entlang dieser Straße dürften es schätzungsweise fünftausend sein, und an der Fuyou-Straße sind noch mehr.

Eine Zeit lang bin ich so sehr mit dem Zählen beschäftigt, dass ich nichts anderes mehr wahrnehme. Dann aber fällt mir die Stille auf: keine Parolen, keine Sprechchöre, keine Gesänge. Keine Banner und keine Schilder. Die Menschen stehen einfach nur da und starren ruhig zur Straße hin.

Die Passanten sind verwirrt. Einige Pekinger halten ihre Fahrräder an und fragen die Demonstranten, warum sie dort sind. Keine Reaktion. Ein Mann wird wütend. »Ihr wisst genau, was jetzt passiert«, sagt er. »Damit macht ihr allen nur Ärger. Warum macht ihr das?«

Schweigen. Ich steige ab und gehe zu Fuß durch die Menge. Vielleicht finde ich jemanden, der mit mir spricht. Ich versuche es mit einer Frau mittleren Alters: Schweigen. Ein älterer Herr: Schweigen. Mann, Frau, Mann. Schweigen. Schweigen. Schweigen. Endlich antwortet eine Mitvierzigerin. Sie ist besser gekleidet als die anderen, und sie spricht Mandarin mit einem Akzent, den ich geografisch nicht zuordnen kann. Mein Gefühl sagt mir, dass sie eine Art Anführerin ist. »Wir praktizieren Falun Gong«, sagt sie. »Wir wollen lediglich, dass man uns offiziell anerkennt. Die Leute kritisieren und missverstehen uns, und sie werden erst damit aufhören, wenn die Regierung uns als eine gute Gruppe anerkennt.«

Wir unterhalten uns kurz, dann hält eine schwarze Limousine am Bordstein. Die Fensterscheiben sind stark getönt, eine Scheibe wird heruntergelassen. Jemand gibt von innen ein Zeichen. Die Frau läuft hinüber, eine Tür öffnet sich, und sie steigt ein. Ein paar Minuten später steigt sie aus, und der Wagen fährt davon. Als ich wieder auf sie zugehe, schüttelt sie einfach den Kopf. Ohne ein Wort verschwindet sie in der schweigenden Menge der Demonstranten.

Nach dieser ersten Falun-Gong-Kundgebung ging es wie im Zeitraffer weiter. In gewisser Weise war es früher genauso gewesen: Seit die Kommunistische Partei 1949 an die Macht gekommen war, hatte sich das religiöse Klima in China stark verändert. Die Kommunisten waren zu Beginn religionskritisch, später, während der Kulturrevolution, handelten sie gezielt zerstörerisch. Der Maoismus duldete keinen anderen Glauben neben sich. Aber Mao starb 1976, und die Kulturrevolution war zu Ende. Zwei Jahre später brach mit Deng Xiaoping die Zeit der Reformen an, und einmal mehr sah sich China mit jenem spirituellen Vakuum konfrontiert, das der Nation seit dem 19. Jahrhundert keine Ruhe gelassen hatte.

Heutzutage ließen sich viele Chinesen offenbar von zwei Fast-Religionen inspirieren: Materialismus und Nationalismus. Aber auch traditionelle Glaubensrichtungen waren wieder im Kommen; Kirchen fanden neue Gläubige, und Tempel und Moscheen wurden wiederaufgebaut. Die Zahl der religiösen Gemeinschaften war jedoch strikt begrenzt. Die Kommunistische Partei erkannte nur fünf Religionen als rechtmäßig an: Buddhismus, Taoismus, Islam, Katholizismus und Protestantismus.

In den Achtzigerjahren begeisterten sich manche Chinesen auch für *qigong* – Übungen, die traditionelle Atemübungen und Meditation beinhalten. Solche Techniken wurden nie als religiös beschrieben, da

jeder Versuch, einen neuen Glauben zu verkünden, einer Kampfansa-
ge an die Partei gleichkam. *Qigong*-Praktizierende ließen ihre Lehren
stattdessen als Übungs- und Gesundheitsprogramme registrieren. In
den Neunzigerjahren rief ein Mann aus dem Nordosten namens Li
Hongzhi eine neue Form des *qigong* ins Leben, die er Falun Gong oder
Falun Dafa nannte. Sie bestand, so wie andere Lehren auch, aus Meditation und Übungsprogrammen, war aber zugleich deutlich anders.
Sie hatte einen charismatischen Anführer, und ihre Bücher beschrieben sowohl die Glaubenssätze als auch die Übungen. Zudem stammten die Symbole und die Terminologie von Falun Gong zum großen
Teil aus dem Buddhismus oder Taoismus. Ganz gleich, als was sie re-
gistriert war: Vom Gefühl her handelte es sich um eine Religion.

Und so verbreitete sie sich auch. Falun Gong lagen drei Prinzipien
zugrunde – Wahrhaftigkeit, Barmherzigkeit, Nachsicht. Diese einfache Moral sprach viele Durchschnittschinesen an, die mit den Veränderungen in der Zeit der Reform- und Öffnungspolitik klarkommen
mussten. In den Neunzigerjahren traten Millionen von Gläubigen Falun Gong bei. Viele von ihnen trafen sich vormittags in öffentlichen
Parks zu ihren Übungen. Als ich in Fuling lebte, versuchte mich eine
Gruppe von Falun-Gong-Praktizierenden nach einem Treffen im Tee-
haus anzuwerben. Sie gaben mir Exemplare der Bücher von Li Hongzhi und riefen mich zu jeder Tages- und Nachtzeit in meiner Wohnung an. Die Männer blieben mir als harmlose Fanatiker in Erinnerung
– die Anrufe am frühen Morgen ärgerten mich, die Gläubigen blieben
aber stets höflich. An ihrer Aufrichtigkeit konnte kein Zweifel bestehen; das Praktizieren von Falun Gong gab ihrem Leben eine Struktur.

Ab den späten Neunzigerjahren kritisierten Skeptiker in den chinesischen Medien Falun Gong als abergläubisch und ungesund. Dabei entwickelte sich folgendes Muster: War ein Artikel unvorteilhaft,
organisierten Falun-Gong-Praktizierende einen friedlichen Protest
vor dem jeweiligen Medienunternehmen und forderten einen Widerruf. Viele der Publikationen waren eher unbedeutend und machten lieber einen Rückzieher, als sich dem Risiko auszusetzen, als Un-
ruhestifter gebrandmarkt zu werden. Nachdem ein Professor im Mai
1998 Falun Gong in einem Interview von Beijing Television kritisiert
hatte, versammelten sich mehr als zweitausend Demonstranten am
Standort des Senders. Zufällig näherte man sich in dieser Zeit einem

jener heiklen Termine im politischen Kalender Pekings – dem 4. Juni. Daraufhin strahlte der Sender kurzfristig einen anderen Beitrag aus, der eine wohlwollende Haltung gegenüber Falun Gong erkennen ließ. Die Demonstration löste sich auf.

Zu diesem Zeitpunkt hatten die Praktizierenden bereits gelernt, dass der friedliche Protest ein wirksames Instrument war; außerdem hatten sie sich effizient organisiert. Im April 1999 veröffentlichte eine Zeitschrift der Tianjin-Universität wenig schmeichelhafte Kommentare über Li Hongzhi, der in die USA ausgewandert war. Tausende von Gläubigen kamen auf dem Campus zusammen, diesmal jedoch weigerte sich die Zeitschrift, einen Widerruf zu veröffentlichen. Schließlich reisten die Demonstranten in der Hoffnung nach Peking, direkt mit den Führern des Landes sprechen zu können, und das war die Demonstration am 25. April, die ich miterlebt hatte. An dem Tag hatten sich hochrangige Funktionäre schließlich dazu bereit erklärt, mit Vertretern von Falun Gong zu sprechen, die ihr Anliegen vortrugen und die Menge anschließend aufforderten, friedlich auseinanderzugehen.

Der Protest endete zwar ohne Zwischenfälle, er markierte jedoch eine Grenzüberschreitung. Die chinesische Führung erkannte zum ersten Mal, wie gut organisiert Falun Gong war. In den folgenden Wochen reagierte sie mit einem Schweigen, das in China von jeher ein schlechtes Zeichen war. Die Zeitungen in Peking verloren kein Wort über den Protest. Es gab keine Debatte, keinen öffentlichen Diskurs, keinen wie auch immer gearteten Kommentar. Wochenlang wartete die Stadt ab.

Und dann brach der Sturm los: Am 22. Juli verbot die Regierung Falun Gong. Die Proteste nahmen zu, Festnahmen folgten; Anführer wurden mit Arbeitslager bestraft. Am 26. Oktober verstärkten die Kommunisten den Angriff und traten eine schrille öffentliche Kampagne los, die Falun Gong zu einem »bösen Kult« erklärte. Doch die Praktizierenden demonstrierten weiter. Oft fuhren sie zum Tian'anmen-Platz, entrollten Banner, nahmen den Lotossitz ein, oder sie hoben ihre Arme über den Kopf – die Ausgangshaltung der Falun-Gong-Übungen. Polizisten in Zivil überwachten den Platz. Ausländische Journalisten sahen sich um. Bald darauf berichteten Menschenrechtsgruppen mit Sitz in Hongkong, dass Praktizierende im Polizeigewahrsam zu Tode geprügelt worden waren.

Im Februar starb eine Großmutter namens Chen Zixiu, als sie von der Polizei in einer kleinen Stadt in der Provinz Shandong festgehalten wurde. Sie war eine von vielen, die sich auf den Weg nach Peking machen wollten, um dort zu demonstrieren. Ein Polizeibeamter in Zivil ergriff Chen, bevor sie es auch nur bis zu dem Platz schaffte (Praktizierende weigerten sich, in Glaubensfragen die Unwahrheit zu sagen; deshalb patrouillierten Polizisten durch die Parks von Peking und in der Gegend um den Tian'anmen und fragten die Menschen, ob sie Gläubige seien). Nach Chen Zixius Tod suchte ihre Tochter jemanden, dem sie die Geschichte erzählen konnte; über verschiedene Verbindungsleute kontaktierte sie schließlich Ian Johnson. Er traf sich mit ihr und veröffentlichte den Artikel auf der Titelseite des »Wall Street Journal«. Anschließend recherchierte Ian als Fortsetzung die Falun-Gong-Strukturen und die Besonderheiten des Polizeieinsatzes. Er fand heraus, dass in diesem Fall ein weiteres Beispiel für eine Top-down-Befehlskette vorlag: Die Polizeieinheiten vor Ort wurden mit einer Geldbuße für jeden Gläubigen bestraft, der ihnen durchs Netz ging und es bis zur Kundgebung nach Peking schaffte. Was an der Spitze als Idee begann –Verbot von Falun Gong – kam auf den untersten Ebenen als schiere Brutalität an, die dem dümmsten, pragmatischsten Grund überhaupt geschuldet war: Geld.

Und ehe man es sich versah, hatte der 25. April eine weitere Umdrehung gemacht, und der Terminkalender Pekings hatte einen neuen Jahrestag.

25. April 2000

Kurz nachdem Ian den Platz verlassen hat, übernehme ich die Vormittagsschicht. Der Himmel ist gelb: Peking befindet sich mitten in einem Frühjahrssandsturm; es ist einer jener trüben Tage, an denen der grobkörnige Sand von der Gobi in den Süden weht. Ich kann den Wind in meinen Zähnen schmecken.

Auf dem Platz sind überall Polizisten in Zivil – manche geben sich als Souvenirverkäufer aus, andere tun so, als wären sie Touristen. Wie üblich scheinen viele von ihnen Männer mit Bürstenschnitt in abgetragenen Hosen und billigen Anoraks zu sein. Ihre Kleidung ist schlecht, ihr Auftritt in Zivil ist ebenso schlecht: Sie hängen herum und trödeln herum, sie stehen und starren. Manchmal zeigen sie auf etwas. Man braucht nur einen Augenblick, um zu erkennen, dass diese Männer nicht gut ausgebildet sind. Ihre Aufgabe besteht allerdings auch nicht darin, zu infiltrieren, sondern einzuschüchtern. Man hat ihnen anscheinend nur einen einzigen Befehl gegeben: Schafft alle Demonstranten sofort weg, egal wie.

Sie halten Ausschau nach Demonstranten, und sie haben auch ein Auge auf ausländische Journalisten. Kameraleute haben keine Chance – die Festnahme ist so gut wie sicher. Die einzige Frage ist, ob sie noch ein Foto machen und den Film verstecken können, bevor die Polizei sie festnimmt. Als Printjournalisten haben wir es einfacher, solange wir bestimmte Regeln befolgen: Schreibe nie in der Öffentlichkeit, hol kein Notizbuch heraus, sprich möglichst mit niemandem chinesisch. Versuche dich unter die Touristen zu mischen. Wenn du festgenommen wirst, dann beharre darauf, dass du den Platz nur besichtigt hast.

Ich mische mich unauffällig unter eine amerikanische Reisegruppe. Die Tarnung ist gut – die meisten Männer tragen Baseballkappen, so wie ich. Außerdem kenne ich ihren Akzent: die flachen Vokale und die harten Rs des Mittleren Westens. Ein Mann erzählt mir, er stamme aus Illinois, ein anderer kommt aus Iowa. Wir scharen uns um den jungen chinesischen Reiseführer, der uns zum Fahnenmast am nördlichen Ende des Platzes vorausgeht. Es folgt ein Vortrag:

Rot ist die Farbe des Kommunismus. In China steht die Farbe traditionell auch für Glück. Der große gelbe Stern repräsentiert die Kommunistische Partei. Die kleineren gelben Sterne stehen für die vier Klassen: Soldaten, Bauern, Arbeiter und Wissenschaftler.

Nun wird der Vortrag persönlich. Der Reiseführer hat einen Cousin, der früher bei der Fahnenwache auf dem Platz Dienst tat. Stundenlang habe der Cousin absolut still neben dem Fahnenmast gestanden. Der Stolz auf die Arbeit habe ihn davon abgehalten, müde zu werden. *Jiade* Geschichte, denke ich im Stillen, und auf einmal lässt sich ein kleiner Mann direkt vor uns in den Lotossitz fallen.

Rufe, Befehle, Menschen rennen herbei: ein halbes Dutzend Polizisten in Zivil. Als sie den Mann zum Aufstehen zwingen, rast bereits ein Transporter aus einer abgelegenen Ecke des Platzes in unsere Richtung. Der Demonstrant sagt nichts. Er ist etwa fünfunddreißig Jahre alt und trägt einfache Bauernkleidung aus blauer Baumwolle. Seine Glieder werden schlaff; sie tragen ihn in den Transporter. Laken sind über die Fensterscheiben gebunden, sodass niemand hineinsehen kann. Sie fahren zurück in die abgelegene Ecke.

»Verdammt«, sagt einer aus dem Mittleren Westen. »Er saß einfach nur auf dem Boden.« Einem anderen Touristen, einem dicken Mann mit einem roten Gesicht, ist es gelungen, ein Foto zu machen. »Ich habe ein Foto!«, ruft er. »Ich habe davon ein Foto gemacht!«

Er grinst und winkt mit der Kamera. Er sieht, wie ich ihn anstarre, und kommt herüber. Sein Gesicht strahlt. »Verdammt, ich habe tatsächlich ein Foto davon gemacht!«

»Sie sollten die Kamera wegstecken«, sage ich leise. Doch ein anderer Transporter ist schon herbeigerast. Ein uniformierter Beamter zeigt auf den dicken Mann aus dem Mittleren Westen.

»Geben Sie mir Ihre Kamera«, sagt er auf Chinesisch.

Der Reiseführer eilt herbei und übersetzt. Der Mann aus dem Mittleren Westen reicht sie ihm ohne jede Gegenwehr; der Polizist zieht den Film heraus. Er spricht zu dem Reiseführer, der plötzlich besorgt dreinschaut.

»Er sagt, dass wir mit ihm fahren müssen«, sagt der Reiseführer. »Er will, dass wir auf ein Amt mitkommen. Er muss Ihnen einige Fragen stellen.«

Der dicke Mann aus dem Mittleren Westen steht mit offenem Mund da. Ich beschließe, dass für mich der richtige Zeitpunkt gekommen ist, um mich vom mittleren Amerika zu lösen. Ich verlasse den Platz für ein paar Minuten, und als ich zurückkehre, versucht eine Frau im mittleren Alter vor dem Fahnenmast ein Banner zu entrollen. Ein Mann in Zivil wirft sie zu Boden. Der nächste Protestierende ist ebenfalls eine Frau. Sie steht rechts von der Fahnenstange und legt beide

Arme über den Kopf; zwei Männer laufen zu ihr und ziehen ihre Arme nach unten.

In der Nähe bemerke ich eine italienische Reisegruppe. Es ist zwar aussichtslos, da die Männer alle gut gekleidet sind, dennoch setze ich meine Baseballkappe ab und unternehme einen halbherzigen Versuch, europäisch auszusehen. Der chinesische Reiseführer spricht italienisch. Ich tue so, als ob ich ihn verstehe und stelle mir seine Worte vor: »Der große gelbe Stern steht für ...«. Doch aus ein paar Metern Entfernung beobachtet mich ein Mann mit Bürstenfrisur sehr genau, und dann spricht er zu einem anderen Mann mit Bürstenfrisur. Ich beschließe, mich aus dem Staub zu machen.

Plötzlich gibt es am Fahnenmast einen Tumult. Ein Dutzend Männer und Frauen rufen auf einmal Parolen und heben die Arme hoch. Noch ein Banner. Die Männer in Zivil eilen hinüber. Die Fäuste fliegen, Menschen schreien. Ein Mann fällt zu Boden und wird getreten. Noch ein Tritt. Noch ein Tritt. Die Demonstranten werden einer nach dem anderen weggeschleift.

Am Ende steht nur noch ein Kind dort. Das Mädchen ist etwa sieben Jahre alt, wahrscheinlich ist es mit seiner Mutter oder seinem Vater gekommen, aber alle Erwachsenen wurden bereits in den Transporter gedrängt. Das Mädchen trägt einen grünen Pullover und dazu passende Bänder in seinem Haar. Es starrt zu Boden, als die Polizisten es zu dem Fahrzeug bringen.

Die italienische Reisegruppe starrt zu dem Transporter hinüber. Niemand sagt etwas. Das Schweigen ist so bedrückend wie die gelbe Luft. Das Kind ist der letzte Gläubige, der von dem Platz entfernt wird.

*   *   *

CADRES (Kader)
CENSORSHIP (Zensur)
CITIES (Städte)
CIVIL SOCIETY (Zivilgesellschaft)
CONFUCIUS (Konfuzius)
CONSTITUTION (Verfassung)

CONSUMER (Verbraucher)
CPPCC (PKKCV)
CULTURAL REVOLUTION (Kulturrevolution)

Wieder im Büro, heftete ich die ausländischen Berichte über die Proteste ab und verfasste eigene Beiträge. Allerdings konnte ich mir nicht auf alles einen Reim machen – weder auf den Jahrestag noch auf die Szenen auf dem Platz. Rechtswissenschaftler sprachen oft von der Wende zur Rechtsstaatlichkeit. Mir schien, dass die Veränderungen in China eines Tages, wenn sie sich erst einmal etabliert hatten, wie ein schrittweiser Prozess wirken würden, der sich logisch von einem Punkt zum nächsten fortentwickelt hatte. Etwas ganz anderes war es, inmitten dieses Prozesses zu leben. Ich konnte im Hollywood essen gehen, umgeben von Prostituierten, Schwarzmarkthändlern und illegalen Geldwechslern; danach würde ich fünfzehn Minuten lang Rad fahren und beobachten, wie jemand verhaftet würde, weil er seine Arme über den Kopf hob.

Auf der persönlichen Ebene konnte man sich leichter einen Reim auf alles machen. Die einfachste Lösung: Für Einzelne in China war es normal, Gesetze zu übertreten. Es gab eine Unmenge Vorschriften, von denen viele unangemessen waren; das Land veränderte sich so schnell, dass selbst vernünftige Vorschriften schnell veralteten. Praktisch jeder chinesische Bürger, den ich näher kennenlernte, tat etwas, das eigentlich gesetzwidrig war. In der Regel waren die Verstöße so geringfügig, dass sie nichts zu befürchten hatten. Es handelte sich vielleicht um eine fehlerhafte Zimmerbuchung, oder ein Kleinunternehmen kaufte seine Produkte von nicht lizenzierten Großhändlern. Bisweilen wurde es komisch: Spätnachts waren in Peking immer Leute mit ihren Hunden unterwegs, weil es unverschämt teuer war, sie offiziell im Hunderegister anzumelden. Die Tiere waren meist rattenähnliche Pekinesen, deren müde Besitzer ganz schnell wach wurden, wenn sie einen Polizisten sahen. Sie waren wie Guerillakämpfer, die Spielzeughunde Gassi führten.

Ganz gleich, welches Problem ein Einzelner hatte: Es war sein Problem, und nur er konnte es lösen. Wer kein Gespür für vernünftiges Handeln entwickelt hatte, konnte nur selten eine Beziehung zu den Problemen anderer Menschen herstellen. Die Niederschlagung von Falun Gong hätte die meisten Chinesen aufrütteln müssen – die Gruppe hatte sich nur kleinere politische Fehleinschätzungen zuschulden kommen lassen, die sich summiert hatten. Aber nur wenige Durchschnittsbürger zeigten Verständnis für die Gläubigen, weil sie sich nicht vorstellen konnten, wie das Problem zu ihrem eigenen Verhältnis zum Gesetz in Beziehung stand. Ihr Verhalten ging zum Teil auf das kulturelle Erbe zurück – die Chinesen hatten nie besonderen Wert auf starke Gemeinschaften gelegt; die Familie und andere Gruppen in der unmittelbaren Umgebung waren am wichtigsten. Dass ein rationales Klima der Rechtssicherheit fehlte, ermunterte die Menschen jedoch auch dazu, sich ausschließlich auf ihre eigenen Probleme zu konzentrieren.

Ausländer fühlten sich zwangsläufig noch stärker isoliert. Ich lebte in derselben Umgebung wie alle anderen – mit denselben unscharfen Gesetzen und den notwendigen Gesetzesverstößen –, ich hatte aber noch weniger Anteil am System. Ganz gleich, wie viel Sympathie ich für einen Demonstranten auf dem Platz empfand: Ich sah ihn stets wie durch eine Schutzwand, weil ich nie in seine Situation kommen konnte. Die Polizei würde mich nicht zu Tode prügeln, und man würde mich nicht in ein Arbeitslager stecken. Die Regierung konnte mich schlimmstenfalls des Landes verweisen. Manchmal gab mir das zu denken, weil mein eigenes Leben in China einiges von dem zu parodieren schien, was ich beobachtete. Nur fand man inmitten der Ereignisse kaum Zeit zum Nachdenken; in der Regel musste ich irgendwelche Sachen erledigen. Das war etwas, was ich mit vielen Bürgern teilte – wir alle waren kalte Pragmatiker.

Nachdem ich mehr als ein Jahr lang Anfragen versandt hatte, erhielt ich in jenem Frühjahr endlich einen Auftrag vom »National Geographic Magazine«. Man bat mich, einige archäologische Stätten in China zu besuchen, was allerdings nur unter behördlicher Aufsicht und mit einem kurzzeitigen Journalistenvisum möglich war. Die chinesische Regierung würde einem Autor, der sich illegal in Peking aufhielt, keinen Zutritt gewähren.

Zum Glück besaß ich einen zweiten US-Reisepass. Ich flog nach Hongkong, tauschte die Reisepässe und beantragte das Journalistenvisum. Danach überquerte ich mit dem neuen Visum die Grenze nach Shenzhen und fuhr weiter zu den archäologischen Stätten. Sobald die Recherchen abgeschlossen waren, kehrte ich nach Hongkong zurück und überquerte die Grenze anschließend erneut mit meinem alten Reisepass.

Mir war klar, dass dieses Vorgehen jeder Behörde verdächtig vorkommen würde, sofern es ihr auffiel. Falls sie mich gründlich überprüften, würden weitere Details auffallen: Ich hatte keinen rechtmäßigen Job und war in meiner Wohnung nicht angemeldet. Ich verbrachte viel Zeit in Yabaolu, hing mit Uighuren und Mittelsmännern herum. Ich hatte bei der Polizei Anzeige erstattet, nachdem man mich an der nordkoreanischen Grenze bestohlen hatte. Vor vier Jahren hatte mich die Regierung der Vereinigten Staaten nach China geschickt, und zwar als Mitglied des Friedenscorps – eine Organisation, die auf dem Höhepunkt des Kalten Krieges gegründet worden war.

Ich nahm an, dass die Behörden all das wussten, dass sie aber nicht alles im Blick hatten. Es war zwar nur eine Vermutung, ich hatte aber immer den Eindruck, dass die Regierung Informationen viel besser sammelte als analysierte. Wenn ich mir ihre Aktenordner vorstellte, dann waren sie zigmal so groß wie die im Büro des » Wall Street Journal«, und sie waren nach einem System organisiert, das viel skurriler war als das Alphabet. Mein Journalistenvisum war vielleicht an einem Ort erfasst, mein Geschäftsvisum an einem anderen, meine gefälschte Anmeldung des Wohnsitzes wieder woanders.

Wenn ich aber die Aufmerksamkeit auf mich zog, konnte all das möglicherweise sofort zusammenkommen. Diese Angst hatte ich immer im Hinterkopf, vor allem jetzt, da ich mehr Arbeit als Journalist fand. Im Mai verkaufte ich meine erste Story an den »New Yorker«, anschließend veröffentlichte das Magazin meinen Artikel über den Überfall in Dandong. Ich schlug ein Feature über Shenzhen vor; die Redaktion war einverstanden. Schließlich hörte ich mit dem *clipping* auf, und nach dem Weltwirtschaftsforum in jenem Jahr – weitere dreihundert Dollar pro Tag – nahm ich mir fest vor, dass mit den Broschüren und mit der Propaganda Schluss sein sollte. Ich wollte Vollzeit als Journalist arbeiten, und ich wollte einen entsprechenden rechtlichen Status.

Es war leichter, im Auftrag einer Zeitung als einer Zeitschrift unterwegs zu sein, was einer der Gründe dafür war, dass ich eine Vereinbarung mit dem »Boston Globe« traf. Man wollte einen freien Mitarbeiter in Peking; es gab weder ein festes Gehalt noch eine Pauschale, die Zeitung würde aber die Kosten für die Akkreditierung übernehmen, solange ich mich um die erforderlichen Unterlagen kümmerte. Das chinesische Außenministerium verlangte endlos viele Dokumente: Lebenslauf, Biografie, Gewerbeanmeldung, Empfehlungsschreiben, Bescheinigung über die berufliche Qualifikation:

Dieses Dokument bescheinigt, dass Peter Hessler ein voll ausgebildeter Journalist ist, dessen Erfahrung den Anforderungen an die Arbeit eines Auslandskorrespondenten entspricht ...

Ich schrieb alles selbst. Ian zeigte mir alte Bewerbungen, die das »Wall Street Journal« benutzt hatte. Anschließend verfasste ich meine eigenen Versionen und sandte sie nach Boston, um sie von den Herausgebern unterzeichnen zu lassen. Die Sprache war wichtig – alles sollte formell klingen. Auch war es wichtig, Details einzubinden: Ich musste ein offizielles, ›amtlich‹ bestätigtes Leben erschaffen, das ich bei Problemen auf Papier vorzeigen konnte, auch wenn es mit der Realität nichts zu tun hatte. Ich behauptete, ich hätte das vergangene Jahr in Hongkong und den Vereinigten Staaten verbracht. In Peking eröffnete ich ein imaginäres Boston-Globe-Büro unter der Adresse des Journals. Ian unterzeichnete die Formulare und stempelte sie mit einem offiziellen chinesischen Siegel. Auf dem Polizeirevier ließ ich mich als Bewohner eines Diplomatenviertels eintragen, in dem ich nicht eine Nacht zu verbringen gedachte.

In meinen biografischen Dokumenten entwarf ich das Porträt eines Journalisten, der zugleich bemerkenswert qualifiziert und erstaunlich naiv war. Er hatte zwei Universitätsabschlüsse und viel Erfahrung im Unterrichten und Schreiben. Er hatte sich mit der chinesischen Sprache und Kultur befasst, ohne sich auch nur im Geringsten für Politik, Religion oder Menschenrechte zu interessieren. Von Xinjiang oder Tibet hatte er keine Ahnung. Er hatte eine Schwäche für Geschichten aus dem Geschäftsleben. Er war klug, aber nicht klug genug, um sich nicht von der Reform- und Öffnungspolitik blenden zu lassen:

Sehr geehrter Presseattaché,
Chinas Wirtschaftsreformen der vergangenen zwanzig Jahre haben
zu dramatischen Veränderungen geführt, die von gewaltigen Verbes-

serungen des Lebensstandards bis hin zu neuen Kontakten mit frem-
den Ländern reichen. Da die Bedeutung der chinesischen Wirtschaft
weiter wächst, was sich auch am bevorstehenden Beitritt zur Welt-
handelsorganisation ablesen lässt, kann der Rest der Welt es sich nicht
leisten, die Augen vor dem heutigen China zu verschließen. Als eine
der ältesten und größten Tageszeitungen ist der ›Boston Globe‹ über-
zeugt, dass die Berichterstattung über China entscheidend für unsere
internationale Ausrichtung ist ...

*   *   *

Bis Mai war der Schwarzmarkt-Wechselkurs auf 8,60 Yuan für den
Dollar gefallen. Nachmittags hatte Polat selten zu tun, und wir verbrachten die Stunden auf der Terrasse des uighurischen Restaurants.
Das Bier wurde nun nicht mehr im Gully gekühlt, der Besitzer hatte
sich endlich einen Kühlschrank zugelegt. Auch das war eine jener
dramatischen Veränderungen, die ein Ergebnis der chinesischen
Wirtschaftsreformen waren. In Wirklichkeit aber vermisste ich die
alten Zeiten schon. In Peking lag der Grund für Sentimentalität oft
nur ein Jahr zurück.

Den Jahrestag der NATO-Bombardierung verbrachte die Stadt in
Ruhe. Es gab keine Proteste oder öffentlichen Gedenkfeiern. Ein paar
Berichte erschienen in der Auslandspresse, das war alles. Die Abende
wurden warm, wir saßen noch spät im Restaurant und beobachteten die
Händler. Einige von ihnen waren ebenfalls zu bekannten Gesichtern
geworden – die Geldwechsler in den schwarzen Audis oder der uighurische Händler, der seinen Unterarm mit Zigaretten verbrannt hatte.

Eines Tages betraten einige Männer aus der nordkoreanischen
Botschaft das Restaurant, um Mittag zu essen. Polat aß mit einigen
uighurischen Freunden. Eine Zeit lang sahen sie den Nordkoreanern
zu. Schließlich stand Polat auf und ging zu dem anderen Tisch hinüber.

»Die Anstecknadel gefällt mir«, sagte er und zeigte auf ein Bild
von Kim Il-sung, das einer der Männer am Revers trug. »Ich gebe Ihnen einen amerikanischen Dollar dafür.«

Der Nordkoreaner beachtete ihn nicht. Polat sagte: »Zwei amerikanische Dollar.«

Die Nordkoreaner standen auf und gingen, ohne ihre Nudeln

aufgegessen zu haben. Wir sahen sie in dem uighurischen Restaurant nie wieder.

In dem Sommer kaufte Polat sich eine neue Identität. Eines Tages traf er beim Besuch einiger Kleidermärkte in der Nähe der amerikanischen Botschaft einen Chinesen, der sich als »Visum-Berater« vorstellte. Sie kamen ins Gespräch, und der Mann gab Polat seine Visitenkarte:

Cultural Exchange Company, Ltd.

Polat suchte das Büro auf, das sich in der Nähe von Yabaolu befand. Für achthundertachtzig US-Dollar wollte der Mann alles organisieren – Papierkram, Visumantrag, Flugticket. Polat suchte ihn mehrmals auf, um sicherzustellen, dass er der Firma trauen konnte, und am Ende nahm er das Angebot an.

Der erste Schritt bestand darin, eine glaubwürdige Geschichte zu erfinden. Der Mann sah sich Polats Reisepass an, notierte alle bisherigen Auslandsreisen und schuf eine Parallelidentität, die perfekt passte. Er beschloss, dass Polat einen höheren Abschluss einer chinesischen Universität brauche und mit Unternehmen weltweit auf höchster Ebene Handel treibe. Das Wichtigste: Er sollte reich sein.

Über Kontakte besorgte der Mann neue Ausweispapiere. Ein Dokument mit Regierungsstempel bescheinigte Polats Hochschulabschluss, ein weiteres Dokument wies ihn als Eigentümer eines großen Handelsunternehmens aus. Ein Kontoauszug belegte, dass er ein Guthaben von fast dreihunderttausend Dollar auf der Bank hatte. Er erhielt eine neue gedruckte chinesische Aufenthaltserlaubnis, die ihm vier Kinder bescheinigte. Bei so vielen Kindern, um die er sich kümmern musste, und mit so viel Geld auf der Bank war zu erwarten, dass Polat nach einer Auslandsreise wieder nach China zurückkehren würde. Für niemanden in der US-Botschaft gab es einen Grund, ihn zu verdächtigen.

Von seiner neuen Identität erzählte er mir erst, als bereits alles unter Dach und Fach war. Während er mir den Plan erläuterte, betonte er, dass die Ausweispapiere rechtlich gesehen nicht *jiade* seien. Die Papiere selbst seien absolut authentisch, nur die Informationen in den Dokumenten seien falsch. Polats neues Leben war so echt, wie Papier nur echt sein konnte.

Auf amerikanischer Seite war der Aufwand noch geringer: Weder amtliche Formulare noch Kontoauszüge waren nötig. Die Cultural Exchange Company hatte einen Kontakt in Los Angeles, der den Briefkopf eines fiktiven Unternehmens gestaltete und eine Einladung verfasste. Der Brief war kurz, inhaltlich vage und in Special English verfasst:

Sehr geehrter Herr Polat,
es freut mich sehr, Sie im Oktober 2000 zu einem zweiwöchigen Besuch in die Vereinigten Staaten einladen zu können.
Der Zweck dieses Besuchs sind die Begutachtung unseres Produkts und geschäftliche Besprechungen. Es gibt in den Vereinigten Staaten Unternehmen, die solche Produkte in Großhandelsmengen verkaufen. Allerdings müssen Sie sich die Waren anschauen und über den Preis verhandeln.

Am Tag vor dem Visum-Interview in der US-Botschaft nahm der Berater Polat fünf Stunden lang in die Mangel, um sicherzustellen, dass die Geschichte hieb- und stichfest war. In die Darstellung waren alle Reisen, die Polat jemals unternommen hatte, als Teil seiner neuen Identität eingeflossen. Sogar Misserfolge – die verdorbenen Trauben in Nepal oder die befallenen Kleider in Kasachstan – verwandelten sich in triumphale Fahrten eines gewieften Geschäftsmanns. Jeder Schritt führte auf logische Weise zu dem Punkt, an dem er sich nun befand: Er war ein reicher Mann, Vater von vier Kindern und Firmeneigentümer, der sich zu einer zweiwöchigen Routinereise nach Los Angeles aufmachte.

Das eigentliche Interview in der Botschaft dauerte weniger als fünf Minuten. Später erinnerte sich Polat, dass man ihm nur zwei Fragen gestellt hatte: Wie lange er vorhabe, in den Vereinigten Staaten zu bleiben, und ob er, wie es in dem Reisepass stand, in Xinjiang geboren sei. Polat antworte: zwei Wochen und ja. Der Beamte stempelte seinen Pass und sagte: »Willkommen in Amerika.«

ARTEFAKT D

Die Stimme der Schildkröte

石璋如

Wie so viele andere Artefakte in Anyang wurde auch die unterirdische Stadt durch die Macht der Schrift wiederentdeckt. Keine andere Region in China erlebte im 20. Jahrhundert so gründliche Ausgrabungen wie diese, und am Anfang aller Arbeiten standen die Orakelknochen. Generationen von Chinesen – Archäologen mit Karten, Bauern mit Luoyang-Spaten – kamen hierher und suchten nach den frühesten bekannten Schriften in Ostasien.

Die Suche begann mit einer Krankheit: ein kranker Mann, ein krankes Land. 1899 infizierte sich ein Verwandter von Wang Yirong in Peking mit Malaria. Ein Arzt verschrieb ein traditionelles chinesisches Arzneimittel, zu dessen Inhaltsstoffen »zerfallener Schildkrötenpanzer« gehörte. Den alten Panzer kaufte man in einer örtlichen Apotheke. Bevor er zermahlen wurde, fiel jemandem auf, dass er beschriftet war und dass die Zeichen der altchinesischen Schrift ähnelten. Sie zeigten den Gegenstand Wang Yirong, der Regierungsbeamter der Qing, Direktor der Kaiserlichen Akademie und Experte für antike Bronzeinschriften war. Er sah sich den Knochen genau an, und dann kaufte er mehr davon.

Heute glauben viele Historiker, dass die Malaria-Geschichte eine Legende ist, auch über den genauen Zeitpunkt der Entdeckung wird gestritten. Es besteht jedoch kein Zweifel, dass Wang Yirong der erste ernstzunehmende Sammler beschrifteter Panzer war, und er kaufte sie mit Sicherheit in Apotheken in Peking, in denen die Objekte als Drachenknochen bekannt waren. Wissenschaftler nannten sie später auf Chinesisch *jiaguwen* – Inschriften auf Panzer und Knochen.

Die Artefakte tauchten zu einem verblüffenden Zeitpunkt auf, nämlich Ende des 19. Jahrhunderts, in den Jahren nach dem Opiumkrieg, als das chinesische Kaiserreich langsam, Stück für Stück, zerfiel: Nord-Birma und Kowloon gingen an Großbritannien, Tonkin und Annam an Frankreich, Korea und Formosa (Taiwan) an Japan, die Mandschurei an Russland. Die Deutschen nahmen sich Schürfrechte, die Franzosen Eisenbahnkonzessionen. Die Amerikaner verzichteten auf einen unverhohlenen Imperialismus, vielmehr schien ihre »Politik der offenen Tür« China zu schützen. In der Praxis aber brachte sie nur mehr vom Gleichen: mehr ausländische Missionare, mehr ausländische Geschäftsleute. Ende des 19. Jahrhunderts hatte die Wut auf Ausländer in der Provinz Shandong bunt zusammengewürfelte Banden aus Bauern und Arbeitern aufgestachelt, die sich Boxer Vereint in Gerechtigkeit (beziehungsweise: Bewegung der für Gerechtigkeit und Harmonie Vereinten) nannten. Sie hatten es auf ausländische Missionare und chinesische Christen abgesehen; es gab aufgewiegelte Volksmengen und Morde. Der Aufstand breitete sich über das Land aus. Die Qing-Regierung unternahm halbherzige Versuche, ihn niederzuschlagen, insgeheim jedoch sympathisierten viele politische Führungspersönlichkeiten mit dem weit verbreiteten Unmut.

Trotz der unsicheren politischen Lage machte Wang Yirong bei der Deutung der beschrifteten Orakelknochen schnell Fortschritte. Der eigentliche Zauber dieser Artefakte bestand darin, dass man sie vom Augenblick ihrer Wiederentdeckung an lesen konnte – im Unterschied zu den ägyptischen Hieroglyphen, die bis zur Ausgrabung des Rosettasteins viele Jahrhunderte unverständlich blieben. Chinesische Schriftzeichen sind das älteste noch gebräuchliche Schriftsystem, und Wang Yirong vermutete, dass die Schildkrötenpanzer den Beginn der chinesischen Geschichtsschreibung vielleicht noch weiter in die Vergangenheit rücken würden. Er glaubte, dass die Objekte aus der Shang-Zeit stammten – einer Zeit, die ausländische Gelehrte des 19. Jahrhunderts manchmal als mythisch beschrieben, weil man, abgesehen von einigen kurzen Inschriften auf Bronzegefäßen, keine Shang-Schriften gefunden hatte.

Aber die Boxer arbeiteten schneller als Wang Yirong. Sie metzelten Missionare und ausländische Ingenieure nieder; sie durchtrennten Telegrafenleitungen und rissen Bahngleise heraus. Bis zum Sommer des Jahres 1900 sammelten sich ausländische Armeen in den Vertragshäfen, und es kam zu Zusammenstößen mit Qing-Truppen. Im Juni stellte sich das Kaiserreich schließlich auf die Seite der Boxer und erklärte den ausländischen Mächten den Krieg. In der Hauptstadt belagerte eine Volksmenge die Ausländer, die sich in Kirchen und Botschaftsvierteln zurückzogen.

Als Beamter der Qing wurde Wang Yirong aufgefordert, das Kommando über einige Boxer-Truppen in Peking zu übernehmen. Er akzeptierte widerwillig. Er wusste, dass die Qing-Dynastie zu schwach war, er wusste aber auch, dass die Pflicht Vorrang vor der Vernunft hatte. Am 14. August nahm eine Armee von zwanzigtausend ausländischen Soldaten – in erster Linie Japaner, Russen, Briten, Amerikaner und Franzosen – Peking mühelos ein. Die Ausländer zogen von Osten in die Stadt, die Witwe des Kaisers und der junge Kaiser flohen nach Westen in Richtung Xi'an. Für Wang Yirong dagegen waren weder Flucht noch Demütigung eine Option. In der Xila-Gasse, nahe dem Zentrum der alten Stadt, trank der Gelehrte Gift und sprang in einen Brunnen. Seine Frau und seine älteste Schwiegertochter gingen mit ihm in den Tod.

Nach den Selbstmorden erwarb Liu E, ein Freund und Kollege Wang Yirongs, etwa tausend Orakelknochenfragmente.

Der König las die Sprünge und sagte: ›Es wird Leid geben; es werden vielleicht schlimme Nachrichten über uns kommen.‹

Wenn wir dreitausend Männer heranziehen und sie dazu aufrufen, die Gongfang anzugreifen, dann wird uns reichlich Unterstützung zuteil.

In den nächsten zehn Tagen wird es keine Katastrophen geben.

*   *   *

Die Knochen bestehen aus Schulterblättern von Vieh und dem Plastron von Schildkröten. Vermutlich wurden diese Objekte benutzt, weil sie eine flache Oberfläche zum Schreiben bieten (das Plastron schützt als untere Schale den Bauch der Schildkröte). Bei Shang-Ritualen wurden die Knochen bewusst leicht beschädigt, indem man auf der Rückseite kleine Vertiefungen in sie hineinbohrte. Sie wurden von Wahrsagern erhitzt, bis die Oberfläche aufsprang. Dieser Augenblick fing auf irgendeine Weise die Stimmen aus dem Jenseits ein – von verstorbenen Vorfahren des Shang-Königs ebenso wie von verschiedenen Mächten, die Naturgewalten wie Wind, Regen oder Überschwemmungen kontrollierten. Opfer wurden dargebracht, und häufig holten die Shang Rat zu bevorstehenden Ereignissen ein. In späteren Zeitaltern wurde diese Form der Scapulamantie manchmal als »die Stimme der Schildkröte« bezeichnet.

Die Sprünge oder Risse wurden vom König und von anderen Wahrsagern gedeutet, und den Widerhall ihrer Voraussagen findet man in den Inschriften. Wir identifizieren Schrift häufig mit Geschichte, und für die traditionelle chinesische Kultur ist charakteristisch, dass sie dazu neigt, die Vergangenheit zu idealisieren. Die Ironie der chinesischen Archäologie besteht jedoch darin, dass die ältesten überlieferten Schriften den Versuch unternehmen, die Zukunft vorherzusagen:

In den nächsten zehn Tagen wird es keine Katastrophen geben.

Der König geht auf die Jagd;
den ganzen Tag wird er nicht auf starken Wind treffen.

Di wird diese Siedlung nicht auslöschen.

Die längste Orakelknocheninschrift hat weniger als zweihundert
Zeichen, die meisten sind sogar deutlich kürzer. Abgesehen von einigen kurzen Inschriften auf Bronzegefäßen ist dies das gesamte über-
lieferte Schriftgut der Shang. Archäologen glauben, dass die Shang
auch auf Tafeln aus Bambus geschrieben haben, wie spätere Kulturen
in dieser Region – allerdings zersetzt sich Bambus in den Zentralebe-
nen Chinas schnell. Das Regenwasser dringt leicht in den trockenen
Boden ein, und verderbliche Materialien halten sich an Orten wie
Anyang nicht lange. Diese Besonderheit unterscheidet die chinesische Archäologie von der in anderen Teilen der Welt. Ägyptischer
Papyrus kann wegen des trockenen Klimas Jahrhunderte überdauern. Im Nahen Osten, wo die Kulturen des Altertums auf langlebigen
Tontafeln schrieben, förderten Ausgrabungen eine vollständige Pa-
lette von Dokumenten zutage: königliche Proklamationen, Steuerre-
gister, Übungsaufgaben für Schüler. Man kann die Worte von sumerischen Kindern ebenso wie die von Königen hören. Bei den Shang
hingegen spricht nur noch die Stimme der Schildkröte:

Heute Abend wird es keine Katastrophen geben.

Des Königs Traum war auf Großvater Yi zurückzuführen.

Wenn wir an Vater Yi einen Exorzismus vollziehen, spalten wir
drei Rinder und verpflichten uns zu dreißig enthaupteten Opfern
und zu dreißig eingepferchten Schafen.

Die Artefakte selbst besitzen die Schönheit von altem Elfenbein.
Jahrhunderte unter der Erde haben einen leicht goldenen Farbton
hinterlassen, auch haben die Jahre die Besonderheiten ihrer hand-
werklichen Bearbeitung auf den Objekten verblassen lassen. Niemand weiß genau, welches Werkzeug verwendet wurde, um die Vertiefungen auf den Rückseiten zu erzeugen. Die Hilfsmittel der Shang

zum Schreiben und Gravieren wurden nie gefunden. Es ist unklar, woher sie die vielen Panzer und Knochen bezogen. Die Artefakte haben sich von ihrer Herstellung komplett gelöst – wie ein Buch, das der Himmel geschickt hat.

Liu E machte von allem etwas. Er war Gelehrter und Arzt, er betrieb eine Weberei und ein Salzgeschäft. Er war bekannt für sein Fachwissen in den Bereichen Mathematik, Bergbau, Eisenbahnen und Wasserwirtschaft. Er erklärte der Regierung, wie sie die ständigen Überschwemmungen des Gelben Flusses regulieren konnte. Zudem war er ein bedeutender Sammler von Antiquitäten, was ein Grund dafür war, dass er Wang Yirongs Orakelknochen kaufte. Liu E arbeitete so schnell wie sein Freund. Das erste Buch mit Orakelknochen-Abdrucken veröffentlichte er 1903.

Ebenso wie Wang Yirong, hatte Liu E wenig Glück mit Ausländern und Politik. Später in jenem Jahrzehnt wurde er dafür bestraft, dass er Hirse aus staatlichen Lagerräumen illegal an Ausländer verkaufte. Die Beschuldigungen waren an den Haaren herbeigezogen, aber 1908 wurde er nach Xinjiang verbannt – Chinas Sibirien, das Ende der Welt für einen gebildeten Gentleman. Ein Jahr später war Liu E tot.

Wir sollten an Qiu Shang das Opfer einer Enthauptung vollziehen.

Wir berichten Großvater Ding feierlich
von den kranken Augen des Königs.

Unheil wird über uns kommen; möglicherweise
wird uns jemandbeunruhigende Nachrichten bringen.

*   *   *

Auf den Orakelknochen schien ein Fluch zu lasten. Vielleicht sonderten die Artefakte auch nur einen Fluch ab, der auf dem kaiserlichen China lag. Es waren schwere Zeiten, wie Liu E selbst in einem Roman mit dem Titel »Lao Can Youji« (»Die Reisen des Lao Can«) erläuterte. In der Einführung schrieb er:

Heute trauern wir um unser eigenes Leben, um unser Land, um unse-
re Gesellschaft und um unsere Kultur. Je größer unser Kummer, desto
bitterer unser Aufschrei; und vor diesem Hintergrund wurde dieses
Buch geschrieben. Das Schachspiel liegt in den letzten Zügen, und
wir werden alt.

Ein weiteres Opfer des Fluchs war Duan Fang – Vizekönig der Qing,
Provinzgouverneur und einer der bedeutendsten Sammler von Antiquitäten in ganz China. Besonders schätzte er alte Bronzen (einige
erlesene Stücke, die ursprünglich aus seiner Sammlung stammen, befinden sich heute im Metropolitan Museum of Art in New York und
im Nelson-Atkins Museum of Art von Kansas City). Auf die Orakelknochen wurde auch Duan aufmerksam. Berichten zufolge bot er
mehr als drei Unzen Silber für jedes geschriebene Wort. Ein Mittelsmann, der im Auftrag von Duan arbeitete, war einer der ersten, der
die Artefakte nach Anyang zurückverfolgte.

Duan stand in dem Ruf, ein offenes Ohr für Ausländer zu haben.
Während des Boxeraufstands hatte er in der Provinz Shaanxi, deren
Gouverneur er war, einigen Missionaren Zuflucht gewährt. Nachdem die Ausländer den Aufstand niedergeschlagen hatten, waren die
Qing gezwungen, sich zu entschuldigen und Entschädigungen zu
zahlen. Schließlich begannen sie auch, wichtige moderne Reformen
einzuführen. 1905 ernannte ein kaiserlicher Erlass fünf Sonderkom-
missare, die in westliche Länder reisen, ausländische Regierungen
beobachten und mit Ideen für eine chinesische Verfassung zurückkehren sollten. Die Wahl fiel auf Duan Fang, der dazu berufen wurde,
die Delegation in die Vereinigten Staaten und nach Europa zusammen mit einem anderen Beamten zu leiten.

Im Januar 1906 traf er mit einer Delegation von sechzig Personen in San Francisco ein. Hinzu kamen siebenhundertfünfzig Ge-
päckstücke, die auf Chinesisch und Englisch die Aufschrift trugen:
SONDERMISSION SEINER KAISERLICHEN MAJESTÄT VON CHINA.
Das Timing war etwas unpassend. In den Vereinigten Staaten verhinderte eine rassistische Ausgrenzungspolitik, dass Chinesen das
Land betreten konnten, Präsident Theodore Roosevelt erklärte jedoch, die Qing-Abordnung sei davon ausgenommen. Als persönlicher Vertreter von Präsident Roosevelt begrüßte Professor Jere-

miah W. Jenks die Delegation in San Francisco mit folgenden
Worten:

> *Sie werden sicher, so wie jedermann in beiden Ländern, verstehen,*
> *dass es die Politik der Vereinigten Staaten ist und bleiben wird, chi-*
> *nesische Arbeiter von diesem Land auszuschließen. Andererseits ist es*
> *und wird es für uns eine große Freude bleiben, die anderen Klassen*
> *willkommen zu heißen, darunter vor allem Wissenschaftler und her-*
> *vorragende Beamte, die die Regierungsgeschäfte führen …*

Damaligen Zeitungsberichten zufolge nutzten die Mitglieder der
Qing-Delegation die Ausnahmeregelung, um mindestens einen chinesischen Arbeiter einzuschmuggeln, mit dem sie sich auf dem Schiff
angefreundet hatten.

Die Reise verlief positiv. Duan Fang war teils Mandschure und
teils Chinese – manchmal trug er zwei Visitenkarten bei sich, eine für
jeden Familiennamen – und er gab eine beeindruckende Figur ab.
Während des Besuchs der Kommission in West Point (wo es vier
Grad unter null waren und wo sich Duan Fang besonders für eine au-
tomatische Tür und einen automatischen Kartoffelschäler interessierte) trug er einen bodenlangen Pelzmantel. Präsident Roosevelt
traf er im Blauen Saal des Weißen Hauses. Er besuchte Harvard, Columbia, das Finanzministerium und Standard Oil. Er machte halt in
Nebraska, um sich das Staatsgefängnis anzuschauen. In Europa bewunderte er die Militäruniformen, und nach seiner Rückkehr nach
China ließ er sich für gewöhnlich in der Uniform der Kaiserlichen
Garde Chinas fotografieren.

Er nahm aber auch einige ausländische Gewohnheiten an, die in
China weniger akzeptiert waren. Von seinem Posten als Provinzgouverneur wurde er entbunden, als man ihn 1909 beschuldigte, sich während der Beerdigung der Kaiserinwitwe respektlos verhalten zu haben. Angeblich hatte Duan Fotografen erlaubt, den Trauerzug
abzulichten, und ein Filmkameramann hatte die letzten feierlichen
Riten aufgezeichnet. (Duan gestattete es auch, Bäume im Innern des
Mausoleums als Telegrafenmasten zu benutzen.) Nach seiner Entlas-
sung nahm er eine Stelle als Betriebsleiter einer neuen verstaatlichten
Eisenbahnlinie an, die mithilfe von ausländischen Krediten finanziert

wurde. Inzwischen griff eine Anti-Qing- und Anti-Mandschu-Stimmung um sich, die sich schließlich im Oktober 1911 entlud, als mehrere Bataillone Soldaten in Wuhan meuterten. Der Aufstand griff schnell um sich, und der Hof befahl Duan Fang, kaiserliche Truppen in die Provinz Sichuan zu entsenden.

Der Anführer seiner eigenen Armee wandte sich gegen ihn. Zum Schluss versuchte Duan Fang angeblich die Rebellen davon zu überzeugen, dass er Chinese und nicht Mandschure sei; aber da war es schon zu spät für einen Wechsel der Visitenkarten. Die Rebellen enthaupteten ihn, vergruben den Körper in Sichuan und brachten den Kopf nach Wuhan – als grimmiges Symbol der Entschlossenheit, die Qing zu stürzen.

Auf der anderen Seite der Erde, in einem Zug in Richtung Kansas City, las Sun Yat-sen in einer Zeitung aus Denver vom Aufstand in Wuhan. Weihnachten war er zurück in China; am Neujahrstag 1912 trat er sein Amt als Übergangspräsident der neuen Republik China an. Der letzte Qing-Kaiser, Puyi, dankte am 12. Februar ab. Kurz darauf zog Sun Yat-sen in einem Machtkampf mit dem Warlord Yuan Shikai den Kürzeren – ein Mann, der einen seiner Söhne mit der Tochter Duan Fangs verheiratet hatte. Aber weder Yuan Shikai noch Sun Yat-sen waren stark genug, um die Nation zu führen; 1925 waren beide tot. China blieb den heraufziehenden Gefahren der Zukunft überlassen – den Warlords, den Ausländern und der Aussicht auf einen Bürgerkrieg.

> *Den Wind werden wir besänftigen mit drei Schafen,*
> *drei Hunden, drei Schweinen.*

> *Heute wird niemand schlechte Nachrichten überbringen.*

> *In den nächsten zehn Tagen wird es keine Katastrophen geben.*

*   *   *

Pekings Apotheker waren von Anfang an klug genug gewesen, die Quelle ihrer Drachenknochen nicht preiszugeben. Sie versuchten, den Markt zu beherrschen, und logen, wenn es um die Herkunft der Artefakte ging, die schon bald in aller Munde waren. Angeregt von Liu Es Buch begannen Ausländer um 1904 damit, sie zu sammeln.

Viele dieser frühen Sammler waren Missionare: Reverend Frank H.
Chalfant, Reverend Samuel Couling, Reverend Paul Bergen. Oft verkauften oder verschenkten sie Artefakte an Museen: Carnegie Museum, British Museum, Royal Scottish Museum.

Es dauerte nicht lange, bis erste Fälschungen auftauchten. Auf
den Kuriositätenmärkten von Peking und Shanghai lernten Handwerker, wie man Shang-Schriftzeichen in Knochen eingraviert. Sie
lernten auch, wie man Trottel erkennt. Reverend Paul Bergen über-
reichte dem White-Wright-Institut stolz siebzig Fragmente von Orakelknochen, allerdings erwiesen sich die meisten als Fälschungen: *jiade*. Zwischenzeitlich hatten chinesische Sammler wie Duan Fang
die Quelle ausfindig gemacht und schickten Mittelsmänner nach
Anyang. Bauern vor Ort gruben wie verrückt. 1904 kam es zu einem
Zusammenstoß zwischen einem Suchtrupp und Einwohnern; auf
den Kampf folgte ein Prozess. Ein empörter Richter sprach am Ende
folgendes Urteil: keine Ausgrabungen von Orakelknochen mehr.

Nur war ein Verbot an einem Ort wie Anyang nutzlos. Die Bauern
folgten dem Rhythmus des Wetters und der Politik: In schweren Jahren gruben sie nach Knochen, etwa wenn Überschwemmungen die
Ernten zerstörten, wenn eine Dürre nicht enden wollte oder wenn
ein Kampf zwischen Warlords die Aussaat unterbrach. Manchmal
kam ihnen das Glück zu Hilfe. 1909 erntete ein Landbesitzer namens
Zhang Xuexian Kartoffeln und stolperte dabei über ein beeindru-
ckendes, versteckt liegendes Lager mit Schulterblattfragmenten.
Dorfbewohner erzählten häufig, das Graben nach Gemüse habe
Zhang reich gemacht. Die Geschichte machte die Runde, und dann,
1926, nahm eine Gaunerbande Zhang gefangen und erpresste ihn.

Zhangs Familie hatte nur eine Möglichkeit, um schnell an Geld
zu kommen. Sie ließ es zu, dass andere Dorfbewohner auf ihrem
Grundstück gruben – unter der Bedingung, dass alle Gewinne aus
Orakelknochen hälftig geteilt wurden. Die Bauern bildeten drei
Gruppen. Abgesehen von dieser Aufteilung gab es keinen Versuch einer geordneten Planung. Die Gruppen begannen so schnell wie möglich zu graben, und alle drei zielten zufällig auf ein und denselben
Punkt unter der Erde. Als sie auf dieses unsichtbare Ziel hinarbeite-
ten und als sich das Tunnel-Trio immer näher kam, brach die Erde
plötzlich ein. Vier Männer wurden lebendig begraben und hatten

Glück, dass sie gerettet werden konnten. Damit war Zhang Xuexians Lösegeld-Ausgrabung beendet.

Der König [las die Risse und] sagte: ›Es wird vielleicht donnern.‹

Der König [las die Risse und] sagte: ›Sehr Glück verheißend.‹

Heute Abend wird es keine Katastrophen geben.

*   *   *

Die Orakelknochen traten während einer Krise zutage, die sich nicht nur auf Politik oder Wirtschaft beschränkte. Bis zum frühen 20. Jahrhundert hatten die ausländischen Armeen unter Beweis gestellt, dass sie deutlich schlagkräftiger als die chinesischen waren, und die politischen Systeme der Ausländer waren zweifellos effizienter. Einige chinesische Intellektuelle glaubten sogar, dass der Westen auch in Fragen der Geschichte im Vorteil sei. Im Abendland sah man den Wandel als etwas Selbstverständliches an: Die Pharaonen verschwanden, Griechenland brach zusammen, Rom fiel. Ohne die Last einer kontinuierlichen Geschichte und ohne den Konservatismus des Konfuzianismus schienen die Menschen der westlichen Welt eher nach vorne zu schauen. Anstatt sich kurzsichtig zu verhalten – heute Abend wird es keine Katastrophen geben –, versprach die westliche Sicht auf die Zukunft einen konkreten, langfristigen Fortschritt.

Die Geschichte des Westens war zudem ständig in Bewegung. In entscheidenden Augenblicken hatten die Europäer ihre Kultur transformiert, indem sie ihr alte Werte einflößten, die teils vertraut und teils neu waren, etwa die Renaissance und das neoklassische Zeitalter der Aufklärung. Selbst die Archäologie passte exakt in die westliche Tradition des Wandels. Im 19. Jahrhundert wurde die neue Fachdisziplin Archäologie in Europa von der aufstrebenden Mittelschicht dominiert. Deren Beschreibung der alten Zeiten – vom Stein zur Bronze zum Eisen – brachte den modernen Glauben an den materiellen Fortschritt zum Ausdruck.

In China dagegen blickten die Intellektuellen zurück in die Vergangenheit und sahen nichts anderes als noch mehr chinesische Geschichte. Kaiser und Dynastien, Kaiser und Dynastien – die endlose Zeitspirale. Um die Jahrhundertwende hatte man plötzlich das Gefühl, von der Kultur erstickt zu werden. Radikale wollten fast alles Traditionelle abschaffen. In den ersten Jahren des 19. Jahrhunderts bezeichnete sich eine Gruppe chinesischer Intellektueller als Altertumszweifler, weil sie die überlieferten historischen Texte in Frage stellten, die im Laufe der Jahrhunderte wiederholt kopiert und erforscht worden waren. Aus Sicht dieser Skeptiker fehlten für die Existenz früher ›Dynastien‹ wie Xia und Shang die Beweise. Die Intellektuellen empfanden Geschichte als Falle – als überkommenes Brauchtum, das die Modernisierung Chinas verhinderte.

Diese Zweifler taten die Orakelknochen als Fälschungen ab. Im Gegenzug bemühten sich die Verteidiger der überlieferten chinesischen Kultur nach Kräften, die Bruchstücke zu deuten, um ihre Echtheit nachweisen zu können. Einer der brillantesten Gelehrten war Wang Guowei, dem es mithilfe der Orakelinschriften erstmals gelang, die königliche Ahnentafel der Shang zu rekonstruieren. Wang untersuchte die Namen auf den Artefakten, verglich sie mit den klassischen Schriftquellen und konnte so nachweisen, dass die Inhalte der Bücher und der Knochen zusammenpassten. Seine Arbeiten trugen maßgeblich dazu bei, dass die Shang-Dynastie zweifelsfrei als historisch gilt – eine Kultur, die authentische Dokumente hinterlassen hatte.

Für Wang Guowei waren die Orakelknochen nur ein Aspekt der Begeisterung für die Vergangenheit. Er war überzeugter Monarchist und hoffte von ganzem Herzen, dass die Qing wieder an die Macht kommen würden. An diese Vision glaubte auch Puyi, der letzte Kaiser, der nach seiner Abdankung in der Verbotenen Stadt geblieben war. Innerhalb der zinnoberroten Mauern ging das Leben weiter seinen Gang, als sei nichts geschehen. Die Zeit richtete sich nach dem kaiserlichen Kalender, nach den Terminen der Qing-Herrschaft, und Puyi hielt sich auch weiterhin an die alten Rituale. 1923 ernannte er Wang Guowei zum Gefährten des Südlichen Studierzimmers, eine Position, in der Wang unter anderem die Palastschätze katalogisierte. Ein Jahr lang lebte Wang in diesem letzten Fragment des Kaiserreichs, studierte alte Gemälde, staubige Schriftrollen und Bronzeobjekte, die sich im Laufe der Jahrhunderte grün gefärbt hatten. 1924 zwang ein Warlord den ›Kaiser‹ schließlich, seinen Palast zu verlassen. Als er weniger als drei Jahre später erkannte, dass das Kaiserreich für immer verloren war, ertränkte sich Wang Guowei im ehemaligen Sommerpalast der Qing. Nach seinem Tod schrieb ein Kollege zum Gedenken an den Gelehrten:

> *Immer wenn eine Kultur im Niedergang begriffen ist, müssen all jene zwangsläufig leiden, die von dieser Kultur profitiert haben. Je mehr eine Person diese Kultur verkörpert, desto mehr wird sie leiden.*

Später in jenem Jahrzehnt brachte die Archäologie Zweifler und Traditionalisten schließlich zusammen. Skeptiker zog die Disziplin von jeher an. Sie verwiesen darauf, dass die Orakelknochen nicht »wissenschaftlich« ausgegraben worden seien. Unterdessen hatten sich Intellektuelle in ganz China seit der Vierten-Mai-Bewegung 1919 dafür ausgesprochen, die westliche Wissenschaft und Philosophie zu übernehmen. Selbst die Traditionalisten standen hinter der Archäologie und hofften, die Ausgrabungen könnten die Existenz der Shang mit letzter Gewissheit beweisen. 1928 kürte das neu gegründete Institut für Geschichte und Philologie Anyang zum Ort der ersten von Chinesen organisierten archäologischen Ausgrabung.

Die Wissenschaftler wussten, dass die Nation in Gefahr war und dass die Zeit knapp werden konnte. Offiziell herrschte in China die Kuomintang, es lauerten jedoch überall Gefahren: brutale Warlords im Norden, unermüdliche Kommunisten im Landesinnern, japanische Invasoren im Nordosten. Im nächsten Jahrzehnt überschlugen sich die Ereignisse, und so war es auch bei den Ausgrabungen in Anyang. 1928 wurden bei Erkundungsgrabungen in der Nähe des Westufers des Huan-Flusses siebenhundertvierundachtzig beschriftete Orakelknochen entdeckt. Im selben Jahr ermordeten die Japaner einen Warlord im Norden, anschließend verstärkten sie ihren Einfluss in der Mandschurei. Die Kuomintang machte Nanjing offiziell zu ihrer neuen Hauptstadt – unter anderem, um dem Chaos im Norden zu entgehen. Unter dem Druck der Kuomintang floh der junge Mao Zedong ins Landesinnerne zum Sowjet von Jiangxi.

Und so ging es Jahr für Jahr weiter. 1929: Archäologen graben in Anyang geschnitztes Elfenbein, Tierknochen und beschriftete Schildkrötenpanzer aus. 1930: Kommunistische Truppen besetzen

zehn Tage lang die Stadt Changsha. 1931: Die Japaner schließen die
Übernahme der Mandschurei ab. In Anyang entdecken Archäologen
den Unterkiefer eines Elefanten sowie Schulterblatt und Wirbelsäu-
le eines Wals. Sie staunen über den Wal: Anyang liegt Hunderte von
Kilometern vom Ozean entfernt. 1932: Puyi, der letzte Kaiser der
Qing, erklärt sich bereit, ›Regierungschef‹ des neuen Staates Mand-
schukuo zu werden – eines Marionettenstaats der Japaner, ein *jiade*
Kaiser, der einen *jiade* Kaiserpalast in Changchun beziehen soll. Ein
Jahr später ziehen sich die Japaner nach internationaler Kritik aus
dem Völkerbund zurück.

1934 entdecken Archäologen in Anyang vier riesige Gräber, die
sehr wahrscheinlich Shang-Königen zuzuordnen sind. Überall finden
sie Hinweise auf eine gut organisierte Opferung von Menschen: ordentlich aufgereihte Schädel, sorgfältig arrangierte kopflose Skelette.
Weiter im Süden verlassen Mao und die Kommunisten unter dem
Druck der Kuomintang Jiangxi und brechen auf zu dem, was als Langer Marsch bekannt wird. 1935 trommelt die Anyang-Expedition so
viele Arbeiter wie nie zuvor in der kurzen Geschichte der chinesischen Archäologie zusammen: fünfhundert Bauern pro Tag. In jenem
Jahr öffnen sie zehn Grabstätten von Königen und eintausend Gräber.
Noch mehr Skelette, noch mehr Schädel. Knochen und Bronzeobjekte. Der Lange Marsch geht in der Provinz Shaanxi zu Ende.

In den nächsten zehn Tagen wird es keine Katastrophen geben.

Heute Abend wird es keine Katastrophen geben.

*   *   *

Die Zeit der Orakelknochen erstreckt sich über weniger als zwei
Jahrhunderte, die um das Jahr 1045 v. Chr. enden, und die Inschriften
vermitteln tiefe Einblicke in jene Zeit. Die Shang folgen einem starren Kalender und gedenken an bestimmten Tagen bestimmten Vorfahren. An diesen Tagen werden in den Knochen durch Erhitzen Risse gebildet, Opfer werden dargebracht und Worte eingraviert. Wenn
wichtige Mitglieder der königlichen Familie sterben, werden sie mit
einem eigenen Gedenktag geehrt. Der Opferkalender wächst mit je-

der Generation, die stirbt. In gewisser Weise wirft damit jenes Peking seine Schatten voraus, das dreitausend Jahre später von Kommunisten regiert wird und fortwährend heikle Termine anhäuft.

Die Inschriften aus der Frühphase der Shang-Dynastie sind detaillierter. Oft spiegeln sie Ängste der Shang wider: die Namen feindlicher Stämme, Beschreibungen von königlichen Gebrechen, Probleme mit der Ernte und mit dem Wetter. Die Rituale haben einen beträchtlichen bürokratischen Aufwand zur Folge, und man findet auf den Knochen die Namen zahlreicher verschiedener Wahrsager. Manchmal steht auf einem Knochen sowohl eine Aussage über die Zukunft als auch eine Auskunft darüber, ob sie sich bewahrheitete.

Aber solche Details sind mit der Zeit immer seltener die Regel. Die Inschriften werden auf den späteren Orakelknochen zunehmend einfach und rituell: »In den nächsten zehn Tagen wird es keine Katastrophen geben.« Sogar die Schrift ändert sich: Während die frühen Schriftzeichen groß und unregelmäßig sind, sind die späten Inschriften kompakt und gleichförmig. Man hat das Gefühl, dass die Rituale über die Generationen immer ausgefeilter wurden. Der letzte Shang-König blickt bereits auf eine lange Geschichte seiner Dynastie zurück. Er bringt Opfer für Shang Jia dar, den Gründer der königlichen Linie, der mindestens zweiundzwanzig Generationen vor ihm lebte. »In den nächsten zehn Tagen wird es keine Katastrophen geben.« Gerade dieser Satz wird andauernd wie ein Mantra wiederholt. Tatsächlich aber müssen die Shang mit Feinden gekämpft haben, denn am Ende wurden sie von einem Nachbarn erobert, der als Zhou bekannt ist. Die Inschriften sind jedoch bis zum Schluss immer gleich; es gibt keinen schriftlichen Beleg dafür, dass die Shang-Zivilisation in Gefahr war. In den nächsten zehn Tagen wird es keine Katastrophen geben.

Die Ausgrabungskampagne im Frühjahr 1936 soll in Anyang am 12. Juni zu Ende gehen. Am letzten Tag, um vier Uhr nachmittags, werden die Ausgräber überrascht, als sie eine große Zahl Schildkrötenpanzer in einer Grube mit der Bezeichnung H127 entdecken. Innerhalb von eineinhalb Stunden legen sie schätzungsweise dreitausend Fragmente frei. Die Grabung wird von einem jungen Archäologen namens Shih Chang-ju geleitet.

Ein Jahr später verlassen Shih und die anderen Anyang für immer. Im Dezember 1937 nehmen die Japaner die Hauptstadt Nanjing ein und metzeln Zehntausende Zivilisten nieder. Die Kuomintang flieht ins Landesinnere und richtet ihren Hauptstadtsitz vorübergehend in der Stadt Chongqing am Jangtse-Fluss ein. Die Archäologen werden zu Flüchtlingen. Die meisten wichtigen Artefakte, die sie in Anyang gefunden haben, nehmen sie mit. Mit Bahn und Boot, Lkw und Karren transportieren sie die antiken Schätze quer durchs Land. Nach der Niederlage der Japaner und nach dem Aufstieg der Kommunisten flüchtet die Kuomintang erneut, diesmal nach Taiwan. Viele Archäologen folgen ihr, die Orakelknochen und andere Artefakte im Gepäck.

Im Juni 1936 ist all das noch Zukunft. Was sich ereignete, schildert ein von Shih Chang-ju verfasster Bericht:

> *Natürlich verschoben wir die Arbeit erneut um einen Tag, weil wir davon ausgingen, dass die zusätzliche Zeit ausreichen würde, um den Inhalt dieser erstaunlichen Sammlung vervollständigen und freilegen zu können! Aber das Leben schreibt nun mal die besten Geschichten. Die Freude über die Entdeckung übertraf unsere Erwartungen bei Weitem! Der Inhalt von H127 wirkte, anders als die anderen unterirdischen Lagerstätten, keineswegs uneinheitlich und ungeordnet; im Gegenteil hatte man ihn sorgfältig zusammengetragen, sodass offensichtlich eine neue Vorgehensweise für die Ausgrabung und Erfassung benötigt wurde.*

Vier Tage und Nächte lang heben Archäologen und Bauern die Masse aus Panzern und Erde aus. Sie wiegt drei Tonnen und enthält über siebzehntausend Fragmente – mit Abstand die größte Einzelsammlung von Orakelknochen, die je entdeckt wurde. Da es keine Straßen gibt, verwenden die Arbeiter Bandeisen, um das riesige Artefakt auf dicken Holzbohlen zu befestigen. Sie tragen es zum Bahnhof, von dort bringt ein Zug es umgehend nach Nanjing. Shih Chang-jus scharfsichtige Beschreibung erwähnt ein weiteres Detail:

> *Neben diesen dokumentierten Antiquitäten wurde auch ein menschliches Skelett gefunden.*

Kapitel

7

Nachts bist Du nicht allein

26. August 2000

An Werktagen hörte Emily abends nach der Sperrstunde vor dem Einschlafen immer Radio. In der Schmuckfabrik teilte sie sich einen Schlafsaal mit vier anderen Frauen. Gemeinsam saßen sie auf Emilys Bett und lauschten aufmerksam dem einen Gerät. Weil sie Sekretärinnen waren, stand ihnen eine bessere Unterkunft als den Fließbandarbeitern zu, die zu zehnt in einem Raum untergebracht waren. Alle Frauen hörten sich dasselbe Programm auf Shenzhen Radio an. Es hieß »Nachts bist Du nicht allein« und hatte jeden Abend schätzungsweise eine Million Zuhörer. Die Moderatorin, Hu Xiaomei, war vielleicht die berühmteste Frau in der Über-Nacht-Stadt.

Aus Sicht von Emily und ihren Kolleginnen war Hu Xiaomei voller Geheimnisse. Einige Details aus dem Leben der Hörfunkmoderatorin waren in Shenzhen in Zeitschriftenporträts veröffentlicht worden: Sie war Ende zwanzig und war ursprünglich als Fabrikarbeiterin nach Shenzhen gekommen. Sie war nicht groß, und sie war auch nicht atemberaubend schön. Sie war nicht verheiratet. Sie sprach selten über ihr Privatleben, und wenn sie es tat, gab sie ihre Kommentare meist durch die Blume ab. Sie enthielten gerade so viele Details, dass eine aufmerksame Zuhörerin wie Emily ihre Schlüsse daraus ziehen konnte. »Ich kann sagen, dass sie einen reichen Mann geliebt hat«, erzählte Emily mir einmal. »Sie hat vielleicht darüber nachgedacht, aber am Ende ist sie nicht bei ihm geblieben. Auch wenn es für sie einfacher gewesen wäre, hat sie beschlossen, sich auf sich selbst zu verlassen. Wenn sie das nicht getan hätte, hätte sie nicht den Erfolg, den sie heute hat.«

Obwohl sie selten Einzelheiten aus ihrem eigenen Leben erwähnte, verstand Hu Xiaomei es, über die Erfahrungen anderer zu sprechen. »Nachts bist Du nicht allein« war eine Anrufersendung. Viele Anrufer waren Wanderarbeiter, die ein Telefon in ihrem Fabrikwohnheim benutzten. Einige sprachen über Probleme bei der Arbeit oder über Probleme mit ihren Familien, die große Mehrheit diskutierte jedoch über die Liebe. Eine Anruferin war vielleicht besorgt wegen eines Geliebten, der wieder in sein Dorf zurückgekehrt war, oder sie redete über eine gescheiterte Beziehung. Manchmal rief eine Frau mehrmals an, ihre Geschichte zog sich dann über eine ganze Woche hin. In einer Stadt, in der die Räume in den Wohnheimen oftmals identisch und die Zeitpläne der Fabriken starr waren, boten die Radiogeschichten eine unendliche Vielfalt. Die ungewöhnlichsten Stories interessierten Emily und ihre Kolleginnen am meisten: »Eine Frau in den Dreißigern rief an und sagte, dass sie viele One-Night-Stands habe. Sie würde einen Mann in einer Bar treffen und mit ihm nach Hause gehen. Sie wollte damit aufhören, sie wollte eine dauerhafte Beziehung. Nur hatte sie die noch nicht gefunden. Hu Xiaomei kritisierte sie deshalb nicht. Sie hörte nur zu.«

Emily fand diesen Charakterzug der Radiomoderatorin am bemerkenswertesten: »Sie fällt keine Pauschalurteile. Sie schaut sich die besondere Situation jeder Anruferin an und entscheidet erst danach.« Hu Xiaomei konnte jemanden scharf kritisieren, und sie schreckte auch vor konkreten Ratschlägen nicht zurück; aber sie wusste auch, wann es am besten war, nichts zu sagen. Die Moderatorin hatte eine volle, rauchige Stimme, und sie sprach langsam. Nie war sie wütend oder frustriert. Viele Anrufe folgten einem bestimmten Muster: Junge Frauen baten um Rat, ob sie vor der Ehe mit ihren

Freunden zusammenziehen sollten. Im Landesinnern war das in der Regel keine Option, weil der Druck der Familie zu groß war. Die jungen Menschen in Shenzhen hatten in solchen Fragen jedoch mehr Entscheidungsfreiheit, sofern sie nicht durch das für die Wohnheime geltende Ausgehverbot eingeschränkt wurden. Jedes Mal, wenn jemand mit einer Frage zum Zusammenleben anrief, hörten Emily und ihre Kolleginnen aufmerksam zu. »Traditionsverhaftete Menschen sind meist dagegen. Wenn aber jemand offenbar die nötige Reife besitzt und die Folgen absehen kann, dann sagt Hu Xiaomei, dass es okay ist zusammenzuleben.«

Ende 1999 hatte Emily zwei Jahre lang in der Schmuckfabrik gearbeitet. Mit dreiundzwanzig war sie die älteste Frau in ihrer Abteilung. Mit der Zeit kannte sie sich mit dem sozialen Kräftespiel in der Fabrik aus – mit den Beziehungen zwischen verschiedenen Arbeitern, mit den Eigenarten des Taiwaner Besitzers. Noch immer stellte er hübschen Frauen nach, die im Werk arbeiteten, und alle wussten, dass er oft Prostituierte buchte. Aber der Mann war schwach, und Emily konnte es sehen. Sie hatte keine Angst vor ihm.

In ihrem zweiten Jahr schlossen sich alle Arbeiter aus der Provinz Hunan zusammen, um höhere Löhne zu fordern. In der Fabrikwelt waren die regionalen Bindungen sehr stark. Arbeiter gaben Neuankömmlingen aus ihren Heimatstädten eine Einführung, und manchmal stammte das gesamte Personal an einem Fließband aus einem einzigen Dorf. Wenn sie in der Werkshalle in ihrem Dialekt sprachen, konnte sie niemand verstehen. Einige Manager vermieden es, zu viele Leute aus einem Ort einzustellen. Als Emily auf Jobsuche war, sah sie gelegentlich Hinweise: ARBEITER AUS SICHUAN BITTE NICHT BEWERBEN oder KEINE BEWERBER AUS JIANGXI.

In ihrem Werk gab es zwanzig Arbeiter aus Hunan, die meisten von ihnen waren Männer, einige waren miteinander verwandt. Sie alle arbeiteten in der Produktion, wo ungelernte Kräfte weniger als zwölf Eurocent pro Stunde verdienten. Auf einen anständigen Lohn kamen sie nur, wenn ein dringender Auftrag hereinkam und deshalb Überstunden anfielen.

Ein paar Wochen lang planten die Hunaner in aller Stille, dann ließen sie sich alle für denselben Tag beurlauben. Die meisten machten einen familiären Notfall geltend. Ihre schriftlichen Anträge ga-

ben sie in Emilys Büro ab. Sie reichte sie weiter an den Boss aus
Taiwan, der nicht wusste, was er tun sollte. Die Produktion würde
ohne die Hunaner stillstehen.

Der Chef fragte seinen Nachbarn um Rat. Der Taiwaner von nebenan, der ebenfalls eine Schmuckfabrik leitete, war kompetenter
und verstand die Haltung der Wanderarbeiter. Er ging in Emilys
Werk und traf sich mit den Hunanern. Zunächst hörte er sich die Be-
schwerden der Männer an und stellte fest, wer die Anführer waren.
Danach kritisierte er die Gruppe eine Weile wegen ihrer Aktionen.
Am Ende bot er den Hunaner Anführern (und ihren Verwandten) unter vier Augen Gehaltserhöhungen an.

Alle gingen zurück an die Arbeit. Einige Arbeiter verdienten nach
wie vor knapp zwölf Cent pro Stunde. Im Laufe des nächsten Jahres
entließ der Chef nach und nach bestimmte Leute, und wenn jemand
selbst kündigte, war er bei der Neubesetzung der Stelle vorsichtig.
Am Ende hatte das Werk keinen einzigen männlichen Arbeiter mehr,
der aus der Provinz Hunan stammte.

Die Fluktuation war auch bei den Sekretärinnen hoch. Sie alle waren
bis zu einem gewissen Grad gebildet, außerdem musste eine Frau in
den Zwanzigern über vieles nachdenken: ob sie heiraten und ein
Kind haben wollte, ob sie nach Hause zurückkehren wollte. Sie suchte vielleicht nach einem neuen Job oder machte sich selbstständig. In
Emilys Briefen war oft von Umzügen und Chancen die Rede:

> *Lulu wird ihren Job wohl kündigen und demnächst ein eigenes Ge-
> schäft aufmachen. Ihr Ein-Personen-Unternehmen wird Qian Qian
> Jewelry, Inc. heißen. Luyun wartet auf den Tag, an dem sie ranghö-
> her als alle anderen ist, abgesehen von ihrem Boss. Sie hat es geschafft,
> wenn die alten Mitarbeiterinnen (Lulu und ich) aufhören. Außer
> uns dreien gibt es im Büro noch ein Mädchen namens He Jinhua, das
> als Buchhalterin arbeitet. Sie wird vermutlich nicht lange bleiben,
> weil ihre Familie sie dabei unterstützen wird, in der Provinz Hunan
> einen Job und einen Mann zu finden.*

Luyun war für Emily ein Rätsel. Anfangs hatte Emily sie in ihren
Briefen als »sehr nett« beschrieben, aber mit der Zeit änderte sie ihre

Meinung. Sie merkte, dass Luyun raffiniert vorging, um ihren Kolleginnen zu schaden, und sie biederte sich bei ihrem Chef an, den sie hinter seinem Rücken dennoch häufig kritisierte. Nach einem Jahr fragte sich Emily, was Luyun überhaupt etwas bedeutete. Die Frau schien mit ihren Intrigen ganz allein dazustehen.

Als Emily eines Abends im Wohnheim zu Bett gegangen war, hörte sie einer Anruferin in Hu Xiaomeis Radiosendung besonders aufmerksam zu. Die Frau rief in der Woche mehrfach an, und Emily wurde allmählich klar, warum sie diese Stimme so faszinierte. Sie erinnerte sie an Luyun:

»Sie sagte, dass sie eine Grundschulbildung habe und dass sie nach Shenzhen gekommen sei, um in einer Fabrik zu arbeiten. Anschließend nahm sie eine Stelle als Dienstmädchen an. Sie hatte das Gefühl, dass andere Menschen auf sie herabsähen, weil sie vom Land kam, und sie begann, auf eigene Faust zu studieren. Schließlich absolvierte sie auf der Grundlage ihres Selbststudiums die Abschlussprüfung eines Junior College. An der Examensreihe nahm sie jedoch aufgrund irgendeines Problems nicht bis zum Schluss teil, weshalb sie sich ein gefälschtes Abschlusszeugnis beschaffte, das man hier auf der Straße kaufen kann. Sie hatte zwar betrogen, es traf aber auch zu, dass sie fleißig studiert hatte. Das Niveau ihrer Leistungen war wirklich sehr hoch.

Mit dem neuen Zeugnis fand sie einen besseren Job; sie arbeitete hart und machte Karriere. Aber sie sorgte auch dafür, dass andere ihr nicht gefährlich werden konnten. Sobald eine Arbeiterin, die in der Hierarchie unter ihr stand, aufzusteigen begann, fand sie einen Weg, um sie kleinzuhalten. Sie beschrieb sich dabei sehr ehrlich. Sie ging nur dann so vor, wenn sie sich bedroht fühlte. Ansonsten war sie zu allen anderen im Unternehmen freundlich, und alle mochten sie. Sie wussten nicht, was wirklich in ihr vorging.

Sie sprach auch über ihre Familie und darüber, dass sie ihren Eltern Geld nach Hause schickte und dass sie ihnen häufig Briefe schrieb. All das tat sie zwar, aber im Grunde ihres Herzens mochte sie ihre Eltern nicht. Sie interessierten sie nicht im Geringsten.

Bei der Radiosendung hatte sie sich nur gemeldet, weil sie reden wollte. Anders als die anderen Anrufer, wollte sie keinen Rat, sie wollte nur ihre Erfahrungen mitteilen. Als sie zu Ende gesprochen hatte, fragte Hu Xiaomei: ›Haben Sie keine Angst, dass andere Menschen merken, was Sie wirklich denken?‹ Das Mädchen antwortete, dass sie es nie verstehen würden, weil sie gut darin sei, Dinge zu verbergen. Sie sagte außerdem, dass sie ihr Verhalten nicht bereue.

Nachdem sie aufgelegt hatte, meinte Hu Xiaomei, dass diese Sorte Mensch *wuke jiuyao* sei, jemand, den keine Medizin heilen könne. Sie sagte, das Herz der Frau sei zu hart und zu kalt, und in dem Fall könne man nicht mehr helfen.«

Emily war ihren eigenen Eltern in Wirklichkeit nicht so nah, wie sie es sich gewünscht hätte. Ihr Vater war ein vielseitig gebildeter Mathematiker, einer der ranghöchsten Professoren am Lehrerkolleg von Fuling. Er hatte zwei Reisen in die Vereinigten Staaten unternommen, um Vorträge bei Konferenzen zu halten – eine Erfahrung, die in einem Ort wie Fuling extrem selten war. Aber selbst dieser Erfolg war nur ein Vorgeschmack auf das, was hätte sein können. Als sie noch Studentin war, hatte Emily einmal einen Englischaufsatz geschrieben, der die Vergangenheit ihres Vaters beleuchtete:

> *Als meine Eltern in meinem Alter waren, gab es im ganzen Land ein großes Durcheinander: Die Politik hatte absoluten Vorrang, Intellektuellen wurde nachgesagt, zum Kapitalismus zu neigen. Deshalb wurden sie Basiseinheiten zugewiesen, um einen Läuterungsprozess zu durchlaufen. Mein Vater war einer von ihnen. In den folgenden acht Jahren nach Abschluss seines Studiums an der Universität Sichuan arbeitete er in einem kleinen Kohlebergwerk.*

Das Bergwerk lag südlich von Fuling, in den abgelegenen Bergen nahe der Grenze zur Provinz Guizhou. Viele Intellektuelle wären hier verzweifelt, aber Emilys Vater war auf dem Land aufgewachsen; er versuchte, das Beste aus der Situation zu machen. In der Zeit bewarb er sich wiederholt um die Aufnahme in die Kommunistische Partei, die ihn immer ablehnte. Wie Emily hatte er ein breites Gesicht, hohe Wangenknochen und freundliche Augen. Seine Ruhe und seine Gelassenheit wirkten beruhigend auf die Menschen, ganz gleich, ob sie gebildet waren oder nicht:

Ich denke, dass die Arbeit in der Kohlegrube für ihn kein allzu großes Problem war. Die Menschen dort respektierten ihn und gaben ihm einen einfachen Job als Buchhalter. Noch heute erzählen sich die Arbeiter über ihn die wundersame Geschichte, dass er die Bilanz aufstellte, indem er nur durch das Rechnungsbuch blätterte.

Emily wurde 1976 geboren, als ihre Eltern noch in der Mine waren. In dem Jahr starb Mao Zedong, und die Kulturrevolution ging zu Ende. Als Emily klein war, durfte ihre Familie nach Fuling zurückkehren. Die Kinder – zwei Mädchen und ein Junge, der zwei Jahre nach Emily zur Welt gekommen war – wuchsen in einem Elternhaus auf, das mit Bildern und Statuen des Vorsitzenden geschmückt war. Mitte der Achtzigerjahre trat Emilys Vater schließlich der Minmeng-Partei bei, einer von neun zugelassenen politischen Parteien Chinas. Die Minmeng zog in Fuling vor allem Intellektuelle an, sie war aber, wie alle legalen Parteien, der Kommunistischen Partei gegenüber rechenschaftspflichtig. »In Wirklichkeit können sie nichts bewirken«, erzählte Emily mir einmal. »Mein Vater sagt, dass die Minmeng-Partei sofort zustimmt, wenn die Kommunistische Partei etwas sagt. Dagegen können die Mitglieder sich im Rahmen ihrer Treffen über eigene Vorstellungen unterhalten. Sie können die Themen zwar nicht in der Öffentlichkeit ansprechen, zumindest aber können sie miteinander darüber reden.«

Als Emily ein Kind war, sprach ihr Vater mit ihr nie über Politik, und sie glaubte alles, was in ihren Lehrbüchern stand. In Bezug auf Geschichte, Politik und aktuelle Ereignisse wurden die Auffassungen der Kommunistischen Partei unterrichtet. Selbst die leeren Übungsblöcke, die sie in der Schule benutzte, waren nicht wirklich leer. Auf der Rückseite jedes Notizblocks waren zwei Sätze gedruckt:

Taiwan, die Sowjetunion und Vietnam
strahlen über ihre Rundfunksender Gerüchte und Lügen aus.
Wir fordern alle dazu auf, die Stimmen der Feinde
nicht zu empfangen.

Im Laufe der Zeit verschwanden die Porträts und Standbilder des Vorsitzenden Mao aus Emilys Elternhaus. Gelegentlich ließ ihr Vater eine Bemerkung fallen, die erkennen ließ, dass er mit der offiziellen

Politik nicht einverstanden war, worüber er aber nicht ausführlicher sprechen wollte. Für Emily kam der Wendepunkt mit der Hochschule. Die Korrumpiertheit einiger Kader im Fachbereich Englisch widerte sie an, und sie glaubte, dass viele Richtlinien nur dazu da waren, Studenten vom Denken abzuhalten und Fragen zu verhindern. Das Leben im Wohnheim gefiel ihr nicht; in ihrem ersten Jahr an der Hochschule bat sie um die Erlaubnis, zu Hause wohnen zu dürfen. Als einzige Studentin in ihrer Klasse blieb sie nicht im Wohnheim. Nach der Abschlussprüfung schrieb sie einen Brief:

> *Ich hasse hohle politische Phrasen, weil ich früher an sie glaubte. Mit der Zeit wurde mir klar, dass zu viele Menschen in einflussreichen Positionen ganz anders reden als handeln. Ich denke, mein Vater hat darunter viel mehr gelitten als ich, als er das in den Fünfzigerjahren schließlich erkannte.*

*   *   *

Die Eltern und ihre Töchter bewegten sich, über die Jahre gesehen, in entgegengesetzte Richtungen. Als Emilys Vater und Mutter jung waren, verlagerte sich das gesamte Geschehen im Zuge eines gigantischen ideologischen Experiments der Kommunistischen Partei aufs Land. Zwanzig Jahre später zogen Emily und ihre Schwester in die Stadt – nicht etwa in irgendeine Stadt, sondern in das ›Wirtschaftslabor‹ Shenzhen. Die Experimente der beiden Generationen waren völlig verschieden: Das eine war politisch, das andere wirtschaftlich; das eine fand auf nationaler Ebene statt, das andere schlug sich in den einzelnen Personen und in ihren jeweiligen Entscheidungen nieder.

Eine Folge war, dass die Erfahrungen der Eltern für die Kinder keine Richtschnur sein konnten. Wenn Emily über ihren Vater nachdachte, dann erkannte sie, dass sein Berufsleben in erster Linie von den Entscheidungen anderer geprägt wurde. »Ich glaube, er hat so einiges bereut. Manche seiner Schulkameraden gingen nach Übersee, oder sie unternahmen etwas, womit sie Erfolg hatten. Er weiß, dass er einiges versäumt hat.« Aus Sicht der Eltern wirkten Emily und ihre Schwester oft eigensinnig. Als Emily begann, sich in der Hochschule mit Anry zu verabreden, war ihre Mutter nicht damit einverstanden.

»Sie sagte, ich sei zu jung, um einen Freund zu haben. Ich sagte: Als du geheiratet hast, warst du jünger als ich. Sie sagte, das sei nicht das Gleiche.«

Der Generationenkonflikt schien Emilys Bruder noch am härtesten zu treffen. Er war hochintelligent – das mathematische Denken hatte er von seinem Vater geerbt –, er war jedoch auch sehr schüchtern. Als junger Mann ging er zur Hochschule, um sich mit Computern zu beschäftigen, brach das Studium aber ab. Stattdessen vertiefte er sich in Werke über Philosophie und Religion. Eine kurze Zeit lang begeisterte er sich für Falun Gong. Oft erklärte er, dass ihm das Geldsystem zuwider sei. Als er einundzwanzig war, hatte er noch nie gearbeitet und lebte nach wie vor bei seinen Eltern. Einen Großteil der Zeit verbrachte er mit *xiangqi,* chinesischem Schach. Er war ein Genie, wenn es um die logische Harmonie auf dem karierten Brett ging. Nachdem er Falun Gong ad acta gelegt hatte, studierte er die alten Philosophien von Konfuzius und Menzius. Einmal erzählte er Emily, dass sie schöner würde, wenn sie Menzius läse, weil die Wahrheit dann durch ihr Gesicht hindurchscheinen würde. Sie wusste nicht, was sie darauf erwidern sollte. Die Familie dachte darüber nach, ob sie einen Psychologen zu Rate ziehen sollte. Nach ihrem Bruder gefragt, sagte Emily einmal: »Er ist ein Opfer der Modernisierung.«

In Emilys erstem Jahr in Shenzhen zog ihre Schwester erneut um und fand eine Anstellung in der Provinz Zhejiang. Bald darauf heiratete sie, und ab dem Zeitpunkt machten sich die Eltern Sorgen um Emily. Was Emily wiederum lustig fand: »Als ich mit Anry zusammen war, sagten sie, ich sei für einen Freund noch zu jung. Jetzt denken sie, dass ich zu alt werde!« Im August 1999 besuchte Emilys Vater Shenzhen und traf zum ersten Mal ihren neuen Freund, Zhu Yunfeng. Zhu Yunfeng hatte nur ein Jahr lang eine Handelsschule besucht, und jetzt arbeitete er als Vorabeiter in einem Betrieb, der Kochplatten, Schnellkochtöpfe, Reiskocher und andere Küchengeräte herstellte.

Ihr Vater ließ Emily wissen, dass er sich eine bessere Partie erhofft hätte, er versuchte aber nicht, sie umzustimmen. Er gehörte nicht zu den tyrannischen Typen, und das Leben hatte ihn gelehrt, Umstände, die nicht ideal waren, zu akzeptieren. Allerdings hatte seine Tochter in Bezug auf die Ehe – oder auch nur in Bezug auf den

Gedanken an eine Ehe – noch keine Entscheidung gefällt: »Die Vorstellung zu heiraten gefällt mir nicht. Da kommen immer eine Menge Leute, die sich nicht wirklich für dich interessieren, die nur wissen wollen, wie das Essen schmeckt und wie alles zubereitet ist. Sie gehen nur zur Hochzeit, um sich anzuschauen, um welche Art Hochzeit es sich handelt.« Auf jeden Fall hatte sie nicht die Absicht, bei diesen Themen den Rat ihrer Eltern einzuholen. Wenn es persönlich wurde, hörte sie Hu Xiaomei viel aufmerksamer zu.

Die Moderatorin der Hörfunksendung war die Schutzpatronin von Emilys Shenzhen. Wenn Emily über moralische Fragen sprach, beschwor sie Hu Xiaomeis Rat herauf, als sei er unfehlbar. Als wir einmal über das Zusammenleben von unverheirateten Menschen in Shenzhen diskutierten, empfahl mir Emily ganz dezent, niemanden direkt nach seiner Beziehung zu fragen. »Hier spricht man nicht offen darüber«, sagte sie. »Beispielsweise empfiehlt Hu Xiaomei in der Regel, anderen nicht zu sagen, ob man mit einem Mann zusammenlebt. Es könnte die Art und Weise beeinflussen, wie andere Menschen dich sehen, vor allem dann, wenn die Beziehung später auseinanderbricht. Es ist besser, wenn man gar nicht darüber redet.«

Nach Dutzenden von Gesprächen – Hu Xiaomei, Hu Xiaomei, Hu Xiaomei – nahm ich schließlich Kontakt zu dem Radiosender auf und vereinbarte einen Interviewtermin. Emily informierte mich ausführlich und beschrieb die interessantesten Anrufer, die sie in dem Schlafsaal tief berührt hatten. Auch erinnerte sie mich daran, dass Hu Xiaomei früher einmal einen reichen Mann geliebt hatte, wobei allerdings irgendetwas schief gelaufen war.

Die Moderatorin war zierlich, mit schmalem Gesicht und langem, schwarzem Haar. Sie rauchte ununterbrochen superschlanke Capri Menthol. Wir trafen uns im Nebenzimmer eines Sichuan-Restaurants in der Innenstadt von Shenzhen. Sie brachte einen weiteren Gast mit, den sie als einen Freund vorstellte, der sich für amerikanischen Journalismus interessierte. Der junge Mann war leicht übergewichtig und hatte etwas längeres Haar – in China ein untrügliches Zeichen für eine künstlerische Ader. Er saß ruhig da und hörte dem Interview zu.

Hu Xiaomei beschrieb sich selbst als *ye maozi*: eine Nachtkatze. Wir aßen spät zu Abend, dabei hatte ihr Tag gerade erst begonnen.

Laut Programmplan ging sie um elf auf Sendung. Sie erzählte mir, dass sie sich für amerikanische Kultur interessiere, auch wenn sie kein Englisch spreche. Sie bewunderte die Geschichten von Raymond Carver, die sie in einer Übersetzung gelesen hatte. (»Kaum zu glauben, wie vielsagend ein sehr kleines Detail sein kann.«) Im Restaurant erzählte sie mir, was sie in die Über-Nacht-Stadt verschlagen hatte.

Sie war in einem Bergbauort in der Provinz Jiangxi aufgewachsen, wo ihre Eltern als Ingenieure arbeiteten. Sie waren nicht arm, verdienten aber auch nicht viel Geld. Schon als sie klein war, wollte sie sich auf und davon machen. »Ich war immer introvertiert. Ich sprach mit mir selbst und tat, als sei ich im Radio. Es gab vieles, was ich gern gesagt hätte, wenn ich nur Gelegenheit dazu bekommen hätte.«

1992, als sie zwanzig Jahre alt war, ging sie als Wanderarbeiterin nach Shenzhen. Den ersten Job erhielt sie in einer Mineralwasserfabrik, in der sie knapp siebzig Euro im Monat verdiente. Abends hörte sie oft eine lokale Anrufersendung; solche Programme waren in den ersten Jahren der Reform- und Öffnungspolitik in ganz China populär. Eines Abends rief sie schließlich an und war auf Sendung. Im Unterschied zu den meisten Anruferinnen wollte sie keinen Rat, sie wollte den Zuhörern nur von ihrem Traum erzählen, Moderatorin einer Radiosendung zu werden. Sie war sehr eloquent, und als sie zu Ende geredet hatte, erwähnte sie die Adresse ihres Arbeitsplatzes und die Telefonnummer.

»In der nächsten Woche erhielt ich stapelweise Briefe und mehr als hundert Anrufe«, erinnerte sie sich. »Nur feuerte mich die Mineralwasserfirma, weil ich ihr Telefon zu privaten Zwecken benutzt hatte, sodass ich ohne Arbeit dastand. Ich nahm die vielen Briefe, schnürte sie zu einem Bündel zusammen und trug sie zu der Radiostation. Dort fragte man mich, was ich wolle, und ich sagte, dass ich die Moderatorin dieser Show werden wolle. Sie sagten, ich sei zu jung – ich sei erst zwanzig und hätte keine Erfahrung. Ein Funktionär aber beschloss, mir eine Chance zu geben. Ich erzählte, dass ich erst zwanzig sei und dass ich noch viel lernen müsse, dass es aber vielen Zuhörern genauso gehe wie mir und dass ich sie vielleicht verstehen würde.«

Sie erinnerte sich an das Datum der ersten Sendung: 22. Dezember 1992. Weniger als acht Jahre später war »Nachts bist Du nicht allein«

das beliebteste Radioprogramm in Shenzhen, und erst kürzlich hatte Hu Xiaomei ein Buch veröffentlicht. Sie glaubte, dass sie mit der Sendung und mit den Geschichten, die sie jede Nacht hörte, gealtert war, und sie sagte, dass Shenzhen für Frauen eine schwierige Stadt sei. Die Scheidungsraten seien höher als im Landesinnern, das Leben sei weniger beständig. »Wegen der Freiheit ist der Druck hier größer«, sagte sie. »Die Vorstellungen des Einzelnen werden wichtiger, weil die Menschen keinen Einblick mehr in das Privatleben von anderen haben. Im Landesinnern dagegen gibt die Familie vor, was man zu tun hat. Es ist zwar Freiheit, diese Art von Freiheit erzeugt jedoch Druck.«

Sie meinte, dass sie für chinesische Verhältnisse spät heiraten werde – die Hochzeit war für das nächste Jahr geplant, in dem sie dreißig wurde. Als sie die Heirat erwähnte, fragte ich nach ihrem Mann, und plötzlich wurde die Frau still. »Er schreibt viel«, sagte sie leise. »Vielleicht ist er noch nicht sehr erfolgreich, aber er bemüht sich, und das allein zählt. Wir kümmern uns um einander.« Es entstand eine Pause, und sie fuhr fort:

»Ich will nicht, dass die Normen der Gesellschaft meine Normen sind. Eine Zeit lang war ich mit einem sehr wohlhabenden Mann zusammen, einem Bauunternehmer in Shenzhen. Er interessierte sich nur für das Geschäft. Einmal stellte er ein paar imposante steinerne Löwen auf, die zum Eingang eines neuen Gebäudes gehörten. Er brachte es fertig, dafür achthunderttausend statt zweihunderttausend Yuan zu berechnen. Nennt man das Erfolg? Etwas zum Vierfachen seines Wertes zu verkaufen?«

Sie zündete sich eine weitere Superschlanke an und atmete tief ein. »Auf jeden Fall«, sagte sie, »mochte er es nicht, dass manche Leute ihn als Hu Xiaomeis Freund kannten.«

Als ich über ein Jahr später zufällig wieder durch Shenzhen fuhr, trafen wir uns erneut zum Abendessen. Am Telefon erzählte sie mir, dass sie diesmal ihren neuen Ehemann mitbringen werde.

Ich ging ins Restaurant und sah denselben jungen Herrn: leicht übergewichtig, ziemlich lange Haare. Hu Xiaomei lächelte verlegen und sagte: »Ich wollte es Ihnen bei unserem ersten Treffen noch nicht sagen.«

Im Winter 1999 rief Emily oft an und schrieb häufig. Vor Weihnachten schickte sie mir einige Proben aus ihrer Fabrik: weiße, blaue und lila Kunststoffperlen, zu Armbändern aufgereiht und in Druckverschlussbeuteln verpackt. Sie meinte, ich könne sie meinen Schwestern daheim schenken.

Ihre Briefe wurden jedoch immer trauriger: »Ich befürchte, dass ich nicht mehr schreiben kann, weil ich Kopfschmerzen habe, ich schlafe in letzter Zeit schlecht.« Sie beklagte, dass der Arbeitsalltag todlangweilig sei, und sie befürchtete, dass ihr Unglücklichsein Zhu Yunfeng kränken könnte. Sie schrieb: »Ehrlich gesagt ist mein Freund klug und sehr gut zu mir. Das Problem liegt nicht in ihm, sondern in mir. Ich brauche einfach Zeit, um mich von einer Art unerklärlicher Depression zu erholen. Ich bemühe mich.«

Sie ging mit sich immer hart ins Gericht. Wenn ich ihr etwas schickte, das ich über ihre Klasse in Fuling geschrieben hatte, entgegnete sie:

Aus mir selbst werde ich am wenigsten schlau. Es scheint, dass Sie mich besser verstehen als die meisten meiner Freunde, in deren Augen ich nur ein gut gelauntes oder liebenswürdiges Mädchen bin. Aber ich bin mir nicht sicher, ob ich so achtbar bin, wie es Ihnen scheint. Es stimmt, dass ich gern allein bin. Aber teilweise liegt es daran, dass ich nicht weiß, wie ich mich anderen anschließen soll; ich kann ihre Freuden und Leiden und Sorgen nicht teilen.

Während meiner Zeit als Lehrer bemerkte ich, dass die besten Studentinnen oft von einem Gefühl der Isolation verfolgt zu sein schienen, das bei den Jungen selten war. Die männlichen Studenten waren in der Regel weniger reif, und selbst die Intelligentesten kasperten gern herum oder erzählten krude Witze. Ein Student wie Willy schien nach der Abschlussprüfung schnell erwachsen zu werden, viele Frauen dagegen wirkten schon während ihrer Studienzeit nachdenklich.

Eine der besten Studienanfängerinnen im Fachbereich Englisch war ein ruhiges Mädchen, das Abstand zu den übrigen Studierenden hielt. Adam hatte die Gruppe unterrichtet, und das Mädchen kam nach dem Unterricht manchmal zu ihm, um zusätzlich Englisch zu üben. Während der Sommerferien fuhr sie zurück in ihren Heimatort und sprang von einer Brücke. Adam und ich erfuhren nie viel über ihren Tod; niemand in der Klasse hatte ihr nahegestanden. In China begingen mehr Frauen als Männer Selbstmord, und die Zahl der weiblichen Opfer war beinahe fünf Mal so hoch wie im weltweiten Durchschnitt – die höchste Rate weltweit. Die Selbstmörderinnen waren meist Frauen aus ländlichen Regionen, die durchaus gebildet waren. Sie waren nicht arm; womöglich schien sie der flüchtige Blick auf ein besseres Leben zu bedrücken.

Emily wurde von ihren Klassenkameraden immer gemocht – trotz ihres Hangs zum Alleinsein war sie beliebt. Aber ich machte mir Sorgen um sie in Shenzhen, zumal ihre Klagen zu Beginn des Jahres 2000 zuzunehmen schienen. Eine Zeit lang sprach sie davon, sich mit Zhu Yunfeng selbstständig machen und Drehmaschinen verkaufen zu wollen. Die Idee mussten sie jedoch aufgeben, weil die Erstinvestition zu hoch war. In der Fabrik und im Wohnheim fühlte sie sich wie gefangen. In einem Brief berichtete sie, dass sie jetzt zweihundertzwanzig Euro im Monat verdiene, mehr als das Doppelte ihres Einstiegsgehalts; aber das Geld änderte nichts:

> *Ich bin mit meiner Arbeit nicht glücklich. Manchmal tut mir der Kopf weh, und oft kommt es zu Fehlern. Obwohl mein Gehalt weiter steigt, interessiert mich die Arbeit nicht mehr …*
>
> *Kennen Sie irgendwelche Jobs, die interessant und für die ganze Gesellschaft von Nutzen sind? Ich hoffe, ich finde einen.*

*   *   *

Jedes Mal wenn ich Shenzhen besuchte, versuchte ich auf beiden Seiten des Stadtzauns Zeit zu verbringen. Der Zaun war als politische Grenze errichtet worden, er markierte jedoch zugleich eine kulturelle Trennlinie: Der Bezugsrahmen änderte sich dramatisch, sobald man die Grenze überschritten hatte. In der Welt jenseits der Tore unterhielten sich Emiliy und andere Fabrikarbeiterinnen häufig über Hu Xiaomei, Einwohner aus der Mittel- und Oberschicht hingegen, die in Zentrumsnähe lebten, erwähnten die Radiosendung nur selten. Einige von ihnen erzählten mir, dass eine lokale Romanautorin namens Miao Yong ihr Lebensgefühl besser beschreibe. Sie hatte außerdem die Aufmerksamkeit der staatlichen Zensoren auf sich gezogen, die ihr jüngstes Buch verboten.

Als ich mit der Autorin telefonierte, schlug sie vor, wir könnten uns in einem trendigen Café im westlichen Stil treffen, ganz in der Nähe ihres Apartments in einem zentral gelegenen Hochhaus. Sie war neunundzwanzig Jahre alt und unverheiratet. Ständig griff sie nach superschlanken Capri Menthol. Sie war zierlich, hatte mittellanges, schwarzes Haar und trug viel Make-up um Mund und Augen. Sie erzählte mir, dass sie die übersetzten Romane von Henry Miller bewundere. (»Seine Bücher wurden ebenfalls verboten.«)

Miao Yong war in der Provinz Gansu in Westchina aufgewachsen. Ihre Eltern waren Ärzte von der Ostküste, die man in den Sechzigerjahren während einer Kampagne der Kommunistischen Partei zur Entwicklung von Westchina nach Gansu geschickt hatte. Miao Yong besuchte ein Lehrerkolleg in Gansu und zog dann nach Shenzhen, wo sie einen Job als Sekretärin fand und nebenbei fiktionale Texte schrieb. 1998 veröffentlichte sie ihren ersten Roman »Wode shenghuo yu ni wu guan« (Mein Leben geht sie nichts an), der ein Bestseller wurde. Die Handlung des Buchs spielte in Shenzhen. Sie folgte der Hauptfigur, einer Wanderarbeiterin, von ihrem ersten Job als Sekretärin hin zu einem luxuriösen, ausschweifenden Leben als Geliebte eines wohlhabenden Hongkonger Geschäftsmanns. Nachdem siebzigtausend Exemplare des Buchs verkauft waren, verbot die Regierung es wegen der Darstellung von Drogen, Glücksspiel und Gelegenheitssex. Wie bei vielen Bücherverboten in China wurden dadurch nur das Interesse befeuert und der Umsatz gesteigert, obwohl inzwischen alle Exemplare Raubdrucke waren. Im Stadtzentrum von Shenzhen verkauften Anbieter an Straßenecken und Fußgängerüberführungen Schwarzmarktausgaben. Auf dem Bürgersteig vor der Börse entdeckte ich einen Straßenhändler, der »Sie können mein Leben nicht kontrollieren« neben chinesischen Übersetzungen von »Mein Kampf« verkaufte.

»Wenn ich ›Sie‹ sage, meine ich die Gesellschaft«, sagte Miao Yong, als ich sie nach dem Buchtitel fragte. »Ich sage, dass mein Leben von mir kontrolliert wird; es ist nichts, wofür andere Menschen zuständig sind.« Sie erklärte, der Materialismus sei ein zentrales Element des Romans. »Alles hat mit Geld zu tun, für alle ist es das Wichtigste. In Shenzhen dreht sich immer alles um den Tausch – man kann Liebe gegen Geld, Sex gegen Geld, Emotion gegen Geld tauschen.«

Trotz des Verbots hatte das Schreiben Miao Yong reich gemacht. Nachdem die Zahlung von Tantiemen eingestellt worden war, machte sie aus ihrem Roman eine beliebte Fernsehserie, die sie um besonders problematische Inhalte bereinigte. Sicherheitshalber änderte sie »Sie können mein Leben nicht kontrollieren« in einen optimistischeren Titel: »Endlich kein Winter mehr«. Zurzeit schrieb sie an weiteren Drehbüchern für Film und Fernsehen. Sie nahm sich vor, in ihrem nächsten Roman mit dem Ort der Handlung vorsichtiger zu sein – weder Shenzhen noch eine andere bestimmte Stadt sollte man wiedererkennen können. Sie glaubte, ihr erster Roman sei verboten worden, weil die Kader befürchteten, dass er dem Ruf der Über-Nacht-Stadt schade.

In der Autorenbiografie auf dem Schutzumschlag des Buches wurde als Erstes Miao Yongs Blutgruppe genannt. Wie viele hippe, junge Chinesen glaubte sie, dass die Blutgruppe dazu beitrüge, den Charakter zu bestimmen. Sie erzählte mir, dass sie an Shenzhen am meisten der Individualismus gereizt habe: »Früher dachte man in China kollektiv. Alles drehte sich um die Gruppe. Heute dagegen kann man in Städten wie Shenzhen genau entscheiden, was für ein Mensch man sein will.« Miao Yong hatte Blutgruppe Null. Als ich sie nach den berüchtigten Hostessenbars von Shenzhen fragte, stellte sie mir ihren derzeitigen Freund vor. Er war so liebenswürdig, mich an dem Abend zu verschiedenen Etablissements zu begleiten, in denen Männer für ein paar hundert Yuan ein Hinterzimmer mieten, Karaoke singen und junge Frauen in Miniröcken buchen konnten, um mit ihnen zu plaudern, zu trinken und um Früchte direkt in ihren Mund zu legen.

Emily mochte den Roman nicht. Als ich ihr ein Exemplar schenkte, erzählte sie mir, dass seine Zielgruppe Angestellte seien, die im Stadtzentrum innerhalb der Tore lebten. Von dem Shenzhen, das sie kannte, sei diese Welt Lichtjahre entfernt. Sie erklärte, dass die Hauptfigur des Buchs herzlos sei – ihr gehe es immer nur um Geld, und sie würde ständig zu neuen Männern ins Bett steigen. »Das ist zu chaotisch«, sagte Emily. »Man muss diesen Teil seines Lebens unter Kontrolle haben.«

Ihr Urteil gab die Ansicht von Hu Xiaomei wieder, die mir unverhohlen erklärte, dass sie Miao Yongs Werke nicht mochte, weil sie unmoralisch seien. Die Romanautorin äußerte sich ähnlich abschätzig über die Radiomoderatorin – aus Sicht der Schriftstellerin konnten sich nur schlecht ausgebildete Frauen, die in Fabrikwohnheimen lebten, für das Radioprogramm interessieren. Trotz der offensichtlichen Ähnlichkeit – junge, unabhängige Frauen, die den Zeitgeist der Boomtown einfingen – war klar, dass Hu Xiaomei und Miao Yong sich nichts zu sagen hatten. Beide lebten innerhalb der Über-Nacht-Stadt in ihrer eigenen Welt.

Wenn Emily sich selbst beschrieb, gehörte sie zur Welt der Fabriken. Sie lebte jenseits der Tore, das Wohnheim gab ihrem Leben Struktur; die Freiheit von Shenzhen stieß sie ab und zog sie in gleicher Weise an. Sie sprach oft über Fragen der Moral, obwohl es ihr schwerfiel, ihre Werte zu benennen. Sie erzählte mir, dass es sie einmal regelrecht wütend gemacht habe, als die Hauptdarstellerin eines Hollywoodfilms mit mehreren Männern schlief. Als ich sie aber fragte, wie sie die Offenheit von Shenzhen im Vergleich zu den Einschränkungen ihres Heimatorts einschätze, sagte sie, dass die neue Stadt ein Fortschritt sei. »Es ist besser als früher. Man sollte aber eine bestimmte Linie nicht überschreiten.«

»Welche Linie?«

»Sie hat mit Moral zu tun.«

Ich fragte, was sie meine, woraufhin sie ihr Kinn auf die Hand legte und angestrengt nachdachte. »Traditionelle Moral«, sagte sie. »Man sollte einander treu bleiben, so wie zwei Menschen, die heiraten.«

Als wir über »Sie können mein Leben nicht kontrollieren« sprachen, fragte ich Emily, woher die Moralbegriffe des Buches ihrer Ansicht nach stammten. »Die meisten Leute sagen, sie seien nach Reform und Öffnung aus dem Westen zu uns gekommen«, sagte sie. »Ich denke, da ist was Wahres dran. Die meisten Leute hier in Shenzhen halten die westlichen Länder für besser und die chinesischen Traditionen für rückständig.« Emily dagegen war der Ansicht, dass die Philosophie des Buches zu pessimistisch war. »Es läuft darauf hinaus, dass Shenzhen eine neue Stadt ohne Seele ist. Alle in dem Buch sind völlig durcheinander – sie kommen nicht zur Ruhe.«

Im Februar, nach dem Frühlingsfest, zogen Emily und Zhu Yunfeng zusammen. Sie mieteten eine Drei-Zimmer-Wohnung in einer kleinen Fabrikstadt etwa fünfzig Kilometer jenseits der Tore, in der Nähe der

Fabrik, in der Zhu Yunfeng arbeitete. Die Betontreppe wies wegen der übereilten Fertigstellung Risse auf, es funktionierte aber alles, und die Küche war gut ausgestattet. Seit ihrer Ankunft in Shenzhen hatte Emily erstmals ein Zuhause außerhalb eines Wohnheims.

Ein anderes junges Sichuaner Paar lebte ebenfalls in der Wohnung. Beide Paare hatten ihr eigenes Schlafzimmer, teilten sich aber das Wohnzimmer, das mit Farbfernseher, Video-Disc-Player, einem niedrigen Tisch und einem Bett ausgestattet war, das als Couch diente. In einem Schlafzimmer hing ein laminiertes Poster mit einem ausländischen Oben-ohne-Paar, das knutschte. Ein früherer Mieter hatte das Plakat hängen lassen, und niemand machte sich die Mühe, es abzunehmen. In China waren solche Bilder alltäglich; der Umstand, dass das Paar aus dem Ausland stammte, schien es romantisch, statt anstößig zu machen.

Emily erzählte ihren Eltern nichts von der Wohnung. Wochentags übernachtete sie weiterhin im Fabrikwohnheim, ihre Wochenenden verbrachte sie jedoch mit Zhu Yunfeng. Eines Tages fragte ihre Mutter während eines Telefonats direkt, ob die beiden zusammenlebten. »Ich habe nichts gesagt. An meinem Schweigen erkannte sie, dass es stimmte.« Danach erwähnten weder Mutter noch Tochter das Thema ein weiteres Mal.

Zhu Yunfeng war erneut befördert worden; er verdiente jetzt etwa dreihundertvierzig Euro im Monat. Zusammen mit Emilys Gehalt kamen sie ungefähr auf über fünfhundertsechzig Euro im Monat und konnten etwa die Hälfte ihres Einkommens sparen.

An einem Werktag abends im April verstieß Emily zum ersten Mal gegen die Ausgangssperre. Nach der Arbeit ging sie und kam erst zum Arbeitsbeginn am nächsten Morgen zurück. Der Chef rief sie in sein Büro.

»Er fragte mich, wann ich in der letzten Nacht zurückgekommen sei«, erzählte Emily mir später. »Das war seine Art – er war nie direkt. Er fragte nicht, ob ich zurückgekommen war oder ob ich nicht zurückgekommen war; er fragte nur nach der Uhrzeit. »Ich sagte: ›Ich bin heute Morgen zurückgekommen.‹ Ohne mich zu entschuldigen oder zu rechtfertigen. Er wusste nicht, was er sagen sollte; er wusste wohl auch nicht, ob er lachen oder wütend werden sollte. Er sah mich an und dann ging er einfach.«

Einige Wochen später begann eine andere junge Frau in der Fabrik gegen die Ausgangssperre zu verstoßen.

Kurz darauf nahm der Chef eine hübsche Arbeiterin aus der Produktion heraus und machte sie zu seiner ›persönlichen Sekretärin‹. Die Arbeiterin aus der Provinz Hunan war achtzehn Jahre alt. Emily warnte das Mädchen vor dem Boss, erzählte ihm von seinen Affären, und am Ende stellte der Mann Emily zur Rede. Zunächst versuchte er es wieder hintenherum und fragte sie, was die Leute über ihn sagten. Als das nicht funktionierte, redete er Klartext.

»Erzählen Sie anderen Arbeiterinnen, dass ich ein Lüstling bin?«, fragte er.

Emily sagte: »Ja.«

Er versuchte, sich lächelnd darüber hinwegzusetzen, es war aber klar, dass er Emily nicht mehr in seiner Nähe haben wollte. Ihre freie Zeit verbrachte sie damit, sich einen neuen Job zu suchen, und es dauerte nicht lange, bis sie eine Stelle als Lehrerin in einer Vorschule fand. Die Schule lag zwar ebenfalls jenseits der Tore, es gab dort aber keine Bosse aus Taiwan, keine Fabrikwohnheime und keine Spätschichten. Sie würde Englisch unterrichten.

Als sie im Juni das Werk verließ, kritisierte der Boss sie.

»Sie haben sich verändert«, sagte er. »Früher haben Sie gehorcht. Seitdem Sie einen Freund haben, hat sich alles verändert.«

»Ich habe mich nicht verändert«, sagte Emily. »Ich habe Sie nur besser kennengelernt.«

In jenem Sommer wurde Shenzhen zwanzig Jahre alt. Die Stadt war am 26. August 1980 zur Sonderwirtschaftszone erklärt worden, inzwischen hatte ihre Entwicklung eine kritische Phase erreicht. China bereitete sich auf den Beitritt zur Welthandelsorganisation vor, was für einige der Unternehmen in Shenzhen das Ende ihrer Steuerprivilegien bedeuten würde. Immer hatte es in der Zentralregierung mächtige Gegner gegeben, die glaubten, dass die Sondervergünstigungen zur Korruption beitrügen. Im Jahr 2000 war der stellvertretende Bürgermeister von Shenzhen wegen seiner Rolle bei einem Immobilienbetrug festgenommen worden.

Die lokale Wirtschaft war noch immer stark, sie hatte sich in den letzten Jahren aber abgeschwächt. Asiatische Länder wie Südkorea und Taiwan hatten in der Vergangenheit ähnliche ›Sonder‹-Städte und -Regionen entwickelt, die als Exportproduktionszonen bekannt waren. Sie hatten in der Regel einen kurzen Lebenszyklus: Zunächst gab es einen Boom in der arbeitsintensiven Leichtindustrie, danach zogen die Fabriken jedoch zunehmend ins Landesinnere, wo die Löhne niedriger waren. Am Ende konzentrierten sich die Zonen auf Hightech-Branchen, womit sie ihren Status als wichtigster Motor der inländischen Wirtschaft verloren. Die Städte wurden geplant, um erst zu blühen und dann zu welken, so wie eine Blume, die nur einmal in voller Blüte steht.

Das Experiment Shenzhen hatte aber nicht nur Auswirkungen auf die Wirtschaft, sondern auch auf viele soziale Aspekte. In den Wochen vor dem Jahrestag reiste ich nach Shenzhen und befragte Einwohner zur Geschichte und Kultur der Über-Nacht-Stadt:

»Die Leute in Shenzhen sind mutig. Die Chinesen haben meist Angst vor dem Neuen, die Menschen in Shenzhen sind anders. Sie sind bereit, zu experimentieren und Risiken auf sich zu nehmen.«

»Shenzhen hat keine Kultur. Die Leute hier kümmern sich nur um Geld.«

»Die jungen Menschen hier sind optimistisch, die im mittleren Alter dagegen pessimistisch. Das liegt daran, dass dies eine Stadt für junge Leute ist.«

»Shenzhen hat viel mit den USA gemeinsam. Die USA bieten allen eine Chance. Shenzhen ist genauso. Hier kann man sehr frei leben. Die Leute stecken ihre Nase nicht in die persönlichen Angelegenheiten anderer hinein. Seitdem ich hier bin, fühle ich mich glücklich und befreit. Wenn ich im Landesinnern geblieben wäre, hätte ich mich nie scheiden lassen können.«

»Man sagt, es sei hier wie im amerikanischen Westen, aber das trifft es nicht. Der amerikanische Westen wartete nur darauf, dass die Leute kamen und Geld machten, und dank seiner Eisenbahn wurde er erfolgreich. Shenzhen ist wegen der Politik erfolgreich. Allein wegen Deng Xiaoping. Wenn er gewollt hätte, dass Yunnan zur Sonderwirtschaftszone wird, dann hätte Yunnan den Erfolg gehabt.«

»Ich bin auch ein Versuchsobjekt. Schauen Sie, in welch jungen Jahren ich meinen eigenen Weg gegangen bin!«

»In Shenzhen schert sich niemand um deine Vergangenheit oder um deine Herkunft. Nur dein Können zählt. Schaffst du es oder schaffst du es nicht? Das ist die einzige Frage, die zählt.«

Ich war nie in einer chinesischen Stadt gewesen, die sich so geteilt anfühlte wie Shenzhen. Der Zaun durchtrennte die Welt der Fabriken, aber die sozialen Risse reichten noch viel tiefer. Nur selten kommunizierten verschiedene Generationen miteinander, weil die Familien in der Regel im Landesinnern geblieben waren. So wie andere Einwohner sprach auch Emily häufig über die Unterschiede zwischen Angestellten und Arbeitern (sich selbst zählte sie zur zweiten Kategorie). Hu Xiaomei war eine Heldin der Arbeiter; Miao Yong gehörte zu den Angestellten. In einem Land, das von einer einzigen politischen Partei beherrscht wurde, und in einer Stadt, in der sich fast alle einer ethnischen Gruppe zugehörig fühlten, war es erstaunlich zu sehen, wie groß die Kluft innerhalb der Gesellschaft nach nur zwei Jahrzehnten sein konnte.

Dabei waren einige Trennlinien so künstlich und durchlässig wie der Zaun selbst. Reform und Öffnung hatten chinaweit zu einem neuen System aus sozialen Klassen und einer Aufwärtsmobilität geführt, das sich aber noch unfertig anfühlte. Selbst in Amerika, das stolz auf sein Gleichheitsprinzip war, gab es alte Familien, alte Schulen und eingefahrene Wege zum Erfolg. China hatte solche Strukturen noch nicht entwickelt, zumindest nicht im neuen Klima. Es war schwer zu sagen, worauf Bildung, Erfahrung und Zielstrebigkeit hinauslaufen würden; Erfolg war ein unklarer Begriff. Das Klima war perfekt für Betrüger – selbst in einer politisch feinnervigen Stadt wie Peking verkauften zahllose Händler gefälschte Ausweise. In Shenzhen hatte dieser Handel industrielle Ausmaße angenommen. In der Fabrik war Emily für die Registrierung der Arbeiter zuständig; sie sagte, dass viele Mitarbeiter Ausweise benutzten, die offensichtlich unecht seien. Vor dem örtlichen Wal-Mart verkauften Anbieter gefälschte Bachelorabschlüsse für rund neunzig Euro. Ein Ausweishändler in Shenzhen erzählte mir, dass er in den vergangenen fünf Jahren fünf verschiedene Namen benutzt habe.

Obwohl die Stadt einen ausgeprägten Sinn für Struktur hatte – Wohnheime und Fließbänder, Stadtzaun und Klassenunterschiede –, war Shenzhen voll von Menschen, die nicht recht dazugehörten. Die Über-Nacht-Stadt machte vielen Hoffnung, allerdings verließen viele Wanderarbeiter ihre Heimatorte auch aus innerer Ruhelosigkeit. (»Es steckte tief in ihnen drin«, wie Emily mir einmal sagte.) Eine junge Frau in Shenzhen nahm vielleicht in einer Fabrik eine Arbeit an, stellte ein paar Monate lang billige Kleidung her und zog dann weiter zu einem anderen Job. Eine andere Wanderarbeiterin nahm ihren Platz ein, und oberflächlich gesehen hatte sich nichts geändert – die Fabrik stellte weiterhin billige Kleidung her. Man konnte aber unmöglich erahnen, wie sich die Vorstellungen des Einzelnen in der neuen Umgebung verändern würden.

Ebenso schwer war zu ermessen, was zwanzig Jahre im Leben dieser Stadt bedeuteten. Die Regierung versuchte letzten Endes nur ansatzweise, das Jubiläum zu feiern – keine Paraden für die politische Führung, kein Urlaubstag für die Arbeiter. Nicht ein einziges Mitglied des Politbüros ließ sich blicken, um eine Rede zu halten. Angeblich hatte eine interne Direktive der Kommunistischen Partei die Funktionäre dazu aufgefordert, den Jahrestag herunterzuspielen.

An dem Tag selbst veröffentlichte die »Shenzhen Special Zone Daily« eine Jubiläumsausgabe. Die riesigen Buchstaben der Hauptüberschrift lauteten:

GEWALTIGER EINSATZ,
GROSSARTIGES EXPERIMENT

Auf der Titelseite waren eine Reproduktion von Deng Xiaopings Kalligrafie sowie eine lange Erklärung von Jiang Zemin abgedruckt, der Shenzhen als »eine Miniatur der historischen Reformen, die in den letzten zwei Jahrzehnten durchgeführt wurden« beschrieb. An dem Zeitungsstand warf ich einen Blick in zwei beliebte Monatszeitschriften für Frauen. Die Überschriften der Artikel enthielten keinen Hinweis auf das Jubiläum:

HUNDERT WEIBLICHE CHEFS IN SHENZHEN UND
IHRE ERFAHRUNGEN MIT DER UNTERNEHMESGRÜNDUNG

DAS ENDE DER ERSTEN LIEBE

WELCHE GRÜNDE SPRECHEN DAFÜR,
VOR DER EHE ZUSAMMENZULEBEN?
WAS SPRICHT FÜR ABTREIBUNG?

WENN EIN ALTER MANN EINE FALLE STELLT

EINE BRAUT FÜR EINE NACHT

INTERVIEWS MIT WEIBLICHEN CHEFS IN SHENZHEN

ICH BIN KEINE LADY

*   *   *

An meinem letzten Abend in Shenzhen kam Zhu Yunfeng deprimiert von der Arbeit zurück. Er hatte einen schlechten Tag gehabt. An diesem Nachmittag war ein Arbeiter verletzt worden, als er die Aufsicht hatte. Die Fabrik machte Überstunden wegen eines neuen Produkts und versuchte, die Aufträge zu erfüllen. Solche Phasen erhöhten immer die Unfallgefahr. Das neue Produkt war eine Thermoskanne aus Metall. Die Verletzung war nicht schwerwiegend, aber Zhu Yunfeng sagte zu Emily, er würde gern eine Weile allein sein.

Manchmal erzählte mir Zhu Yunfeng von seiner Fabrik, und er stellte mir Fragen über das Leben in Peking, aus meinen Gesprächen mit Emily hielt er sich aber meistens heraus. In China war es ungewöhnlich, dass eine junge Frau neben ihrem Freund weitere Freunde hatte; insofern war es bemerkenswert, dass Zhu Yunfeng meine Anwesenheit tolerierte. Er war ruhig, ihm fehlte die herrische Unsicherheit, die unter chinesischen Männern weitverbreitet zu sein schien. Dass ich sowohl Ausländer als auch ehemaliger Lehrer war, machte die Situation zwar einfacher, ungewöhnlich blieb sie aber dennoch. Ich stellte mich darauf ein, dass ich in Zukunft weniger von Emily hören würde. Bei meinen Studentinnen hatte ich oft erlebt, dass sie direkt nach der Hochzeit kaum Kontakt suchten. Sobald ihr Leben in geregelten Bahnen verlief – normalerweise nach der Geburt eines Babys –, meldeten sie sich wieder.

An meinem letzten Abend ließen Emily und ich Zhu Yunfeng in der Wohnung zurück. Wir kletterten in einem Park auf einen Hügel, von dem wir einen Überblick über den Stadtteil hatten. Es war eine kleine Fabriksiedlung, wie man sie häufig jenseits der Tore von Shenzhen fand: eine Ansammlung von Geschäften und Wohngebäuden, die in einen staubigen Einschnitt zwischen den Hügeln eingekeilt waren und sich anschließend an zwei Hauptstraßen, an Fabrikreihen und Wohnheimen entlang in alle Richtungen verteilten. Einige Betriebe stellten Schuhe und Kleidung her; die oberste Etage einer Fabrik für Computerzubehör war erst kürzlich von einem Feuer völlig zerstört worden. An den weiß gefliesten Wänden sah man noch schwarze Rauchstreifen. Emily sagte, dass niemand bei dem Feuer verletzt worden sei, weiter die Straße hinunter befinde sich aber ein Werk, in dem einige Arbeiter vor ein paar Jahren bei einem gewaltigen Feuer umgekommen seien. Die Fabrik hatte Weihnachtsschmuck aus Kunststoff und Gartenmöbel hergestellt.

In zwei Wochen würde Emily ihre neue Lehrerstelle antreten. Sorgen bereitete ihr, dass ihr Englisch in den Jahren in der Schmuckfabrik schlechter geworden war, und sie fragte sich, ob sie in der Lage sein würde, die Kinder richtig zu erziehen. Aber ihr gefiel das Schulgelände, und jedes Mal, wenn sie über die neue Stelle sprach, lächelte sie. Sie trug ihr Haar jetzt kurz, ihren Pony hatte sie mit Kunststoffhaarspangen zurückgesteckt. Um den Hals lag eine einfache Kette, die Zhu Yunfeng ihr geschenkt hatte – ein Drache aus Jade, ihr Geburtszeichen.

Es war eine warme, klare Nacht, und die Sterne leuchteten hell. Von der Spitze des Hügels konnten wir alles sehen: die Reihen der blockförmigen Wohnheime, ihre Fenster, die in der letzten Stunde vor der Sperrstunde noch erhellt waren. Es war nach elf Uhr. Ich fragte mich, wie viele Menschen sich in jedem Raum aufhielten und in wie vielen Räumen Radio gehört wurde. Emily hatte ihr altes batteriebetriebenes Gerät mitgebracht, und wir saßen auf der Spitze des Hügels und hörten »In der Nacht bist Du nicht allein«. Der Lautstärkeregler am Radio war kaputt, und Hu Xiaomeis Stimme knisterte dünn in der Nachtluft. Wir lauschten angestrengt.

Die erste Anruferin begann zu weinen. Sie bereute, wie sie ihren alten Freund behandelt hatte, der sie schließlich verlassen hatte. Hu Xiaomei sagte ihr, dass die Erfahrung gut für sie sein könne; beim nächsten Mal würde sie es wahrscheinlich richtig machen. Der zweite Anrufer vermisste seine Freundin von der höheren Schule, die weit weg war und in einem anderen Landesteil arbeitete. »Gibt es hier keine Mädchen, die Sie anlächeln?«, fragte Hu Xiaomei. Die dritte Anruferin war verärgert, weil ihr Freund vor Kurzem darum gebeten hatte, sich für einige Zeit von ihr zu trennen. Er sei ein wunderbarer Mann, der ihr auch dann zustimme, wenn sie nicht recht habe. Hu Xiaomei erklärte: »Wenn ein Mann Ihnen weiter zuhört, wenn Sie unrecht haben, dann stimmt mit ihm etwas nicht.«

Unten erloschen die Fabriklichter gruppenweise. Mitunter wurde die komplette Fensterreihe einer Etage plötzlich dunkel, oder die beleuchteten Vierecke eines ganzen Gebäudes wurden auf einmal abgeschaltet. Nie ging ein einzelnes Licht aus. Die Arbeiter in den Räumen hatten keine Kontrolle über die Schalter; die Zeitpläne der Ausgangssperren gaben den Takt vor.

Die letzte Anruferin war eine Frau, die zwar seit Jahren mit einem Mann zusammenlebte, die aber weiterhin Affären hatte. Sie wusste nicht, warum – ihr Freund hatte Geld, machte Karriere und hatte Manieren. Als Hu Xiaomei sie drängte, ihre Untreue näher zu erläutern, fragte die Frau, ob die Moderatorin Miao Yongs Roman gelesen habe.

»Das Buch mag ich nicht«, entgegnete Hu Xiaomei scharf. »Sie sollten Ihr Leben nicht darauf aufbauen. Die Frage ist: Was stimmt mit Ihren Prinzipien nicht?«

Emily sah mich an und grinste. Die Sendung war um Mitternacht zu Ende, das Rauschen ging über in einen knisternden Werbeschwall, und dann gingen unten die letzten Fabriklichter aus. Die Landschaft verschwand in der Dunkelheit.

Eine Weile saßen wir schweigend da, und ich erinnerte mich an etwas anderes, das Emily ein paar Tage zuvor gesagt hatte. Sie hatte versucht, den Veränderungen in Städten wie Shenzhen eine historische Dimension zu geben. »Ursprünglich lebten die Menschen in Gruppen«, sagte sie. »Irgendwann zerbrachen die Gruppen zu Familien, und nun brechen sie noch weiter herunter. Am Ende wird nur der Einzelne übrig bleiben.«

Sie machte eine Pause und sah unglücklich aus. »Am besten wäre es, wenn man eine Art perfekten Sozialismus haben könnte«, sagte sie. »Aber das ist unmöglich. Es war nur ein schönes Ideal.«

Ich fragte, ob sie Shenzhen verlassen wolle, und sie schüttelte den Kopf. Sie war der Meinung, dass die Vereinzelung einige gute Seiten habe, weil sie die Leute dazu dränge, Entscheidungen zu treffen. »Im Endeffekt werden die Menschen kompetenter«, sagte sie. »Sie werden auch kreativer sein. Danach wird es eine größere Vielfalt an Ideen geben. Es wird nicht darum gehen, dass alle dieselbe Meinung haben.«

Ich sagte: »Wie wird sich China deiner Ansicht nach dadurch verändern?«

Sie schwieg. Ich hatte keine Ahnung, wie ich selbst die Frage beantworten würde, obwohl mir der Gedanke gefiel, dass das System auf natürliche Weise verbessert würde, wenn die Menschen erst lernten, auf sich aufzupassen. Aber ich hatte die Fragmentierung von Shenzhen kennengelernt – die Stadtmauer, die Fabrikmauern, die einsamen Menschen, die weit weg von ihrer Heimat waren. Und ich fragte mich, wie all das jemals zu etwas Kohärentem zusammenwachsen könnte.

Ich sah Emily an und erkannte, dass die Frage für sie nicht wichtig war. Seit sie nach Shenzhen gekommen war, hatte sie einen Job gefunden, ihn aufgegeben und einen anderen gefunden. Sie hatte sich verliebt, und sie hatte gegen das Ausgehverbot verstoßen. Sie hatte einem Fabrikbesitzer eine Morddrohung zugesandt, und sie hatte ihrem Chef die Stirn geboten. Sie war vierundzwanzig Jahre alt. Es ging ihr gut. Sie lächelte und sagte: »Ich weiß es nicht.«

Kapitel

8

Einwanderung

Oktober 2000

Als Polat und ich zum letzten Mal Geld tausch-
ten, war der Kurs auf 8,40 Yuan zum Dollar gefallen. Er rauchte inzwischen eine Hilton nach der anderen und sah zerknirscht aus. Er
war gerade dabei, sich von seinem chinesischen Geld zu trennen,
weshalb ich 450 amerikanische Dollar mitbrachte. Als die Transak-
tion vorüber war, stellte er mir einen anderen vertrauenswürdigen
Geldwechsler in Yabaolu vor. Ich wusste die nette Geste zu schätzen,
mir war aber klar, dass meine Schwarzmarkttage gezählt waren. Der
Kurs war so niedrig, dass der Umtausch kaum lohnte. Außerdem ging
ich davon aus, dass ich ohne Polat vermutlich nicht viel Zeit in Yabaolu verbringen würde. Das Viertel würde ohne ihn nicht mehr dasselbe sein.

In dieser Woche trafen wir uns mehrmals im uighurischen Restaurant. Polat erzählte mir, dass er sich vorstellen könne, sich in vier
amerikanischen Städten niederzulassen: Los Angeles, New York,
Washington, D. C., und Oklahoma City.

»Oklahoma City?«, fragte ich.

Als er meinen Gesichtsausdruck sah, sprach er schnell weiter. »Ich habe gehört, dass es in Oklahoma heiß ist und dass dort ein sehr starker Wind weht«, sagte er. »Manche sagen, es sei ein schlimmer Ort, ähnlich wie die südlichen Regionen von Xinjiang.«

Ich sagte, das treffe mehr oder weniger zu. Polat erklärte, dass sich einige Uighuren in der Nähe von Oklahoma City niedergelassen hatten, wo manche an einem College studierten. Eine kleine Gruppe hatte sich auch um den uighurischen Intellektuellen Sidik Haji Rouzi geschart, der in der Nähe von Oklahoma City lebte. Er war häufig mit Sendungen zu uigurischen Themen auf Voice of America vertreten. Seine Frau Rebiya Kadeer war früher eine erfolgreiche Unternehmerin in Ürümqi gewesen, die chinesische Regierung hatte sie jahrelang als Vorbild für die Leistungen ethnischer Minderheiten gelobt. Doch dann überschritten die VOA-Sendungen ihres Mannes eine unsichtbare Linie, und als Rebiya Kadeer nach Xinjiang zurückkehrte, wurde sie wegen des Verdachts festgenommen, ›Staatsgeheimnisse‹ verraten zu haben. Die meisten glaubten, dass sie nichts weiter getan habe, als ihrem Mann Ausschnitte aus chinesischen Zeitungen zu schicken. Seit ihrer Festnahme war Rebiya Kadeer zur berühmtesten uighurischen politischen Gefangenen geworden, dennoch scheiterten die Bemühungen ausländischer Diplomaten, ihre Freilassung zu erwirken (mehrere Jahre später, 2005, wurde ihr schließlich erlaubt, China zu verlassen).

Polat erklärte, Oklahoma sei nur eine Option, es gebe auch in der Nähe von New York und Washington, D.C., Uighuren. Am meisten beschäftigte ihn die Frage, ob er es durch die Grenzkontrolle am Flughafen Los Angeles schaffen würde. Er wollte länger bleiben, als es sein Visum erlaubte, und dann einen Antrag auf politisches Asyl stellen. Seine Freunde hatten ihm gesagt, dass er bessere Chancen haben werde, wenn er bis nach Oklahoma City oder Washington, D.C., gelange. In beiden Städten gab es Anwälte, die in der Vergangenheit für andere Uighuren gearbeitet hatten.

Während wir uns unterhielten, bat Polat mich manchmal um Rat. Das Problem dabei war nur, dass er den Schritt in eine Welt plante, die mir als gebürtigem amerikanischem Bürger völlig fremd war. Ich hatte vor, die USA im Winter zu besuchen, und ich bot ihm an, ihm chinesisch sprechende Freunde in den wichtigsten Städten vorzustellen. Aber von den Asylverfahren hatte ich keine Ahnung. Polats Amerikaplänen stand ich von Beginn an skeptisch gegenüber, jetzt aber befürchtete ich ernsthafte Probleme. Mir war klar, dass er wahrscheinlich einige Zeit in einem chinesischen Gefängnis verbringen würde, wenn man den Asylantrag ablehnte und ihn abschob. Er aber vertraute auf den Rat, den ihm die Uighuren in Amerika gaben.

Oft klang es so, als würde er sich auf ein Spiel mit undurchschaubaren Regeln und erschreckend hohem Einsatz einlassen. Sichere Orte für Uighuren gab es über das ganze Land verstreut, von Los Angeles über Oklahoma City bis nach Washington, D.C. Eine Grundregel des Spiels besagte, dass man seine Asylchancen verbesserte, wenn man es durch die Grenzkontrolle am Flughafen schaffte. Später erfuhr ich, dass Polat in diesem Punkt tatsächlich recht hatte. Wenn eine Person an einem US-amerikanischen Flughafen um politisches Asyl bat, dann konnte im Rahmen der »beschleunigten Zurückweisung« darüber entschieden werden, ob ihr Antrag glaubwürdig war. Selbst wenn der Fall zur weiteren Prüfung angenommen wurde, konnte die Person festgehalten werden – was es schwerer machte, einen Anwalt zu konsultieren. Manchmal wurden Häftlinge zusammen mit gewöhnlichen Kriminellen ins Bezirksgefängnis gebracht. Ein Anwalt für Einwanderungsrecht sagte mir, dass er einen Asylbewerber besucht habe, der in Fußeisen in einem Bezirksgefängnis in Pennsylvania festgehalten worden sei.

*   *   *

Zwei Nächte, bevor Polat Peking verließ, trafen wir uns zum Abendessen im Restaurant neben dem Hollywood. Ich stellte einen persönlichen Scheck über zweitausend Dollar aus. Das Unternehmen für Visa-Beratung hatte Polat davor gewarnt, zu viel Bargeld mitzunehmen, weil das im Flughafen von Peking vielleicht Verdacht erregen könnte. Ich stellte die Schecks auf einen uighurischen Emigranten aus, der ein Bankkonto in den Staaten hatte. Im Restaurant zählte Polat die Dollars ab und gab sie mir. Es war das erste Mal, dass meine Taschen nach einer unserer Umtauschaktionen bis oben voll mit amerikanischem Geld waren.

»Was sollte ich deiner Meinung nach auf dem Flug anziehen?«, fragte er.

»Laut Einladung bist du ein Geschäftsmann«, sagte ich. »Also solltest du wohl auch wie ein Geschäftsmann aussehen. Ich würde einen Anzug tragen.«

»Wie wär's mit diesem Anzug?«, fragte er. »Sehe ich darin wie ein Geschäftsmann aus?«

Der Anzug war dunkelblau, billig geschnitten und glänzte leicht, weil er oft getragen worden war. Er sah darin genau wie ein uighurischer Geldwechsler aus.

»Hast du noch einen anderen?«, fragte ich so taktvoll wie möglich.

»Es ist mein bester Anzug.«

Polats Frau war mit dem Flugzeug aus Ürümqi eingetroffen, um sich von ihm zu verabschieden. Sie war Lehrerin und Ende zwanzig. Unser Gespräch fiel kurz aus, weil sie kaum chinesisch sprach. Es war überhaupt das erste Mal, dass ich Polat mit einer Frau zusammen sah. Er war sehr besorgt um sie und hielt beim Abendessen ihre Hand. Sie sah noch nervöser aus als er.

In der letzten Nacht traf ich die beiden noch einmal zusammen mit einigen von Polats uighurischen Freunden zum Abendessen. Es war ein Freitagabend. Die Visa-Berater hatten seine Reise auf Samstag gelegt, weil sie glaubten, dass die Einwanderungskontrollen an amerikanischen Flughäfen an Wochenenden weniger gründlich wären. Polat trank nicht viel, rauchte aber während des Essens fast pausenlos. Danach ging er um den Tisch herum und verabschiedete sich von allen. Als er meine Hand schüttelte, sagte ich: »Das nächste Mal werden wir uns in Amerika sehen.« Aber schon, als ich die Worte aussprach, zweifelte ich daran.

Im Flugzeug konnte er nicht schlafen. Er hatte nur eine kleine Tasche gepackt, eine *jiade* Samsonite, die in Yabaolu sechs Dollar kostete. In der Tasche waren sein Anzug, zwei Hemden, ein Paar Hosen und einige Bücher verstaut. Die Visa-Berater hatten ihm nahegelegt, mit leichtem Gepäck zu reisen (sie hatten ihm auch davon abgeraten, den Anzug zu tragen). Er trug Jeans und ein neues Button-down-Hemd, auch das eine Billigkopie, Marke Caterpillar.

Nach der Landung in Los Angeles holte er seine Tasche und stellte sich in der Warteschlange für Einwanderung an. Als er ganz vorne stand, gab er seinen Pass ab und versuchte, so ruhig wie möglich zu wirken. Der Beamte blickte kurz auf und nahm ihn auf die Seite, um ihn zu befragen.

Er führte Polat in einen kleinen Raum, in dem sich sechs Beamte befanden, darunter ein chinesisch sprechender Übersetzer. Als er nach dem Zweck der Reise fragte, erzählte Polat die Geschichte seiner Handelsfirma und zeigte das *jiade* Einladungsschreiben. Ein Beamter verließ den Raum, um die Nummer auf dem Briefkopf anzurufen.

Während Polat wartete, eskortierte ein anderer Offizier einen Chinesen herein. Der Mann war ebenfalls Passagier auf dem Flug von Peking gewesen. Er war etwa vierzig Jahre alt und wirkte nicht sonderlich nervös. Anders die Beamten, die sich auf Englisch aufgeregt mit dem Übersetzer unterhielten und lebhaft gestikulierten. Schließlich fragte der Übersetzer den Chinesen, was mit seinem Pass passiert sei.

»Ich habe ihn zerrissen und die Toilette hinuntergespült«, sagte der Mann.

»Warum haben Sie das getan?«

»Weil ich nicht länger Bürger der Volksrepublik China sein will«, erwiderte der Mann ruhig. »Ich bin in den USA, um politisches Asyl zu beantragen.« Er zog einige Papiere aus der Hosentasche. »Hier ist mein Zeugnis.«

Die Beamten verließen den Raum, um den Fall zu besprechen. Nach einer Weile kam einer von ihnen zurück.

»Herr Polat«, sagte er, »Sie können jetzt gehen.«

Zwei chinesische Kontaktpersonen des Visa-Beratungsunternehmens warteten außerhalb des Terminals. Sie sagten, ihr Freund habe den Anruf des Beamten der Einwanderungsbehörde entgegengenommen. Polat gab ihnen fünfhundert Dollar in bar, die letzte Rate der Gebühr, woraufhin sie ihn zur Los Angeles Greyhound-Station fuhren. Für Oktober war es ungewöhnlich heiß.

An der Bushaltestelle kaufte Polat ein Ticket für eine einfache Fahrt nach Oklahoma City. Die Stunden, die ihm bis zur Abfahrt blieben, verbrachte er im Wartesaal damit, Menschen zu beobach-

ten. Da Polat in der Volksrepublik als Mitglied einer Minderheit aufgewachsen war, hatte er ein feines Gespür für ethnische Unterschiede, und dieses Gespür war im Laufe seiner Jahre als Händler
zusätzlich geschärft worden. An der Greyhound-Station fiel ihm auf,
dass einige Menschen ein wenig wie Uighuren aussahen. Er vermutete, dass es sich um Hispanoamerikaner handelte. Der Bus war nicht
allzu voll, und er fand ihn deutlich besser als die Fahrzeuge, die er aus
China kannte.

Polat genoss die Fahrt, vor allem die Landschaft in New Mexico.
Oklahoma dagegen gefiel ihm nicht. Es war heiß, und es wehte ein
starker Wind. Er traf Sidik Haji Rouzi, den uighurischen Korrespondenten von Voice of America, und auch in Shawnee verbrachte er einige Zeit, wo sich einige Uighuren niedergelassen hatten, nachdem sie
Stipendien für die Oklahoma Baptist University erhalten hatten. Sie
waren zwar keine Baptisten geworden, einige von ihnen arbeiteten
aber in einer kleinen Fabrik, die Kreditkarten herstellte. Polat kam
das Leben in Oklahoma trostlos vor; die Situation der ethnischen
Gruppen erschien ihm irgendwie ungesund. Monate später formu-
lierte er es direkt: »Da waren viele Indianer in Shawnee. Die Regierung gibt ihnen Häuser. Sie trinken jeden Tag und arbeiten nicht.«

Nach zehn Tagen in Oklahoma kaufte Polat ein weiteres Einfa-
che-Fahrt-Greyhound-Ticket. Der Bus fuhr in östlicher Richtung
durch Arkansas. In Tennessee gab es mehr Bäume, als er je zuvor gesehen hatte. Als ich wieder in Peking war, klingelte eines frühen Morgens mein Handy.

»Ich bin in Washington«, sagte Polat. Er erzählte mir, dass er sich
bei einigen anderen Uighuren in der Hauptstadt der USA aufhielt und
damit rechne, in der nächsten Woche mit dem Englischunterricht beginnen zu können. Ich fragte, ob alles glatt gelaufen sei.

»Keine größeren Probleme«, sagte er. »Um einige Dinge muss ich
mich noch kümmern, aber über die möchte ich am Telefon nicht
sprechen. *Mingbai le ma?*«

»Ich verstehe«, sagte ich. Er versprach, in ein paar Wochen wieder
anzurufen, und ich sagte ihm, ich würde im Januar vorbeischauen.
Bevor er auflegte, bat er mich, seine uighurischen Freunde in Yabaolu zu grüßen.

Kapitel

9

Der Wohnhof

26. Oktober 2000
8.20 Uhr

Nach einem Jahr in Peking zog ich schließlich aus meiner alten Wohnung aus. Noch nie in meinem Leben war an einem Ort all das, was nie passiert war, so präsent gewesen. In meiner Küche hatte ich nie Essen gekocht, und ich hatte keinen Abend vor dem Fernseher verbracht. Keinen meiner Pekinger Freunde hatte ich dazu eingeladen, mich zu Hause zu besuchen. Ich hatte keine Möbel gekauft oder etwas Schönes an die Wände gehängt. Ich erhielt nie Post, genau genommen kannte ich nicht einmal die genaue Adresse. Abends war ich meistens unterwegs, und mit Zelt und Schlafsack unternahm ich oft lange Reisen in die Provinzen. Nicht selten war ich für zwei Wochen am Stück fort. So sah das Leben des freien Mitarbeiters aus: wandern und schreiben.

Jedes Mal kehrte ich in eine neue Stadt zurück. Einmal hatte ich eine Reportagereise beendet und ging zu meinem bevorzugten Nudel-Restaurant in der Nähe meiner Wohnung. Als ich ankam, musste ich feststellen, dass man die Gebäude abgerissen und weggeräumt hatte, um Platz für einen neuen Apartmentkomplex zu schaffen. Die Heimkehr nach Peking war wie ein Schock: Nach einer Reise von nur einem Monat konnte man sich wie Rip Van Winkle fühlen. Überall in der Hauptstadt entstanden ununterbrochen neue Bezirke, die alten Ecken wurden eine nach der anderen abgerissen. Früher war das Zentrum von Peking für seine *hutong*-Nachbarschaftsviertel bekannt. Das Wort war ursprünglich von einem mongolischen Begriff für Wasserbrunnen abgeleitet und beschrieb nun Gassen, die von Wohnhöfen flankiert waren. Ende der Neunzigerjahre verschwanden die *hutong* zusehends. Für das, was an ihre Stelle trat, gab es jedoch keine Bezeichnung. Das Tempo, mit dem Bauvorhaben in Angriff genommen wurden, war so hoch, dass es in erster Linie um die schnelle Fertigstellung ging. Die meisten neuen Gebäude waren vollkommen unscheinbar: schnell geplant, billig hochgezogen, schlecht zu Ende gebracht. Sie wirkten provisorisch, wie peinliche neue Nachbarn, die nicht in die Gegend passen und wahrscheinlich nicht lange bleiben.

In der sich wandelnden Stadt führte ich ein unstetes Leben. Ich lebte in einer Wohnung, in der sich nichts ereignet hatte, und in einer Stadt, die vor allem für etwas bekannt war, das nicht mehr existierte. Nachdem ich ein Jahr lang ziemlich losgelöst von allem gelebt hatte, beschloss ich, einigermaßen sesshaft zu werden und mir ein Zuhause zu suchen. Kurz zuvor hatte Peking ein Gesetz verabschiedet, das fünfundzwanzig *hutong*-Bezirke schützte, und in einem dieser Gebiete fand ich eine Wohnung: in der Ju'er Hutong. Ausländische Journalisten waren zwar nicht berechtigt, sich dort niederzulassen, ich dachte aber, ich könnte der Polizei aus dem Weg gehen, wenn ein Jahrestag bevorstand. Ich war zu fast allem bereit, um in einem Teil des alten Peking zu leben, der nicht abgerissen werden sollte.

Die Ju'er-Gasse lag in einem Gürtel von Parks und *hutong*, der sich nördlich der Verbotenen Stadt bis zum Gelände der ehemaligen Pekinger Stadtmauer zog. Das Viertel war ruhig – für Busse waren die Straßen zu schmal, und große Bauprojekte waren untersagt. Nichts war höher als nur ein paar Stockwerke, und viele Gebäude waren eingeschossig – man nannte sie *siheyuan* oder Wohnhöfe. Anders als in den Hochhausvierteln der Stadt hörte man in der Ju'er nur das Echo einiger weniger deutlich vernehmbarer Geräusche: das Rascheln des Windes in den Pagodenbäumen oder Regen, der über die Ziegeldächer glitt. Morgens rollten Verkäufer mit Fahrradkarren durch die Gassen und riefen die Namen ihrer Produkte: Bier, Essig, Sojasauce. Reis, Reis, Reis. Kleinunternehmer machten ihre Einkäufe. Freiberufliche Wiederverwerter fuhren auf der Suche nach Styropor, Pappe oder alten Geräten durch die *hutong*. Einmal hörte ich, wie ein Mann rief: »Lange Haare! Lange Haare! Lange Haare!« Er war aus der Provinz Henan nach Peking gekommen. Dort arbeitete er für eine Fabrik, die Perücken und Haarverlängerungen exportierte, die meist an Afro-Amerikaner verkauft wurden. In dem *hutong* zahlte der Haarhändler bis zu dreizehn, vierzehn Euro für einen guten Pferdeschwanz. Eine Frau kam mit zwei genau gleichen, schwarzen Zöpfen aus ihrem Haus, die in ein Seidentaschentuch gewickelt waren – Haar ihrer Tochter, das sie nach dem letzten Schnitt aufbewahrt hatte.

Einige Bewohner hatten behelfsmäßige Taubenställe auf ihren Dächern eingerichtet und hängten den Vögeln Trillerpfeifen um, sodass man sie hörte, wenn sie über den Köpfen hinwegflogen. In den alten Pekinger Stadtteilen erkannte man an dem weich rollenden, sich hebenden und senkenden Gurren der Vögel, die am Himmel kreisten, einen schönen, klaren Tag. Am späten Nachmittag schob der Müllmann seinen Wagen durch die *hutong* und blies dabei auf einer Pfeife. Der Ton wurde auf seinem Weg durch das Viertel langsam leiser; meist hatte er es kurz vor Sonnenuntergang verlassen. Die Nächte waren ruhig. Das war meine Oase: ein Schreibtisch unter einem Fenster in der Ju'er Hutong.

Doch der Friede war in einer Stadt wie Peking nicht von Dauer. Kurz nachdem ich in die Ju'er Hutong gezogen war, erzählte mir ein Nachbar, dass ich mir etwas anschauen solle. Ein paar Blocks entfernt, jenseits der Grenze des geschützten Bezirks, kämpfte ein alter Mann darum, seinen Wohnhof vor der Zerstörung zu bewahren. Hof und Haus waren vielleicht vierhundert Jahre alt, der Mann war zweiundachtzig. Er hatte zwei Klagen gegen die Regierung eingereicht. Der Nachbar wies mich darauf hin, dass es in solchen Fällen oft schnell gehe, und er behielt recht. Es dauerte genau achtundsiebzig Tage.

9. *August 2000*

Der Mann war zwar alt, er war aber nicht gebrechlich. Er war größer als die meisten jungen Chinesen, und seine Haltung ließ den Soldaten erkennen, der er vor mehr als einem halben Jahrhundert gewesen war. Im Alter von zweiundachtzig spielte er noch mindestens zweimal pro Woche Tennis. Seine Augen waren schildkrötenähnlich: dunkel und verschleiert. Aber sie funkelten jedes Mal, wenn er über das todgeweihte Stadtviertel sprach.

»So etwas wie die *hutong* und die Hofbauten haben andere Länder nicht«, sagte er. »Dieses Haus ist älter als die Vereinigten Staaten von Amerika!«

Er sprach oft englisch. Sein Name war Zhao Jingxin, die Leute nannten ihn respektvoll Lao Zhao, ein Begriff, der Alter (Herr) Zhao bedeutet. Er gehörte in Peking zur Elite einer Generation, die so schnell verschwand wie die *hutong:* die Mandarine aus der Zeit der Kuomintang, die in einer Welt groß geworden waren, die sowohl chinesisch als auch westlich geprägt war. Dem Vater des Alten Herrn Zhao, einem chinesischen Baptisten und Theologen, hatte man die Ehrendoktorwürde des Theologischen Seminars von Princeton verliehen. Er hatte seine vier Kinder sowohl auf Englisch als auch auf Chinesisch erzogen. Wie seine Geschwister hatte Alter Herr Zhao einige Zeit in den USA verbracht. Während des Zweiten Weltkriegs arbeitete er für die US-Armee in Honolulu und brachte den amerikanischen Truppen, die sich auf die Invasion des von Japan besetzten China vorbereiteten, Chinesisch bei.

Die Invasion fand nie statt, und kaum war der Krieg vorüber, nahm auch schon der nächste seinen Anfang – der Kampf zwischen den Kommunisten und der Kuomintang. In den späten Vierzigerjahren war klar, dass Maos Truppen das Land übernehmen würden, und die jungen, im Ausland ausgebildeten Chinesen wurden mit einer schweren Entscheidung konfrontiert. Zwei Brüder Zhaos blieben in den USA, Alter Herr Zhao und seine Schwester kehrten jedoch nach China zurück. Sie wurden Englischlehrer an Pekinger Universitäten.

»Mein Vater wollte, dass wir zurückkommen«, erklärte Alter Herr Zhao. »Er sagte, China sei unsere Heimat.«

Ich interviewte ihn gemeinsam mit Ian, der ebenfalls von der Klage gehört hatte. Alter Herr Zhao empfing uns in sei-

nem Wohnzimmer, wo die Fenster nach Süden auf den Back-
steinhof öffneten, der in der Augustsonne heiß wurde. Er teilte das Haus mit seiner Frau Huang Zhe. Das Paar hatte 1953
geheiratet – seit siebenundvierzig Jahren lebte es auf diesem
Fleck im alten Peking.

Das Anwesen war etwas über tausend Quadratmeter groß.
Es bestand aus zwei kleinen Innenhöfen, die von einstöckigen
Gebäuden umgeben waren. Die Dächer waren mit sich über-
lagernden, grauen Dachziegeln bedeckt. Rote Säulen aus
Holz flankierten den Eingang zum Haupthaus. An einigen
Stellen hatte man modernisiert: Die Fenster waren aus Glas
und nicht, wie sonst üblich, aus Papier, und Alter Herr Zhao
hatte Wasserleitungen verlegt. Der Grundriss des Anwesens
entsprach aber nach wie vor dem einfachen, traditionellen
Muster. Der Hauptkomplex war entlang einer Nord-Süd-
Achse ausgerichtet und vier einzelne Gebäude gruppierten
sich um einen zentralen Innenhof. Dieser Außenbereich wurde, je nach Jahreszeit, unterschiedlich genutzt: Wenn die Bewohner im Winter von einem Gebäude zum anderen gehen
mussten, überquerten sie schnell den Hof. Bei warmem Wetter verlagerten sie alltägliche Arbeiten nach draußen und
freuten sich über den quadratischen Platz unter freiem Himmel.

Der Außenbereich stellte nicht nur die Verbindung zwischen den vier Gebäuden her, er trennte sie auch. In traditionellen Pekinger Häusern gab dieser Platz manchmal vor, wie
eine Großfamilie ein Grundstück bewohnte. Alter Herr Zhao
erzählte uns, dass sein Vater früher im westlichen Gebäude
gewohnt habe, während die Schwester Alten Herrn Zhaos das
östliche belegte. Ihr englischer Name lautete Lucy Chao, ihr
Doktorgrad stammte von der Universität Chicago, wo sie
eine Dissertation über Henry James verfasst hatte. In China
war sie eine bekannte Übersetzerin. In diesem östlichen Flügel des Hofes verbrachte sie zehn Jahre damit, die erste vollständige Übersetzung der chinesischen Version von Walt
Whitmans »Grashalme« fertigzustellen. Das Buch wurde 1991
veröffentlicht, sieben Jahre vor Lucy Chaos Tod.

Laut Altem Herrn Zhao war das Haus mehr als dreihundert Jahre alt, allerdings war das genaue Alter nicht bekannt. Die Behörden hatten die Anlage aber nie unter Denkmalschutz gestellt, und 1998 hatte die Bezirksregierung Alten Herrn Zhao davon in Kenntnis gesetzt, dass sie es abreißen müsse. Er reichte Klage gegen das Denkmalschutzamt des Bezirks ein, weil es den Wohnhof nicht auf die Liste der schützenswerten Grundstücke gesetzt hatte. Besonders wütend machte ihn, dass man den Wohnhof abreißen wollte, um ein ganz besonders gewöhnliches modernes Gebäude zu errichten: eine Filiale der China Construction Bank.

»Seit mehr als einem Jahr passiert nichts«, sagte er. »Vor dem 1. Oktober 1999 waren sie mit dem Abriss von Häusern zurückhaltend, weil der fünfzigste Jahrestag der Volksrepublik bevorstand und sie keinen Ärger wollten. Danach ging es wieder los. Bei einigen Anwohnern in dieser Gegend haben sie einfach das Wasser oder den Strom abgestellt, um sie zu verjagen.«

Im Juli 2000 ging der Fall vor Gericht. Der Anwalt Alten Herrn Zhaos warf dem Amt für Denkmalschutz schlampige Arbeit vor – zweimal hatten Beamte das Haus aufgesucht, und jedes Mal waren sie nur ein paar Minuten lang durch die Gebäude gegangen, bevor sie erklärten, dass die Anlage nicht als Denkmal einzustufen sei. Vor Gericht bescheinigten unabhängige Experten, dass das Anwesen mindestens bis auf die frühe Qing zurückgehe, möglicherweise bis auf die Ming (die Dynastie endete 1644). Sie konnten den Gebäudekomplex sogar auf einer Karte aus dem 18. Jahrhundert nachweisen. Aber die Beweise zählten nicht: Das Gericht entschied, dass bei der Definition dessen, was ein Kulturdenkmal ist, ausschließlich die Definition der Denkmalschutzbehörde zugrunde zu legen sei. Wenn die Behörde feststelle, dass es abgerissen werden könne, dann sei allein das von Belang.

Aber der alte Mann wollte nicht aufgeben. Er war gut vernetzt – was ein Grund dafür war, dass er so furchtlos vorging –, und er reichte eine zweite Klage gegen das Wohnungsamt des Bezirks ein. Die Abteilung hatte Altem Herrn Zhao entsprechend den Abrissrichtlinien für Gebäude eine Entschädigung angeboten, wobei Qualität und Größe des Hauses maßgeblich waren. Der zu zahlende Betrag belief sich auf fast drei Millionen Yuan – das entsprach rund dreihundertfünfzigtausend Euro. Alter Herr Zhao behauptete im Prozess, die Summe sei zu niedrig. Uns dagegen erklärte er, dass es sich lediglich um eine juristische Taktik handele.

»Es geht hier nicht um Geld«, sagte er. »Dies Haus gehört mir. Mein Vater hat es gekauft, und ich habe mehr als fünfzig Jahre darin gelebt. Hören Sie, was der berühmte Architekt I. M. Pei sagt: Er findet, dass Peking schon zu viele Wohnhöfe ausradiert hat. Fragen Sie irgendeinen Ausländer, was er von seinem Pekingbesuch in Erinnerung behalten wird, und er wird antworten: die *hutong*. Wenn also die Ausländer Orte wie diesen für schützenswert halten, warum dann nicht auch die Chinesen? Zurzeit gibt es in ganz China nur zwei Städte, die noch intakt sind: Pingyao und Lijiang. Das ist alles, was nach fünftausend Jahren Geschichte übrig geblieben ist!«

Er bezog sich damit auf zwei kleine Städte, die eine in Nordchina, die andere im Südwesten. Der alte Mann sprach nun wieder englisch, seine Worte waren klar und deutlich. Den Kopf hielt er nach hinten – der Kiefer ragte vor, die Augen blitzten.

»Als Chinese bin ich dafür verantwortlich, diesen Ort zu schützen. Ich werde nicht freiwillig weichen. Das Gericht kann kommen, die Polizei kann kommen, der Krankenwagen kann kommen. Sie können mich zwingen zu gehen, aber ich werde nicht mit meinem Namen unterschreiben und zustimmen. Ich habe ihnen nur zwei Worte zu sagen: Kein Umzug.«

*   *   *

Andere ehemalige chinesische Hauptstädte hatten eine längere Geschichte als Peking, aber keine wurde so bewusst und sorgfältig geplant. Die Stadt trug den Stempel des Yongle-Kaisers der Ming, der eine Vorliebe für den großen Wurf hatte. Während der Yongle-Herrschaft segelten die Flotten den ganzen Weg nach Indonesien, Indien und zur Südspitze von Afrika. In Nanjing, der ursprünglichen Ming-Hauptstadt, hatte der Yongle-Kaiser versucht, die größte Steintafel der Welt zu meißeln.

Seine Planungen für Peking waren noch ehrgeiziger. 1421 verlegte er die Hauptstadt von Nanjing in den Norden, in eine Stadt, die einst ein Zentrum für Menschen aus dem Norden wie etwa die Mongolen war. Früher hatte es hier schon Städte gegeben, doch der Yongle-Kaiser ging die Sache mehr oder weniger wie die klotzige massive Kalksteinplatte an – er sah darin eine unbeschriebene Schiefertafel. Die neue Hauptstadt entwarf er entsprechend den traditionellen chinesischen Vorstellungen von Geomantie: Alles wurde auf einer exakten Nord-Süd-Achse angeordnet, der Kaiserpalast war nach Süden ausgerichtet. Die Stadt spiegelte die Vorstellung von einem heiligen Körper wider: Bestimmte Tempel und Sehenswürdigkeiten entsprachen Kopf, Händen, Füßen und anderen Organen der Gottheit Nezha. Im Laufe der Jahrhunderte wuchs die Stadt, sie verlor aber nie ihr ursprüngliches Layout.

In der ersten Hälfte des 20. Jahrhunderts, als im Zuge der Moderne viele Städte weltweit umgestaltet wurden, blieb Peking relativ intakt. In China hemmte die politische Instabilität das Wachstum, und dann wurde Nanjing unter der Kuomintang einmal mehr Hauptstadt. Selbst während der japanischen Besatzung war die bauliche Substanz, die physische Struktur Pekings nicht bedroht. Tatsächlich wollten die Japaner die Altstadt bewahren und alle neuen Bauvorhaben auf getrennte, angrenzende Gebiete konzentrieren. Dieser Plan wurde nie umgesetzt, und nachdem die Kuomintang 1949 nach Taiwan geflohen war, machten die Kommunisten Peking zur Hauptstadt ihres Neuen China. Es gab weltweit kaum etwas Vergleichbares: eine große Hauptstadt, geplant im 15. Jahrhundert, die von der Moderne oder vom Krieg kaum in Mitleidenschaft gezogen worden war.

Aber Mao Zedong war, ähnlich wie der Yongle-Kaiser, ein Herrscher mit großen Ideen. Er sah Peking als Industriezentrum, und die alten Tore und Mauern der Stadt galten als Hindernisse für den Fortschritt. Sie wurden aus unterschiedlichen Gründen nacheinander Stück für Stück abgerissen. 1952 wurde das Xibian-Tor zerstört, um an die Ziegel heranzukommen. Von 1954 bis 1955 wurde das Tor des

Irdischen Friedens abgerissen, um eine Straße zu bauen. Chaoyang-Tor, 1956: verurteilt wegen Baufälligkeit. Dongzhi-Tor, 1965: neue U-Bahn-Linie. Chongwen-Tor, 1966: U-Bahn-Linie. Bevor die Kommunisten an die Macht kamen, gehörten die 15,24 Meter hohe Stadtmauer und ihre Tore zu den größten Besonderheiten der Stadt. Bis Ende der Sechzigerjahre waren praktisch all diese Bauwerke abgerissen. Während der Kulturrevolution wurden die meisten verbliebenen Tempel in Peking entweder zerstört oder anderen Nutzungen zugeführt.

Viele *hutong* dagegen überlebten Mao. Seine Vision von der industriellen Entwicklung blieb im Grunde genommen eine Vision: eine ökonomische Realität, die seinen Theorien entsprochen hätte, existierte nicht. Er konnte die Mauer niederreißen und die großen Tore, aber er hat nie den Wohlstand geschaffen, der notwendig gewesen wäre, um auch die Stadtviertel zu verändern, in denen die meisten Menschen lebten. Nach der Kulturrevolution hatte ein Großteil der Wohnbebauung im Zentrum Pekings nach wie vor mittelalterlichen Zuschnitt.

Als dann die Reformen Fahrt aufnahmen, erledigte der Markt den Abriss viel gründlicher als Mao. Peking boomte – die Bevölkerungszahl lag 1949 bei siebenhunderttausend und kletterte bis Ende der Neunzigerjahre auf mehr als zwölf Millionen. Straßen mussten verbreitert werden, es gab finanzielle Anreize, um die *hutong* durch Wohnblöcke zu ersetzen. Banken waren wichtiger als Wohnhöfe. Das letzte Jahrzehnt des Jahrtausends veränderte den physischen Grundriss des alten Peking mehr als jede andere Dekade.

Trotz der Veränderungen überlebte ein Großteil der alten Namen. Entlang der Zweiten Ringstraße gab es U-Bahn-Haltestellen und Kreuzungen, die als Chaoyang-Tor, Dongzhi-Tor, Chongwen-Tor usw. bekannt waren. Keines dieser Tore war physisch vorhanden, die Namen stellten aber noch immer wichtige Wahrzeichen dar. Wenn man zum Tor des Irdischen Friedens ging, sah man Ampeln, Asphalt und rastlose rote Taxis, die ganz versessen darauf waren, durch ein nur noch in der Erinnerung vorhandenes Gebäude zu fahren, das einst Pekings Nordachse markiert hatte. Ein Taxifahrer konnte seinen Fahrgast nach Hongmiao – Roter Tempel – mitnehmen, aber es gab dort keinen Tempel mehr. Das Fuxing-Tor existierte nicht; das Anding-Tor war nur noch ein Name. Das alte Peking wurde zu einer Stadt der Wörter: ein imaginärer Ort, den die Einwohner heraufbeschworen, wenn sie von einem Punkt der Moderne zu einem anderen fuhren.

Das letzte Wort war immer *chai:* abreißen, abbauen. In Peking wurde das Schriftzeichen auf Gebäude gemalt, die zum Abriss verurteilt waren. In den alten Stadtteilen sah man das Wort überall. Es war in der Regel rund einen Meter zwanzig hoch, umgeben von einem Kreis, wie das A in dem anarchistischen Graffiti:

Während Peking sich veränderte, gewann das Wort die Qualität eines Zauberspruchs. Bewohner rissen 拆-Witze, und Künstler variierten das Schriftzeichen. Ein Geschäft verkaufte Baseballkappen mit eingekreistem, aufgesticktem 拆 auf der Vorderseite. Als ich in der Ju'er Hutong herumtrödelte, machte ein Nachbar mit Namen Alter Wang gern 拆-Wortspiele. »Wir leben in *chai-nar*«, meinte er oft. Es klang wie das englische China, bedeutete aber: »Abriss wo?«. Der Alte Wang meinte, in Peking würden alte Gebäude abgerissen, solange er denken könne. 1966 stand er zusammen mit anderen Mittelschulkindern auf der Freiwilligenliste einer Brigade, die mithalf, die alte Stadtmauer nahe dem Anding-Tor zu 拆.

21. September 2000

Den ganzen Herbst über besuchte ein steter Strom chinesischer Reporter Alten Herrn Zhao. Seine Klage war Teil eines neuen Trends – in den späten Neunzigerjahren gab es eine Reihe Aufsehen erregender, privater Klagen gegen die Regierung, darunter einige Sammelklagen. Immer, wenn eine Klage erfolgreich war, wurde in der chinesischen Presse ausführlich darüber berichtet, um den Eindruck zu erwecken, dass sich die Regierung fair verhielt. Allerdings wurden die meisten Klagen abgewiesen, und von diesen erfuhr man nie etwas. Sie blieben in der Reformhölle hängen, in der zwar plädiert, aber nie gewonnen wurde, und in der Reporter recherchierten, aber nie veröffentlichen konnten. Ein paar Artikel über die Klage Alten Herrn Zhaos erschienen in kleineren Provinzblättern, in der Hauptstadt jedoch bestand eine strikte Mediensperre. Für Reporter aus Peking war der Besuch des Wohnhofs eine Art Ritual: Sie erwiesen der Story ihre Reverenz, auch wenn sie nicht über sie schreiben konnten.

Die Pressezensur war ein Grund dafür, dass sich relativ wenige Einwohner Sorgen über die Zerstörung des alten Peking zu machen schienen. Aber auch andere Faktoren trugen zu der Passivität bei. In den *hutong* hatten viele Häuser keine Sanitäranlagen; die Bewohner benutzten öffentliche Toiletten, und häufig waren sie froh, wenn sie in neue Wohnblöcke umziehen konnten. Die andere Option konnten sie sich kaum vorstellen: modernisieren, ohne die *hutong* zu zerstören, so wie es europäische Städte machten. Nicht zuletzt kam es selten vor, dass ein Gebäude wie im Fall des Wohnhofs von Altem Herrn Zhao die Geschichte von Menschen über Generationen begleitete. Während der politischen Kampagnen der Fünfziger- und Sechzigerjahre hatte man Hausbesetzer aus dem Proletariat dazu ermutigt, die Häuser der Wohlhabenden zu bewohnen, und viele Höfe waren notdürftig weiter unterteilt worden. Nach der Reform- und Öffnungspolitik war es für Bauunternehmen nicht schwer, diese Hausbesetzer zu entfernen, zumal sie im Allgemeinen keinen Rechtsanspruch auf das Grundstück hatten.

Selbst wenn die Verträge gut dokumentiert waren, was bei Altem Herrn Zhao der Fall war, bot das Gesetz keinen vollständigen Schutz. Die Verfassung des Landes, die 1982 verabschiedet worden war, als das Haus bereits mehr als drei Jahrzehnte der Familie Zhao gehörte, stellte eindeutig fest, dass alles Land dem Staat gehöre. Personen konnten Landnutzungsrechte kaufen und verkaufen, die Regierung konnte einen Verkauf jedoch erzwingen, wenn das Grundstück aufgrund des öffentlichen Interesses benötigt wurde. Nur war das öffentliche Interesse in *Chai nar,* wo die Macht dezentralisiert wurde, ein unscharfer Begriff. Oft zählten allein die Entscheidungen der lokalen Verwaltung, die den Begriff ›öffentliches Interesse‹ so drehen und wenden konnte, dass er zu ihren Zielen passte.

Der Anwalt Alten Herrn Zhaos argumentierte, die Landnutzungsrechte würden gleich dreimal verkauft, falls der
Wohnhof abgerissen werde. Erstens würde die Bezirksverwal-
tung die Rechte von dem alten Mann erwerben, anschließend
würden sie sofort mit Gewinn an das staatseigene Bauunternehmen weiterverkauft. Am Ende würde der Bauunternehmer
den Preis nochmals erhöhen und sie an die Bank verkaufen, die
sich ebenfalls in Staatseigentum befand. Mit anderen Worten:
Drei verschiedene öffentliche Ämter würden das Land
untereinander kaufen und verkaufen, bevor etwas gebaut wurde. Gleichzeitig würde der Endpreis in etwa zehnmal so hoch
sein wie die Summe, die man Altem Herrn Zhao zahlen wollte.

Bei der zweiten Klage ging es um diese Regelung: Die Verwaltung wurde beschuldigt, kein Angebot über den tatsächli-
chen Marktwert vorgelegt zu haben. Über die Klage wurde
vom Mittleren Volksgericht Nummer Zwei am Morgen des
21. September entschieden. Um 9.15 Uhr betrat der Richter
den Gerichtssaal, forderte alle auf, sich zu erheben und verlas
die Entscheidung: Alter Herr Zhao und seine Frau müssen
den Wohnhof innerhalb von fünf Tagen räumen. Sollten sie
sich weigern, hätten die städtischen Behörden das Recht, das
Paar mit Gewalt zu entfernen und die Gebäude abzureißen.

Außerhalb des Gerichtssaals, wo ein Pekinger Fernsehteam
wartete, brach ein Streit zwischen dem Rechtsanwalt des alten
Mannes und den Behördenvertretern aus. Der Anwalt schwor,
er würde einen Weg finden, das Urteil anzufechten. Beide Seiten schrien sich an. Das Fernsehteam filmte den Wortwechsel.
In den Abendnachrichten wurde er nicht gesendet.

25. September 2000
Alter Herr Zhao und Huang Zhe waren noch nicht ausgezogen. Die alte Frau sah nervös aus, sie erzählte mir, dass die Polizei Gerüchten zufolge jederzeit kommen könne. Ihr Mann
dagegen schien entschlossener denn je: »Sie werden mich hin-
austragen müssen«, sagte er. »Anders wird es nicht gehen.«

Ende September ist eine der schönsten Jahreszeiten in Peking, und an diesem Tag war die Temperatur perfekt. Wir tra-

fen uns im großen Hof, als am Nachmittag die Schatten nach
Osten zogen, in Richtung des Gebäudes, in dem Lucy Chao
Whitman übersetzt hatte. Einige blütenlose Rosenbüsche
warteten dort auf den kommenden Winter. Ein großer gelber
Kran ragte bedrohlich hoch über uns auf – die Bauarbeiten zu
einem Bankgebäude nebenan waren bereits im Gange. Fast
alle Nachbarn waren ausgezogen.

Früher an diesem Morgen hatte Alter Herr Zhao ein Ten-
nismatch an der Tsinghua-Universität gegen einige andere
pensionierte Lehrer gespielt. Er erzählte mir, dass er mit
sechs zu zwei Spielen gewonnen hatte. Er schien guten Mutes
zu sein und zeigte mir einige anonyme Briefe, die Unterstüt-
zer in den Briefschlitz am Eingangstor des Wohnhofs geworfen hatten. Eine Nachricht trug folgende Unterschrift: »Ein
Bürger der Hauptstadt«.

Die Eheleute hatten keine Kinder, und Freunde hatten
mir erzählt, dass sie während der Kulturrevolution viel Leid
erdulden mussten. Alter Herr Zhao sprach aber nie im Detail
über diese Zeit. Wenn das Thema zur Sprache kam, wischte er
es immer zur Seite. Wenn ich ihn nach seinen Brüdern in den
Vereinigten Staaten fragte, sagte er, dass der eine ein pensionierter freier Schriftsteller sei. Der andere Bruder, ein pensionierter Geologe namens Edward C. T. Zhao, hatte sein Berufsleben beim Geologischen Dienst der USA verbracht.

»Bekanntlich sind die USA auf dem Mond gelandet«, sagte
Alter Herr Zhao. »Sie brachten von dort Gestein mit, das viele
Geologen gern untersucht hätten. Vier Geologen wurden ausgewählt, mein Bruder war einer von ihnen. Später wurde er
zwei Wochen lang unter Quarantäne gestellt. Es war unklar,
welche Keime sich möglicherweise auf den Steinen befanden.«

Die Schatten des Nachmittags zogen über den Hof, und
wir gingen ins Haus hinein, in das zentrale Wohnzimmer. Ich
fragte Alten Herrn Zhao, ob er seine Entscheidung, nach dem
Krieg nach China zurückzukehren, je bereut habe.

»Keiner von uns hat es je bereut«, sagte er. »Meine Brüder
sind ihren Weg gegangen, ich meinen. Natürlich haben mich
meine Brüder 1998, als die Regierung erstmals davon sprach,

dieses Haus 拆 zu wollen, eingeladen, nach Amerika zu kommen, aber ich wollte nicht. Ich bin Chinese, und selbst wenn ich nach Amerika ginge, würde ich immer noch ein Chinese sein.«

In den gesamten Fünfziger- und Sechzigerjahren hatte Alter Herr Zhao seine Brüder nicht gesehen. 1972 unternahm der Geologe seine erste Reise zurück nach China. Er gehörte einer amerikanischen Delegation an, die dort im Zuge des Pekingbesuchs von Präsident Nixon eintraf. In seinem Wohnzimmer zeigte Alter Herr Zhao auf ein Geschenk eines Neffen: einen Erinnerungsteller aus Springfield, Illinois, mit einem gezeichneten Porträt von Abraham Lincoln in der Mitte.

Jedes Mal, wenn ich über den Hof ging, wirkten seine regelmäßigen Formen irgendwie beruhigend auf mich: die rechten Winkel und die viereckigen Gebäude. Ich stellte mir den Alltag in der Vergangenheit vor – mit dem Patriarchen im Westen, der Tochter im Osten, dem Sohn im Norden. Die Ordnung brach jedoch zusammen, sobald ich das Wohnzimmer betrat, dessen Wände die verschiedenen Welten widerspiegelten, die das Haus erlebt hatte. Neben dem Abraham-Lincoln-Teller hing eine Auszeichnung des Tennisclubs Peking. Daneben baumelte eine orangene Wham-O-Frisbee-Scheibe aus Kunststoff von einer Fernsehantenne. Darüber zwei Kalligrafierollen, Andenken an den Vater des Alten Herrn Zhao. Eine Schwarz-Weiß-Fotografie des Patriarchen. Ein Gemälde mit Jesus, der die Pharisäer unterrichtet. Eine chinesische Landschaft. Ein Kunststoff-Nikolaus. Noch mehr Kalligrafie. Noch eine Tennistrophäe.

Draußen senkte sich ein ruhiger Septemberabend herab, und der alte Mann redete weiter, fortwährend hin und her wechselnd – von Englisch zu Chinesisch, von Chinesisch zu Englisch.

Die Chinesen waren sehr stolz auf ihre Geschichte, besonders in Gegenwart von Ausländern. Die Beschreibung einer durchgängigen Kultur konnte aber einschläfernd wirken, und es dauerte eine Weile, bis mir auffiel, dass ich eigentlich kein wirklich altes Gebäude gesehen hatte. Zunächst glaubte ich, der Grund hierfür sei einfach, dass man sie alle abgerissen hätte. Das 20. Jahrhundert war destruktiv gewesen, und ich nahm an, dass die Architektur eines von vielen Elementen der chinesischen Kultur war, die gelitten hatten.

Wenn ich aber alte Gebäude sah, die tatsächlich die Jahrhunderte überdauert hatten, wie der Wohnhof Alten Herrn Zhaos, dann bestanden sie für gewöhnlich aus Materialien, die man im Laufe der Jahre ersetzt hatte. Wie die Verbotene Stadt oder andere traditionelle chinesische Tempel bestand sein Haus aus Holz, Backsteinen und Glasurziegeln. In China waren nur wenige Gebäude aus Stein. Einige Abschnitte der Großen Mauer aus der Ming-Zeit waren zwar mit Stein verkleidet, dabei handelte es sich jedoch um eine Verteidigungsanlage und nicht um ein Denkmal oder ein öffentliches Gebäude. Chinesische Bauwerke waren nicht dafür ausgelegt, den Jahrhunderten zu trotzen.

Viele Menschen, denen die Denkmalpflege besonders am Herzen lag, hatten Verbindungen in den Westen. Alter Herr Zhao sprach von der Bewahrung der Kultur, und er stellte für mich den Kontakt zu einer anderen Aktivistin in Peking her, die halb Chinesin, halb Französin war und versuchte, die *hutong* zu erhalten. Die durchschnittlichen Altstadtbewohner interessierten sich für solche Themen anscheinend nur vergleichsweise wenig, selbst wenn sie gezwungen wurden, ihre Häuser zu räumen. Oft waren sie wütend, weil die städtischen Beamten korrupt waren, und sie beschwerten sich darüber, dass man sie unfair entschädigt hatte. Das Thema war aber eher persönlicher als kultureller Natur. Nur selten habe ich eine tiefe Verbundenheit mit der *hutong* gespürt.

Die Chinesen hatten sich in der Vergangenheit erstaunlich wenig mit Architektur beschäftigt. Während der Song-Dynastie (960–1279) hatte es Ansätze gegeben, die Merkmale der traditionellen Baukunst zu identifizieren und zu klassifizieren. Davon abgesehen war kaum systematisch geforscht worden. Auch in den Zwanzigerjahren des 20. Jahrhunderts war das Feld noch nicht bestellt, als zwei junge Chinesen, ein Mann namens Liang Sicheng und eine Frau namens Lin Huiyin, an der Universität von Pennsylvania ein Architekturstudium aufnahmen. Nach ihrer Abschlussprüfung 1928 heirateten sie und kehrten nach China zurück.

Das folgende Jahrzehnt verbrachte das junge Paar überwiegend damit, die erste Systematik der heimischen, chinesischen Architektur zu erstellen. Die beiden reisten quer durch den Norden, machten alte Gebäude ausfindig und fertigten akribisch genau Skizzen an. Nicht weit von Peking entfernt fanden sie den auf das Jahr 984 zurückgehenden Dule-Tempel. In der Provinz Shanxi stießen sie auf den Foguang-Tempel, der 857 erbaut worden war und der nach wie vor der älteste bekannte hölzerne Tempel in China ist. Als später die Kommunisten an die Macht kamen, setzte sich Liang Sicheng erfolglos für den Erhalt der alten Stadtmauer ein.

1940 beschrieb er das Problem, dem er und seine Frau bei ihren Forschungsarbeiten begegneten: »Da es keine Reiseführer für die Bauwerke gab, die in der Geschichte der chinesischen Architektur von Bedeutung waren, suchten wir nach ihnen wie der Blinde, der ein blindes Pferd reitet«.

Oft halfen ihnen Informationen von Bauern weiter:

Ich hatte die Erfahrung gemacht, dass die Einheimischen der Architektur keine Beachtung schenkten. Als ich ihnen sagte, dass ich mich für Antiquitäten interessiere, brachten sie mich zu ihren Steinstelen, in die vor langer Zeit Schriftzeichen eingemeißelt worden waren. Sie begeisterten sich für Kalligrafie ..., sie waren beeindruckt vom geschriebenen Wort, nicht vom Handwerk des Zimmermanns.

Als ich Liang Sichengs Hinweise gelesen hatte, dachte ich an meine ehemaligen Studenten in Fuling. Sogar im englischen Fachbereich mussten sie Praxisübungen in chinesischer Kalligrafie belegen. Wenn ich den Klassenraum betrat, sah ich oft Dutzende von Studierenden, die über ihre Pinsel gebückt saßen und wieder und wieder einzelne Schriftzeichen schrieben. Sie konnten mir sofort sagen, wer in der Klasse die schönste Handschrift hatte und wer an zweiter, dritter, vierter Stelle stand. Und sie waren schockiert, dass mein handgeschriebenes Englisch so schlampig war. Sie konnten nicht glauben, dass jemand mit meinem Hintergrund – mit einem Literaturstudium an zwei Universitäten – noch immer nicht schreiben konnte.

Meine Studenten in Fuling fanden in den geschriebenen Worten eine Schönheit, die für Leute wie mich, die aus dem Westen kamen, nicht sichtbar war. Und ich hatte in Peking das Gefühl, dass ich in der alten Stadt etwas sah, das die meisten Einheimischen nicht wahrnahmen. Von Kindheit an hatte ich, wie alle im Westen, gelernt, dass alte Bauwerke – Pyramiden, Paläste, Kolosseum, Kathedralen – der Vergangenheit konkrete Formen geben. Ionisch, dorisch, gotisch, barock – Worte, an die ich mich aus dem Mittelstufenunterricht erinnerte. Für mich war das das Altertum, die Chinesen hingegen schienen ihre Vergangenheit andernorts zu finden.

20. Oktober 2000

Der alte Mann war gereizt. Er war ordentlich gekleidet, in einen grauen Rollkragenpullover und einen blauen Blazer, und er empfing mich in seinem Wohnzimmer. Seine Augen bewegten sich aber ungeduldig, und meine Ansätze zu einem Small Talk überging er. Er hatte an dem Morgen ein Turnierspiel gewonnen, weigerte sich aber, mir die Punktzahl zu nennen. »Wenn ich gegen Achtzigjährige spiele, spielt das keine Rolle mehr«, sagte er mit einer wegwerfenden Handbewegung. »Sie sind zu alt.«

Alle Rechtsmittel waren ausgeschöpft. Die letzte Hoffnung war, dass ein hoher Funktionär ein persönliches Interesse an dem Fall hatte, was aber unwahrscheinlich war. Alter Herr Zhao erzählte mir, dass sich einige Freunde um eine andere Wohnung gekümmert hätten, falls 拆 angeordnet würde. Die Gebäude rund um ihren Wohnhof waren nur noch Schutt und Asche; am frühen Morgen waren die letzten Nachbarn ausgezogen. Die beiden Senioren waren die letzten Menschen in der *hutong.*

Er zeigte mir einige Teile des Hauses, die er hoffte, erhalten zu können. Die alten Türen im Hauptgebäude würden dem Museum für Moderne Literatur gespendet, hinzu kam ein alter dekorativer Ziegelstein mit Gravur, der »Elefantenaugen« genannt wurde. Wir gingen hinaus, der alte Mann begleitete mich über den dunklen Hof. Die Nachmittage wurden nun kürzer, es war frisch. Er zeigte auf eine Stelle im Hof, an der vor Jahrzehnten ein Luftschutzbunker ausgehoben worden war.

»Das stammt aus der Kulturrevolution«, erklärte er. »Mao meinte, dass alle einen Luftschutzbunker brauchten. Damals war Amerika der Feind Nummer eins.«

Er hielt nach wie vor daran fest, dass er nur unter Zwang ausziehen werde. »Die Gerichte werden kommen, die Polizei wird kommen, der Krankenwagen wird kommen«, sagte er grimmig. »Es wird aufregend.«

Eine chinesische Zeitungsreporterin traf ein, und zu dritt gingen wir ins Wohnzimmer. Die Reporterin war jung, der alte Mann und der Ausländer schienen sie einzuschüchtern. Vielleicht kämpfte sie auch nur mit dem Gedanken, dass es sinnlos war, eine Geschichte zu dokumentieren, die nicht erzählt werden konnte. Stotternd stellte sie ihre erste Frage: »Sind Ihre Sachen schon in der neuen Wohnung?«

»Was glauben Sie wohl?«, schoss der alte Mann zurück. »Sehen Sie nicht, dass alle meine Sachen noch hier sind?«

Die Frau schaute hinüber zu den Wänden: die Kalligrafie und der Patriarch, Abraham Lincoln und der Knabe Jesus. Sie lächelte schwach und versuchte es mit einer anderen Frage: »Sind Sie unglücklich?«

»Natürlich sind wir unglücklich! Wären Sie nicht unglücklich? Seit zweieinhalb Jahren droht uns diese Sache, und wir sind über achtzig!«

Höflich entschuldigte ich mich und verließ den Wohnhof. Die Hausangestellte schloss die Tür hinter mir. Ich ging Richtung Norden und überquerte die unsichtbare Linie, die den geschützten Bezirk markierte. Zu Hause in der Ju'er Hutong war alles ruhig.

23. Oktober 2000

Am Nachmittag klingelte um halb vier mein Handy.

»Sie werden es am Donnerstagmorgen 拆«, sagte der alte Mann. »Ich kann nichts mehr dagegen machen.«

Er erklärte, dass sie beide vorübergehend zu Freunden ziehen würden. Seine Stimme war emotionslos. Er sprach chinesisch, dann wechselte er zu Englisch.

»Mehr habe ich dazu nicht zu sagen. Das war der einzige Grund für meinen Anruf.«

Er legte auf, bevor ich antworten konnte.

26. Oktober 2000

Als ich aufwachte, wusste ich, dass ein langer, düsterer Tag bevorstand. Zufällig war es ein Falun-Gong-Jahrestag: Um ein Uhr wollten die Demonstranten sich auf dem Tian'anmen-Platz versammeln. Am Morgen ging ich aber zunächst von der Ju'er in südliche Richtung und hörte mir dabei die frühe Geräuschkulisse der *hutong* an. Die Verkäufer waren unterwegs – Bier, Essig, Sojasauce. Reis, Reis, Reis. Vögel pfiffen in den Pagodenbäumen und erfüllten mit ihren zarten Stimmen die Herbstluft.

Der Wohnhof befand sich etwas südlich der Kuanjie-Kreuzung auf der Ostseite der Straße. An der Eingangstür klebte ein Räumungsbefehl. In der Nähe hatte jemand auf der alten, grauen Mauer des Anwesens Werbung für die Ausstellung zu Wirtschaftsverbrechen in der Pekinger Innenstadt angebracht – möglicherweise ein gut überlegter Anflug von *Chai-nar*-Ironie.

Alter Herr Zhao und seine Frau waren am Tag zuvor aufgebrochen. Sie gingen leise: keine Polizei, keine Krankenwagen. Aber auch ohne sie wurde der Abriss zu einem Spektakel. Sowohl chinesische als auch ausländische Reporter trafen vor acht Uhr ein. Punkt 8.20 Uhr rückten fünfzehn Gerichtsbeamte an. Sie waren identisch gekleidet: weiße Hemden, schwarze Anzüge, schwarze Krawatten. Rote Abzeichen steckten an ihrer Brust. Sie sicherten das Gebäude und sorgten dafür, dass sich niemand mehr darin befand.

Um 8.30 Uhr folgte eine Flotte aus weißen Polizeiwagen. Mehr als fünfzig Beamte umstellten das Gelände, darunter Polizisten in Zivil. Sie räumten die Bürgersteige und sperrten das Gelände mit gelben Kunststoffbändern ab. Sie tyrannisierten Passanten, bedrängten Reporter und konfiszierten die Filme von Fotografen. Ein paar ausländische Fernsehreporter wurden festgenommen. Ein chinesischer Journalist wurde in einem Handgemenge leicht verletzt.

Zuletzt kamen die Arbeiter. Es waren Wanderarbeiter aus der Provinz Sichuan. Einer der Männer erzählte mir, dass man ihn für kaum mehr als zwei Dollar pro Tag beschäftige. Alle Männer trugen eine Spitzhacke. Die Sichuaner fingen mit dem Dach an – Dachziegel abschlagen und Staub absprühen. Als Nächstes waren die Wände an der Reihe: Putz, Mörtel, Backstein. Staub, Staub, Staub.拆, 拆, 拆. Ein Bulldozer drängte durch den Südeingang hinein. Ihm folgten Kipplaster. Es war ein schöner Herbsttag; der Himmel war hoch und blau, kein Wölkchen war zu sehen. Am späten Nachmittag war der Wohnhof Geschichte.

ARTEFAKT E

Der Bronzekopf
发展中考古

An der Vergangenheit wird zurzeit gebaut. Sie liegt unter Häusern, Autobahnen und Baustellen. Normalerweise taucht sie unerwartet wieder auf – jemand gräbt, etwas kommt zum Vorschein. Die meisten Artefakte entdeckt in China letztlich der Zufall.

Für Archäologen oder Historiker sind die Zufallsfunde ein Grund, sich in Bescheidenheit zu üben, weil selbst die großartigsten Entdeckungen auf banalste Weise zustande kamen: Jemand wird krank, und der Schildkrötenpanzer, den er kauft und der ihn heilen soll, ist zufällig ein Orakelknochen. 1974, während einer Dürreperiode in Nordchina, graben Bauern außerhalb von Xi'an einen Brunnen und stoßen dabei auf die Terrakotta-Armee von Qin Shihuang. 1976 werden die Einwohner von Anyang im Laufe einer staatlichen Kampagne, deren Vorbild die Gemeinde Dazhai ist, angewiesen, alle Hügel einzuebnen, um besseres Ackerland zu schaffen – ein weiterer genialer Einfall von Mao Zedong, der für die Landwirtschaft nutzlos ist. Doch bei den Erdarbeiten wird das Grab der Fu Hao (Dame Hu) entdeckt, das die reichste Sammlung von Shang-Bronzen und -Jade enthält, die jemals gefunden wurde.

Das Tempo der Wiederentdeckungen gewinnt mit Reform und Öffnung an Fahrt. Die treibende Kraft ist jetzt eher die Wirtschaft als die Politik – keine Kampagnen mehr nach dem Motto »Studiert Dazhai.« Und der Markt, der sich bei der Zerstörung alter Städte als besonders geschickt erweist, ist ein ebenso effizienter Ausgräber. Das *yin*, das zum *yang* der Planierraupe passt, sieht so aus: Alte Städte wie Peking verschwinden, und Wohnhöfe wie der von Altem Herrn Zhao werden abgerissen, aber die Bautätigkeit legt eine beispiellose

Zahl alter Gräber und Städte frei. *Chai nars* Wirtschaft entwickelt die Vergangenheit, noch während sie sie zerstört.

Beim Bau eines Straßenabschnitts, einer Geschäftsstraße, in Jinsha stoßen die Arbeiter auf einen mindestens dreitausend Jahre alten Friedhof. An der Autobahn außerhalb von Xi'an legt ein Bauteam Gruben frei, die die Terrakotta-Figuren von Han Jingdi, dem vierten Kaiser der Han-Dynastie, enthalten. In Luoyang heben Baufirmen das Fundament eines Einkaufszentrums aus und finden ein Königsgrab, das aus der Zeit der Östlichen Zhou stammt. Die Archäologen arbeiten wie Bergungsmannschaften: Sobald ein Bauprojekt eine antike Stätte zutage fördert, werden die Spezialisten hinzugezogen, um die Arbeit zu Ende zu bringen.

Am 23. Juli 1986 um acht Uhr in der Früh graben einige Bauern im Dorf Sanxingdui in der Provinz Sichuan nach Ton für die Herstellung von Ziegelsteinen, als sie plötzlich ein Lager mit herrlichen Jadestücken entdecken. Archäologen schalten sich ein und heben im Laufe des Sommers zwei riesige Gräber aus, die aus der Zeit um 1200 v. Chr. stammen, also aus derselben Zeit, in der die Shang andere Teile Chinas beherrschen. Die Archäologen finden achtzig Elefantenstoßzähne, über viertausend Kaurimuscheln, Artefakte aus Gold, Jade, Stein, Bernstein und Keramik. Besonders beeindruckend sind die Bronzeobjekte, deren technische Qualität und künstlerischer Stil eindeutig auf eine fortgeschrittene Zivilisation hinweisen. Zu den Bronzefiguren gehören ein über vier Meter hoher Baum, die Statue eines Mannes, die eine Höhe von über zwei Meter vierzig aufweist, und mehr als fünfzig Bronzeköpfe. Der Stil der Bronzeköpfe ist völlig anders als alles, was jemals in China entdeckt wurde. Sie ähneln nicht im Geringsten den Artefakten im eintausendeinhundertdreißig Kilometer entfernten Anyang. Die Gruben in Sichuan enthalten keine Orakelknochen und keine Bronzen mit Inschriften – nicht ein einziges geschriebenes Wort. Niemand hat eine Ahnung, wer die Objekte hergestellt hat.

In China, wo die politische Macht traditionell vom Zentrum ausgeht, scheint es naheliegend, sich Kultur genauso vorzustellen. Chiang Kai-shek glaubte, dass Minderheiten wie Uighuren und Tibeter ursprünglich Chinesen waren. Sie hatten sich einfach von den zentralen Ebenen fortbewegt, und durch die jahrhundertelange Isolation veränderten sich ihre Sprache und ihre Gewohnheiten. Zu Beginn des frühen 20. Jahrhunderts beschrieben Archäologen das alte China ganz ähnlich: Die Zivilisation habe sich entlang des mittleren Tals des Gelben Flusses, in Gebieten der zentralen Ebenen wie Anyang, entwickelt. Anschließend habe sich die Kultur nach außen ausgebreitet. Die Chinesen betrachteten sich als Volk, das von gemeinsamen Vorfahren abstammte – und der Wunsch nach Einheit spornte sie dazu an, in den Jahren der Invasion und des Bürgerkriegs in Anyang zu graben. Die Archäologie half dabei, China zusammenzuhalten.

In anderen Teilen der Welt gerieten solche Vorstellungen über die Verbreitung von Kultur in der Mitte des 20. Jahrhunderts unter Beschuss. Im Nahen Osten und im Mittelmeerraum erkannten viele Experten, dass derartige Vorstellungen politisch motiviert sein konnten, und begannen, nach anderen möglichen Erklärungen für die kulturelle Entwicklung zu suchen, zum Beispiel den Beziehungen zwischen verschiedenen Volksgruppen. China brauchte lange, um sich solche Theorien zu eigen zu machen, unter anderem weil es in der Neuzeit auf das Konzept von Einheit und Kontinuität gesetzt hatte. Allerdings basierte dies nur auf relativ wenigen konkreten Belegen: Die Archäologie hatte sich im Großen und Ganzen auf Anyang konzentriert.

Dann aber, ab den Achtzigerjahren, ebnet die Reform- und Öffnungszeit den Weg für neue Ideen. Plötzlich macht sich eine Aufbruchsstimmung breit, in der Wanderarbeiter und Reisende die Vielfalt des Landes entdecken. In den Achtzigerjahren unternehmen Autoren wie Gao Xingjian (»Der Berg der Seele«) und Ma Jian (»Roter Staub«) lange Reisen, später veröffentlichen sie Bücher, die unbekannte Regionen ihres Landes beschreiben. Ende der Neunzigerjahre werden Provinzen wie Tibet und Yunnan zu beliebten Urlaubszielen für Chinesen der Mittel- und Oberschicht. Die Kulturen von Minderheiten werden wegen ihres Andersseins gefeiert, wenn auch auf eine kitschige Art – mit Tanzgruppen und farbenfrohen Kostümen.

Unterdessen fördern Baustellen Artefakte zutage, die nicht recht in das tradierte Bild vom alten China passen. In den Achtzigerjahren argumentieren einige Experten in den südlichen Provinzen Hunan und Jiangxi, dass ihre Bronzegefäße so verschieden von denen der

Shang seien, dass sie als eigene Kultur angesehen werden sollten. Zunächst widersprechen die meisten chinesischen Wissenschaftler solchen Theorien, die Funde von Sanxingdui markieren jedoch den Wendepunkt. Wer auch nur einen einzigen Blick auf die Bronzeköpfe geworfen hat, kann unmöglich behaupten, dass die Kultur ihren Ausgangspunkt in Anyang hatte. Die künstlerische Unabhängigkeit ist offensichtlich, und dasselbe gilt für die Artefakte in Hunan und Jiangxi. Die Archäologie hilft dabei, China auseinanderzubrechen.

Letztlich hängt sehr viel von den Umständen ab – was gefunden wird und wie der Fund wahrgenommen wird. Der Blick auf das Artefakt kann von Nationalismus oder Regionalismus geprägt sein. Die Perspektive ist entscheidend: Wer glaubt, im Mittelpunkt zu stehen, hält die Verbreitung für natürlich. Eine Kultur erscheint jedoch in einem völlig anderen Licht, wenn man sich ihr von außen nähert und sich dann den Weg nach innen bahnt.

PERSPEKTIVE I

Entfernung: 12 128 Kilometer. Ort: Raum 406, McCormick Hall, Universität Princeton, Princeton, New Jersey. Kommentator: Robert Bagley.

Professor Bagley ist Experte für alte chinesische Bronzen und bekannt für seinen Scharfsinn und seine Präzision; häufig übt er Kritik daran, dass Historiker und Archäologen gerne Annahmen formulieren, die sie nicht beweisen können. Er hat klare, blaue Augen und wägt seine Worte sorgfältig ab. Als ich ihn für einen »National Geographic«-Artikel interviewe, betont er, dass traditionelle Denkrichtungen in China schon immer langsam auf neue Entdeckungen reagiert haben.

»Die klassische historische Tradition«, sagt er, »ist von jeher daran interessiert, von einer einzigen Entwicklungslinie auszugehen: Am Anfang steht ein frühes Kaiserreich, das die legitime Herrschaft an seine Nachfolger weiterreicht, sodass es außerhalb dieser einen Abstammungslinie nichts gibt, worüber man diskutieren muss. Und die Orakelknochen vertreten natürlich den Standpunkt des Königs von

Anyang – was an die Karte des »New Yorker« erinnert, auf der die Welt fast nur von Manhattan gebildet wird.«

Er fährt fort: »Ein Problem besteht in diesem Zusammenhang darin, dass vor allem archäologische Projekte in Anyang und anderen nördlichen Stätten finanziert wurden, weil diese Konzentration, folgt man den schriftlichen, historischen Aufzeichnungen, wichtig ist. Es ist eine wirkliche Ironie der Geschichte, dass die sensationellen Funde an Orten wie Sanxingdui Zufall waren. Sanxingdui hat das Tor zu einer Welt aufgestoßen, die uns bis dato völlig unbekannt war.«

Wissenschaftler haben die Theorie aufgestellt, dass es möglicherweise Verbindungen von Sanxingdui nach Zentralasien, Indien oder Birma gab. Allerdings sind diese Kontakte nicht eindeutig: Die Bronzeköpfe haben keine Ähnlichkeit mit anderen bekannten Artefakten. Möglich, dass sie das Werk einer fortgeschrittenen Zivilisation sind, die sich in Sichuan entwickelte und danach von der Bildfläche verschwand.

»Man könnte argumentieren«, erläutert Bagley, »dass Funde außerhalb des Tals des Gelben Flusses, egal wie außergewöhnlich oder spektakulär sie sind, nicht von Bedeutung sind, weil die zweitausendfünfhundert Jahre alte chinesische Tradition keinen Zweifel daran lässt, dass im mittleren Tal des Gelben Flusses alles seinen Anfang nahm. Aber als Ausländer, der seine Zukunft nicht von der Frage abhängig macht, was China ist, kann ich die Augen aufmachen und feststellen: Um 1300 v. Chr. war viel los, eine sehr interessante Zeit. Einiges von dem wurde in späteren Phasen der chinesischen Geschichte sehr wichtig. Anderes hingegen wirkte aus Gründen, die unklar sind, anscheinend nicht besonders stark nach. In Sichuan stellen die Menschen heute keine großen Bronzestatuen mehr her. Aber wenn man sich nur die Zeit um 1300 v. Chr. anschaut – vergessen Sie das Wort China, denn diesen gelben Fleck auf der Karte gibt es noch nicht. Wenn man nur einen Blick auf den äußersten Osten des asiatischen Kontinents wirft, stellt man fest, dass dort viele Weichen gestellt werden und dass es eine große Vielfalt gibt. An verschiedenen Orten findet man hochzivilisierte Gesellschaften, die in Kontakt miteinander stehen, die miteinander verwandt sind – die sich aber dennoch deutlich voneinander unterscheiden.«

Bei Sanxingdui wurden keine schriftlichen Zeugnisse entdeckt, was nicht zwangsläufig bedeutet, dass es sich um eine schriftlose Kultur handelte. Die Menschen haben in jener Zeit vielleicht auf vergänglichen Materialien geschrieben. In Anyang blieben die Inschriften erhalten, weil sie in Orakelknochen und Bronzen eingraviert waren, die Jahrtausende überdauern. Die meisten Wissenschaftler glauben, dass die Shang auch auf Bambus oder Holz geschrieben haben, solche Materialien würden Jahrhunderte unter der Erde aber nicht überstehen. Der einzige Beweis für ihre Existenz ist indirekt: ein Orakelknochenschriftzeichen, von dem man annimmt, dass es eine frühe Form des 冊, ce, ist, das heutige Schriftzeichen für die Schreibtafel. Die Shang-Form dieses Schriftzeichens ähnelt mit einem Lederriemen zusammengebundenen Streifen aus Bambus oder Holz. Der Gegenstand selbst ist längst verschwunden, das Wort aber ist geblieben:

»Die Inschriften tragen aus chinesischer Sicht zweifellos zur Bedeutung von Anyang bei«, sagt Bagley, »weil sie der Urahn des heutigen Schriftsystems sind. Vielleicht sind sie aber auch nur ein Glücksfall. Was haben wir? Wir haben Weissagungen auf Knochen. Man kann sich vorstellen, dass die Könige von Anyang immer Aufzeichnungen gemacht haben, aber auf begrenzt haltbaren Materialien. Dann stelle man sich vor, dass es um 1200 v. Chr. einen König gibt, der sagt: Warum benutzen wir nicht die Materialien, die wir für Weissagungen verwenden? An dem Punkt beginnt die archäologische Aufzeichnung. Vielleicht war es einfach die Laune eines Königs.«

Da die meisten historischen Dynastien ihren Sitz im Norden hatten, galt der Süden nach traditioneller Sicht immer als rückständig. Archäologische Funde weisen jedoch auf eine frühe Entwicklung der Landwirtschaft in südlichen Regionen wie Sichuan hin.

»Ich bin wirklich tief beeindruckt von dem Nachweis, dass im mittleren Flussabschnitt des Jangtse schon früh Reis angebaut wurde«, sagt Bagley. »Die vorherrschende Ansicht der Chinesen war immer, dass die Jangtse-Region ein Sumpfgebiet war, das erst zivilisiert

wurde, als die Menschen aus dem Norden kamen und ihre Zivilisation mitbrachten. Ich vermute, dass diese Ansicht vollkommen falsch
ist.«

Und weiter: »In der Archäologie rekonstruiert man ein Bild von
der Vergangenheit, dem das zugrunde liegt, was gefunden wurde.
Aber das, was gefunden wurde, sind Zufallstreffer. Sie wurden von
Straßenbauarbeitern, Ziegeleien und Bauern entdeckt, die auf ihren
Feldern mit Graben beschäftigt waren. Man weiß, was gefunden wur-
de, aber man weiß nicht, was nicht gefunden wurde.«

PERSPEKTIVE II

**Entfernung: 1518 Kilometer. Ort: Büro B1509, Eaglerun Plaza,
Xiaoyun-Straße 26, Peking.
Kommentator: Xu Chaolong.**

Xu Chaolong ist ein ehemaliger Archäologe. Er wurde nicht seines
Amtes enthoben, und er hat auch nicht seinen Glauben verloren, er
hat sich aber von der akademischen Welt losgesagt. Vor nicht allzu
langer Zeit galt er als einer der jungen wissenschaftlichen Hoffnungs-
träger Chinas. Er wuchs in der Provinz Sichuan auf, promovierte an
der Universität Sichuan und erhielt anschließend, im Jahr 1983, ein
Stipendium für die Kyoto-Universität in Japan. Im Rahmen seiner
Promotion beschäftigte er sich unter anderem mit dem Indus-Tal;
später studierte er die Archäologie seiner Heimatprovinz. Er erhielt
wichtige japanische Auszeichnungen und Stipendien. Nachdem er
seinen Doktortitel erhalten hatte, nahm er 1990 eine Stelle als Professor an der Universität Ibaraki an.

Er ist klassisch ausgebildeter Geiger. Seine japanische Frau lernte
er kennen, als er sie auf der *erhu* unterrichtete, einem chinesischen
Saiteninstrument. Er spricht und schreibt fließend japanisch und hat
acht Bücher über Archäologie veröffentlicht, die meisten über die
Jangtse-Region, einschließlich Sanxingdui. Alle Bücher hat er auf Japanisch verfasst und veröffentlicht, keines wurde ins Chinesische
übersetzt. Xu Chaolong sagt, dass er zu beschäftigt gewesen sei, um
es selbst zu tun. Ab 1998 arbeitete er für die Kyocera Corporation,

ein japanisches Unternehmen, das Handys, Kameras und Kopierer herstellt. Mit Archäologie beschäftigt er sich in seiner Freizeit.

Andere Wissenschaftler schätzen Xu Chaolong, je nach ihrer Nationalität, sehr unterschiedlich ein. Einige junge chinesische Archäologen meinen, dass er nur in die Wirtschaft ging, um seiner japanischen Frau einen Gefallen zu tun. Ausländische Archäologen behaupten, dass er von der Beschränktheit und vom Konservatismus des Fachgebiets in China frustriert war. Alle, sowohl Chinesen als auch Ausländer, sind sich darin einig, dass seine tiefe Zuneigung für Sichuan ihn sowohl inspiriert als auch einschränkt. Er ist ein regionaler Patriot. Und während ein ausländischer Wissenschaftler wie Professor Bagley Begriffe aus Kultur und Politik verwendet, wenn er über Sanxingdui spricht, ist das Vokabular von Xu Chaolong in erster Linie ökonomisch geprägt – die Sprache eines jungen Mannes, der in Deng Xiaopings China aufwuchs.

Zu Beginn des Interviews zeigt er mir eines seiner in Japan veröffentlichten Bücher: »Daigodai Bunmei«, Die Fünfte Große Zivilisation.

»Die vier großen antiken Zivilisationen waren seit jeher Ägypten, Mesopotamien, das Indus-Tal und das Tal des Gelben Flusses«, erklärt er. »Bedenken Sie aber die Bedeutung von Reis – die ganze Welt isst ihn. Nur wird die Zivilisation, die aus den Reisanbaugebieten hervorging, nicht anerkannt. Dabei stammen die meisten chinesischen Führer der Neuzeit aus Reisregionen: Chiang Kai-shek, Mao Zedong, Deng Xiaoping, Zhou Enlai, Zhu Rongji, Li Peng und Hu Jintao – sie alle sind aus dem Süden. Seit dem Sturz der Qing stehen Männer aus dem Süden an der Spitze dieses Landes.

»Der Norden kontrollierte China zweitausend Jahre lang. Dadurch wird natürlich die Art und Weise beeinflusst, wie man an die Archäologie herangeht. Wir müssen jedoch zur Kenntnis nehmen, dass die chinesische Zivilisation mehr als nur ein Herz hat. Es gab zwei alte Zentren, die schließlich vereint wurden.«

Wir sitzen in einem Raum, der japanisch-minimalistisch ausgestattet ist: vier Sofas, ein Tisch, einige Seidenblumen und eine Kunststoffpalme. Keine Fenster, nichts hängt an den weißen Wänden. Der Raum scheint sich aufzuwärmen, während Xu spricht. Er redet schnell auf Chinesisch, in kurzen, klaren Sätzen. Im Laufe des Interviews wird er immer lebhafter. Er bewegt sich nervös hin und her, spricht immer schneller, knackt mit den Fingern. Er trägt ein frisches, weißes Hemd und eine blau-goldene Seidenkrawatte. Goldrandbrille. Rolex in Gold und Silber. Ich frage ihn, wie es zu der Anstellung bei Kyocera kam.

»Das Unternehmen hat ein Projekt gesponsert, das ich am internationalen Forschungszentrum für Japanische Studien bearbeitete und sich mit der Erforschung der Jangtse-Kultur beschäftigte. Nach einer Weile meinte mein Chef dort, ich hätte Talent fürs Geschäft. Er sagte, ich könne ein zweiter Heinrich Schliemann werden, jener Deutsche, der das alte Troja entdeckte. Schliemann war sowohl Geschäftsmann als auch Archäologie. Mein Chef sagte: »Sie können in seine Fußstapfen treten.«

»China macht eine Zeit großer Veränderungen durch – die Wirtschaft verändert sich, die Politik ebenfalls. Und woher bezieht der Wandel seine Energie? Aus dem Süden. Die Wiederentdeckung der Reiskultur am Jangtse wird großen Einfluss auf den Wandel in der chinesischen Wirtschaft haben. Warum sollte der Süden in der chinesischen Wirtschaft eine führende Rolle übernehmen? Weil es auch in der Vergangenheit so war. Der Jangtse war nicht die Heimat von Barbaren.«

»Das entscheidende Wort lautet: Reis. Dreiunddreißig Prozent der Weltbevölkerung leben vom Reis. Die Quelle dieser Kulturpflanze ist als Quelle einer großen Zivilisation anzusehen; wir können sie die Reiszivilisation nennen. Entlang des Gelben Flusses gab es die Hirse- und Weizenzivilisation.«

Am Ende des Interviews erklärt er mir erneut, dass die Politik die chinesische Archäologie verfälscht habe. »Früher war es für Staatsoberhäupter wichtig, die politische Kontrolle an einer Stelle zu bündeln«, sagt er. »Aber wir leben in einem Jahrhundert der Wirtschaft, nicht in einem Jahrhundert der Politik. Die Wirtschaft gibt den Ton an, und sie wird den Machtbegriff verändern. Jiang Zemin besuchte kürzlich die Sanxingdui-Bronzen, und ich weiß von einem Freund dort, dass Jiang sehr interessiert war. Schauen Sie sich die übrigen Regierungsmitglieder an – warum stammen so viele von ihnen aus dem Süden? Sie haben ihre eigene, große, alte Zivilisation, die sie entdecken und erforschen müssen. Wenn die Menschen ihre Vergangenheit erst einmal erforscht haben, werden sie mehr Selbstvertrauen gewinnen. Sie werden mehr Kraft haben, die Wirtschaft zu entwickeln, sie werden im politischen System besser mitreden können. Politik, Wirtschaft und Kultur sind untrennbar miteinander verbunden.«

PERSPEKTIVE III

Entfernung: ein paar hundert Meter.
Ort: ein Bauernhaus in Sanxingdui, Provinz Sichuan.
Kommentator: Xu Wenqiu.

Xu Wenqiu ist zwar weniger als einen Meter fünfzig groß, strahlt aber eine Bodenständigkeit aus, die für Bäuerinnen mittleren Alters typisch ist. Xu hat Schwielen an den Händen, stämmige Beine und breite Füße. Ihre billigen Tennisschuhe sind mit der amerikanischen Flagge verziert. Als ich ihr erkläre, dass ich für einen Artikel in der Zeitschrift »National Geographic« recherchiere, sagt sie, dass sie noch nie von dem Magazin gehört habe. Ich frage sie nach dem Morgen im Jahr 1986, als sie und die anderen Dorfbewohner nach Ton gruben.

»Es war der achtzehnte Tag des sechsten Monats im Mondkalender«, sagt sie. »Ich erinnere mich sehr gut daran. Die Leute haben gegraben, die Jade fanden sie um acht Uhr. Als Nächstes sah ich, dass alle wegliefen. Sie verschwanden, und die Jade mit ihnen!«

Sie lacht, eine aus Nachbarn bestehende Menschenmenge kommt zu uns herüber – Interviews im Freien sind in einem Dorf wie Sanxingdui nie Privatsache. Der Morgen ist kühl, es ist Rapssaison. Um uns herum glänzen die Felder wie funkelndes Gold. Das einfache Haus der Frau besteht aus Lehmwänden und einem Ziegeldach. In der Nähe erhebt sich die moderne Silhouette des neuen Sanxingdui-Museums wie eine Luftspiegelung über den Feldern. Die Frau erzählt mir, dass die gesamte Jade sofort zurückgegeben wurde.

»Einige Archäologen kamen, um sie sich anzusehen, und dann fanden sie die berühmte Maske aus Gold«, sagt sie. »Lehrer Chen hatte uns erzählt, dass es Bronze sei – er hat uns reingelegt. Er meinte, wir sollten die Grube abdecken, und später am Tag kam dann die Militärpolizei. Die Maske war tatsächlich aus Gold. Lehrer Chen hatte nur Angst, dass etwas damit passieren würde. Am zweiten Tag war das.

In jenem Sommer haben wir ihnen bei den Ausgrabungen geholfen. Das war unsere Arbeit. Manchmal haben wir gegraben, dann wieder haben wir die Pinsel genommen und die Sachen gesäubert. Dafür haben sie uns weniger als hundert Yuan im Monat gezahlt, zusätzlich haben sie uns noch zu essen gegeben. Wobei ich das eigentlich nicht Essen nennen würde. Es waren eher Cracker. Sie waren billig.«

Ich frage sie, ob sie denke, dass noch mehr Artefakte in der Erde lägen.

»Das ist schwer zu sagen.«

»Was für Gegenstände könnten dort ihrer Meinung nach noch vergraben sein?«

Die Frau starrt mich an. Es gibt Augenblicke, in denen sich ein Journalist dabei ertappt, Zitate aus jemandem herauskitzeln zu wollen – durch Suggestivfragen oder konstruierte Situationen. Und dann gibt es Augenblicke, in denen eine Bäuerin einen Journalisten dabei ertappt. Die Frau lächelt verschmitzt.

»Nun, wenn Sie die Frage so sehr interessiert, dann sollten Sie vielleicht anfangen zu graben«, sagt sie. »Ich werde sie nicht daran hindern.«

Die Menge lacht. Ich stammele etwas und versuche, das Thema zu wechseln. Ich erkundige mich nach ihrem Mann, der zu den Ausgräbern der ersten Stunde gehörte und im Museum in Teilzeit Wartungsarbeiten übernimmt.

»Er ist heute nicht da«, sagt sie. »Ein Foto von ihm hängt im Museum. Das Bild zeigt ihn und einige andere, die ausgegraben haben. Das Foto war in vielen Ländern, überall auf der Welt. Das Museum zahlt ihm aber trotzdem nur zweihundert Yuan im Monat.«

»Das ist doch nicht schlecht, wenn man bedenkt, dass er nur zeitweise arbeitet.«

»Wie meinen Sie das: ist nicht schlecht?«, fragt sie. »So viel verdienen Sie wahrscheinlich in einer Stunde!«

Mehr Gelächter. Ich frage nach dem Bauernhof: Er ist knapp einen halben Hektar groß, im Sommer bauen sie Reis, im Winter Weizen und Raps an, und das Gemüse ist …

»Wie viel verdienen Sie?«, fragt sie plötzlich.

»Ähm, hängt davon ab. Das ist von Monat zu Monat verschieden.«

»Ich wette, es ist viel«, sagt sie. »Sie leben in Peking, richtig?«

Ich nicke.

»Ich kann tagelang träumen, und trotzdem kann ich mir Peking nicht vorstellen!«

Gelächter.

»Weiter als Chongqing bin ich nie gekommen«, sagt sie. »Es muss schön sein. Ich wette, Sie müssen nichts selbst bezahlen. Essen, reisen, herumfahren mit dem Auto – Ihre Arbeitseinheit kommt für alles auf, stimmt's?«

Ich gebe zu, dass sie im Wesentlichen recht hat.

»Wie viel Geld verdienen Sie?«

Mein letzter Strohhalm, der sie ablenken könnte, ist die Digitalkamera. Ich fotografiere die Frau und zeige ihr den Monitor. »Das ist so eine Art Computer«, erkläre ich.

»Mein Gehirn ist auch eine Art Computer«, sagt die Frau und spielt dabei auf das chinesische Wort für Computer an, *diannao,* elektrisches Gehirn. Sie blickt zu ihrem Publikum hinüber und zündet die Pointe: »Aber es funktioniert nicht mehr!«

Später in der Woche treffe ich mich mit Chen Xiandan, dem stellvertretenden Direktor des Museums der Provinz Sichuan, den die Bauern Lehrer Chen nennen. Der Mann grinst, als ich den Kommentar der Frau zu der Goldmaske erwähne. »Wir hörten auf zu graben, als wir sie fanden«, sagt er. »An dem Punkt habe ich mir Sorgen gemacht.« Er erzählt mir, dass sie die Maske um 2.30 Uhr am Nachmittag entdeckten, die Militärpolizei kam erst um fünf. Diese zweieinhalb Stunden waren es, die ihm Sorgen bereiteten.

PERSPEKTIVE IV

Distanz: eine dünne Schicht Baumwolle.
Ort: der Lagerraum des Sanxingdui-Museums.

Provinzmuseen gefallen mir am besten. Die Kuratoren sind immer sehr erfreut, einem ausländischen Journalisten zu begegnen, und sie setzen alle Hebel in Bewegung, damit ich mich ungehindert umschauen kann. Anscheinend glauben sie, dass Autoren den direkten Kontakt brauchen, um optimal arbeiten zu können. Manchmal sind sie so begeistert, dass sie mir verschiedenste Artefakte reichen, eines nach dem anderen, immer schneller, bis ich befürchte, dass ich etwas fallen lasse. Fühlen Sie, wie scharf die Klinge dieses Schwerts ist; schauen Sie mal, wie schwer dies hier ist. Sehen Sie sich diese Schale an. Und dieser Pokal erst. Es ist, als würde man als Ehrengast eines Banketts *baijiu* trinken: Ein Trinkspruch jagt den nächsten, bis ich mich schließlich vom Tisch losreißen muss. Mir reicht es. Meine Toleranz ist auch nicht mehr das, was sie früher einmal war. Danke für Ihre Gastfreundschaft.

Im Sanxingdui-Museum darf ich die Exponate nicht direkt berühren. Man stellt mir ein Paar weiße Baumwollhandschuhe zur Verfügung, die aber so dünn wie Leinen sind. Durch das Material hindurch kann ich die Textur der Bronze spüren. Das Metall ist kühl und von den Jahrhunderten aufgeraut – die Unebenheiten und Unregelmäßigkeiten verleihen der antiken Bronze ihre Eigenart.

Ein halbes Dutzend Köpfe, die auf der Seite liegen, sind auf einem Tisch angeordnet. Ich gehe um den Tisch herum und hebe jeden einzelnen auf. Zwei Museumswärter sehen zu; gelegentlich stelle ich ihnen eine Frage, aber meist schweigen wir. Es ist ein Gefühl wie in einem noblen Schmuckgeschäft – man lässt mir viel Zeit, niemand drängt zum Kauf.

Nach ein paar Runden um den Tisch habe ich meinen Favoriten gefunden. Der Kopf ist über dreißig Zentimeter lang und schließt genau unter dem Kinn ab. Er wiegt etwa zwanzig Pfund. Einige Bronzestellen sind poliert, sie glänzen in einer Farbe, die noch intensiver als Jade ist. Das Gesicht ist stilisiert, es mutet fast modern an – scharfe Linien und kühne Winkel. Die Ohren: länglich, abstehend. Augenbrauen: abfallend in zwei bogenförmigen Linien. Nase: geknautscht in der Mitte, dann wölbt sie sich und geht über in starke Wangenknochen. Mund: so gerade wie die Seitenlinien in einem Heft.

Der Kopf ist lang und dünn, die übertriebene Form lenkt die Aufmerksamkeit direkt auf die Augen. Sie sind scharf gewinkelt, und statt der Pupille läuft eine lange horizontale Falte durch die Mitte jedes Auges. Diese Falte gibt dem Objekt einen jenseitigen Ausdruck: vielleicht Mensch, vielleicht auch nicht. Die Augen könnten leer oder voll sein. Dieses Stück Metall wurde vor mehr als dreißig Jahrhunderten angefertigt. Ich halte den Bronzekopf in beiden Händen, und im Raum ist es absolut still.

Kapitel

10

Jahrestag

26. Oktober 2000,
12.50 Uhr

Die Nachricht war am Vortag eingetroffen. Sie steckte in einer verschlüsselten E-Mail, die an ausländische Reporter versandt wurde:

> *Am 26. Oktober findet auf dem Platz eine große Versammlung statt. Den ganzen Tag über werden Menschen dorthin gehen. Wir haben erfahren, dass eine große Welle am Nachmittag um etwa ein Uhr erwartet wird. Zwischen der Fahne und dem Denkmal. Es wird die größte Party, die jemals stattgefunden hat ... Eine ähnlich große Party wird es in absehbarer Zukunft nicht geben. Einen schönen Tag noch!*

Ein Falun-Gong-Anhänger aus Peking hatte die Mail versandt. Als Computerexperte wusste er, wie man elektronische Spuren verwischt; Verschlüsselungen waren für ihn selbstverständlich. Trotzdem wurde er als Opfer einer Internetcafé-Überwachung nach weniger als zwei Jahren festgenommen; anschließend kam er in ein Arbeitslager. Aus dem Ton der E-Mail ließ sich jedoch noch nicht ablesen, um welche Art von »Versammlung« es sich handelte und dass der Autor gefährdet war (»Einen schönen Tag noch!«). Der Gebrauch des Wortes »Party« war allerdings beunruhigend. Das ganze Jahr über waren die Proteste lauter geworden, die Tage häuften sich wie bei einem brutalen Opferritual: Auf den 25. April war der 11. Mai gefolgt, der Geburtstag des Gründers Li Hongzhi. Dann der 13. Mai, der Jahrestag der Gründung von Falun Gong, und danach der 22. Juli, der erste Jahrestag des Anti-Falun-Gong-Gesetzes. Am 1. Oktober wurde die Volksrepublik einundfünfzig Jahre alt.

An jeden Jahrestag war auf dem Platz mit Protesten erinnert worden, bei denen die Beteiligten schnell lernten, in ihre Rollen zu schlüpfen. Die ausländischen Journalisten mischten sich unter Reisegruppen und machten sich nie Notizen. Oft standen wir nur mit den Händen in den Hosentaschen da, beobachteten und prägten uns alles ein. Die Fotoreporter mussten sich mehr einfallen lassen. Ein Fotograf einer Nachrichtenagentur hing sich mehrere Kameras um den Hals. Manchmal trug er drei oder vier, die gut sichtbar herunterbaumelten, und gleichzeitig hielt er eine kleine Digitalkamera in einer Hand, mit der er aus der Hüfte schoss. Bevor er unweigerlich festgenommen wurde und die Polizei triumphierend die Filme aus den gut sichtbaren Kameras riss, war die Digitalkamera in seiner Tasche verschwunden. Irgendwie schaffte es ein Bild immer in die nächste Morgenausgabe.

Die Demonstranten hatten ebenfalls dazugelernt. Sie hielten sich zwar nach wie vor an einige Grundregeln – wenn sie danach gefragt wurden, bekannten sie sich zu ihrem Glauben –, sie taten aber alles, um den Platz unbemerkt zu erreichen. Manchmal trugen sie billige Baseballkappen, die zur Standardausstattung chinesischer Reisegruppen gehörten, und nicht selten kauften sie sich chinesische Fähnchen, wie stolze Besucher aus der Provinz, die sich zum ersten Mal die Hauptstadt ihres Landes anschauen. Das Einzige, das sie nicht verbergen konnten, war ihr Geldmangel. In der Regel waren es einfache Leute: Viele hatten ihr Arbeitsleben in den staatlichen Fabriken und in den Arbeitseinheiten der kommunistischen Ära verbracht. Rentnern ging es in der neuen Wirtschaft oft schlecht – alte

Betriebe waren pleitegegangen oder wurden für andere Zwecke genutzt, und die Renten waren niedrig oder wurden überhaupt nicht
ausgezahlt. Reform und Öffnung war eine schwierige Zeit für Menschen mittleren Alters und für Ältere, und es überraschte nicht, dass
einige dieser Menschen Trost bei Falun Gong fanden. Auf dem Platz
konnte man sie oft an ihrer Kleidung erkennen: billige Anzüge, billige Schuhe, billige, gefütterte Baumwolljacken. Nur selten sah man
einen gut gekleideten Protestierenden. Die meisten von ihnen schienen Frauen zu sein.

Ihre Demonstrationen waren ausgefeilter geworden. Gelegentlich
war der Ablauf zeitlich koordiniert – alle legten genau zur vollen Stunde los. Sie hoben die Arme über ihre Köpfe, und manche entrollten
Banner, auf denen die drei Grundprinzipien prangten: WAHRHAFTIG-
KEIT, BARMHERZIGKEIT, NACHSICHT. Sie warfen Flugblätter in die
Luft. Seit Mai hatten sie sich angewöhnt, Chrysanthemenblüten zu
verstreuen, weil Gelb eine Glück verheißende Farbe war. Später fegte
die Polizei die Blütenblätter zusammen, als seien sie Dreck.

Die Polizei hatte nicht dazugelernt. Zum üblichen Vorgehen, das
sich nicht geändert hatte, gehörte es, dass die Männer in Zivil mit
brutaler, sinnloser Gewalt reagierten. Bisweilen schien die Brutalität
Selbstzweck zu sein. Aber je öfter sich das Ritual wiederholte, desto
deutlicher wurde, dass die Männer in Zivil einfach ungebildet waren.
Sie ließen sich wie die Demonstranten eindeutig einer Klasse zuordnen: den schlecht ausgebildeten, unterbeschäftigten jungen chinesischen Männern. Während die Älteren die Reformjahre vielleicht als
geistlos empfanden, waren diese Männer einfach Verlierer. Sie hatten
die Chancen der neuen Wirtschaft verpasst.

Jedes Mal wenn ein Zeitplan ins Spiel kam – beispielsweise Beginn
um ein Uhr –, fühlte man sich zunächst wie bei einem schrecklichen
Wettkampf, einschließlich Aufwärmphase. Die Journalisten stellten
sich strategisch günstig zu den ausländischen Reisegruppen. Die Polizisten in Zivil bemühten sich, einzelne Demonstranten herauszugrei-
fen, und suchten dabei nach alten Frauen in schäbigen Kleidern. Die
Frauen erkannten die Polizisten jedoch häufig und setzten alles daran,
ihnen zu entkommen. Es folgte eine Jagd in Zeitlupe: Ein Mann mit
Bürstenfrisur ging auf eine Gruppe Frauen mittleren Alters zu. Die
Frauen liefen auseinander. Für Zuschauer war das der deprimierends-

te Anblick in ganz Peking: die große Jagd auf Chinas Besitzlose, auf Menschen, die benutzt und missbraucht wurden. Ungebildete junge Männer waren hinter schutzlosen älteren Frauen her. Man wusste, auf wessen Seite man stand, aber man wusste auch, dass keiner gewinnen würde.

Bis 12.30 Uhr waren alle eingetroffen. Die Polizisten: herumschleichend, herumtrödelnd, herumstehend. Die Gläubigen: *jiade* Touristen, chinesische Flaggen haltend, die Männer in Zivil meidend. Die Journalisten: *jiade* Touristen, die Hände in den Hosentaschen. Ich war schon bettreif: Der Morgen hatte mit dem Abriss von Altem Herrn Zhaos Wohnhof begonnen, und nun stand einer jener Tage in Peking bevor, die sich wie eine Woche anfühlten.

Die meisten Teilnehmer standen in der Nordhälfte des Platzes. Die Steinplatten in dem Bereich wurden zweimal durchbrochen: zum einen vom Denkmal für die Helden des Volkes, zum anderen vom Mao-Mausoleum, einem massiven, hässlichen Block aus Granit, der den Leichnam des Vorsitzenden barg. Zu beiden Seiten des Mausoleums parkten zahlreiche Fahrzeuge. Eine schnelle Zählung ergab: vierzehn Transporter, elf Busse. Der Platz war voll mit echten Touristen, die keine Ahnung von dem hatten, was sich da zusammenbraute.

Irgendwer preschte vor. Um zehn Minuten vor eins hielt eine Gruppe *jiade* Touristen in der südöstlichen Ecke des Platzes plötzlich ein Banner hoch und schrie: »Falun Dafa ist gut!« Polizisten rückten an, ein Transporter am Mausoleum heulte auf und fuhr los. In der Nähe des Denkmals der Volkshelden folgte eine Gruppe Demonstranten dem Beispiel und hielt ihr Banner in die Höhe. Vor dem Fahnenmast ließ jemand Flyer durch die Luft wirbeln. Zwei weitere Fahrzeuge rasten über den Platz. Mehr Banner, mehr Flyer; mehr Busse und Transporter. Auf der Ostseite, wo ich gerade stand, warf ein Gläubiger weiße Broschüren auf den Steinboden. Instinktiv bückte ich mich, schnappte mir ein Papier und steckte es in meine Tasche:

DER HIMMEL KANN ÜBER PERVERSE TATEN
NICHT HINWEGSEHEN
LASST UNSERE GEFÄHRTEN FREI UND STELLT
DEN MAKELLOSEN RUF VON FALUN DAFA WIEDER HER

Als ich aufstand, war der Platz nicht wiederzuerkennen. Überall Bewegung: Flyer wurden verstreut, Banner entrollt, Menschen liefen und schrien. Es war unmöglich, still stehen zu bleiben, also ging ich über die Steinplatten – instinktgesteuert, ziellos. Eindrücke im Vorübergehen: ein Mann mit einem blutüberströmten Gesicht, eine Frau, die wie ein Fötus zusammengekauert daliegt und getreten wird. Ein anderer Mann, zu Fall gebracht auf dem Steinboden. Eine alte Frau, die in einen Bus geschoben wird. Und dann endlich, nach all den Jahrestagen, all den Demonstrationen, war da ein gebildeter Polizist in Zivil, der Englisch sprach und eigens ausgesandt worden war, um sich um Ausländer zu kümmern. Öffentlichkeitsarbeit.

»Bitte gehen Sie«, sagte er zu mir, wobei seine Aussprache eingeübt klang. »Diese Leute verstoßen gegen das Gesetz.«

Neben uns entrollte eine Frau mit einem Kind im Arm plötzlich ein Banner. Das Kind war etwa zwei Jahre alt. Das Banner war gelb mit roter Schrift; es war nur kurz zu sehen, sodass ich die Schriftzeichen nicht entziffern konnte: 什么什么什么. Der erste Polizist in Zivil schlug die Frau. Der zweite griff nach dem Banner. Der dritte packte das Kind. Die Frau fiel, das Kind schrie. Ein Polizist – der erste, zweite, dritte oder vierte; welchen Unterschied machte das schon – gab ihr einen heftigen Tritt. Der gebildete Polizist wiederholte auf Englisch: »Bitte gehen Sie.«

Um ein Uhr war alles vorbei. Die Polizei hatte die Touristen und Journalisten erfolgreich an den Rändern zusammengetrieben. Auf dem Platz war es totenstill – schätzungsweise dreihundert Menschen waren festgenommen worden. Allerdings zählt es sich schlecht, wenn man die Hände in den Hosentaschen hat.

Die letzten Fahrzeuge waren die Straßenkehrmaschinen. Das Wasser, das sie unter die rotierenden Bürsten sprühten, entfernte die Flugblätter und das Blut. An der Seite war in blauen Buchstaben ein englischer Markenname auf den Stahl lackiert: China Tianjin Sweeper Special Automobile Company, Ltd. Es war ein schöner Herbsttag. Der Himmel war hoch und blau. Weit und breit war keine Wolke zu sehen. Das war der erste Jahrestag des chinesischen Anti-Sekten-Gesetzes.

Kapitel

11

Sichuaner

November 2000

Immer wenn William Jefferson Foster und Nancy Drew Heimweh hatten, hörten sie sich gemeinsam das Lied an. Die Melodie war ihnen seit ihrer Kindheit vertraut, damals kannte man sie unter dem Titel »Wang Erxiao«. Der Held des Liedes war ein elf Jahre alter Junge, der während der japanischen Besatzung in Nordchina lebte. Eines Tages zwangen japanische Soldaten Wang Erxiao dazu, ihnen den Weg zu weisen, doch der Junge führte den Feind direkt in einen Hinterhalt. Die Achte Route-Armee der Kommunistischen Partei Chinas metzelte die Invasoren nieder. Wang starb in der Schlacht, der Junge wurde aber durch die Verse, die Millionen chinesische Schulkinder singen würden, unsterblich.

In den späten Neunzigerjahren schrieb ein Popsänger namens Chao Yang das Lied für die Reformära um. Die Japaner verschwanden und mit ihnen der Krieg. Aus dem jugendlichen Helden wurde ein erwachsener Arbeiter aus Sichuan. Wanderarbeit ersetzte Invasion, und das Lied erhielt einen neuen Titel, »Zwölf Monate Wanderarbeit«:

> *Im ersten Monat verließ ich meinen Heimatort*
> *Zusammen mit meiner Freundin Li Zhiqiang*
> *Verbrachten wir zwei Tage im Zug nach Guangzhou*
> *Und im zweiten Monat trafen wir einen Mann*
> *aus unserem Heimatort.*
> *Er arbeitete in einer Spielzeugfabrik ...*

Im dritten Monat wird dem Erzähler von einem Wanderarbeiter berichtet, der reich wurde:

> *Und ich dachte, dass er früher einmal genauso war wie ich*

Im vierten Monat reißt der Kontakt zu seiner Freundin Li Zhiqiang ab. Im fünften Monat schwitzt er sich durch die heißen Tage auf dem Bau. Im sechsten Monat erhält er seinen Lohn:

> *Mein Herz zitterte, als ich das Geld bekam*
> *In einem Monat hatte ich siebenhundert Yuan verdient*
> *Ich konnte das Licht am Ende des Tunnels sehen*
> *Im siebten Monat schickte ich meinen Eltern einen Brief*
> *Und schenkte ihnen ein paar hundert Yuan*
> *Ich dachte daran, wie glücklich sie sein würden ...*

Nachdem Willy und Nancy Sichuan verlassen hatten, ohne ihren Eltern Bescheid zu geben, kehrten sie lange Zeit nicht nach Hause zurück. Sie wollten ihren Eltern erst wieder unter die Augen treten, wenn sie Erfolg gehabt hätten, was in Herrn Wangs Schule, die vom Betrug lebte, nicht möglich war. Zum Glück erwies sich Willys zweiter Job in Yueqing als deutlich besser. Yueqing war eine Satellitenstadt von Wenzhou, die für ihre rasante Entwicklung bekannt war. Die Privatschule wurde gut geführt, und schließlich stellte die Schulleitung auch Nancy ein. Die beiden waren nun dazu in der Lage, jeden Monat den größten Teil ihres Gehalts zu sparen. Aber noch immer hatten beide ein schlechtes Gewissen, weil sie seit über einem

Jahr nicht zu Hause gewesen waren, vor allem nicht an den Feierta-
gen:

> *Während des Mittherbstfestes schien der Mond hell*
> *Und der dicke Vorarbeiter spendierte uns einen Kasten Bier*
> *Er sagte uns, wir sollten nicht an unsere Familien denken*
> *Und er meinte, dass es hier genauso sei wie zu Hause …*

Das junge Paar schaffte es schließlich, im zweiten Sommerurlaub
nach Sichuan zurückzukehren. Nach achtzehn Monaten hatte es
mehr als dreißigtausend Yuan gespart, was etwa viertausendzweihundert Euro entsprach. Ihr Gehalt war zusammen auf fast vierhundertfünfzig Euro im Monat gestiegen. Das sollte mehr als genug sein, um
die Eltern von Nancy dazu zu bewegen, ihnen zu verzeihen – zumal
ihr Einkommen aus der Landwirtschaft kaum einhundertachtzig
Euro pro Jahr überstieg. Sie empfingen das junge Paar so herzlich, als
hätte es sie damals in größter Harmonie verlassen.

Willy war erstaunt darüber, wie schnell sich die Menschen auf
dem Land anpassten. In Nancys Dorf war praktisch die gesamte jüngere Generation in die Fabrikstädte gezogen. Die älteren Menschen
hingen in hohem Maße von den Löhnen ab, die in die Heimat geschickt wurden. Die Region war mit halbfertigen Häusern übersät:
Das Erdgeschoss war fertiggestellt und bereits bewohnt, aber darüber erhob sich der nackte Rahmen für den ersten oder zweiten Stock
wie ein Skelett. Wenn Wanderarbeiter Glück hatten, konnten sie innerhalb eines Jahres ein Stockwerk hinzuzufügen. Wenn aber aus
dem Glück nichts wurde – dann warteten ihre Eltern eben geduldig
in einem halb fertigen Haus.

> *Im neunten Monat schlug das Unheil zu –*
> *ein Backstein verletzte meine Hand.*
> *Ich hatte nicht damit gerechnet, dass der Vorarbeiter*
> *mich feuern würde.*
> *Immerhin gab er mir etwas Geld und ließ mich ziehen …*

*   *   *

Früher war Sichuan die bevölkerungsreichste Provinz Chinas gewesen. Die Geografie schien auf eine Malthusianische Katastrophe ausgelegt zu sein. Im Herzen von Sichuan lag das Chengdu-Becken, eine fruchtbare Region mit Flüssen und Ebenen, die eine große Bevölkerung auf natürliche Weise ernährte. (Sanxingdui liegt am westlichen Rand dieses Beckens.) Aber das Becken war von Bergen umgeben, was bedeutete, dass sich die Bedingungen schnell verschlechterten, sobald die Bevölkerungszahl einen bestimmten Punkt überschritt. Erst nährte die Landschaft, dann bestrafte sie. Der Erfolg führte zu Wettbewerb, doch dann wurde der Wettbewerb sinnlos. Es gab Millionen Sichuaner, die einfach woanders hingehen mussten. Die Planwirtschaft der Kommunistischen Partei schränkte die individuelle Bewegungsfreiheit jedoch jahrzehntelang ein, und damals gab es noch keine Boomtowns. Wie andere Chinesen im Landesinnern verarmten auch die auf dem Land lebenden Sichuaner. Sie warteten, bis Deng Xiaoping die Wirtschaft endlich öffnete.

Mehr als eintausendeinhundert Kilometer weiter östlich warteten auch die Menschen in der Provinz Zhejiang, allerdings unter völlig anderen natürlichen Vorzeichen. Ein großer Teil des Landes war unfruchtbar – in der Region Wenzhou konnte weniger als ein Fünftel des Bodens landwirtschaftlich genutzt werden. Berge verhinderten, dass Straßen schon früh die Verbindung zum restlichen China herstellten, sodass sich die einheimische Bevölkerung naturgemäß dem Meer zugewandt hatte. Seit Jahrhunderten waren sie erfolgreiche Kaufleute, und viele von ihnen gingen ins Ausland und bauten Unternehmen in anderen Ländern auf. Nach 1949 setzte die Kommunistische Partei dem privaten Handel und den Kontakten nach Übersee jedoch ein Ende. Die Regierung war besonders besorgt wegen Taiwan, das nur einhundertsechsundvierzig Kilometer von der Küste entfernt lag. Wenzhou wurde Teil einer Pufferzone: Wie Shenzhen wurde es ganz bewusst nicht entwickelt und hatte nur wenige staatseigene Betriebe. Die Folge war, dass es in Wenzhou zu Beginn der Reformära kaum Branchen gab, die neu strukturiert werden mussten, und die Bevölkerung glich einer Sprungfeder: Die unternehmerischen Fähigkeiten waren fast dreißig Jahre lang unterdrückt worden.

Die Menschen starteten ohne viel Geld, und die Regierung gewährte ihnen nie die Sonderwirtschaftsprivilegien von Städten wie Shenzhen. Aber in Wenzhou waren solche Privilegien auch nicht nötig, weil das wertvollste Kapital der Stadt der Geschäftssinn und die Verbindungen nach Übersee waren. In den frühen Achtzigerjahren eröffneten Familien kleine Werkstätten, oft mit weniger als einem Dutzend Arbeiter. Sie stellten kleine Gegenstände her: Teile von Schuhen, Kleidungsstücke, Kleinigkeiten aus Kunststoff. Mit der Zeit expandierten die Fabriken, die Produkte blieben jedoch klein. Wenzhou wurde einer der weltweit größten Hersteller von Knöpfen. Elektronische Niederspannungskomponenten waren eine Spezialität. Man produzierte Schuhsohlen und Kolben, Feuerzeuge und dann immer mehr Feuerzeuge. Im Jahr 2000 kamen zwischen sechzig und siebzig Prozent der Feuerzeuge weltweit aus Wenzhou.

Die Wirtschaft der Stadt war fast komplett in privater Hand, und als der Lebensstandard stieg, brauchten Wenzhou und andere Städte in Zhejiang Arbeiter, Fließbandarbeiter, Sekretärinnen und Lehrer. Sichuan passte genau ins Bild, und es verwunderte nicht, dass Unternehmen aus Zhejiang ihr Personal oft an Orten wie Fuling anwarben. Einige meiner besten Studenten gingen in den Osten. Als Erstes fielen ihnen dort die regionalen Unterschiede auf. Eine ehemalige Studentin namens Shirley nahm eine Stelle in Yuhuan an, auf der Insel vor der Küste von Zhejiang. Ihre Fahrt beschrieb sie in einem Brief:

Es war die längste Reise meines bisherigen Lebens. Man sagte uns, wir würden in die ›moderne Region‹ fahren, um ›Pionierarbeit zu leisten‹. Wir hätten normalerweise ziemlich aufgeregt sein müssen. Ich war aber nicht aufgeregt. Auf der ganzen Fahrt nach Yuhuan blieb ich unerwartet ruhig.

Wir verließen Chongqing am Nachmittag des 5. Juli mit dem Zug. Nachdem wir fast einen Tag lang unterwegs gewesen waren, traf ich einen Vater mit seinem Baby. Als ich sie sah, war ich zunächst schockiert. Wegen des Babys. Es war so ein Winzling. Der Vater sagte mir, es sei siebzig Tage alt. Ich hatte auf nicht mehr als zehn Tage getippt. Es war so klein, schmutzig und mager, ich war mir sicher, dass ich einem Kind aus dem Land der Zwerge begegnet war. In Wirklichkeit war es ein typisches Beispiel für Unterernährung ...

Das arme kleine Ding fiel den Leuten auf, die sehr besorgt waren. Einige waren so nett, dem hilflosen Vater bei dem Versuch, das Kind zu beruhigen, beizustehen. Aber es klappte nicht. Gleichzeitig warf das Kind viele Fragen auf: › Wo ist die Mutter des Babys?‹ Jemand meinte, die Mutter müsse weggelaufen sein und den Mann mit dem Kind im Stich gelassen haben. Jemand vermutete, der Vater und die Mutter müssten sich gestritten haben. Dann kamen sie zu dem Schluss, das Kleine sei ein uneheliches Kind. Der Zug fuhr sehr schnell. Die Leute stellten weiter Vermutungen an und diskutierten. Die Schreie des Babys hallten durch den Zug.

Shirleys Reise mit Schiff, Bahn und Bus dauerte drei Tage. Auf der letzten Etappe traf sie einen jungen Mann, der von der Insel stammte. In einem Brief an Adam beschrieb sie ihre Angst, für eine von vielen armen Wanderarbeiterinnen gehalten zu werden:

Dann fragte er mich, woher ich stamme. Ich sagte ihm nicht die Wahrheit, weil man mich zuvor gewarnt hatte, dass Menschen aus Yuhuan sich Zugereisten gegenüber meist ablehnend verhalten. Ich erfand eine Geschichte über meine Herkunft und erzählte ihm, dass ich gebürtig aus Yuhuan sei, aber seit meiner Kindheit in Sichuan lebe. Da ich nur selten nach Hause führe, würde ich mich in Zhejiang nicht auskennen. Stellen Sie sich vor, er hat mir geglaubt! Leider war meine Geschichte alles andere als gut durchdacht. Wirklich zu blöd, dass ich seine Frage › In welchem Dorf sind Sie geboren?‹ nicht beantworten konnte, und auch den Dialekt verstand ich nicht. Als ich für beides keine Erklärung hatte, kam er mir zu Hilfe. › Sie haben so viele Jahre in Sichuan gelebt, da verwundert es nicht, dass sie sich an diese Dinge, die so viele Jahre zurückliegen, nicht erinnern können.‹ Er war so freundlich, mich über vieles in Yuhuan aufzuklären und mir viele Ratschläge für das Leben und für die Arbeit in Yuhuan zu geben.

Weil er so ehrlich und hilfsbereit war, bereute ich, dass ich ihn angelogen hatte. Er war der erste Einheimische, dem ich begegnet war. Die schlechten Eigenschaften, vor denen man mich gewarnt hatte, konnte ich an ihm nicht entdecken. Ich erinnerte mich an Warnungen, dass man den Leuten hier nichts glauben könne; die Wahrheit aber war, dass man mir nicht glauben konnte.

In den nächsten Wochen hatte ich mit anderen Dingen zu tun und kümmerte mich nicht weiter um diese Geschichte. Später aber, als ich mehr Ruhe hatte, erinnerte ich mich daran und machte mir Vorwürfe. Mehrmals war ich drauf und dran, den Jungen anzurufen, um ihm die Wahrheit zu sagen (er hatte mir seine Nummer gegeben). Ich habe es aber nie getan, weil ich nicht mutig genug bin. Ich bin ein Feigling.

Adam, solche Geschichten berühren und beeindrucken mich am meisten. Sie alle sind wahr.

Kurz nachdem sie sich in ihre neue Stelle eingearbeitet hatte, schrieb sie mir einen Brief:

Peter, bisher hatte ich nie das Gefühl, in einem ganz anderen Land zu leben. Es ist kein gutes Gefühl. Heute kann ich verstehen, was Sie und Adam damals zu uns sagten. Sie sagten, dass Sie Ausländer seien, und das mache im Herzen der Menschen einen Unterschied. Für Einheimische ist man ein Fremder. Es tut weh, wenn man nicht dazugehört. Und man versteht nicht, was die Leute sagen. So kommt es, dass man auf ganz natürliche Weise vom Heimweh gepackt wird.

Wir können die Einheimischen hier nicht verstehen. Ihre Dialekte sind uns fremd, weil sie sich im Ton und im Rhythmus stark von unseren unterscheiden. Wir sprechen nur hochchinesisch, manche Einheimische, besonders Alte und ungebildete Menschen, verstehen jedoch kein Hochchinesisch.

*   *   *

Wohl fast alle Studenten, die ihre Heimat verließen, schrieben mir einen ähnlichen Brief. Die Anpassungsschwierigkeiten kamen für sie überraschend; nie hätten sie es für möglich gehalten, dass sie sich in ihrem eigenen Land wie Ausländer fühlen würden. Aber China ist riesig, und es hat eher die sprachliche Vielfalt eines Kontinents als eines Landes. Die offiziell gesprochene Sprache ist *putonghua* (normale Sprache), die im europäischen und amerikanischen Ausland auch als Mandarin bekannt ist. Mandarin ist die Muttersprache der Menschen in Peking und in anderen Teilen Nordchinas, und es ist die offizielle Sprache in Schulen, Regierungsbehörden und in den meisten Fernseh- und Radiostationen.

Aber Hunderte Millionen Chinesen wachsen mit ganz anderen Sprachen auf, die die Chinesen *fangyan* nennen, was oft mit Dialekt übersetzt wird, obwohl es wörtlich übersetzt regionale Sprache bedeutet. Tatsächlich handelt es sich bei *fangyan* oft um verschiedene gesprochene Sprachen. Die *fangyan* von Peking und Kanton zum Beispiel sind so verschieden wie Englisch und Deutsch. Sprachwissenschaftler vergleichen die Vielfalt des gesprochenen Chinesisch bisweilen mit den großen romanischen Sprachen. Darüber hinaus gibt es noch die Sprachen der anderen großen Volksgruppen – Uighuren, Tibeter, Mongolen.

Unter Chinesen ist Wenzhou berüchtigt für seine besonders schwierigen *fangyan*. Innerhalb der Stadt haben unterschiedliche Gegenden unterschiedliche Sub-*fangyan*, und keiner dieser Einzeldialekte ähnelt dem Mandarin. Selbst jemand wie Shirley – eine junge Frau mit Sprachtalent – konnte sich nur Grundkenntnisse aneignen. Fast ein halbes Jahr nach ihrem Umzug in die Region Wenzhou schrieb sie:

Seit vielen Monaten lebe ich inzwischen in Zhejiang, und an vieles hier habe ich mich gewöhnt. Einige einfache Sätze der Einheimischen kann ich verstehen. Als Probleme auf dem Lebensmittelmarkt auftraten, kam ich im Prinzip damit klar.

Beide, Zhejiang und Sichuan, sind große chinesische Provinzen. Sie unterscheiden sich aber in vielerlei Hinsicht, besonders in Bezug auf das Essen. Zhejiang liegt in der Nähe des Ostchinesischen Meeres; die Menschen hier essen gern Meeresfrüchte. Sie halten sie für sehr frisch. Ich mag Lebensmittel aus dem Meer nicht, obwohl ich weiß, dass sie einen hohen Nährwert haben. Ich finde, sie schmecken merkwürdig. Die Menschen hier mögen kein scharf gewürztes Essen, deshalb esse ich oft, was wir selbst gekocht haben.

Hier haben sie andere Ansichten als bei uns im Landesinnern. Geld ist hier für viele Leute viel wichtiger als Bildung. Ich bin ganz anderer Ansicht. Ehrlich gesagt, ist die Wirtschaft in Zhejiang weiter entwickelt als in Sichuan. Darauf sind sie in der Regel stolz, und sie betonen den Vorsprung, den sie uns gegenüber haben. Mich macht so etwas sauer, aber ich muss zugeben, dass unser Sichuan, wirtschaftlich gesehen, rückständig ist.

*   *   *

Vor den Reformen des freien Marktes gingen Durchschnittschinesen nur selten auf Reisen, und nur wenige Menschen erlebten selbst die Vielfalt des Landes. China war vereint, und die Han-Chinesen waren angeblich eine einzige ethnische Gruppe – was unumstößliche Wahrheiten zu sein schienen. Als die Menschen aber immer mobiler wurden, lernten sie die Unterschiede kennen, die unter der Oberfläche der nationalen Einheit lagen. William Jefferson Foster fiel jede Reise zurück nach Sichuan schwer, weil er all die Vorurteile und Ungleichheiten durchlebte, die zwischen Wenzhou und seiner Heimat lagen. In einem Jahr schrieb er nach den Winterferien:

> *Während des Frühlingsfestes fuhr ich zurück in die Provinz Sichuan. Was ich auf der Reise zurück zur Schule erlebte, war wirklich schlimm. In den ersten Tagen danach schlief ich schlecht, und noch heute muss ich daran denken. Das Schiff war so überfüllt mit Menschen aus Sichuan, die in die Küstenstädte wollten, dass einige von ihnen in der Toilette schliefen. Am Bahnhof waren die Sichuaner wie Flüchtlinge oder Bettler. Sie schliefen bei kaltem Wetter auf dem Boden. Wohin ich auch ging: Überall wurde mir Geld abgenommen. In der Provinz Jiangxi fuhr der Busfahrer in ein Motel, wo der Inhaber uns mit einem Gummiknüppel aus dem Bus trieb. Man zwang uns, vierzig Yuan für Fast-Food auszugeben, das wie Schweinefraß schmeckte. Zwei junge Sichuaner wurden zu Boden geschlagen, nur weil sie kein Geld dabei hatten, um sich etwas zu kaufen. Der Fahrer meinte, dass sie Leute totschlagen, die es wagen, sich mit ihnen anzulegen.*

Die meisten Wanderarbeiter ertrugen die Ungerechtigkeit geduldig, weil sie glaubten, ihr neues Leben sei nur vorübergehend. Ihre Jobs waren hart – sie arbeiteten in Bautrupps oder am Fließband – und es war schlichtweg trostlos, sich vorzustellen, dass man bis an sein Lebensende an einem Ort schuften würde, an dem man die Sprache nicht beherrschte. Außerdem war das wirtschaftliche Gefälle zwischen der Küste und dem Landesinnern so groß, dass man hoffen konnte, auswärts Geld zu sparen, um es später in der Heimat langsam auszugeben. Fast alle hatten vor, nach dem Ende ihrer besten Arbeitsjahre zurückzukehren. Sie sprachen davon, dass sie in Städten in der Nähe ihrer Heimatorte kleine Geschäfte oder Restaurants eröffnen wollten. Insofern waren sie in einer ähnlichen Situation wie viele Mexikaner und Mittelamerikaner, die illegal in die USA auswandern, aber weiterhin Häuser und Familien in ihren Heimatländern unterhalten. In der einen Volkswirtschaft arbeiten sie, in der anderen geben sie ihr Erspartes aus.

Willys Eltern lebten jedoch mit seinen Brüdern zusammen, die mit örtlichen Bauvorhaben so erfolgreich waren, dass sie sich ein großes, zweigeschossiges Anwesen für die Großfamilie leisten konnten. Willy musste kein Geld nach Hause schicken. Und es wäre kein Problem gewesen, wenn er und Nancy sich auf Dauer im Osten niedergelassen hätten. Er hatte das Gefühl, dass gegensätzliche Kräfte an ihm zerrten: das wirtschaftliche Versprechen von Zhejiang und die kulturelle Vertrautheit von Sichuan. Eines Tages würde er sich entscheiden müssen, doch bis es soweit war, zog er es vor, keinem dieser Orte zu gehören. Er versuchte nie, den Dialekt von Wenzhou zu lernen – was sowieso unmöglich gewesen wäre, zumal er viel Zeit mit Englisch und mit Voice of America verbrachte. Stattdessen konzentrierte er sich darauf, sein Mandarin zu perfektionieren. Bis zu seinem zweiten Jahr sprach er es ganz ohne Sichuaner Akzent. Wenn die Leute ihn fragten, woher er stamme, log er meist und nannte eine Stadt in der benachbarten Provinz Jiangsu, die wirtschaftlich gut dastand. Schwieriger wurde es, diese Nummer durchzuziehen, wenn Nancy in der Nähe war. Sie sprach noch immer wie eine Sichuanerin, und sie widersetzte sich Willys Versuchen, ihr Mandarin zu verbessern. Sie fand sein Gehabe affektiert.

Für Willy dagegen war es eine Frage der Selbstachtung. Sein erster Chef in Zhejiang, der unausstehliche Herr Wang, hatte ihm oft von einer Reise erzählt, die er in den Achtzigerjahren in den Norden Sichuans unternommen hatte und die ihm die Augen geöffnet hatte. Die Armut dort hatte ihn so tief berührt, dass er geweint hatte. Noch Jahre später war er sichtlich ergriffen, wenn er von der Reise erzählte, was er häufig tat. Er hatte Willy gern Gelegenheit gegeben, dankbar dafür zu sein, dass er den schrecklichen Bedingungen entkommen war. Von allem, was Willy an Herrn Wang hasste – sein Sun-Yat-sen-Anzug, sein Geiz, sein Miststück von einer Frau – fand er sein Mitleid am schlimmsten.

Beiläufige Bemerkungen ließen auch Willy keine Ruhe, nachdem er den besseren Job in Yueqing angetreten hatte. In der Stadt wurden manchmal Gullydeckel gestohlen und als Altmetall verkauft. Wenn die Einwohner abends spazieren gingen, mussten sie vorsichtig sein. Eines Tages kam Willy mit einem Kollegen an einem offenen Loch in der Straße vorbei. Der Mann schüttelte empört den Kopf: »Die Wanderarbeiter aus Sichuan lassen sie mitgehen«, sagte er. Willy antwortete nicht, die Bemerkung hat er aber nie vergessen. Willy fiel auch auf, dass Eltern in Yueqing ihre Kinder ausschimpften, indem sie ihnen mit Geschichten von Wanderarbeitern Angst machten. In Willys Kindheit hatten Erwachsene in dem Dorf Kindern oft erzählt, dass die Ausländer kommen und sie essen würden, wenn sie sich nicht gut benähmen. In Yueqing dagegen waren die Ausländer keine anonymen Feindbilder mehr. Die Eltern sagten: »Wenn du nicht aufhörst zu heulen, kommen die Leute aus Jiangxi oder Sichuan und nehmen dich mit.«

Ich weiß genau, wie Sie sich gefühlt haben, als man Sie in China anders behandelte. Mit Menschen aus Sichuan ging man offensichtlich anders um, weil alle wissen, dass Sichuan arm und rückständig ist. Hier passiert dasselbe. Auf Menschen aus Sichuan und Jiangxi sehen die Einheimischen von oben herab. Mich kümmert das nicht allzu sehr, weil ich weiß, dass ihnen China nicht allein gehört. Alle Bürger haben in China das gleiche Recht, überall hinzufahren. Es freut mich sehr zu hören, dass es Ihr Ziel ist, über Normalbürger in China zu schreiben, was ich gut finde. Ich denke, Sie werden damit Erfolg haben, genau wie William Shakespeare, der immer Kontakt zu einfachen Leuten hatte und in der Literatur alles erreicht hat.

Am schwierigsten finde ich es noch, die eigenen Fehler zu erkennen. Beispielsweise behaupten die Chinesen immer, dass in China alles in Ordnung sei. Mit allem werde richtig und optimal umgegangen, und Amerika ist manchmal wie China. Deshalb sagt China, dass Amerika ein Weltpolizist sei. Amerika dagegen sagt, China sei ein Land voller Probleme.

*   *   *

In den Achtzigerjahren priesen Schlagworte der Regierung das »Modell Wenzhou«. Die Tradition der Stadt, die ihren Kapitalismus mit eigenen, vorhandenen Ressourcen entwickelte, gefiel Funktionären, die am liebsten nichts investierten und zusahen, wie Familien Fabriken aus eigener Kraft aufbauten. Aber nur wenigen Städten gelang es, das Modell nachzuahmen, das selbst in Wenzhou an Grenzen stieß. Erfolgreiche Fabriken expandierten, aber es war nur so viel Geld da, wie man mit Knöpfen, Feuerzeugen, Schuhsohlen und elektronischen Niederspannungskomponenten verdienen konnte. Es waren margenschwache Waren; umso schwerer fiel es, eine hochwertige Marke zu kreieren oder im Zuge von Forschung und Entwicklung einen Mehrwert zu schaffen. Der nächste logische Schritt wäre der Übergang zu Hightech-Produkten oder multinationalen Investitionen gewesen – Entwicklungsstrategien, die in Städten wie Shenzhen üblich waren.

Aber in Wenzhou tickten die Uhren anders. Einfache Lösungen waren gefragt. So war es auch im Bildungsbereich, der ebenfalls schnell auf die Reform- und Öffnungspolitik reagiert hatte. Bis Ende der Neunzigerjahre war der private Bildungssektor in Wenzhou einer der landesweit größten. Fast dreißig Prozent der Schüler an den höheren Schulen der Stadt und rund ein Fünftel der Hochschulstudenten waren in privaten Einrichtungen eingeschrieben.

In der Stadt Yueqing unterrichteten Willy und Nancy an der Schule für die Ausbildung von Talenten (es war reiner Zufall, dass der Name ähnlich klang wie jener der betrügerischen Höheren Schule der Hundert Talente, wo sie zuerst angestellt waren). Die neue Schule in Yueqing hatte fast zweitausend Schüler, vom Kindergarten bis zur achten Klasse, und fast alle Kinder waren dort auch untergebracht. In China war der Lehrplan aller Schulen, sowohl öffentlicher als auch privater, einheitlich und streng reguliert. Bestimmte Kurse und Texte waren obligatorisch. Alle Studenten absolvierten am Ende der Mittelschule und der höheren Schule standardisierte Prüfungen. Private Einrichtungen konnten Lehrer anwerben und Schüler auf dem freien Markt auf sich aufmerksam machen. Allerdings waren sie dazu verpflichtet, die Theorien der Kommunistischen Partei zu lehren und zu studieren.

Nach ihrer Gründung zeichnete sich die Schule für die Ausbildung von Talenten dadurch aus, dass sie mit dem Englischunterricht schon in der ersten statt erst in der dritten Klasse einstieg. Die städtischen öffentlichen Schulen folgten dem Beispiel und unterrichteten Erstklässler ebenfalls in Englisch, dennoch hatte die Privatschule ihre Nische gefunden: Die Kurse begannen früh und wurden anschließend mit so vielen Stunden wie möglich vollgepackt. Ein Marketingargument der Schule bestand darin, dass Schüler bei Vorprüfungen jeden Tag in der Woche Unterricht hatten, auch sonntags. Schüler der achten Klassen nahmen jede Woche an fünfundsiebzig Unterrichtsstunden teil – fast doppelt so viele wie in einer durchschnittlichen öffentlichen chinesischen Schule (fünfundvierzig). Das Wenzhou-Modell hatte man im Wesentlichen an den Bildungsbereich angepasst: Er war das intellektuelle Gegenstück zu einem Gewinn, der aus Produkten mit schwachen Margen herausgepresst wird. Anstatt den Lehrplan zu erneuern oder die Texte zu verbessern, unterrichtet man einfach den gleichen Stoff in größeren Mengen.

Die Privatschule florierte bis 1998, als die Stadtverwaltung eine neue öffentliche Schule gründete. Der Schulleiter der öffentlichen Schule erklärte von Beginn an, dass er beabsichtige, die Schule für die Ausbildung von Talenten in den Konkurs zu treiben. Nachdem er den Fehdehandschuh geworfen hatte, bestand sein erster Schachzug darin, die besten Lehrer einzustellen, die man für Geld kaufen konnte. Er sah sich in der Region nach erfahrenen Pädagogen um, die von den Bildungsbehörden als »Erstklassige Lehrer« ausgezeichnet worden waren. Die Lehrer kamen mit Auszeichnungen und Urkunden – und scheiterten kläglich. Englischlehrer sprachen kein Englisch, Mathematiklehrer konnten nicht Mathematik unterrichten. Die Leistungen der Schüler waren schlecht, die Eltern wurden wütend. Viele vermuteten, dass die Auszeichnungen und Zeugnisse *jiade* waren – das Zeug konnte man an jeder Straßenecke kaufen. Obendrein war der Wert von Erfahrung fast gleich Null, wenn man bedenkt, wie schnell sich in China alles veränderte. Nach einem Jahr entließ die neue öffentliche Schule ihre Pädagogen und stellte nur noch junge Lehrer ein.

Die Konkurrenz wurde jedes Jahr härter. Das traf ganz besonders auf die Prüfungsvorbereitung zu, für die es zwei unterschiedliche Strategien gab. Die Erste basierte auf einer Binsenweisheit: Wenn die Schüler systematisch, effizient und fleißig lernten, würden sie ihre Erfolgsaussichten verbessern können. Aber die Chancen neigten sich noch mehr zu ihren Gunsten, wenn sie die Prüfungsfragen im Voraus kannten. Das war die zweite Wettbewerbsstrategie, und sie war zu der Zeit, als Willy und Nancy eingestellt wurden, bereits fest etabliert. Lehrer und Schulverwaltung pflegten Jahr für Jahr die Beziehungen zu mächtigen Leuten, die vielleicht Informationen über die Prüfungen ausplauderten.

Ein Beamter der Stadt Wenzhou im Amt für Bildung war berüchtigt für seine versteckten Anspielungen. Schulen in der gesamten Region luden ihn ein, Vorträge vor den Lehrern zu halten, wobei er nur die Einladungen annahm, die er für lohnenswert hielt. Für Willy und die anderen Englischlehrer war es ein alljährlich wiederkehrendes Ritual, in die Innenstadt von Wenzhou zu fahren, um sich den Mann anzuhören. Willy beschrieb einen dieser Auftritte:

»Unser Schulleiter lud ihn zu einem Vortrag ein, der uns Informationen zu den sogenannten Aufnahmeprüfungen für die Hochschule vermitteln sollte. Der Vortrag brachte keine Klarheit. Die Lehrer hatten sich einige nützliche Hinweise von ihm erwartet, aber manchmal sagte er gar nichts. Zwei Stunden lang haben wir versucht, Fragen zu stellen. Wir fragten, worum es in den Prüfungen gehen würde. Er sagte nur, vielleicht um dies, vielleicht um das. Zum Beispiel erklärte er, dass die Schüler in diesem Jahr vielleicht zwei Wörter statt nur ein Wort einsetzen müssten, um einen Satz zu vervollständigen.

Danach lud ihn die Schule ins Red Sun Hotel in Wenzhou ein. In dem sehr guten Hotel nahmen rund fünfzehn Lehrer an dem Abendessen mit ihm teil. Danach gab ihm die Schule zweitausend Yuan. Später luden sie ihn zu einem Karaoke mit einer *xiaojie* ein. Soweit ich weiß, handelte es sich dabei um eine Prostituierte. Ein Doppelzimmer für die beiden – und was kommt dann? Dreimal dürfen Sie raten. Ich halte den Typ für sehr *segui,* sehr lüstern. Er ist fünfzig Jahre alt. Einer seiner Söhne ging ins Ausland, in die USA.«

Der Mann gab öffentlichen Schulen häufig genaue Informationen, aber für Willy und seine Kollegen waren seine Vorträge nie hilfreich. Trotzdem führte die Schule der Hundert Talente das Ritual jedes Jahr durch. Als ich Willy fragte, warum für die nutzlosen Tipps weiterhin Geld ausgegeben werde, sagte er: »Aber was ist, wenn sie in einem Jahr doch nützlich sind?«

Jedes Jahr im Juni, wenn die Zeit der Prüfungen bevorstand, erhielt ich einen empörten Brief:

> *In Yueqing ist es schon wieder passiert. Viele andere Schulen haben die Informationen über die Hochschulaufnahmeprüfungen erhalten. Unsere Schule erhielt nur ein paar Hinweise aus zweiter oder dritter Hand. So haben wir keine Chance. Schon wieder hat dieser Scheißkerl von der Bildungsverwaltung Prüfungsgeheimnisse im Fach Englisch verraten.*

*   *   *

Die Betrügereien ärgerten Willy, er wusste aber nicht, was er dagegen tun konnte. Sie gehörten zur neuen Lebenswelt der Arbeitsmigranten: Wenn sie von zu Hause weggingen, änderten sich die Grundregeln der Moral. Manchmal wurde Willy gut damit fertig, etwa bei den veränderten Ansichten über die Ehe. Nach zwei Jahren in Zhejiang waren Willy und Nancy noch immer nicht offiziell verheiratet. Es schien keinen Sinn zu machen, ihre Familien und Freunde waren ja weit weg in Sichuan. Willy fiel auf, dass viele andere Wanderarbeiter in Yueqing jahrelang warteten, bevor sie eine Hochzeitsfeier organisierten, weil sie Geld sparen und ihre sozialen Netzwerke aufbauen wollten. Er nahm an mehreren Hochzeiten teil, auf denen das Kind des Brautpaars schon zur Schule ging.

Willy sah es so: Pragmatismus geht vor Tradition. Immer wenn er und Nancy über Ehe und Kinder sprachen, diskutierten sie am Ende stattdessen meist über Geld. Schließlich nannte Nancy eine konkrete Zahl: Wenn sie mindestens hunderttausend Yuan gespart hatten, würde sie ein Kind haben wollen. Nach eineinhalb Jahren in Yueqing lagen ihre Ersparnisse zusammengenommen bei fünfundzwanzigtausend Yuan. Ein Viertel Baby lag bereits auf der Bank.

Für Themen wie die Betrügereien und die Vorurteile gegenüber Wanderarbeitern gab es jedoch keine einfachen Lösungen. Willy bat

seine Eltern in diesen Jahren nie um Rat. Er spürte, dass sie ihm in dem
neuen Klima kaum Orientierung geben konnten. Und obwohl er immer noch die Möglichkeit in Erwägung zog, eines Tages nach Sichuan
zurückzukehren, wusste er in seinem Herzen, dass er nie wieder wirklich zurückgehen würde. Die Welt dort gehörte der Vergangenheit an –
nicht etwa, weil sie, wie die Wohnhöfe in Peking, zerstört worden wäre,
sondern eher, weil sich die ländliche Gegend nicht genug geändert hatte. In einem Land, das auf Achse war, machte es für junge Menschen
keinen Sinn, in ländlichen Regionen zu bleiben, die nicht mithalten
konnten. Immer wenn Willy ins Dorf Nummer Zehn zurückkehrte,
fühlte sich der Ort verlassen an. Nach einem Besuch schrieb er:

> *Wenn ich zu Hause bin, hat sich nichts geändert. Die Straßen sind noch
> immer holprig, und die Menschen werden immer älter. Es macht mich
> traurig, dass ich nicht mehr die vertrauten Gesichter oder Freunde an-
> treffe, die ich früher, als ich jung war, gut kannte. Manchmal denke ich,
> dass ein solches Leben – das Fortgehen zu den Küstenregionen ohne ein
> festes Zuhause – das Traurigste und Anstrengendste überhaupt ist.*

Jede Heimreise belastete ihn. Zurück in Yueqing grübelte er über das
sterbende Dorf nach, obwohl er wusste, dass solche Gedanken unsin-
nig waren. In solchen Phasen fand er Trost im Englischlernen. Die
Sprache war eine Ablenkung. Er glaubte aber auch, dass englische In-
formationsquellen im Zeitalter von Reform und Öffnung die besten
Hilfestellungen boten. Er schaute sich sorgfältig die Websites ausländischer Nachrichtenorganisationen an und las alle möglichen englischen Ratgeberkolumnen. Einmal rief er in einer Medizinsendung
mit Hörerbeteiligung des Pekinger Büros der Voice of America an,
um sich einen Rat zu Problemen mit der Nasennebenhöhle zu holen.
Ein anderes Mal, als die ›Voice‹ ein Programm über Kinder ausstrahlte, die zu Hause unterrichtet werden, machte sich Willy sorgfältig
Notizen in sein Tagebuch. Besonders interessierte ihn die Überle-
gung, dass sich öffentliche Schulen durch alternative Bildungssyste-
me nicht bedroht fühlen mussten.

Fünfzig Bundesstaaten, einhundertfünfzig Kinder
Hausunterricht-Studie

Ihre Eltern sind ihre Lehrer
Genauso gut wie diejenigen in der Schule
Fester Halt in der Familie
1997 50 000 $ (etwa 72 000 DM, kanpp 36 800 €)
Gründe: in Kontakt bleiben
*   das Bedürfnis befriedigen*
*   verhindern, dass die Schüler von sexueller Gewalt*
*   und so weiter beeinflusst werden*
*   Erziehungsprobleme*
Öffentliche Schulen bieten den Familien Unterstützung an –
Bibliotheken, auch Kurse

Seit dem Abschluss des Lehrerkollegs hatte Willy drei englischen Wörterbüchern den Rücken gebrochen. Die alten Bücher standen noch immer in seinem Regal, ähnlich wie bei einem guten Fußballer, der nie seine abgetragenen Fußballschuhe wegwirft. In seiner Freizeit übersetzte und ordnete er ständig Informationen: Voice-of-America-Programme, Zeitungsartikel, Vokabellisten. Er rief mich oft an und stellte Fragen, in der Regel zu irgendeinem Wort oder zu einem grammatikalischen Problem. Manchmal ging es um weltgeschichtliche Ereignisse. Als aus der amerikanischen Präsidentschaftswahl im November 2000 kein klarer Sieger hervorging, rief Willy fast jeden Abend an und stellte Fragen zum Wahlmännergremium.

Besonders hellhörig wurde er bei allem, was gegen Regeln verstieß. In Wenzhou-Stadt förderte die Regierung mit Werbeslogans auf Englisch und Chinesisch eine Kampagne zum sparsamen Umgang mit Wasser. Die englische Übersetzung lautete:

STOP TO WASTE THE WATER RESOURCE
(Beendet die Verschwendung von Wasser)

Willy hielt die Formulierung nicht für korrekt und fragte mich danach. Wenn er anrief, beantwortete ich seine Fragen, so gut ich konnte, obwohl ich mich oft fragte, wie er all die Unterlagen jemals verarbeiten konnte. Als ich ihn nach seinen Tagebüchern fragte, erzählte er mir, dass er davon träume, eines Tages ein englisches Wörterbuch mit dem gesamten Wortschatz der Sprache zu erstellen.

boozy – drunk (betrunken)
boorish (unzivilisiert)
bookstall (Bücherstand)
bookrack (Bücherregal)
bookmark (Lesezeichen)
booby-prize (Trostpreis)

1998 hatte Bill Clinton eine Affäre mit Monica Lewinsky, was zu ei-
nem bis dahin noch nie ...

Ausschreitungen in Liverpool und London (1981). In den frühen
Achtzigerjahren erlebte Großbritannien ein Wiederaufleben von
Straßenkrawallen, wie man sie aus dem 18. und frühen 19. Jahrhun-
dert kannte; und zum ersten Mal aufgrund der steigenden Arbeitslo-
sigkeit.

Vor dem Nationalfeiertag im Jahr 2000 sah Willy zufällig fern, als
über die Kundgebung zur Verbrechensbekämpfung berichtet wurde.
In vielen chinesischen Städten war sie jedes Jahr ein Ereignis. Täter
wurden live im Fernsehen verurteilt, unter anderem erhoffte man
sich eine abschreckende Wirkung für den folgenden Feiertag. Früher
hatten solche Rituale häufig in Sportstadien stattgefunden, manchmal waren auch die Hinrichtungen öffentlich. Heutzutage dagegen
wurde nur noch die Urteilsverkündung im Fernsehen übertragen.

Willy sah, wie die Verbrecher einer nach dem anderen vorgeführt
wurden: Handschellen, kahl rasierte Köpfe, blau-weiß gestreifte Ge-
fängniskleidung. Ein Richter verlas den Namen jedes Einzelnen, inklusive Heimatstadt, Verbrechen und Strafe. Willy saß vor dem Fernseher und schrieb wie besessen mit. Als er mir später davon erzählte,
sagte er, er habe »Statistiken erstellt«.

»Immer wenn der Richter einen Namen und den Heimatort nannte, habe ich mitgeschrieben«, erklärte er. »Die Provinzen Jiangxi, Sichuan und Hubei waren am häufigsten vertreten. Am Ende kamen
rund vierzig Prozent der Verbrecher aus Sichuan, was zugleich der
höchste Prozentanteil war. Ich habe mich deswegen geschämt.«

An einem anderen Abend blieben Willy und Nancy viel länger als
sonst üblich auf und spielten immer wieder den Pop-Song, bis sie

schließlich »Zwölf Monate Wanderarbeit« ganz bis zu Ende ins Englische übersetzt hatten:

In the twelfth month I returned to my hometown
My parents cried
And together we ate dumplings
How wonderful they tasted.

Im zwölften Monat kehrte ich in meine Heimatstadt zurück
Meine Eltern weinten
Und gemeinsam aßen wir Teigtaschen
Wie wunderbar sie schmeckten.

*   *   *

Lieber Peter,
wie läuft's in Peking? ... Ich würde meine Situation hier gerne ändern. Nancy und ich haben auf sichere Jobs verzichtet, um unser Glück zu suchen. Das Leben hier ist viel besser als in meinem rückständigen und yashua [Zahnbürste] Heimatort in Sichuan. Allerdings habe ich keine Hoffnung, dass ich auch nur ein annähernd reicher Mann werde, dass ich etwas aus mir mache und mich verbessere. Nancy und ich haben uns gefragt, ob wir hier eine Wohnung kaufen sollten. Aber das ist nur ein Traum. Ein Haus kostet mindestens dreihundert- bis vierhunderttausend Yuan, was wir uns nicht leisten können. Sollten wir einmal in der Lage dazu sein, dann werden wir beide schon mit einem Fuß im Sarg stehen. Genau so ist es. Ich hoffe seit Langem, dass wir in unseren Heimatort zurückgehen, sobald wir beide genug Geld gespart haben, und eine gute Arbeit für Nancy finden. Und ich kann auch etwas anderes machen als zu unterrichten ... Der Beitritt Chinas zur WTO und die bevorstehenden Olympischen Spiele 2008 bringen mir hoffentlich etwas Glück.

Im Herbst 2000 nahm Willy an einem Englischwettbewerb teil. Überall im Land fanden solche Veranstaltungen statt. Sie waren Teil einer Wettbewerbseuphorie, die über die chinesische Bildungslandschaft hinweggefegt war. In Wenzhou betrat jeder Kandidat einen

Raum voller Schüler, die Jurymitglieder saßen ganz hinten. Die Jury bewertete den Unterrichtsentwurf und die Reaktion der Schüler.

Willy war in solchen Situationen nie nervös. Nach allem, was er erlebt hatte, schien dies eine leichte Aufgabe zu sein: Die Regeln waren klar und galten für alle Teilnehmer. Die Bewertung schien insgesamt fair zu sein, abgesehen davon folgte das Verhalten der Schüler eigenen Gesetzen. Die spontanen Reaktionen von Kindern ließen sich nicht manipulieren.

Der Wettbewerb in Wenzhou begann mit fünfhundert Lehrern, das Feld verkleinerte sich schnell auf sechzehn. Willy kam in die Endausscheidung. Zum Finale reisten alle ins Zentrum von Wenzhou. Die anderen Finalisten brachten Laptop, Projektionswände und Unterrichtspläne mit, die sie mit professioneller Lernsoftware erstellt hatten. Willy hatte als Einziger keinen Computer dabei. Seine Unterlagen bestanden aus Dingen, die er von Hand erstellt hatte: ein paar Bilder, um einen Dialog zu veranschaulichen, und Dutzende kleiner roter Äpfel aus Papier. Auf eine Flasche Wasser schrieb er das englische Wort *poison* (Gift).

»Als ich ihnen das Wort ›gefährlich‹ beibrachte, nahm ich die Flasche Wasser, in der, wie ich sagte, Gift sei, und forderte einen Schüler auf, es zu trinken. Das fanden sie sehr witzig. Danach forderte ich sie dazu auf, sich den Dialog durchzulesen und heizte den Wettbewerb dadurch an, dass alle rote Äpfel haben wollten. Ich stellte Fragen, und wer richtig antwortete, bekam einen Apfel. Ich stellte mich auf einen Stuhl und rief die Fragen. Ich war genau wie ein Feldherr, was sie ebenfalls lustig fanden.«

Einen Wettbewerb innerhalb des Wettbewerbs zu gestalten, kam einem Geniestreich gleich, und Willy wurde dafür der erste Preis verliehen. Der Wettkampf brachte ihm tausend Yuan ein, was fast der Hälfte eines Monatsgehalts entsprach. Das Geld sei aber nicht wichtig, sagte er. Seine Schule war stolz, und er glaubte, dass er gewonnen hatte, weil sich niemand in dem Wettbewerb so sehr für die englische Sprache interessierte wie er. Willy war überzeugt, dass er wegen all seiner Listen und Mitschriften, wegen der unbekannten Vokabeln und ungewöhnlichen Redewendungen gewonnen hatte. »Es war eine große Ehre«, sagte er. »Vermutlich habe ich wegen meines verrückten Stils gewonnen.«

Im Produktionsteam Nummer Drei des Dorfes Nummer Zehn in der Gemeinde Doppeldrache war einer der ersten Wanderarbeiter ein Mann namens Liu Chengmin. Er hatte die fünfte Klasse abgeschlossen, was ihn in Nummer Drei zum gebildetsten Mitglied seiner Generation machte. Anfang der Achtzigerjahre zog er in die Provinz Heilongjiang. Mehrere Jahre arbeitete er in einer Schuhfabrik am Fließband, danach kehrte er auf seinen Hof zurück.

Im Dorf war Liu Chengmin wegen seiner Intelligenz hoch angesehen. Und die Menschen wussten, dass das Leben in der Fremde den Mann verändert hatte. Er heiratete nie und lebte ganz nach seinen eigenen Vorstellungen. Als die Kommunalverwaltung Mitte der Neunzigerjahre die Agrarsteuern drastisch erhöhte, weigerte er sich zu zahlen. Er erklärte, dass sein Status als Alleinstehender eine Vorzugsbehandlung verdiene: Er habe weder Frau noch Sohn, alles hänge von seiner Hände Arbeit ab. Seine Argumentation war klar, logisch und absolut beispiellos.

In regelmäßigen Abständen machten in dem Dorf Gerüchte die Runde, Beamte hätten vor, Liu festzunehmen und so lange auf ihn einzuschlagen, bis er die Steuern zahlen würde. So wurde üblicherweise mit extremen Sturköpfen umgegangen. Aber nichts geschah. Die Unberechenbarkeit des Mannes schien die regionalen Kader einzuschüchtern.

Während seiner Jahre als Wanderarbeiter hatte Liu Gedichte über seine Reisen verfasst. Als Kind liebte Willy es, die Verse zu hören, und Jahre später, als der Junge selbst zum Wanderarbeiter herangewachsen war, konnte er sich noch an Details aus Lius Texten erinnern. Die Gedichte waren im Stil des Vorsitzenden Mao geschrieben; oft schilderten sie Naturszenen. Eine Strophe feierte die elementare Kraft des Jangtsekiang. Willy erinnerte sich an das letzte Verspaar eines Gedichts über den Schneckenfluss, jenen örtlichen Strom, der unter der Siegesbrücke hindurchführte:

Der Fluss in meinem Heimatort ist friedlich,
Aber mein Herz ist es nicht.

TEIL 3

ARTEFAKT F

Das Buch
打倒美帝

Heute kartografieren die Archäologen eine Mauer der unterirdischen Stadt, die nicht weit unter der Erdoberfläche liegt – etwa einen Meter fünfzig tief. Die Arbeitsgruppe macht überall auf den gelben Feldern gute Fortschritte. Siebzehn Männer sind bei der Arbeit, bewaffnet mit Schaufeln und Luoyang-Spaten. Angeführt werden sie von Jing Zhichun. Der junge Archäologe glaubt, dass diese Mauer zum königlichen Bezirk der unterirdischen Stadt gehören könnte.

Am frühen Nachmittag legt Jing eine Pause ein, und ich interviewe ihn in der Bibliothek der Archäologischen Arbeitsstation von Anyang. Der von Büchern gesäumte Raum ist kühl und ruhig; außer uns ist niemand dort. Jing beschreibt einige Artefakte, die in Anyang entdeckt wurden. Als wir zum Ende kommen, zeigt er beiläufig auf ein großes altes Buch, das zufällig auf einem Tisch in der Bibliothek liegt. Der Umschlag ist eingerissen und ausgebleicht, der Titel ist aber gut lesbar:

美帝国主义劫掠的
我国殷周铜器图录

*(Die Shang- und Zhou-Bronzen unseres Landes,
erbeutet von amerikanischen Imperialisten)*

Der Name des Autors fehlt. Das Buch wurde 1962 vom Chinesischen Institut für Archäologie veröffentlicht und enthält mehr als achthundert Schwarz-Weiß-Fotografien von Bronzegefäßen, darunter niedrige, dreibeinige *ding,* Kessel, anmutige, langhalsige *gu,* Kelche, und *jue* mit spindeldürren Beinen, die möglicherweise benutzt wurden, um Wein zu erwärmen. Die meisten Bronzeobjekte stammen aus der Shang-Zeit. Sie zeichnen sich in der Regel durch das typische *taotie*-Dekor dieser Kultur aus: eine stilisierte Tiermaske mit ringförmigen Augen und Mund. In der Vergangenheit glaubten einige Experten, das geheimnisvolle Muster stelle einen Drachen dar, andere tippten auf Tiger, Krokodil oder Schlange. Einige Theorien bringen das Dekor mit dem Schamanismus in Verbindung. Aber niemand weiß es ganz genau, sodass sich das *taotie* von seiner Bedeutung befreit hat – ein Symbol ist verstummt.

Die Rückseite des Buches listet die amerikanischen Imperialisten auf. Das Kunstmuseum der Stadt St. Louis, Missouri, ist als Besitzer einer schlanken Shang-*gu* aufgeführt. In Grass Lake, Michigan, ist das rumänisch-orthodoxe Episkopat – der Name scheint weder amerikanisch noch imperialistisch zu sein – im Besitz eines *ding* und eines *gu*. Andere Eigentümer sind kaum eine Überraschung: Mrs. W. K. Vanderbilt aus New York City, Miss Doris Duke, ebenfalls aus New York City (nach Angaben des Buches erbeutete sie neun Bronzen), Avery C. Brundage, Chicago, Illinois (dreißig Bronzen), Alfred F. Pilsbury, Minneapolis, Minnesota (achtundfünfzig).

Wenn man die Seiten durchblättert, kann man etwas über den archäologischen Geschmack prominenter amerikanischer Imperialisten erfahren. Alle neun Gefäße von Doris Duke stammen aus der Shang-Zeit. Sie hat es eindeutig auf Dezentes abgesehen: ein Paar schlanke *gu,* ein unprätentiöser, kleiner *jue.* Im Gegensatz dazu hat Pilsbury die Vorliebe der Menschen des Mittleren Westens für massive Gefäße: eine aufgeblähte, viereckige *ding* aus der Zeit der Drei Reiche, ein gedrungener, düsterer Kessel, der auf die Zeit der Streitenden Reiche zurückgeht und seinem Alter entsprechend aussieht. Brundage ist unergründlich. Zu seiner Sammlung gehören Objekte aus den Dynastien Shang, Westliche Zhou und aus der Zeit der Frühlings- und Herbstannalen. Er hat dicke, schlichte *ding* und schmale *gu.* Sein auffälligstes Stück ist ein skurriler Weinkrug aus der Zeit der Frühlings- und Herbstannalen, der wie ein Vogel geformt ist – eine antike Bronze, bereit für den Flug.

Als ich Jing nach dem Buch frage, sagt er, dass Chen Mengjia es recherchiert habe, ein Orakelknochengelehrter. »Er verbrachte viel Zeit in Amerika«, erklärt Jing. »Chens Frau hat an der Universität von Chicago amerikanische Literatur studiert. Später sind beide nach China zurückgekehrt. Chen war auch ein ziemlich guter Dichter.«
     Ich frage, ob Chen noch in Anyang oder Peking lebe.
     »Er ist tot«, sagt Jing. »Er hat sich während der Kulturrevolution umgebracht.«
     Ich werfe noch einmal einen prüfenden Blick auf die Titelseite: kein Name. Jing ergänzt, dass Chen zweimal versucht habe, sich umzubringen. Ich schließe das Buch und frage, ob jemand hier in Anyang den Wissenschaftler gekannt habe.
     »Sprechen Sie mit Altem Yang«, sagt Jing. »Er ist jetzt pensioniert, er war aber dabei, als Chen sich umgebracht hat. Alter Yang und einige andere sollten auf ihn aufpassen, aber es ist trotzdem passiert. Sie finden Alten Yang auf der anderen Seite des Hofes.«

Die Archäologische Arbeitsstation von Anyang ist nicht weit von der unterirdischen Stadt entfernt. Die Gegend besteht noch aus Ackerland, Maisfelder umgeben die Station. Nur eine Handvoll Menschen arbeitet hier Vollzeit in fast einem Dutzend Gebäuden. Tagsüber rauscht der Wind durch die Parasolbäume, und gelegentlich ächzt ein Zug in der Ferne, der weiter in das sechs Stunden entfernte Peking rollt. Ansonsten ist der Gebäudekomplex ruhig. Oben sind die hohen Betonmauern mit Stacheldraht überzogen.
     Viele Gebäude enthalten Artefakte. Es gibt Räume voller Bronzeobjekte, zudem Werkräume, die mit Keramikscherben übersät sind, und abgeschlossene Schubladen, voll mit unbezahlbarer Jade. Hinzu kommen zahllose Knochen. In einer Ausstellungshalle ist das in ein Gefäß gezwängte Skelett eines Babys zu sehen– vielleicht das Überbleibsel eines grausigen Shang-Rituals. In einem anderen Gebäude sind ein Pferdewagen und vier Skelette ausgestellt, die 1987 auf einem benachbarten Feld ausgegraben wurden. Die Skelette sind

paarweise vorhanden: zwei Pferde, zwei Menschen. Sie wurden wahrscheinlich geopfert, um einem Herrn im nächsten Leben zu dienen. Die beiden Männer waren möglicherweise Wagenlenker. Das Skelett des einen Mannes liegt hinter dem Fahrzeug auf dem Bauch. Der andere Mann ruht mit dem Gesicht nach unten direkt neben den Pferden, seine Hände sind hinter dem Rücken zusammengebunden. Sein Schädel ist zur Seite gedreht, als bisse er in die Erde.

Der Pferdewagen ist kein Pferdewagen mehr. Holz hält sich nicht, wenn es in den zentralen Ebenen Chinas begraben wird, wo Regenwasser schnell im trockenen Lössboden versickert. Mit der Zeit verrottet es und wird durch einen lehmigen Abguss ersetzt, der die ursprüngliche Form bewahrt. Dreißig Jahrhunderte verstreichen. 1987 geht die Ausgrabung Zentimeter für Zentimeter voran, während Archäologen die umgebende Erde peinlich genau vom gehärteten Abdruck trennen, bis sich schließlich die Form abzeichnet. Man sieht Seitenteile, eine Achse, eine Lenkstange und einen Wagenkasten, der für drei kniende Reisende groß genug ist. Ein gekrümmtes Joch befindet sich oberhalb der Rücken der beiden Pferde. Die Speichenräder haben einen Durchmesser von über einem Meter zwanzig. Der Wagen wirkt vollständig, als sei er noch immer aus Holz; dabei würden einige feste Stöße ausreichen, um einen Haufen Erde daraus zu machen. Archäologen beschreiben das Objekt als »Geist« – die Erinnerung der Erde an etwas längst Vergangenes.

*   *   *

Neben dem Ausstellungsgebäude mit dem Pferdewagen treffe ich in einem kleinen Konferenzraum Yang Xizhang. Er ist sechsundsechzig Jahre alt, trägt eine Nickelbrille und hat dünnes, weißes Haar. Seine Zähne sind extravagant versilbert. Sie erschrecken mich jedes Mal, wenn er lächelt – wie das Funkeln einer Reliquie, auf die man unerwartet stößt.

Alter Yang erzählt, dass Chen Mengjia das Buch über die »Amerikanischen Imperialisten« in den Vierzigerjahren recherchiert hatte, bevor die Kommunisten an die Macht kamen. Damals lebte Chen mit seiner Frau in den USA. Sie stammte aus einer vom Westen beeinflussten chinesischen Familie. Ihr Vater war ein christlicher Theologe.

»Das ist ein Grund dafür, dass sie später Ärger hatten«, erklärt Alter Yang. »Ihre Familie hatte enge Beziehungen zum Ausland. Als die Kulturrevolution des Vorsitzenden Mao ihren Anfang nahm, wurde Chen als ›kapitalistischer Intellektueller‹ abgestempelt. Die Gründe dafür waren zum einen die Zeit, die er in Amerika verbracht hatte, und zum anderen die Familie seiner Frau. Besonders wurde er jedoch wegen seiner *nannü jiaoliu shenghuo* kritisiert.«

Da ich die Redewendung nicht kenne, bitte ich den Alten Yang, sie aufzuschreiben, damit ich sie richtig verstehe. Er hält kurz inne, so als bereue er es, sie erwähnt zu haben, dann aber schreibt er. Die Schriftzeichen sind klar, der Satz aber bleibt unklar:

Mann-Frau Beziehung Lifestyle

Ich frage: »Was genau bedeutet das?«

Er blickt flüchtig zur Seite und lächelt, als sei ihm die Frage unangenehm – das Silber blitzt auf. »Es bedeutet Folgendes«, sagt er zögernd. »Jemand hat eine Beziehung zu einer Frau, die nicht seine Ehefrau ist.«

»War das bei Chen der Fall?«

Er schaut wieder zur Seite. »Ich weiß darüber nichts«, sagt er.

Einen Moment lang herrscht peinliches Schweigen. Als wir das Gespräch fortsetzen, wird mir klar, dass Alter Yang viel lieber über Chens Tod spricht. Sein Gesichtsausdruck bleibt unverändert, als ich ihn nach dem Selbstmord frage.

»Es ist 1966 passiert, gerade als die Kulturrevolution ihren Anfang nahm«, sagt er. »Als Chen das erste Mal versuchte, sich umzubringen, haben ihn Leute gerettet. Danach hat das Institut für Archäologie mich und einige andere junge Archäologen hergeschickt, um auf ihn aufzupassen. Wir blieben bei ihm zu Hause, es war unsere Aufgabe, darauf achtzugeben, dass er sich nicht umbringt. Aber wir konnten nicht vierundzwanzig Stunden am Tag bei ihm sein. Wir haben es versucht, aber es war unmöglich. Etwa eine Woche lang ging es gut.«

Um zu veranschaulichen, wie sie den Mann aus den Augen verloren, steht Alter Yang auf und zeigt aus dem Fenster. Es ist ein sonniger Nachmittag, helle Streifen fallen ungleichmäßig durch die Bäume vor dem Gebäude. »Stellen Sie sich vor, Sie sind in Chens Haus in Peking und blicken hinaus auf den Wohnhof«, sagt er. »Eines Tages ging Chen hinaus, am Fenster vorbei.« Alter Yang macht eine ausladende Geste, als folge er der Spur einer imaginären Gestalt, die sich aus unserem Gesichtsfeld herausbewegt. »Nach wenigen Minuten bemerkten wir, dass er fort war. Wir liefen nach draußen, aber es war zu spät – er hatte sich erhängt.«

Alter Yang setzt sich. »Es war ein schrecklicher Verlust«, sagt er. »Er war ein großer Wissenschaftler.«

Am Gesichtsausdruck des Mannes lässt sich nicht ablesen, ob er Schuld, Trauer oder überhaupt etwas empfindet. Er zeigt jene ausdruckslose Mine, die für Chinesen typisch ist, wenn sie von schlechten Erinnerungen sprechen – alle Emotionen sind irgendwo weit entfernt verborgen. Ich frage, worüber Chen in der Woche, in der sie zusammen waren, gesprochen habe.

»Wir haben nicht viel geredet. Ehrlich gesagt wusste ich nicht, was ich sagen sollte. Er war offensichtlich sehr aufgewühlt, und ich hielt es nicht für angebracht, mit ihm zu sprechen.«

Alter Yang erklärt, dass Chens Frau nicht zu Hause gewesen sei, weil Rotgardisten sie auf der anderen Seite der Stadt, an der Pekinger Universität, festhielten. Später, als die Kulturrevolution vorüber war, habe sie ihren Unterricht für englische Literatur an der Universität wieder aufgenommen. Alter Yang erwähnt, dass sie vor ein paar Jahren gestorben sei.

Gemeinsam gehen wir über den Hof zum schlichten Büro des Alten Yang, wo er ein Foto von Chen hat. Das Büro ist mit einem Schreibtisch, einem Regal mit Büchern und einem Bett mit Moskitonetz ausgestattet. Der Fußboden ist nackter Beton. Alter Yang holt ein verblasstes Jahrbuch des Instituts für Archäologie aus dem Regal.

»Ich habe noch eine Frage zu dem Buch über Bronzen in Amerika«, sage ich. »Warum stand Chens Name nicht auf der Titelseite?«

»1957 hatte Chen einige Ansichten des Vorsitzenden kritisiert«, sagt Alter Yang. »Er wurde als Rechtsabweichler bezeichnet. Rechtsabweichler durften nicht veröffentlichen. Aber das Buch war sehr wichtig, sodass sie es ohne seinen Namen veröffentlichten. Natürlich wussten alle, wer es geschrieben hatte.«

Alter Yang schlägt in dem Jahrbuch eine Seite mit Fotografien auf, darunter eine, die Chen als Mann in mittleren Jahren zeigt. Im Begleittext heißt es, dass er 1911 – im letzten Jahr der Qing-Dynastie – geboren wurde. Auf dem Foto hat Chen Grübchen, strahlende Augen und dichtes, pechschwarzes Haar. Er trägt ein traditionelles Stehkragenhemd. Er hat das strahlendste Lächeln von allen auf der Seite.

»Er war sehr gut aussehend«, sage ich.

Alter Yang kichert, aber diesmal hält er das Silber verdeckt.

Ich versuche, in Anyang mehr über Chen Mengjia zu erfahren, aber die anderen Archäologen sind zu jung, um den Faden der Geschichte weiterspinnen zu können. Zurück in Peking lege ich das Notizbuch beiseite und wende mich anderen Projekten zu. Es gehört zum Alltag eines Autors, halb erzählte Geschichten zu sammeln und dann aus den Augen zu verlieren. Aber sie hinterlassen stets einen Abdruck in meinem Gedächtnis, ähnlich wie der Geist eines begrabenen Artefakts.

*   *   *

Im Januar 2001 erscheint in den Vereinigten Staaten mein erstes Buch. Es beschreibt die Zeit, die ich damals als Lehrer in Sichuan verbrachte. Später im selben Jahr strahlt Voice of America eine Rezension auf Chinesisch aus. Anschließend schickt mir der Rezensent einen Brief mit einer gedruckten Kopie seines Artikels. Mir fällt der ironische Untertitel auf:

讀洋鬼子何偉
(Kommentar zum neuen Buch des ausländischen Teufels Peter Hessler)

Der Kritiker ist ein gebürtiger Chinese und US-amerikanischer Staatsbürger mit Namen Wu Ningkun. Das Schreiben ist in Reston, Virginia, abgestempelt. Er schreibt auf Englisch:

> *Der beiliegende Artikel ... basiert auf einer Besprechung, die im Radio in der VOA-Mandarin-Sendung ›Amerika heute‹ ausgestrahlt wurde. Falls einige Ihrer ehemaligen Studenten das Programm zufällig gehört haben, werden sie begeistert gewesen sein ...*

Wu Ningkun erwähnt, dass er in den Vierzigerjahren amerikanische Literatur an der Universität von Chicago studiert hatte und
später, nach der kommunistischen Revolution, in seine Heimat
China zurückkehrte, um Englisch zu unterrichten. In den frühen
Neunzigerjahren überquerte er erneut den Pazifik, diesmal für immer. Seitdem haben er und seine Frau in der Nähe von Washington,
D.C., gelebt. Ich schreibe zurück und erkundige mich, ob er während seiner Jahre in Chicago zufällig Chen Mengjia kennengelernt
habe.

Die Antwort lässt nicht lange auf sich warten: Dass Wu Ningkun
nach der Revolution nach China zurückkehrte, ging unter anderem
auf Chens Ehefrau zurück, die ihn dazu überredete. Wu legt mir
nahe, seine eigenen englischsprachigen Memoiren, »A Single Tear«
(Eine einzelne Träne), zu lesen. Ein Abschnitt beschreibt Wus Rückkehr nach Peking in den frühen Fünfzigerjahren, vor Beginn der ka-
tastrophalen politischen Kampagnen:

*Da man mich auf die Warteliste für eine Wohnung setzte, blieb ich
als Gast bei Lucy und ihrem Ehemann, Chen Mengjia, der Professor für Chinesisch an der nahegelegenen Tsinghua-Universität und
ein bekannter Archäologe war. Chen war hager und dunkelfarben,
er ging gebückt unter einer unsichtbaren Last, die ihn älter als seine etwas mehr als vierzig Jahre erscheinen ließ. Lucys Vater war
Dr. T. C. Chao, ein anglikanischer Bischof und Dekan der Divini-
ty School ... Wenn sie sich vorsichtig inmitten ihrer eleganten Möbel aus der Ming-Dynastie, ihren kostbaren Objets d'art und dem
Steinway-Flügel bewegte, kam sie mir wie eine Heldin aus einem
Roman von Henry James vor (der das Thema ihrer Dissertation
war) und wie hineingeworfen in ein Milieu, das so schlecht zu ihr
passte wie ihre Mao-Jacke. Ich fragte mich, welches feine ›moralische Bewusstsein‹ sich wohl hinter ihrem beherrschten Auftreten
verbarg. Im Unterschied zu seiner von Natur aus schweigsamen
Frau war Professor Chen schroff und direkt. Als verkündet wurde,
dass sowohl die Fakultät als auch die Studenten an täglichen kol-
lektiven Gymnastikübungen teilnehmen mussten, schritt er im
Kreis umher und klagte laut: ›Damit wird 1984 Wirklichkeit, und
das so schnell!‹*

Als ich den Namen »Lucy« sehe, wird mir plötzlich klar, dass ich einen Teil dieser Geschichte bereits kenne: Lucy Chao ist die Schwester des Alten Herrn Zhao. Sie war die Frau im Ostflügel des Wohnhofs, die »Grashalme« übersetzte: die Witwe von Chen Mengjia. Die Verbindung war mir nicht aufgefallen, als ich mit dem Alten Yang sprach, der über die Frau nicht viel gesagt und ihren englischen Namen nie benutzt hatte.

Wie der Orakelknochengelehrte, so lebt auch Lucy Chao nicht mehr – sie starb 1998. Aber Alter Herr Zhao und seine Frau leben noch in Peking, und ihrer neuen Wohnung statte ich einen Besuch ab.

Das Einzige, das sich an dem alten Mann geändert hat, ist die Sonnenbräune. Sein verschleierter Blick ist der gleiche – ruhig, tief und zeitlos – und er hat noch immer die Haltung eines Soldaten. Er spielt nach wie vor Tennis. »Ich laufe schneller als alle, die nicht laufen können«, sagt er trocken, als ich nach seinen letzten Spielen frage. Die Bräune stammt aus Thailand. Die Regierung zahlte dem Paar fast drei Millionen Yuan beziehungsweise dreihundertfünfzigtausend Euro für den abgerissenen Wohnhof. In China entspricht diese Summe einem kleinen Vermögen. Und in China, wie andernorts auch, kann man es nicht mitnehmen. Alter Herr Zhao und Huang Zhe haben gerade in Bangkok Urlaub gemacht.

Er wirkt absolut unsentimental. Er sagt, die Schlacht habe er dadurch, dass er den Vergleich angenommen habe, für verloren erklärt, und jetzt mache es keinen Sinn mehr, weiter über den Wohnhof zu sprechen. Genauso denkt er über die Kulturrevolution – er will nicht darüber sprechen. Als ich ihn anfangs um ein Treffen und um ein Gespräch über seine Schwester und ihren Mann bat, lehnte der alte Mann ab. Nach einigem Drängen willigte er schließlich ein, stellte aber klar, dass es nicht viel zu sagen gebe.

Alter Herr Zhao und Huang Zhe sind in den Osten der Stadt umgezogen, in die Nähe der wuchernden Geschäftskomplexe Kerry Center und China World Center. Das alte Ehepaar wohnt in einem neuen Gebäude namens Golden Trade. Die Fenster sind grün verglast – das Licht am Ende des Bootsstegs.

Das Paar empfängt mich in seinem Wohnzimmer. Einige Elemente der Dekoration erkenne ich wieder: eine Schwarz-Weiß-Fotografie des Patriarchen, eine lange Kalligrafierolle. Jesus und die Pharisäer. Ein neuer Gegenstand fällt mir auf: ein gerahmtes Foto des Wohnhofs, ebenfalls in Schwarz-Weiß.

Wir unterhalten uns eine Weile. Der alte Mann erzählt mir, dass Chen Mengjia ein Mitglied der Crescent Moon Society (Gesellschaft des Zunehmenden Mondes) war, einer Gruppe populärer Dichter des frühen 20. Jahrhunderts. Ich frage nach Chens Schreibstil.

»Er war Romantiker«, sagt Alter Herr Zhao ausdruckslos.

»Inwiefern? Über welche Themen hat er geschrieben?«

Bei der Frage winkt er ab: »Wissen Sie, davon verstehe ich wirklich nichts.«

»Wie war denn Chen selbst?«

»Er ist schon so lange tot, dass ich mich kaum noch erinnere«, sagt Alter Herr Zhao. »Aber ich kann mich noch gut daran erinnern, dass er ein unglaublich harter Arbeiter war. Er und meine Schwester waren beide so. Sie lasen andauernd Bücher, und den ganzen Tag lang schrieben sie. Sie waren Literaten. Manchmal schien es, als interessierten sie sich für nichts anderes.«

Ich erwähne das Buch über Bronzeobjekte in Amerika, und der alte Mann nickt.

»Chen kehrte 1948 aus Amerika nach Peking zurück – ein Jahr früher als meine Schwester. Als er in Amerika war, reiste er durchs ganze Land und machte Fotos von chinesischen Relikten, die die Leute in ihren Häusern hatten. Wenn er hörte, dass jemand eine Bronze hatte, dann fragte er nach, ob er sie sehen könne. So recherchierte er das Buch. Die Sammler waren alle hohe Tiere, berühmte Leute. Um sich einfach so Bronzen kaufen zu können, muss man Geld haben.«

Ich frage nach dem Titel des Buches – »Amerikanische Imperialisten«. Der alte Mann sagt, dass dies nicht Chens Wortwahl war. »Für Politik hat er sich nicht interessiert. Er wollte sich nur mit den Bronzen befassen. Er sprach oft davon, wie schön sie seien. Mehrmals sagte er, dass es bemerkenswert sei, dass Menschen schon vor dreitausend Jahren so etwas Wunderschönes schufen. Genauso dachte er auch über die Möbel der Ming-Dynastie. Er war ein ernstzunehmender Sammler. Er hatte mehr als zwanzig Möbelstücke aus dieser Zeit. Nachdem er und meine Schwester nach China zurückgekehrt waren, erhielten sie etwa gleich hohe Gehälter. Sie verwendeten ihr Einkommen für den Haushalt, während sie mit seinem Einkommen antike Möbel kauften.«

Der alte Mann erwähnt, dass die Möbel der beiden jetzt Teil einer Dauerausstellung im Shanghai-Museum sind. Als ich nach Chens Problemen mit der Politik frage, sagt Alter Herr Zhao, dass Mao Zedong in den Fünfzigerjahren eine Kampagne initiiert habe, um das chinesische Schriftsystem zu verändern. In dieser Zeit befahl Mao, einige Schriftzeichen zu vereinfachen. Er hoffte, sie vollständig durch ein Alphabet ersetzen zu können. Chen Mengjia schrieb Artikel, die den Vorschlag kritisierten.

»Er war der Ansicht, dass sich die chinesische Schrift nicht ändern sollte«, erklärt Alter Herr Zhao. »Daraufhin wurde er als Rechtsabweichler bezeichnet. Damals hagelte es Kritik, und mit der Kulturrevolution wurde natürlich alles noch schlimmer.«

Ich frage, warum er Selbstmord begangen habe.

»Er war ein Wissenschaftler, ein Intellektueller«, sagt Alter Herr Zhao. »Er war stolz und konnte die Beschimpfungen nicht ertragen. Wissen Sie, er versuchte dreimal sich umbringen. Zweimal rettete ihn meine Schwester. Beim dritten Mal schlief sie – sie war erschöpft und fand ihn erst, als er schon tot war.«

Huang Zhe hat schweigend zugehört, jetzt schüttelt sie den Kopf. »Sie können sich nicht vorstellen, wie stark der Druck war«, sagt sie. »Man musste vor allen niederknien und seine Fehler bekennen. Wegen irgendwelcher Hirngespinste wurde man beschuldigt, etwa dass man jemanden umbringen wolle oder dass man etwas Schlimmes im Schilde führe – irgend so etwas. Wir alle haben das durchgemacht. Aber keinem wurde so übel mitgespielt wie Chen, weil er ein berühmter Mann war, den man als Rechtsabweichler bezeichnete.«

»Genau deshalb spreche ich nicht gern über die Vergangenheit«, sagt ihr Mann. »*Mei banfa.* Jetzt lässt sich nichts mehr daran ändern.«

Die Darstellung der beiden widerspricht der des Alten Yang. Der Archäologe hatte keine Kampagne erwähnt, die die chinesische Schrift verändern sollte, und er hatte mir erzählt, dass Lucy nicht bei ihrem Mann war, als er sich umbrachte. Alter Yang sprach von zwei, nicht von drei Selbstmordversuchen. Und er hatte erwähnt, dass der Grund für die Anschuldigungen eine Liebesaffäre war.

»Ich habe jemanden am Institut für Archäologie gesprochen, der Chen Mengjia kannte«, sage ich und wähle meine Worte mit Bedacht. »Er sagte, dass einige Menschen Chen während der Kulturrevolution kritisierten, weil sie glaubten, dass er eine Beziehung zu einer anderen Frau hatte. Ich weiß, dass damals vieles übertrieben wurde. Erinnern Sie sich an eine solche Kritik?«

Eine Pause. Die Frau bewegt sich unruhig hin und her. Alter Herr Zhao bricht das Schweigen: »Davon weiß ich nichts.«

»Haben Sie jemals etwas davon gehört?«

»Ich habe noch nie davon gehört.« Er spricht gleichmäßig und seine Augen zeigen keine Reaktion. Ich wechsle das Thema, und die Spannung weicht. Wir reden über Tennis. Alter Herr Zhao sagt, dass er immer noch dreimal pro Woche spielt.

Ich weiß, dass die Geschichte noch nicht zu Ende erzählt ist, aber vom Alten Herrn Zhao werde ich nicht mehr erfahren. Zwar habe ich mich oft mit ihm unterhalten, ein Teil seines Charakters bleibt mir jedoch gänzlich verborgen. Viele Chinesen seiner Generation sind so, besonders jene, die Schreckliches erlebt haben. Ihre Erinnerungen liegen unter einer Schale, die sich mit der Zeit verhärtet hat.

Nur gelegentlich erhält man flüchtige Einblicke in tiefer Liegendes. Ich erinnere mich an eine andere Geschichte, die mir Alter Herr Zhao erzählte. Einige Monate nach dem Abriss seines Hauses hielt er sich an einem Winternachmittag in dem alten Viertel auf. Aus einer Laune heraus machte er am Wohnhof halt. Entlang der Straße hatte sich äußerlich nichts verändert: grau verputzte Mauer und rotes Tor. Alter Herr Zhao hatte zufällig seinen Schlüssel dabei und steckte ihn versuchsweise in das Schloss. Da es nicht funktionierte, bückte er sich vor und spähte durch den Briefschlitz: zerbrochene Ziegelsteine, zerstoßene Kacheln. Staub, Staub, Staub. Der alte Mann sah lange hinein, und dann ging er fort, um nie mehr zurückzukehren.

So endet die Geschichte, wenn er sie erzählt. Es ist offensichtlich: Dieses Kapitel in seinem Leben ist abgeschlossen. Es musste aber einen Grund dafür geben, dass Alter Herr Zhao noch immer den Schlüssel hatte.

Kapitel

12

Asyl

Januar 2001

Washington, D.C., ist, genau wie Peking, eine Planhauptstadt. Beide Städte bestehen aus Vierecken – gerade Straßen, rechte Winkel. Sie sind exakt nach dem Kompass ausgerichtet und befinden sich jeweils an Orten, die Herrschern mit Visionen wie unbeschriebene Schiefertafeln erschienen. Der Yongle-Kaiser der Ming wählte einen Standort in der nördlichen Ebene, George Washington entschied sich für die Biegung am Potomac River. Und der Grundriss beider Städte – das Gitternetz aus Denkmälern und breiten Straßen – vermittelt Besuchern auf den ersten Blick den Eindruck, dass dies ein Sitz der Macht ist.

Ein politisches Bauwerk bildet das Zentrum beider Hauptstädte. In Peking ist die Verbotene Stadt der Mittelpunkt, in Washington, D.C., geht alles vom Kuppelbau des Kapitols aus. Von diesem Punkt aus folgen die Straßennamen einer strengen Logik, die von amerikanischem Pragmatismus zeugt: Straßen in nördlicher und südlicher Richtung sind durchnummeriert, Straßen in ostwestlicher Richtung

sind durchbuchstabiert. Fährt man vom Kuppelgebäude aus entlang
der North Capitol Street genau nach Norden, dann überquert man
vor der Kreuzung Rhode Island Avenue den hinteren Teil des Alphabets – Q Street, R Street, S Street. Ab Rhode Island geht es nordöst-
lich weiter (U, V, W). Nachdem die Buchstaben des ersten Alphabets
verbraucht sind, beginnt es von Neuem mit zweisilbigen Namen:
Adams, Bryant, Channing. Douglas für D, Evarts für E, Franklin für
F. An der Ecke Franklin und Rhode Island steht ein baufälliges Miets-
haus aus beigefarbenen Ziegelsteinen. In einer Wohnung im dritten
Stock des Gebäudes fanden fünf Uighuren im Herbst 2000 vorübergehend ein Zuhause.

Seit Monaten diente die Wohnung als Durchgangsstation für
Neuankömmlinge aus China. Die Miete betrug nur vierhundert Dollar im Monat, das Mietverhältnis wurde von Uighure zu Uighure weitergereicht. Die Wohnung bestand aus einer kleinen Küche, zwei
Schlafzimmern und einem Wohnzimmer, in dem zwei Matratzen auf
dem Boden lagen. Eine Wand des Wohnzimmers war mit gerahmten
Koranversen dekoriert. Gegenüber an der Wand hing eine mehrfar-
bige Landkarte der Vereinigten Staaten.

Keiner der derzeitigen Bewohner hatte vor, lange in der Wohnung zu bleiben. Einer von ihnen hatte vor Kurzem illegal die kanadi-
sche Grenze überquert, ein anderer war bereits als politischer
Asylant anerkannt und hatte einen Antrag auf eine dauerhafte Aufenthaltserlaubnis gestellt. Die Übrigen wollten ebenfalls Asylanträge
stellen. Sie alle gingen ihren Weg in der Stadt, besorgten sich Arbeitsplätze, Rechtsanwälte und benötigte Unterlagen. Parallel dazu erkundeten sie Schlupflöcher im System. Das war eine weitere Ge-
meinsamkeit von Washington, D.C., und Peking: Unter dem Raster
aus geraden Straßen und eindrucksvollen Monumenten lag immer
ein gewisses Maß an Unordnung.

Kurz nachdem Polat in die Wohnung eingezogen war, las er die
Kleinanzeigen einer chinesischsprachigen Zeitung. Dabei fiel ihm
eine Anzeige auf, die eine »Führerscheinberatung« anbot. Die Firma befand sich in der Chinatown des Distrikts. Für hundertfünfzig
Dollar boten die Berater an, den Papierkram für eine Fahrerlaubnis
in Virginia zu erledigen. Unter Einwanderern war Virginia als
Schlupfloch bekannt: Wer einen Antrag auf eine Fahrerlaubnis oder

einen Personalausweis des US-Bundesstaates stellte, musste weder seinen Wohnsitz noch seine Identität nachweisen. Verlangt wurde lediglich eine notariell beglaubigte, eidesstattliche Erklärung, dass der Antragsteller in Virginia lebte und im Besitz gültiger Dokumente war. Für jemanden, der aus einem anderen Bundesstaat kam und illegal eingewandert war – jemand wie Polat also –, war es möglich, einen Führerschein für Virginia zu erwerben, ohne seinen Pass jemals einem Regierungsbeamten vorgelegt zu haben. Wer kein Englisch sprach, durfte zu der Prüfung den eigenen Dolmetscher mitbringen.

Der Dienstleister in Chinatown kümmerte sich um die eidesstattliche Erklärung für Polat, ohne dass irgendwelche Fragen gestellt wurden, und er schickte einen Chinesen, der ihn in die schriftliche Prüfung begleitete. Immer, wenn der Chinese zur richtigen Antwort einer Multiple-Choice-Frage kam, murmelte er »Da ge«, großer Bruder. Großer Bruder, großer Bruder, großer Bruder. Polat bestand mit Bravour. Nachdem man ihm den Führerschein ausgehändigt hatte, kaufte er sich einen silberfarbenen Honda Accord, Baujahr 1992, für dreitausendeinhundert Dollar.

Eines Abends in diesem Winter versuchte Polat, seine Mutter in Xinjiang anzurufen, aber sein Zimmertelefon war gesperrt. Er beschloss, das öffentliche Telefon in der Nähe der Ecke Rhode Island und Franklin zu benutzen. Es war fast Mitternacht. Die Telefonzelle lag auf der anderen Straßenseite, direkt gegenüber vom Good Ole Reliable Liquor Store.

Während er die Tasten drückte, näherte sich ihm ein Mann von hinten und sagte etwas, das Polat nicht verstand. Er beachtete den Mann nicht und wählte weiter die Nummer in Xinjiang. Bevor Polat zu Ende gewählt hatte, spürte er, dass etwas in seinen Rücken gedrückt wurde. Er drehte sich schnell herum und sah, dass der Gegenstand eine Schusswaffe war.

Zwei Männer: einer mit der Pistole, ein anderer in einem Auto. »Hinlegen«, sagte der Bewaffnete, und diesmal verstand Polat. Er legte sich auf den Boden, der Bewaffnete durchsuchte ihn. In einer vorderen Hosentasche fand er siebzig Dollar, aber aus irgendeinem Grund übersah er die dreihundert, die Polat in eine andere Hosentasche gesteckt hatte. Die beiden Straßenräuber fuhren auf der Rhode

Island Avenue davon. Polat rappelte sich auf und eilte zurück in die Wohnung. Er war weniger als fünf Minuten draußen gewesen.

In jenem Winter besuchte ich einen Monat lang die Vereinigten Staaten. Das Weihnachtsfest verbrachte ich mit meinen Eltern und Schwestern in Missouri. In verschiedenen Städten traf ich Freunde und Redakteure: Los Angeles, San Francisco, New York, Washington, D.C. Keine dieser Städte fühlte sich wirklich vertraut an. Ich war in einer amerikanischen Kleinstadt aufgewachsen und hatte in einer anderen das College besucht. Seit der Abschlussprüfung hatte ich im Ausland gelebt. Es gab keine einzige Großstadt in Amerika, in der ich ohne Stadtplan zurechtkam.

Die Hauptstadt war mir am wenigsten vertraut. Wegen der breiten Straßen und der großen Denkmäler wirkte die Stadt Furcht einflößend. Es schien nirgends genug Menschen zu geben, um Leben in den Distrikt zu bringen. Im Januar sahen die Denkmäler besonders verlassen aus: menschenleere Wege, gelbliches Gras. Der Himmel hatte die Farbe von kaltem Metall, die Wettervorhersage kündigte Schnee an. Als ich die U-Bahn zur Rhode Island Avenue nahm, war ich von unbekannten Gesichtern umgeben. Die erste Person, die ich erkannte, war ein Uighure.

Er hatte vor dem Bahnhof gewartet – sein Honda war in der Werkstatt. Wir grinsten und schüttelten uns die Hände, so wie in den alten Tagen in Yabaolu. Sein Gesicht sah schmaler aus; er hatte abgenommen, seitdem er nach Amerika gekommen war. Noch immer war er Kettenraucher, nur rauchte er jetzt Marlboro Lights statt Hilton. Damals in Peking bevorzugte er Marlboro, in der Regel kaufte er sie aber wegen der vielen Fälschungen nicht.

Wir gingen auf sein Zimmer. Er lachte, als ich meinen Mantel auszog.

»Wir tragen die gleichen Hemden«, sagte er.

Ich sah nach unten und erkannte, dass wir genau gleich gekleidet waren: olivgrüne Jeanshemden der Marke Caterpillar.

»Hast du das in Yabaolu gekauft?«, fragte er.

»Ja. In dem neuen Markt in Chaoyangmenwai.«

»Es ist *jiade*«, sagte er lachend. »Genau wie meins. Wie viel hast du dafür bezahlt?«

Das war eine Frage, auf die es in China nur falsche Antworten gab. In dem Augenblick, in dem jemand die Frage stellte, wusste man, dass man den Kürzeren ziehen würde.

»Vielleicht siebzig Yuan«, sagte ich hilflos.

»Ich hab vierzig bezahlt«, sagte Polat. »Wahrscheinlich haben sie von dir mehr kassiert, weil du Ausländer bist.«

Seine Mitbewohner waren unterwegs, und Polat wollte einen Ausflug in die Innenstadt machen. Ich bat ihn, mir zunächst das Viertel zu zeigen, woraufhin er mich die Rhode Island Avenue hinunterführte. Entlang der Straße hatte man im Vorfeld der Amtseinführung des Präsidenten, die in diesem Monat stattfand, Flugblätter an die Telefonmasten geklebt:

TAG DER EMPÖRUNG!
Black-Unity-Kundgebung gegen George W. Bush
Sa 20. Januar 11 Uhr
Bitte tragt alle einheitlich schwarz.
Sponsoren sind: Black Alliance against Bush Agenda,
New Black Panther Party for Self-Defense,
American Indian Movement und andere farbige Völker

Als ich den Text eines der Flugblätter in mein Notizbuch eintrug, fragte mich Polat, was er bedeute. »Farbige Völker« klang umständlich, wenn man es wörtlich übersetzte, also verwendete ich den chinesischen Standardbegriff für Minderheiten: *shaoshu minzu*. Natürlich klang das genauso merkwürdig wie im Englischen: zahlenmäßig kleine ethnische Gruppe. Vielleicht gab es irgendwo auf der Welt eine Sprache, die das Problem auf elegante Weise löste, Englisch und Chinesisch waren es jedenfalls nicht.

Ich fragte Polat, ob der durchschnittliche Amerikaner auf der Straße ihn mit einer bestimmten Volksgruppe in einen Topf werfe.

»Sie denken, ich sei Mexikaner«, sagte er.

»Hat jemand versucht, Spanisch mit dir zu sprechen?«

»Manchmal«, sagte er. »In diesem Viertel allerdings nicht so oft.«

Wir erreichten die Kreuzung Rhode Island und Montana. Polat meinte, dass Drogenhändler an der Ecke abends ganz offen ihren Geschäften nachgingen. Er glaubte, dass einige Bewohner seiner

Wohnanlage ebenfalls Drogen verkauften. Die Leute kamen und gingen zu allen möglichen Zeiten. Er hatte den Eindruck, dass die meisten seiner Nachbarn arbeitslos waren. Ihm war aufgefallen, dass sie manchmal Lebensmittel mit Papier kauften, das kein Geld war.

Polat war erst seit drei Monaten im Land, hatte aber bereits die typisch amerikanische Gewohnheit angenommen, die Stimme zu senken, sobald über Schwarze geredet wurde. Er tat es sogar, obwohl wir chinesisch sprachen. Manchmal bezeichnete er sie, ins Englische übersetzt, als *Africans* (Afrikaner). Er hatte gehört, wie manche Leute den Begriff Afroamerikaner verwendeten, verstand aber nur den ersten Teil des Wortes. Manchmal gebrauchte er auch das Wort Spanisch für Hispanoamerikaner.

»Alle Uighuren sagen, dass es schlecht sei, in einer Gegend mit Afrikanern zu leben«, erzählte er mir. »Ehrlich gesagt haben sie bei mir keinen sehr guten Eindruck hinterlassen. Vielleicht sind sie in anderen Teilen Amerikas besser, aber in dieser Gegend trinken sie, und sie nehmen ständig Drogen. Ich schätze, dass weniger als die Hälfte der Menschen in diesem Viertel eine Arbeit hat.«

Er griff nach einer Marlboro Light, und wir gingen weiter die Rhode Island Avenue entlang. Der Bürgersteig war übersät mit Glasscherben und Müll. Abgesehen vom Abfall gab es kaum Lebenszeichen. Gebäude waren in einem schlechten Zustand, Geschäfte verriegelt, die Straßen menschenleer. Ich konnte mich nicht erinnern, wann ich zuletzt in einer so ruhigen Stadt gewesen war. In China wimmelten die Stadtlandschaften von Aktivität – Straßenhändler, Handwerker, Nudelstände, Verkaufsstellen am Straßenrand, Schönheitssalons. Selbst in Städten, deren Bevölkerung durch die Reform staatseigener Betriebe dezimiert worden war, schienen die Einheimischen unterwegs zu sein. Und es wurde permanent gebaut – ein unaufhörliches Klirren von Meißeln und Geratter von Presslufthämmern.

Aber hier an der Rhode Island Avenue kam das einzige Geräusch von den vorbeirasenden Autos, die nicht anhalten würden. Die wenigen lokalen Geschäfte verdienten diese Bezeichnung kaum: hier ein Kreditvermittler, dort ein Pfandleiher. Polat erzählte mir, dass einige Unternehmen Einwanderern gehörten, obwohl es nur relativ wenige

Ausländer in dieser Gegend gebe. Sein Wagen war noch zur Reparatur bei Metro Motors, dessen Eigentümer Äthiopier war. Koreanern gehörten sowohl das Famous Fried Fish House als auch Tony's Neighborhood Market Grocery, der mehr Alkohol als Lebensmittel anbot und die Kassiererin mit einer Trennwand aus dickem Plexiglas schützte. Neben dem Good Ole Reliable Liquor Store (indischer Eigentümer) befand sich das Wah Mee Restaurant, das Einwanderer aus Fujian leiteten. Die Provinz war für ihren Menschenschmuggel bekannt – daheim in Fujian hofften die Verwandten von Wah Mee wahrscheinlich darauf, eine Villa aus grünem Glas bauen zu können. Hier in der Rhode Island Avenue stand ein lädiertes Schild an der trostlosen Straße:

WAH MEE RESTAURANT
CHINESISCH-AMERIKANISCHES RESTAURANT
POLYNESISCHE COCKTAILS
SCHNELLIMBISS

»Die Schwarzen schikanieren sie«, sagte Polat. »Sie essen und dann bezahlen sie nicht.«

Die Metro brachte uns unter dem Gitternetz der Stadt in Windeseile zurück durch das erste Alphabet, vorbei am Kapitol und weiter zur Station Smithsonian. Wir gingen hinaus auf den ramponierten Rasen der Mall. Das Washington Monument war wegen Reparaturarbeiten geschlossen. Ein Gerüst kletterte das Fundament hinauf, Marmor und Metall verschwanden im stahlgrauen Himmel. Als wir zum Denkmal hinaufblickten, gingen zwei asiatische Männer an uns vorbei, die identisch gekleidet waren: dunkle Anzüge, khakifarbene Mäntel. Polat wartete, bis sie außer Hörweite waren.

»Die Jungs sind Nordkoreaner«, sagte er.

»Ich denke, sie sind nur Amerikaner asiatischer Herkunft«, sagte ich.

Die Männer gingen nach Westen in Richtung Reflexionsbecken. Polat sah aufmerksam zu.

»Sie sind definitiv keine Amerikaner asiatischer Herkunft«, sagte er. »Ich erkenne das an der Art und Weise, wie sie sich kleiden und wie sie gehen. Etwas an ihnen ist anders. Ich wette, sie sind nordkoreanische Diplomaten. Sie sehen so aus, wie die Jungs in der Nähe der Botschaft in Yabaolu.«

»Tragen sie Kim-II-sung-Anstecknadeln?«

»Habe ich nicht gesehen«, sagte er. »Aber in Amerika nehmen sie die Nadeln vermutlich ohnehin ab.«

Wir gingen den Hügel hinab in Richtung der Eichenreihe, die das Reflexionsbecken säumte. Ich ging bewusst langsamer und hoffte, dass die Asiaten verschwinden würden. Der Tag verlief aus meiner Sicht deprimierend: das heruntergekommene Viertel, das alte Yabaolu-Geplänkel über Nordkoreaner. Fünf Jahre lang hatte ich auf der anderen Seite der Welt zugebracht, so viele Male hatte man mich aufgefordert, von den Vereinigten Staaten zu erzählen – im Unterricht, bei der Beantwortung von Fragen, in Gesprächen mit wissbegierigen Chinesen. Im Friedenscorps lautete sogar meine Stellenbezeichnung so: Auslandsexperte.

Aber jetzt, wo ich auch noch mit jemandem aus China hier war, schien ich meine Heimat fast gar nicht mehr wiederzuerkennen. Selbst die Denkmäler sahen anders aus, als hätte man sie im Winter aufgegeben. Unterhalb des eingerüsteten Obelisken lag das Reflexionsbecken so schwerfällig da wie eine Schieferplatte. Ein paar weiße Möwen ritzten ihren Weg in die Oberfläche und paddelten lustlos umher. Wir standen einen Moment lang neben dem Becken, als Polat meinte, er würde gern das Lincoln Memorial sehen. Vor uns waren die Asiaten endlich verschwunden.

Wir kletterten die Stufen zum Memorial hinauf. Kinderlachen hallte von Marmorwänden wider, zahllose Schülergruppen waren unterwegs. Ich konnte mich nicht erinnern, wann ich zuletzt hier gewesen war – wahrscheinlich, als ich selbst ein Kind war. Im Innern war die Gettysburg-Rede in eine Wand gemeißelt:

Vor siebenundachtzig Jahren gründeten unsere Väter auf diesem Kontinent eine neue Nation, in Freiheit gezeugt und dem Grundsatz geweiht, dass alle Menschen gleich geschaffen sind ...

Die Worte fühlten sich so wohltuend an wie ein wiederentdeckter Bibelvers: halb vertraut und halb neu – wie alles, was man aufsagte, lange bevor man es verstand. Ich las die Rede langsam und hielt entsprechend dem Rhythmus bestimmter Sätze inne – »die Welt wird wenig Notiz davon nehmen, noch sich lange an das erinnern«; »das höchste Maß an Hingabe« – und zum ersten Mal an diesem Tag fühlte ich mich ruhig. Das war meine Sprache; dies war meine Heimat.

Polat und ich standen vor der Lincoln-Statue. Kinder wuselten um uns herum, kicherten und unterhielten sich. Ihre Gegenwart machte die sitzende Figur noch stattlicher als sie es auf Fotografien ohnehin war. Einen Augenblick lang schwiegen wir.

»Viele Uighuren bewundern Lincoln«, sagte Polat. »Früher habe ich Geschichtsbücher über ihn gelesen. Wir bewundern ihn wegen der Art und Weise, wie er mit ethnischen Fragen umging.«

Wir kehrten zurück in den kalten Januarnachmittag. Außerhalb des Memorial hatte man eine einfache Holzhütte mit einem Hinweisschild errichtet:

Pow-Mia
Wir haben Euch nicht vergessen
Ständige Mahnwache ›Die letzte Gefechtsstation‹
Bis alle in die Heimat zurückkehren

Ein Mann mittleren Alters in einem Tarnanzug verteilte Flugblätter – das letzte Aufgebot an selbstloser Pflichterfüllung. Ich nahm eines und dankte ihm, und dann berührte Polat meinen Arm. »Da sind die Nordkoreaner«, sagte er.

Sie gingen nebeneinander her: schwarze Anzüge, khakifarbene Mäntel. Diesmal schaute ich genau hin – keine AnsteckXnadeln.

»Ich glaube wirklich nicht, dass sie Nordkoreaner sind«, sagte ich.

»Ich bin mir ganz sicher«, sagte er.

Die Männer gingen zu einer Reihe wartender Taxis. Sie schüttelten sich die Hände und stiegen in verschiedene Taxis ein.

»Sie haben auf jeden Fall etwas Abgedrehtes vor«, meinte Polat. »Warum sonst würden sie sich so trennen?«

Wie aus heiterem Himmel hatte ich plötzlich ein Bild vor Augen: Zwei Männer, einer aus Xinjiang, der andere aus Missouri, unterhalten sich am Lincoln Memorial auf Chinesisch und tragen die gleichen billigen Jeanshemden-Imitate der Marke Caterpillar. Ich sagte, dass es Zeit sei zu gehen, und schließlich gingen wir.

In den Vereinigten Staaten lebten nur etwa fünfhundert Uighuren. In den frühen Neunzigerjahren waren einige als Studenten gekommen, in den letzten Jahren dagegen waren immer mehr auf eigene Faust eingereist. Meist beantragten sie politisches Asyl, was sich vom Flüchtlingsstatus unterschied. Der Zuzug von Flüchtlingen war geregelt: Jedes Jahr entschied das Weiße Haus neu über die Zahlen und über die Nationalitäten, die sich entsprechend dem Weltgeschehen änderten. Bis in die frühen Achtzigerjahre kam die Mehrzahl der Flüchtlinge aus Indochina. Bis Ende des Jahrzehnts war die ehemalige Sowjetunion Spitzenreiter. 2001 verschob sich die Mehrheit zugunsten der Afrikaner: Somalia, Liberia, Sierra Leone. Typischerweise stellten Flüchtlinge ihren Antrag im Ausland, das State Department unterstützte sie anschließend mit einem Darlehen für die Überfahrt und übernahm die Anfangskosten für die Neuansiedlung.

Dagegen war das Asyl der Freibrief für die Einwanderung nach Amerika. Anders als Flüchtlinge, die unter Federführung der Regierung ins Land kamen, fanden Asylbewerber eigene Wege. Ihre Zahlen waren niedrig: 2001 wurde nur 20 303 Menschen Asyl gewährt. (In dem Jahr nahmen die Vereinigten Staaten insgesamt 1 064 318 legale Einwanderer auf.) Es war nicht ungewöhnlich, dass Asylbewerber gefälschte Dokumente vorlegten, heimlich über die Grenzen schlichen oder die Beamten der US-Einwanderungsbehörde anlogen. All das wurde einem Bewerber nicht zur Last gelegt, dessen Ersuchen als berechtigt eingestuft wurde. Daraus resultierte ein seltsames Verständnis von Moral: Polats erste Handlung auf amerikanischem Boden hatte darin bestanden, die Beamten zu täuschen; dennoch konnte er seinen Asylantrag stellen, ohne sich um mögliche Konsequenzen seiner Täuschung Sorgen machen zu müssen. Und unter Asylsuchenden waren erfundene Geschichten gang und gäbe – tatsächlich kamen viele Bewerber aus wirtschaftlichen Gründen in die USA und stellten die politischen Gefahren in ihren Heimatländern übertrieben dar. Chinesische Bewerber verwiesen oft auf die Ein-Kind-Politik, wohl wissend, dass die Amerikaner wegen der Abtreibungen besorgt waren.

Bei meinem Besuch im Januar hatte Polat bereits einen Anwalt eingeschaltet, der den Asylantrag vorbereitete. Sollte Polat Erfolg haben, würde man ihm erlauben, sich eine Arbeit zu suchen und auch für seine Frau einen Asylantrag zu stellen, die aus Xinjiang nachkommen und zu ihm ziehen würde. Im Anschluss an das Asylverfahren folgten weitere Schritte: zunächst der Status als Bürger mit unbeschränkter Aufenthaltserlaubnis (die Green Card) und als Nächstes die Staatsbürgerschaft. Andere Uighuren hatten Polat erzählt, dass er in fünf Jahren ein echter Amerikaner sein könne, sofern alles glatt laufe.

Um sich auf die Jobsuche vorzubereiten, hatte er sich in einen Englischkurs für Erwachsene eingeschrieben. Er meinte, dass zu Beginn wohl nur eine Beschäftigung als ungelernte Kraft, etwa als Fahrer, in Frage komme. Aus irgendeinem Grund gefiel ihm jedoch der Gedanke, bei der Post zu arbeiten, sobald sein Englisch besser sein würde: »Es ist ein sicherer Job, und man braucht keinen Abschluss von einem amerikanischen College«, erklärte er.

In jenem Januar fragte er mich, ob ich für seinen Asylantrag einen Brief schreiben würde. Ich sagte zu. Polats politische Probleme in Xinjiang hatte ich zwar nicht direkt miterlebt, ich kannte aber seine wirtschaftliche Situation. In dem Brief schrieb ich: »Auf keinen Fall sollte Herr [Polat] als Wirtschaftsflüchtling eingestuft werden, der seine Chance auf dem amerikanischen Arbeitsmarkt suchen will – als gebildeter Mensch, der sowohl chinesisch als auch russisch spricht, hatte er in Peking zahlreiche Möglichkeiten, um geschäftlich tätig zu werden ...«

Auf einer meiner späteren Reisen nach Washington, D.C., traf ich mich mit Polats Anwalt Brian Mezger. 1998 hatte Mezger in Philadelphia für eine Non-Profit-Organisation für Einwanderer gearbeitet. Ein potenzieller Klient rief ihn an und sagte, er sei Uighure. Mezger fragte: »Was ist ein Uighure?« Im selben Jahr eröffnete er seine eigene Kanzlei, die sich schon bald fast ausschließlich mit uighurischen Klienten befasste. Mezgers Büro befand sich in Bethesda, Maryland, und praktisch alle uighurischen Antragsteller in der Umgebung von Washington, D.C., engagierten ihn. Allen Klienten stellte er eintausendfünfhundert Dollar in Rechnung, was, gemessen an Branchenstandards, ein vergleichsweise niedriger Satz war.

Mezger war ein ruhiger, ernsthafter Einunddreißigjähriger, der in Vicenza, Italien, als Sohn eines amerikanischen Vaters und einer sizilianischen Mutter auf die Welt gekommen war. Er erzählte mir, dass die Geschichte seiner Mutter ihn dazu veranlasst habe, sich mit dem Einwanderungsrecht zu beschäftigen. Mezger kam schnell im Schmelztiegel zurecht. Seine Mutter war Katholikin (»im sizilianischen Sinn«), dennoch hatte er dreizehn Jahre lang eine Quäkerschule besucht. Er wählte republikanisch. Am Oberlin College hatte er als Hauptfach Ostasienwissenschaften studiert, in seiner Freizeit las er noch immer japanische und chinesische Gedichte. Er beschäftigte sich außerdem mit allem, was er über die Uighuren finden konnte. 1998 hatte er am Weltjugendkongress der Uighuren teilgenommen, eine Veranstaltung der Exilgemeinde im türkischen Ankara. »Meine Schmerzgrenze bei Langeweile ist sehr hoch«, erklärte er. »In allen Sitzungen wurde uighurisch oder russisch gesprochen. Ich habe entweder einfach Bücher gelesen, rumgekritzelt oder sonst was gemacht.«

Er war nie nach Xinjiang gereist. Aber auch in Maryland konnte er sich mit bestimmten Aspekten der uighurischen Kultur vertraut machen. Beispielsweise dachte er einmal darüber nach, eine Volkschinesin als Sekretärin einzustellen, sah dann aber ein, dass die Uighuren ihr mit zu großem Misstrauen begegnen würden. Er hatte die Erfahrung gemacht, dass sich viele gebildete Uighuren nicht für den Islam interessierten. Er hatte auch das uighurische Klassensystem kennengelernt und war besonders vom Einfallsreichtum der Händler beeindruckt (»Selbst wenn man sie im Dschungel absetzt, werden sie wahrscheinlich einen Weg finden, um Geschäfte zu machen«). Zudem hatte er gelernt, dass man vorsichtig sein muss, wenn die Frage Nummer fünf auf dem Asylantrag der Vereinigten Staaten gestellt wird:

Befürchten Sie, dass Sie in Ihrem Heimatland oder in einem anderen Land einer Folter (schwere körperliche oder seelische Schmerzen, einschließlich Vergewaltigung oder sonstiger sexueller Missbrauch) ausgesetzt werden, wenn Sie zurückkehren?

»Ich habe Uighuren vertreten, die mit Nein antworteten, weil sie keine Angst haben«, erzählte mir Mezger. »Sie wollen stark sein. Ich muss ihnen erklären, dass die Frage darauf abzielt, ob in chinesischen Gefängnissen die Möglichkeit der Folter besteht.«

Von den schätzungsweise fünfhundert Uighuren, die 2001 in den Vereinigten Staaten lebten, wurde mit Mezgers Hilfe am Ende fast einhundert Asyl gewährt. Allerdings merkte er an, dass er sich selbst in erfolgreichen Fällen Sorgen um die Zukunft seiner Klienten machte.

»Hin und wieder ertappe ich mich bei dem Gedanken, dass ich im Grunde genommen dazu beitrage, die uighurische Kultur zu zerstören, indem ich diesen Menschen Asyl verschaffe«, sagte er. »Ihre Kinder passen sich so rasend schnell an. Aus Sicht der Enkelkinder ist es am Ende kaum mehr als ein Kuriosum, dass sie Uighuren waren. Aber so ist es mit allen Volksgruppen in Amerika. Ich bin mir sicher, dass die Nachfahren der deutschen Revolutionäre, die in den Vierzigerjahren des 19. Jahrhunderts rüberkamen, nicht mehr sonderlich erpicht auf Revolution waren. Für kleine Volksgruppen, die verfolgt werden, ist dieser Prozess typisch.«

An jedem 12. November kamen die Uighuren in der Umgebung von Washington, D.C., zusammen, um den Jahrestag der Gründung der Republik Ostturkestan zu feiern. In einem Jahr war ich zufällig in der Stadt und nahm mit Polat, dessen Vater in der ostturkestanischen Armee gekämpft hatte, daran teil. Das Bankett fand in einem gemieteten Raum in der George-Mason-Universität statt. Etwa achtzig Uighuren kamen, darunter einige wenige, die aus Übersee angereist waren, um das Jubiläum zu feiern. Ein Achtzigjähriger war direkt aus dem fernen Kasachstan eingeflogen. Er war einer der wenigen Uighuren, die sich noch aus eigenem Erleben an die 1949 zerschlagene unabhängige Republik erinnern konnten.

Auf dem Bankett wurden Reden auf Uighurisch gehalten, anschließend führten die jüngeren Teilnehmer Tänze in traditionellen Kostümen auf. Eine Mitwirkende war eine Schülerin der achten Klasse aus Fairfax, Virginia. Sie sprach perfekt amerikanisches Englisch und erzählte mir, dass sie dem Tanz nur zugestimmt habe, weil ihre Freundin auch mitmache. Als ich sie fragte, ob ihre Klassenkameraden in Virginia verstünden, was es bedeute, eine Uighurin zu sein, rollte sie mit den Augen: »Sie sagen, ich sei eine Chinesin, weil ich aus China stamme.« Nach dem Tanz marschierten vier erwachsene Uighuren in die Halle ein, die die olivgrünen Uniformen der ostturkestanischen Republik trugen. Sie marschierten nach vorne, salutierten der Menge zu und sonnten sich in einer Woge des Applauses. Um genau elf Uhr knackten die Lautsprecher, und ein Wachmann verkündete, dass der Raum sofort geschlossen werde. Daraufhin schüttelten die Uighuren Hände, wünschten einander gute Gesundheit und stürzten aus der George-Mason-Universität hinaus.

Polat erwähnte den Raubüberfall bei meinem Besuch im Januar 2001 mit keinem Wort. Erst vor etwas mehr als einem Jahr erfuhr ich davon, als ein gemeinsamer Freund mich informierte. Anschließend fragte ich Polat, was geschehen wäre, und er erzählte mir die Geschichte. Er erklärte, dass sowohl der Fahrer als auch der Bewaffnete »Afrikaner« gewesen seien.

»Zunächst hatte ich Angst, als er aber sagte, ich solle mich hinlegen, war die Angst verflogen«, berichtete er. »An dem Punkt war klar: Entweder er erschießt mich, oder er erschießt mich nicht. In einer solchen Situation kann man nichts unternehmen. Ich glaubte nicht, dass er mich erschießen würde. Er war sehr mager, vermutlich war er drogensüchtig.

Der Polizei habe ich nichts erzählt, weil mein Asylantrag noch nicht durch war. Es wäre ohnehin nichts dabei herausgekommen. Das war eine hässliche Szene – einfach so runter auf den Boden.«

Polat schüttelte den Kopf und lachte verlegen. Mir wurde klar, warum er mir nicht früher davon erzählt hatte: Der Überfall hatte ihn gedemütigt. Mehrmals erwähnte er, wie lächerlich er auf dem Boden neben der Rhode Island Avenue ausgesehen haben müsse. Ich versuchte, ihn zu beruhigen und meinte, dass er richtig gehandelt habe. Es hätte keinen Sinn gehabt, sich einem Mann mit einer Schusswaffe zu widersetzen. Aber Polat war anderer Meinung.

»Einer meiner uighurischen Freunde war Zusteller bei Domino's, als ihn ein Mann mit vorgehaltener Waffe überfiel«, sagte er. »Es war ebenfalls ein Afrikaner. Er richtete die Waffe auf meinen Freund, mein Freund griff einfach nach der Waffe und riss sie ihm aus der Hand. Sie war nicht geladen. Es kam zu einem Kampf, wenig später traf ein Polizeiwagen ein und nahm sie mit. Der Beamte legte beiden Handschellen an und fuhr sie zur Polizeistation. Mein Freund rief einen Dolmetscher an, und kaum war der Dolmetscher eingetroffen, durfte mein Freund gehen.«

Ich sagte ihm, dass der Uighure Glück gehabt habe und dass es immer am besten sei, davon auszugehen, dass Schusswaffen geladen sind. Polat schüttelte den Kopf.

»Es hängt von der Situation ab«, sagte er. »Wenn es so aussieht, als wüssten sie nicht, was sie tun, dann kann man kämpfen. Das ist mir einmal in Yabaolu passiert, und zwar 1997. Vier Geldwechsler wurden in dem Jahr ermordet. Drei Kerle müssen mich eine Weile beobachtet haben, und eines Abends versuchten sie, mich auszurauben. Der Anführer hielt mich auf der Straße an und zeigte mir sein Messer. Er ließ es nur kurz aufblitzen und meinte: ›Freund, kannst du mir etwas Geld leihen?‹ Du weißt, wie diese Kerle reden – Freund hier, Freund da. Er hatte einen nordöstlichen Akzent.«

Polat lächelte stolz. »Ich habe ihm gar nichts gegeben«, sagte er. »Ich habe ihm gesagt: ›Ich komme aus Xinjiang, aus Ürümqi, wir kennen uns dort mit Messern aus. Dein Messer ist nichts Besonderes. Ich habe Freunde in diesem Viertel.‹ Danach haben sie mich in Ruhe gelassen.«

ARTEFAKT G

Der Knochen, der keine Risse hatte
比较文学

Nach dem Gespräch mit Altem Herrn Zhao recherchiere ich die Lebensgeschichte von Chen Mengjia. Das Ausgangsmaterial ist dürftig: Von Chen wurde nie eine Biografie in Buchform veröffentlicht, viele seiner Werke sind vergriffen. Über das Ende seines Lebens ist überhaupt nichts bekannt: Es gibt keinerlei Berichte, die detailliert über die Ereignisse informieren, die zu seinem Selbstmord führten. In China ist die Kulturrevolution noch heute eine undurchsichtige Zeit. Es ist zwar erlaubt, kritisch über die Jahre zu schreiben, einer stillschweigenden Übereinkunft zufolge sollten die Nachforschungen jedoch nicht zu weit gehen. Auch haben in jener Zeit nur wenige Menschen ein Tagebuch geführt oder Briefe aufbewahrt.

Über die ersten Jahre von Chens Leben wissen wir mehr, weil er schon früh Gedichte veröffentlichte. Er wurde 1911 in Nanjing geboren, sein Vater war Lehrer und presbyterianischer Priester. Zehn Chen-Geschwister wurden erwachsen: fünf Männer und fünf Frauen. Sie alle machten einen Hochschulabschluss – ein Ausbildungsniveau, das besonders für Frauen jener Generation ungewöhnlich war. Chen Mengjia war das siebte und mit Abstand intelligenteste Kind. Sein erstes Gedicht veröffentlichte er im Alter von achtzehn Jahren. Als mit zwanzig sein erster Gedichtband erschien, war er berühmt. Er gab sich, wie für chinesische Dichter üblich, einen Künstlernamen: Wanderer.

Er wurde das jüngste Mitglied der Crescent Moon Society, eine Gruppe romantischer Dichter, die die strikten Vorgaben der klassischen chinesischen Lyrik mieden. Als 1932 japanische und chinesische Armeen außerhalb von Shanghai aufeinanderprallten, schloss

sich Chen dem Widerstand an. Vom Schlachtfeld schickte der junge
Dichter Verse nach Hause:

> *Blutflocken blühen vor den Gräbern neuer Geister*
> *Und tropfen auf matschigen Schnee*
> *Dort ruhen unsere Helden – in Frieden ...*

Sein poetischer Stil war einfach und rhythmisch gegliedert. Kritiker
verglichen ihn mit A. E. Housman und Thomas Hardy. Chen wandte
sich nach seiner Kindheit vom Christentum ab, die ferne Vergangenheit hatte für ihn jedoch etwas Mystisches, das er als fast religiö-
ses Gefühl beschrieb. Ein frühes Gedicht, »Lächeln der Tang-Dynastie«, beschreibt die tausend Jahre alte Steingravur einer
weiblichen Figur:

> *Ich blicke verstohlen auf ihr seitliches Antlitz*
> *Unter ihrer Ehrfurcht gebietenden Erscheinung*
> *Die kalte, schweigende Spur eines Lächelns*
> *Sich verbirgt.*

Artefakte haben Macht. Geschriebene Schriftzeichen hauchen der
fernen Vergangenheit Leben ein. In einem anderen Gedicht be-
staunt der Erzähler eine alte Festung:

> *Der Turm wirkt zufrieden*
> *Würdevoll. Lauschend dem Klang des Flusses*
> *Lauschend dem Wind*
> *Als er die dreitausend Jahre alte Schrift schreibt*
> *Auf das Blatt einer Wolke*
> *Sie spornen mich dazu an, die Antike zu ehren und zu achten.*

Als Student in Nanjing studierte Chen Jura, nach dem Abschluss
wechselte er jedoch die Fachrichtung. 1932 forschte er zunächst über
klassische chinesische Literatur, danach über Religion und schließlich wandte er sich dem chinesisches Schriftsystem zu. Die Vergangenheit rückte näher, die Dichtung bewegte sich in die Ferne.
Versdichtung war für Chen immer eine Qual gewesen. In einem Ge-

dicht schrieb er: »Ich zertrümmerte meine Brust und zog eine Kette mit Liedern daraus hervor.« Im Vorwort zu einem Buch erklärte er, dass er bereits mit dreiundzwanzig von der Poesie zunehmend desillusioniert war. Später schrieb er:

> *Seit ich siebzehn war, habe ich das Versmaß benutzt, um mich selbst zu kontrollieren. Alles, was ich schrieb, konnte am Rhythmus einer Zeilenkette beurteilt werden ... Die Kette lastete schwer auf mir, und in der Sklaverei lernte ich, schöne Worte zu ersinnen.*

Mit Anfang dreißig hatte er im Grunde genommen aufgehört zu dichten. An der Yanjing-Universität in Peking studierte er stundenlang die Inschriften von Orakelknochen und antiken Bronzeobjekten. Als er zur Archäologie wechselte, waren die frühen Gedichte kaum mehr als Erinnerungen an ein anderes Leben, das bereits vorüber war:

> *Bist du es, der meine Geschichte wirklich hören will?*
> *Peinlich berührt, errötet*
> *Behutsam blättere ich zwanzig leere Seiten um.*
> *Ich möchte nur eine Zeile schreiben:*
> *Ich bin der gute Sohn eines Priesters.*

*   *   *

Lucy Chao war ebenfalls das Kind eines Priesters, das zu einem Wunderkind wurde. Mit fünfundzwanzig veröffentlichte sie die erste chinesische Übersetzung von T. S. Eliots »Das wüste Land«. Sie unterrichtete bis 1937, als viele Chinesen Peking infolge der japanischen Invasion verließen, an der Yanjing-Universität Englisch. Jahre später blickte Lucy in einer Autobiografie auf ihr Leben zurück:

> *Wir zogen nach Süden, und mein Vater blieb mit meinem Bruder Zhao Jingxin [Alter Herr Zhao] in Peking. ... wir zogen in ein altes Haus im Kreis Deqing in Zhejiang. Zu der Zeit heiratete ich Chen Mengjia. Alles dort war preiswert, und das Leben war bunt. Wir aßen jeden Tag Fisch und Garnelen. Wir mussten nicht studieren,*

*deshalb schauten wir häufig dabei zu, wie die Enten über das Wasser
schwammen ...*

Zusammen mit vielen anderen chinesischen Intellektuellen zog das
Paar schließlich nach Kunming, eine Stadt in der fernen, südwestli-
chen Provinz Yunnan. In Kunming reorganisierten sich die wichtigsten chinesischen Universitäten zu einer neuen Einrichtung, die als
Nationale Südwestliche Vereinigte Universität bekannt war, an der
Chen Mengjia lehrte. Lucy durfte an der Fakultät keine Aufgaben
übernehmen – den Vorschriften zufolge war es Ehepaaren untersagt,
an derselben Einrichtung zu unterrichten.

*Ich war acht Jahre lang Hausfrau. Ich hatte die traditionelle Vor-
stellung, dass sich eine Frau für ihren Mann opfern solle. Aber ich
war wirklich gut ausgebildet. Während des Kochens lag immer ein
Text von Dickens auf meinen Knien.*

1944 gewährte die Rockefeller-Stiftung dem Paar ein gemeinsames,
geisteswissenschaftliches Stipendium, das Forschungsvorhaben in
den USA finanzierte. Die Generation der beiden war einzigartig:
Trotz der japanischen Invasion und des Bürgerkriegs entwickelte
eine vielversprechende Gruppe von jungen Chinesen tiefe intellektuelle Beziehungen zum Westen. Viele gingen nach Amerika und Europa, um sich ausbilden zu lassen, und die meisten hatten vor, ihre
neu erworbenen Qualifikationen eines Tages in ihre chinesische Heimat einzubringen.

Für Chen Mengjia und Lucy Chao begann die Fahrt mit einem
Flug von Kunming nach Kalkutta. Die Reise, mit der sie ›über den
Berg‹ waren, regte Chen dazu an, zum ersten Mal seit Jahren wieder
Gedichte zu schreiben:

*Ich kann den Himalaya nicht erkennen
Wolken türmen sich so hoch auf wie Berge ...
Alles wirkt so verlassen
In dieser Wüstenei des Himmels.*

An der Universität von Chicago forschte Lucy für ihre Dissertation über Henry James. Jahrelang hatte sie Englisch aus der Ferne studiert; jetzt war die Literatur plötzlich ganz nah. Während eines Ausflugs nach Harvard traf sie T. S. Eliot, der ihr ein Exemplar seiner Gedichte mit einer Widmung schenkte.

Es hieß, dass ich die drittgrößte Sammlerin von Henry-James-Büchern geworden sei ... Mein Mann und ich waren entschlossen, nichts unversucht zu lassen, um in den Genuss der kulturellen Ausbildung zu kommen, die uns die Vereinigten Staaten boten. Wir gingen in Konzerte, Filme, und wir besuchten die unterschiedlichsten Museen. Wir sahen alle Arten von Opern. Als wir aus den Staaten zurückkehrten, war unser Gepäck voll von Büchern und Aufzeichnungen. Es war nicht viel Geld übrig geblieben.

Während Lucy Literatur studierte, ging Chen auf die Jagd nach Bronzeobjekten. Viele Artefakte waren während der beiden chaotischen Jahrhunderte, des 19. und des 20., außer Landes geschafft worden, und nur wenige Stücke hatte man sorgfältig studiert. Chen hoffte, ein Standardwerk zum Thema verfassen und die westlichen und chinesischen Ansätze über Bronzestudien miteinander verbinden zu können. Zusätzlich zu seinem Rockefeller-Stipendium erhielt er Fördermittel vom Harvard-Yenching-Institut.

28. Mai 1945

*Mein liebes Fräulein Hughes,
ich werde entweder am nächsten oder am übernächsten Wochenende nach Kansas City fahren. Bitte lassen Sie mich wissen, welche Zeit am günstigsten ist, um das Museum zu besuchen ...*

Der Wanderer trug seinen Namen zu recht. Er reiste nach Detroit, Cleveland, St. Louis, Minneapolis, New York, New Haven, Boston, Providence, Princeton und San Francisco. Er fuhr den ganzen Weg bis nach Honolulu. In jeder Stadt kontaktierte er Museen und private Sammler, um deren Artefakte zu studieren. Zwei Jahre lang wechselte er zwischen den alten chinesischen Bronzen und der modernen amerikanischen Kultur hin und her:

14. Juni 1945

Mein liebes Fräulein Hughes,
der Besuch in Kansas City hat mir sehr gut gefallen, und ich möchte
Ihnen nochmals für Ihre Freundlichkeit danken. Wenn es die Zeit er-
laubt, werde ich die Stadt möglicherweise vor dem Herbst zusam-
men mit meiner Frau ein weiteres Mal besuchen ... An meinem letz-
ten Abend verbrachte ich einige Zeit im Zentrum von Kansas City,
zum Abschluss habe ich mir einen Film angeschaut. Ich finde, dass die
Reise in jeder Hinsicht sehr erfreulich verlaufen ist ...

Außerhalb der Vereinigten Staaten besuchte er Toronto, Paris, London und Oxford. 1947 schrieb er nach einer Reise nach Stockholm einen Brief an die Rockefeller Foundation:

Ich wurde vom Kronprinzen in seinem Schloss empfangen, um mir
seine Sammlung anzuschauen. Zwei Stunden lang hatte ich die Ehre,
mit ihm zu sprechen und zu diskutieren.

Im selben Jahr schloss Chen den Entwurf des Buches ab – Fotos und
die Beschreibungen von achthundertfünfzig Gefäßen. Vor der Rückkehr nach China schickte er das Manuskript und die Fotos nach Harvard; das Lektorat sollte auf dem Postweg erfolgen. Harvard-Profes-
sor Langdon Warner schrieb Chen einen Brief: »Es braucht viel Mut,
um sich den politischen und finanziellen Schwierigkeiten des heutigen Asien zu stellen, und ich bewundere Sie dafür, dass Sie in einer
solchen Zeit wieder zurückgehen.«

Lucy blieb in Chicago zurück, um ihre Promotion abzuschließen.
Als sie sich schließlich Ende 1948 auf den Weg über den Pazifik machte, hatte der Bürgerkrieg in China den Wendepunkt überschritten:

Auf dem Schiff [nach Shanghai] hörte ich über den Lautsprecher,
dass die Universitäten von Tsinghua und Peking befreit worden sei-
en. Fu Zuoyis [der General der Kuomintang] Truppen waren in
Schwierigkeiten ...
    Der Verkehr zwischen Peking und Shanghai war zusammenge-
brochen, also musste ich einen Weg finden, um dorthin zu gelangen ...

*Ich nahm ein Flugzeug, das glücklicherweise Getreide für Fu Zuoyi
nach Peking transportierte. Das Flugzeug landete am Himmelstempel. Als wir Tianjin überflogen, schossen Soldaten der Volksbefreiungsarmee vom Boden auf uns. Es gab für uns keine Treppe für den
Ausstieg ... wir sprangen einfach auf einen Haufen Decken, die man
auf dem Boden ausgebreitet hatte ...*

Die Hauptstadt war geteilt, einige Bereiche waren unter kommunistischer Kontrolle, andere wurden noch von der Kuomintang gehalten. Chen Mengjia befand sich in einem Gebiet, das die Kommunisten bereits eingenommen hatten.

*Ich bat jemanden, meinem Mann eine Nachricht zukommen zu las-
sen, in der ich ihm mitteilte, dass ich zurückgekehrt sei und dass ich
ihn treffen wolle, sobald das Tor der Festung offen stehe. Drei Wochen
später war das Tor offen. Peking war befreit.*

*   *   *

Das Tor schloss sich fast sofort wieder. 1950 brach der Koreakrieg aus,
und der Informationsaustausch zwischen China und den Vereinigten
Staaten war beendet. In Cambridge warteten Harvard-Professoren darauf, etwas von Chens Buch über Bronzeobjekte zu hören. In Peking
wartete Chen auf ein milderes politisches Klima. Er beschäftigte sich
in der Zwischenzeit mit der Lektüre von Orakelknochen. 1956 veröffentlichte er »Ein umfassender Überblick über die prophetischen Inschriften aus den eintönigen Weiten von Yin«. Der Ausdruck – »eintö-
nige Weiten von Yin« – bezieht sich auf die Region Anyang, wo im
Laufe der Jahre unzählige Knochen- und Schalenstücke ausgegraben
worden waren. Aus diesen Fragmenten erschuf Chen die Shang-Welt
neu: Kalligrafie, Grammatik, Geografie, Astronomie. Kriegsführung
und Opfergaben; Götter und Königtum. Nachdem der Pekinger Verlag Chen das Honorar gezahlt hatte, nutzte er es, um einen alten
Wohnhof in der Nähe des Stadtzentrums zu kaufen. Über dem Eingang brachte er eine Inschrift an: DAS HAUS DES EINEN BUCHES. Das
sollte sich als traurige Prophezeiung erweisen: Innerhalb von zwei Jahren erhielt Chen Mengjia in der Volksrepublik ein Veröffentlichungs-

verbot. Und sein Buch über Bronzeobjekte erschien nie in den Vereinigten Staaten.

Trotz des Verbots druckte das Institut für Archäologie seine eigene Fassung und nutzte dafür die Notizen, die Chen mit zurückgebracht hatte. Das Buch über Bronzeobjekte in Amerika war schlampig lektoriert und enthielt Fehler; viele Fotos hingen in Harvard fest. Um das Maß vollzumachen, enthielt die chinesische Ausgabe eine Einführung, die Chen Mengjia kritisierte. Dass sein Name nicht unter dem Titel stand, unterschied das Werk von allen anderen, die je mit Rockefeller-Geldern erstellt worden waren:

Die Shang- und Zhou-Bronzen unseres Landes,
Erbeutet von amerikanischen Imperialisten

*   *   *

Heute gibt es weltweit rund dreißig Wissenschaftler, die sich mit Orakelknochen beschäftigen. Der angesehenste Experte in den Vereinigten Staaten ist David N. Keightley, Professor für Geschichte an der Universität von Kalifornien in Berkeley. Keightley hat Chen Mengjia nie kennengelernt, und er weiß nur wenig über dessen persönliche Geschichte. Aber der Amerikaner hat auf den Spuren des chinesischen Gelehrten geforscht, und er verwendet noch immer das erhalten gebliebene Chen-Buch – den Band über Orakelknochen und die Shang-Welt. »Das Buch war äußerst wichtig«, erzählt Keightley mir während eines unserer Gespräche in seinem Haus in Berkeley Hills. »Es ist ein wunderbares Buch. Darin hat er alles erläutert – die Rituale, die Opfergaben, den Zeitrahmen. Es ist sehr alt, aber es ist noch immer ein sehr guter Ausgangspunkt.«

Wie Chen Mengjia hat auch Keightley seine akademische Laufbahn damit verbracht, Fragmente zusammenzusetzen. Er vergleicht die Knocheninschriften mit den Noten einer Partitur – eine Art Code, der in den richtigen Händen zu Musik wird. Bruchstücke aus Liedern und Teile von Volksweisen sind vorhanden. Melodien: Bestimmte Themen kehren so oft wieder, dass sie Harmonien ergeben. Keightley hat rund dreizehnhundert Weissagungen über Regen durchgesehen, alle aus der Zeit des Königs Wu Ding, der etwa 1200 bis 1189 v. Chr. regierte.

In diesem Monat wird es einen starken Regen geben.

Heute wird der König zur Jagd gehen;
den ganzen Tag lang wird es nicht regnen.

Dass es nicht auf uns herabregnet, bedeutet für diese Siedlung,
dass eine Macht Shang Unheil bringt.

Die Knochen machen Musik, sie erzählen auch Geschichten. Die Shang sind von den Toten besessen – in ihrer Welt haben die verstorbenen Ahnen Macht. Wenn man sie vernachlässigt, bestrafen sie die Lebenden mit Krankheit, Unglück und Naturkatastrophen. Wenn ein Herrscher erkrankt oder wenn es ein Problem mit dem Wetter gibt, lässt der Königshof Weissagungen erstellen, um herauszufinden, welcher unglückliche Vorfahr eine Opfergabe verlangt. Manchmal verhandeln die Shang mit den Toten: Auf einem ausgegrabenen Fragment schlägt eine Inschrift vor, einem Vorfahren drei menschliche Gefangene zu opfern. Doch es muss einen nicht zufriedenstellenden Riss gegeben haben, weil eine weitere Inschrift folgt: fünf menschliche Gefangene. Danach enden die Weissagungen. Der Vorfahr muss mit fünf Toten zufrieden gewesen sein.

»Ein anderes schönes Beispiel ist die Zahnschmerzen-Weissagung«, sagt Keightley und schlägt sein eigenes Buch »Sources of Shang History« (Quellen der Shang-Geschichte) auf. Er wendet sich einem durchgeriebenen Schwarz-Weiß-Abbild eines Orakelknochens zu, der ebenfalls aus der Regierungszeit Wu Dings stammt. Die Abreibung zeigt die Rückseite eines eingerissenen Bauchpanzers einer Schildkröte, dessen ovale Form mit gebohrten Vertiefungen und eingravierten Schriftzeichen versehen ist. Einige der ursprünglichen Shang-Wörter sind schwer zu entziffern, und Keightleys Buch gibt den Bauchpanzer mit klareren, modernen Schriftzeichen wieder:

Nachdem Keightley die Seite aufgeschlagen hat, erklärt er die Aus-
gangslage: »Der König unternimmt einen Feldzug und hat einen
kranken Zahn«, erklärt er. »Er versucht sich darüber klar zu werden,
was er wegen des Zahns tun kann. Außerdem muss er wissen, welcher
Vorfahr zuständig ist.«

Vier Namen sind in das Objekt eingraviert: Vater Jia, Vater Geng,
Vater Xin und Vater Yi. Alle stammen aus einer einzigen Generation
– der Vater des Königs und drei Onkel. Sie alle sind zur Zeit der Weis-
sagung bereits tot.

»Es ist Vater Jia, es ist nicht Vater Jia«, liest Keightley laut auf Chinesisch, während sein Finger über die Schriftzeichen fährt. »Es ist
Vater Geng, es ist nicht Vater Geng. Es ist Vater Xin, es ist nicht Vater Xin. Es ist Vater Yi, es ist nicht Vater Yi.«

Für jeden Vorfahren wurden mehrere Weissagungen durchgeführt – die Risse laufen über den gesamten Bauchpanzer. Der Gegenstand ist wie das dreitausend Jahre alte Notizbuch eines Detektivs,
das eine Möglichkeit nach der anderen ausschließt.

»Und dann ist da noch eine weitere Inschrift: ›Biete Vater Geng
einen Hund an und zerteile ein Schaf‹«, sagt Keightley. »Deshalb glaube ich, dass es Vater Geng war, der die Krankheit verursachte.«

Keightley macht eine Pause und blickt von der Buchseite auf. Er
ist neunundsechzig Jahre alt, groß, dünn, mit scharfen, graublauen

Augen. »Das sind die Noten«, sagt er. »Die Musik müssen wir selbst machen.«

*   *   *

Im alten China hat offenbar immer jemand die Noten einheitlich ausgerichtet. Ordnung, Regelmäßigkeit und Organisation – diese Merkmale beeindrucken Archäologen und Historiker. Sogar dreitausend Jahre vor der Shang, im Neolithikum, weisen die Grabstätten der zentralen Ebenen eine verblüffende Regelmäßigkeit auf. Diese frühen Kulturen folgten einer Praxis, die als Sekundärbestattung beschrieben wird. Die Toten wurden begraben, und nach einer gewissen Zeit wurden die Gebeine exhumiert, gereinigt und behutsam arrangiert. Manchmal wurden die Knochen ordentlich gestapelt, mit dem Schädel obenauf. In anderen Gräbern wurden Skelette sorgfältig ausgerichtet, alle Köpfe zeigten in die gleiche Richtung. Ordnung, Regelmäßigkeit und Organisation.

Wenn Keightley sich solche Grabdiagramme anschaut, sieht er Kunst und Schrift. Seiner Meinung nach ist alles miteinander verwoben: Derselbe Instinkt ist am Werk – der Wunsch, die Welt Regeln zu unterwerfen.

»Sucht man nach den Ursprüngen des chinesischen Schriftsystems, dann halte ich es für einen Fehler, nach naturalistischen Bildern zu suchen«, sagt er. Was man suchen muss, sind schematische Darstellungen – Strukturen, in denen die Menschen abstrahieren und codieren. Derselbe Impuls, der in der religiösen Sphäre arbeitet, ist auch im kulturellen Bereich am Werk. Wenn Sie mehr solcher Belege für abstrahierende Darstellungen brauchen, schauen Sie sich das *taotie* an:«

»Das sind keine naturalistischen Bilder, sondern stark strukturierte, autoritäre Entwürfe. Ornament und Ordnung sind von grundlegender Bedeutung. Sie scheinen einen Kodex zu vermitteln. Es gibt ein gemeinsames kulturelles Verständnis, das vorgibt, was zu tun ist und wie man denkt. Mein Eindruck ist, dass dies in China ziemlich einzigartig ist. Wann findet man in China das erste Porträt eines Königs? Darauf weiß ich nicht einmal selbst eine Antwort. In Ägypten hat man frühe Porträts von Königen, von hohen Beamten. In China gibt es nichts dergleichen. Deutlich erkennbar ist die Freude, mit der wichtige Mächte, Kräfte und Einflüsse auf eine abstrakte Weise dargestellt werden.«

Die Sanxingdui-Bronzen sind anders. Obwohl sie stilisiert sind, bilden sie doch menschliche Formen ab. Wenn Keightley von »China« spricht, meint er die zentralen Ebenen, wo sich die Shang-Kultur entwickelte und wo die modernen Chinesen in der Regel ihre Wurzeln gesucht haben. Diese Region ist die Wiege des chinesischen Ahnenkults, der eines der zentralen Merkmale dieser Kultur ist. Die Ahnenverehrung trug nach Ansicht von Keightley auf natürliche Weise zu einer bürokratischen Organisation und zum konservativen Denken des Konfuzianismus bei.

»Wenn man sich die Shang-Vorfahren anschaut, stellt man fest, dass sie unterschiedliche Zuständigkeitsbereiche haben«, sagt er. »Kürzlich Verstorbene befassen sich mit weniger wichtigen Anliegen, vor längerer Zeit Verstorbene befassen sich mit wichtigeren Anliegen. Je älter eine Generation ist, desto größer ist ihre Macht. Ich will darauf hinaus, dass dies eine Möglichkeit ist, die Welt zu organisieren. Die Menschen sind für verschiedene Dinge verantwortlich. Ich bezeichne das als Generationalismus, die Vorstellung, dass die Macht mit dem Alter zunimmt.«

In der klassischen chinesischen Literatur ist der Held meist ein Bürokrat. Er organisiert und ordnet an. In der Schlacht zeichnet er sich mehr dadurch aus, dass er Pläne schmiedet, als dass er kämpft. Die frühen chinesischen Klassiker halten sich nicht mit Beschreibungen von Kämpfen auf – mit tödlichen Gemetzeln oder dem Morast auf dem Schlachtfeld. »Die Konzentration auf die schmutzigen Details, wie man sie aus der ›Ilias‹ und der ›Odyssee‹ kennt, fehlt«, sagt Keightley. »Es geht einzig um das, was der Mensch tut, was seine Talente sind. Es ist sehr pragmatisch, sehr existenziell.«

Keightley hat zu dem Thema eine wissenschaftliche Arbeit veröffentlicht: »Clean Hands and Shining Helmets: Heroic Action in Early Chinese and Greek Culture« (Saubere Hände und glänzende

Helme: Heldentum in der frühen chinesischen und griechischen Kultur). Er vergleicht die griechischen Klassiker mit dem chinesischen Äquivalent, das ihnen am nächsten kommt – den Texten der Zhou-Dynastie, die auf die Shang folgte. Den Zhou wird das Verdienst zugeschrieben, viele philosophische Grundlagen der chinesischen Kultur gelegt zu haben, darunter sind einige der wichtigsten frühen Werke der Literatur: das »Buch der Lieder«, das »Buch der Urkunden« und das »Zuozhuan«. Diese Texte wurden etwa von 1000 bis 400 v. Chr. verfasst. Konfuzius, der um 551 v. Chr. geboren wurde, zwei Jahrhunderte nach dem Fall des letzten Zhou-Herrschers, idealisierte die Dynastie als Vorbild in Bezug auf Kultur sowie Sitten und Gebräuche.

Im Gegensatz zur Literatur des antiken Griechenland ist die moralische Welt der chinesischen Klassiker erstaunlich gesittet. Im alten China werden die Guten belohnt und die Bösen bestraft. Götter kommen nicht auf die Erde herab und benehmen sich schlecht. Es gibt in der alten chinesischen Literatur keine Tragödie. Die Toten kommen insgesamt ähnlich zur Geltung wie die Lebenden, nur haben sie mehr Macht. Ordnung, Regelmäßigkeit und Organisation.

»Das Problem mit den Toten bei Homer ist, dass sie völlig ahnungslos sind«, sagt Keightley. »Sie werden als ›die dummen Toten‹ beschrieben. Sie haben keine Macht und können nichts unternehmen. In der ›Odyssee‹ sucht Odysseus die Unterwelt auf und spricht mit Achill, der nicht weiß, was daheim in Griechenland los ist, oder ob sein Sohn und sein Vater noch leben. Im Gegensatz dazu werden die chinesischen Toten mit dem Alter immer mächtiger. Anders die Griechen. Sie entwickeln keinen Ahnenkult, sondern einen Heldenkult. Sie versuchen, einen Stadtstaat aufzubauen und keinen Staat, in dem ein politisches System dominiert, das von einer und für eine Gruppe mächtiger Familien angetrieben wird. Die Griechen haben andere Prioritäten gesetzt.«

Keightleys Blick auf China ist zeitlos. Bei unseren Treffen springt das Gespräch ständig hin und her: Manchmal spricht er über die Shang-Zeit, dann über die Zhou und danach über das moderne China. Einmal hebt er hervor, dass die Chinesen anscheinend so selbstverständlich Bürokratien hervorbringen wie der Westen Helden. Er betont jedoch, dass dies kein Werturteil sei; das Bedürfnis nach einem Heldentum westlicher Prägung – entscheiden und handeln – könne selbstverständlich zu Kriegen führen. Historiker hätten längst die Theorie aufgestellt, dass Europäer, die an den griechischen Klassikern geschult waren, in besonderem Maße dazu bereit waren, sich kopfüber in den Ersten Weltkrieg zu stürzen. In einer seiner wissenschaftlichen Arbeiten zitiert Keightley William Blake: »Die Klassiker, es sind die Klassiker (...), die Europa mit Krieg verwüsten ...«

Zurück zu den Anfängen. Als ich frage, wie es dazu kam, dass das alte China und der Westen so unterschiedliche Weltanschauungen entwickelten, zeigt Keightley auf die Landschaft. In den zentralen Ebenen des alten China waren die Klimamuster regelmäßiger als im Mittelmeerraum und im Nahen Osten. Und die zwei wichtigsten Flüsse Chinas – Gelber Fluss und Jangtsekiang – fließen beide von West nach Ost. Auch verlaufen beide modular: Am Breitengrad ändert sich fast nichts, was bedeutet, dass die Ernten flussauf- und flussabwärts ähnlich sind. Es gab kaum Anreize für den Handel; die alte Zivilisation war naturgemäß agrarisch. Bei Menschen, die wenig reisen, ist es wenig wahrscheinlich, dass sie Ideen und Technologien austauschen.

»Im Grunde ist meine Position die eines geografischen Deterministen«, sagt er. »Ich glaube, dass das Klima im alten China sehr günstig war, was wiederum den Optimismus begünstigte, den wir in der Kultur sehen. Es gibt einen Flutmythos, aber der Vorfahr Yu löst das Problem. Wieder haben wir einen Vorfahren, der kompetent ist und etwas unternimmt. Auch gibt es im alten China keine Übeltäter. Das Konzept der Erbsünde ist unbekannt. Niemand interessiert sich für die Theodizee, um das Böse in der Welt zu erklären.

Sehen Sie sich demgegenüber den Mittelmeerraum, den Nahen Osten oder die Sumerer an, wo es all diese Sandstürme und Katastrophen gibt – es ist eine ganz andere Welt. Lesen Sie das Gilgamesch-Epos; es ist beachtlich. Der Mann wird sterben, was ihn wütend macht. Er will eine Erklärung für den Tod. Etwas Vergleichbares gibt es in China nicht. Wenn du stirbst, wirst du ein Vorfahr. An den Beziehungen ändert sich nichts: einmal König, immer König; einmal Sklave, immer Sklave. Ich glaube, dass sich Kulturen, die Ahnenverehrung betreiben, zu konservativen Kulturen entwickeln. Neues übt keine Anziehungskraft aus, weil es eine Herausforderung für die Vorfahren darstellt. In einer solchen Kultur ist für Skeptiker kein Platz.«

Ich frage Keightley, warum sich diese optimistische Sicht so sehr von dem China unterscheide, das wir aus dem 19. und 20. Jahrhundert kennen – Hungersnöte, Überschwemmungen, Katastrophen, Kriege. Und nun die über einhundert Millionen Arbeitsmigranten.

»Das ist die Gleichgewichtsfalle auf hohem Niveau«, sagt er, und bezieht sich dabei auf einen Begriff des Historikers Mark Elvin in seinem Klassiker »The Pattern of the Chinese Past«. In seiner Studie über Chinas kulturelle Kontinuität, seinen frühen Erfolg und den anschließenden Niedergang kommt Elvin zu dem Schluss, dass die relative geografische Isolation ein wichtiger Faktor war. Umgeben von Wüsten, Bergen und dem Meer war China vor äußeren Bedrohungen relativ gut geschützt, was aber auch den Kontakt mit ausländischen Innovationen einschränkte. Unterdessen konnte die Bevölkerungszahl aufgrund der politischen Stabilität in Verbindung mit frühen Fortschritten in der Agrartechnik auf ein gefährlich hohes Niveau ansteigen.

»China hat seine natürlichen Rohstoffquellen in den vergangenen mehreren hundert Jahren ausgepresst«, sagt Keightley. »Es war in dem, was es tat, so erfolgreich, dass es bis an die Grenzen gegangen ist. Die Landschaft, so scheint mir, ist ausgelaugt.«

Die Welt der Fantasie war ebenso wie die Geografie eine Falle. Ein Vorfahr folgte auf den anderen, eine Dynastie folgte auf die andere – eine überbevölkerte Geschichte, die endlose Zeitspirale. Die Chinesen neigten dazu, weitsichtig in die Vergangenheit zu schauen, während der Westen, besonders in Zeiten wie der Renaissance, mehr über die Zukunft nachdachte. Aus westlicher Sicht konnte man selbst aus der Antike noch Lehren ziehen, die dem modernen Fortschritt zugutekamen. Während der Aufklärung, als die zeitgenössischen politischen Systeme sich veränderten, feierten die Europäer die antike griechische Demokratie. In den späten Jahren des 19. Jahrhunderts spiegelte die Olympische Bewegung der Moderne die Werte des Imperialismus wider, die eine Elite brauchte, die sowohl gut ausgebildet als auch körperlich fit war.

Die chinesische Sicht der Geschichte schränkte solche Neudefinitionen jedoch ein. Zu Beginn des 20. Jahrhunderts versuchten einige Intellektuelle, ihre eigene Vergangenheit zu erforschen. Doch zwangsläufig beschäftigten sich immer mehr Chinesen mit fremden Konzepten und Werten. Der Prozess nahm einen schmerzhaften, umständlichen Verlauf; unweigerlich klammerte man sich an einige der schlimmsten westlichen Ideen (etwa den Marxismus). Heute kämpfen die Chinesen nach wie vor darum, westliche Traditionen in ihre Kultur zu integrieren. Keightley glaubt, dass dies ein Grund dafür ist, dass die Chinesen so bitter enttäuscht waren, als 1993 ihre Bewerbung für die Olympischen Spiele 2000 abgelehnt wurde. In »Saubere Hände und glänzende Helme« schreibt Keightley:

> ... *Ob im Marxismus Mao Zedongs oder in den Demokratiebestrebungen studentischer Dissidenten nach ihm – der Westen ist heute, im Guten wie im Schlechten, in hohem Maße Chinas Griechenland und Rom geworden.*
>
> *Die Asienspiele, die vor Kurzem in Peking stattfanden, können somit wie die Olympischen Spiele, die die Chinesen ausrichten möchten ... als Abkömmlinge jener Spiele gelten, die Achill beim Begräbnis des Patroklos veranstaltete ... Sie sind ein Beispiel für den Versuch Chinas, sich einen Teil des klassischen und nunmehr internationalen Erbes des Abendlandes für die moderne chinesische Kultur anzueignen.*

*   *   *

David N. Keightley wurde, wie Chen Mengjia, durch Zufall zum Orakelknochengelehrten. Als junger Mann hatte er sich fest vorgenommen, Schriftsteller zu werden:

»Ich hatte den Auftrag angenommen, ein Buch über die Börse zu schreiben. Irgendwann hörte ich zum Glück damit auf. Ich schrieb einen Roman, der erfreulicherweise nicht veröffentlicht wurde. Danach beschäftigte ich mich intensiv mit allen möglichen Kurzgeschichten in Science-Fiction-Zeitschriften. Ich habe das Schema übernommen, mich hingesetzt und eine Kurzgeschichte geschrieben, die ich der ›Saturday Evening Post‹ zusandte. Und tatsächlich haben die mir einen Scheck über tausend Dollar geschickt, und ich glaubte, ich könnte nun jede Woche eine Story schreiben. Aber das

Magazin wurde eingestellt, bevor es die Kurzgeschichte veröffentlichte.

Ich war freier Journalist und hatte das Gefühl, mir mehrere
Standbeine verschaffen zu müssen. Die Miete bezahlte ich mit Buch-
besprechungen für das ›Time Magazine‹, was schön und gut war; nur
wurde mir klar, dass man als Erwachsener etwas anderes tun sollte.
Ich wollte an einer der neuen Grenzen mitmischen. Ich wollte freier
Autor werden und über China berichten. Also dachte ich, dass ich
Chinesisch lernen sollte und ging an die Columbia. Dort schrieb ich
mich in ein Promotionsprogramm ein. Am Ende meines dritten Jahres war ich wieder ins 19. Jahrhundert zurückgekehrt. Ich wollte
mich mit dem Opiumrauchen befassen – was verleitete die chinesische Gesellschaft im Süden zu diesem britischen Laster? Dann hatte
ich eine Offenbarung und erkannte, dass die wirklich großen Fragen
weit zurück in der Vergangenheit lagen. Ich wollte einen Blick auf die
öffentlichen Bauvorhaben der konfuzianischen Ära werfen und ging
danach weitere tausend Jahre zurück. Es war Neuland. Es gab sehr
viel zu tun. 1962 war ich dreißig Jahre alt. Für einen Neustart war ich
etwas alt. Aber es war ein völlig neues Arbeitsgebiet, und man musste
sich, Gott sei Dank, wegen des Dekonstruktivismus oder wegen des
New Criticism keine Sorgen machen.

1965 bis 1967 ging ich für zwei Jahre nach Taiwan. Bevor ich in die
USA zurückkehrte, arbeitete ich sechs Wochen lang in Japan, und ei-
nes Tages ging ich in Tokyo in eine Buchhandlung. Dort fand ich die-
ses Buch im Regal – ein Buch mit Abreibungen von Orakelknochen.
Der erste Eintrag war ein Schriftzeichen, das wie zwei erhobene
Hände aussah:

Gong Menschen: Menschen ausbilden. Siebzig oder achtzig Inschriften, die alle von der Frage handelten, wie man Arbeitskräfte mobilisiert. Der König machte verschiedene Vorhersagen – sollte er Menschen ausbilden? Dreitausend Menschen ausbilden; fünftausend
Menschen ausbilden. Dies und das in Angriff nehmen. Es war ein re-

volutionäres Buch. Der Titel lautete »Inkyo Bokoji Sôrui«, von Shima Kunio. Ich habe ihm mein erstes Buch gewidmet. An diesem hier schrieb er zehn Jahre. Ich habe ihn nie kennengelernt.«

Ein Buch, das er zufällig entdeckte, über das er stolperte – und danach las er dreieinhalb Jahrzehnte lang Orakelknochen. Keightley veröffentlichte zwei Bücher über die Shang, und er wurde für seine Arbeit geehrt. 1986 erhielt er ein MacArthur-Stipendium. Rückblickend betrachtet ergibt seine Karriere absolut Sinn.

Natürlich lassen sich Geschichten immer einfacher erzählen, wenn sie abgeschlossen sind. Genauso ist es mit Chinas Vergangenheit: Ordnung, Regelmäßigkeit und Organisation. Keightley betont, dass es immer auch eine andere Seite zu einer Geschichte gibt, und vielleicht haben wir einfach die ›schmutzigen‹ Details übersehen: die Unregelmäßigkeiten und Unvollkommenheiten des Alltags.

»Meiner Ansicht nach hat es teilweise mit dem elitären Charakter der Artefakte zu tun, über die wir verfügen«, sagt Keightley. »Im chinesischen Schrifttum fehlt der Bezug zum ›schmutzigen‹ Detail bis ungefähr zur Song-Dynastie. Ich würde aber annehmen, dass diese Art Literatur die ganze Zeit über vorhanden war. Die Eliten haben sie nur nicht aufgezeichnet. Sie wollten eine stärker strukturierte Sicht der Welt, in der Moral belohnt wird und in der Vorfahren geehrt werden. Ihr Bild von der Welt ist ein stark idealisiertes Bild von der Welt.«

Während eines anderen Gesprächs erzählt er mir, dass er noch immer daran denke, Romane zu schreiben. »Ich würde gern einen Roman über die Shang-Dynastie verfassen«, sagt er. »Aber dafür habe ich nur die strukturellen Leitfäden, die Orakelknochen und die Artefakte. Die ›schmutzige‹ Seite müsste ich erfinden. Was ich sagen will, ist: Wir kennen die Struktur, das Diagramm; wir kennen die geschriebenen Schriftzeichen. Aber es fehlt der emotionale Eindruck, den müssen wir uns vorstellen.«

In seinem Haus in Berkeley bewahrt Keightley zwei Fragmente von Schulterblättern von Rindern auf. Ein Knochen ist weniger als fünf Zentimeter lang und über dreitausend Jahre alt. Zehn Schriftzeichen sind in die Oberfläche eingraviert:

Bildung von Rissen auf guihai, Vorhersage:
Der König wird, in den zehn Tagen, keine Katastrophen erleben.

Ein russischer Emigrant namens Peter A. Boodberg, der ebenfalls in Berkeley lehrte, schenkte Keightley das Orakelknochenfragment. Boodberg hatte es in China von einem Antiquitätenhändler zu einer Zeit gekauft, als solche Artefakte noch frei gehandelt wurden. Zweifellos ist es eines der ältesten Kulturartefakte in den Berkeley Hills. Keightley hat es in Baumwolle eingewickelt und bewahrt es in einer alten Filmdose auf. Irgendwann will er den Knochen der Universität schenken.

Sein zweites Schulterblatt von einem Rind stammt etwa von 1978. Keightley war Forschungsstipendiat an der Universität Cambridge, als er beschloss, einen Knochen im Stil der Shang rissig werden zu lassen. Soweit er wusste, war das Experiment bisher von keinem Wissenschaftler der Neuzeit erfolgreich durchgeführt worden. Er ging in eine Metzgerei und kaufte ein Produkt, das heute besser als T-Bone-Steak bekannt ist.

»Ein Professor für Werkstoffkunde erzählte mir, die Aufgabe sei leicht«, sagt Keightley. »Er meinte, ich solle es ihm bringen, und wir kochten es ab. Zwei Stunden später herrschte in dem Raum ein übler Geruch. Damit gingen die Shang eins zu null gegen die moderne Wissenschaft in Führung.«

Der Spielstand ist bis heute aktuell. Die Wissenschaftler haben so viel Shang-Musik interpretiert – die königliche Abstammung, die Muster der Kriegführung, die Ängste wegen des Wetters –, aber die einfachste aller Fragen haben sie nicht gelöst: Wie man nach alter Tradition die Risse auf einem Orakelknochen erzeugt.

»Ken Takashima und einige Hochschulabsolventen haben es versucht«, sagt Keightley mit Hinweis auf einen Wissenschaftler, der jetzt an der Universität von Vancouver lehrt. »Sie haben versucht, die Sprünge der Shang mithilfe eines Lötkolbens nachzubilden. Es hat nicht funktioniert. Ein Problem besteht darin, dass man ein glühendes Eisen nimmt und es an den Knochen hält, aber der Knochen saugt die Hitze einfach auf. Vielleicht haben die Shang den Knochen direkt im Ofen erhitzt. Ich weiß es nicht.«

Keightleys zweiter Knochen ist farblos – weißer als altes Elfenbein. Drei Brandflecken haben auf der Oberfläche Narben hinterlassen, der Knochen weist aber keine Risse auf. In die Oberfläche ist
keine Schrift eingraviert.

Kapitel

13

Die Olympischen Spiele

21. Februar 2001

Der Taxifahrer lächelte und sagte auf Englisch »Guten Morgen«, als ich in seinen Wagen einstieg. Es war 15.30 Uhr. Er hatte kleine Augen in einem angespannten, dunklen Gesicht, und wenn er lächelte, sah man seine gelben Zähne. Er verstand es auch, »Hallo« und »Okay« zu sagen. Immer wenn er englisch sprach, nahm die Sprache eine physische Dimension an – er beugte sich vor, packte das Lenkrad und spitzte die Lippen, während sich seine Stimme hob und zitterte. Zweimal sagte er »Guten Morgen« auf Englisch, anschließend wechselte er zu Chinesisch. Wir nahmen Kurs Richtung Norden und suchten die Olympischen Spiele.

Für Ausländer in Peking war es eine gute Woche. Die Inspektionskommission des Internationalen Olympischen Komitees unternahm eine viertägige Tour durch die Stadt, um die Bewerbung Pekings als Gastgeber der Sommerspiele 2008 zu überprüfen. Es war die letzte Beurteilung seitens des IOC. Ein halbes Jahr später sollte die Entscheidung zwischen Peking und den anderen Finalisten fal-

len: Paris, Toronto, Osaka und Istanbul. Täglich erhielten die Taxifahrer über Funk Durchsagen, die sie daran erinnerten, freundlich zu
ausländischen Fahrgästen zu sein. Den Fahrern hatte man außerdem
einen kostenlosen, aus zwei Kassetten bestehenden Englischkurs
verschrieben, der speziell für die Inspektion zusammengestellt worden war. Der Kurs enthielt nützliche Sätze wie »Die Sonne scheint«,
»Die Stadt wird schöner, wenn in ihr die Olympischen Spiele stattfinden« und »Die chinesische Lackkunst wurde erstmals während der
Tang-Dynastie von China nach Japan eingeführt.«

Alle Taxifahrer in Peking hatten von Meng Jingshan gehört, einem
Fahrer, der im vergangenen Jahr mit einem Reporter der »Atlanta
Journal-Constitution« über die olympischen Träume Chinas gesprochen hatte. Der Atlanta-Artikel war nur dreihundertfünfunddreißig
Wörter lang, fiel den chinesischen Machthabern aber wahrscheinlich
deshalb auf, weil Meng mit den Worten zitiert wurde: »Die Olympischen Spiele werden nicht veranstaltet, um über das Thema Menschenrechte zu diskutieren.« Meng erwähnte außerdem, dass die
Stadt sein Viertel abgerissen hätte, um neue Sportanlagen zu bauen,
wenn Peking bereits 1993 mit seiner Bewerbung für die Spiele erfolgreich gewesen wäre. Die amerikanische Zeitung zitierte ihn mit den
Worten: »Ich habe mein Haus behalten, aber eigentlich möchte ich
ausziehen. Deshalb war ich doppelt enttäuscht, als wir den Kürzeren
zogen.«

Ausländische Journalisten waren besessen von den Themen Menschenrechte und Erhalt der *hutong*. Die Regierung in Peking hatte
Meng belohnt, indem sie ihn zu einem der »Hundert besten Taxifahrer« der Hauptstadt kürte. Er erhielt einen Bonus von ein paar Hundert Euro, und die Zeitungen der Stadt porträtierten ihn als vorbild-
lichen Durchschnittsmenschen (Berichten zufolge spendete er das
Geld zum Teil für wohltätige Zwecke). Die Botschaft war klar: Jeder
Bürger muss das Seine zu den Olympischen Spielen beitragen.

Meine eigene Rolle würde, dachte ich, darin bestehen, einfach
mit dem Strom zu schwimmen. Die ganze Woche erzählte ich allen,
dass ich Geschichten über die Olympiade schreibe, und es schien, als
hätte man die Stadt plötzlich in gedämpftes Licht getaucht. Die Gespräche waren freundlicher, die Menschen lächelten mehr. Wenn ich
um Interviews mit Regierungsvertretern bat, sagten sie zu und be-

antworteten tatsächlich Fragen. Ich hatte gelernt, in China mit Notizbüchern diskret umzugehen, jetzt aber fuchtelte ich bedenkenlos mit ihnen herum. Als ich in das Taxi einstieg, nahm ich Papier und Schreibunterlage heraus und erzählte dem Fahrer, dass ich Reporter sei und mögliche Olympiastätten aufsuchen müsse. Er versicherte mir, dass wir sie an der Autobahn fänden, die zur Großen Mauer führe. Er blickte die ganze Zeit zu mir hinüber auf das unbeschriebene Blatt. »Die Olympiade kann dem chinesischen Volk helfen«, erklärte er. »Ich weiß nicht recht, wie ich es ausdrücken soll, aber unser Ansehen in der Welt würde dadurch größer.«

Sein Name war Yang Shulin – er sagte, ich könne ihn Yang *siji*, Fahrer Yang, nennen. Er erzählte mir, dass er zwei Tage zuvor am Flughafen eine chinesische Stewardess als Fahrgast hatte, die die Ankunft der IOC-Inspektionskommission persönlich miterlebt hatte.

»Sie war dabei, als sie aus dem Flugzeug stiegen«, sagte Fahrer Yang. »Sie stand am Eingang zum Flughafen.«

»Was für Leute waren das?«

»Sie hat mir sonst nichts über sie erzählt«, sagte er. »Aber sie war hübsch. Alle Stewardessen sind hübsch.«

Ich erzählte Fahrer Yang, dass ich vorhatte, die IOC-Kommission in drei Tagen auf der letzten Etappe ihrer Reise zu begleiten, und er nickte anerkennend. Der Mann war ein Rückfall in alte Zeiten: Er trug Stoffschuhe, weiße Autohandschuhe aus Baumwolle und eine olivgrüne Militäruniform aus Polyester mit Messingknöpfen. Er war dreiundfünfzig Jahre alt. Ein Mao-Zedong-Anhänger baumelte vom Rückspiegel herab. Unter dem Foto des Vorsitzenden standen zwei Sätze:

MÖGE DIE STRASSE OHNE HINDERNISSE SEIN

SCHUTZ VOR EINHUNDERT VERWÜNSCHUNGEN

Wir fuhren auf der Zweiten Ringstraße, also dort, wo sich früher die alte Stadtmauer befunden hatte. Der Bürgersteig war von Bannern in hellen Farben gesäumt, die man zu Ehren der Inspektoren aufgestellt hatte. Laut Statistik des Bewerbungskomitees für die Olympiade in Peking waren zwanzigtausend Banner über die Hauptstadt

verteilt worden. Der englische Text der Banner lautete: NEW BEI-
JING GREAT OLYMPICS (Neues Peking, Großartiges Olympia). Auf
Chinesisch wurde verkündet:

新北京, 新奥运

An einem Adjektiv hatte man bei der Übersetzung nachgebessert.
Wörtlich übersetzt bedeuteten die chinesischen Zeichen: »Neues
Peking, Neues Olympia«. Als ich den Stellvertretenden Bürgermeister von Peking, Liu Jingmin, interviewte, erklärte er, das chinesische
Wort ›neu‹ habe eine umfassendere Bedeutung, die sich nicht gut
übersetzen lasse. »Wir haben beschlossen, das Wort stattdessen als
›großartig‹ ins Englische zu übersetzen, weil die Olympiade einen
klassischen Bedeutungshintergrund hat«, erzählte er. »Das Wort
›neu‹ schien nicht recht zu passen.« Allerdings sprach ich später mit
einem anderen chinesischen Sportfunktionär, dessen Erklärung frei-
mütiger war, der gleichwohl darum bat, nicht mit Namen zitiert zu
werden. »Wenn man auf Englisch ›Neues Olympia‹ sagen würde,
dann sähe das so aus, als wollte China die Spiele verändern «, sagte er.
»Dem IOC würde das nicht gefallen. Es würde annehmen, dass ein
kommunistisches Land versucht, die Olympiade an sich zu reißen.«
    Für alle, die in Peking lebten, schien das genaue Gegenteil der Fall
zu sein: Olympia – oder zumindest die Idee der Spiele – war dabei,
die Stadt zu übernehmen. Zehntausende Arbeiter, Studenten und
Freiwillige waren mobilisiert worden, um die Straßen zu reinigen.
Die Regierung hatte ein ehrgeiziges Programm zur Stadtverschöne-
rung aufgelegt, bei dem viel Farbe im Spiel war. Die Leitplanken der
Autobahnen strichen sie weiß, das Gras auf dem Tian'anmen-Platz
färbten sie grün. Über Wohnprojekte der Tapferen Neuen Welt
schütteten sie Farben der Alten Welt. Kurz bevor die Kommission
eintraf, schienen viele proletarische Wohnblocks der Stadt durch
eine italienische Farbpalette mit Pastellgrün, strahlendem Ocker
und ruhigen, blassen Blautönen zu marschieren. An der Workers'
Stadium Road (Arbeiterstadion-Straße) präsentierte sich eine Ansammlung von sowjetgrauen Gebäuden in gebranntem Siena. Weiter
die Straße hinunter hatte man die Fassade eines klobigen, sechsstöckigen Gebäudes mit sonnigem, venezianischem Rosa übergos-

sen. Die anderen drei Seiten waren noch grau, man konnte sie aber von der Straße aus nicht sehen. Die chinesische Regierung, die ein Faible für Statistiken hatte, verkündete, dass 142 Brücken, 5560 Gebäude und 11 505 Wände mit einer Gesamtfläche von 26 Millionen Quadratmetern einen neuen Anstrich erhalten hatten.

Peking war eine der am stärksten verschmutzten Städte der Welt. Aber selbst die Luft konnte man reinigen, zumindest kurzzeitig. Einer meiner Freunde arbeitete in einem Bürogebäude, in dem die Geschäftsführung eine freudige Nachricht verbreitete:

Da eine Delegation des Olympischen Komitees in der nächsten Woche Peking besichtigt, wurden einige Gebäude in der Dritten Ringstraße angewiesen, die Heizungen abzustellen, um den Rauch und Staub zu verringern. Tragen Sie daher bitte wärmere Kleidung, wenn Sie in der nächsten Woche in Ihrem Büro sind!

*   *   *

Innerhalb der ersten Stunde hielt Fahrer Yang an, um mit zwei anderen Taxifahrern, einem halben Dutzend Passanten und zwei Polizisten zu sprechen. Außerdem benutzte er sein Handy, um Informationen einzuholen und um die Nummer des Bewerbungskomitees für die Olympiade in Peking zu erfragen. Da die Leitung besetzt war, rief er in der Taxizentrale an und fragte die Telefonistinnen, ob sie etwas über potenzielle Olympiastätten wüssten. Niemand konnte ihm die Adresse eines bestimmten Standorts für eine der geplanten Stätten im Norden der Stadt nennen. Fahrer Yang meinte, ich solle mir keine Sorgen machen, wir würden ohne Probleme dorthin finden. Dabei sah er aus, als wäre er völlig außer sich vor Sorge. Als wir zwanzig Kilometer nördlich von Peking am Sha He (Sandfluss) ankamen, fragte er, ob wir eine Zigarettenpause einlegen könnten. Zwei Polizisten hatten uns soeben erklärt, dass wir umkehren und einen Vorort namens Datun ansteuern müssten.

»Wenn Sie möchten, können Sie im Auto rauchen«, sagte ich.

»Rauchen führt dazu, dass es im Auto schlecht riecht«, sagte er. Es war das erste Mal überhaupt, dass ich so etwas von einem chinesischen Taxifahrer hörte. In der Nähe einer Kohleraffinerie hielten

wir an, und Fahrer Yang pinkelte in den Staub, während er eine
Derby rauchte. Danach wirkte er etwas ruhiger. Weiter die Straße
hinunter stand auf einem verblassten Propagandaschild: DIE VER-
BESSERUNG DER AUTOBAHNVERWALTUNG LIEGT IN UNSER
ALLER VERANTWORTUNG. Hier draußen gab es keine olympischen Banner. Abfallreste wehten über die Straße. Fahrer Yang ging
zum Taxi zurück und legte seinen Arm auf meine Schulter.

»Wir sind Freunde, stimmt's?«, sagte er.

»Sicher«, sagte ich.

Auf dem Weg nach Datun zog er seine Autohandschuhe aus
und wir unterhielten uns. Vor dreißig Jahren hatte Fahrer Yang in
der Volksbefreiungsarmee in der Inneren Mongolei gedient. Er
hatte zwei Kinder, einen Sohn und eine Tochter. Er erzählte mir
stolz, dass beide an einer Hochschule immatrikuliert waren. In
Datun fuhren wir an McDonald's, Popeye's und an einem Kenny
Rogers Roaster vorbei. An der Kreuzung der Straßen Anli und
Huizhong verhängten zwei Polizisten ein Bußgeld gegen einen anderen Taxifahrer. Der Mann hatte einen Fahrgast in einer Halte-
verbotszone einsteigen lassen. Es war eine schlechte Woche, um
gegen Regeln zu verstoßen. Fahrer Yang fuhr rechts ran und begann schnell zu reden, bevor die Polizisten ihn anbrüllen konnten.

»Das hier ist ein ausländischer Journalist, der über die Olympiade schreibt«, erklärte er. »Wir versuchen herauszufinden, wo die
Veranstaltungen im Jahr 2008 stattfinden.«

Der Stift des Polizisten, der gerade den Strafzettel ausstellte,
fror in der Luft ein. Der Bußgeldsünder blickte erwartungsvoll zu
ihm auf. Er war ein kleiner Mann in einer schmutzigen Nylonja-
cke; der Polizist war korpulent, sein Polizeiabzeichen trug die
Nummer 007786. Die Sonne hing wie eine schmutzige rote Scheibe tief am Himmel. Die Szene erinnerte an ein Gemälde, in dem
alle Elemente genau so angeordnet waren, dass sie die Aufmerksamkeit auf ein einzelnes Detail lenkten – auf einen Pinselstrich
mit zahllosen Bedeutungen. Ich holte mein Notizbuch heraus.
Der Polizist lächelte.

»Bitte warten Sie einen Moment«, sagte er. Er sprach in sein
Walkie-Talkie, dann wandte er sich wieder mir zu.

»Aus welchem Land kommen Sie bitte?«

Er bellte erneut in sein Walkie-Talkie: »Wir haben einen amerikanischen Reporter, der über die Olympiabewerbung schreibt,
und sich eine Wettkampfstätte hier in Datun ansehen muss!«

Eine Pause. Der Mann blickte auf: »Sie rufen meinen Vorge-
setzten.«

Alle warteten. Der Bußgeldsünder empfahl uns, ein paar
Blocks weiter nach Westen zu fahren, wo man ein Feld für Olympia freigeräumt habe. Der Polizist sagte ihm, er solle den Mund
halten. Das Funkgerät knisterte.

»Fahren Sie nach Westen und schauen Sie sich nach einem Feld
um, das von Bannern umgeben ist«, sagte der Polizist zu Fahrer
Yang. Zu mir sagte er: »Sie werden sehen, dass es ein sehr guter
Standort ist, um die Stadien zu bauen. Für Fußball, Badminton
und Tennis wird dort Platz gemacht.«

Er salutierte uns beiden zu, zuerst mir, dann Fahrer Yang. Der
Bußgeldsünder wünschte uns viel Glück, und diesmal sagte der
Polizist nicht, dass er den Mund halten solle. Wir fuhren nach
Westen.

Im Altertum spielten einige Mitglieder des chinesischen Adels *cuju,*
ein Spiel, das eine entfernte Ähnlichkeit mit Fußball hat. Schriftrollen aus der Ming-Dynastie zeigen Frauen, die *chuiwan* spielen –
Schläger, Bälle, Löcher. Chinesische Historiker beschreiben es als
Variante des Golfspiels. Es gibt andere Artefakte mit anderen Spielen. Ein Qing-Gemälde über die Inspektionsreise des Kangxi-Kai-
sers in den Süden zeigt in einer dunklen Ecke der Schriftrolle drei
Jungen, die etwas Ähnliches wie Handball spielen. Im Museum der
Verbotenen Stadt ist ein Gemälde des Tang-Kaisers Ming (Xuan-
zong) ausgestellt, der sich gemeinsam mit Palastfrauen die Zeit bei
einem Polo-ähnlichen Spiel vertreibt.

Doch all das diente der Zerstreuung – es war nur Spiel. Das eigentliche Herz der alten sportlichen chinesischen Tradition bestand aus *wushu,* Kampfkünsten. Im 19. Jahrhundert trugen einige
Elemente des *wushu* zur Entwicklung meditativer Atemübungen
bei, die als *qigong* bekannt wurden. *Wushu-* und *qigong*-Übungen
sind ebenso spirituell und ästhetisch wie körperbetont. Sie zielen
mehr auf den künstlerischen Ausdruck und auf Selbstvervoll-

kommnung ab als auf Siege. Die traditionelle chinesische Leichtathletik enthielt Elemente, die man im Westen vielleicht als philosophisch oder gar religiös bezeichnen würde. (Aus *qigong* ging
irgendwann bekanntlich Falun Gong hervor.) Wettkampf war
nicht das primäre Ziel des traditionellen Sports, auch errichteten
die alten Chinesen nie ein Kolosseum.

Der moderne Begriff für Sport – *tiyu* – kam erst im 19. Jahrhundert auf. Wie andere Worte, die in jener Zeit eingeführt wurden,
stammte es aus dem Japanischen. Die Japaner hatten die chinesischen Schriftzeichen ursprünglich im Altertum übernommen, um
ihre eigene Sprache zu schreiben. Aber der Kontakt zum Westen
führte in Japan schneller zu Fortschritten und zu einem neuen Wortschatz. Als China aufzuholen versuchte, adaptierte es die neuen Begriffe der innovationsfreudigen Japaner: *minzhu* (Demokratie); *minzu*
(Volksgruppe). Manchmal kehrte eine vertraute Wendung mit einer
anderen Bedeutung zurück. *Kaogu* bedeutete ursprünglich Erforschung des Altertums; im 20. Jahrhundert erhielt es in Japan eine
neue Definition: Archäologie. Die Schriftzeichen selbst waren nicht
neu, aber sie beschrieben eine neue Sichtweise auf vertraute Dinge.
China bestand seit jeher aus unterschiedlichen ethnischen Gruppen,
man hatte sie nur nicht als solche bezeichnet. Schon immer hatte
man Artefakte gesammelt, aber sie nicht wissenschaftlich ausgegraben und untersucht. Den Sport hatte man nicht kategorisiert und in
Wettkämpfen organisiert.

Die Sprache veränderte sich, weil sich die Welt veränderte. Nach
dem Opiumkrieg führten Missionare und andere Ausländer die westlichen Vorstellungen vom sportlichen Wettkampf ein, und zwar häufig an christlichen Schulen. Im frühen 20. Jahrhundert begann sich
China für die olympische Bewegung zu interessieren. An den Wettkämpfen der Spiele 1932 nahm nur ein einziger chinesischer Sprinter
teil. Vier Jahre später, bei den Olympischen Spielen in Berlin, finanzierte China eine Delegation von neunundsechzig Athleten, darunter eine *wushu*-Schautruppe aus Frauen und Männern, die vor Hitler
auftrat.

Inzwischen engagierten sich die Chinesen für die Olympischen
Spiele. Sie sahen im Sport einen Weg, um sich für die Ungerechtig-
keiten des vergangenen Jahrhunderts zu rächen. Das Ziel bestand da-

rin, die Ausländer mit ihren eigenen Waffen zu schlagen. Nachdem die Kommunisten an die Macht gelangt waren, richteten sie Sportschulen nach sowjetischem Vorbild ein. Die Volksrepublik nahm an den Sommerspielen 1952 teil, boykottierte aber die nächsten Spiele, weil das IOC Athleten aus Taiwan zuließ.

Erst 1979 erklärte sich das Festland dazu bereit, sich wieder der olympischen Bewegung zuzuwenden. Das IOC lud weiterhin auch Athleten aus Taiwan zu den Wettbewerben ein, allerdings war die taiwanesische Flagge verboten. 1984, in Los Angeles, trat zum ersten Mal seit fast vier Jahrzehnten eine Mannschaft vom chinesischen Festland an. Im Medaillenspiegel landete sie auf Rang sechs. Allerdings hatte der Boykott der UdSSR das Teilnehmerfeld geschwächt, und die Chinesen wurden in beliebten Disziplinen wie Schwimmen und Leichtathletik klar deklassiert.

Im nächsten Jahrzehnt steigerte China die Zahl seiner Medaillen vor allem durch Erfolge in Wettbewerben, in denen die Konkurrenz weniger groß war. Chinesische Sportlerinnen schnitten hervorragend ab. Das Land zeichnete sich besonders in Disziplinen aus, die viel Übung verlangten, wie Kunstspringen, Turnen und Eiskunstlauf. In solchen Sportarten zahlt sich Bürokratie aus: Athleten werden eher durch sorgfältige Planung und Training zum Erfolg geführt als durch eine Kombination aus Kraft, knallhartem Wettbewerb und Dopingmitteln. Bei den Spielen in Atlanta 1996 belegte China in der Gesamtwertung Platz vier, in Sydney kletterte es auf Rang drei, und in Athen wurde es, direkt hinter den USA, Zweiter.

Trotz des zunehmenden Erfolgs war das vorherrschende Gefühl der chinesischen Athleten immer noch Scham. Oberflächlich gesehen waren sie sehr stolz – dieser Stolz war jedoch so vordergründig wie der rosa Farbanstrich auf einem alten Gebäude. Als das IOC die Spiele 2000 an Sydney statt an Peking vergab, antwortete die »China Daily« mit einem Editorial, das die Entscheidung mit der Geschichte der »brutalen kolonialistischen Aggression und Ausbeutung« des Landes in Verbindung brachte. Im Laufe des Monats, in dem sich Peking um die Spiele 2008 bewarb, besuchte ich das chinesische Sportmuseum, in dem Historiker erklärten, dass der moderne Sport im Jahr 1840 seinen Anfang genommen habe, als das Eintreffen der britischen Flotte den Wendepunkt des Opiumkriegs markierte. Das

Chinesische Olympische Komitee hatte ein Buch zusammengestellt, das diesen großen Augenblick des Sports auf Englisch beschrieb:

> *The Opium War turned China from a feudal into a semi-feudal and semi-colonial society, in which sport came under the unavoidable influence of violent social upheavals and followed a tortuous path linked closely to the precarious national destiny.*
>
> *(Der Opiumkrieg verwandelte das feudale China in eine semifeudale und semikoloniale Gesellschaft, in der der Sport zwangsläufig unter den Einfluss gewaltsamer gesellschaftlicher Umbrüche geriet und einem kurvenreichen Pfad folgte, der eng mit dem unsicheren nationalen Schicksal verbunden war.)*

Der Sport war eine Qual. Oft konnte man es den chinesischen Athleten von den Gesichtern ablesen: Viele von ihnen sahen angespannt und nervös aus. In besonders hart umkämpften Sportarten wie Fußball und Basketball neigten sie dazu, in kritischen Situationen zu versagen. Selten sah man einen chinesischen Athleten, der mit echter Freude bei der Sache war, was nicht verwunderte. Die meisten waren seit ihrer Kindheit wie am Fließband in Sportschulen trainiert worden. Die Fans waren ebenfalls keine große Hilfe. Der durchschnittliche chinesische Sportzuschauer verstand oft weder etwas von einer Sportart noch hatte er Respekt vor der Leistung des Einzelnen. Nur der Sieg zählte. Gegenüber Verlierern kannten Fans kein Pardon; in der Vergangenheit hatten sie oft mangelnden Sportsgeist gezeigt oder waren gar gewalttätig geworden, wenn ausländische Mannschaften auf chinesischem Boden ein Spiel für sich entschieden.

Der vollständige Übergang von der eigenen sportlichen Tradition auf die des Westens hatte den Chinesen in gewisser Weise das Schlechteste aus beiden Welten beschert: Wettbewerb und Nationalismus, die plumpesten und offensichtlichsten Merkmale des westlichen Sports, hatten sie übernommen, die Feinheiten dagegen blieben auf der Strecke. Nach meiner eigenen Erfahrung waren nur Letztere wirklich von Wert. Als Kind hatten meine sportlichen Aktivitäten immer mit meinem Vater zu tun, nicht mit einer Sportschule. Seine wichtigsten Lektionen waren oft schwer zu verstehen: Dass es besser ist, mit Anstand zu verlieren, als unter allen Umständen gewinnen zu wollen, und dass das eigentliche Ziel nicht der Sieg, sondern die Vervollkommnung der eigenen Persönlichkeit ist. Für viele Menschen im Westen ist der Sport nichts weiter als ein Bestandteil einer umfassenden Erziehung und einer gesunden Lebensführung.

Natürlich reicht das nicht aus, um sehenswerte Fernseh- oder öffentliche Sportveranstaltungen auf die Beine zu stellen, die den Wettbewerb zelebrieren. Dass die Chinesen für diesen Aspekt des westlichen Sports besonders empfänglich waren, konnte nicht erstaunen, da sie ihre eigenen Traditionen mit der Zeit wie durch die Brille von Ausländern sahen. Die spirituellen, nicht wettkampforientierten Qualitäten von Sportarten wie *wushu* hätten eine gesunde Alternative zu den Exzessen des westlichen Sports sein können. Stattdessen wurden sie als embryonale Entwicklungsstufe auf Chinas Weg zu olympischem Ruhm beschrieben. Das Logo der Olympiabewerbung Pekings stellte fünf ineinander verzahnte Ringe dar, die in eine Figur eingeflochten waren, die Tai Chi praktizierte – eine sportliche Übung, die alles andere als wettkampforientiert ist. Tai Chi ist Falun Gong tausendmal näher als den Olympischen Spielen.

Viele Chinesen spürten, dass mit dem Sport im Land etwas nicht stimmte, gleichzeitig bemühten sie sich, den Problemen auf den Grund zu gehen. Die Niederlagen machten ihnen zu schaffen, und mitunter versteiften sie sich auf philosophische oder psychologische Erklärungen. Während meiner Olympiarecherchen traf ich einige Chinesen, die einer Art Netztheorie anhingen: Demnach spielen Chinesen gut Tischtennis, Badminton und Volleyball, weil der direkte Kontakt zum Gegner fehlt.

»Die Chinesen sind im direkten Wettkampf nicht so gut«, erzählte mir He Huixian, Vize-Präsidentin des Chinesischen Olympischen Komitees. »Wir sind besser in Sportarten, in denen die Spieler durch ein Netz voneinander getrennt sind.« Sie beschrieb die Chinesen als *xiaoqiao* – mehr gewandt und wendig als kraftvoll. Aber sie fügte hinzu, dass die innere Einstellung genauso wichtig sei. »Der Konfuzianismus macht die Menschen eher konservativ«, sagte sie. »Schauen Sie sich Amerika an – Kindern bringt man dort bei, unabhängig und kreativ zu sein. In China geht Disziplin über alles. Es gibt nicht genug Kreativität, und wenn man keine Kreativität hat, kann man sich nicht anpassen und verändern. Man befolgt nur die gleichen alten

Muster und verbessert sich nicht. Das gilt für den Sport genauso wie
für andere Bereiche.«

Die Chinesen glaubten auch, dass die Olympiade die Unterschiede zwischen reichen und armen Ländern betone. In Peking traf ich
mich mit Xu Jicheng, einem ehemaligen Basketballspieler, der Fern-
sehansager geworden war. Seit 1988 hatte Xu die chinesische Delegation bei allen Sommerspielen begleitet. »Für entwickelte Länder sind
die Olympischen Spiele eine Art Geschäft«, sagte er. »Es ist, als würden sie sagen: ›Ich habe ein großes Haus mit wunderschönen Möbeln. Ich möchte eine Party feiern und Leute dazu einladen.‹ Also
verkaufen sie Eintrittskarten. Die Situation der Entwicklungsländer
ist eine andere. Die Olympischen Spiele werden nicht nur die Wirtschaft und das äußere Erscheinungsbild von Peking verändern – das
Wichtigste ist, dass sich auch unsere Werte und Vorstellungen verändern werden.«

Ich fragte Xu, ob er Vorbehalte dagegen habe, dass sich China die
westliche Sicht des Sports zu eigen mache. Er wich der Frage aus und
erklärte, das Thema betreffe eher die Politik als die Kultur. »Ich war
1988 in Seoul«, sagte er. »Koreaner erzählten mir, dass kein Mensch
Korea kennen würde, wenn nicht die Olympischen Spiele stattgefunden hätten. Vor den Spielen hätten Ausländer nur vom Koreakrieg gehört.«

Xu war der Meinung, dass China das westliche Modell des Sports
als Geschäft nachahmen müsse. Er glaubte, dass der chinesische
Sport im Grunde genommen zwanzig Jahre hinter der chinesischen
Wirtschaft hinterherhinke. Da er so eng mit dem Nationalismus ver-
flochten sei, sei er noch nicht auf den Markt ausgerichtet und verhalte sich wie ein rückständiger staatseigener Betrieb. Aber der Prozess
sei in Gang gekommen; kürzlich habe Hilton Tobaccos das staatliche
Basketballprogramm finanziell unterstützt, und Coca-Cola sponsere
den chinesischen Fußball. »Nach fünfzig Jahren werden wir genau
wie die westlichen Länder sein«, prophezeite Xu. »Die Olympischen
Spiele werden für uns eine Art Geschäft sein. Wir werden sagen: ›Wir
haben ein großes Haus, und wir möchten euch einladen, um damit
angeben zu können.‹«

Um 17.30 Uhr fand Fahrer Yang endlich eine Olympiastätte. Wir stiegen aus dem Taxi und gingen hinüber zu einem leeren Feld. Es hatte die Größe von vier Häuserblocks und lag genau mitten im Norden Pekings. Alle Gebäude, die dort früher standen, hatte man entfernt. In *Chai nar* war das Gefühl, dass soeben etwas abgerissen worden war, ständig präsent. Rosa Fahnen an Pfosten markierten die Grenze des Feldes.

»Hier werden sie Fußball und Tennis spielen«, sagte Fahrer Yang. Er grinste und schwang einen imaginären Schläger durch die Luft.

»Und Badminton, richtig?«, fragte ich.

»Korrekt.«

Wir standen da und starrten auf das leere Feld.

»Also«, sagte ich, »ich sollte wohl umkehren und zu Abend essen.«

Auf der Vierten Ringstraße fuhren wir in einen Stau. Das Taxameter war drei Stunden lang gelaufen, und die Zahlen hätten ebenso gut die bisherige enttäuschende Bilanz der Fahrt berechnet haben können. Fahrer Yang stand erneut unter Druck. Schließlich fragte er, was es zum Abendessen gebe.

»Ich habe noch nichts geplant«, sagte ich.

»Essen Sie lieber chinesisch oder westlich?«

»Chinesisch ist prima.«

Er sagte, wir würden nicht lange bis zu seinem Haus in Tongzhou am östlichen Stadtrand von Peking brauchen. Wir fuhren auf der Vierten Ringstraße nach Osten, Fahrer Yang redete wieder über Sport. Er erzählte mir, dass Mike Tyson sein amerikanischer Lieblingssportler sei, weil der Boxer das Gesicht des Vorsitzenden Mao auf seinem Arm tätowiert habe.

»Warum mögen die Chinesen *Tai Sen*?«, fragte Fahrer Yang rhetorisch. »Weil er China mag. Wenn er China mag, mag China ihn. Und er versteht China.«

»Versteht Tyson China wirklich?«, fragte ich.

Fahrer Yang sagte: »Warum würde er eine solche Tätowierung auf seinem Arm machen lassen, wenn er keine Ahnung von China hätte?«

Das war eine ausgezeichnete Frage, auf die ich keine Antwort hatte. Fahrer Yang lächelte. »*Tai Sen* hat vier Bücher des Vorsitzenden Mao gelesen, als er im Gefängnis war«, sagte er. »Ich hab's im Fernsehen gesehen.«

Er erläuterte mir seine ganz eigene Theorie, warum Sportler aus den Vereinigten Staaten überlegen sind. »Amerikaner sind groß«, sagte er. »Sie essen von Geburt an sehr gut, außerdem gehen Amerikaner wissenschaftlicher vor. Wenn man ein Land wie China, ein Entwicklungsland, damit vergleicht, stellt man fest, dass wir mit einem Land wie Amerika nicht konkurrieren können. Die Gesundheit ist euch wichtig. Schauen Sie sich *Tai Sen* an. Wie könnte er siegen, wenn er nicht so stark wäre?«

Fahrer Yang bewunderte auch Michael Chang, den Tennisspieler. »Er ist in Amerika aufgewachsen, aber in ihm fließt chinesisches Blut«, sagte er. »Offensichtlich schadet es ihm nicht. Das deutet darauf hin, dass wir hier ein Problem mit dem System haben.«

Es war neunzehn Uhr, als wir in Tongzhou ankamen. Fahrer Yang sagte, er habe Lust auf mongolischen Eintopf. Leuchtreklame an der Autobahn verkündete PEKING 2008 und WILLKOMMEN IM TONGZHOU DES NEUEN JAHRHUNDERTS. Im Zentrum gab es einen McDonald's und ein großes Kaufhaus namens Wu Mart.

Am letzten Tag der Inspektion schloss ich mich dem Pressetross an, der die IOC-Kommission begleitete. Fünf von uns vertraten ausländische Medien: drei Fernsehreporter, ein Fotograf und ich. Die Berichte, die ich einreichte, würden an die anderen Journalisten in Peking verteilt, die sie in ihren Artikeln über die Inspektion verwenden konnten.

Um mich dem Pressetross anschließen zu können, musste ich einigen einfachen Regeln zustimmen, die das IOC aufgestellt hatte. Die erste Regel besagte, dass ich keine Fragen stellen konnte. Ich durfte den Kommissionsmitgliedern bei ihrer Tour folgen, und ich konnte alles zitieren, was sie während der Inspektion sagten. Falls ein IOC-Vertreter mit mir sprach, durfte ich antworten. Aber unter keinen Umständen durfte ich die Initiative ergreifen und einen Inspektor direkt ansprechen. Würde ich dabei erwischt, würde ich sofort aus dem Tross ausgeschlossen. Das IOC teilte uns außerdem mit, dass wir bei einigen Meetings nur bei den einführenden Worten dabei sein durften.

Die Regeln wirkten zumindest insofern, als sie eine gewisse Dramatik erzeugten. Überall, wo die Inspektoren hingingen, folgten ihnen Journalisten, die ihre Notebooks und Kameras griffbereit hielten. Wir gingen schweigend, als habe uns die große Bedeutung des Anlasses sprachlos gemacht. Nach der Sitzung am Vormittag reichte ich meinen ersten Bericht ein:

Dies ist der Poolbericht zur gemeinsamen Sitzung der Chinesischen Kommission und der Inspektionskommission des IOC, die heute Morgen im Beijing Hotel stattfand ... Die Vertreter der Presse wurden in den hinteren Teil des Saals geleitet, wo man uns hinter ein rotes, samtenes Seil führte. Am Eingang begrüßten Frauen in *qipao*-Kleidern die Delegationen. Die Mitglieder der Delegationen trafen eines nach dem anderen ein. Sie wirkten entspannt und begrüßten sich herzlich. Die IOC-Mitglieder warfen einander Kusshände zu, worauf die Chinesen verzichteten. Die *qipao* waren aus roter Seide.

Eine der Pressebetreuerinnen erklärte, dass die Möglichkeiten zur Berichterstattung an diesem Morgen äußerst begrenzt seien. »Solange wir hier sind, werden sie nichts sagen«, sagte sie. »Erst wenn wir gehen, werden sie reden.«

Ich schrieb mit. Sie sagte mir, ich solle ihren Namen nicht erwähnen.

Spannung kam nur auf, als eines der IOC-Kommissionsmitglieder, Robert McCullough, zur gegenüberliegenden Seite des Tisches ging und die chinesische Turnerin Liu Xuan bat, die Werbebeilage seiner »International Herald Tribune« zu signieren ... Auf der letzten Seite ist Liu Xuan auf einem Foto beim Abgang von einem Gerät zu sehen, und dort unterschrieb sie. Im Pressetross befand sich ein Fotograf der »China Sports Daily«, der aufgeregt darauf hinwies, dass er das Foto geschossen habe. Er wurde nicht gebeten, es zu signieren, und er blieb, wie alle anderen, hinter dem samtenen Seil.

An diesem Tag waren Hotels und medizinische Dienste in Peking das Thema, und der erste Redner war Doktor Zhu Zonghan, Leiter des Amts für Hygiene in Peking. Er hat einen Harvard-Abschluss, und genau in dem Augenblick, in dem er zu reden begann, wurde die Presse aus dem Saal hinausbegleitet.

Draußen fuhren Radfahrer die Chang'an Avenue hinunter, die zu der Aktion »Zehntausend Radfahrer unterstützen die Olympiabe-

werbung Pekings« gehörten. Die Radfahrer trugen rote, weiße und
schwarze Sportkleidung, fuhren in Formationen und hatten Fahnen,
auf denen in Englisch stand: »Applying for Olympic Games is My
Hope« (Die Bewerbung für die Olympischen Spiele ist Meine Hoffnung).

Es war ein schöner Tag mit einem klaren, blauen Himmel. Ein
heftiger Wind wehte aus nördlicher Richtung.

*   *   *

Das Internationale Olympische Komitee ist eine eigenartige Organisation. Sie wählt ihre Mitglieder selbst und hat sich die längste Zeit
ihrer Geschichte nicht sonderlich um Vielfalt bemüht. Während der
Inspektionszeit in Peking bestand das IOC aus einhundertdreiund-
zwanzig stimmberechtigten Personen, von denen fast die Hälfte Europäer waren. Die Volksrepublik China stellte drei Mitglieder – genauso viele wie die Herrscherfamilien von Liechtenstein, Luxemburg
und Monaco mit je einem IOC-Mitglied zusammen. Von den einhun-
dertdreiundzwanzig Mitgliedern waren nur dreizehn Frauen, von diesen waren zwei Prinzessinnen, eine war eine spanische Infantin.

Das IOC war eine der wenigen großen internationalen Organisationen, in der weder die USA noch China wirkliche politische Macht
besaßen. Fast siebzig Prozent der operativen Geldmittel des IOC
stammten von Sponsoren aus den USA, aber nur vier Mitglieder waren US-Amerikaner. In der Zeit, in der sich Peking bewarb, sprach
ich mit John MacAloon, einem amerikanischen Anthropologen, der
sich auf Sportwissenschaft spezialisiert hat. Erst kürzlich hatte er in
einer Reformkommission des IOC mitgewirkt, und ich fragte ihn,
wie sehr die Meinung der Amerikaner die Entscheidung über den
Austragungsort beeinflusse. »Sie interessiert nicht die Bohne«, sagte
er ganz offen. »Ich kann Ihnen gar nicht genau sagen, wie oft ich mit
IOC-Leuten in einem Raum saß, und einer der Amerikaner kam herein, woraufhin alle lächelten und sagten: Oh, wie wundervoll, dass
Sie uns unterstützen. Und als die Person wieder hinausging, lachten
alle hinter ihrem Rücken. Es ist eine koloniale Beziehung. Die Europäer kolonisieren das amerikanische Geld. Die Amerikaner sind
weitgehend machtlos.«

Die Beziehungen des IOC zu den Entwicklungsländern waren ebenfalls seit langer Zeit gestört. In den frühen Sechzigerjahren versuchten Länder aus Asien, Afrika und Lateinamerika ihre eigene Version der Olympischen Spiele aufzubauen, die als Spiele Aufstrebender Völker (Games of the Newly Emerging Forces, GANEFO) bekannt waren. Die Veranstalter definierten ihr Event als »Kampf gegen den Kapitalismus und als Versuch, eine neue Weltordnung zu schaffen«. 1962 fanden die ersten GANEFO in Indonesien statt, die größtenteils von der Volksrepublik China finanziert wurden. Das IOC reagierte, indem es alle GANEFO Teilnehmerstaaten von zukünftigen Olympischen Spielen ausschloss, woraufhin der Veranstaltungsneuling kein zweites Mal stattfand.

Im Sommer 1968 war erstmals ein Entwicklungsland Gastgeber der Olympiade. Vor Beginn der Spiele in Mexiko-Stadt hatten sich viele Tausend Studenten zu Protesten versammelt. Sie forderten unter anderem, dass ihr Land kein Geld für eine Veranstaltung ausgeben solle, von der die Millionen Mexikaner, die in Armut lebten, kaum profitieren würden. Die Regierung rief die Streitkräfte zu Hilfe, die auf Demonstranten schossen und Hunderte Menschen töteten. Die Spiele nahmen ihren geplanten Verlauf. Die genaue Zahl der Opfer des Massakers wurde nie ermittelt, die Proteste sind aus populären Darstellungen zur olympischen Geschichte weitgehend verschwunden. Sie werden in der westlichen Presse nur selten erwähnt, und in den folgenden drei Jahrzehnten fanden die Spiele nicht mehr in Entwicklungsländern statt.

2001 bemühte sich das IOC jedoch um bessere Beziehungen zu ärmeren Ländern. Die Organisation verstärkte ihre finanzielle Unterstützung für Sportstätten in Entwicklungsländern und vergrößerte die Zahl ihrer Mitgliedsländer um weitere Vertreter aus Afrika, Asien und Südamerika. Die Fortschritte in diese Richtung erhielten jedoch einen Dämpfer, als 1998 ein Skandal Salt Lake City erschütterte. Weil die Stadt die Winterspiele ausrichten wollte, gab sie mehr als eine Million Dollar sowohl in bar als auch für Geschenke an IOC-Mitglieder aus. Vertreter armer Länder waren eine leichte Beute: Von den zehn Mitgliedern, die wegen Bestechlichkeit ausgeschlossen wurden, kamen neun aus Entwicklungsländern. Die meisten stammten aus

Ländern, in denen es kaum einen Winter gab – Sudan, Swasiland, Kongo, Mali, Libyen, Kamerun. Man konnte sich leicht vorstellen, was passiert war: Spielt es für jemanden aus dem Kongo wirklich eine Rolle, wer den Zuschlag für den Riesenslalom erhält? Der Skandal machte schmerzlich deutlich, dass sich die Olympiade trotz ihres Anspruchs auf Internationalismus nur auf die Kultur eines kleinen Teils der Welt stützen konnte.

Seitdem hatte das IOC Geschenke im Rahmen des Bewerbungsverfahrens verboten. Bei der Suche nach dem Austragungsort 2008 kamen diese Regeln erstmals voll zum Tragen, und es war wohl auch das letzte Mal in der Geschichte, dass ein kommunistisches Land um das IOC warb. In gewisser Weise schienen beide wie geschaffen füreinander. Als ich mit Alfred Senn, einem Professor für Geschichte an der Universität von Wisconsin, sprach, verwies er auf einige politische Ähnlichkeiten zwischen dem IOC und den Kommunisten. »Das IOC ist nach den gleichen Grundsätzen organisiert wie die Kommunistische Partei Lenins«, sagte Professor Senn. »Er organisierte die Kommunistische Partei auf Basis einer Reihe von konzentrischen Kreisen, und de Coubertin [der Gründer der modernen olympischen Bewegung] sagte, dass der Kindergarten dazu da sei, die Leute so auszubilden, dass sie am Ende zum inneren Kreis gehören können. Es besteht eine strukturelle Ähnlichkeit. Man beginnt ja auch nicht damit, dass man am Rand demokratisch abstimmt und eine Splittergruppe gründet. Vielmehr muss man in den inneren Führungskreis hineinkommen, in das Exekutivkomitee. Es wird keinen Überraschungskandidaten geben, der von außen kommt und die Olympischen Spiele austrägt.«

Der letzte Nachmittag der Inspektion war perfekt: blauer Himmel, strahlende Sonne. Die Banner mit der Aufschrift NEUES PEKING, GROSSARTIGES OLYMPIA flatterten im Wind. In einer Autokolonne fuhren wir mit fünf Fahrzeugen, begleitet von einer Polizeieskorte, durch die Stadt. Straßenreiniger mit Besen in der Hand standen an der Straße, Radfahrer und Fußgänger versammelten sich an Kreuzungen und schauten zu. Am Tag zuvor hatte die Kommission das Verkehrsüberwachungszentrum von Peking besucht, wo die Chinesen demonstrierten, wie sich Signale aus der Ferne steuern lassen.

Wenn wir uns heute einer Ampel näherten, schaltete sie wie von Geisterhand auf Grün um.

Die Stadt schien den Atem anzuhalten, erfüllt von Ehrfurcht angesichts des zutiefst feierlichen Anlasses. Der Souverän unternahm in absoluter Stille seine Reise und brachte sein Opfer dar. Damit selbst das Pfeifen eines entfernten Zuges die eindrucksvolle Stille nicht störte und dadurch die Rituale entweihte, gab es keinen Bahnverkehr von oder nach Peking – von dem Zeitpunkt, an dem er seinen Palast verließ, bis zu seiner Rückkehr.

In »Peking«, veröffentlicht 1920, hatte Juliet Bredon die jährliche Reise des Kaisers zum Himmelstempel beschrieben. Einundachtzig Jahre später war unser feierlicher Umzug fast genauso stattlich, und die möglichen Vorteile des Rituals waren deutlich realer. Der Bewerbungsausschuss von Peking hatte versprochen, dass er zwanzig Milliarden Dollar für Infrastruktur und Sportanlagen ausgeben werde, sofern die Stadt den Zuschlag für die Spiele erhalte. Eine Gallup-Umfrage hatte gezeigt, dass 94,9 Prozent der Einwohner Pekings die Bewerbung unterstützten, und diese chinesische Statistik war, ausnahmsweise einmal, wahrscheinlich korrekt. Sogar Dissidenten hatten sich für die Spiele ausgesprochen. In Hongkong hatten Falun-Gong-Praktizierende der Presse erzählt, dass Gläubige in Peking nicht protestieren würden, solange die Inspektionskommission in der Stadt sei.

Drei Stunden lang kurvten wir durch die Straßen und suchten nach potenziellen Sportstätten: Fußball, Softball, Gewichtheben, Wasserball, Moderner Fünfkampf. Durchschnittlich blieben wir fünf Minuten an jedem Ort. Die Kommissionsmitglieder stellten ein oder zwei Fragen zu bestimmten Einzelheiten, die noch nicht realisiert waren. Wird das Becken für den Modernen Fünfkampf mindestens zwei Meter zwanzig tief sein? – Ja, es werden drei Meter sein. Kann man von der Wasserballanlage zu Fuß zum Softballfeld gehen? – Sicher.

An der University of Aeronautics and Astronautics Beijing (BUAA, Universität für Luft- und Raumfahrt Peking) wurde eine riesige neue Sporthalle gebaut. Zunächst sollte die Anlage für Volleyball genutzt werden. Sollte Peking jedoch die Spiele 2008 ausrichten, würde sie für Gewichtheben umgebaut. Wir setzten Schutzhelme auf; ein Wirtschaftswissenschaftler namens Liu Lieli leitete den Rundgang. Zusammen mit den anderen Reportern schlich ich hinterher und versuchte, Zitate zu ergattern.

»Es sieht wie ein schöner Schmetterling oder wie ein hübsches UFO aus«, sagte Professor Liu, als wir außerhalb der Anlage standen. Sein gesprochenes Englisch war schlecht, den Satz meisterte er aber perfekt, wobei er das letzte Wort nachklingen ließ wie ein Gewichtheber, der die Hantel über den Kopf gestemmt hat. Ein anderer Beamter verteilte Broschüren über die neue Sporthalle. Ein Satz darin lautete: »Die BUAA-Sporthalle sieht genauso aus wie ein schöner Schmetterling oder wie ein hübsches UFO, das vom Himmel herabfliegt.«

Im Innern standen wir auf etwas, das eines Tages eine Zuschauertribüne sein würde. Unten machten sich zwei Arbeiter an einer Abdeckplane zu schaffen, die auf einer Fläche mit komprimierter Erde lag: die zukünftige Plattform für die Wettkämpfe. Ein australischer IOC-Inspektor namens Bob Elphinston meldete sich zu Wort.

»Ist das der Warm-up-Bereich?«, fragte er und zeigte auf einen anderen Haufen Erde. Die übrigen Reporter und ich drängten nach vorn, um besser sehen zu können.

»Das ist der Warm-up-Bereich«, sagte Liu und zeigte auf einen anderen Erdhaufen.

Elphinston blickte in den Schatten und meinte: »Gehen die Sportler von dort direkt auf die Plattform für den Wettbewerb?«

Professor Liu lächelte. Falls die Spiele 2008 Peking zuerkannt würden, dann wäre es keine Frage, dass die Gewichtheber direkt vom Warm-up-Bereich zur Plattform gehen würden. Elphinston nickte zufrieden. Professor Liu sprach zu der Gruppe. Die neue Sporthalle, meinte er, werde über »intellektualisierte Managementsysteme« verfügen. Er ließ die Formulierung fallen und holte dann zu einem finalen Stoß aus. Er sagte: »Sie sieht aus wie ein schöner Schmetterling oder wie ein hübsches UFO.«

Die letzte Station war das Millennium-Denkmal. Es war Ende 1999 im Westen von Peking fertiggestellt worden, um sowohl die ruhmreiche chinesische Geschichte als auch den Beginn eines neuen Zeitalters zu feiern. Am Eingang brannte ein ewiges Licht, die zugehörige Inschrift lautete:

DIE EWIG BRENNENDE FLAMME IN DER MITTE DES
PLATZES IST DAS HEILIGE FEUER CHINAS. SIE
ENTSTAMMT DEM GEBIET DES PEKINGMENSCHEN
BEI ZHOUKOUDIAN, PEKING, UND WIRD
MIT NATÜRLICHEM GAS BETRIEBEN. DIE FLAMME
IST EIN ZEICHEN DER IMMERWÄHRENDEN
KREATIVITÄT DER CHINESISCHEN ZIVILISATION.

Hinter der Flamme hatte man einen langen Fußweg aus Hunderten
von beschriebenen Bronzeplatten gestaltet, die eine Zeitachse bildeten: Die Erste enthielt die Zeitangabe »Vor drei Millionen Jahren«
und den Hinweis: »Die frühen Menschen in China beginnen, Feuer
zu verwenden.« Nach zweieinhalb Millionen Jahren beschleunigt
sich die Entwicklung: »Die Menschen haben die charakteristischen
Merkmale der gelben Rasse.« 1600 v. Chr.: »Die Hauptstadt der
Shang-Dynastie befindet sich bei Zhengzhou in Henan.« Dynastien
kamen und gingen: Zhou, Qin, Westliche Han. 1841 besetzten die
Briten Hongkong. Sun Yat-sen wurde 1912 Übergangspräsident. 1937
metzelten die Japaner dreihunderttausend Menschen nieder. Volksrepublik 1949. Reform und Öffnung 1978. Schließlich erreicht die
Zeitachse das Jahr 2000, in dem sich die historische Entwicklung in
eine Abfolge beliebiger Zahlen auflöst:

> *Den Wissenschaftlern unseres Landes gelingt es, den genetischen Code
> des menschlichen Chromosoms 3 zu entschlüsseln ... Das Projekt, die
> Xia-, Shang- und Zhou-Dynastien zeitlich voneinander zu trennen,
> wird von staatlichen Prüfern genehmigt. Das Staatliche Amt für
> Statistik erklärt, dass das Bruttosozialprodukt erstmals
> 1 000 000 000 000 amerikanische Dollar übersteigt. Die chinesische
> Nationalmannschaft gewinnt bei den 27. Asienspielen achtundzwan-
> zig Goldmedaillen.*

Die IOC-Inspektoren gingen an der Zeitachse vorbei und hinein in
das Denkmal, das wie eine riesige Sonnenuhr geformt war. Die Ausländer sahen sich einen achtminütigen Werbefilm von Zhang Yimou,
Chinas berühmtestem Filmregisseur, an. Motive der Moderne flitz-
ten vorüber: Flugzeuge, U-Bahnen, Autos. Computergenerierte Bil-

der zeigten geplante Stadien und neue Schnellstraßen. Klee-
blatt-Kreuzungen kreisten um Felder mit saftigem Grün. Da war so
gut wie nichts von dem zu erkennen, was charakteristisch für die
Stadt war, in der ich lebte.

*   *   *

Fahrer Yangs Haus war ein einfacher, einstöckiger Wohnhof. Das
Haus war, abgesehen von einem Kohleofen, nicht beheizt, und neben
dem Tor stand ein Klohäuschen. Seine Frau bereitete den Eintopf zu,
während wir im größten Zimmer Tee tranken. Fahrer Yang zeigte mir
Fotos seiner Kinder und erwähnte stolz, dass seine Tochter gut englisch spreche.

Ich fragte nach den Sprachlektionen für Taxifahrer, und er reichte mir das Lehrbuch zur Olympiabewerbung. Ich blätterte darin herum, und er schaltete den Kassettenrecorder ein. Eine Stimme sagte
in Special English:

   1. *Hello* (Hallo)
   2. *Good morning* (Guten Morgen)
   3. *Good afternoon* (Guten Tag)

Wir begaben uns zum Essen an den Tisch. Fahrer Yang überließ mir
den Ehrenplatz – auf dem Land war das der Stuhl mit dem besten
Blick auf den Fernseher. Heute Abend stand ein chinesisches Pro-
fi-Basketballspiel zwischen dem Aoshen-Team aus Peking und den
Haien aus Shanghai auf dem Programm. Die Haie hatten einen zwan-
zigjährigen Center-Spieler namens Yao Ming.

Mitten auf dem Tisch erhitzte brennender Alkohol einen ringförmigen Bronzekessel, der mit Speiseöl gefüllt war. Sobald die Flüssig-
keit kochte, ließen wir rosa Hammelfleischröllchen hineinfallen.
Fahrer Yang erzählte, der Eintopf erinnere ihn an die Armee. Von
1969 bis 1973 hatte er in der Grenzregion der Inneren Mongolei gedient. Die sowjetisch kontrollierte Mongolei war nicht weit entfernt, manchmal kam es zu Spannungen.

»Sie glauben gar nicht, wie kalt es dort ist«, sagte er. »Es gab nur
Weideland, soweit das Auge reichte. Am schlimmsten wurde es,

wenn wir unser Lager im Freien aufschlagen mussten. Die Einheimi-schen nahmen dann meist ein ganzes Schaf und spießten es auf. Das schmeckte zwar nicht so gut wie ein solcher Eintopf, aber immerhin schmeckte es besser als das Getreide, das es dort oben gab.«

Das Öl brodelte, die Röllchen aus Hammelfleisch wurden lang-sam braun und stiegen an die Oberfläche. Im Raum wurde es wärmer. Fahrer Yang und seine Frau aßen vergnügt, ohne den ausländischen Gast auch nur im Geringsten als Last zu empfinden und ohne sich aus der Ruhe bringen zu lassen. In China waren Festessen mit Ka-dern immer ungemütlich, und Beamte des Außenministeriums ver-hielten sich beim Umgang mit Außenstehenden zwangsläufig am schlimmsten. Durchschnittliche Chinesen dagegen waren ausge-zeichnete Gastgeber, höflich, aber zwanglos. Diese Wahrheit war einfach – zu einfach, um in das Englischbuch des Taxifahrers aufge-nommen zu werden, das einen Abschnitt mit dem Titel »Weitere nützliche Wendungen« enthielt:

33. *The city's traffic is getting better.* (Der Stadtverkehr wird besser.)
34. *I'm attracted to Beijing's scenery.* (Mir gefällt die Stadt-landschaft Pekings.)
35. *Pollution is a global problem.* (Die Umweltverschmutzung ist ein globales Problem.)
36. *I am proud of being a Chinese.* (Ich bin stolz darauf, Chi-nese zu sein.)

Kapitel

14

Sand

21. März 2001

Das erste Anzeichen war immer der Wind. Danach verdunkelte sich der Himmel, und wenn man sich draußen aufhielt, begannen die Augen zu brennen. Sobald man sich ins Haus gerettet hatte, hörte man manchmal, wie die Sandpartikel leise gegen die Fensterscheiben prasselten. Der Löss blies von den trockenen Landschaften des nordwestlichen China sowie aus der Mongolei – der Inneren und der Äußeren – herüber. Die Regionen schienen weit weg und nicht real zu sein, bis man den Sand auf dem eigenen Gesicht spürte. Die Pekinger nannten sie *shachenbao,* Stürme aus Sand und Staub. Wenn es nachts stürmte, reflektierten die Partikel die grellen Lichter der Stadt, und der Himmel glühte orange-rosa, so als würde er Feuer fangen.

Im März war das Campen zwar gefährlich, ich war aber zu ungeduldig, um bis April zu warten. Auf der Karte fand ich einen Abschnitt der Großen Mauer, den ich noch nicht kannte. Nach mehr als drei Stunden Fahrt setzte mich der Taxifahrer ab. Ich versicherte ihm, dass er mich nicht wieder abholen müsse. In den vergangenen zwei Monaten hatte ich mir sehnlichst gewünscht, eine Auszeit von der Stadt zu nehmen.

Die Berge waren noch winterlich braun und menschenleer; die Bauern würden das Land erst ab April bewirtschaften. Es tat gut, wieder mit einem Rucksack unterwegs zu sein. Ich folgte einer unbefestigten Straße zu einem Dorf namens Xituogu, wo ich einen weitgehend intakten Mauerabschnitt fand. Ein steiler Pfad führte auf das Bauwerk hinauf. Der Wind wehte stärker, der Himmel verdunkelte sich. Als ich am ersten Turm ankam, wusste ich, dass ich für die Nacht festsaß.

Der Turm war über vier Jahrhunderte alt, bestand aus Ziegeln und Steinen und hatte eine einfache Form: vollkommen quadratisch, mit einem einzigen, innenliegenden Raum. Der Fußboden bestand aus grauem Backstein aus der Zeit der Ming-Dynastie. Längs der Mauern boten Rundbogenfenster einen Blick über das Tal. Weiter unten an der Straße drängten sich die roten Dächer des Dorfes. Nach Norden hin, vorbei an den von Steinmauern umgebenen Obstgärten, stiegen die Berge steil empor. Pfade schlängelten sich hinauf zu den hohen Pässen, die der Sturm bereits überrascht hatte.

Vom Turm aus sah ich ihn kommen. Braune Wolken hingen dicht über dem Boden, wie die Ranken eines lebenden Etwas, das in das Tal hinabkroch. Es bewegte sich ruckartig, mit dem Pulsschlag des Windes, und verschlang alles, was auf seinem Weg lag: erst die hoch gelegenen Pfade, dann die Obstgärten und am Ende das Dorf. Als meine Augen zu brennen begannen, ging ich vom Fenster weg. Für den Rest der Nacht blieb ich dicht am Fußboden.

Schlafen war ein Problem. In regelmäßigen Abständen wachte ich durstig auf, und danach hielt der heulende Wind mich wach. Ich erinnerte mich an Szenen von der Vermessung der unterirdischen Stadt in Anyang. Ein Archäologe hatte mir erklärt, dass die Stadt vor allem von angeschwemmter Erde begraben worden sei, die der Fluss herangeschoben hatte. Es gab aber auch Lössschichten, die der Wind im Laufe der Jahrhunderte angehäuft hatte. Ich lag in meinen Schlafsack und tröstete mich mit literarischen Bildern. Löss gab es überall in China. Er fiel auf jede Ecke der dunklen Zentralebene, auf die baumlosen Hügel, und er rieselte auf die Felder von Anyang und auf die Stadt Peking. Um etwa zwei Uhr morgens band ich ein Hemd vor mein Gesicht, zog den Reißverschluss des Rucksacks zu und schlief endlich für ein paar Stunden. Bizarre Träume. Der Löss erzeugte ein schneidendes Geräusch, als er auf die Mauer aufschlug. Die ganze Nacht lang fiel er auf alle Lebenden und Toten herab.

Der Morgen war schön. Der Sturm hätte ein böser Traum sein können, wenn in der Morgensonne nicht ein Film aus Sand rot auf den Ziegeln geglänzt hätte. Ich wischte mein Gesicht mit einem feuchten Tuch ab; die Baumwolle wurde dunkler. Meine Zähne knirschten. Als ich den Kopf schüttelte, prasselte etwas kaum hörbar auf das Nylonmaterial des Schlafsacks. Sand aus dem Haar.

Ich hatte geplant, zwei Nächte an der Mauer zu verbringen, jetzt aber beschloss ich, vor dem Abend nach Peking zurückzukehren. Ich schüttelte den Rucksack aus, packte alles hinein und stieg den Turm hinab. Am Talboden ging ich in nördlicher Richtung. Es war noch genug Zeit für eine kurze Wanderung auf die Anhöhen.

Ein Pfad führte zu einem verlassenen Dorf. Es stand am Rand der steilen Hänge, die Bäume waren hier spindeldürr und verkümmert. Das Kieselbett eines Baches lag so trocken da wie ein Knochen. Alles an diesem Dorf war steinig: Zäune aus Stein, Fußwege aus Stein, Häuser mit Wänden aus Stein. Die meisten Dächer fehlten; ursprünglich mussten sie aus Holz bestanden haben. In den Außenbezirken von Peking waren leerstehende Gebäude keine Seltenheit. Seit Jahren zogen die Menschen von den Hanglagen weg, und manchmal ließen sie ihre alten Häuser einfach stehen, die zu Geisterstädten der New Economy wurden.

In einigen Gebäuden türmte sich Müll auf. Zigaretten, Lebensmittel, Verpackungen: die meisten Markennamen waren nicht mehr zu erkennen. Ein Haus war voll von tierischem Kot, der aber so alt war, dass es dort nur nach Staub roch. Ein anderes Haus war größer als die anderen, das Dach war unversehrt. Im Innern waren die Wände mit alten Zeitungen bedeckt.

Auf dem Land waren derartige Tapeten üblich. Ich spazierte durch das leere Haus und las Überschriften:

9. März 1976
SOWJETS LEGEN ZWEITEN PROTEST
GEGEN DIE USA EIN

23. Juni 1976
USA BEREITEN UNTERZEICHNUNG EINES MILITÄR-
ABKOMMENS MIT JAPAN GEGEN DIE SOWJETUNION VOR

Alle Zeitungen stammten aus dem Jahr 1976, und es waren Ausgaben
der »Cankao Xiaoxi« (Referenznachrichten). Das war eine Parteizei-
tung, die ausgewählte Artikel aus Auslandspublikationen übersetzte.
Früher richtete sie sich ausschließlich an Abonnenten – sie wurde
nicht über Kioske vertrieben, und Ausländer konnten sie nicht kaufen. Vielleicht hatte das verlassene Haus früher einmal einem Parteisekretär oder einem anderen Kommunalbeamten gehört. An einer
Wand hing ein amerikanischer Cartoon, den die chinesische Zeitung
nachgedruckt hatte. Die Zeichnung war abgerissen, die englischsprachige Pointe war allerdings noch vorhanden:

»Entschuldigung, wo finde ich die Warteschlange für Arbeitslose?«
»Sie stehen bereits drin.««

Ich ging den Pfad weiter hoch zum letzten Gebäude des Dorfes. Davor
stand ein großer, vom jahrelangen Schleifen mit Kratzern übersäter
Mühlstein. Im Haus waren die Wände mit der »People's Daily« tapeziert.
Die Schlagzeilen waren acht Jahre jünger als die in dem ersten Haus:

12. März 1983
WIR SOLLTEN MEHR TUN, UM MODERNE BILDWELTEN
FÜR DAS VOLK ZU SCHAFFEN

CHINA VERANSTALTET 1983 DIE NATIONALE
KONFERENZ FÜR WERKZEUGMASCHINENPRODUKTE

14. April 1983
ACHT PRODUKTE AUF GETREIDEBASIS ÜBERSCHREITEN
EINE MILLIARDE PFUND

Gelangweilt malte ich mir aus, wie das kleine Dorf früher ausgesehen haben könnte: 1976 bringt der Parteisekretär sein Haus in einen ansehnlicheren Zustand. Er beklebt die Wände mit der Abo-Zeitung, was ein subtiler Hinweis auf die Privilegien des Mannes ist. Im selben Jahr, nach Abschluss der Arbeiten, stirbt der Vorsitzende Mao. Die Reformen beginnen. Sieben Jahre später möbeln die anderen Bewohner ihre Häuser auf und tapezieren sie mit den Schlagzeilen über die Wirtschaft im Wandel. Einige Bauern ziehen außerhalb der Saison in die Stadt und verdienen zusätzlich Geld auf dem Bau. Die Landwirtschaft wird zunehmend unattraktiv. In den Neunzigerjahren gehen sie endgültig fort. Erst die Jungen, dann die Menschen mittleren Alters und zuletzt die älteren Menschen, die sich noch an die vielen Facetten des Dorflebens erinnern: Welche Beamten hatten das Sagen, wer besaß das meiste Land, welche Familien haben dort am längsten gelebt? All diese Details rutschten nach und nach den Hang hinunter und wurden von größeren Dörfern, Gemeinden, Kreisstädten, Städten und dem Land verschluckt. Zuletzt sterben die Alten, und dann wird es still in dem kleinen Dorf.

So war das moderne China – innerhalb von zehn Jahren war ein Dorf reif für die Archäologie. Ich packte meine Sachen zusammen und ging wieder hinunter ins Dorf der Lebenden.

Eine Menschenmenge lief lärmend im Hof des Verwaltungsgebäudes in Xituogu umher. Auf den ersten Blick sah es aus wie ein Festival, dann aber bemerkte ich die beiden Beamten. In gepflegten, blauen Blazern saßen sie hinter einem hölzernen Schreibtisch in der Mitte des Hofs. Auf dem Schreibtisch stand ein Metallbehälter. In regelmäßigen Abständen ging ein Dorfbewohner nach vorn, unterschrieb in einem Buch und ließ ein Blatt Papier in den Behälter fallen.

Wahlen waren in China nicht selten. In den Städten stimmten die Wähler über ihre Vertreter im kommunalen Volkskongress ab. Das war die niedrigste von drei Ebenen, auf denen öffentliche Repräsentanten gewählt wurden. Die beiden oberen Ebenen wurden nicht direkt vom Volk gewählt, und keine der zugelassenen politischen Parteien konnte gegen die Kommunisten antreten. Während der Prüfung der Olympiabewerbung hatte das Pekinger Komitee

dem IOC eine kurze Einführung in die chinesische Politik an die
Hand gegeben:

> *China ist auch ein Mehrparteienland. Zurzeit gibt es in China neun*
> *politische Parteien. Bevor der Staat wichtige Maßnahmen ergreift*
> *oder wichtige Entscheidungen fällt, die die Volkswirtschaft und die*
> *Existenzgrundlage der Menschen betreffen, berät sich die regierende*
> *Kommunistische Partei Chinas mit anderen Parteien, um die beste*
> *Lösung zu finden.*

Das war die ›demokratische Diktatur des Volkes‹: Mehrere Parteien
und Kandidaten waren willkommen, solange sie der Kommunistischen Partei genehm waren.

Auf dem Land hingegen experimentierten einige Regionen mit
freieren Wahlen. Anstatt Kandidatenlisten streng zu kontrollieren,
erlaubten Beamte den Dorfbewohnern manchmal, ihre eigene Führung zu wählen. Die Partei erkannte die Effizienz dieser Strategie:
Einheimische wussten, wer korrupt war, und sie wählten zumeist fä-
hige Leute. In der Auslandspresse kannte man diese Entwicklung als
»Dorf-Demokratie«, und manchmal wurde sie als Vorzeichen künfti-
ger politischer Reformen bejubelt. Aber niemand wusste auch nur im
Geringsten, wie viele Dörfer wirklich freie Wahlen abhielten, und die
Partei wandte diese Strategie auch noch nicht in Stadtregionen an.
Das Thema war nach wie vor sensibel, ausländische Journalisten hat-
ten praktisch nie freien Zugang zu einer Wahl.

In Xituogu scharte sich schnell eine Menschenmenge um mich
herum. Als ich erklärte, dass ich letzte Nacht gecampt hatte, lachten alle: »Der Sandsturm!« Ein Mann mittleren Alters zeigte mir
aufgeregt das Wahlregister, das mit einer Holzunterlage versehen
war. Fünf Kandidaten waren darin eingetragen: Zwei trugen den Familiennamen Peng, zwei waren Zhous. Der fünfte Kandidat war ein
Tang.

»Fast alle hier heißen Zhou oder Peng«, erläuterte der Mann. Sein
Name war Zhou Fengmin, und seine Zähne waren voller Gold. Als
ich ihn fragte, für wen er gestimmt habe, wurde er feierlich.

»Das ist geheim«, sagte er.

»Haben Sie jemanden gewählt, der ebenfalls Zhou heißt?«

»Das spielt keine Rolle«, entgegnete er streng. »Wichtig ist nur, wer der Bessere ist.«

Ich sah mir den Wahlvorstand genauer an. Drei Positionen waren aufgeführt: zwei Ausschussmitglieder und der Dorfvorsteher. Neben den Namen der Kandidaten waren jeweils die politische Partei und der Bildungsabschluss vermerkt. Auf der Kandidatenliste standen zwei Mittelschul- und drei Hochschulabsolventen. Nur zwei waren Mitglieder der Kommunistischen Partei. Die anderen drei gehörten einfach zu *qunzhong*, den Massen. Das klang gut und ermöglichte ein breites Spektrum neuer politischer Parteien: die Menge, die Horde, der Mob.

Während ich den Abschnitt über den Vorstand las, kam einer der Beamten herüber. Er schien nicht annähernd so begeistert darüber zu sein, mich zu sehen, wie die Dorfbewohner. Der Beamte sagte: »Warum sind Sie hier?«

Ich erzählte ihm die Geschichte vom Campen im Sandsturm. Der Mann entgegnete: »Was machen Sie in Peking?«

An der Stelle machte ich den dritten großen Fehler meiner Reise. Man könnte sie in eine Rangfolge bringen. Erstens: campen im März; zweitens: Personalausweis vergessen; drittens: die Fragen eines Beamten ehrlich beantworten. Ich hätte sagen sollen, dass ich ein Schüler oder ein Lehrer sei, aber vielleicht hatte der Sand mein Denken verlangsamt.

»Ich bin Journalist in Peking«, sagte ich. »Ich habe Urlaub. Ich bin auf dem Weg ins nächste Dorf und fahre anschließend nach Hause.«

»Warum kommen Sie nicht mit ins Büro und trinken einen Tee.« Der Mann lächelte und war freundlich, aber er hatte keinen Vorschlag gemacht.

Auf einem Schild über dem Büro stand VERBRAUCHERZENTRUM. Die beiden Beamten eskortierten mich hinein und setzten mich auf ein abgenutztes Sofa. Jemand goss Tee in einen Plastikbecher. An der Wand hingen zwei Gedenkplakate: TAG DER VERBRAUCHER und MACAO KEHRT ZUM MUTTERLAND ZURÜCK. Ein verstaubter Kalender war mit dem Slogan MORGEN WIRD ES NOCH BESSER beschriftet. Es kam mir unheilvoll vor, dass der Kalender drei Jahre alt war.

Ein Beamter schloss eine Schreibtischschublade auf, in der ein Telefon lag. Er nahm es vorsichtig heraus, als wäre er ein Priester in der Sakristei, und dann wählte er. Der andere Beamte sagte:

»Wo ist Ihr Ausweis?«

In dem Moment wurde mir klar, dass mein Ausweis zu Hause geblieben war. Hilflos reichte ich dem Mann eine Visitenkarte.

»Haben Sie ein Auto hier?«

»Nein.«

»Wie wollen Sie dann weiterfahren?«

»Ich gehe zu Fuß die Straße entlang und fahre dann mit einem öffentlichen Bus.«

»Waren Sie schon einmal hier?«

»Nein.«

Der andere Mann beendete sein Telefonat und schloss die Schublade. Einen Augenblick lang dachte ich, sie würden mich vielleicht gehen lassen. Sie wirkten entspannter, fragten mich, wo ich Chinesisch gelernt hätte, und wir unterhielten uns. Aber dann klingelte das Telefon.

Alle starrten auf den Schreibtisch. Der Mann öffnete die Schublade und nahm den Hörer heraus.

»Er ist hier«, sagte er.

Eine kurze Pause trat ein.

»Nur einer.«

Erneut eine Pause.

»Denken Sie, dass Sie vor 12.30 Uhr hier sein werden?«

Er sprach leiser und sagte etwas anderes. Er legte das Telefon in die Schublade zurück, schloss sie ab und steckte den Schlüssel in seine Hosentasche. Er lehnte sich zurück, als sei nichts gewesen.

»Wann werden sie hier sein?«, fragte ich.

»Wer?«

»Die Polizei.«

Der Beamte sagte nichts.

»Es ist okay«, sagte ich. »Ich habe mir nichts zuschulden kommen lassen und mache mir deshalb keine Sorgen. Ich sage Ihnen nur, wenn Sie einverstanden sind, gehe ich jetzt. Das erspart uns allen Ärger.«

»Warten Sie und wir nehmen Sie mit. Das ist sicherer.«

»Diese Gegend ist sehr sicher, und es ist ein schöner Tag«, sagte ich. »Ich kann auf dem gleichen Weg zurückgehen, auf dem ich gekommen bin.«

Der Mann schaute weg und sagte: »Der Wagen wird gleich hier sein.«

Ich hatte Pech mit Festnahmen. Ausländische Journalisten in China sollten eigentlich bei der Gemeindeverwaltung einen förmlichen Antrag stellen, bevor sie sich zur Berichterstattung auf den Weg machten. Die Regeln befolgte heutzutage allerdings kaum noch jemand. Meist gab es auch keine Probleme, nur hin und wieder wurde jemand festgenommen. Ich wusste von einem britischen Reporter, der verhaftet worden war, als er geheime Regierungsdokumente bei sich hatte, die er kurz zuvor von einer Kontaktperson gekauft hatte. Die Polizei hatte einen Tipp erhalten, und als sie ihn festnahm, wartete schon ein Fernsehteam. Die Polizisten legten triumphierend die Dokumente vor – wieder hatten sie einen ausländischen Feind bloßgestellt. Solche Verhaftungen lohnten sich: Die Polizei war zufrieden, weil sie jemanden zur Strecke gebracht hatte, der Gesetze übertreten hatte, und der Journalist wusste zumindest, dass er so gut berichtet hatte, dass er den Zorn der Regierung auf sich gezogen hatte.

Die Polizei in China erwischte mich zweimal, als ich eine öffentliche Toilette verließ. In der Provinz Fujian befand ich mich gerade auf einer Reportagereise, die keinerlei Staatsgeheimnisse zutage gefördert hatte; und in Gansu war ich, ohne es zu wissen, in einen Bezirk hineinspaziert, zu dem Ausländer keinen Zutritt hatten. Diese Festnahmen brachten niemandem etwas. Im Idealfall war die Atmosphäre von gegenseitiger Feindseligkeit geprägt: Der Journalist war auf der Suche nach der Wahrheit, die Polizisten achteten auf die Einhaltung der Gesetze der Volksrepublik. Allerdings hielt sich die Begeisterung über einen Ausländer in Grenzen, der beim Pinkeln in einer Stadt festgenommen wurde, die für Außenstehende tabu war.

Am schlimmsten war noch, die Stufen der Erkenntnis mitansehen zu müssen: Anfangs waren die Polizisten oft eifrig bei der Sache, und das Verhör kam zügig voran. Wenig später dämmerte ihnen, dass dieser Ausländer einfach nicht wusste, was er tat. Am Ende sah ich manchmal Mitleid in ihren Augen.

Es traf aber auch zu, dass ich in der Regel mehr über die Gegend erfuhr, nachdem ich festgenommen worden war. In Xituogu gingen die Dorfbewohner im Verbraucherzentrum ungehindert ein und aus, und wir unterhielten uns. Dem Beamten, der sich um mich kümmerte, war das egal. Die Dorfbewohner erzählten mir, dass Xituogu achthundert Einwohner habe, die vornehmlich vom Verkauf von Kastanien lebten. April sei der schönste Monat – in zwei Wochen würden die Mandelbäume blühen. Die einzige Frage, die niemand beantworten wollte, war, für wen sie gestimmt hatten. Jedes Mal, wenn ich einen Dorfbewohner fragte, wurde sein Gesicht ernst: »Das ist geheim.«

Ein alter Mann bat mich, einen Artikel über Xituogu zu schreiben. »Wenn Sie es schön beschreiben, werden Besucher kommen«, sagte er. »Wir können daraus ein Feriengebiet machen.«

Ich erwiderte, dass ich darüber nachdenken würde. Nach einer Weile öffnete der Beamte eine andere Schublade und nahm ein Mikrofon heraus. Seine Stimme dröhnte über die Dorflautsprecher: »Es ist jetzt zehn Minuten vor zwölf! Wenn Sie noch nicht abgestimmt haben, beeilen Sie sich bitte, weil die Wahl nach zwölf Uhr beendet ist!«

Die Sonne hatte ihren Höchststand erreicht, und es schien unnötig grausam, den Amerikaner weiterhin im Verbraucherzentrum einzusperren. Ich ging hinaus, und der Beamte folgte mir.

»Bitte kommen Sie wieder herein«, sagte er.

»Das möchte ich nicht«, entgegnete ich. »Hier draußen ist es wärmer.«

Er schaute zu dem anderen Beamten hinüber, der sich um die Wahlurne kümmerte; der Mann zuckte mit den Schultern und ließ mich in Ruhe. Ich gesellte mich zu einer alten Frau in die Sonne.

»Welchen Zweck erfüllt das Verbraucherzentrum?«, fragte ich.

Sie erklärte: »Wenn Sie etwas kaufen und betrogen werden, können sie dorthin gehen und sich beklagen.«

Genau um zwölf Uhr sprintete der letzte Wähler zum Metallbehälter. Nach einem kurzen Hin und Her ließ ihn der Beamte seinen Stimmzettel einwerfen. Ein dunkles Polizeiauto hielt in einer Wolke aus Staub. Die Dorfbewohner wurden sehr ruhig. Ich hörte Gemurmel in der Menge.

»Warum sind die hier?«

»Was soll das?«

»Es ist wegen des Ausländers!«

Die Menge drängte weiter vor. Vier Polizeibeamte stiegen aus dem Auto aus. Ich drehte mich um, um mein Gepäck zu holen, als einer von ihnen bellte: »Sie gehen nirgendwo hin!«

»Ich hole nur meinen Rucksack«, sagte ich. Plötzlich fühlte ich mich müde. Der Sand juckte jedes Mal, wenn ich mich bewegte. Die Dorfbewohner schauten ernst, als wir davonfuhren.

Spindeldürre Pappeln begrenzten die Schotterstraße, die einem ausgetrockneten Bach im Tal folgte. Die anderen Dörfer waren offenbar menschenleer. Das erste Fahrzeug, das uns begegnete, war ein anderer Polizeiwagen. Beide Fahrer hielten einen Moment an, dann drehte der zweite Wagen und fuhr hinter uns her. Ich fragte mich, wie viele Polizisten genau losgeschickt worden waren, um sich mit dem sandigen Journalisten zu befassen.

Die Straße war holprig, und wir drei hinten im Auto prallten gegeneinander. Mich hatten sie in die Mitte gesetzt. Ein Beamter auf dem Vordersitz drehte sich um.

»Wann sind Sie hier angekommen?«

»Gestern«.

»Warum sind Sie hierhergekommen?«

»Ich brauchte eine Auszeit von Peking, und ich gehe gern campen.«

»Sie haben allein gecampt?«

»Ja«.

»War der Wind nicht zu stark?«

»Schon. Aber daran konnte ich nichts ändern.«

»Welcher Arbeit gehen Sie in Peking nach?«

»Ich bin Journalist.«

»Wo ist Ihr Reisepass?«

»Den habe ich in Peking vergessen.«

»Wussten Sie, dass in dem Ort eine Wahl stattfindet?«

»Ich hatte keine Ahnung. Ich bin noch nie zuvor dort gewesen.«

»Wie sind Sie dorthin gekommen?«

»Mit einem Taxi.«

»Haben Sie eine Kamera?«

»Nein.«

Der Mann hielt einen Moment inne und fragte dann weiter: »Haben Sie Lebensmittel mitgenommen?«

»Ja.«

Er dachte angestrengt über weitere Fragen nach. Nach einem langen Schweigen machte der Polizist zu meiner Rechten zum ersten Mal den Mund auf.

»Wie hoch ist Ihr Gehalt?«

Wir erreichten die Polizeistation der Großgemeinde Bulaotun, wo ich darum bat, die Toilette benutzen zu dürfen. Sie schickten einen Beamten, der mich begleitete. Danach brachte er mich in den Verhörraum, wo drei Männer in Uniform warteten. Der Name der Gemeinde hieß wörtlich übersetzt Nicht-alte-Station. Man schenkte mir noch einen Tee ein. Ein Polizist stellte Fragen, ein anderer Mann schrieb auf einen Papierblock.

»Warum sind Sie nicht nach Simatai oder Badaling gegangen?«

»Dort sind zu viele Menschen, und mir gefallen die nicht restaurierten Teile der Großen Mauer.«

»Warum waren Sie bei der Wahl?«

»Ich ging hinunter ins Dorf, wo eine Menge Leute waren. Ich fragte sie, was dort los sei. Ich hatte nicht den Eindruck, dass es nicht für die Öffentlichkeit bestimmt war. Es finden doch ständig Wahlen statt.«

Er interessierte sich für die zeitliche Abfolge, und ich erklärte im Detail, wann genau sich alles ereignet hatte. Sobald das Thema ausgereizt war, ging es zurück ins Freie.

»Hatten Sie keine Angst, allein zu schlafen?«

»Nein. Es ist ein sehr sicheres Gebiet.«

»Aber was ist mit den Wölfen?«

»Es gibt dort keine Wölfe.«

»Doch, die gibt es.«

Ich glaubte ihm keinen Augenblick, war aber nicht in der Position, um diskutieren zu können. Die Polizisten waren jung – der älteste schien in den Vierzigern zu sein. Mein Freund Mike Meyer vertrat die These, dass chinesische Polizisten nie älter wurden, und vielleicht hatte er recht. In fünf Jahren hatte ich keinen gesehen, der auch nur einen Tag älter als fünfzig aussah.

Nach einer Weile kniff der Vernehmungsbeamte argwöhnisch die Augen zusammen.

»Sie behaupten, Sie hätten Ihren Pass vergessen«, sagte er. »Ich denke, das ist nur eine Ausrede.«

»Warum sollte das eine Ausrede sein?«, entgegnete ich. »Mir macht das genauso Ärger wie Ihnen. Ich sagte bereits, wenn es wirklich wichtig für Sie ist, können wir nach Peking fahren, und ich zeige ihn Ihnen.«

»Wo ist Ihre Kamera?«

»Ich habe keine Kamera mitgenommen.«

»Das glaube ich nicht.«

»Durchsuchen Sie meinen Rucksack«, erwiderte ich. »Ich habe keine.«

»Warum sollten Sie ohne Kamera reisen?«

»Weil es zu viele Umstände macht.«

»Das ist sehr merkwürdig. Würden Sie sich nicht gerne an etwas von der Reise erinnern wollen?«

Ich dachte: Erinnerungen werden kein Problem sein. Die nächste halbe Stunde kreiste er wieder um die imaginäre Kamera herum. Chinesische Polizisten liebten Kameras, sie sorgten für produktive Festnahmen – Film rausreißen und wegwerfen. Doch wurde alles viel komplizierter, wenn nichts vorgefallen war und wenn kein Gerät das Nicht-Ereignis aufgezeichnet hatte. Die Fragerei ging weiter.

Sie erlaubten mir, eine Mittagspause einzulegen. Die Polizeiwache hatte einen Bankettraum; man setzte mich an einen Tisch, der für acht gedeckt war. Es roch stark nach Getreidebranntwein. Tofu, Sellerie und Reis wurden serviert.

Ein Beamter hatte die Aufgabe, mich zu begleiten. Er trug keine Uniform, sein Gesicht war freundlich, und wir kamen ins Gespräch. Ich fragte ihn, warum der Ort Nicht-alte-Station genannt werde.

»Das hat mit einer lokalen Legende zu tun«, sagte er, und dann erzählte er die Geschichte: In uralten Zeiten stieg einmal ein Unsterblicher vom Himmel herab. Er besuchte Wolkengipfel, den höchsten Berg in der Region. Ein Dorfbewohner namens Wang

Zhi kletterte auf den Berg und traf den Unsterblichen, der dem Mann einen Pfirsich reichte. Wang Zhi dachte, es wäre ein normaler Pfirsich, den ihm ein normaler Mensch gegeben hätte. Aber nachdem Wang Zhi den Pfirsich gegessen hatte, war er ebenfalls unsterblich.

Zum Schluss eine Erläuterung für chinesische Polizisten. Ich fragte den jungen Mann, wofür er in der Gemeindeverwaltung zuständig sei. Er sagte: »Ich arbeite für die Propaganda-Abteilung.«

Nach über zwei Stunden traf ein Polizist aus Peking ein. Ich erkannte den Mann, jedes Jahr bearbeitete er die Visa-Anträge für Journalisten. Ich bemerkte auch einen gewissen mitleidigen Blick in seinem Gesicht, er erwies mir dann aber doch die Ehre einiger weiterer Fragen. Die anderen Beamten schauten zu.

»Wissen Sie, dass Sie in der Verwaltung einen Antrag stellen müssen, wenn Sie berichten wollen?«

»Ja, das weiß ich. Aber ich war dort nicht als Reporter. Ich war campen.«

»Es klingt sonderbar, dass Sie nur zufällig dort gewesen sein wollen, als eine Wahl stattfand.«

»Sehen Sie mich an«, sagte ich. »Letzte Nacht hatten wir einen Sandsturm. Ich trage dies ganze Zeug mit mir herum. Warum sollte ich das tun, wenn ich mir eine Wahl anschauen wollte?«

Damit war das Thema vom Tisch, und der Polizist fragte neugierig: »Wie war die Wahl?«

»Es gab fünf Kandidaten«, sagte ich. »Zwei hießen Peng, zwei Zhou und einer Tang. Drei mussten gewählt werden. Das ist so ziemlich alles, was ich weiß.«

»Haben Sie je zuvor eine Wahl in einem Dorf gesehen?«

»In Sichuan, als ich dort lebte.«

»Worin bestehen die Unterschiede?«

»Es gibt keine Unterschiede.«

»Was ist der Unterschied zwischen dieser Wahl und einer Wahl in Amerika?«

Ein Gedanke schoss mir durch den Kopf: Bei Wahlen in Amerika schickt man nicht zwei Polizeiwagen los, wenn man einen Reporter sieht. Aber ich verkniff mir den Gedanken: »Schwer zu sagen.«

Der Polizist sagte: »Letztes Jahr gab es in Amerika ein Problem bei der Abstimmung, nicht wahr?«

»Ja, in einigen wenigen Regionen.«

»Es gab auch noch andere Probleme«, sagte er. »Warum hat sie so lange gedauert? Warum hat *Ge Er* nicht gewonnen? Er hatte doch die meisten Stimmen.«

Auf Chinesisch versuchte ich, klar und präzise darzulegen, was ein Wahlmännergremium ist. Ich hätte es besser wissen müssen. Während meiner Jahre als Lehrer hatte ich es nicht einmal geschafft, es auf Englisch zu erläutern. Ich hatte immer geglaubt, dass eine Reform der amerikanischen Wahlen sehr gut dadurch motiviert werden könne, dass jeder einzelne Bürger gezwungen wird, einer chinesischen Schulklasse eine Einführung in das System zu geben.

Auf der Polizeiwache war mein Vortrag über das Wahlmännergremium besonders erfolglos. Die Polizisten schauten gelangweilt, schließlich gingen alle hinaus; nur der Mann, der der jüngste zu sein schien, blieb. In dem Moment, in dem wir allein waren, fragte er: Wie viel verdient ein Polizist in Amerika?«

Je länger wir allein waren, desto unfreundlicher wurde der junge Beamte. Ich versuchte zu punkten, indem ich sagte, dass mein Schwager Polizist in Missouri sei, was aber offenbar nicht half. Der chinesische Polizist stellte seine Fragen zunächst bedächtig, so als ob Verhöre für ihn Neuland seien, aber kurz darauf schoss er sie quer durch den Raum. Er schien sich kaum für das zu interessieren, was im Dorf passiert war. Die meisten Fragen betrafen die Vereinigten Staaten.

»Welches Land ist sicherer?«, fragte er, »China oder die USA?«

»China«, sagte ich. Ich war vor nicht allzu langer Zeit in der Rhode Island Avenue gewesen.

»Warum leben in Amerika so viele Menschen auf der Straße?«, fragte er. »Warum gibt die Regierung ihnen kein Geld?«

»Die Regierung gibt Armen Geld«, sagte ich. »Nicht viel, aber etwas. Die Menschen auf der Straße sind oft geisteskrank.«

»Nein, sind sie nicht. Sie sind nur arm.«

Ich zuckte mit den Schultern. Der Mann fuhr fort: »Warum sind die Menschen in Amerika im Besitz von Waffen?«

»Sie haben dazu das Recht«, sagte ich. »Es steht in der Verfassung.«

»Das ergibt keinen Sinn«, sagte er. »Wissen Sie, dass es verboten ist, auf der Großen Mauer zu schlafen?«

»Nein«, sagte ich. »Da war kein Hinweisschild, und die Einheimischen meinten, dass andere Leute es in letzter Zeit genauso gemacht hätten.«

»Diese Leute kennen die Gesetze nicht«, sagte er. »Sie müssen die Gesetze lesen. Deshalb stecken Sie in Schwierigkeiten. Sie haben verschiedene chinesische Gesetze übertreten. Sie sind nicht berechtigt, ohne Genehmigung Berichte zu verfassen, und Sie hatten keinen Reisepass bei sich. Wir können Ihnen eine Geldstrafe von fünfzig Yuan auferlegen, weil sie keinen Pass haben.«

»Ich bezahle sofort«, sagte ich. Der Betrag entsprach fünfeinhalb Euro. Der Polizist schüttelte den Kopf, und bevor er eine weitere Frage stellen konnte, bat ich um einen Ausflug auf die Toilette.

Er stand in der Nähe des Urinals und wartete. Als wir zurückkehrten, wurde seine Miene noch ernster.

»Warum gibt es in Amerika Verhütungsmittel für Schüler an Mittelschulen?«, fragte er.

Zum ersten Mal an diesem Tag war ich völlig sprachlos. Er wiederholte die Frage:

»Warum gibt es in Amerika Verhütungsmittel für Schüler an Mittelschulen?«

»Ich denke, Sie meinen Hochschulstudenten«, sagte ich schließlich. »Den Kids an Mittelschulen gibt man sie nicht.« Ich hatte keine Ahnung, warum ich das sagte. Aus irgendeinem Grund hielt ich die spezifische Altersgruppe in dem Augenblick für besonders wichtig.

»Es sind Mittelschulen«, sagte er. »Ich habe davon gelesen. Warum macht man so etwas?«

Diesmal sagte ich nichts.

»Das ist ein Unterschied zwischen China und Amerika«, sagte er triumphierend. »In den USA ist alles viel freier. Frauen sind freier.«

Zu guter Letzt herrschte überwiegend Schweigen. Wenn er eine Frage stellte, antwortete ich so kurz wie möglich: ja, nein, ich weiß nicht. Schließlich schaute er auf seine Uhr.

»Sie haben Gesetze übertreten«, sagte er. »Sie sind verpflichtet, Ihren Reisepass bei sich zu tragen, und Sie müssen eine Genehmigung beantragen, um als Reporter berichten zu können. Es ist Ihnen nicht gestattet, auf einem Kulturdenkmal zu schlafen. All diese Dinge sind gegen das Gesetz. Wir könnten eine Geldstrafe gegen Sie verhängen, wir drücken aber heute ausnahmsweise ein Auge zu. Sie dürfen das nie wieder tun. Haben Sie verstanden?«

Er brachte mich zum Eingangstor des Polizeireviers. Vier Stunden waren vergangen, seit die Polizei mich in Xituogu abgeholt hatte. Die anderen Polizisten waren nicht zu sehen. Sie mussten den jungen Mann angewiesen haben, mich noch eine Weile festzuhalten, um mir eine Lektion zu erteilen. An der Straße hielt ich ein Taxi an. Als ich aus Nicht-alte-Station herausfuhr, wurde mir klar, dass sich mein momentaner emotionaler Zustand – schmutzig und müde, wütend und frustriert – genauso anfühlte, wie die schlechten Tage meiner Schulzeit.

ARTEFAKT H

Das Wort

卜 卜 卜 卜

Wörter waren in China schon immer lebendig. Das Vokabular von Kalligrafie-Fachkundigen ist physiologisch geprägt: der Knochen, Atem und Muskel eines geschriebenen Wortes. Das erste chinesische Schriftzeichen-Wörterbuch wurde während der Han-Dynastie um 100 v. Chr. erstellt. Das Nachwort des Autors beschrieb die sagenumwobene Erfindung der Schrift. Ihr Schöpfer, Cang Jie, war ein Halbgott mit vier Augen:

> *Er beobachtete die Spuren von Vögeln und Tieren und erkannte sinnvolle, unterscheidbare Muster. Daraus leitete er die ersten Graphen und Striche ab ... Als Cang Jie die Graphen anfangs erstellte, verwendete er dafür Kategorien und die Abbildung von Formen. Daher wurden sie* 文 *genannt [wen, Muster]. Später nahmen die ›Form und Laut‹-Graphen zu, die* 字 *[zi, zusammengesetzte Graphen] genannt wurden.* 文 *sind Grundwörter und Abbildungen von Dingen.* 字 *bedeutet fruchtbar sein, sich vermehren und allmählich zunehmen. Wenn sie auf Bambus und Seide geschrieben waren, sprach man von* 書 *[shu, Schrift]. Schrift bedeutet: ähnlich sein.*

Tiere hinterlassen Spuren, Spuren werden abgezeichnet zu Mustern, Muster werden kombiniert, um daraus neue Muster abzuleiten. Wörter paaren sich – Teile eines Schriftzeichens werden an Teile eines anderen gehängt –, um neue Wörter entstehen zu lassen. Die Schrift ist ein Abkömmling von Lebewesen, sie verhält sich genau wie diese.

Nach Cang Jies Erfindung, so berichtet die Legende, regnete der
Himmel Hirse, und die Geister weinten die ganze Nacht.

*   *   *

An der Universität von Washington in Seattle interviewe ich einen
Professor für Chinesisch. Er erwähnt, dass Ken-ichi Takashima gera-
de eingetroffen sei, um einen Sommerkurs zu halten. Der Name
kommt mir bekannt vor, und dann erinnere ich mich an David N.
Keightleys Geschichte: Professor Takashima hatte einmal mit einem
Lötkolben versucht, in einem Orakelknochen Risse zu bilden.

Ich treffe den Wissenschaftler in seinem vorübergehenden Büro,
wo er gerade einige Sachen auspackt. Der gebürtige Japaner ist ein
kleiner Herr mit einem strähnigen Kinnbart und einer goldumrande-
ten Brille. Er spricht fließend Englisch mit einem Akzent. In seiner
akademischen Laufbahn war er stets ein Wanderer zwischen den
Kulturen. Nach einem Studium an der von Jesuiten geleiteten So-
phia-Universität in Japan, machte er seinen Abschluss an der Universität von Washington. Ursprünglich forschte er im Bereich Linguistik, sein Interesse für Shang-Schriften wurde jedoch geweckt, als er
bei Pfarrer Paul Serruys, einem belgischen Priester und versierten
Orakelknochengelehrten, studierte.

Wie Keightley fand Takashima auf Umwegen zu den Knochen,
und oft hat er sein linguistisches Wissen auf das Studium der
Shang-Schriften angewandt. Erst kürzlich kamen er und ein anderer
Gelehrter zu dem Schluss, dass die Inschriften verschiedener
Shang-Wahrsager unterschiedlichen grammatikalischen Mustern
folgen. Die Unterschiede könnten auf mehrere Dialekte oder Sprachen zurückzuführen sein – ein mögliches Zeichen dafür, dass am
Shang-Königshof eine größere Vielfalt herrschte als bisher angenommen.

Der Professor schüttelt meine Hand, sein Gesicht hellt sich auf,
als ich erwähne, dass ich die Lebensgeschichte von Chen Mengjia recherchiere.

»Chen Mengjia war ein großer Gelehrter«, sagt Professor Takashima. »Seine allgemeine Einführung in die Orakelknochen von 1956
ist noch immer eine Chrestomathie.«

Von seinem Mund bis zu meiner Notiz mutiert das Wort zu
»Crestmathie«. Ich starre auf das, was ich geschrieben habe, und ge-
stehe: »Das Wort habe ich noch nie gehört. Was bedeutet es?«

»Meisterwerk«, sagt er. »Chen Mengjias Buch ist ein Meisterwerk.« Der Professor schlägt ein Wörterbuch auf – und zieht ein langes Gesicht.

»Ich verstehe das Wort so …«, murmelt er. »Das sehe ich anders …«.
Er zeigt mir die gedruckte Definition:

*… eine Textsammlung aus literarischen Werken zum Studium von
Literatur oder Sprachen.*

Er schnappt sich ein anderes Wörterbuch aus dem Regal. »Genau das
Gleiche«, sagt er. »Eine Sammlung von Absätzen aus der Literatur«.
Wenn ich nur ein besseres Wörterbuch finden könnte. Möglicherweise habe ich das Wort falsch gebraucht. Normalerweise verlasse
ich mich auf das OED.«

Er hantiert am Computer herum. Heute war sein erster Tag als
Dozent, er ist in ein neues Büro umgezogen, und eben gerade kommt
überraschend ein Journalist zur Tür herein. Aber in diesem Augenblick ist das Wort die größte Störung. Er versucht, online zu gehen; er
sucht das Büro nach einem besseren Wörterbuch ab. Ich warte, ohne
etwas zu sagen. Zwar habe ich nicht viel Zeit in der Gesellschaft von
Wissenschaftlern verbracht, die sich mit alten Schriften befassen,
ich habe aber gelernt, dass diese Leute eine einzigartige Beziehung
zur Sprache haben. Professor Takashima spricht fließend Japanisch,
Englisch und Chinesisch. Mit der Lektüre alter chinesischer Texte
verdient er seinen Lebensunterhalt. Wörter sind wichtig. Behutsam
versuche ich, zum Interview zurückzukehren: »Chen Mengjias Buch
war also ein Meisterwerk?«

»Ja, es ist ein Meisterwerk.« Er blickt auf. »Die Leute verwenden
es noch immer. Es deckt fast alles ab, es ist sehr umfassend. Bei Forschungsarbeiten habe ich Chen Mengjias Buch stets griffbereit.«

Nachdem das Wort endlich vergessen ist, nimmt er einen anderen Faden auf:

»Als ich an der Universität Tokyo war, hörte ich Gerüchte über
ihn. Einige Professoren meinten, Chen Mengjia sei ziemlich jung ge-

storben, und sie sagten, es sei kein natürlicher Tod gewesen. Es hatte wohl mit Politik zu tun. Ich weiß nicht, wie ich das überprüfen soll oder nicht. Auf jeden Fall sind die Japaner darin ziemlich gut. Sie erzählen keine Gerüchte, die nicht wahr sind.«

Er fährt fort: »Wissen Sie, er schrieb auch ein Buch über chinesische Bronzen. Wenn man den Titel ins Englische übersetzt, dann lautet er ungefähr: »Chinese Bronzes Stolen by the American Imperialists« (Chinesische Bronzen, gestohlen von amerikanischen Imperialisten). Es ist schwer, ein Exemplar in die Finger zu bekommen. Ein Professor an der Universität Tokyo hat es mit dem ursprünglichen Titel nachgedruckt. Chen bezeichnete die USA als imperialistisch. Ich verstehe nicht, wie er sich für einen solchen Titel entscheiden konnte.«

Ich erkläre Professor Takashima, was ich über das Buch in Erfahrung bringen konnte, und ich erzähle ihm, dass Chen Mengjia 1966 Selbstmord begangen habe. Ich erwähne außerdem, dass mir, obwohl ich erst am Anfang meiner Recherchen stünde, einige Leute berichteten, dass Chens Ärger begann, als er sich gegen die Reform der chinesischen Schrift aussprach.

»Alle Achtung!«, sagt der Professor. Die Antwort kommt spontan; sofort fängt er sich. »Das habe ich so nicht gemeint«, sagt er schnell. »Ich denke, dass er demzufolge dazu gebracht wurde, Selbstmord zu begehen. Das ist furchtbar. Ich will nur sagen, dass auch ich Vereinfachungen in Bezug auf chinesische Schriftzeichen ablehne.«

Takashima lacht, als ich den rissigen Knochen erwähne. »Keightley hat das in seinem Buch zitiert!«, sagt er. »Ich konnte es nicht glauben.« Er schüttelt den Kopf, und dann erzählt er:

Im Juni 1969, als Takashima noch studierte, beschloss er, auf einem Orakelknochen Risse entstehen zu lassen. Er ging in eine Metzgerei in Seattle, kaufte ein paar Steaks und überzeugte die Metzger davon, ein paar fleischlose Schulterblätter dazuzulegen. (»Sie fragten: ›Was wollen Sie damit machen?‹ – Ich sagte: ›Ich will Risse darin erzeugen.‹ Sie gaben sie mir kostenlos.«) Gemeinsam mit seinen Kommilitonen lud Takashima zu einer Party ein, auf der Pfarrer Paul Serruys in Anlehnung an die Shang das Amt des Vorsitzenden Priesters übernahm – der Orakelknochen-Wahrsager. Takashima war der Handwerker.

»Zuerst versuchte ich es mit dem Lötkolben«, erinnert er sich.
»Die elektrisch erzeugte Hitze war nicht stark genug. Das Ergebnis
war ein kleiner Brandfleck – das war alles. Also nahm ich den elektri-
schen Lötkolben und außerdem brennende Holzkohle. Dadurch
wurde der Knochen wirklich heiß, und es stank fürchterlich.«

Takashima weiter: »Es gibt natürlich verschiedene Ansichten darüber, wie man ihn richtig vorbereitet – zum Beispiel indem man ihn
in Essig einweicht oder Ähnliches. Ich hatte den Knochen vorab nur
im Ofen getrocknet. Dennoch bildete er keine Risse. Pfarrer Serruys
und die anderen Studenten waren enttäuscht, also wandten wir uns
wieder dem Essen und Trinken zu. Ich gab auf und warf das Schulterblatt in den Grill. Wir hatten es schon vergessen, und dann fing es
plötzlich an wie verrückt zu knacken. Pop, pop, pop! Historische
Linguisten versuchen von jeher, alte Laute zu rekonstruieren, und
das hier war eine hundertprozentige Rekonstruktion des phonologi-
schen Systems! Es klang wie das chinesische Wort *bu*.«

Er legt eine kurze Pause ein, um ein Schriftzeichen auf einen Fetzen Papier zu schreiben. Es bedeutet: göttlich; wahrsagen. Die Form
ähnelt einem Sprung in einem Knochen:

ト

»Im heutigen Chinesisch spricht man es *bu* aus«, erklärt er, »im alten Chinesisch dagegen sagte man *buk*. Und der Knochen machte genau diesen Ton! Es war mehr ein P, aus meiner Sicht klang es wie *pok,
pok, pok, pok!* Es war ein sehr scharfes Geräusch. Ich schrieb einen
Brief an Keightley, und er gab die Sache in einer Fußnote seines
Buchs »Sources of Shang History« (Quellen der Shang-Geschichte)
wieder. Ich konnte es nicht glauben! Er behauptete, Takashima hätte
die Rissbildung rekonstruiert und sei dabei ähnlich wie im Neolithikum vorgegangen!«

So schön die Symbolik der alten chinesischen Theorie über den Ursprung der Schrift – von den Tierspuren zu den Wörtern – auch ist, so
weiß doch niemand genau, wie es wirklich dazu kam. Natürlich gibt
es keine Aufzeichnungen darüber, wie Menschen ganz zu Beginn
lernten, Dinge aufzuzeichnen.

»Es ist wirklich ein Riesenschritt«, sagt Takashima, »dieser Schritt
hin zur Schrift nach vielen tausend Jahren mündlicher Kommunika-

tion. Wie Sie wissen, hat die Schrift keine lange Geschichte. Aber als
der Anfang gemacht war, schritt die Zivilisation in Windeseile voran.
Es ist erstaunlich. Schreiben ist wirklich der große Motor des Fort-
schritts in der menschlichen Zivilisation. Dieser Fortschritt hat
überwiegend in den letzten dreitausend Jahren stattgefunden, während die Menschheitsgeschichte fünfzigtausend, vielleicht sogar
siebzigtausend Jahre alt ist. In all diesen Jahren sind die Menschen
kaum von der Stelle gekommen, weil sie keine Schrift hatten. Wo-
durch ist überhaupt das Bedürfnis entstanden, etwas aufschreiben zu
wollen?«

Wir unterhalten uns über die chinesische Schrift, und der Professor erwähnt, dass er eine wissenschaftliche Arbeit über die quadrati-
sche Form der Zeichen verfasst hat. Im Laufe der Jahrhunderte hat
sich die Form verändert: Shang-Wörter waren leicht länglich, die
Han-Dynastie dagegen presste sie in ein Viereck, ein Schriftstil, der
als *fangkuaizi* bekannt ist.

»Mich interessiert die Kosmografie«, sagt er. »Mich interessiert,
wie die Chinesen die Welt sehen. Ich weiß nicht, wie es dazu kam,
aber offenbar haben sie die Dinge so wahrgenommen, als seien sie
quadratisch. Das gilt nicht nur für die Schrift, sondern auch in Bezug
auf die Geografie.«

In den Orakelknocheninschriften wird die Shang-Welt stets in
Bezug zu den vier Himmelsrichtungen beschrieben. Die Gräber und
Städte der Shang und auch die Mauern, die sie oft umgaben, wurden
genau nach dem Kompass ausgerichtet. Professor Takashima notiert
das moderne Schriftzeichen *cheng*, das als Bestandteil zweier Begriffe
häufig verwendet wird: Stadt und Stadtmauer:

城

Er bemerkt, dass die alte Form des Zeichens ein Element enthielt,
das wie eine Schachtel geformt ist: 囗. Wenn 囗 allein stand, war damit ein quadratischer Bereich oder abgegrenzter Bereich gemeint –
hauptsächlich eine Siedlung. Zudem klang die altchinesische Aussprache von 囗 und 城 ähnlich.

»Das erinnert an die griechische Sicht auf die Barbaren«, sagt er.
»Wer innerhalb der Stadt lebt, ist zivilisiert, wer außerhalb von ihr
lebt, ist ein Barbar. Mit 城 verhält es sich genauso. Auch die Stadt-
mauern sind im Grunde genommen quadratisch. Sie waren während

der Shang-Zeit zwar rechteckig, aber die Form ist im Wesentlichen die gleiche. Nie gab es runde oder anders gestaltete Mauern. Die Chinesen müssen eine sehr tief verwurzelte Vorstellung davon gehabt haben, wie die Welt aussehen soll.«

Er fährt fort: »Vor vielleicht zwanzig oder dreißig Jahren hat sich der Dirigent der New Yorker Philharmoniker zur chinesischen Musik geäußert. Er sagte, sie klinge wie chinesische Schriftzeichen. Er meinte damit, dass der Klang stückchenweise komme. Die Musik des Abendlandes sei ganz anders.

Als ich das hörte, dachte ich: Wovon spricht er? Als ich aber über diese Vorstellung vom Quadrat forschte, dachte ich plötzlich, vielleicht ist der Gedanke gar nicht so abwegig. Er beschrieb die Musik als impressionistisch, als Abfolge einzelner Segmente, nicht als Fluss. Mir kam es vor, als sei er vielleicht auf etwas gestoßen, das tief unten primordiale Sphären des Bewusstseins berührt.«

Mehr als ein Jahr später lese ich David N. Keightleys »Quellen der Shang-Geschichte« und bin auf Seite 66, Absatz 2, angekommen. Der erste Satz ist lang und wimmelt von Kommata – ein Schwarm aus Worten zieht über die Seite. Ein Satz fällt mir besonders auf:

Das Standardwerk zur Einführung in die Grammatik der Ora-kelknochen ist trotz seiner fehlenden Systematik und trotz seines Alters noch immer die Chrestomathie von Chen Mengjia, die den Studenten durch Wortstellung, Partikel, Zeitwörter, Pronomen, Verben, Modifikatoren, Zahlen, Demonstrativpronomen, Bindewörter, Präpositionen, Hilfsverben, Verneinungen, Auslassungen und Abkürzungen sowie Satztypen führt.

Als ich Professor Takashima zu einem noch späteren Zeitpunkt erneut treffe, erwähnt er, dass ein tschechischer Gelehrter namens David Sehnal im Schulterblatt eines Rindes erfolgreich Risse gebildet hat. Das Erfolgsrezept bestand darin, Holzkohle direkt auf den Knochen zu legen und dann kräftig darauf zu blasen, um sie zusätzlich zu erhitzen. In Tschechien klang die Stimme des eingerissenen Knochens genauso wie in Seattle: *pok, pok, pok, pok!*

Kapitel

15

Übersetzung

1. April 2001

In der Welt der Beziehungen zwischen den USA und China konnte es vorkommen, dass Spannungen mit einem Flugzeugwrack begannen und sich im Laufe von elf Tagen auf ein Adverb und ein Substantiv reduzierten. Der Vorgang hätte eine linguistische Übung oder vielleicht eine Fabel sein können – etwas aus »Zhuang Zi« (Dschuang Dsi, Tschuang-tse), dem alten, taoistischen Klassiker:

Es war einmal vor langer Zeit, da träumte Zhuang Zhou (Chuang Chou), er sei ein Schmetterling, der fröhlich umherflatterte, sich des Lebens freute und nicht wusste, dass er Zhou war. Plötzlich erwachte er und war tatsächlich und wahrhaftig Zhou. Nur wusste er nicht, ob er Zhou war, der davon geträumt hatte, ein Schmetterling zu sein, oder ob er ein Schmetterling war, der davon träumte, Zhou zu sein. Es wird sicher einen Unterschied zwischen Chou und dem Schmetterling geben. Dies nennt man die Transformation der Dinge.

*　　　*　　　*

Es war einmal, da kollidierten am Morgen des 1. April 2001 zwei Militärflugzeuge im internationalen Luftraum hoch über dem Südchinesischen Meer. Eine Maschine war amerikanisch, die andere chinesisch. Das chinesische Jagdflugzeug F-8 wurde schwer beschädigt. Das amerikanische Flugzeug war größer: eine EP-3E Aries II der Navy, entwickelt mit dem Ziel, die elektronische Kommunikation ausländischer Streitkräfte abzuhören. Nach dem Zusammenstoß stürzte das Flugzeug der Navy fast zweitausendfünfhundert Meter in die Tiefe, konnte sich aber fangen und auf der chinesischen Insel Hainan um Erlaubnis zu einer Notlandung bitten. Die Flughafenkontrolle antwortete nicht. Das Flugzeug landete trotzdem. Die amerikanische Crew bestand aus vierundzwanzig Männern und Frauen, die von der Volksbefreiungsarmee umgehend in Gewahrsam genommen wurden.

Im Cockpit der chinesischen F-8 saß ein dreiunddreißigjähriger Leutnant namens Wang Wei. Sein Flugzeug stürzte ins Meer.

Keines dieser Ereignisse wurde von unabhängigen, nicht dem Militär angehörenden Augenzeugen beobachtet.

Innerhalb von Stunden gaben Regierungsbeamte beider Länder sehr unterschiedliche Darstellungen des Zwischenfalls.

Kein hochrangiger Politiker der beiden Nationen gab am ersten Tag eine Erklärung ab.

Am 2. April sprach Präsident George W. Bush. Es war die erste große außenpolitische Herausforderung seiner Präsidentschaft. Die amerikanischen Medien vermuteten, dass dieser Zwischenfall für den zukünftigen Umgangston der Bush-Administration in der Außenpolitik wegweisend sein könnte.

Als der Präsident auf dem Rasen des Weißen Hauses stand, entschuldigte er sich nicht für die Kollision, er sprach auch der Familie von Wang Wei nicht sein Beileid aus. Seine Worte waren geradeheraus: »Für uns haben die rasche und sichere Rückkehr der Besatzung und die Rückkehr des Flugzeugs ohne weitere Verzögerung Priorität.«

Der Präsident äußerte sich besorgt darüber, dass dem Personal der US-Botschaft nicht erlaubt worden sei, sich mit der amerikanischen Besatzung zu treffen: »Dass die chinesische Regierung nicht unverzüglich auf unser Ersuchen reagiert hat, steht im

Widerspruch zu gängigen diplomatischen Gepflogenheiten und zu dem ausdrücklichen Wunsch beider Länder nach besseren Beziehungen.«

Zuvor hatte Admiral Dennis Blair vom US-Kommando im Pazifik Reportern in Honolulu berichtet, dass chinesische Piloten durch »zunehmend riskante Manöver« über dem Südchinesischen Meer aufgefallen seien.

Anfangs gab kein einziger hochrangiger chinesischer Führer eine öffentliche Erklärung ab. Das war typisch: So wie das amerikanische Wertesystem eine schnell handelnde Führung verlangte, so warteten die Chinesen in der Regel ab, bis sich die Mühlen der Bürokratie drehten. Dabei hatte sich der Vorfall zu einem besonders heiklen Zeitpunkt ereignet. Peking erwartete die Entscheidung über seine Olympiabewerbung, und das Land stand kurz vor dem Abschluss seines Antrags auf Aufnahme in die Welthandelsorganisation. Anders als 1999 erlaubte und unterstützte die Regierung keine Studentendemonstrationen.

Am 4. April gab Präsident Jiang Zemin über die offizielle Nachrichtenagentur Xinhua sein erstes Statement ab: »Die Vereinigten Staaten sollten sich für die reibungslose Entwicklung der Beziehungen zwischen China und den USA einsetzen, anstatt Bemerkungen zu machen, die richtig und falsch durcheinanderbringen und den Beziehungen zwischen beiden Ländern schaden.«

In Peking forderte der chinesische Außenminister in einer offiziellen Stellungnahme eine Entschuldigung. Später an diesem Tag gebrauchte ein hochrangiger amerikanischer Beamter zum ersten Mal den Begriff »leid tun«. Außenminister Colin Powell sagte: »Es tut uns leid, dass das chinesische Flugzeug nicht sicher landen konnte, und es tut uns leid, dass der chinesische Pilot sein Leben verloren hat, aber jetzt müssen wir nach vorne schauen und den Vorfall zu einem Abschluss bringen.«

Am 4. April titelte die »Beijing Youth Daily« auf Seite eins:

Beweise für Schikanen

Am 5. April titelte die »New York Times« auf Seite eins:

PEKING VERSTÄRKT KRIEG DER WORTE
ÜBER FLUGZEUGKOLLISION

Am 6. April kündigte ein US-amerikanischer Beamter an, dass beide Seiten ein offizielles Schreiben ausarbeiteten, das die Krise beenden würde.

ZHUANG ZI:
Mithilfe der Schrift bringt die Welt ihre Wertschätzung für den Sinn zum Ausdruck. Doch die Schrift besteht nur aus Worten, und auch Worte haben einen Wert. Die Bedeutung gibt den Worten ihren Wert, aber die Bedeutung richtet sich immer nach etwas anderem. Wonach sie sich richtet, kann in der Sprache nicht zum Ausdruck gebracht werden. Dennoch überliefert die Welt die Schrift, weil sie die Sprache wertschätzt. Obwohl die Welt die Schrift wertschätzt, halte ich selbst sie der Wertschätzung nicht für würdig, weil sie wertschätzt, was nicht wirklich wertvoll ist.

*   *   *

Präsident Bush sagte am 9. April: »Diplomatie braucht Zeit.« Der chinesische Außenminister: »Die USA müssen sich bei China entschuldigen und Maßnahmen ergreifen, die sicherstellen, dass derartige Vorfälle sich nicht wiederholen.«

Die Medien beider Länder beschrieben den Zwischenfall nach wie vor völlig unterschiedlich. Die Chinesen behaupteten, das amerikanische Flugzeug habe einen Schlenker gemacht, um mit der F-8 zu kollidieren. Dagegen behaupteten amerikanische Militärbeamte, die Initiative sei von der kleineren chinesischen Maschine ausgegangen. Nach Angaben der Amerikaner waren chinesische Piloten seit Monaten nah an die Aufklärungsflugzeuge herangeflogen – mit dem offensichtlichen Ziel, sie einzuschüchtern.

Chinesische Militär- und Zivilmaschinen suchten in den Gewässern des Südchinesischen Meeres weiterhin nach Wang Wei. Berichten zufolge wurde noch immer an dem Schreiben gefeilt.

*   *   *

Am 10. April bot Reverend Jesse Jackson an, nach China zu fliegen und bei den Verhandlungen behilflich zu sein.

Als beide Regierungen in der Krise nichts Substanzielles von sich gaben, füllten die Medien beider Länder ihre Berichte mit Zahlen auf. Jedes Land folgte seiner jeweiligen Vorliebe: Die Amerikaner führten Umfragen durch, die Chinesen erstellten Statistiken. Eine von ABC und »Washington Post« gesponserte Umfrage stellte die Frage: »Sollten die USA sich entschuldigen?«

	JA	NEIN (in %)
Männer	33	61
Frauen	46	47
Alter 18–30	44	54
Alter 61+	31	62

Xinhua berichtete, dass an der Suche nach Wang Wei einhundertfünfzehn Flugzeuge und mehr als tausend Patrouillenboote beteiligt seien. Mehr als dreihunderttausend Quadratkilometer Ozean wurden abgesucht – eine Fläche mehr als elf Mal so groß wie die Oberfläche der Pekinger Innenstadt, die vor der IOC-Inspektion neu gestrichen worden war.

Ich kannte nur drei Personen mit Namen Wang Wei: Einer war ein Künstler, ein anderer war Archäologe, dem Dritten gehörte eine Buchhandlung. Ich hätte weitere kennen sollen. Mein Künstlerfreund Wang Wei kannte fünf Wang Weis, und jeder dieser Wang Weis kannte wahrscheinlich fünf weitere, und jeder von diesen kannte wahrscheinlich wieder fünf. Jemand mit dem Namen Wang Wei konnte ein Mann oder eine Frau, in der Stadt oder auf dem Land, arm oder reich sein. Das Schriftzeichen für Wei konnte 伟 oder 为 oder 卫 oder 未 oder 唯 oder 威 oder 委 oder 纬 oder 尉 oder 韦 oder 微 oder 炜 oder 苇 oder 玮 sein. Chinesen verwenden keine Telefonbücher, unter anderem wegen Namen wie Wang Wei.

ZHUANG ZI:
Mit einer Falle für Fische fängt man Fische. Sobald man sie gefangen hat, vergisst man die Falle. Mit einer Kaninchenschlinge fängt man

Kaninchen. Sobald man sie gefangen hat, vergisst man die Schlinge. Mit Worten fängt man Gedanken. Sobald man sie gefangen hat, kann man die Worte vergessen. Wo finde ich eine Person, die weiß, wie man Worte vergisst, auf dass ich ein paar Worte mit ihr wechsle?

*   *   *

Am 11. April einigten sich beide Seiten schließlich auf den Wortlaut des Briefes. Es hatte fast eine Woche gedauert, zweihundertsechsunddreißig englische Wörter zu schreiben. Berichten zufolge gab es zu dem Schreiben mindestens vier Entwürfe. Der letzte Verhandlungstag hatte zu dem Ergebnis geführt, dass ein einziges Adverb ergänzt wurde: »sehr«. Einige US-Beamte bezeichneten das Schreiben als »Brief mit den zwei ›tut uns sehr leid‹«.

Der amerikanische Botschafter in Peking unterzeichnete das Schreiben. Der Text hatte, auszugsweise, folgenden Wortlaut:

Sowohl Präsident Bush als auch Außenminister Powell haben Ihr aufrichtiges Bedauern über Ihren vermissten Piloten und Ihr Flugzeug zum Ausdruck gebracht.

Bitte übermitteln Sie dem chinesischen Volk und der Familie des Piloten Wang Wei, dass uns ihr Verlust sehr leid tut.

Das volle Geschehen ist zwar nach wie vor unklar. Nach unseren Informationen machte unser schwer beschädigtes Flugzeug eine Notlandung, die dem internationalen Verfahren für Notfälle folgte.

Es tut uns sehr leid, dass das Einfliegen in den chinesischen Luftraum und die Landung nicht mündlich genehmigt worden waren, aber wir sind sehr erfreut, dass die Crew sicher gelandet ist. Wir begrüßen Chinas Bemühungen, sich um das Wohlergehen unserer Besatzung zu kümmern.

Die Übersetzung der US-Botschaft benutzte zwei unterschiedliche chinesische Begriffe für »sehr leid tun«. In Bezug auf die Familie Wang Wei waren die Amerikaner *feichang wanxi* (jemanden wegen etwas sehr bemitleiden). In Bezug auf Chinas Luftraum waren die Amerikaner *feichang baoqian* (sehr leid tun; sehr bedauern). Doch das chinesische Außenministerium veröffentlichte seine eigene Version.

Aus »sehr leid tun« wurde *shenbiao qianyi,* tiefer Ausdruck der Entschuldigung.

Nach der Veröffentlichung des Schreibens sagte Colin Powell Reportern: »Es gab nichts, wofür wir uns hätten entschuldigen müssen. Eine Entschuldigung hätte die Vermutung nahegelegt, dass wir einen Fehler begangen hätten und dass wir bereit wären, für diesen Fehler die Verantwortung zu übernehmen. Wir haben aber keinen Fehler begangen. Daher konnten wir uns auch nicht entschuldigen.«

Am nächsten Tag schrieb die »Beijing Morning News« in ihrer Headline auf Seite eins: DIE USA ENTSCHULDIGEN SICH ENDLICH.

Nachdem die amerikanischen Besatzungsmitglieder China mit einem Charterflug nach Guam verlassen hatten, berichteten die meisten US-Zeitungen, dass der Präsident Flexibilität gezeigt und den Zwischenfall klug gemanagt habe. Kommentatoren merkten außerdem an, dass in der Regierung das Wort von Colin Powell offenbar mehr Gewicht habe als das von Verteidigungsminister Donald Rumsfeld. Das wurde als Zeichen gewertet, dass die Außenpolitik von Präsident George W. Bush eher von Gemäßigten als von Hardlinern gestaltet werde.

*   *   *

Der »Boston Globe« veröffentlichte zwei Artikel über die Reaktionen von Durchschnittschinesen. Der erste Beitrag stammte von Indira Lakshaman, der Büroleiterin Asien, die ihren Sitz in Hongkong hatte, aber nach Peking geflogen war, um über den Vorfall zu berichten. An dem Abend, als der Brief veröffentlicht wurde, ging sie in die Stadt und zeigte einigen Leuten die offizielle Übersetzung der US-Botschaft. Eine chinesische Assistentin dolmetschte die Antworten. Lakshaman schrieb unter anderem:

Jüngere Einwohner plapperten nationalistische Emotionen nach, die von der Regierung geschürt wurden und in der breiten Öffentlichkeit einem Patriotismus Vorschub leisten, der das Schwinden der kommu-

nistischen Ideologie in den letzten zwei Jahrzehnten ersetzt. Ältere Einwohner erinnerten nostalgisch an die Herrschaft von Chinas Gründer Mao Zedong.

... Wu Guoging [sic], ein fünfundvierzigjähriger Arbeitsloser, brüllte: »Schaut euch diese feige politische Führung an! Erst wurde die Botschaft in Belgrad bombardiert. Dann wurde unser Flugzeug getroffen. Und was tun sie? Wenn ich das Sagen hätte, würde ich die vierundzwanzig Besatzungsmitglieder unter die Erde verfrachten und das Spionageflugzeug verstecken, und wenn die USA kämen und danach fragten, dann würde ich sagen: Welches Flugzeug? Wir wissen von nichts.«

Am selben Abend übermittelte ich den zweiten »Boston Globe«-Artikel. Ich ging allein in das alte Teigtaschen-Restaurant von Yabaolu, bestellte ein Abendessen und unterhielt mich mit Leuten. Eine Kopie des amerikanischen Schreibens hatte ich nicht dabei. Ich schrieb unter anderem:

»Wir sollten Amerika angreifen«, sagte Gao Ming, ein vierundzwanzig Jahre alter Restaurantbesitzer, kurz nachdem er von der Veröffentlichung gehört hatte.

Gao antwortete jedoch vage, als er nach den Gründen für eine solche Vergeltungsmaßnahme gefragt wurde, und weniger als eine Minute später antwortete er ausweichend: »Das ist ein Problem zwischen den Regierungen«, sagte er achselzuckend. »Das amerikanische Volk ist in Ordnung, genauso wie das chinesische. Nur ist die amerikanische Regierung sehr arrogant – warum hat sie so lange gebraucht, um sich zu entschuldigen?«

So wie Gao kämpfen sich viele chinesische Bürger durch die oft widersprüchlichen Informationen der staatlichen Medien, des Internets und der Mundpropaganda. Sie reagieren auf den Vorfall mit ebenso vielen Fragen wie Meinungen.

Die ersten Kommentare sind meist wütend und unmissverständlich – vor allem, wenn sie an Mitglieder der Auslandspresse gerichtet sind. Dagegen kommen nach längeren Diskussionen Frustration und Ohnmacht zum Vorschein ...

Als der Disput über das Flugzeug vorüber war und ich beide Artikel las, beschloss ich, keine Zeitungsartikel mehr zu schreiben.

*   *   *

Ich war immer schlecht in Tagesjournalismus gewesen. Ich arbeitete langsam, fürchtete Deadlines und war lausig in der Kontaktpflege. Ich kannte nur drei Wang Weis. Ich zitierte all jene, die ein guter Journalist nicht zitiert: Taxifahrer, Kellnerinnen, Freunde. Ich verbrachte viel Zeit in Restaurants und mied Pressekonferenzen. Telefonieren war mir ein Gräuel, was bei Nachrichtenreportern einer lähmenden Neurose gleichkam. Vor allem hasste ich es, bis spät in die Nacht aufzubleiben, um amerikanische Wissenschaftler anzurufen, die mir ein Zitat über Vorgänge in China liefern sollten. Ich wusste ja bereits, was in China gerade passierte: Normale Menschen schliefen um diese Zeit.

Ich hatte keine Infrastruktur: kein Büro, kein Faxgerät, keine Assistentin, keinen Fahrer, niemanden, der sich um Zeitungsausschnitte kümmerte. Offiziell war ich für den Betrieb des Pekinger Büros des »Boston Globe« zuständig, aber das Büro existierte nur auf dem Papier – *jiade*. Ich hatte eine Journalistenlizenz, in der der Name der Zeitung falsch geschrieben war (»Boston Global«), ein offizielles Siegel (einen Tintenstempel zur Beglaubigung von formellem Schriftverkehr) und eine Meldebescheinigung, in der eine Büroadresse eingetragen war, die bereits dem »Wall Street Journal« gehörte. Freunde beim Journal ließen mich bei Bedarf einen Raum mitbenutzen, und ein paar Mal die Woche holte ich meine Post ab. In der Regel arbeitete ich in meiner beengten Wohnung im zweiten Stock in der Ju'er Hutong.

Ich verdiente drei- oder vierhundert Dollar pro Beitrag. Ein gutes Auskommen hatte ich nur, wenn es Neuigkeiten gab. Wenn ich das Spiel richtig spielte, konnte ich bei jeder neuen Entwicklung eine Story einreichen: bei jedem offiziellen Statement, bei jeder Bedeutungsnuance eines Wortes – von Bedauern bis hin zu aufrichtigem Bedauern, von *wanxi* über *baoqian* bis hin zu *qianyi*. Aber die geistige Gesundheit hat einen Preis, und meiner lag über dreihundert Dollar. Wenn ich professioneller Dekonstruktivist hätte werden wollen, wäre ich an der Hochschule geblieben.

Selbst wenn ich irgendwie ein guter Zeitungsjournalist würde – mit
einem richtigen Büro, richtigen Kontakten und mit einem Hang zum
Telefonieren – fehlte mir noch immer das nötige Vertrauen in das For-
mat. Mir lag es nicht, in der dritten Person zu schreiben: Es konnte
vorkommen, dass zwei Journalisten Zeugen eines Ereignisses waren
und es vollkommen unterschiedlich bewerteten, aber denselben un-
persönlichen, verbindlichen Ton annahmen. Autoren kamen in ihren
Geschichten selten vor, auch erläuterten sie ihre Vorgehensweise
nicht. In China engagierten viele ausländische Journalisten Dolmetscher oder *fixer* – Assistenten, die potenzielle Interviewpartner ausfindig machten. Sie leisteten zwar einen Beitrag zur Story, wurden aber
nur selten erwähnt. Selbst wenn man allein arbeitete, beeinflusste man
als Ausländer die Antworten der Chinesen. Darauf konnte man allerdings in einer Geschichte in der dritten Person kaum hinweisen.

Mir lagen eher umfangreiche Features, wie sie manchmal in Zeitungen zu finden waren. Ich hatte über den Wohnhof vom Alten
Herrn Zhao für das »Boston Globe Magazine« berichtet, das dieser
Geschichte viel Platz einräumte. Aber auch lange Features konnten
aufgrund bestimmter Werte des amerikanischen Journalismus, die
sich im Ausland nicht gut umsetzen ließen, an Grenzen stoßen. Während meiner Zeit als Lehrer in Fuling hatte ich erlebt, was passierte,
wenn solche Informationen in ihr Gegenteil umschlugen. Meine Studenten verwendeten ein Lehrbuch mit dem Titel »Survey of America« (Amerika im Überblick), das ein Kapitel zum Thema Soziale Probleme enthielt:

*1981 stieg die Zahl der Raubüberfälle und Vergewaltigungen an den
Universitäten von Kalifornien um einhundertfünfzig Prozent. In einer Kathedralschule des Distrikts Washington wurde eine Schülerin
von einem Kriminellen, der ein Jagdmesser dabei hatte, vergewaltigt
und ausgeraubt, als sie allein im Klassenzimmer lernte. An einer ka-
lifornischen Universität wurde ein Fußballtrainer auf dem Campus
von jemandem ausgeraubt, der eine Waffe trug. Es heißt, dass Gaun-
erbanden an der Universität von South Carolina Studentinnen,
weibliches Lehrpersonal und die Frauen von Dozenten mit dem Ziel
gefangen genommen haben, sie zu vergewaltigen. Die Banden verbreiteten dadurch Angst und Schrecken.*

Es war schwer, mit einem solchen Buch zu unterrichten. Die Details als solche trafen wahrscheinlich zu – sicher gab es in South Carolina Schurken –, aber das machte diese Informationen noch längst nicht zu einem hilfreichen Hintergrundwissen für Studenten in einer abgelegenen chinesischen Stadt. Sie brauchten Zusammenhänge, keine Einzelheiten. Ein Haufen vereinzelter Informationen konnte sie nur verwirren.

Wahrscheinlich hatte man die Einzelheiten amerikanischen Zeitungen entnommen, wo sie noch einen Zweck erfüllten. In den USA arbeiteten Journalisten innerhalb eines Gemeinwesens, ihre Storys gaben oftmals Anlass zu Veränderungen. Das war einer der edelsten Aspekte des Metiers, der zugleich sein hohes Ansehen begründete. Alle amerikanischen Journalisten kannten die Geschichte von Watergate: Wie engagierte Reporter dabei halfen, eine korrupte Regierung zu Fall zu bringen. Das war guter, vorbildlicher Journalismus: Wenn ein Gemeinwesen Probleme mit Schurken hatte, dann deckten Journalisten sie auf, selbst wenn der Schurke der Präsident der Vereinigten Staaten war.

Bei großen Zeitungen wurden erfolgreiche Journalisten Auslandskorrespondenten, ihre Arbeitsweisen nahmen sie dann mit nach Übersee. Meist suchten sie nach ungelösten, dramatischen Problemen. Wenn sie die Sprache nicht beherrschten, stellten sie Dolmetscher oder *fixer* ein. Manchmal bewirkten ihre Geschichten etwas. In afrikanischen Ländern konnte die Arbeit von Journalisten, die über Hungersnöte oder Völkermord berichteten, dazu beitragen, internationale Organisationen zum Eingreifen zu bewegen. Diese Reporter arbeiteten im Rahmen einer internationalen Gemeinschaft, da das lokale Gemeinwesen zusammengebrochen war.

China war jedoch vollkommen anders. Das Land erhielt etwas internationale Hilfe, meist in Form von Krediten; Grundlage der Wirtschaft waren jedoch in erster Linie die Leistungen und die Entschlossenheit der Chinesen. Früher hatte die amerikanische Regierung auf Menschenrechtsverletzungen in China regelmäßig mit der Androhung von Wirtschaftssanktionen reagiert. Diese Zeiten waren inzwischen vorbei: Der Handel war zu wichtig geworden. China war im Grunde über den üblichen Rahmen eines Entwicklungslandes hinausgewachsen. Trotz seiner Probleme war das Land stabil, funktionsfähig, unabhängig und zunehmend leistungsstark. Wenn die Amerikaner über den Pazifik blickten, dann lautete die entscheidende Frage nicht, wie sie China verändern konnten. Viel wichtiger war, das Land und die Menschen, die dort lebten, zu verstehen.

Aber die meisten ausländischen Journalisten waren noch dem alten Schubladendenken verhaftet, in den alten Aktenordnern gefangen:

DEMOCRACY (Demokratie)
DEMOCRACY PARTY (Demokratische Partei)
DEMONSTRATIONS (Demonstrationen)
DISASTERS (Desaster)
DISABLED (Behinderte)
DISSIDENTS (Dissidenten)

In einem typischen Auslandsbüro suchten chinesische Assistenten in Lokalzeitungen nach potenziellen Themen, außerdem erhielten sie Tipps von unzufriedenen Bürgern. Wenn in den Augen der Ausländer etwas außergewöhnlich war, gingen sie der Sache nach: Verkauf von Kindern in Gansu, Sterilisation von Frauen in Guangxi, inhaftierte Arbeiteraktivisten in Shandong. Die Artikel erschienen in amerikanischen Zeitungen, wo die Leser die Probleme nicht lösen konnten und wo ihnen das nötige Hintergrundwissen fehlte, um alles richtig in den Kontext einordnen zu können. Es war wie mit dem Lehrbuch in Fuling: Manchmal weiß man umso weniger, je mehr Informationen man hat. Und ab einem bestimmten Punkt schlagen selbst die besten Absichten in Voyeurismus um.

Solche Features wollte ich nicht schreiben. Somit blieben als größter Anreiz, um für Zeitungen zu arbeiten, die Nachrichten. Nur machten Nachrichten in China offenbar wenig Sinn: Das Land veränderte sich zwar jedes Jahr, aber die Geschwindigkeit blieb konstant und war kaum spürbar. Es gab keine großen politischen Führungspersönlichkeiten, und angeblich wichtige Ereignisse wie der Streit um das Flugzeug verpufften; sie waren wie Schaumtupfer auf der Oberfläche einer Zeitenwende. Wir waren der Geschichte entkommen; Nachrichten waren nicht mehr von Bedeutung. Schöne neue Welt.

So sah es zumindest vor September 2001 aus.

An meinem Computer rief ich alte Briefe auf und nahm kleinere Änderungen vor:

> *Sehr geehrter Presseattaché,*
> *dieses Dokument bescheinigt, dass Peter Hessler ein voll ausgebildeter Journalist ist, dessen Erfahrung den Anforderungen an die Position eines Auslandskorrespondenten entspricht ... Der »New Yorker« befürwortet vorbehaltlos den Antrag Herrn Hesslers, zu unserem Peking-Korrespondenten ernannt zu werden. Wir danken Ihnen für die Beachtung dieses Antrags.*

Die Arbeit für eine Zeitschrift passte besser. Die Beiträge waren länger, man konnte in der Ich-Form schreiben, und der Redaktion ging es nicht so sehr um aktuelle Nachrichten. Bezahlt wurde nach Anzahl der Wörter, was viel besser war als das Pauschalhonorar für freie Zeitungsmitarbeiter. Zeitschriften deckten die Spesen ab. Weil sie weniger aufs Tempo drückten, konnte man Geschichten recherchieren, ohne auch nur ein einziges Mal das Telefon zu benutzen.

> *In den vergangenen zwanzig Jahren haben die Wirtschaftsreformen in China zu dramatischen Veränderungen geführt ...*

Das klang so ritualisiert wie die Inschrift eines Orakelknochens: die gleichen abgedroschenen Phrasen, die gleichen Briefe und Urkunden. Der »New Yorker« hatte nie einen Vollzeit-Korrespondenten in die Volksrepublik entsandt. Also richtete ich ein offizielles »New Yorker«-Büro ein, das zufällig dieselbe Adresse wie der »Boston Globe« hatte, der sich rein zufällig im selben Gebäude wie das »Wall Street Journal« befand. Der Papierstapel wurde höher, was aber niemanden im Außenministerium zu stören schien.

Alles lief glatt, bis die Übersetzung an der Reihe war. Das Außenministerium ließ wissen, dass der chinesische Name des Magazins »Niu Yue Ren« lauten würde, was direkt übersetzt Person aus New York bedeutet. Auf meiner Visitenkarte würde stehen:

> *Person aus New York*
> Peter Hessler

Jedes Mal, wenn ich den Schriftzug chinesischen Freunden zeigte, brachen sie in Gelächter aus. In Hongkong, Taiwan und in anderen chinesisch sprechenden Gemeinschaften in den USA wurde das Magazin bereits »Niu Yue Ke« genannt. Das war eine phonetische Transkription, die *niu-yüö-kö* ausgesprochen wurde. In Brooklyn würde man damit vielleicht keine Bäume ausreißen, aber es klang tausendmal besser als »Person aus New York«.

Als ich Sophie Sonne, der chinesischen Assistentin beim »Wall Street Journal«, von dem Problem erzählte, bot sie an, mir zu helfen. Sie meinte, es wäre besser, wenn ein Einheimischer mit dem Außenministerium verhandeln würde. Aber nach nur einem Telefonat war sie so wütend, dass sie kaum sprechen konnte. Sie sagte, dass es hoffnungslos sei; nur Kader könnten so stur sein.

Schließlich rief ich den Beamten selbst an. Sein Name war Shi Jiangtao, seine Stimme klang jugendlich, wurde aber sofort ausdruckslos, als ich mich vorstellte. Wir sprachen chinesisch.

»Ich habe über die Sache bereits mit anderen Mitarbeitern des Außenministeriums gesprochen«, sagte er. »Wir sind der Ansicht, dass Person aus New York die bessere Übersetzung ist. Sie ist genauer.«

»Können wir uns vielleicht treffen?«, sagte ich. »Ich kann gern irgendwo hinkommen, wo es günstig für Sie ist. Ich denke, es wäre besser, wenn wir persönlich miteinander sprechen könnten.«

Das Außenministerium lag an der Zweiten Ringstraße. Das klobige Gebäude hatte eine graue Fensterfassade, die sich nach außen vorwölbte. Es schien so mit *jiade* Papierkram vollgepackt zu sein, dass es jeden Augenblick zu explodieren drohte. Shi Jiangtaos Stimme war unverändert.

»Ein Treffen ist weder heute noch in dieser Woche möglich«, sagte er. »Vielleicht nächste Woche, aber ich bin mir nicht sicher. Für diese Angelegenheit ist ein Treffen ohnehin nicht erforderlich.«

»Der Name ist wichtig für mich. Ich brauche einen Namen mit einem hohen Wiedererkennungswert. Das erleichtert meine Arbeit.«

Er meinte, der Name spiele keine Rolle, weil das Magazin nie zuvor einen Korrespondenten in China gehabt habe.

»Das stimmt nicht«, sagte ich, »in den Vierzigerjahren waren Reporter hier.«

»Nun, das ist lange her, und niemand wird sich daran erinnern.«

»Wie ich gesehen habe, wird ›*Niu Yue Ke*‹ bereits von vielen Websites und Publikationen benutzt«, sagte ich. »Auch von Chinesen in Übersee.«

»Uns ist egal, was Menschen außerhalb des Festlands benutzen«, sagte er. »Es ist egal, was sie in den chinesischen Gemeinschaften in Amerika oder an anderen Orten tun. Hier entscheiden wir.«

»So habe ich das nicht gemeint«, sagte ich. » ›*Niu Yue Ke*‹ stammt nicht aus Taiwan oder Ähnlichem.«

Der Mann reagierte prompt: »Wer hat von Taiwan gesprochen? Ich habe nichts dergleichen erwähnt.«

»Ich will nur sagen, dass ›*Niu Yue Ke*‹ in anderen chinesischen Gemeinschaften in Übersee Standard ist. Ich sage nicht, dass es etwas mit dem Taiwan-Problem zu tun hat.«

»Natürlich hat es damit nichts zu tun«, sagte er wütend. »Warum sollte es auch?«

Letzten Endes war es ihre Sprache und ihre Entscheidung. Ich versuchte, die Sache philosophisch zu sehen: Mit einer Fischfalle fängt man Fische; sobald die Fische gefangen sind, vergisst man die Falle. Ich bekam mein neues Visum, die neue Journalistenlizenz, die neue Meldebestätigung fürs Büro und ein neues Siegel. Auf dem Stempel stand in heller, roter Tinte:

美国纽约人

(Amerikanische Person aus New York)

Jedes Mal, wenn ich ein offizielles Dokument stempelte, sagte ich mir, dass der Stempel keine Bedeutung habe. Ich war immer noch ein stolzer Bürger aus Missouri – und das würden die Roten mir niemals nehmen können.

Kapitel

16

Flaggen

11. September 2001

Der Wagen war Polats wertvollster Besitz. Manchmal, wenn er keine Ruhe fand, setzte er sich zu langen Fahrten nach Maryland oder Virginia in den Honda Accord. Sein Englisch war nach wie vor schlecht, er konnte sich aber bei Fragen nach dem Weg ohne Weiteres verständigen. Das Armaturenbrett schmückte er mit zwei Flaggen: die eine amerikanisch, die andere von der Republik Ostturkestan. Auf der ostturkestanischen Flagge war ein weißer, islamischer Stern mit Halbmond vor einem blauen Hintergrund abgebildet. In China war sie verboten.

Der Wagen war zugleich Polats größte Hoffnung, der Ecke Franklin und Rhode Island dauerhaft entkommen zu können. Er wollte raus aus dem Viertel, und er wollte anfangen zu arbeiten. Der Honda konnte ihm beides erleichtern, wenn seine Papiere erst einmal in Ordnung waren. Im Mai 2001 hatte er ein Gespräch mit einem Vertreter der Einwanderungs- und Einbürgerungsbehörde gehabt. Brian Mezger, der Rechtsanwalt, hatte Polat begleitet, und das Gespräch war ohne Probleme verlaufen. Im darauf folgenden Monat gewährten die Vereinigten Staaten von Amerika Polat politisches Asyl.

Sofort stellte er einen Einreiseantrag für seine Frau. Der Papierkram würde aber Zeit in Anspruch nehmen – vielleicht ein Jahr, vielleicht auch länger –, und seine Frau schien sich zunehmend unsicher zu sein, ob sie Xinjiang verlassen wollte. Abends rief Polat sie oft an und versuchte, sie davon zu überzeugen, dass alles gut gehen würde. Sie aber befürchtete, dass die Chinesen ihren Reisepass für ungültig erklären würden oder dass sie sich, selbst wenn sie es bis nach Amerika schaffen würde, nicht eingewöhnen und im Alltag scheitern würde. Polat vermied es, ihr viel über seine Wohngegend zu erzählen.

Er befand sich auf halbem Weg zwischen zwei Reisepässen – er war kein Bürger der Volksrepublik China mehr, er war aber auch noch kein Amerikaner. Deshalb stellte ihm die US-Regierung ein Reisepapier für Flüchtlinge aus, das es ihm erlaubte, internationale Grenzen zu überschreiten. Als Erstes plante er eine Reise nach Kasachstan und Usbekistan. Er hatte dort Freunde, und vielleicht würden sich Handelsmöglichkeiten ergeben. Die meisten Ersparnisse aus seiner Yabaolu-Zeit hatte er bereits aufgebraucht. Im Sommer zog er schließlich in eine Wohnung in die Chinatown des Distrikts um. Für jemanden, der erst vor weniger als einem Jahr aus China geflohen war, schien es unangebracht, seine Miete an einen Vermieter aus Guangdong zu zahlen. Aber Chinesisch war für Polat immer noch die nützlichste Sprache.

Im August erhielt er von der US-Regierung die Erlaubnis zu arbeiten. Uighuren, die nicht viel Englisch sprachen, fanden im Distrikt in der Regel Jobs als Auslieferungsmitarbeiter oder Küchenhilfen in Restaurants. Polat wollte sehen, ob er nicht etwas anderes bekommen könnte. Ich stellte für ihn den Kontakt zu einem ehemaligen Zimmergenossen namens Bob Brashear her. Bob gehörte eine Fabrik in Baltimore, die Dosen produzierte und gelegentlich Personal einstellte, das kein Englisch sprach. Die Löhne waren niedrig – die Arbeit bestand darin, Kisten zu transportieren. Der Job bot jedoch auch Basisleistungen wie eine Krankenversicherung.

Ich stellte Polat auch Adam Meier vor, der mit mir im Friedenscorps unterrichtet hatte. Inzwischen arbeitete Adam im Außenministerium, im Büro des Sprechers von Colin Powell. Eines Abends

Ende August organisierte Adam ein Gipfeltreffen zwischen Polat und Bob. Polat brachte einen Freund mit, einen Uighuren, der zwölf Jahre lang in den Vereinigten Staaten gelebt hatte. Es war eine gemischte Gruppe: zwei politische Dissidenten, beide Uighuren, zwei weiße Amerikaner, beide Absolventen von Elitehochschulen. Keine Frage, dass sie in ein mexikanisches Restaurant gingen. Am nächsten Tag schickte Adam mir eine E-Mail:

Es war ein ›Geschäfts‹-Essen, bei dem ein fünfundvierzigjähriger, mehrsprachiger ehemaliger Lehrer mit Hochschulabschluss zwei Begleiter mitbrachte, um über die mögliche Aufnahme einer Arbeit zu sprechen, bei der schwere Kisten in einem großen, nicht klimatisierten Lager für sieben oder acht Dollar pro Stunde zu transportieren sind. Alles in allem eine etwas sonderbare Szene. Die Bedienung war sehr umsichtig und fragte wiederholt, ob wir ›mit den Speisen vertraut‹ seien. Polat war es in der Tat nicht – er bestellte eine Art Enchilada/Burrito und erwähnte, dass er es zum ersten Mal esse. Er verdrückte alles. Als wir gingen, fragte ich ihn, wie es ihm geschmeckt habe. Er meinte wieder, dass er es zum ersten Mal gegessen habe und dass es nicht so gut gewesen sei.

Nachdem wir uns die Fabrik angeschaut hatten, fuhren wir zurück nach D.C., und ich fragte Polat, was er von der Arbeit halte. Er sagte, dass es möglicherweise schwer und anstrengend sei, er wolle es aber machen. Er wiederholte mehrfach, dass er keine Angst vor der Arbeit habe, obwohl er nie etwas Ähnliches gemacht habe.

Er hat nur noch ungefähr tausend Dollar, deshalb braucht er den Job. Er will sich eine Bleibe in Baltimore suchen, oder Bobby fragt in der Fabrik, ob ihm jemand ein Zimmer vermieten kann ...

D.C. gefällt ihm nicht – er ist gerade erst aus seinem Haus ausgezogen, das er hasste, weil er dort mit Drogenkonsum, Kriminalität und Waffen konfrontiert wurde. In Baltimore wird es ihm wahrscheinlich nicht viel besser ergehen, vor allem wegen seines begrenzten Budgets.

In der darauf folgenden Woche schrieb Adam erneut über Polat:

Leider wurde sein Wagen aufgebrochen. Er war gerade bei einem Freund, um sich eine chinesische Rundfunksendung anzuhören, als jemand sein Fenster einschlug und die Stereoanlage mitnahm, die si-cher nicht mehr als etwa fünfzehn Dollar wert war. Er musste zwei-hundertdreißig Dollar zahlen, um das Fenster zu ersetzen – und jetzt hat er keine Stereoanlage mehr.

*   *   *

Am Morgen des 11. September fuhr Polat zurück nach Baltimore, um sich die Dosenfabrik noch einmal anzuschauen. Er hatte bereits ein Ersatzradio installiert, das er für vierzig Dollar gebraucht gekauft hatte. Am Dienstagmorgen hörte er jedoch keine Nachrichten. Spä-ter war er sich wegen der genauen Zeiten nicht mehr sicher, glaubte aber, dass er vor 9.37 Uhr in der Fabrik gewesen sein musste. Der Himmel war hoch und blau und wolkenlos.

Er war besorgt wegen der Lage der Fabrik. Zwar war er bereit, mit den Händen zu arbeiten, zumindest bis sich sein Englisch ver-besserte. Aber er wollte nicht von der uighurischen Gemeinschaft in der Stadt abgeschnitten werden. Die meisten seiner uighuris-chen Freunde lebten in D. C., und seine neue Wohnung lag etwa eine Autostunde von der Fabrik in Baltimore entfernt. Nach der Fahrt am 11. September kam Polat zu dem Schluss, dass die Fabrik zu weit entfernt war. Er würde etwas in größerer Nähe zur Haupt-stadt finden.

An diesem Morgen fuhr er weiter nach Newark, New Jersey, wo einige türkische Einwanderer lebten. In den Neunzigerjahren hatte Polat mehrere Monate in der Türkei verbracht, und weil die Sprache dem Uighurischen ähnelt, fühlte er sich bei den eingewanderten Tür-ken immer wohl. In Newark rief er, wie üblich, in ihrer Wohnung an, aber aus irgendeinem Grund antworteten die Türken nicht.

Um etwa elf Uhr gab er es schließlich auf und fuhr wieder zurück nach Hause. Auf der Interstate 95 geriet er in den schlimmsten Stau, den er je in Amerika erlebt hatte. Einige Stunden lang fuhren die Au-tos im Schritttempo, und Polat fiel auf, dass andere Fahrer fassungs-los wirkten. Er schaltete das Radio ein. Zwei englische Wörter der Nachrichtensendung verstand er: »Rauch« und »Pentagon«. Das Wort Pentagon kannte er von seinen Fahrten in der Hauptstadt, Marlboro Light hatte ihm Rauch beigebracht.

In Towson, Maryland, nahm er die Ausfahrt. In der Stadt kannte er einen Einwanderer, einen gebürtigen Koreaner, der früher chinesischer Staatsbürger gewesen war. Der Koreaner hatte einen komplizierten familiären Hintergrund, der ihn als Junge irgendwie nach Zentralasien verschlagen hatte. Er war im Westen von Xinjiang, in der Stadt Kashgar, aufgewachsen, seine Muttersprache war Chinesisch. Vor fast einem Jahrzehnt hatte er in den Vereinigten Staaten politisches Asyl erhalten. Im Laufe der Jahre hatte er Geld gespart und schließlich ein Geschäft eröffnet. Wie zu erwarten, handelte es sich um ein Sushi-Restaurant.

Der Koreaner erzählte Polat von den Anschlägen. Gemeinsam saßen sie im Restaurant und sahen fern – die einstürzenden Gebäude und das brennende Pentagon. Meldungen zufolge waren die Anschläge möglicherweise von islamischen Fundamentalisten organisiert worden. Es gab Spekulationen, dass weitere Gewalttaten folgen könnten. Landesweit hatte man den Flugverkehr ausgesetzt, und Polat beschloss, für ein paar Nächte bei seinem Freund zu bleiben. Er befürchtete, dass Amerikaner ihn auf der Straße versehentlich für einen Terroristen halten könnten.

Am Morgen des 13. September fuhr er schließlich zurück nach Chinatown. Entlang der Interstate 95 begegnete er zahlreichen Polizeiwagen, aber nur wenigen anderen Autofahrern. Das Pentagon brannte noch immer – den Rauch sah man kilometerweit. In jenem Monat entfernte Polat beide Flaggen aus seinem Auto.

Kapitel

17

Direkt auf Video

12. September 2001

Am Morgen nach den Anschlägen nahm ich einen Zug in den Süden nach Anyang. Die Strecke war mir bereits vertraut, die Landschaft zog wie ein Tapetenmuster vorüber: ein Bauer, ein Feld, eine Straße, ein Dorf; ein Bauer, ein Feld, eine Straße, ein Dorf. Die Wiederholungen standen in krassem Gegensatz zu den Fernsehbildern vom Vorabend. Es gab jedoch keinen Grund, die seit Monaten geplante Reise abzusagen. Die Archäologen arbeiteten immer im Frühherbst. Die Tage verbrachten sie draußen im Feld und kartografierten die unterirdische Stadt Schritt für Schritt. Abends sahen wir die Fernsehnachrichten. Die chinesische Regierung schränkte die Berichterstattung jedoch zunächst ein, und es war schwer, an zusätzliche Informationen heranzukommen. Von meinem Hotel aus hatte ich keine gute Internetverbindung.

Nachdem ich es ein paar Tage vergeblich versucht hatte, wählte ich schließlich die Nummer von Polats Handy. Er hörte sich gut an, obwohl er die Jobsuche vorübergehend aufgegeben hatte. Noch hatte er Ersparnisse in China, und er sagte, er würde vielleicht einen Freund in Ürümqi bitten, mir etwas Geld zu geben, das ich in einen Scheck umwandeln könne. Ich sagte Polat, dass ich wahrscheinlich schon bald wegen einer anderen Story nach Xinjiang fahren würde. In jenem Herbst wollte ich viel reisen – nach Anyang stand Wenzhou auf dem Plan.

Ich fragte Polat nach der Stimmung in Washington, D.C.

»Ich weiß nicht genau, wie es den Leuten auf der Straße geht«, sagte er. »Ich gehe nicht oft raus, besonders abends nicht. Wenn mich jemand fragen würde, was ich mache, könnte ich es nur schwer auf Englisch erklären. Das bereitet mir zurzeit Sorgen.«

»Hast du die anderen Uighuren getroffen?«

»Ja, natürlich«, sagte er. »Keiner von uns hatte bisher irgendwelche Probleme. Aber die Leute meinen, man solle besser vorsichtig sein.«

Ich verließ Anyang und flog nach Wenzhou. Es kam mir vor wie eine etwas andere Fernreise – von der gemächlichen Welt der Archäologie in die Boomtown. In Wenzhou war der Einfluss der Wirtschaft so stark, dass man ihn schon im Augenblick der Ankunft spürte – so wie die feuchte Hitze eines tropischen Landes. Im Bereich der Gepäckausgabe des Flughafens von Wenzhou wurden acht unterschiedliche Anzeigen von Schuhfabriken gezeigt. Als ich aus dem Terminal heraustrat, blickte ich auf eine riesige Reklamefläche: JIALAIDUN PISTON. Mein Taxi kurvte unter einer englischen Hinweistafel hindurch, die die Stadtverwaltung aufgestellt hatte:

WIR GEBEN ALLES FÜR DEN AUFBAU
DER STADT DER LEICHTINDUSTRIE

Ich fuhr Richtung Yueqing, jener Satellitenstadt, in der Willy und Nancy lebten. Auf dem Weg dorthin passierte das Taxi verschiedene Fabrikstädte: Baixiang, wo preiswerte Anzüge hergestellt wurden; Liushi, die Heimat von Elektroartikeln für den Niederspannungsbereich. Anzeigen säumten die Schnellstraße: Brother Packing Machine, Tingyu Group Meters, Tongda Electric Wire. Viele Reklameflächen waren in dem idyllischen Boomtown-Stil gehalten, den ich aus Shenzhen kannte: Ominöse Produkte erhoben sich über einer sonnigen, grünen Weide. Reifen, Transformatoren, Stoßdämpfer, Abdeckungen für elektrische Anschlüsse. Alles für den Export, alles en gros. Markennamen vermischt mit chinesischen und englischen Worten: Jubang, Odkon, Gelhorn, Shar Moon. Dorkan: »King Shoes of China Genuine Leather«.

In Yueqing führten Videoläden Raubkopien mit Bildern der Terroranschläge. Nach ein paar Tagen in der Stadt wurde es zu einer festen Gewohnheit: Immer wenn ich an einem Laden vorbeikam, suchte ich darin nach DVDs und VCDs. Ladenbesitzer erzählten mir, dass die ersten Raubkopien schon drei Tage nach den Anschlägen aufgetaucht waren.

Man fand sie auf denselben Ständern wie die Hollywood-Filme. Oft waren die 9/11-Videos in die billigeren Abschnitte einsortiert, zusammen mit Dutzenden amerikanischer Filme, die ich nicht kannte. Viele dieser sonderbaren Filme hatte man offensichtlich direkt als Videos veröffentlicht. Die Namen der beteiligten Personen sagten mir nichts, und die Werbetexte versprachen in der Regel Sex und Horror. In einem Shop hatte ein Film mit dem Titel »Auf den ersten Blick« folgenden Aufmacher auf Chinesisch: »So macht er Riesengewinne mit attraktiven Frauen«. Direkt daneben »Wie ein Reptil: Die Menschheit in der Gewalt winziger Insekten«. Daran anschließend ein 9/11-Video:

> Mehrere Flugzeuge greifen Amerika an!
> Das World Trade Center total zerstört
> Pentagon und Kapitol von Flugzeugen angegriffen
> Weißes Haus Capitol Hill anhaltende Explosionen
> Wer ist der Mörder? – Die Frage ist noch immer offen

Auf der Rückseite der Verpackung stand:

> Palästinenser: »Das geschieht Amerika recht!«
> Mit Ihrer Dominanz und Machtpolitik
> schaffen sich die USA zu viele Feinde
> Die USA in Totaler Panik.

Alle 9/11-Videos waren so verpackt, dass sie wie Hollywoodfilme aussahen. Eine DVD trug den Titel: »Die Große Katastrophe des Jahrhunderts«. Das Cover zeigte Fotos von Osama bin Laden, George W.
Bush und die brennenden Zwillingstürme. Auf der Rückseite ver-
merkte ein kleines Symbol, dass der Film wegen seiner Gewaltdar-
stellungen und wegen der Sprache mit R bewertet worden war. Die
Namen der beteiligten Personen und Einrichtungen waren ein einziges Durcheinander:

> TOUCHSTONE PICTURES presentsa JERRY
> BRUCKHEIMER
> produktion david TOM HANKS silen TWITNESS DAVID
> MORSE PAME
> BUSCEMI ving rhames

Chinesische Raubkopien enthielten oft unverständliche Namensangaben sowie andere Texte und Symbole, die keinerlei Sinn ergaben.
Wichtig waren nur der Titel und die Bilder – solange diese zentralen
Elemente korrekt waren, musste der Rest des englischen Textes nur
den Leerraum füllen. Ich fand zwei verschiedene 9/11-VCDs mit Co-
pyright- und Darstellerangaben, die aus »Patton – Rebell in Uniform«
stammten: »Twentieth Century Fox präsentiert George C. Scott ...«
Aus irgendeinem Grund war das eine der meist verwendeten Vorla-
gen in China, die bei allen möglichen raubkopierten Videos eingesetzt wurde. Einmal fand ich die Patton-Angaben auf der Verpackung eines Films über Cheerleading an höheren Schulen.

Auf die Boxen der 9/11-Videos waren mitunter Passagen aus englischen Inhaltsangaben irgendwelcher Filme kopiert. In einem Fall
war auf einem Foto zu sehen, wie das zweite Flugzeug im World Trade Center explodierte. Der Text dazu lautete:

> *In einem temperamentvollen Film über zwei knallharte Brüder,*
> *Stahlarbeiter in Newcastle, New South Wales, zeigt BOOTMEN*
> *den Weg, der sie schließlich getrennte Wege gehen lässt. Ein Bruder,*
> *Sean, verlässt die Stadt, um Karriere als Stepptänzer zu machen ...*

Eine andere Verpackung wies zwei Fotos auf: eine Frau in Panik, die

zum Himmel zeigt, und eine durch eine schwarze Rauchwolke ver-
düsterte Stadtansicht von Manhattan. Dazu der Text:

Ein weiterer Punkt: Während die wirtschaftliche Modernisierung in
gewisser Weise das Denken über altmodische Normen und Sitten ›mo-
dernisiert‹ hat, hat sie bei Männern und Frauen die Wahrnehmung
der Beziehungen weder wirklich ›liberalisiert‹ noch konnte sie uralte
Gefühle und Zwänge der Loyalität und des Verrats beiseite wischen.

*   *   *

Nach den Anschlägen hatte die chinesische Regierung schneller als
üblich reagiert. Präsident Jiang Zemin sandte innerhalb von Stunden
ein Beileidsschreiben an Präsident Bush, und ab dem 12. September
wurde in der Nähe der US-Botschaft in Peking zusätzliche Militärpolizei postiert. An diesem Tag sagte ein Sprecher des Außenministeriums: »Die chinesische Regierung hat jegliche terroristische Gewalt
konsequent verurteilt und sich ihr widersetzt.« Damit brachte die
Regierung einerseits ihre Unterstützung für die Vereinigten Staaten
zum Ausdruck, andererseits spielte sie auf subtile Weise auf die eigene Haltung gegenüber Xinjiang an. Ausnahmsweise schienen die Regierungen Chinas und der Vereinigten Staaten einen gemeinsamen
Nenner gefunden zu haben, und die staatlich kontrollierten Medien
deuteten in den ersten Tagen nach den Anschlägen in keiner Weise
an, dass die Amerikaner bekommen hätten, was sie verdienten.

Der Durchschnittsbürger dagegen nahm kein Blatt vor den
Mund, er sagte es dir auch direkt ins Gesicht. In Anyang erzählte mir
ein Taxifahrer, dass die Amerikaner nun verstünden, wie es für die
Chinesen war, als ihre Botschaft bombardiert wurde. Als ich eines
Morgens in Peking in einem Park in meinem Nachbarschaftsviertel
pausierte, grüßte mich ein Mann, den ich flüchtig kannte. »Oh, Sie
sind hier!«, sagte er, und dann scherzte er: »Ich dachte, Sie wären vielleicht getötet worden.« Die Offenheit erschreckte mich – ich konnte
mir unschwer ausmalen, wie die Leute sich unterhielten, wenn kein
Ausländer in der Nähe war.

In Yueqing, der Satellitenstadt außerhalb von Wenzhou, ging ich
mit William Jefferson Foster 9/11-Videos einkaufen. Er erzählte mir,

dass sich die meisten seiner Kollegen über die Anschläge gefreut hatten.

»Ein Lehrer war besonders froh«, sagte Willy. »Am nächsten Morgen meinte er zu mir, dass er in der Nacht nicht schlafen konnte, weil er so aufgeregt und gutgelaunt war.«

»Worüber hat er sich so gefreut?«

»Er mag die USA nicht«, sagte Willy. »Am meisten, denke ich, gefiel es ihm, sich das anzuschauen.«

»Sich was anzuschauen?«

»Wie die Gebäude einstürzen«, sagte Willy. »Er fand das interessant. Viele Leute sind so. Alle sagen, es sei wie im Film gewesen. Ein anderer Lehrer erzählte mir, ›Die USA machen so viele Filme, endlich haben sie mal einen richtig guten gemacht!‹«

Ich fragte Willy, wie er auf solche Bemerkungen reagiere.

»Ich weiß nicht, was ich tun soll«, sagte er. »Am Tag, nachdem es passiert war, war ich in der Schule sehr unglücklich, weil alle darüber redeten und lachten. Tatsächlich habe ich mich ungefähr eine Woche lang bemüht, mich von ihnen fernzuhalten. Als dieser Lehrer sagte, dass er nicht schlafen konnte, fühlte ich mich richtig schlecht; ich fühlte mich krank. Ich wollte nur allein oder mit Nancy zusammen sein. Für uns ist es anders. Das Erste, woran ich dachte, war Herr Meier, weil er in Washington lebt und für die Regierung arbeitet. Ich war sehr besorgt, bis Sie mir sagten, dass es ihm gut gehe.«

Wir hielten in einer Videothek und fanden eine weitere 9/11-Scheibe. Der Ladenbesitzer erzählte mir, dass die Kontrollen anscheinend strenger seien als bei normalen Filmen. Er erwähnte, dass große Filme wie »Pearl Harbor« in der Regel innerhalb von zwei Tagen nach der amerikanischen Freigabe auf den Markt kämen und überall verkauft würden. Die 9/11-Videos dagegen seien schwer zu finden. Es kam ihm so vor, als blockiere die Regierung die Vertriebswege.

Wir verließen den Laden, und ich fragte Willy, ob mein Eindruck zutreffe, dass die staatlichen Nachrichten die Anschläge nicht dazu benutzt hätten, um Amerika zu kritisieren.

»Das stimmt«, sagte er. »Viele Menschen glauben, dass die Regierung tatsächlich sehr froh darüber ist, aber sie kann es nicht sagen. Die Leute meinen, dass Jiang Zemin ein Angsthase ist, ein *chicken*. Sie sagen, gerade jetzt hielten zu viele Länder zu den USA, sodass China unmöglich einen Alleingang wagen könne.«

»Was sollte China ihrer Meinung nach denn tun?«, fragte ich. »Die Terroristen unterstützen?«

»Ich glaube nicht, dass sie eine Antwort darauf haben«, sagte Willy. »Es ist nur Gerede.«

Teilweise schien es Gewohnheit zu sein – die jahrelange antiamerikanische Propaganda hatte sich in den Köpfen der Menschen festgesetzt. Aber es hatte auch mit allem zu tun, was in den Nachrichten nicht zur Sprache kam. In der Vergangenheit hatten die Medien nur selten über Spannungen in Xinjiang berichtet – wie Tibet wurde es im Allgemeinen als friedliche Region dargestellt, deren indigene Bevölkerung froh darüber war, zu China zu gehören. Nur wenige Durchschnittschinesen wussten, dass ihre eigene Regierung wegen der Ausbreitung des Islam im Westen besorgt war. Ich fragte Willy, wie die Leute über Bin Laden dächten.

»Manche finden, dass er ein Held ist«, sagte Willy. »Er stammt aus einem armen Land, er hat es aber dennoch geschafft, Amerika vor ein großes Problem zu stellen. Ich habe gehört, wie Leute sagten, dass Bin Laden jetzt sogar noch berühmter sei als Mao Zedong.«

»Also finden sie ihn gut?«

»Nicht wirklich«, erklärte er. »Sie sagen nur, dass er berühmt ist.«

Das erinnerte mich daran, wie Chinesen das Wort *lihai* (schrecklich, wild) gebrauchten. Zahllose verschiedene Dinge konnten *lihai* sein: eine Flut, ein Krieg, ein Held, ein Verbrecher, ein siegreicher General, eine Frau aus Shanghai. Und jede einflussreiche Person konnte man als *weida* oder groß beschreiben: Mao Zedong, Mahatma Gandhi, Adolf Hitler, George Washington – alle *weida*. Es war absolut unmoralisch, als ob die Welt von bedeutenden Ereignissen und Persönlichkeiten in Bewegung gehalten würde, die so weit entfernt waren, dass normale Menschen nicht über sie urteilen konnten. Wenn man Glück hatte, konnte man allenfalls danebenstehen und zuschauen.

Wir betraten eine weitere Videothek. »Wissen Sie«, sagte ich, »Bin Laden stammt in Wirklichkeit nicht aus einem armen Land, er kommt aus Saudi-Arabien. Seine Familie ist reich.«

Willy stutzte. »Ich dachte, er kommt aus Afghanistan.«

»Er lebt jetzt dort, er stammt aber aus Saudi-Arabien.«

»Das wusste ich nicht«, sagte er. »Wie dem auch sei, viele Menschen haben diesen Eindruck. Sie glauben, er käme aus einem armen Land, hätte die USA aber nun dazu gebracht, ihn zu beachten.«

Dieses Geschäft führte keine 9/11-Videos, stattdessen gab es einen aus acht DVDs bestehenden Dokumentarfilm über den ersten Golfkrieg. Auf dem Cover sah man eine US-amerikanische Flagge und ein Foto von Saddam Hussein, dazu einen Werbetext auf Chinesisch:

> Der weltweit erste moderne Hightech-Krieg!
> Steht ein weiterer Konflikt im Golf bevor?

»Der ist nicht neu«, sagte Willy, »den gibt es schon eine ganze Weile. Eigentlich wollte ich mir den Film schon früher kaufen, weil mich das Thema interessiert. Aber Nancy war dagegen.«

»Wieso das?«

»Er ist zu teuer«, sagte er.

Ich nahm einen Satz DVDs – acht Dollar. Später am Abend schauten wir uns die 9/11-Videos bei Willy und Nancy zu Hause an.

Sie wohnten im dritten Stockwerk eines Wohnblocks in der Nähe der Schule. Die Anlage war neu, aber entsprechend dem Boomtown-Stil unvollendet: Im Treppenhaus fehlte das Geländer, der Zementfußboden war mit Flecken aus getrockneter Farbe übersät. Willys und Nancys Wohnung bestand aus einem einzigen Zimmer, das in Weiß gestrichen und mit Bett, Farbfernseher und Schreibtisch ausgestattet war. Auf Holzregalen waren einige Dutzend Bücher aufgereiht: »Longman's English Grammar« (Longmans englische Grammatik), »Selected Readings in English and American History« (Ausgewählte Texte zur englischen und amerikanischen Geschichte), »A Dictionary of English Euphemisms« (Wörterbuch englischer Euphemismen). Ein Band mit Kurzgeschichten von Saul Bellow stand neben einem alten, gebundenen Buch, das Adam Meier Nancy geschenkt hatte: »Nancy Drew and the Hardy Boys Super Sleuths« (Nancy Drew und die Hardy-Boys: Die Super-Spürhunde). Willys drei verschlissene Wörterbücher bildeten das Zentrum des Regals wie stolze alte Soldaten.

Es kam mir vor, als hätte das junge Pärchen erst gestern in meinem Klassenzimmer in Fuling studiert: Willy in der letzten Reihe, die Nase im Wörterbuch; Nancy aufmerksam zuhörend in der Hoffnung, nicht aufgerufen zu werden. In Fuling war sie sehr schüchtern gewesen, aber die Jahre weg von daheim hatten sie verändert. Als wir uns unterhielten, sah sie mir in die Augen. Der größte Unterschied bestand darin, dass sie gegenüber Willy bestimmt auftrat. In Fuling schien seine Intelligenz sie immer einzuschüchtern, jetzt aber herrschte zwischen ihnen jenes lockere Geplänkel, das man von Paaren kennt, deren Meinungsverschiedenheiten sich zu familiären Späßen abgemildert haben. Willy behauptete, Nancy würde ihn wegen seiner Arroganz kritisieren, und ich fragte sie, ob das zutreffe.

»Natürlich«, sagte sie. Ihre dunklen Augen blitzten auf. »Er denkt immer, dass er recht hat. Immer.«

Sie versuchte, mit seinen Marotten Geduld zu haben. Anfang des Jahres hatte das Fernsehen in Wenzhou mit der Ausstrahlung von Kanal Neun des China Central Television begonnen, und zwar auf Englisch. Willy blieb täglich lange auf, saß wie angewurzelt vor dem Fernseher und schrieb neue Vokabeln auf. Nancys Schlaf verkam zu einem Nebel aus flackerndem Licht und Special English, und als sie schon glaubte, sie könnten ein weiteres Zimmer gebrauchen, wurde das Programm abgesetzt.

Ein paar Tage lang nahm Willy an, dass es sich um ein technisches Problem handelte. Nach einer Woche rief er das Amt für Rundfunk und Fernsehen in Yueqing an. Der zuständige Mitarbeiter erklärte ihm, dass Kanal Neun wegen mangelnden lokalen Interesses eingestellt worden sei. Nach einer weiteren Woche fing Willy damit an, anzurufen und dabei einen Pekinger Akzent nachzuahmen. Er behauptete, er arbeitete für ein internationales Handelsunternehmen, dessen Auslandsrepräsentanten oft nach Yueqing reisen würden. Und nun wären sie dort zutiefst enttäuscht, keinen Kanal Neun mehr zu finden. Die Ausländer, die in großem Stil in Yueqing investierten, würden sich sehr freuen, wenn Kanal Neun wieder auf Sendung gehen würde. Wochenlang wartete und hoffte Willy – nichts. Falls Nancy erleichtert war, war sie taktvoll genug, es für sich zu behalten.

Wie viele chinesische Frauen, kannte sie kein Pardon, wenn es um Geld ging. Willy hätte es manchmal großzügig ausgegeben, aber

Nancy hielt ihn zurück. Mit Blick auf ihr zukünftiges Baby verfolgte sie eine klare Linie: Sie würde nicht schwanger werden, bevor sie hunderttausend Yuan gespart hätten (bis jetzt hatten sie achtzig Riesen). Juristisch gesehen waren sie ein frisch vermähltes Paar – im Mai hatten sie sich als Mann und Frau eintragen lassen. Sie hatten aber keine Feier organisiert, weil sie so weit weg von Sichuan waren. Nach jahrelangen Diskussionen hatten sie schließlich beschlossen, auf die Hochzeitsfeier zu verzichten und stattdessen nur Fotos zu machen. An einem Tag im Sommer gingen sie allein in ein Fotostudio für Brautpaare im Zentrum von Wenzhou.

Mit einem riesigen, gerahmten Porträt, das die einzige Dekoration in ihrer Wohnung war, kehrten sie zurück: ein weichgezeichnetes Foto von Willy in einem Smoking und Nancy in einem kanariengelben Hochzeitskleid mit einer Perlenkette. Sie legten sich außerdem ein teures Fotoalbum zu, das ein Dutzend weitere Bilder enthielt, jedes mit einem anderen Kostüm und mit einem anderen Hintergrund. Es sah so aus, als hätten sie nicht eine, sondern gleich zwölf verschiedene Hochzeiten gefeiert. Das Paar tauchte in den Parks von Wenzhou auf und in belebten Straßen der Innenstadt. Ihre Kleider wechselten zwischen verschiedenen Epochen und internationalen Stilen hin und her. Auf einem Foto trug Nancy gar einen japanischen Kimono.

»Alle haben ein Foto mit dem Kostüm«, erklärte sie. »Die Leute halten japanische Frauen für sehr einfühlsam und gütig. Sie sorgen für ihre Männer.«

Die Ränder der Fotos waren mit englischen Begriffen (»tenderness, chic, charming, smart« (Zärtlichkeit, chic, charmant, intelligent) und kurzen poetischen Texten dekoriert, die ähnlich wie die Texte von Popsongs klangen:

> *I don't love diamonds you see through*
> *I want you to hold me I want you to be true ...*

> Ich mag keine Diamanten,
> durch die man hindurchsehen kann.
> Ich möchte, dass du mich hältst,
> ich möchte, dass du zu mir stehst ...

Ein anderes Foto zeigte William Jefferson Foster, gekleidet wie ein Höfling in der Zeit der Ming-Dynastie, den Fächer in der Hand. »Ich möchte dir, mein Liebling, von all dem Neuen erzählen, das ich erlebt habe.« Ein anderes Bild zeigte Nancy Drew in einer schönen *qipao* aus Seide. »Hör zu, du fehlst mir.« Eine idyllische Aufnahme zeigte das Paar in moderner, formeller Kleidung, ausgestreckt auf einer sonnigen, grünen Weide. »Ich kann es kaum erwarten, dass du zu mir zurückkommst.«

Den 9/11-Videos konnte man nur schwer folgen. Sie waren übereilt aus unterschiedlichen Quellen zusammengestellt worden, und es war beim besten Willen nicht erkennbar, wer sie veröffentlicht hatte. Alle chinesischen Namensangaben waren gefälscht. Die DVD – »The Century's Great Catastrophe« (Die große Katastrophe des Jahrhunderts) – bestand hauptsächlich aus Aufnahmen, die ABC News entnommen waren. Gelegentlich wurde Musik aus amerikanischen Filmen eingespielt; irgendwann hörte man den Titelsong aus »Jäger des verlorenen Schatzes«. Begleitet von Schießereien und Explosionen aus Spielfilmen stürzte das zweite Flugzeug in das World Trade Center. Der Nordturm brach in Zeitlupe zur Musik aus »Der weiße Hai« zusammen.

Ein weiteres Video, das den Titel »Suprise Attack on America« (Überraschungsangriff auf Amerika) trug, kam zu Beginn im Stil eines Dokumentarfilms daher. Eine Stimme, die über die Szenen gelegt war, stellte zunächst Manhattan und das World Trade Center vor, außerdem beschrieb sie den Alltag in New York. Geschäftsleute in Anzügen überquerten Straßen, Händler standen in einer Reihe und starrten auf Computermonitore. Plötzlich fiel mir ein Bild auf: Ein Banker eilte mit einem Papierbündel von einem Schreibtisch zu einem anderen. Er kam mir irgendwie bekannt vor, und ich fragte mich, ob ich ihn aus meiner Schulzeit kannte.

Ich fragte Willy: »Kannst du das zurückspulen?« Er fummelte an der Fernbedienung herum und schon tauchte der Banker wieder auf. Er war nur fünf Sekunden lang im Bild, aber etwas in meinem Kopf machte klick: Es war ein Schnipsel aus dem Film »Wall Street«.

Hollywood-Filme tauchten in »Surprise Attack on America« immer wieder auf. Manchmal waren die Einsprengsel so kurz, dass ich nicht sagen konnte, woher sie stammten, doch die Wirkung war beunruhigend: ein doppelbödiger Film aus Dichtung und Wahrheit.

Andere Bildfolgen waren nicht so raffiniert eingebunden. Auf den Zusammenbruch der Türme folgte eine kurze Szene aus »Godzilla«, in der das Monster Manhattan in Schutt und Asche legt. Dazu der chinesische Kommentar: »Nur in Horrorfilmen sehen wir eine solche Zerstörungswut ...« Das Video leitete abrupt zu einer Pressekonferenz eines finsteren Präsidenten Bush über. Der Ton des Films gab keines seiner Worte wieder, stattdessen sprach ein chinesischer Kommentator: »Bleibt die Frage: Ist die amerikanische Demokratie sicher?« Anschließend ging die Szene nahtlos in eine Sequenz aus »Pearl Harbor« über, die eine Bombardierung zeigte.

Die zweite Hälfte des Videos beschrieb die Geschichte des Terrorismus. Der Erzähler nannte Vorfälle aus der Vergangenheit – von der Ermordung des Erzherzogs Franz Ferdinand in Serbien bis hin zu den Aktivitäten der PLO. Die kurzen Szenen rasten wie im Flug vorüber: in Reihen marschierende Soldaten der Nazis, das ausgebombte Federal Building in Oklahoma City, eine Demonstration in Taiwan. Der Kommentar behauptete, der Terrorismus verbreite sich durch eine Mischung aus Kolonialismus und Kapitalismus. »Terroristen mögen Großmächte wie die USA nicht«, meinte der Erzähler. »Es gibt viele Gründe für ihre Unzufriedenheit. Der wichtigste besteht darin, dass die mächtigen Nationen anderen Ländern ihre Grundsätze aufzwingen.« Der Film beschrieb die Auswirkungen der Anschläge auf US-Botschaften in Afrika 1998. Amerikas Vergeltung – das erfolglose Bombardement in Afghanistan – wurde mit einem kurzen Blick auf Raketen veranschaulicht, die über die Bucht von San Francisco zischten: eine Szene aus »The Rock – Fels der Entscheidung«.

Nach den Anschlägen hatte Phoenix Television Werbung und Live-Berichterstattung für sechsunddreißig Stunden ausgesetzt. Phoenix war der einzige chinesischsprachige Nachrichtensender in Privatbesitz, der auf dem Festland ausgestrahlt wurde, und er war zudem der einzige Fernsehsender, der ausführlich über die Ereignisse berichtete. Rupert Murdochs News Corporation hielt vierzig Prozent an Phoenix, der seinen Sitz zwar in Hongkong hatte, dessen Zielgruppe jedoch Kabelabonnenten auf dem Festland waren.

Der Sender hoffte, eines Tages zum CNN von China werden zu können. Phoenix' Zugang zum chinesischen Markt hing von guten Beziehungen zur Kommunistischen Partei ab, und manchmal waren die Beiträge des Privatsenders sogar noch nationalistischer als die der Regierungssender. Phoenix hatte sich wegen der besseren Produktionsqualität und wegen der schnellen Reaktion auf aktuelle Nachrichten hervorgetan. Der Sender erreichte auf dem Festland schätzungsweise zweiundvierzig Millionen Haushalte.

Eine der VCDs, auf die ich in Yueqing stieß, hatte man überwiegend aus Phoenix-Sendungen zusammengestellt. Während die Regierung es vermied, Amerika zu kritisieren, war der Ton bei Phoenix ein völlig anderer. In den Stunden nach den Anschlägen trat bei dem Sender ein Mann namens Cao Jingxing auf, der lediglich als »politischer Kommentator« vorgestellt wurde. Er sagte: »Warum werden nicht auch andere Länder so gehasst wie die Vereinigten Staaten von Amerika? Versuchen wir einmal, darüber nachzudenken.« Zu den Flugzeugentführungen meinte er: »Warum konnten die Geiseln so leicht gefangen genommen werden? Die ruhmreichen Amerikaner waren innerhalb von Sekunden verloren.«

Die VCD war schlecht geschnitten. Immer wieder wechselte sie abrupt zwischen chinesischen Kommentatoren und Filmmaterial aus den Vereinigten Staaten hin und her. Auf einer Pressekonferenz sprach Bush einen Satz – »Die Freiheit selbst wurde heute Morgen von einem gesichtslosen Feigling angegriffen« – und verschwand. Dann ein Bruchstück aus einem Statement von Colin Powell: »Wieder einmal haben wir es mit Terrorismus, mit Terroristen zu tun, mit Leuten, die nicht an Demokratie glauben, mit Leuten, die aus irgendeinem Grund glauben, dass sie mit der Ermordung von ...« Wieder Bush: »Die Freiheit selbst wurde heute Morgen von einem gesichtslosen Feigling angegriffen.« Der Clip wurde dreimal wiederholt, dann trat erneut der Phoenix-Kommentator auf.

Der chinesischsprachige Sender verwendete Fox-Aufnahmen von New York und Washington, D.C., was fast so verwirrend war wie die Hollywood-Einsprengsel. Genau dieselben Bilder sahen auch die Amerikaner, das Fox-Logo stand in einer Ecke, nur überlagerten hier antiamerikanische Kommentare auf Chinesisch den Film. Ich erinnerte mich an Willys Bemerkung, dass die chinesische Regierung nicht dazu fähig sei, zum Ausdruck zu bringen, was sie wirklich dachte. So war Politik. Aber hier ging es ums Geschäft: Die Medien gaben den Leuten das, was sie haben wollten. Die News Corp. setzte dasselbe Filmmaterial ein, um sowohl in den USA als auch in China Patriotismus zu verkaufen, und in beiden Ländern kauften die Menschen es ihnen ab.

Willys Klassenzimmer war mit einer chinesischen Fahne und mit einem eingerahmten Zitat von Zhou Enlai geschmückt: LERNE FLEISSIG FÜR DEN AUFSCHWUNG IN CHINA. Das Schulgelände war klein, aber ordentlich: ein neues, sechsstöckiges Gebäude, ein Sportplatz mit gummierter Spielfläche, die im Nieselregen von Zhejiang glänzte. Eingerahmte Beispiele von Kunstwerken der Kinder säumten die Flure. Für chinesische Verhältnisse war das ungewöhnlich, Dekorationen in öffentlichen Schulen bestanden meist aus den strengen Porträts der politisch Korrekten: des Vorsitzenden Mao, Sun Yat-sens, Karl Marx', Wladimir Lenins. Als ich Willy nach den Kunstwerken der Kinder fragte, erzählte er, es handele sich um eine Art Werbung. »Die Eltern sollen wissen, dass es eine gute Schule ist.«

Einmal nahm ich morgens an seinem Sieben-Uhr-dreißig-Unterricht teil. Es war eine achte Klasse, dreißig Jungen und Mädchen, einheitlich gekleidet in weißen Hemden und blauen Hosen. Willy stand vor ihnen und stellte einige einfache Fragen, die sie auf Englisch beantworteten. Er sagte: »Die Schüler in der Klasse nebenan haben ein Klassenzimmer, das aussieht wie ein ...«

»Schweinestall!«, riefen die Jungen und Mädchen unisono und lachten.

»Sehr gut«, sagte Willy. »Fangen wir also an.«

Das Lehrbuch hieß »Junior English for China«, und die heutige Lektion befasste sich mit dem Thema neue Wirtschaft. Sie bestand aus einem kurzen Text in Special English:

Uncle Wang owns a factory. He opened his factory in 1989. The factory makes ladders. One day, I visited Uncle Wang at his factory ...

Onkel Wang gehört eine Fabrik. Er eröffnete die Fabrik 1989. Die Fabrik stellt Leitern her. Eines Tages besuchte ich Onkel Wang in seiner Fabrik ...

Willy las den Abschnitt laut vor, dann schrieb er einige Vokabeln an die Tafel. Er warf mir einen Blick zu.

»1989 war ein interessantes Jahr«, sagte er. »Einige sehr interessante Dinge passierten in dem Jahr in Peking. Nun sprecht mir nach ...«

Keiner von ihnen verstand die Anspielung, die in der Harmonie der Stimmen unterging. Willy wandte sich an einen Jungen: »Was machen die Leute in der Fabrik?«

Der Junge stand auf: »Sie schauen nach den Maschinen.«

»Sehr gut. Du kannst dich setzen.«

Ein anderer Schüler stand auf. Willy warf mir noch mal einen Blick zu.

»Stellen sie in der Fabrik Zahnbürsten her?«

»Nein, sie stellen sie nicht her«, sagte der Junge.

»Was stellen sie dann her?«

»Sie machen Leitern.«

»Sehr gut. Du kannst dich setzen.«

Eine halbe Stunde lang lernte die Klasse auf zwei Ebenen. Sie nahm die Lehrbuchlektion durch – Herr Wang, Leitern, Fabriken, die Freuden der Exportwirtschaft –, aber von Zeit zu Zeit streute Willy Hinweise ein, die ausschließlich für mich bestimmt waren. Er warf englische Übersetzungen von Sichuaner Slang ein oder spielte auf gemeinsame Erinnerungen aus Fuling an. Als ein anderer Teil der Lektion 1989 erwähnte, unterbrach Willy erneut. »Ich frage mich, ob Onkel Wang seine Fabrik im Juni 1989 eröffnet hat«, sagte er und fuhr fort. Die Schüler hatten keine Ahnung, dass sich ein Geheimtext auf Englisch über ihre Köpfen hinweg direkt an den Ausländer an der Rückseite des Klassenzimmers richtete.

Traditionell blieb ein chinesischer Lehrer hinter dem Pult, Willy aber ging ganz zwanglos im Klassenraum umher. Er sprach nie chinesisch, die Klasse hielt trotzdem mit seinem Tempo mit, ihr Englisch war gut. Wenn er einige von ihnen aufrief und sie einen Dialog aufführen ließ, nahm er ein einfaches Requisit hinzu: eine Augenbinde. Die Jungen sprangen schnell darauf an und führten mit verbundenen Augen eine Inspektion von Onkel Wangs Leiterfabrik auf. Das Klassenzimmer bebte vor Lachen. Fünf Minuten vor Ende der Stunde klappte Willy das Lehrbuch zu und ging durch die Reihen.

»Was machen deine Eltern?« fragte er ein Mädchen.

»Ihnen gehört eine Fabrik.«
»Was stellt die Fabrik her?«
»Die Fabrik macht Teile für Fernseher.«
Die Schüler beantworteten einer nach dem anderen Fragen zu
den Eltern:
Sie züchten Fische. Sie sind Händler in Peking. Sie arbeiten für
ein Unternehmen. Ihnen gehört eine Fabrik. Dann läutete die Schul-
glocke. Sprachlich wurde wieder auf den Wenzhou-Dialekt umge-
schaltet. Die Geräusche des Pausendurcheinanders hallten vom Flur
herüber. Zu sehen, wie mein früherer Student unterrichtete, war das
Beste, was mir im ganzen September passierte.

An meinem letzten Tag in Zhejiang testete die Stadtverwaltung von
Wenzhou die Luftschutzsirenen. Taiwan lag direkt vor der Küste,
und in der Regel deuteten die Tests darauf hin, dass in der Meerenge
ein Militärmanöver oder auf der Insel vielleicht ein politisches Ereignis stattfand. Aber in den Beziehungen zwischen China und
Taiwan hatte es in letzter Zeit keine Irritationen gegeben, und die
nächste Taiwaner Wahl würde erst in zwei Monaten stattfinden. Die
Luftschutzsirenen bedeuteten wahrscheinlich, dass die Regierung
für alle Eventualitäten gerüstet sein wollte, die als Folge von 9/11 eintreten konnten.
    In der Innenstadt besuchte ich eine andere ehemalige Studentin
namens Shirley. 1997 war sie als Wanderarbeiterin nach Zhejiang gekommen und hatte mir und Adam oft lange Briefe geschrieben. Sie
beschrieb Details ihrer Reise Richtung Osten – ein unterernährtes
Baby im Zug, ein Gespräch mit jemandem, der gebürtig aus Zhejiang
war, dem Shirley aber vorgaukelte, sie sei keine Sichuanerin. Sie
schrieb ein sehr schönes Englisch, und ich erinnerte mich besonders
an das Ende eines Briefes:

> *Adam, solche Geschichten berühren und beeindrucken mich am*
> *meisten. Sie alle sind wahr.*

Kurz vor meiner Reise nach Wenzhou hatte Shirley mir in einer
Nachricht ihre Hochzeit angekündigt. Ursprünglich hatte sie an einer Privatschule unterrichtet, vor Kurzem jedoch war sie auf eine

Stelle als Außenhandelsvertreterin bei der Tiger Lighter Company gewechselt. Tiger war der berühmteste der zahllosen Feuerzeughersteller in Wenzhou. Mit einem Gehalt von mehr als zweitausend Yuan pro Monat (zweihundertzwanzig Euro) gehörte Shirley zu meinen erfolgreichsten ehemaligen Studierenden.

Sie führte mich durch die Fabrik. Die Büros der Geschäftsführung, in denen sie arbeitete, machten den Anfang. In Vitrinen waren ausgewählte Produkte ausgestellt: goldfarbene Feuerzeuge, die mit falschen Diamanten besetzt waren; spezielle ausziehbare Barbecue-Feuerzeuge, mit denen man schwer zugängliche Stellen erreichen konnte. Ein Metallaschenbecher war mit dem Maul eines Tigers ausgestattet, das Feuer spie, wenn man eine Taste drückte. An der Wand hing eine Kalligrafie von Jiang Zemin; der Präsident hatte der Fabrik im Mai 2000 einen Besuch abgestattet.

An einer anderen Wand veranschaulichte eine riesige Weltkarte die Exportströme des Unternehmens. Wenzhou bildete das Zentrum der Welt. Von dort fächerte ein Netz aus Pfeilen in alle Richtungen aus: Vereinigte Staaten, Großbritannien, Brasilien, Indien und Dutzende andere Länder. Draußen, am Eingang zum Produktionsbereich, verkündete eine englische Hinweistafel:

MIT DER MARKE TIGER AUF DEM SPRUNG
ZUM WELTBERÜHMTEN MARKENARTIKEL
EIN NAME, DEN DIE WELT KENNEN MUSS –
DIE MARKE TIGER

An jenem Abend ging ich mit Shirley und ihrem Ehemann Huang Xu abendessen. Er kam auch aus Sichuan und entwickelte Software für ein lokales Unternehmen. Wir sprachen über die Ereignisse der letzten Zeit in Amerika, und beide stimmten mit Willy überein, dass die meisten Menschen in Wenzhou kein Mitgefühl empfanden.

»Als ich es zum ersten Mal bemerkte, war ich nicht wirklich traurig«, sagte Shirley. »Ich gebe zu, dass ich immer Vorurteile gegenüber Amerika hatte, weil es so mächtig ist und seine Macht in anderen Teilen der Welt einsetzt. Aber je mehr ich über das nachdachte, was passiert war, desto mehr Mitgefühl empfand ich für all die unschuldigen Menschen. Es dauerte einfach einige Zeit, bis mir das klar wurde.«

Ihr Ehemann hatte sich in Internet-Chatrooms umgesehen, die stark antiamerikanisch waren. »Eine Menge Leute bringen den Anschlag mit dem Bombenanschlag auf unsere Botschaft in Jugoslawien in Verbindung«, sagte er. »Die USA haben im Laufe der Jahre so viele Probleme gemacht.«

Seit den Anschlägen gingen mir die Bilder nicht mehr aus dem Kopf. Die 9/11-Szenen waren erschütternd. Es war schockierend zu sehen, dass solche Gewaltausbrüche in meinem Heimatland stattfanden. Ich war an dramatische Aufnahmen aus den Entwicklungsländern gewöhnt: überflutete Städte, mit Körpern übersäte Schlachtfelder. Jetzt, wo ich in China war, hatten die Entfernungen sich zwar nicht verändert, aber die Bilder bewegten sich in eine ungewohnte Richtung. Wir sahen aus sicherer Entfernung zu, während Amerikaner starben.

Es schien wie ein Zerrbild, besonders, weil die Bilder als Filme in einer Stadt wie Wenzhou verkauft wurden, die so viele Handelsbeziehungen mit der Außenwelt unterhielt. Eine Prämisse der globalen Ausrichtung der Vereinigten Staaten war immer gewesen, dass die Verbreitung der amerikanischen Kultur und der Produkte die internationale Verständigung auf natürliche Weise fördert. Die Amerikaner mussten nicht einmal selbst reisen, stattdessen gingen die Produkte auf Reisen. Theoretisch machten solche Überlegungen vielleicht Sinn, jetzt aber wurde offensichtlich, dass der menschliche Faktor zu kurz kam. In China hatten die meisten Menschen mit amerikanischen Marken und Produkten zu tun, aber nur selten hatten sie persönlichen Kontakt mit Ausländern. Willy war eine Ausnahme: Er hatte Freunde im Ausland, und ein wesentlicher Teil seiner Persönlichkeit beschäftigte sich intensiv mit einer anderen Sprache.

Für die meisten Chinesen war die Außenwelt jedoch nach wie vor abstrakt – etwas am Ende eines imaginären Pfeils, der in der lokalen Fabrik seinen Anfang nahm. Es war nicht verwunderlich, dass die Angriffe zu einem weiteren, amerikanisch gestylten Produkt wurden. Im Laufe des folgenden Monats sammelte ich weitere 9/11-Produkte: ein Videospiel – »Bush gegen Bin Laden« – und Osama-bin-Laden-Schlüsselanhänger. Ich kaufte Gebäudeskulpturen aus Kunststoff, aus denen überdimensionierte Flugzeuge wie Äste herausragten. Ein Feuerzeughersteller aus Wenzhou entwickelte ein

Modell, bei dem die Flamme oben aus dem Kopf von Osama bin Laden schoss. Ein Unternehmen in Südchina produzierte »Monster Candy«. Auf der Verpackung war Bin Laden abgebildet, die Zielgruppe waren Kinder.

Ich sah mir die Videos wieder und wieder an und versuchte, ihrer Bedeutung auf die Spur zu kommen. In einem Ausschnitt der Phoenix-Nachrichtensendung sagte eine Nachrichtensprecherin namens Chen Luyu: »Wir sind erstaunt, aber wir sind nicht überrascht.« Wie die anderen Kommentatoren verglich sie die Terroranschläge wiederholt mit Szenen aus »Pearl Harbor« und anderen Filmen. In gewisser Weise hielten die Amerikaner es genauso, auch sie rutschten leicht in Hollywood-Jargon ab. Präsident Bush redete manchmal, als wäre er in einem Western – »tot oder lebendig« –, und die frühen Titel für die militärische Antwort der Amerikaner hätten perfekt zu den Regalen mit Raubkopien in Wenzhou gepasst: »Infinite Justice« (Unendliche Gerechtigkeit) und »Enduring Freedom« (Dauerhafte Freiheit).

Während meines Abendessens mit Shirley und Huang Xu fragte ich, ob sie glaubten, dass die Ereignisse sie beträfen. »Wir exportieren zurzeit nicht viel nach Amerika«, sagte Shirley. »Einige Leute sind der Ansicht, dass es für unsere Exporte in andere Teile der Welt nützlich ist, wenn der Dollar fällt.«

Ihr Mann ergänzte, dass selbst die Möglichkeit eines wirtschaftlichen Abschwungs seine Freunde nicht erschrecken würde. »Alles ist relativ«, sagte er. »Die Chinesen sagen gern, dass man sich nur arm fühlt, wenn man mit jemandem zusammen ist, der nicht arm ist. Wenn die ganze Welt fällt, und wir fallen mit, hat sich nicht wirklich etwas geändert.«

Anfangs fiel es mir schwer, das zu glauben – ich bezweifelte, dass jemand in Wenzhou einer Einkommenssenkung zustimmen würde, wenn das bedeutete, dass Menschen in Amerika mehr leiden würden. Aber dann wurde mir klar, dass dies nicht als wirkliche Handlungsoption angesehen wurde. Die Chinesen blickten auf weit entfernte, unkontrollierbare Ereignisse und suchten nach einem Trost, indem sie sich den schlimmsten Fall vor Augen führten. Es war eine passive Weltsicht aus der Distanz. Sie hatte sich vor dem Hintergrund einer schwierigen, dornenreichen Geschichte entwickelt, die durch den fehlenden menschlichen Faktor beim Austausch von Gütern und Kultur zusätzlich gefördert wurde. Die Welt wird möglicherweise doch kein kleinerer, einsichtsvollerer Ort, wenn man Feuerzeuge verschickt und im Gegenzug Hollywood erhält.

Gegen Ende des Essens fragte ich Shirley, wie der durchschnittliche Amerikaner sie ihrer Ansicht nach sehen würde. Sie war sechsundzwanzig Jahre alt, hatte große schwarze Augen und ein angenehmes Lächeln. In Fuling kannte ich sie als Klassenbeste, nun aber schien sie jemand anderen zu beschreiben.

»Ich bin mir sicher, dass sie sagen würden, ich sei arm und rückständig und wenig gebildet«, sagte sie. »Ich denke, dass Amerikaner Chinesen so sehen. Sie wissen nicht, wo Wenzhou liegt – in ihren Augen ist es nur eine x-beliebige Stadt in China.«

Nach den Anschlägen verbrachte William Jefferson Foster sogar noch mehr Zeit mit Englischlernen. Fast jeden Abend schrieb er in sein Tagebuch, folgte dem Tagesgeschehen und stellte Vokabellisten zusammen:

> *milestone* (Meilenstein)
> *maul* (Hammer)
> *lounge* (Foyer, Aufenthaltsraum)
> *lodger* (Mieter)
> *lobe* (Lappen)
> *kidney* (Niere)
> *keepsake* (Andenken)
> *jockey* (Jockey)

Zusätzlich zu seinen Transkriptionen von Voice of America übersetzte er Artikel aus Zeitungen in Wenzhou:

> *Länder des Mittleren Ostens sind wichtige Handelspartner unserer Stadt. Kleidung, Feuerzeuge, Lederschuhe made in Wenzhou werden mit dem Schiff in diese Länder exportiert ... Nach den 9/11-Terroranschlägen in den USA hat sich die Situation in Afghanistan zugespitzt. Für Erzeugnisse, die aus Wenzhou ausgeführt werden, werden in Kriegszeiten entsprechend den internationalen Bestimmungen zusätzliche Geldzahlungen verlangt.*

Wenn er Meldungen der nationalen Nachrichtenagenturen übersetzte, unterschrieb er am Ende stolz mit seinem Namen:

Nachrichtenagentur Xin Hua
Am späten Abend des 11. Oktober hielt US-Präsident George Bush
im Rahmen der Pressekonferenz im Weißen Haus eine Rede, er sagte,
dass Saddam ein böser Mensch ist. Weil er versucht habe, seit dem
Golfkrieg in großem Umfang tödliche Waffen herzustellen.
Bush sagt, dass der Angriff dieser Tage auf Afghanistan abzielt.
Aber wenig später sollen die Anti-Terror-Angriffe auf andere Län-
der der Welt ausgedehnt werden …
Bush behauptet, dass Amerika gewusst hat, dass sich Saddam auf
die Herstellung von Massenvernichtungswaffen konzentriert hat,
und er sagt, dass Saddam zu den Bösen gehört. Inzwischen hat Bush
den Irak gezwungen, UN-Waffeninspektoren im Irak zuzulassen.
Übersetzt von William Jefferson Foster

ARTEFAKT I

Das Pferd
比尔盖茨

Das Pferd ist ein kleiner Umweg, ein Abstecher. In der Mitte einer Reise quer durch den Nordwesten Chinas beschließe ich, in Wuwei, einer kleinen Stadt in der Provinz Gansu, halt zu machen. Wuwei ist nicht mein eigentliches Ziel, und der Zwischenstopp ist nicht geplant, aber das Prozedere ist zur Routine geworden. Wenn ich an Orten vorbeikomme, die für wichtige archäologische Entdeckungen bekannt sind, halte ich manchmal an und erkundige mich nach dem Fund. Jedes Mal wird dabei meine Wahrnehmung des Artefakts innerhalb von Stunden auf den Kopf gestellt.

Wuwei ist als Heimat des Fliegenden Pferdes bekannt, das inzwischen in der Provinzhauptstadt Lanzhou ausgestellt wird. Ursprünglich wurde es jedoch in Wuwei entdeckt, wo ein Grab eine Vielzahl von Bronzen enthielt: achtunddreißig Pferde, achtundzwanzig Diener zu Fuß, siebzehn Krieger, vierzehn Wagen und Karren sowie einen Ochsen. Das Grab ist auf das 3. Jahrhundert datiert, also gegen Ende der Östlichen Han-Dynastie.

Aus den Figuren sticht eine hervor. Das Pferd ist weniger als sechzig Zentimeter groß, seine Form jedoch ist überwältigend: in vollem Galopp, mit bebenden Nüstern und mit einem im Wind wehenden Schweif. Drei Hufe befinden sich in der Luft, der vierte steht leichtfüßig auf dem Rücken einer Schwalbe. Das Artefakt wurde als Fliegendes Pferd bekannt. Der chinesische Tourismus hat es sich als nationales Symbol zu eigen gemacht; jedermann kennt es als Zeichen der chinesischen Kultur und Geschichte. So sieht das Bild in meinem Kopf aus, als ich in Wuwei ankomme.

*   *   *

Der Kurator in Wuwei heißt Tian Zhicheng. Wir treffen uns im örtlichen Museum, das in einer gewaltigen konfuzianischen Tempelanlage aus dem 15. Jahrhundert untergebracht ist. Seine Größe ist ein Beleg für die einstige Bedeutung dieser Stadt an der Seidenstraße. Aber die Tage des Handels entlang des Gansu-Korridors sind längst vorüber, und Wuwei ist verblasst: staubig, abgelegen, vergessen. Die Tempelgebäude verrotten; das Holz wird rissig, und der Lack blättert ab. Tian erklärt betrübt, dass die Stadt nicht genug Geld habe, um die Anlage zu erhalten. Er schenkt mir eine Tasse Tee ein, und dann erzählt er die Geschichte vom Fliegenden Pferd, das auf dem Höhepunkt der Kulturrevolution entdeckt wurde.

»Das Pferd wurde am 13. September 1969 gefunden«, sagt er. »Marschall Lin Biao hatte dem chinesischen Volk gesagt, es solle Luftschutzbunker graben für den Fall, dass China von der Sowjetunion oder Amerika angegriffen würde.«

Tian erklärt, dass die Bauern des Dorfes unter einem taoistischen Tempel gruben, als sie über das Grab stolperten. Wegen des Chaos zur Zeit der Kulturrevolution gab es im Grunde genommen keine funktionierende Archäologie, deshalb übernahmen die Bauern die Ausgrabung. Sie behielten die Bronzen in ihren Häusern, bis schließlich jemand vom Amt für Kulturgüter in Wuwei kam und alles einsammelte. Am Ende wurden die Artefakte ins Provinzmuseum in Lanzhou gebracht, wo man sie in einem Lagerraum vergaß.

»Sie erkannten den Wert dieser Fundstücke nicht«, sagt Tian. »Niemand hatte sie bis in die frühen Siebzigerjahre hinein wirklich bemerkt, als Guo Moruo Prinz Sihanouk von Kambodscha auf einer Reise durch Gansu begleitete. Sie gingen durch das Museum, und anschließend bat Guo Moruo darum, den Lagerraum zu sehen. Von dem Augenblick an, als er das Fliegende Pferd erblickte, wusste er, dass es etwas Besonderes war. Er sagte, es sei das mit Abstand beste Objekt im Museum. Und so wurde es anfangs berühmt.«

Guo Moruo: romantischer Dichter, Orakelknochengelehrter und Historiker, der durch seine Verbindung zur Kommunistischen Partei kompromittiert wurde. Prinz Sihanouk: König im Exil, ein Freund Chinas und ein notorisch launischer Mensch. Irgendwie geben sie das perfekte Paar ab, wenn sie während der Kulturrevolution durch die Museen an der Seidenstraße schlendern.

Nach dem Gespräch mit Tian schaue ich mir das leere Grab an, das für den Tourismus wiederhergestellt wurde. An der Kasse frage ich, ob in der Umgebung noch einer jener Bauern lebe, die damals an den Ausgrabungen beteiligt waren. Eine Frau nennt mir einen Namen: Wang. Das Haus des Mannes befindet sich in der Nähe: ein einfacher Bunker, der in den trockenen Boden von Gansu gegraben wurde. Im Grunde genommen handelt es sich um eine Höhle mit Fenstern und Tür. Die resolute Frau des Mannes pflanzt sich vor dem Eingang auf.

»Er kann nicht mit Ihnen sprechen«, sagt sie.

Wenn Frauen auf dem Land in die Jahre kommen, legen sie oft eine Resolutheit an den Tag, die direkt aus der Erde zu kommen scheint. In solchen Gegenden pflegen Ausländer zudem schnell Menschenmengen anzuziehen. Je mehr Menschen sich zeigen, desto resoluter wird Frau Wang. Mit verschränkten Armen steht sie vor der Tür. Sie erwähnt, dass die Ausgrabung inoffiziell war; sie will keinen Ärger. Ich versuche, sie zu beruhigen: Es bestehe kein Risiko, es gehe um eine Geschichte über die historischen Hintergründe, und es dauere nur eine Minute.

»Er ist zu betrunken, um mit Ihnen zu sprechen«, sagt die Frau schließlich.

Ein leises Lachen geht durch die Menge. Es ist drei Uhr nachmittags, und in einer Höhe von über eintausendfünfhundert Metern fällt der Sonnenschein wie ein Hammer auf die Wüste. Offensichtlich greift die Frau nach jedem rettenden Strohhalm, also versuche ich es weiter: Ich sei den ganzen Weg von Peking hergekommen; ich würde nicht lange bleiben und möchte einfach nur ein paar Fragen stellen. Die Menge murmelt aufmunternd, und endlich zuckt die Frau mit den Schultern: »Gehen Sie hinein.«

Im Innern: so nasskalt wie in einem Grab und so schmutzig wie auf einer Müllhalde. Ein halb bekleideter Mann liegt lang gestreckt auf einem Holzstuhl – ein dünner Arm baumelt herab, der weiße Kopf hängt schlaff zur Seite. Herr Wang, Amateurarchäologe, Entdecker verloren gegangener Schätze und Befreier von Bronzearmeen, schnarcht. Die Höhle riecht wie eine *baijiu*-Brennerei. Mit diesem Bild im Kopf verlasse ich Wuwei.

1987 führte Victor H. Mair, Professor für Chinesisch an der Universität von Pennsylvania, eine Reisegruppe der Smithonian Institution durch Xinjiang. Im Provinzmuseum von Ürümqi gelangte er durch Zufall in ein Hinterzimmer und sah drei Körper unter Glas: einen Mann, eine Frau und ein kleines Kind. Sie hatten lange Nasen, tiefliegende Augen und blondes Haar. Sie waren bemerkenswert gut erhalten – die intaktesten Leichname aus dem Altertum, die Mair je gesehen hatte. Ein Kurator berichtete ihm, dass vor Kurzem Dutzende solcher Körper in Xinjiang entdeckt worden seien.

Sie waren durch Zufall zu Mumien geworden – mehr konserviert durch die Umgebung als durch Technik. Das Tarimbecken in Xinjiang ist Lichtjahre vom Meer entfernt, Regen fällt nur selten; die Winter sind brutal kalt. Ein Körper, der in dem salzigen Boden begraben wird, kann Jahrhunderte oder sogar Jahrtausende überdauern. Einige der Leichname von Xinjiang sind über dreitausend Jahre alt. Ihre Kleidung ist erstaunlich intakt. Sie tragen pelzverbrämte Mäntel, Filzstiefel und lange Strümpfe. Der Wollstoff ist kariert gemustert. Sie haben blonde oder rote Haare, Vollbärte und europäisch anmutende Gesichtszüge. In einer Wüste in Westchina scheinen sie völlig fehl am Platz zu sein.

Die Leichname wurden, wie viele Artefakte, eigentlich durch die Reform- und Öffnungspolitik ausgegraben. Als die Volkswirtschaft in den Achtzigerjahren wuchs, investierte die Regierung kräftig in Xinjiang, und zwar aus politischen Gründen. Die Beamten hofften, dass ein steigender Lebensstandard die Uighuren beruhigen würde.

Zudem hatte man Han-Chinesen, die als Wanderarbeiter unterwegs waren, dazu ermutigt, sich in der Region niederzulassen. Xinjiang war die einzige Provinz des Landes, in der Wanderarbeiter in erheblicher Zahl in der Landwirtschaft beschäftigt waren. Manchmal, wenn sie ein neues Feld bestellten oder ein Bauvorhaben starteten, kam eine alte Leiche zum Vorschein. Je mehr Chinesen zuzogen, desto mehr ausländisch wirkende Körper kamen aus dem Boden. Bei der Symbolik hätte man ein ungutes Gefühl haben können – während das moderne Xinjiang chinesischer wurde, sah die ferne Vergangenheit umso ausländischer aus. Aber zunächst machte niemand viel Aufhebens von den Artefakten. Die Mumien waren der Außenwelt im Großen und Ganzen unbekannt, als Victor H. Mair das Museum in Ürümqi besuchte.

Anfang und Mitte der Neunzigerjahre kehrte Mair wiederholt in Begleitung ausländischer Experten zurück. Mit chinesischen und uighurischen Archäologen sammelte er Proben, und es stellte sich heraus, dass die Kleider der Leichname besonders nützliche Informationen enthielten. Das Gewebe – ein Karo-Design aus Blau, Weiß und Braun – ähnelte extrem stark Textilien, die in alten Gräbern in Deutschland, Österreich und Skandinavien entdeckt worden waren. Die Kleidung schien Mairs ersten Eindruck zu bestätigen: Diese Leute waren Indoeuropäer.

Das Tarimbecken liegt nahe der genauen Mitte der größten Landmasse der Erde. Wie in vielen Teilen Zentralasiens ist die offizielle Geschichte dürftig und diffus; die Vergangenheit scheint so öde zu sein wie die Landschaft. Alles, was man braucht, ist ein Funke – irgendein unverhofftes Artefakt – und schon beginnt die menschliche Vorstellungskraft damit, den Leerraum zu füllen.

1994 wurde in der Zeitschrift »Discover« über die Mumien berichtet, anschließend druckte Reader's Digest die Story nach. Weitere Publikationen folgten und stellten Vermutungen dahingehend an, dass die Leichen Beweise für frühe Ost-West-Kontakte sein könnten. Fernsehteams reisten nach Xinjiang, der Discovery Channel gab seiner Sendung den Titel »Das Rätsel der Wüstenmumien«. Gastgeber in einer PBS-Dokumentation war der ehemalige »M*A*S*H«-Darsteller Alan Alda. Die Uighuren begannen die Leichname »Uighuren-Mumien« zu nennen. Aus ihrer Sicht waren die Körper der beste

Beweis dafür, dass die Chinesen kein Recht dazu hatten, in Xinjiang zu sein. Tatsächlich nahmen Mair und andere Wissenschaftler an, dass die Leichname vielleicht Vorfahren der Tocharer waren, ein altes Volk, das etwa um das 9. Jahrhundert v. Chr. verschwand, als die turkischen Vorfahren der Uighuren erstmals in größerer Zahl eintrafen. Die turkischen Siedler haben die Tocharer möglicherweise ausgelöscht und dabei einen Teil ihres genetischen Materials übernommen – was eine mögliche Erklärung dafür ist, dass einige Uighuren blond und hellhäutig sind.

Keine der Theorien gefiel der Kommunistischen Partei. Die Behörden begannen damit, den Zugang zu den Mumien, die immer berühmter wurden, einzuschränken. Mair und seine Kollegen durften bald keine Proben mehr mit ins Ausland nehmen. Ausländische Journalisten wurden abgewiesen, Fotografen konnten nur eingeschränkt arbeiten. Alan Alda, ehemals »M*A*S*H«, berichtete, dass man sein Kamerateam aus einem Museum hinausgeworfen habe. Aber es war zu spät für die Chinesen. Sie konnten die Bedeutung der Mumien nicht mehr steuern, die schon den Punkt erreicht hatte, wo weniger Forschung nur noch mehr Fantasie freisetzt. Heutzutage versorgen Tausende Mumientheorien Tausende von Tagesordnungen. Weiße Rassisten schätzen die Leichname ebenso sehr wie die Uighuren. Wenn man online geht, stößt man auf Leute wie Pastor Bertrand L. Comparet, der den Ursprung der Mumien in einem Artikel mit dem Titel »What Happened to Cain?« (Was geschah mit Kain?) erläutert. Der Pfarrer ist gebürtiger Kalifornier, Stanford-Absolvent, und (seine eigenen Worte) »ein erprobter und wahrer Christ und ein loyaler und patriotischer Amerikaner, der an ein unabhängiges Amerika unter einer verfassungsgemäßen Regierung glaubt«. Er glaubt außerdem, dass Adam und Eva nach dem Sündenfall östlich von Eden nach Xinjiang flohen, wo Eva unter einem prächtigen Wüstenhimmel zwei Jungen gebar.

Victor H. Mair: »Yo-Yo Ma kontaktierte mich, nachdem er über einige dieser Sachen und über die Mumien gelesen hatte. Zum Teil wurde dadurch sein Interesse an der Seidenstraße geweckt. Wissen Sie, wer sich noch für die Xinjiang-Mumien begeistert? Bill Gates. Er hat sie sich während seiner Flitterwochen angeschaut. Er kam nach Peking, mietete Maos privaten Zug und fuhr damit nach Ürümqi. Mit dabei waren seine Frau, sein Vater und ein paar andere Leute. In Ürümqi hatten sie sechs Stunden Zeit. Raten Sie, wie sie die Zeit verbrachten. Drei Stunden waren sie mit Rabiya Kadeer zusammen, und drei Stunden haben sie mit den Mumien verbracht. Gates hatte durch Artikel über meine Forschungsarbeit von den Mumien erfahren. Es gibt ein großes Foto von der Reise, von dem ich mir wünschte, dass ich es veröffentlichen könnte. Es zeigt eine Mumie in einer Vitrine. Hier Bill Gates, der sie betrachtet, und hier Bill Gates' Vater. Hier seine Frau, Melinda Gates. Eine Hand hat sie auf ihren Mund gelegt. Es sieht aus, als befürchte sie, sich eine schreckliche Krankheit zuzuziehen. Ich wünschte, ich könnte es veröffentlichen.«

Victor H. Mair ist einer der größten archäologischen Plauderer aller Zeiten. Der vorangehende Absatz ist typisch: Xinjiang-Mumien, Yo-Yo Ma, Bill Gates und Rabiya Kadeer, jene uighurische Geschäftsfrau, die später zur politischen Gefangenen wurde. Ihr Mann ist Sidik Haji Rouzi, jener Voice-of-America-Korrespondent, dessen Anwesenheit in Oklahoma City Polat und andere uighurische Emigranten dazu veranlasste, die Great Plains zu durchqueren. All das passt hervorragend zusammen, zumindest bei einem Gespräch mit Mair.

Die Spezialität des Professors ist klassisches Chinesisch. Er hat das »Daodejing« (»Tao Te Ching) ins Englische übersetzt, und er hat eine wunderschön eigenwillige Übersetzung des »Zhuang Zi« (»Dschuang Dsi«) geschrieben. (Ich habe auf Mairs Version »Wandering on the Way« zurückgegriffen, als ich vom Streit über das Spionageflugzeug schrieb.) »Zhuang Zi« ist ein ungewöhnlich formloser Text, eine Sammlung von scheinbar unverbundenen Teilen, und manchmal scheint es, als würde Mairs Intellekt genauso funktionieren. Während eines Gesprächs kommt er vom Hölzchen aufs Stöckchen. Seine Forschung ist ähnlich unberechenbar: Er übersetzt alte Texte, studiert Xinjiang-Mumien und kompiliert chinesische Wörterbücher. Er war die treibende Kraft hinter dem alphabetischen Index für das »Hanyu Da Cidian«, das zwölfbändige Wörterbuch, das in etwa dem »Oxford English Dictionary« entspricht. Andere Wissenschaftler beklagen manchmal, dass Mair sein Netz zu weit auswirft, auch hat er ein Gespür für Öffentlichkeit, was für die Wissenschaft nicht typisch ist. Allerdings entspricht auch der Wahrheit, dass eine umfassendere Sicht unerwartete Verbindungen aufdeckt. Wenn Mair nicht zufällig ein Museum besucht und gehandelt hätte, hätte die Welt vielleicht nie von den Xinjiang-Mumien erfahren.

Er kommt häufiger in Peking vorbei, wo wir uns oft zum Abendessen treffen. Auch er stammt aus dem Mittleren Westen und war im Friedenscorps – Mair ist gebürtig aus Canton, Ohio, und diente Mitte der Sechzigerjahre als Freiwilliger in Nepal. Zuvor war er Kapitän des Basketballteams der Universität Dartmouth, und er hat noch immer den großen, schlanken Körperbau eines Stürmers. Bei einem unserer Gespräche über das alte China erwähnt er, dass er Bill Bradley während eines Spiels im Dillon-Gymnasium von Princeton einmal den Ball an der Spielfeldmitte abluchste. Seine Improvisation über den anderen Bill ist mit Melinda und der Mumie noch nicht zu Ende:

»Wissen Sie, die Microsoft-Leute haben sich bei uns gemeldet und gefragt, ob sie unser erstes Wörterbuch kaufen könnten, als es 1996 herauskam. Es hatte vierundsiebzigtausend Begriffe, alphabetisch geordnet. Sie boten mir vierzigtausend Dollar an. Ich habe geantwortet, dass ich unter zweihunderttausend keinen Gedanken an das Thema verschwenden würde.

Letztes Jahr haben wir den alphabetischen Index für das »Hanyu Da Cidian« herausgegeben, das dreihundertsiebzigtausend chinesische Begriffe umfasst. In dem Index stecken zehn Jahre Arbeit und wahrscheinlich fünfzigtausend Dollar von meinem eigenen Geld. Eine Herkulesarbeit. Die Microsoft-Leute versuchen nun auf verschiedenen Wegen, an das Verzeichnis heranzukommen. Der Wert ist unvorstellbar hoch, sie aber meinen, sie könnten es kostenlos von mir bekommen. Wenigstens eine Million müssten sie mir dafür zahlen. Sobald sie es haben, wird es die Software revolutionieren. Es gibt dreiundzwanzigtausend verschiedene Schriftzeichen. Die aktuelle chinesische Software hat nur zwanzigtausend, also mussten wir dreitausend Zeichen nach Maß anfertigen. Das war ein irrsinniges Problem. Als ich nach Amerika zurückkam, fragten Wissenschaftler: Kann ich die Disk ausleihen? Dabei weiß ich, dass einige dieser Jungs Verbindungen zu Microsoft haben.«

Zurück zum Pferd. Professor Mair hat eine wissenschaftliche Arbeit »The Horse in Late Prehistoric China: Wresting Culture and Control form the ›Barbarians‹« (Das Pferd im späten prähistorischen China: Wie den ›Barbaren‹ Kultur und Herrschaft genommen wurden) veröffentlicht. Laut den archäologischen Unterlagen begannen die Menschen in den zentralen Ebenen Chinas, die später ›Chinesen‹ wurden, relativ spät zu reiten. Ihre nomadischen Nachbarn zeigten ihnen, wie man es macht: Seit dem 4. Jahrhundert v. Chr. setzten nördliche Stämme berittene Bogenschützen in Schlachten ein. Laut der traditionellen Geschichtsschreibung stellten die kriegerischen Nomaden in den kommenden zweitausend Jahren die größte Bedrohung für die Bauern in Zentralchina dar. Erst im 18. Jahrhundert, als die Europäer in großer Zahl ankamen, traf das chinesische Kaiserreich auf einen furchtbareren Gegner.

In Anyang haben archäologische Ausgrabungen die frühesten Zeugnisse von Pferden in den zentralen Ebenen freigelegt: Tierskelette sowie die ›Geister‹ begrabener Streitwagen. Die Shang scheinen sowohl das Pferd als auch die Innovation Streitwagen aus den Steppen des Nordens importiert zu haben. Aber die Archäologen fanden nur relativ wenige Pferde oder Wagen, und es gibt nur wenige Anzeichen dafür, dass die Shang die Fahrzeuge tatsächlich in Schlachten eingesetzt haben. Möglicherweise wurden sie ausschließlich zur Schau gestellt. Es gibt außerdem Anzeichen dafür, dass die Shang mit Kutschen experimentierten, die von Schafen gezogen wurden. Auch in nachfolgenden Jahrhunderten scheinen sich die Chinesen auf Pferderücken nicht recht wohlgefühlt zu haben. Die Herrscher waren besorgt, dass die Chinesen durch die Übernahme von zentralasiatischen Innovationen – Kriegsführung zu Pferd, dem Zeitgeschmack entsprechende Beinkleider – durch ›barbarische Stämme‹ befleckt werden könnten. In seiner Arbeit schreibt Mair, die Chinesen hätten eine »angespannte Haltung gegenüber dem Pferd«.

Dennoch glaubt er, dass die Tiere eine wichtige kulturelle Funktion erfüllten, da sie die Chinesen dazu motivierten, sich mit anderen Gruppen auszutauschen. Aus Mairs Sicht überbetont die traditionelle Geschichtsschreibung die Bedrohung durch nördliche ›Barbaren‹: Die Chinesen verherrlichen die Große Mauer, und sie heben oft hervor, dass die Dynastien ihre Hauptstädte im Norden etablierten, um

sich gegen Angreifer verteidigen zu können. An dieser Stelle erweist
sich Mair mit einem raffinierten Dreh als Ikonoklast: Vielleicht war
die Verteidigung nicht so wichtig wie der Handel. Vielleicht schlug
die chinesische Kultur in den nördlichen Regionen der zentralen
Ebenen Wurzeln, weil sie Kontakt zu Fremden hatte. Er stellt außerdem fest, dass sich die politische Geografie des Landes im 20. Jahrhundert plötzlich verschob, weil die Führer nun aus den südlichen
Regionen kamen: Sun Yat-sen, Chiang Kai-shek, Mao Zedong, Deng
Xiaoping, Jiang Zemin, Hu Jintao. Ist diese Verschiebung nur Zufall,
oder spiegelt sie den Umstand wider, dass der Süden zur neuen An-
laufstelle für die Außenwelt wird?

Eines Abends in Peking, während eines besonders breit gefächerten Gesprächs, erzählt mir Mair eine andere Theorie über das Pferd:
Möglicherweise hat es bei der Entstehung der chinesischen Schrift
eine Rolle gespielt.

»In der chinesischen Kunst steht fast immer ein ausländischer Stallbursche beim Pferd. Auf Gemälden ist der Stallbursche in der Regel
ein Sogdier oder ein Uighure oder er gehört einer anderen Volksgruppe an. Die Sogdier stammten aus dem Gebiet des heutigen Iran. Die
Chinesen mussten mit all diesen Gruppen Handel treiben, um Pferde
zu bekommen. In bestimmten historischen Phasen handelten sie mit
den Uighuren, manchmal ging es um Tee. Die Uighuren waren verrückt nach Tee. Der Handel mit ihnen blühte während der Song-Dynastie, die sich dadurch ruinierte, dass sie Pferde von den Uighuren
kaufte. Man tauschte Seide und Tee gegen Pferde. Irgendwann möchte ich darüber etwas zu Papier bringen. Der Titel könnte lauten: Die
Wahre Geschichte des Tees.«

Beim Zuhören schaudert es mich – ein Flashback zurück in meine Zeit als *clipper:*

STUDENTS (Studenten)
STYLE (Stil)
SUPERPOWER – ›NEW THREAT‹ (Supermacht – ›Neue
Bedrohung‹)
SUPERSTITION (Aberglaube)
TEA (Tee)

Professor Mair redet weiter. »Es gibt all diese Missverständnisse zum
Thema Tee«, sagt er. »Bis zur Tang-Dynastie hielten die Chinesen ihn
für ein barbarisches Getränk, ein barbarisches Getränk aus dem Süden. Die Buddhisten waren die ersten, die ihm Legitimität verliehen.
Und wirtschaftlich etablierte er sich Mitte bis Ende der Tang-Zeit,
aufgrund des Handels mit den Uighuren. In früheren Zeiten galt er
als barbarisch. In einigen chinesischen Texten wird er mit Urin verglichen.

»Das Buch werde ich wahrscheinlich schreiben, nachdem ich
›Die Ursprünge der chinesischen Schrift‹ geschrieben habe. Ich glaube, dass das Schriftsystem Teil eines Gesamtpakets war. Das Pferd,
der Wagen, die Bronzetechnik, die Schrift – das alles kam zusammen. Sie alle kamen während der Shang auf, in einem Zeitraum von
etwa vierhundert Jahren. Wenn man es genau nimmt und nur den
Nutzaspekt betrachtet, dann handelt es sich um ein Zeitfenster von
etwa zweihundert Jahren. Zwei dieser Entwicklungen kamen sehr
wahrscheinlich von außen: das Pferd und der Wagen. Inzwischen
gibt es auch einige chinesische Archäologen, die schreiben, dass
möglicherweise der Westen die Bronzetechnik ins Land gebracht
hat.«

In allen meinen Gesprächen mit Wissenschaftlern hat bisher niemand die Theorie vertreten, die chinesische Schrift sei kein Eigenge-
wächs. Mairs Theorie hingegen besagt, dass sich die Schrift durch –
direkte oder indirekte – Beziehungen zu den Schriftkulturen des
Nahen Ostens entwickelt hat. Ich frage Mair, wie andere auf seine
Theorie reagierten.

»Darüber rede ich nur ungern«, sagt er. »Das Schriftsystem ist die
Kultur, es ist die Zivilisation. Ein sehr heikles Thema. 1987 analysierte ich einen Teil der Orakelknochenschriften und erstellte ein drei-
hundertseitiges Manuskript. Dennoch hatte ich das Gefühl, dass
noch etwas fehlte. Ich wollte es in einen archäologischen Kontext
stellen. Ich denke, es wird das Wichtigste, was ich jemals schreiben
werde. Aber ich wurde durch die Mumien und durch das Wörterbuch
abgelenkt.

Meiner Ansicht nach fand quer durch die Steppen ein reger Verkehr statt. Die Iraner waren meines Erachtens die ungekrönten Könige der Ost-West-Kommunikation. Die Sogdier. Ich denke, dass es

sich bei einer der historisch jüngsten Mumien, die wir in Xinjiang fanden, um einen Sogdier handelt. Ein riesiger Kerl, etwa einen Meter fünfundneunzig groß. Aber in der Geschichte waren sie völlig unsichtbar. Von so vielem, was für die chinesische Kultur essenziell war, hat die Geschichtswissenschaft so gut wie nichts gewusst.«

Als ich einen kurzen Beitrag über das Bronzepferd von Wuwei verfasse, überprüft der »New Yorker« die Fakten der Story und führt spät abends Telefonate mit Behörden entlang der Seidenstraße. Die Geschichte mit der zufälligen Wiederentdeckung – Guo Moruo und Prinz Sihanouk im Lagerraum eines Museums – wird unabhängig voneinander von offiziellen Stellen sowohl in Lanzhou als auch in Wuwei bestätigt. Alles sieht gut aus, und dann, das Magazin ist eben in Druck gegangen, trifft eine Mitteilung aus Thailand ein:

Sehr geehrter [New Yorker]:
Vielen Dank für Ihre Nachricht.
Da ich während meiner Nachforschungen keinen Hinweis auf ein Treffen von Ihrer Majestät König Sihanouk mit dem Dichter Guo Moruo fand, habe ich Ihre Nachricht Ihrer Majestät vorgelegt, der antwortet, dass ein solches Vorkommnis nie stattgefunden habe.
Ich hoffe, Ihnen hiermit geholfen zu haben.
Mit freundlichen Grüßen

Julio A. Jeldres
Offizieller Biograf Ihrer Majestät
Samdech Preah Norodam Sihanouk
Der König-Vater von Kambodscha

Kapitel

18

Wantan Western

7. November 2001

Bevor ich zum Filmset fuhr, traf ich Polats Freund. Wir ergriffen alle möglichen Vorsichtsmaßnahmen, besonders beim Telefonieren. Nachdem mein Flugzeug in Ürümqi gelandet war, nahm ich ein Taxi in die Stadt, fand eine Telefonzelle und legte nach einem Klingelton auf. Er rief mit einer Ein-Satz-Meldung zurück: der Name eines öffentlichen Parks. Mein Handy schaltete ich nicht ein, weil die Behörden möglicherweise den Empfänger abhörten. Berichten zufolge hatten die Chinesen die Sicherheitsmaßen in Xinjiang verschärft. Direkt hinter der westlichen Grenze war der Krieg in Afghanistan weniger als einen Monat alt.

Am Eingangstor zum Park erkannte ich ihn an seinem blonden Haar. Wir hatten uns zuvor einmal gesehen, in Yabaolu; er war der Uighure, der gelegentlich Ausländer in chinesischen Filmen spielte. Wir gaben uns die Hand und setzten uns auf eine Bank hinten im Park. Er zog einen Umschlag hervor: zwanzig Hundertdollarscheine. Ich steckte das Bargeld in meinen Geldgürtel.

»Ich werde den Scheck noch in dieser Woche per Post versenden«, sagte ich.

»Wann fahren Sie zurück?«

»Nicht vor Januar«, entgegnete ich. »Ich werde ihn dann treffen. Den Scheck sende ich an einen Freund von mir in Washington.«

Der Mann sah sich noch immer um. In Xinjiang, wo es zahlreiche ethnische Gruppen gibt, wirkten wir beide nicht sonderlich fremd. Aber jeder, der uns chinesisch sprechen hörte, würde sofort wissen, dass zumindest einer von uns von außen kam. Er fragte mich, wie Polat bei meinem letzten Besuch auf mich gewirkt habe.

»Okay«, sagte ich. »Er wohnte in einem schlechten Stadtviertel, ist aber umgezogen. Seit den Terroranschlägen habe ich nichts mehr von ihm gehört.«

»Muss er wegen der Papiere mit Problemen rechnen?«

»Ich denke nicht. Sein Asylantrag wurde bereits bewilligt – zum Glück für ihn vor dem 11. September. Sicher ist es jetzt viel schwieriger.«

»Seine Frau ist nervös«, sagte der Mann. »Ich glaube, sie hat Angst davor, fortzugehen.«

Ich hatte beschlossen, nicht bei ihr vorbeizufahren. In dieser Phase war es das Beste, den Kontakt so gering wie möglich zu halten. Ein ausländischer Journalist in Xinjiang fiel sofort auf; die Geldübergabe war schon riskant genug. Ich fragte ihn nach der politischen Entwicklung.

»Gehen wir durch den Park«, sagte er. »Es ist besser, wenn wir hier nicht zu lange sitzen.«

Er erzählte mir, dass Polats Familie keine Schwierigkeiten gehabt hatte, obwohl sie verhört worden war, weil er nicht nach China zurückgekehrt war. Hilfreich war, dass die Familie Freunde bei der Polizei von Ürümqi hatte. Auf jeden Fall schienen sich die Behörden nun mit größeren Problemen zu beschäftigen. Polats Freund hatte von einem Uighuren in Kashgar gehört, den man eingesperrt hatte, weil die Regierung glaubte, die Söhne des Mannes seien in Trainingslagern von Al-Qaida ausgebildet worden. Ich fragte, ob sich viele Uighuren den Taliban angeschlossen hätten.

»Nicht viele«, sagte er, »aber doch einige. Auf jeden Fall ist es ein guter Vorwand für die Regierung.«

Wir gingen zurück zum Eingang des Parks. Ich fragte, ob er in letzter Zeit in Filmen mitgespielt habe.

»Nein«, sagte er lachend. »Es ist ohnehin schlechtes Geld. Ich kann hoffentlich im nächsten Jahr Exportgeschäfte in Dubai machen. Über welchen Spielfilm schreiben Sie?«

Ich war in Xinjiang, um eine Story über einen der berühmtesten chinesischen Schauspieler, Jiang Wen, zu recherchieren, der in einem chinesischen Western mitwirkte.

»Wo finden die Dreharbeiten statt?«

»Auf dem Land außerhalb von Shanshan«, sagte ich. »In der Wüste. Es soll eine gute Kulisse sein.«

Ich fragte den Mann, was er von Jiang Wen halte.

»Er ist besser als die meisten chinesischen Schauspieler«, sagte er. »Aber ich schau mir keine Filme an, die hier gedreht werden. Ganz sicher ist es Blödsinn.«

Wir schüttelten uns die Hände, und er entschuldigte sich dafür, dass er mich nicht zu sich nach Hause einladen könne. Nachdem ich den Park verlassen hatte, schaltete ich mein Handy ein. Am nächsten Morgen mietete ich ein Taxi und begab mich auf eine fünfstündige Fahrt. Wir fuhren am Nordrand des Tarimbeckens entlang und beobachteten, wie die Landschaft zunehmend öder wurde, bis wir schließlich den Rand der Flammenden Berge erreichten.

*   *   *

An meinem zweiten Tag am Set, beim fünften Take der letzten Szene, als sich die Sonne am späten Nachmittag gerade wüstenorange färbte, ritt ein Schauspieler sein Pferd geradewegs in einen Holzbalken. Das Teil gehörte zu einem Eingangstor, bei dem der Bühnenbildner einen entscheidenden Fehler gemacht hatte: Der Balken befand sich genau auf Höhe des Halses, wenn man auf einem Pferd ritt. Der Reiter versuchte in letzter Sekunde, die Hände hochzureißen. Er war einer von sechs Schauspielern, die auf gleicher Höhe schnell nebeneinander herritten. Im Film spielten sie Soldaten, Deserteure zur Zeit der Tang-Dynastie, die versuchten, eine buddhistische Reliquie zu beschützen und aus einer Oase mit dem Namen Lager des Großen Pferdes zu entkommen. Die Tang-Zeit (618 – 907 v. Chr) war die Blütezeit des Buddhismus in China. Sie brachte auch einige große poetische Werke hervor. Der Schauspieler schlug hart auf den Boden auf und rührte sich nicht. Staub wirbelte auf, und die Luft wurde kühler; die Sonne hing tief und stark über der Wüste Gobi. Bessere Lichtverhältnisse hätte man sich nicht wünschen können.

Die Kulisse war ebenfalls perfekt. Die Flammenden Berge waren baumlos, durchzogen von Hügelketten und Gräben. Die trockenen Flanken wechselten mit dem sich neigenden Tag ihre Farbe – von Braun über Rot zu Grau. Eine Schneespur zog sich weiß über die höchsten Gipfel. Unten, hinter dem Eingangstor, lag die mit Geröll und Schotter bedeckte Weite der Gobi. Die Wüste erstreckte sich flach bis zum Horizont, nur hier und da unterbrochen von blassen alkalischen Flecken. Die menschenleere Landschaft hatte sich schon immer gut für Filme geeignet. In den Fünfziger- und Sechzigerjahren, als das Land von der Außenwelt weitgehend abgeschottet war, gingen chinesische Filmemacher manchmal nach Xinjiang und in andere westliche Regionen, wenn sie von der Norm abweichen wollten. Sie drehten Ersatzfilme für ausländische Produktionen: hausgemachte Exotik.

Nun waren die Filmcrews nach Westchina zurückgekehrt, diesmal aber hofften sie, die Kulisse exportieren zu können. Ein Jahr zuvor war »Tiger and Dragon« in den USA sehr erfolgreich gewesen – der Film hatte über einhundertzwanzig Millionen Dollar an der Kinokasse eingespielt. Einige der eindrucksvollsten Szenen hatte man in der Wüste gedreht, und nun schien es, als hätte die Branche in den Westen zurückgefunden. Miramax hatte in einen Actionfilm mit dem Titel »The Touch. Der Schlüssel zur heiligen Macht« investiert, der gerade in Gansu gedreht wurde. Der Regisseur Zhang Yimou war mit Aufnahmen zu einem anderen, vom Ausland finanzierten Martial-Arts-Film mit dem Titel »Hero« beschäftigt, der teilweise in Gansu und in der Inneren Mongolei spielte.

Hier, am Rande der Flammenden Berge, drehte Columbia Pictures »Wächter über Himmel und Erde«, der als chinesischer Western angekündigt wurde. Der Film hatte ein für chinesische Verhältnisse stattliches Budget von sechs Millionen Dollar, und die Besetzung war erstklassig. Zhao Wei, die beliebteste Schauspielerin Chinas, spielte die weibliche Hauptrolle. Den japanischen Star Kiichi Nakai hatte man ins Land geholt, um den Bösewicht zu mimen. Die große Neuigkeit war jedoch, dass Jiang Wen wieder arbeitete. Eineinhalb Jahre zuvor hatte er den Großen Preis von Cannes für den Kriegsfilm »Devils on the Doorstep« (Der Teufel ist da) gewonnen, bei dem er Regie geführt hatte. Die chinesische Regierung hatte das Werk verboten. Sie beschuldigte Jiang Wen des mangelnden Respekts gegenüber der chinesischen Geschichte, und seit der Zeit war es ihm nicht mehr erlaubt, als Schauspieler oder Regisseur in einer großen, teuren Produktion mitzuwirken. Der Western war der Versuch eines politischen Neuanfangs – ein Actionfilm, der in einer längst vergangenen Epoche spielte, die der Kommunistischen Partei nicht bedrohlich werden würde.

Das Thema des Films war harmlos, ganz anders dagegen die Pferde. Am Tag der Fluchtszene hatte sich der japanische Darsteller bereits zu einem früheren Zeitpunkt beim Reiten verletzt. Ein paar Wochen zuvor hatte sich ein chinesischer Schauspieler namens Li Bukong die Schulter ausgerenkt, nachdem ihn ein Pferd abgeworfen hatte. Wang Xueqi, ein anderer Schauspieler, war schwer gestürzt und hatte sich einige Rippen gebrochen. Wang spielte einen turksprachigen Bandenführer – er trug Haarverlängerungen und blaue Kontaktlinsen. Ein Stuntman lag noch immer in einem Krankenhaus nahe der Grenze zu Kasachstan. Ein Mitglied der Filmcrew, das für das Catering zuständig war, brach sich einen Knöchel. Selbst der Produktionskoordinator wurde von einem Pferd abgeworfen. Jiang Wen, der achtunddreißig Jahre alt war, hatte sich bei Szenen zu einem Schwertkampf an den Knien und am Rücken verletzt, gehörte aber bisher zu den wenigen Akteuren, die noch nicht vom Pferd gefallen waren.

Seine Frau, Chenivesse Sandrine, war vor Kurzem zusammen mit ihrer kleinen Tochter am Set angekommen. Chenivesse war eine große, auffallend schöne Französin, die an der École Pratique des Hautes Études in Religionsanthropologie promoviert hatte. Ich stand neben ihr, als die Fluchtszene gedreht wurde. Wir unterhielten uns auf Chinesisch: Ich sprach kein Französisch, und sie fühlte sich nicht wohl mit Englisch. Zwischen den Takes erkundigte ich mich nach den Reaktionen auf Jiangs Großen Preis in Frankreich. Sie lächelte, als sie sich daran erinnerte: »Nach Cannes haben wir in Südfrankreich Urlaub gemacht«, sagte sie. »Überall haben uns die Menschen erkannt. Sie sagten: ›Oh, wir haben Sie im Fernsehen gesehen. Herzlichen Glückwunsch!‹ Wenn wir in ein Pariser Café gegangen sind, haben die Leute ihren Kaffee stehen gelassen und uns um Autogramme gebeten.«

So sah der Schauplatz der Szene aus: das großartige Licht, die endlose Wüste Gobi und die blonde Frau, die mit französischem Akzent chinesisch sprach. Der Regisseur forderte zum fünften Take auf; alle wurden still. Eine sanfte Brise wehte. Die nächste Stadt war eine Stunde Fahrt durch die Wüste entfernt. Es gab keinen Arzt am Set. Der Schauspieler ritt geradewegs auf den Balken zu.

Crewmitglieder rannten hinüber zu dem Mann, der im Staub lag. Jemand rief, dass es Harrison Liu war, der einen Soldaten in Jiang Wens Bande aus Deserteuren verkörperte. Der gestürzte Schauspieler versuchte aufzustehen, fiel aber zurück in den Staub. Er hielt sich den Nacken.

Jiang Wen schwenkte sein Pferd herum, kam rutschend zum Stehen und stieg schnell ab. Sein Gesicht war schwarz vor Wut – den ganzen Tag über hatte sich wegen all der Unfälle und Verzögerungen Frustration angestaut. Jiang, der Sohn eines Offiziers der Volksbefreiungsarmee, war ein großer Mann mit breitem Brustkorb und struppigem Bart. Die Chinesen sagten oft, er sehe aus wie ein *liumang*, ein Schläger: kurz geschorene Haare, hervortretende Augen, hartes Kinn. Seine Schultern waren breit. Er rauchte ununterbrochen und hatte eine tiefe, sonore Stimme – jedes Wort klang, als sei es tief aus dem Bauch heraus durch Jahre alten Zigarettenrauch emporgestiegen. Ungeachtet der *liumang*-Fassade war er als Absolvent der Zentralen Drama-Akademie in Peking im Bereich Film gut ausgebildet. Neben seiner Schauspielerei hatte er in zwei von der Kritik hochgelobten Filmen Regie geführt.

Jiang Wen half Harrison, der zunächst nicht schwer verletzt zu sein schien, auf die Beine. Die beiden gingen zu den anderen Darstellern hinüber, die sich um Regisseur He Ping geschart hatten. Zusammen starrten sie auf den Playback-Monitor, um herauszufinden, was schief gelaufen war. Es wurde immer kühler, das Tageslicht war fast verschwunden. Vor dem Monitor schlich ein Pferd heran und pinkelte triumphierend. Ein Crewmitglied, das einen Wintermantel der Volksbefreiungsarmee trug, sägte den heimtückischen Holzbalken ab. Harrison rieb sich noch immer den Hals.

»Die Szene werden wir nochmal drehen müssen«, sagte He Ping.

»Mein Hals tut weh«, meinte Harrison.

»Du bis zu schnell geritten«, warf einer der anderen Schauspieler ein.

»*Du* bist zu schnell geritten«, schoss Harrison zurück.

Jiang Wen entfernte sich mit staksenden Schritten vom Monitor. Er trug einen Helm, Stulpenhandschuhe und kniehohe Reitstiefel. Sein Schulterschutz aus Leder war mit aufgesetzten Stahlstreifen beschlagen. In einer Hand hielt er eine Peitsche. Er sah aus, als würde er jeden Augenblick explodieren. Er wandte sich seinem persönlichen Assistenten zu und bellte: »Gib mir eine Zigarette!«

Der Mann zog ein Päckchen hervor. Der Markenname war Snow Lotus, auf der Vorderseite war eine hübsche weiße Blume abgebildet. »*Wo cao*«, sagte Jiang. »Zum Teufel, was für Zigaretten sind das?«

»Die Marke hier aus der Gegend.«

Jiang Wen starrte auf die Zigaretten und nahm sich schließlich eine. Er machte auf dem Absatz kehrt und stiefelte, Selbstgespräche murmelnd, davon. Dann zündete er die Snow Lotus an, stopfte sie sich in den Mund und tat einen kräftigen Zug.

Wie alle großen Schauspieler, hatte Jiang Wen ein Händchen für Rollen, in denen die Stimmungslage des ganzen Landes zum Ausdruck kam. Während der ersten Blütezeit von Reform und Öffnung waren Kino und Filmemacher begeistert von der Landschaft des Lössplateaus, die von jeher das Herz der chinesischen Kultur, die Heimat von Städten wie Anyang und der von Narben übersäten Landschaften am Gelben Fluss war. 1988 übernahm Jiang Wen eine Hauptrolle in dem Film »Rotes Kornfeld«, bei dem Zhang Yimou Regie führte und in dem auch Gong Li in einer Hauptrolle zu sehen war, die später die international bekannteste chinesische Schauspielerin werden sollte. In dem Film weist die weibliche Hauptfigur die Avancen eines Bauern, gespielt von Jiang Wen, zurück. Der Mann kehrt hartnäckig zu der Schnapsbrennerei der Frau zurück, worauf sie und ihre Mitarbeiter mit betretenem Schweigen reagieren. Jiang Wen starrt sie trotzig an, seine Haltung wirkt bedrohlich und gewaltbereit. Schließlich dreht er sich um und pinkelt reihum in die Flaschen mit gärendem Alkohol. Dann nimmt er Gong Li und trägt sie auf seiner Hüfte ins Schlafzimmer. In der ganzen Szene sagt er kaum ein Wort. Es stellt sich heraus, dass der Alkohol der beste ist, den die Brennerei je hergestellt hat. Die von Gong Li gespielte Figur bringt einen Sohn zur Welt. »Rotes Kornfeld« war beim chinesischen Publikum ungeheuer beliebt und wurde auf internationalen Filmfestivals ein großer Erfolg.

Fünf Jahre später war der Zauber des Lössplateaus verblasst. Anfang der Neunzigerjahre, nach der Niederschlagung der Pro-Demokratie-Demonstrationen, prägte ein fremdenfeindlicher Nationalismus das intellektuelle Klima in China. 1993 folgte eine Fernsehserie mit dem Titel »Beijinger in New York« (»Beijingren zai Niu Yue«/Pekinger in New York) einer Gruppe von Einwanderern, deren klischeehaft gezeichneter chinesischer Charakter – kultiviert, untadelig, anständig – von dem klischeehaft geistlosen Materialismus in den Vereinigten Staaten herausgefordert wurde. Jiang Wen spielte darin einen Künstler, der sich an die neue Welt anzupassen versuchte, in die er verpflanzt worden war. Irgendwann heuerte er eine weiße Prostituierte an, bewarf sie mit Dollarnoten und befahl ihr, immer wieder auf Englisch zu sagen: »Ich liebe dich, ich liebe dich, ich liebe dich!« »Beijinger in New York« kam bei chinesischen Zuschauern sehr gut an.

Das waren nur zwei von Jiang Wens bekanntesten Rollen, und auf keine von beiden wurde der Schauspieler festgelegt. In der Zeit von Reform und Öffnung konnte man häufig beobachten, dass sich der Wandel in China so schnell vollzog, dass viele Künstler ihre großen Augenblicke hatten und dann nicht mehr gefragt waren. Jiang Wen blieb jedoch beliebt und übernahm Rollen aus den unterschiedlichsten Epochen der chinesischen Geschichte. Im Laufe der Jahre spielte er Qin Shihuang, jenen Herrscher, der als Erster das chinesische Reich einte, und Puyi, den impotenten letzten Kaiser, der den Zusammenbruch der Qing-Dynastie erlebte. Er verkörperte einen kaiserlichen Eunuchen, war Bauer und Polizist, Kleinkrimineller und Kleinunternehmer. Er erfasste grundlegende Aspekte des Seelenlebens moderner chinesischer Männer: ihre Hoffnungen und Ängste, ihre Träume und ihre Unsicherheit.

1994 führte Jiang Wen bei seinem ersten Spielfilm, »In the Heat of the Sun« (In der Hitze der Sonne), Regie. Der Film basierte auf einer Kurzgeschichte des bekannten Schriftstellers Wang Shuo und spielte in Peking zur Zeit der Kulturrevolution. Filme mit historischen Bezügen haben oft starken Erzählcharakter, wobei das Leben der Figuren mit wichtigen Ereignissen verwoben ist. Dagegen wird »In the Heat of the Sun« durch seine Bildsprache angetrieben. Das erste ›Drehbuch‹ des Films beruhte auf Skizzen, die Jiang Wen in seinem Notizbuch gemacht hatte: ein Teenager, der eine Gruppe junger, tanzender Mädchen beäugt. Häufig beobachtet der Junge – er schaut durch ein Fernrohr, lugt unter dem Bett eines Mädchens hervor, schnüffelt in den Sachen seiner Eltern herum. Die dramatischen politischen Kampagnen treten in den Hintergrund, und an die Stelle der standardmäßigen Atmosphäre der Kulturrevolution – Leid und Trauer – treten jugendliche Sehnsucht und sexuelles Erwachen. Der Junge wird, ebenso wie seine Freunde, im Grunde genommen nicht beaufsichtigt. Ihre Eltern sind durch die Politik abgelenkt. Der Film wurde ein großer Erfolg, vor allem bei jungen Menschen, die in den Achtzigerjahren heranwuchsen.

Er enthielt, so wie viele Spielfilme, Anspielungen auf andere Filme, die alle zur kommunistischen Welt gehörten. Die Teenager führten Szenen aus sowjetischen Propagandafilmen wie »Lenin v 1918 godu« (Lenin im Jahr 1918) auf. Hollywood scheint weit weg zu sein – so auch in der Zeit, als Jiang Wen heranwuchs. In den Siebzigerjahren lebte er fernab in der Provinz Guizhou, wo sein Vater mit der Volksbefreiungsarmee stationiert war. Es war ein Leben in einer Eisenbahnstadt: Züge aus Richtung Peking kamen hier auf ihrem Weg in den Südwesten vorbei. Nur Spielfilme vermittelten Einblicke in die Welt draußen.

»Wir lebten in einem großen Gebäude, das wie eine alte Scheune war«, erzählte mir Jiang Wen einmal. »Direkt vor dem Haus befand sich der Dorfplatz, wo abends zweimal in der Woche unter freiem Himmel Filme gezeigt wurden. Ich konnte sie, wenn ich durchs Fenster schaute, von meinem Bett aus sehen. Sie faszinierten mich, weil sie von so weit her kamen – aus Ländern wie Albanien und Rumänien. Ich erinnere mich noch an ›Das Weißhaarige Mädchen‹ – ein wunderschöner Film. Ich hatte niemals zuvor Balletttänzerinnen gesehen. Auch lateinische Buchstaben habe ich zum ersten Mal in einem Film gesehen. Es waren die Buchstaben US auf den Helmen amerikanischer Soldaten.

Vor allem aber erinnere ich mich an all die hübschen Mädchen in den Filmen. Oft waren sie nur leicht bekleidet – die Hosen wurden gekürzt, die Ärmel abgerissen und ein Gürtel der Revolutionsuniform legte sich eng um ihre Taille, und sie standen da und hielten ein Gewehr. Mein Gott, wie schön sie waren. Ich erinnere mich besonders an eine Szene aus einem Film über die Nazis und die Albaner. Eine albanische Frau, die ihr Hemd teilweise aufgeknöpft hatte, spielte Gitarre – nie zuvor hatte ich eine Gitarre gesehen. Ich erinnere mich noch genau an das Lied.«

Nachdem die Fluchtszene in Xinjiang abgedreht war, holperten die Schauspieler eine Stunde lang mit einem Kleinbus über Sand und Steine durch die Gobi. Wir alle waren in der riesigen Anlage der Petrochina Tuha Oilfield Company untergebracht, die Erkundungsarbeiten in der Region durchführte. Nach dem Abendessen verschlimmerten sich die Schmerzen in Harrison Lius Nacken, und er wollte einen Arzt im Krankenhaus des Erdölkomplexes aufsuchen. Jiang Wen beschloss aufgrund seiner Knie- und Rückenschmerzen, Harrison zu begleiten. Wang Xueqi fand, er könne mitkommen, seine Rippen könnten eine Kontrolluntersuchung gebrauchen. Ein weiterer Schauspieler fühlte sich ebenfalls angeschlagen. Als wir im Krankenhaus ankamen, waren wir zu sechst. Es war nach zehn Uhr.

Jemand piepste per Funk den Pager des Stellvertretenden Direktors der allgemeinmedizinischen Abteilung an, der Cao Jie hieß. Die Schauspieler entschuldigten sich dafür, dass sie ihn zu dieser späten Stunde belästigten; der Arzt meinte, dass sei kein Problem. Er erwähnte, dass ihm Jiang Wens Filme immer gefallen hätten.

Jiang Wen zog sein Hemd aus, Dr. Cao drückte auf Punkte entlang des Rückens und fragte dabei, ob es wehtue. Nach dem enttäuschenden Tag am Set schien Jiang Wen nun entspannt zu sein; er riss Witze mit den anderen Schauspielern. Seine Knie waren schwarz und blau. Er drückte auf eine Prellung und furzte laut.

»Das ist seltsam, Doktor«, sagte Jiang Wen nachdenklich. »Wenn ich hier drücke, muss ich furzen.« Er drückte noch einmal, aber nichts geschah. »Vergessen Sie es«, sagte er.

Dr. Cao klagte weiter über die vielen Verletzten in letzter Zeit. Seit Tagen seien Schauspieler und Crewmitglieder in das Krankenhaus geströmt. An diesem Nachmittag sei ein Mann mit einem gebrochenen Fußknöchel aufgetaucht.

»Er hat es dadurch schlimmer gemacht, dass er nicht früher ins Krankenhaus gegangen ist«, sagte Dr. Cao. »Was macht ihr eigentlich da draußen?«

»Einen Actionfilm«, sagte Jiang Wen.

Dr. Cao schlug ein medizinisches Fachbuch auf und zeigte uns, wo genau sich der Kollege das Sprunggelenk gebrochen hatte. »Sein Fuß ist stark angeschwollen«, sagte der Arzt. »Ich verstehe das nicht. Warum ist er nicht früher ins Krankenhaus gegangen?«

»Ich sage schon die ganze Zeit, dass wir einen Arzt am Set brauchen«, meinte Jiang Wen.

»Der Umgang mit Pferden ist gefährlich«, sagte Harrison Liu.

»Weißt du, was das Hauptproblem ist?«, fragte Jiang Wen. »Die Stuntmen drehen die Pferdeszenen nicht immer zuerst, und selbst wenn sie es tun: Sie sind keine Reiter, sondern Experten für Kampfkünste.«

Ein Schauspieler zückte eine Packung Zhongnanhai Light und fragte, ob Rauchen im Untersuchungsraum erlaubt sei. Dr. Cao griff ebenfalls zu, und alle sechs zündeten sich eine Zigarette an. Der kleine Raum war schnell verqualmt.

»Ich kann Ihnen sagen, so etwas habe ich noch nie gesehen«, sagte Dr. Cao.

»Ich denke, es ist eine Frage der Menschenrechte«, sagte Jiang Wen.

Dr. Cao passte eine Halskrause für Harrison Liu an. Harrison war, wie Jiang Wen, sehr groß. Seine Freundin war ebenfalls eine blonde Ausländerin – eine Belgierin. In der chinesischen Künstlerszene war es ein Zeichen von Erfolg, wenn man ausländische Freundinnen hatte. Oft waren die Frauen angehende Akademikerinnen, die nach China gekommen waren, um eine wissenschaftliche Arbeit in Anthropologie oder Soziologie zu recherchieren. Harrison Liu trug Cowboystiefel. Nach der Niederschlagung der Demokratiebewegung 1989 hatte er politisches Asyl in Kanada erhalten, dessen Staatsbürger er inzwischen war. Seinen englischen Namen hatte er von dem Beatle übernommen. Gelegentlich wirkte er in kanadischen oder amerikanischen Filmen mit; 1991 verkörperte er einen Huronen in dem Film »Black Robe – Am Fluss der Irokesen«, der die Geschichte des ersten Missionars in Quebec erzählt. Wenn man sich die Szenen genau ansieht, kann man feststellen, dass ein Hurone chinesisch aussieht. Harrison konnte sich noch immer an eine Zeile erinnern, die er in der Sprache der Huronen gesprochen hatte. Er sagte mir, sie bedeute: »Wir müssen mit diesem weißen Mann nicht mitgehen.«

Der Arzt stellte die Halskrause fertig und erklärte, dass Jiang Wen und Harrison eine Computertomografie bräuchten. Jiang Wen warf einen Blick auf seine Uhr.

»Na so was, heute ist der 7. November«, sagte er, »der Jahrestag der Russischen Revolution.« Auf dem Weg zur Röntgenabteilung summte er »Die Internationale« vor sich her. Er zeigte mir eine SMS, die ihm gerade ein Pekinger Talkmaster auf sein Handy geschickt hatte: »Ich bin soeben auf eine Raubkopie von ›Devils on the Doorstep‹ gestoßen.«

»Solche Nachrichten erhalte ich täglich«, sagte Jiang Wen stolz. Sein Spielfilm war nie in den chinesischen Kinos gelaufen, aber vor zwei Wochen tauchte er plötzlich in den Straßen auf. Der Schauspieler lächelte. »Schauen Sie sich an, was alles passiert ist«, sagte er. »Wir wurden verletzt, sind ins Krankenhaus gefahren, werden geröntgt, wir haben den Jahrestag der Russischen Revolution und nun die Nachricht zu ›Devils on the Doorstep‹. Daraus könnten wir einen Film machen.«

Ein Techniker scannte Harrisons Hals und sagte, es sehe nach einer Verstauchung aus. Dr. Cao warf einen prüfenden Blick auf Jiang Wens Knie- und Rückenaufnahmen. Es könne sich um ein Problem mit dem fünften und sechsten Wirbel handeln; morgen würde ein Fachmann den Schauspieler untersuchen. Bevor wir gingen, bat Dr. Cao Jiang Wen darum, drei Fotos seiner Tochter und seiner Nichte zu signieren. Es war fast Mitternacht. Die Bilder waren typisch chinesisch: Zwei kleine Mädchen blickten erstaunlich grimmig in die Kamera. Auf der Rückseite jedes Fotos schrieb der Schauspieler: »Jiang Wen – der fünfte und sechste Wirbel«.

»Devils on the Doorstep«, Jiang Wens zweiter Film als Regisseur, spielt in der ländlichen Provinz Hebei, im Jahr 1945 – dem letzten

Jahr der japanischen Besatzung. Wie die Kulturrevolution, so wurde auch diese heikle Zeit meist schablonenhaft dargestellt. Die chinesischen Filme zeigten die Brutalität der Japaner und den heldenhaften Widerstand der einfachen Leute. Es gab die üblichen Helden, etwa Wang Erxiao, den chinesischen Hirtenjungen, der die japanischen Truppen in einen Hinterhalt führte.

In Jiang Wens Film schrumpft der Krieg auf ein einziges chinesisches Dorf und auf eine einzelne japanische Garnison zusammen, die sich isoliert von der Außenwelt abgeschieden auf dem Land befindet. Am Anfang des Films steht eine Sexszene: Ein Bauer namens Ma Dasan hat eine Affäre mit einer jungen Witwe. Plötzlich klopft es an der Tür, und ein unbekannter chinesischer Widerstandskämpfer liefert einen japanischen Gefangenen und dessen Dolmetscher ab. Die Männer sind gefesselt; Ma wird angewiesen, die Gefangenen zu verhören und sie vor der örtlichen japanischen Garnison zu verstecken. Da die Verantwortung ihm Angst macht, bittet Ma, gespielt von Jiang Wen, die anderen Dorfbewohner um Hilfe.

Anstatt zusammenzuarbeiten, streiten sich die Dorfbewohner über belanglose Fragen: Ob Ma mit der Witwe schlafen darf, wie viel Mehl die wohlhabendste Frau der Stadt gehortet hat. Praktisch jede Figur wird von Eigeninteresse, Gier, Sturheit oder Feigheit getrieben. Der japanische Gefangene, der zunächst ehrenvoll sterben will, verliert schnell seinen Stolz, sodass die Dorfbewohner schließlich Mitleid für ihn empfinden. Am Ende schließen sie mit der japanischen Garnison einen Handel ab und tauschen ihn gegen sechs Wagenladungen Mehl ein. Die Besatzer und die Besetzten kommen zu einem Festgelage zusammen, in das die Nachricht von der Kapitulation Japans hineinplatzt. In einer sich steigernden Mischung aus panischer Angst und Scham metzeln die japanischen Soldaten die unbewaffneten Dorfbewohner nieder.

Während der Dreharbeiten zu »Devils on the Doorstep« weigerte sich Jiang Wen, einzelne Aufnahmen zu wiederholen. Wenn er mit einem kleinen Teil einer Szene nicht zufrieden war, bestand er darauf, alles von Anfang an neu zu drehen. In der Filmbranche ist diese Vorgehensweise einmalig. Angeblich hat Jiang Wen alle in China verfügbaren Kodak-Schwarz-Weiß-Filme aufgebraucht – über hundertfünfzigtausend Meter oder etwa das Fünffache eines herkömmlichen

Spielfilms. Der ländliche Drehort war nur per Boot zu erreichen, und die Schauspieler arbeiteten in extremer Kälte. Für Ablenkung war vor Ort ebenfalls gesorgt: Ein Dorf verklagte ein anderes bezüglich der Frage, wer das Recht hatte, Land an die Filmproduktionsgesellschaft zu verpachten. Der Film kostete schätzungsweise fünf Millionen Dollar, doppelt so viel wie das ursprünglich geplante Budget, und er war zwei Stunden und vierundvierzig Minuten lang. Obwohl er in Cannes den Sieg davontrug, fanden die meisten Kritiker, dass eine weitere Bearbeitung angebracht wäre. Der Film kam weltweit nur in neun Ländern in die Kinos, in China wurde er nie öffentlich aufgeführt. Leute, die an dem Film beteiligt waren, baten mich bei Interviews immer darum, wegen der politischen Probleme inoffiziell sprechen zu dürfen.

Bevor ich nach Xinjiang reiste, besuchte ich die Location im ländlichen Hebei, wo »Devils on the Doorsteps« gedreht worden war. Von Peking aus war es eine fünfstündige Autofahrt mit anschließender dreißigminütiger Bootsfahrt; der Drehort befand sich an den Ufern des Danjiangkou-Reservoirs. Er bestand aus einem Dutzend Häusern, die von schroffen Bergen und einem bröckelnden Abschnitt der Großen Mauer umgeben waren.

Das Dorf hatte man nur für den Film gebaut. In China, wo Arbeit und Material billig waren, gab es keine auf Kulissenbau spezialisierte Industrie: Regisseure verwendeten einfach Versatzstücke aus der Realität. In der Nähe der Flammenden Berge kam es zu einer der Verletzungen zu Pferd, als während eines Ritts ein Holzscheit auf ein Bein eines Schauspielers fiel. In Hollywood hätte man den Gegenstand aus Styropor nachgebildet, in China dagegen setzte man echtes Holz ein. Am Danjiangkou-Reservoir bestanden alle Häuser aus Granit, Ziegeln und Fliesen; die Kamine und Öfen funktionierten tatsächlich. In einem Land, in dem so vieles *jiade* war – gefälschte Markenware, schlampig restaurierte alte Bauwerke, frische Farbe auf den Fassaden alter Gebäude – waren die Filmsets real. Manchmal hielten sie länger als die Filme selbst.

Seit den Dreharbeiten zu »Devils on the Doorsteps« waren bereits zwei Jahre vergangen, und niemand lebte am Drehort; der Boden auf dieser Seite des Reservoirs war für die Landwirtschaft zu steinig. Bauern aus einem Dorf auf der anderen Seite des Gewässers versuchten jedoch, das Gelände in eine Touristenattraktion zu verwandeln. Sie hatten eine Pforte mit einer Kasse aufgestellt und verlangten knapp neunzig Eurocent Eintritt. Als ich eine Karte kaufte, hatte der Mann an der Pforte nichts Nettes über Jiang Wen zu sagen. »Er ist ein Betrüger«, sagte der alte Mann. »Er sollte uns hunderttausend Yuan für die Nutzung des Grundstücks zahlen, was er aber nicht getan hat. Außerdem haben die Leute Werkzeuge ausgeliehen und nicht zurückgegeben.«

Ich ging zum nahe gelegenen Dorf, in dem einige Bauern wohnten, die an den Dreharbeiten teilgenommen hatten. Jiang Wen besetzte die Rollen gern sowohl mit professionellen Schauspielern als auch mit Durchschnittsmenschen, weil sich dadurch die Dynamik am Set veränderte. Ein Spielfilm-Consultant aus Hongkong hatte mir erklärt, dass Filme dadurch »weniger fiktional als vielmehr real« wirkten, was zweifellos zutraf, zumindest aus Sicht der Dorfbewohner. Eine Frau namens Zhang Fuhong erzählte mir stolz, dass Jiang Wen und seine Berater sie persönlich ausgewählt hätten. »Sie wollten mich für eine wichtige Szene wegen meines langen Haars«, sagte sie stolz. Sie war fünfundzwanzig; als ich sie interviewte, bereitete sie in ihrer Küche Teigtaschen zu. Sie sagte, sie habe Jiang Wen gemocht, weil er freundlich gewesen sei. In der entscheidenden Filmszene wurde die Frau von den Japanern getötet. »Ich war diejenige, die am Ende versuchte wegzulaufen«, sagte sie.

Auf einem Wanderweg zurück zum Reservoir traf ich eine andere Bäuerin, die in dem Film ebenfalls getötet worden war. »Ich hatte etwas Angst«, gab sie zu. Sie erzählte mir, dass sie von den hohen Ansprüchen Jiang Wens beeindruckt war. »Eine Szene haben sie tagelang gedreht, und er war damit noch immer nicht zufrieden«, sagte sie.

Keiner der Dorfbewohner hatte den fertigen Film gesehen. Sie hatten nur zwischendurch einige Clips auf dem Monitor verfolgt, die Handlung kannten sie nur unvollständig. Sie wussten nicht, dass Jiang Wens Figur ebenfalls getötet wurde, weil diese Szenen anderorts gedreht worden waren. Viele Bauern wussten nicht einmal, dass »Devils on the Doorsteps« verboten worden war. Eine Frau sagte, sie könne nicht verstehen, warum der Film nicht im Fernsehen gelaufen sei. Die wenigen Touristen, die vorbeischauten, waren verwirrt: Sie wussten, dass hier ein Jiang-Wen-Film gedreht worden war, ihnen war auch bewusst, dass es ein Problem gegeben hatte, sie wussten aber nicht genau, was passiert war.

Der Einzige, der über alles im Bilde zu sein schien, war ein zwölfjähriger Junge namens Zhou Baohong. Wenn ich aufs Land fuhr, begegnete ich manchmal Kindern wie ihm: wortgewandt, kompetent und besessen von der Welt jenseits des Dorfes. Wenn ein Ausländer eintraf, bekamen sie es sofort mit. Stets bezogen sie lange Beschreibungen ihrer letzten Prüfungsergebnisse in ihr Gespräch ein, ebenso ihre Chancen, auf ein gutes Gymnasium zu kommen. Wenn ich meine Telefonnummer hinterließ, riefen sie mich in regelmäßigen Abständen wochen- und manchmal jahrelang an. Diese Kinder erinnerten mich jedes Mal an William Jefferson Foster.

Zhou Baohong trug einen schmutzigen blauen Anzug und versuchte, zusätzlich Geld zu verdienen, indem er an den Wochenenden am Filmset als Führer mithalf. Ich engagierte ihn, und er nahm mich mit auf eine Tour durch die verlassenen Häuser und Objekte. Er wusste, wie viel jedes Requisit gekostet hatte – er zeigte mir einen künstlichen Baum aus Zement, dessen Herstellung sechshundert und dessen Transport zweihundert Yuan gekostet hatte. Ein zusätzlicher Turm auf der Großen Mauer hatte hunderttausend Yuan gekostet. (Jiang Wen hatte die echte Große Mauer nicht ausgereicht.) Der Junge zeigte mir das menschenleere Haus von Jiang Wens Figur, und danach legten wir an einer kleinen Freifläche eine Pause ein. »Hier war das Schlachtfeld«, sagte der Junge ernst. »Alle Dorfbewohner sind hier gestorben.«

Ich fragte, was mit dem Film selbst geschehen sei. »Jiang Wen hat sich bei der nationalen Kulturbehörde nicht um eine Freigabe bemüht«, sagte der Junge. »Dann ging er nach Frankreich und hat einen Preis gewonnen. Daraufhin hat die Regierung den Film verboten.« Der Junge hatte den fertigen Film nicht gesehen, er sagte aber, er wisse, warum er zensiert worden sei. »Die Bauern leisteten keinen Widerstand«, sagte er. »Es gab keine Rote Armee, keine Arbeiterarmee, keine Guerilla – nichts von all dem. Deshalb hatte der Film ein Problem.«

Nachdem Jiang Wen in Cannes gewonnen hatte, schwiegen die chinesischen Medien – was in der Volksrepublik immer ein schlechtes Zeichen ist. Das Verbot wurde nie offiziell ausgesprochen, obwohl zwei mysteriöse Dokumente Webseiten zugespielt wurden. Angeblich kamen sie vom Amt für Film. Eines trug den Titel »Propaganda Briefing Nr. 28« und stellte fest, die Regierung »unterbindet vorübergehend alle Aktivitäten von Jiang Wen für Film und Fernsehen innerhalb Chinas«.

In China mussten alle Spielfilme zweimal freigegeben werden: zum einen im Drehbuchstadium und zum anderen nach Abschluss der Dreharbeiten. Das zweite durchgesickerte Dokument – »Kommentare vom Ausschuss für Filmzensur« – identifizierte zwanzig Manuskriptstellen, die Jiang Wen ohne Genehmigung geändert hatte. Die Sexszene sei unangebracht gewesen: »Die starke Bildsprache und der explizite Ton regen die Sinnesorgane auf eine vulgäre Art und Weise an.« Der Ausschuss beklagte sich auch über das Ende des Films. Es zeige, wie die Kuomintang das China der Nachkriegszeit ohne Widerstand der Dorfbewohner kontrolliere: »Die historische Realität wird stark verfälscht. Das Ziel, die KMT zu kritisieren und zu verspotten, wird nicht erreicht.«

Das größte Problem war jedoch die Passivität der chinesischen Dorfbewohner. Das Dokument erwähnte eine Szene, in der sie dem japanischen Gefangenen und dem chinesischen Kollaborateur zu essen geben:

Objektiv gesehen wird gezeigt, dass chinesische Zivilisten selbst in Kriegszeiten, unter schwierigsten Lebensbedingungen, die japanischen Invasoren nicht hassen, sondern im Gegenteil ihr Bestes geben, um die Bedürfnisse der Gefangenen zu befriedigen ... Diese Darstellung widerspricht zutiefst den historischen Tatsachen.

Zensur war ein merkwürdiges Thema. In meinem Pekinger Viertel fand ich manchmal DVD-Raubkopien, die auf den Umschlägen auf Englisch mit den Worten »Banned in China« (in China verboten) warben. Niemand schien die Raubkopierer über längere Zeit zu kontrollieren; sogar ein Film wie »Devils on the Doorsteps« tauchte eines Tages in den Straßen auf. Manchmal gingen selbst Filmemacher mit dem Thema Zensur locker um. Ein junger Regisseur erzählte mir, dass die Beamten des Amtes für Film ihn an seine Großeltern erinnerten – alternde Autoritäten, die er für dumm verkaufte.

Nach einem halben Jahrhundert hatten sich viele Grundzüge des Kommunismus in diese Richtung entwickelt: Die Partei hatte die Macht, genoss aber keinen Respekt; sie wurde mehr toleriert als gefürchtet. Der Druck, den das Amt für Film ausübte, war oft passiv-aggressiv: Das Schweigen war eine mächtige Waffe. Offizielle Erklärungen wurden vermieden, und Jiang Wen teilte man nie mit, wie lange er nicht in Spielfilmen und in Fernsehprogrammen auftreten dürfe. Faktisch weigerten sich die Funktionäre, sich überhaupt mit ihm zu treffen. Das Ziel bestand einfach darin, ihn zu beunruhigen und warten zu lassen.

Nach dem Verbot des Films erzählte Jiang Wen ausländischen Reportern wiederholt, dass in diesem Fall das Leben die Kunst nachahme: Der Preis von Cannes sei, wie die Gefangenen im Spielfilm, ein Besitz, der nichts als Ärger mit sich bringe. Er sagte, dass ihn die Zensur an die Kulturrevolution erinnere. Solche Äußerungen wurden von vielen seiner Kollegen in der Welt des chinesischen Films nicht geschätzt. Jiang Wen hatte immer Feinde gehabt – dank seines Charismas und seines Ruhmes war er jedoch sehr einflussreich, außerdem hatte er ein hitziges Temperament und einen Hang zur Sturheit. Nachdem er die Regierung verärgert hatte, befürchteten andere Filmemacher eine mögliche Verschärfung der Vorschriften. Ein Produzent in Peking erzählte mir: »Wenn er weiter öffentlich darauf besteht, dass er keinen Fehler begangen hat, wird die gesamte Branche in China darunter zu leiden haben.«

Eine Zeit lang gefiel sich Jiang Wen in der Rolle des unterdrückten Künstlers, aber dann schien sich seine Haltung zu ändern. Einer seiner Freunde sagte mir, dass Jiang inzwischen privat einräume, dass er einige seiner Probleme selbst verursacht habe. Schließlich stellte er seine rebellischen Kommentare ein. Nachdem er sich eine Zeit lang zurückgezogen hatte, begann er, die Grenzen auszuloten; er trat in ein paar Shows bei der Verleihung von Fernsehpreisen auf. Dann übernahm er eine Rolle in einem Low-Budget-Film, mit dem ein Regisseur debütierte. Er war nie ein Actionstar gewesen, und es war offensichtlich, dass er die Arbeit nicht mochte, aber sie war für seine politische Rehabilitation wichtig. Xinjiang war sein erster Schritt zurück aus dem Exil.

Eines Abends, nach einem weiteren langen Drehtag in Xinjiang, traf ich Jiang Wen in seinem Hotelzimmer. Ich fragte ihn, wie die Zuschauer den historischen Hintergrund von »Devils on the Doorstep« interpretieren sollten. Vorsichtig lehnte er sich zurück – an der Wirbelsäule hatte er noch Schmerzen – und zündete sich eine Zigarette an.

»Ich habe nie gesagt, dass dieser Film historische Zusammenhänge wiedergeben soll«, sagte er. »Ich finde, dass ein Regisseur zeigen muss, was die Herzen bewegt. Vielleicht hat es etwas mit Vererbung zu tun. Ich bin in der Nähe dieses Dorfs in Hebei geboren, insofern steckt viel von der Vergangenheit in mir. In gewisser Weise, denke ich, ist der Film autobiografisch.«

Ich erwähnte, dass einige Kritiker das Werk für fehlerhaft hielten, weil es die Chinesen nicht als Opfer des Krieges zeige.

»Ich stimme zu, dass die Chinesen Opfer waren«, erwiderte er. »Aber wir haben unsere eigenen Fehler. Wir müssen ohne Scheuklappen in den Spiegel schauen und darüber nachdenken, warum wir zu Opfern wurden. Man kann nicht einfach auf andere zeigen und sagen, dass sie böse sind – man kann nicht auf Lin Biao, Jiang Qing oder die Japaner zeigen. Das ist zu einfach.«

Er rieb sich den struppigen, schwarzen Bart. Er trug eine alte Jogginghose und Nike-Turnschuhe, seine Augen sahen müde aus.

»Stellen Sie sich China als Acker vor«, fuhr er fort. Mit einer Hand tat er, als würde er in den Teppich des Hotelzimmers sorgfältig eine Reihe Reispflanzen einsetzen. »Die Kuomintang, die Kommunistische Partei, Lin Biao, Jiang Qing – sie alle sind Pflanzgut in der Erde. Sie wachsen in unterschiedlicher Weise; einige wachsen gut, andere nicht so gut. Einige werden schlecht. Als die Japaner kamen, konnte man sicher sein, dass sie bereits schlecht waren – schließlich waren sie Faschisten. Aber warum wurden sie noch schlechter, nachdem sie hier angekommen waren? Darüber müssen wir Chinesen reden, weil so viel Schlechtes zunehmend schlechter wurde.

Die meisten Leute machen es sich zu einfach: ›Sie sind Teufel, wir sind Opfer.‹ Aber mit der Geschichte verhält es sich ähnlich wie mit einem Menschenleben. Freunde von mir meinten, ich solle im Amt für Film arbeiten, weil es in der Einrichtung dann toleranter zugehen würde. Ich habe geantwortet, dass ich dadurch nur zu einem schlech-

teren Menschen würde. Wenn eine Wache an einem Tor steht, dann
wird sie zu einem Element der Unterdrückung. Mit der Person selbst
hat das nichts zu tun; es geht um das System, um das Umfeld.«

Er erzählte mir, dass viele Chinesen psychologische Hilfe benö-
tigten. »Die Leute sollten mehr Zeit damit verbringen, in sich selbst
hineinzuschauen«, sagte er. »Zwischen einem Menschen und der Geschichte besteht kein Unterschied, zumindest insofern, als auch eine
Lebensgeschichte gewaltig ist. Ein Individuum kann komplexer sein
als eine Gesellschaft. Aber die Chinesen haben nicht die Zeit, sich zu
prüfen. Alle sind zu beschäftigt, zum Nachdenken fehlt die Ruhe. In
der fernen Vergangenheit war das Land friedlich und gefestigt, jetzt
dagegen verändert es sich wie im Flug. Diese Situation haben wir
mindestens seit Reform und Öffnung, aber bis zu einem gewissen
Grad waren die vergangenen zweihundert Jahre genauso. Wir wissen
nicht, wo wir stehen. Wir haben unseren Weg nicht gefunden. Anfang des 20. Jahrhunderts haben die Chinesen es versucht; einige
wollten ihn in unseren eigenen Traditionen finden, andere haben einen Blick über die Grenzen geworfen. Diese Diskussion ist noch immer im Gange.«

Er fuhr fort: »Der Vorsitzende Mao ist ein perfektes Beispiel. Er
hat oft gesagt, dass ihm die chinesische Geschichte nicht gefalle, und
die Kommunisten waren anfangs erfolgreich, weil sie das Tradierte
ablehnten. Aber Mao verwendete die traditionelle chinesische Sprache, um sich zu widersetzen, und er wurde ein traditioneller Herrscher. Es ist nicht so, als hätte er den Entschluss dazu gefasst; er
kannte einfach keine Alternativen. Er ist eine tragische Figur – die
tragischste in der chinesischen Geschichte. Er ist wie eine Aussaat,
die groß wächst, aber in einer verdrehten Art und Weise, weil das
Saatgut den Boden nicht überwinden kann.«

Ich fragte ihn, wie man es besser machen könne.

»Man muss den Boden verändern«, sagte Jiang Wen.

Der Raum war still. Er legte eine Pause ein, um sich eine weitere
Zigarette anzuzünden. »Ich möchte einen Film über Mao drehen«,
fuhr er fort. »Mao war tragischer als Hamlet. Mao war ein Künstler,
kein Politiker. Er hätte Dichter oder Philosoph werden sollen, er hätte schöpferisch tätig werden sollen, anstatt sich mit Politik zu befassen.«

Jiang Wen lachte und fügte einschränkend hinzu, dass ein solcher Film in naher Zukunft nicht realisierbar sei. Er hatte keine Ahnung, wann er wieder Regie führen würde; er war noch immer dabei, Schritt für Schritt das politische Klima zu erspüren. Auf jeden Fall faszinierte ihn Mao Zedongs Charakter. »Mao geht wohl alle Chinesen an«, sagte Jiang Wen. »Er verkörpert viele chinesische Träume und viele chinesische Tragödien.«

Das Filmset verschlang die Außenwelt. In einigen Szenen waren Horden turkischer Krieger mit Turban zu sehen; hinter der Kamera sprachen die Schauspieler von »Taliban«, wenn von diesen Statisten die Rede war. Abgesehen von solchen Witzen fiel kaum auf, dass jenseits von Xinjiang ein Krieg geführt wurde. Mein Treffen mit Polats Freund schien genauso weit entfernt: Die einzige Erinnerung war der Stapel Hundertdollarnoten.

Während der Dreharbeiten sahen wir nur selten Uighuren. Han-Chinesen leiteten die Ölgesellschaft, und die ›Statisten zu Pferd‹ – die Taliban – waren in Wirklichkeit Kasachen. Die Szenen im Lager des Großen Pferdes wurden in der Nähe einer kleinen Oase gedreht, in der eine uighurische Familie lebte, die sich aber fernhielt und ihre Herde hütete, die aus zweihundert Schafen bestand. Eines Nachmittags besuchte ich sie und sprach mit einem jungen Uighuren in den Zwanzigern, der mir müde erzählte, dass er Jiang Wen mochte. Allerdings zog er amerikanische Filme vor – »Twister«, »Terminator« – alles mit Arnold Schwarzenegger. Er sagte, ihm hätten die Szenen aus »Titanic« gefallen, in denen das Schiff entzweibrach.

Als ich den Regisseur He Ping nach dem Unterschied zwischen amerikanischen und chinesischen Western fragte, hatte er eine tadellose Antwort parat. »In amerikanischen Western wird die Kultur in den Westen gebracht«, sagte er. »Es geht um die Verlagerung einer Kultur an einen anderen Ort, Recht und Ordnung ziehen in den Westen. Ein chinesischer Western ist vollkommen anders. Darin geht es um den Austausch zwischen verschiedenen Kulturen.« Er erwähnte außerdem, dass er eine Schauspielerin mit einem rasierten Kopf als buddhistischen Mönch mitwirken lasse, um den Film »postmoderner« aussehen zu lassen.

An die Stelle von Harrison Liu trat ein Double. Der Arzt hatte ihn angewiesen, sich eine Zeit lang von Pferden fernzuhalten; er musste sich für eine nachfolgende Szene erholen, in der seine Figur von einer Taliban-turkisch-kasachischen Horde getötet wird. Sein Schicksal war es, mit einem Pfeil in der Brust und einem anderen im Knie zu sterben. Viele Monate später, als ich den Tod auf einer Kinoleinwand sah, dachte ich sofort an den Huronen in »Black Robe – Am Fluss der Irokesen«.

Am Ende meines letzten Tages am Set war ich mit Jiang Wen in seinem privaten Kleinbus unterwegs. Er hatte einen Teil des Nachmittags damit verbracht, eine Karawane durch die Gobi zu führen. Harrisons Ersatzdarsteller hatte das Ende der Prozession gebildet, sodass er niemandem auffallen würde.

Der Kleinbus holperte durch die geschwärzte Wüste. Keine Bäume, kein Gras – nichts außer dem flachen, toten Horizont. Ich fragte den Schauspieler nach seinen Lieblingsfilmen. Er erzählte mir, dass er sich als junger Mann über einen Zeitraum von zehn Jahren immer wieder »Wie ein wilder Stier« angeschaut habe.

»Als ich den Film sah«, sagte er, »wirkte er auf mich nicht wie ein amerikanischer Film oder wie ein Film über einen Boxer. Es war, als ginge es um mein Zuhause.«

Ich fragte ihn, ob seine Kopie chinesische Untertitel hatte, und er schüttelte den Kopf. »Ich habe nur etwa zehn Prozent verstanden«, sagte er. »Aber das eigentliche Ziel besteht doch darin, die Handlung zu verfolgen und die Stimmung zu erfassen. Ich mochte die Farbabstufungen, Licht und Schatten, und ich mochte die Atmosphäre. Und ich mochte Robert De Niro, weil er mich in diesem Film an meine Mutter erinnert. Sein Verhalten erinnert mich an sie.«

Ich fragte vorsichtig: »Was für ein Mensch ist Ihre Mutter?«

»Zu kompliziert, um es zu erklären«, sagte er. »Ein weiterer Film, den ich irgendwann drehen werde.«

Der Kleinbus holperte weiter. Die Sonne hatte sich tief gesenkt und war schließlich verschwunden; in der Ferne fackelte an Erdölquellen ein düsteres Orange ab. Jiang Wens Zigarette glühte in der gleichen Farbe. Er sprach über ausländische Regisseure, die ihn ermutigt hatten – Martin Scorsese hatte er zweimal getroffen, und Vol-

ker Schlöndorff, der Regisseur der Blechtrommel, hatte Jiang Wen
bei der Beschaffung von Fördermitteln für seinen ersten Film geholfen. Jiang Wen fiel es schwer zu erklären, wie sehr er das Filmemachen liebte. Zu guter Letzt zeigte er auf seine Zigarette.

»Es ist wie mit dem Rauchen«, sagte er. »Ich brauche das Filmemachen, so wie ich das Rauchen brauche.«

Zunächst war mir nicht klar, was er meinte – ob Filmemachen
eine Sucht sei oder eine verleugnete Notwendigkeit oder ein Metier,
das so oder so dazu bestimmt war, ihm durch Ruhm, Zensur oder mit
Pferden den Rest zu geben. Aber dann bemerkte ich sein Lächeln –
der hinreißendste Blick, den ich je in seinem strengen Gesicht gesehen hatte. Es war einfach sein Ding.

Kapitel

19

Wahltag

1. Dezember, Neunzehntes Jahr der Republik

Nur einer der damals aktiven Anyang-Archäologen lebte noch. Im Sommer 1936 hatte Shih Chang-ju die Ausgrabung des größten Lagers von Orakelknochen überwacht, das jemals entdeckt worden war. Im darauf folgenden Jahr, als die Japaner Nanjing besetzten, floh die Kuomintang in den Westen. 1949 wurde sie von den Kommunisten nach Taiwan vertrieben. Das war die Lebensgeschichte von Shih Chang-ju (Shi Zhangru) – ein nomadischer Archäologe, der wiederholt vom Krieg vertrieben wurde. Seine Beschreibung der Ausgrabungen vom Juni 1936, als die letzten archäologischen Arbeiten der Saison die Orakelknochen zutage förderten, hatte etwas Ergreifendes:

Aber das Leben schreibt nun mal die besten Geschichten. Die Freude über den Fund übertraf unsere Erwartungen bei Weitem!

Nachdem Archäologen in Anyang mir von Shih erzählt hatten, rief ich die Academia Sinica in Taiwan an. Eine Assistentin nahm den Hörer ab: »Er wird heute erst ab drei Uhr erreichbar sein«, sagte sie. »Er nimmt in dieser Woche an vielen Besprechungen teil.«

Ich erklärte ihr, dass ich Termine für einen Besuch in Taiwan abstimmen wollte. Solche Fahrten kosteten Zeit. Direkte Flüge zwischen der Insel und dem Festland waren nicht erlaubt, deshalb mussten Reisende in Hongkong das Flugzeug wechseln. Ich fragte, ob Professor Shih im nächsten Monat vielleicht für ein Interview zur Verfügung stünde.

»Oh, das ist sicher jederzeit möglich«, sagte sie. »Er ist jeden Tag hier.«

Ich fragte: »Handelt es sich auch um den Professor Shih, der in den Dreißigerjahren bei den Ausgrabungen in Anyang dabei war?«

»Ja, ganz recht.«

»Er nimmt noch an Besprechungen teil?«

»Nur wenn Besucher in der Stadt sind. In dieser Woche erwarten wir einige Leute vom Festland.«

»Wie alt ist er?«

»Er hat in diesem Jahr gerade seinen hundertsten Geburtstag gefeiert.«

»Wie geht es ihm gesundheitlich?«

»Sehr gut«, sagte sie. »Er hat ein Problem mit einem Auge, und er hört nicht mehr allzu gut, aber ansonsten geht es ihm prima. Er geht jeden Tag zur Arbeit, so wie wir alle. Er ist in dieser Einrichtung gewissermaßen der älteste Mitarbeiter!«

Nach westlicher Rechnung war Professor Shih neunundneunzig – aus Sicht der Chinesen war man bei der Geburt ein Jahr alt. Er stammte aus der Provinz Henan, wo er sich als Archäologe einen Namen gemacht hatte. Nach 1949 war er jedoch nicht auf das Festland zurückgekehrt. Seit seiner Ankunft in Taiwan hatte sich Professor Shih in erster Linie auf das Ordnen, die Analyse und Veröffentlichung all seiner alten Forschungsnotizen konzentriert. Er befasste sich mit virtueller Archäologie: Wenn man in Anyang nicht mehr ausgraben konnte, dann konnte man zumindest noch seine Notizen aus Anyang ausgraben. 2001, im Alter von neunundneunzig, veröffentlichte Professor Shih sein achtzehntes Buch: »Hou Chia Chuang, Band X (The Yin-Shang Cemetery Site at Anyang, Honan/Die Yin-

Shang Begräbnisstätte in Anyang, Henan)«. Als ich sein Büro betrat,
schenkte er mir stolz ein Exemplar, mit zittriger Hand signiert und
mit Datum versehen. Die Forschungsarbeiten zu dem Buch lagen
mehr als sechzig Jahre zurück.

Sein Schreibtisch sah aus wie eines jener Stillleben zum Gedenken an einen berühmten verstorbenen Schriftsteller. Ein altes, ledergebundenes Notizbuch, das er bei den Ausgrabungen benutzt hatte,
lag offen da. Die vergilbten Seiten zeigten die mit Tinte gezeichnete
Skizze eines Grabes: zwei Skelette in Bauchlage, ein rundes Gefäß.
Das Notizbuch trug das Datum 1936. Es lag neben einem Artikel,
den der Archäologe in den Siebzigerjahren veröffentlicht hatte, eine
Untersuchung über Pferdewagen der Yin-(Shang-)Zeit. (Shih hatte in
Anyang die ›Geister‹ einiger der frühesten bekannten Pferdewagen
in China ausgegraben und analysiert.) Abgenutzte Werkzeuge lagen
auf dem Schreibtisch – Lupe, Lineal, Reißschiene. Alles schien alt zu
sein, bis auf ein paar Computerausdrucke, die verschiedene Digitalkameramodelle zeigten. Die Assistentin erzählte mir, dass sich der
Professor noch nicht darüber im Klaren sei, welches Modell für seine
zukünftigen Forschungsarbeiten am besten geeignet sein würde.

Der Mann wog weniger als neunzig Pfund. Er hatte hohle Wangen,
dünnes weißes Haar und spindeldürre Finger, die einen Spazierstock
umklammerten. Wegen einer Linsentrübung war sein rechtes Auge
für gewöhnlich geschlossen, es öffnete sich jedoch halb, wenn er aufgeregt war. Er sprach noch immer mit einem starken Henan-Akzent.
Manchmal musste seine Assistentin meine Fragen in sein Ohr sprechen, der alte Mann antwortete aber stets sofort. Seine jüngeren Kollegen nannten ihn »Lebendes Lexikon«, weil seine Erinnerung schnell
und präzise war. Wenn ich ein bestimmtes Artefakt erwähnte, erinnerte er sich sofort an das Jahr und an den Ort, wo man es ausgegraben
hatte. Wie für jedermann in Taiwan, so setzte auch für ihn die Zeitrechnung mit dem 1. Januar 1912 ein, dem Gründungsdatum der Republik China. Traditionell begann die Zeitrechnung chinesischer Dynastien mit ihrer Gründung. Die Kommunisten hatten das System
zwar abgeschafft, die Taiwaner hielten jedoch daran fest. Das war ihre
Version des christlichen Referenzpunktes ›im Jahre des Herrn‹. Professor Shih erklärte mir, das Lager mit den Orakelknochen sei »im
fünfundzwanzigsten Jahr der Republik« entdeckt worden, was 1936

bedeutete. Er ergänzte, dass in jener Juniwoche ein Bereich ausgegraben worden sei, der genau 17 756 Orakelknochenfragmente enthalten habe.

Als ich auf den Orakelknochengelehrten Chen Mengjia zu sprechen kam, begann das geschlossene Augenlid des alten Mannes zu flattern. »Ich erinnere mich an ihn«, sagte Professor Shih. »Wir trafen uns an der Nationalen Vereinigten Universität in Kunming. Er war genial, allerdings kannte ich ihn nicht sehr gut. Er hatte keinen Lehrstuhl an der Academia Sinica, was vielleicht ein Grund dafür war, dass er nicht mit uns nach Taiwan kam. Später hörte ich, dass die Kommunisten ihn umgebracht hätten.«

Während des Krieges mit Japan unternahmen die Chinesen alles Menschenmögliche, um zu verhindern, dass die Orakelknochen und andere Artefakte dem Feind in die Hände fielen. Sie packten unzählige Objekte zusammen und transportierten sie per Bahn, Lkw und Boot, immer einen Schritt vor den Japanern. Als dieser Krieg vorüber war und die Kämpfe mit den Kommunisten zunahmen, erhielten die Artefakte einen noch größeren Symbolwert. Die Kuomintang trug ein stolzes Erbe – Sun Yat-sen hatte die politische Partei gegründet –, und je schwächer sie wurde, desto wichtiger war es, Chinas Vergangenheit wie ein Kurator zu betreuen. 1948 und 1949, als die Kuomintang schließlich nach Taiwan floh, hatte der Abtransport der alten Schätze höchste Priorität. Die Archäologen konnten zwischen zwei Möglichkeiten wählen: Entweder sie überquerten mit den Artefakten die Meerenge oder sie blieben auf dem Festland, wo all die guten Grabungsstätten lagen.

Die Kuomintang behauptete, man würde nur vorübergehend auf der Insel bleiben. Sie glaubte an die heldenhafte Rückkehr aufs Festland, zumal die USA und die meisten anderen Länder Taiwan als rechtmäßigen Sitz der chinesischen Regierung anerkannten. Jahrzehntelang schickte Taiwan Vertreter zu den Vereinten Nationen, die sich, wie die meisten internationalen Organisationen, weigerten, die Volksrepublik anzuerkennen. Die Kommunisten boykottierten die Olympischen Spiele mehr als zwei Jahrzehnte, weil das IOC es Sportlern aus Taiwan erlaubte, unter der Flagge der Republik China an den Wettkämpfen teilzunehmen.

Mit der Zeit wurde diese Vision von der Zukunft Chinas immer unpassender – eine große Nation, die angeblich von ein paar Exilanten regiert wurde, die de facto auf einer Insel am Rande des Südchinesischen Meeres gestrandet waren. Im Juli 1971 besuchte Henry Kissinger Peking und tat den ersten Schritt in Richtung Anerkennung durch die USA. Kissinger schrieb später in seinen Memoiren, dass »keine Regierung das, was ihr unmittelbar bevorstand, weniger verdiente als Taiwan«. Ende des Jahres war die Taiwan-Delegation von den Vereinten Nationen ausgeschlossen, und 1972 unterzeichnete Präsident Richard Nixon mit der Volksrepublik das Shanghai-Kommuniqué. In jenem Dokument erkannten die Vereinigten Staaten an, »dass alle Chinesen beiderseits der Taiwan-Straße die Position vertreten, dass es nur ein China gibt und dass Taiwan ein Teil von China ist.« Einerseits war diese Haltung nicht umstritten: Sowohl die Kommunisten als auch die Kuomintang bestanden darauf, dass Taiwan und das Festland zusammengehörten. Es gab aber andererseits sehr unterschiedliche Vorstellungen darüber, wer die hypothetisch wiedervereinte Nation regieren sollte. Die Vereinigten Staaten versuchten sich dazu nicht eindeutig zu positionieren. Als sie die Volksrepublik 1979 offiziell anerkannten, verabschiedete der Kongress auch den Taiwan Relations Act, der feststellte, dass über die Zukunft Taiwans »mit friedlichen Mitteln« entschieden werden solle. Die Amerikaner behielten sich das Recht vor, die Insel im Falle einer Invasion zu verteidigen, und setzten ihre Rüstungsexporte nach Taiwan fort.

Im Laufe der Jahre blieb die Situation zwar stabil, aber ständig nagten Demütigungen an Taiwan. Nachdem die Vereinten Nationen und die meisten internationalen Organisationen die Insel ausgeschlossen hatten, gingen auch die Verbündeten einer nach dem anderen von Bord. 2001 wurde Taiwan nur noch von weniger als dreißig Nationen anerkannt, eine traurige Koalition der Willigen: kleine Länder wie Burkina Faso, São Tomé und Swasiland. Taiwan durfte mit Sportlern an den Olympischen Spielen teilnehmen, die Flagge aber war streng verboten. Bei den Spielen in Atlanta legten amerikanische Polizeibeamte einen Taiwaner Fan während des Tischtenniswettbewerbs in Handschellen und führten ihn von der Tribüne, nur weil er mit einer Inselflagge gewinkt hatte.

Aber noch hatte die Insel die Artefakte. Unabhängig von der internationalen Demütigung konnten die Taiwaner stolz darauf sei, dass sie die Vergangenheit weitaus besser geschützt hatten als die Kommunisten. Die Kuomintang baute schöne Einrichtungen wie das Palast-Museum, in dem einige der beeindruckendsten Artefakte ausgestellt wurden. Und sie sorgte für eine vorbildliche Finanzierung von Archäologie und Geschichte, sodass ein Mann wie Professor Shih Jahrzehnte damit verbringen konnte, seine Notizen auszugraben.

Das Büro des alten Mannes befand sich im Institut für Geschichte und Philologie, wo mich ein jüngerer Archäologe durch den Lagerraum führte. Der Raum war klimatisiert und tipptopp aufgeräumt; die Artefakte hatte man sorgfältig in Schubladen und Kästen sortiert. Bronzespeere aus der Shang-Zeit waren in Bündeln zu zehn zusammengefasst. Auf dem Fußboden stand ein zweihundert Pfund schwerer Bronze-*ding* bzw. -Kessel, den man aus einem Königsgrab in Anyang ausgegraben hatte. Zwei große Kisten mit Orakelknochenfragmenten waren 1936 entdeckt worden. Der junge Archäologe nahm einen Schildkrötenpanzer, der durch das Werkzeug des Wahrsagers vor dreißig Jahrhunderten geschwärzt worden war. Er reichte mir eine umgangssprachliche Übersetzung zu den beiden Sätzen, die in das Objekt eingraviert waren:

In diesen Tagen wird es unserem Land gut gehen.
In diesen Tagen wird es unserem Land nicht gut gehen.

Auf den Regalen standen außerdem eine alte Royal-Schreibmaschine, ein Maßband und ein Vermessungswerkzeug, dessen altmodisches Etikett den Schriftzug KEUFFEL & ESSER CO., NEW YORK, trug. Der junge Mann berichtete, dass Professor Shih die Geräte in Anyang verwendet hatte. Seine Ausgrabungswerkzeuge waren selbst zu Artefakten geworden, katalogisiert und im selben Lagerraum aufbewahrt wie die alten Bronzen und Orakelknochen.

Professor Shih erzählte mir, dass ihm der Umzug nach Taiwan leichtgefallen sei. »Ich kam im Januar 1949 von Nanjing hierher«, sagte er. »Ich war so eine Art Flüchtling geworden, ständig unterwegs. Acht- oder neunmal war ich bereits umgezogen. Taiwan war nur eine Sta-

tion von vielen. Sehen Sie es so: Wenn jemand Ihre gesamten For-
schungsunterlagen, Ihr Lebenswerk, an einen anderen Ort bringt,
was tun Sie dann?«

Als ihn das Institut für Archäologie auf dem Festland in den
Neunzigerjahren zu Konferenzen einlud, beschloss er, dass er für die
Reise zu alt war. Er hielt sich aber über jüngste Entdeckungen auf
dem Laufenden und wusste sofort Bescheid, als ich fragte, ob er von
der Vermessung der unterirdischen Stadt gehört habe.

»Tang Jigen ist dafür zuständig«, sagte der Alte. »Man hat mir berichtet, dass sie sich noch im Erkundungsstadium befinden, aber
eine große Mauer entdeckt haben und glauben, dass es sich um eine
Stadt handelt. So etwas haben wir nie entdeckt. Uns bot sich nie die
Gelegenheit, eine solche ummauerte Stadt auszugraben und zu untersuchen.«

Er machte eine Pause und sah mich mit seinem guten Auge an.
»Peking hat keine Stadtmauer mehr, oder doch?«

Ich antwortete, dass die Kommunisten sie vor fast vierzig Jahren
abgerissen hätten.

Er sagte: »Aber Xi'an hat seine Mauer noch, nicht wahr?«

»Ja. Sie wird geschützt.«

Er machte wieder eine Pause, als würde er vor seinem inneren
Auge nach Anyang und zu der unterirdischen Stadt zurückkehren.
Sein rechtes Auge blieb geschlossen. »Nun, wir hatten nie die Chance, eine solche Mauer zu erforschen«, sagte er. »Wir haben dort einige Geländebegehungen unternommen, sind aber nie auf die Stadt gestoßen. Wir hatten schon bei Xiaotun genug zu tun. Jetzt haben sie
Zeit dafür. Als ich damals dort war, gab es natürlich nur die freie Natur, einen Flughafen gab es noch nicht.«

Es beeindruckte mich, wie gut er die Ausgrabungsstätte kannte –
den Flughafen hatten die Japaner gebaut, nachdem Archäologen wie
Shih in den Südwesten geflohen waren. Erst viel später, als ich zurück
auf dem Festland war, erwähnte ich das Interview gegenüber Tang Jigen, dem jungen Leiter der aktuellen Anyang-Ausgrabungen. Tang war
Ende dreißig, ein aufgehender Stern am chinesischen Archäologen-
himmel, der seinen Abschluss an der Universität London gemacht hatte. Professor Shih hatte er nie getroffen – einmal, als Tang an einer
Konferenz in Taipeh teilnehmen wollte, hatte Taiwan ihm ein Visum

verweigert. Allerdings war er nicht überrascht, als ich ihm berichtete, wie vertraut Professor Shih mit den laufenden Untersuchungen war. Tang erzählte mir, dass er Karten von der unterirdischen Stadt nach Taiwan gefaxt hatte, sodass Professor Shih mit den neuen Entdeckungen Schritt halten konnte. Diese Verbindung zwischen den Generationen war eine andere Art virtueller Archäologie: Hier die jungen Männer in Anyang, die Bohrkerne analysierten, dort der exilierte Alte in Taipeh, der Karten las, die man ihm gefaxt hatte, und der sich an die Felder erinnerte, die er vor so vielen Jahren verlassen hatte.

Professor Shihs Frau traf uns zum Mittagessen. Juan Hsing war eine elegante fünfundachtzigjährige Dame mit perfekt frisiertem weißem Haar. Sie war scharfsichtig und wachsam; während des gesamten Mittagessens blickte sie auf ein kanariengelbes Handy. Mit ihren Stäbchen suchte sie aus dem Essen passende Stückchen für ihren Ehemann aus.

Alle verhielten sich fürsorglich gegenüber dem alten Mann. Im Institut hatte er zwei Vollzeit-Assistentinnen, auch die jüngeren Archäologen sprachen liebevoll über ihn. Es war verlockend, ihn als eine Art Maskottchen zu sehen, als Bindeglied zu einer Zeit, die bei Taiwanern, deren Familien in der Mitte des Jahrhunderts vom Festland gekommen waren, sentimentale Gefühle auslöste. Sein Körper war so gebrechlich, dass die Klarheit seiner Erinnerungen so orakelhaft wie die Shang-Knochen wirkte. Immer wenn er sprach, musste ich mir bewusst machen, dass er nicht nur einfach Geschichten erzählte. Er erinnerte sich an ein Leben zurück, das von Politik und Geschichte ständig torpediert worden war.

In dieser Woche fanden Wahlen statt, und die jüngeren Leute unterhielten sich beim Mittagessen über eine Schlägerei, zu der es tags zuvor auf einer Kundgebung gekommen war. Sie waren aufgeregt – die jungen Taiwaner hatten eine Schwäche für politische Wahlkämpfe. Juan Hsing runzelte die Stirn und merkte an, dass sie nicht gern über solche Themen spreche. Ihr Mann stimmte ihr zu.

»In meiner Forschungsarbeit geht es um alte Zeiten, deshalb scheinen aktuelle Ereignisse in weiter Ferne zu liegen«, sagte er. »Von Politik verstehe ich immer weniger. Ich höre zwar noch Nachrichten, aber nicht oft.«

Er sagte mir, er schaue sich gern eine Fernsehshow mit dem Titel »Wunder des Festlands« an, weil sie Orte vorstelle, die er als junger Mann gekannt habe. Als ich fragte, ob er zur Wahl gehen werde, zuckte er mit den Achseln. »Ich bin mir nicht sicher«, sagte er. »Samstag ist der Tag meiner Frau. Sie entscheidet darüber, was wir an Samstagen unternehmen.«

Ich fragte: »Falls Sie wählen gehen, wen werden Sie wählen?« »Darüber habe ich nicht nachgedacht«, meinte er und grinste. »Es ist ohnehin ein Geheimnis.«

Juan Hsing machte viel Aufhebens darum, dass ihr Mann mehr essen sollte. Gegen Ende des Essens fragte ich ihn, in welchem Jahr sie geheiratet hätten.

Er blickte auf – kein Wort. Zum ersten Mal war der Professor bei einem Datum mit seinem Latein am Ende. Er murmelte vor sich hin, zählte die Jahre, und dann griff seine Frau ein.

»Es war das vierundvierzigste Jahr der Republik«, sagte sie.

»Also nachdem Sie bereits nach Taiwan umgezogen waren?«

»So ist es«, sagte sie.

Die Geschichte der Insel bestand aus verschiedenen Schichten von Neuankömmlingen aus dem Ausland. Seit der Jungsteinzeit hatten dort Ureinwohner gelebt. Ab dem 17. Jahrhundert kamen in größerer Zahl Siedler vom Festland. In der zweiten Hälfte des Jahrhunderts gliederten die Qing Taiwan offiziell in das Kaiserreich ein, allerdings ohne die Insel bis ins Einzelne zu verwalten. Sie wurde zu einem Stützpunkt für Händler und Siedler mit Pioniergeist, von denen viele ursprünglich aus Fujian kamen.

Nachdem die Qing in verschiedenen Schlachten von Japan besiegt worden waren, traten sie Taiwan 1895 an die Sieger ab. (Der Qing-Politiker, der den Vertrag aushandelte, erklärte, die Aufgabe Taiwans sei kein großer Verlust, weil »die Männer und Frauen weder dienstbeflissen noch leidenschaftlich sind.«). Die Japaner regierten die Insel, die damals Formosa hieß, bis zum Ende des Zweiten Weltkriegs. Im Gegensatz zu Nanjing und anderen Städten auf dem Festland, wo die japanische Besatzung kurz und brutal war, hatte Taiwan ein halbes Jahrhundert lang den Status einer Kolonie. Die Japaner bauten Straßen, Eisenbahnen und ergriffen andere grundlegende Infrastrukturmaßnahmen. Ihre Schulen bereiteten die einheimische Elite darauf vor, ein Bestandteil des Kaiserreichs zu werden. Noch heute sprechen viele Taiwaner positiv über die Japaner – eine Einstellung, die Menschen auf dem Festland völlig fremd zu sein scheint.

Nach der japanischen Kapitulation und dem chinesischen Bürgerkrieg hielt mit der Kuomintang eine weitere koloniale Schicht Einzug auf der Insel. Als Chiang Kai-sheks Regierung nach Taiwan floh, waren die Neulinge zahlenmäßig unterlegen, regierten aber mit starker Hand. Die Kuomintang hielt den Ausnahmezustand aufrecht; die Presse wurde streng zensiert, politisch Andersdenkende wurden inhaftiert. Aber die Wirtschaft blühte, zum Teil weil der freie Markt starke Verbindungen zu den Vereinigten Staaten unterhielt. Mit der Zeit wurden die USA mit ihrer Rolle immer unzufriedener: Amerikanisches Militär schützte Taiwan, und die Insel profitierte vom Handel, aber die Kuomintang entsprach keinem der politischen Ideale, die Amerika angeblich hochhielt.

In den Achtzigerjahren drängten US-Beamte auf Reformen. Chiang Ching-kuo, der Sohn Chiang Kai-sheks, entwickelte sich zu einer Figur, die man in kleinen, autoritären Staaten selten findet: ein Diktator, der die Weichen für die Niederlage seines eigenen Systems im Wesentlichen selbst stellte. 1987 hob die Kuomintang den Ausnahmenzustand auf, zwei Jahre später legalisierte sie Oppositionsparteien. Im Laufe der nächsten zehn Jahre wurde die Demokratische Fortschrittspartei (DPP) zur mächtigsten Opposition für die Kuomintang. Die DPP wurde vor allem von einheimischen Taiwanern unterstützt, die von dem Ein-China-Konzept nichts wissen wollten. Ab 1999 bezeichnete ihre Parteiplattform Taiwan als unabhängiges Land. Im Jahr 2000 errang der Kandidat der DPP, Chen Shui-bian, das Amt des Präsidenten.

Je stärker die einheimische Bevölkerung in den Fokus der Politik rückte, desto stärker wandelte sich auch das Verständnis für Kultur und Geschichte. Die Taiwaner begannen, die Vergangenheit der Insel und nicht mehr die traditionellen Dynastien des Festlandes in den Vordergrund zu rücken. Geschichtsbücher wurden aus Taiwaner Sicht neu geschrieben, und Schulen unterrichteten Minnan, die Muttersprache der meisten Taiwaner, die Bildungseinrichtungen zuvor verboten hatten. Die Insel feierte nun ihren eigenen Gedenktag:

Am 28. Februar 1947 hatte die Kuomintang auf regierungsfeindliche Demonstrationen geantwortet, indem sie Tausende Bürger niedermetzelte.

In vielerlei Hinsicht war der Blick auf die eigene Geschichte bei den Taiwanern nach wie vor chinesisch geprägt: Sie sahen sich in der Regel als unschuldige Opfer, die von Fremden missverstanden und traumatisiert worden waren. Es war zwar grundsätzlich dieselbe Perspektive, aber jetzt waren die Fremden nicht mehr Japaner, Briten oder Amerikaner, sondern Kommunisten und Kuomintang, die vom Festland gekommen waren. Die Taiwaner hatten die chinesische Geschichte gegen China gewendet.

Sie nutzten auch die Demokratie auf eine Art und Weise, die amerikanische Politiker nervös machte. Je mächtiger die DPP wurde – 2001 stellte sie zwar den Präsidenten, ihr fehlte aber die Mehrheit im Parlament –, desto unnachgiebiger wurde sie in der Frage der Unabhängigkeit. DPP-Politiker drohten mit einer Volksabstimmung. Die Kommunisten machten deutlich, dass sie auf eine solche Abstimmung mit militärischer Gewalt reagieren würden. Die Vereinigten Staaten, die mit ihren Versprechungen zwischen allen Stühlen saßen, taten kund, dass sie Provokationen von Seiten Taiwans keinesfalls unterstützen würden, auch wenn es sich dabei um etwas typisch Amerikanisches wie eine Volksabstimmung zur Frage der Unabhängigkeit handelte.

Die DPP wurde immer geschickter darin, die Kommunisten mit Bekundungen für die Unabhängigkeit gegen sich aufzubringen. Die Kommunisten reagierten oft recht ungeschickt und führten beispielsweise vor Wahlen Raketentests in der Meerenge durch. Derartige Schachzüge gingen unweigerlich nach hinten los: Kandidaten, die für die Unabhängigkeit eintraten, erhielten mehr Wählerstimmen. Es war schwer zu sagen, in welchem Maße die DPP-Strategie nichts als eine kalkulierte Provokation war. Als ich in Taipeh Wilson Tien, den DPP-Direktor für Internationale Angelegenheiten, besuchte, gab er mir eine offizielle Erklärung in englischer Sprache mit dem Titel »The DPP's Position on Cross-Strait-Relations« (Die Position der DPP zu den Beziehungen zwischen China und Taiwan):

Wie will [die DPP] dem ›Ein-China-Prinzip‹ Chinas begegnen?
Ist ein Konflikt an der Taiwan-Straße unvermeidlich?

Bevor wir diese Fragen beantworten können, müssen wir erklä-
ren, wie die DPP Taiwans Beziehungen zu China einschätzt.
   Zunächst ist davon auszugehen, dass Taiwans geografische Lage
nicht veränderbar ist.
   Vielleicht halten manche es für einen Scherz, dass ich diesen Um-
stand überhaupt erwähne; schließlich kann man tektonische Platten
nicht einfach verschieben. Tatsächlich ist es äußerst wichtig, diesem
Umstand Rechnung zu tragen, wenn wir unsere China-Politik for-
mulieren.
   Wenn der Abstand zwischen Taiwan und China größer wäre,
hätte Taiwan mehr Freiheit und mehr Raum. In Wirklichkeit aber
hat Taiwan aufgrund seiner physischen Nähe zu China verhältnis-
mäßig wenige Möglichkeiten.

»Es wäre wirklich hilfreich, wenn die chinesischen Führungspolitiker
mehr Selbstvertrauen hätten«, sagte mir Wilson Tien. »Das Grund-
problem besteht darin, dass man sie in der Vergangenheit tyranni-
siert hat, sodass sie sich selbst nicht als große Nation sehen können.
Wer Selbstvertrauen hat, der ist nicht besorgt, wenn Taiwan eigene
Wege geht, und der klagt nicht darüber, was Japan ihm früher einmal
angetan hat. Das Problem ist, dass China sich noch immer nicht res-
pektiert fühlt.«
   Ebenso gut hätte er mit diesen Worten die eigene Partei, die eigene Insel beschreiben können. Nach Jahren der Erniedrigung hatte
Taiwan sich endlich von anderen abgehoben: Es war die einzige echte Demokratie in der chinesischsprachigen Welt. Aber bei jeder
Wahl blickte man mit einem Auge über die Meerenge, und die tiefer
liegende Frage – was es bedeutete, Chinese zu sein oder nicht zu sein
– war komplizierter als jede Abstimmung. Man konnte seine eigenen
Politiker wählen und seine eigene Geschichte schreiben, aber der
menschlichen Psychologie konnte man so wenig entkommen wie der
Plattentektonik.

Drei Tage vor der Wahl fuhr ich zu einer DPP-Versammlung in der
Stadt Hsinchu. Von Taipeh aus verlief die Autobahn streckenweise
gerade wie ein Pfeil: Man hatte sie so angelegt, dass sie für den Fall,
dass die Kommunisten den Flughafen bombardierten, in doppelter

Breite als Landebahn genutzt werden konnte. Hsinchu schien noch immer wohlhabend zu sein – der Hightech-Bezirk war riesig, aber die Wirtschaft Taiwans steckte in der tiefsten Rezession, die sie je erlebt hatte. 2001 war das Taiwaner BIP erstmals seit 1949 geschrumpft, die Arbeitslosenrate war jeden Monat gestiegen. Betriebe und Arbeitsplätze befanden sich auf einem Exodus in Richtung Festland, wo die Arbeit billiger war.

Die steigenden Taiwaner Investitionen auf dem Festland hatten die Beziehungen auf beiden Seiten der Meerenge um eine neue Dimension ergänzt. Seit Beginn von Reform und Öffnung waren die wirtschaftlichen Beziehungen eine Strategie der Kommunisten gewesen, um Taiwan zurückzugewinnen (ein explizites Ziel der Sonderwirtschaftszonen war »die Rückkehr von Taiwan zum Mutterland«). Zwanzig Jahre später schien sich diese Festlandtaktik als Einzige auszuzahlen. Einschüchterungen und Drohungen hatten nie etwas bewirkt, die wirtschaftliche Leistungsstärke der Volksrepublik hingegen konnten die Taiwaner kaum noch ignorieren.

Nach der Versammlung in Hsinchu traf ich den Stellvertretenden Bürgermeister Lin Cheng-chieh. Er bat mich, ihn mit seinem englischen Namen Jacky Lin anzusprechen. Wie alle Politiker, die ich auf Taiwan traf, erklärte er sich sofort zu einem Interview bereit und äußerte offen seine Meinung. Die Taiwaner hatten sich schnell an die freie Presse gewöhnt; die Angst der Menschen auf dem Festland vor ausländischen Reportern kannten sie nicht.

Jacky Lins Vater war Sonderermittler der Kuomintang gewesen. 1956 erteilte ihm die Regierung Taiwans den Auftrag, heimlich über die Hongkonger Grenze zu gehen, um in der Provinz Jiangxi eine geheime Rundfunkstation aufzubauen. Der Auftrag war gefährlich und schwierig, und nach weniger als einer Woche wurde er gefangen genommen. Die Kommunisten steckten ihn eine Weile in ein Gefängnis im Süden, danach schickten sie ihn in ein Arbeitslager in der entlegenen Provinz Qinghai. Zu Hause in Taiwan erhielt man kein Lebenszeichen von ihm. Die Kuomintang informierte die Familie, dass er getötet worden sei. Seine Frau weigerte sich aber, wieder zu heiraten, und sie erklärte Jacky und seinen drei Geschwistern immer, dass ihr Vater eines Tages zurückkehren werde. Als sein Vater auf dem Festland verschwand, war Jacky vier Jahre alt.

Er war siebenundzwanzig, als der erste Brief eintraf. Sein Vater lebte, man hatte ihn aus dem Gefängnis entlassen. Jetzt aber hing er auf dem Land in der Provinz Fujian fest und versuchte, die Kommunisten davon zu überzeugen, ihn nach Hause gehen zu lassen. In den frühen Achtzigerjahren stimmten die Kommunisten zu, nun aber war die Kuomintang das Problem, die befürchtete, es mit einem Doppelagenten zu tun zu haben. Erst 1983 einigten sich beide Seiten auf den Rücktransfer, und Jackys Vater kehrte heim nach Taiwan.

Er kam gerade rechtzeitig, um zu sehen, wie sein Sohn in politische Schwierigkeiten geriet. Jacky wurde einer der frühen Wortführer der DPP. Er war für seine Fähigkeit bekannt, den Protest auf der Straße zu organisieren. Er verbrachte einige Zeit im Gefängnis; sein Vater hatte dafür Verständnis, obwohl er ein überzeugter Anhänger der Kuomintang war (»Er sagte mir, ich solle tun, was ich für richtig halte.«). Im Gefängnis sah der junge Mann die Dinge positiv, weil er wusste, dass sein Vater viel Schlimmeres erlebt hatte (»Es war gar nicht so schlecht. Ich konnte Bücher lesen und musste nicht auf Telefonanrufe reagieren.«).

Trotz seines frühen Engagements für die DPP trat Jacky 1991 aus der Partei aus. Er hatte eine Abneigung gegen die internen Querelen in der Taiwaner Politik – wie in so vielen jungen Demokratien, die erst erwachsen werden müssen, war es auf der Insel zu einer politischen Zersplitterung gekommen, in deren Folge sich fünf große Parteien und eine Vielzahl kleinerer Gruppen bildeten. Die Menschen richteten ihre Wahlentscheidung oft danach aus, wann ihre Vorfahren auf Taiwan angekommen waren: Die DPP nahm sich der Einheimischen an, während die Kuomintang bei denen Anklang fand, deren Familien 1948 und 1949 vom Festland geflohen waren.

Jacky teilte auch die Bestrebungen der DPP in Bezug auf die Unabhängigkeit nicht. Er verstand sich weiterhin gut mit seinen ehemaligen politischen Verbündeten, gehörte aber formell keiner Partei mehr an. Er war ein unbedeutender Beamter einer Stadt – ein kleiner, zunehmend glatzköpfiger Herr mit Schnurrbart und Bauchansatz. Sein Vater war ein Jahr zuvor gestorben.

»Wenn meine Familie seit acht Generationen in Taiwan gelebt hätte, würde ich mich sicher mehr für die Unabhängigkeit stark machen«, erzählte Jacky mir. »Man muss sich den Erfahrungshintergrund der Menschen anschauen, um einschätzen zu können, wie sie reagieren werden. Die Chinesen verschlug es aufgrund eines historischen Ereignisses nach Taiwan. Dadurch erhielten wir die Chance, eine Demokratie und eine funktionierende kapitalistische Gesellschaft aufzubauen. Man kann darin einen Auftrag für das restliche China sehen. Wenn ich mir die großen chinesischen Führungspersönlichkeiten anschaue – Sun Yat-sen, Chiang Kai-shek, Mao Zedong, Deng Xiaoping –, sie alle verfolgten dieselben Ziele. Sie alle wollten China modernisieren. Und doch erlitten sie am Ende Niederlagen. Deng hatte bis zu einem gewissen Grad Erfolg, es war aber kein voller Erfolg. Insofern besteht darin unser Auftrag: Taiwan ist ein Experiment – ein regional begrenztes Experiment für das Festland. Aus diesem Grund ist unsere Demokratie für die Zukunft Chinas wichtig, auch wenn wir nur eine kleine Insel sind.«

Er sprach leise, ganz ohne jenen herablassenden Ton, den chinesische Intellektuelle manchmal an den Tag legen, wenn sie mit Fremden über Geschichte sprechen. Die Chinesen prahlten oft mit ihrer endlos langen Vergangenheit, sie konnten jedoch bemerkenswert demütig über die Gegenwart sprechen: Sie gaben bereitwillig zu, dass sie selbst nach Tausenden von Jahren nicht wüssten, wie man China richtig zum Laufen bringe. Sie befanden sich noch im Experimentierstadium – mit Musterstädten und mit der Musterinsel. Gebt uns einfach noch etwas mehr Zeit. China wurde nicht an einem Tag erbaut.

»Chiang Ching-kuo war meines Erachtens wie Deng«, fuhr Jacky fort. »Beide hatten echten Weitblick. Sie hatten zwar nicht viel Charisma, aber sie waren sehr praktisch veranlagt. Irgendwie sind sie sich ähnlich – kleine, praktisch veranlagte Kerle. Wir brauchen mehr von diesen kleinen Leuten.«

Keine Partei gewann die Wahl. Zum ersten Mal verlor die Kuomintang die Kontrolle über das Parlament. Die DPP gewann zwar Sitze hinzu, sie reichten aber für eine Mehrheit nicht aus. Zwischen den vier größten Parteien mussten Allianzen geschlossen werden.

Als am Abend die Ergebnisse bekanntgegeben wurden, nahm ich an einer Pressekonferenz von Sisy Chen teil, einer Unabhängigen, die einen Sitz errungen hatte. Die gebürtige Taiwanerin war Gründungsmitglied der DPP, hatte die Partei vor zwei Jahren aber verlassen. Sie war extravagant – eine beliebte Talkmasterin, die eine der umstrittensten Politikerinnen der Insel geworden war. Ihre Wahlplakate bestanden aus einer Serie von vier Porträts, wobei man ihren Kopf den Körpern verschiedener ausländischer Berühmtheiten aufgesetzt hatte. Drei waren Ikonen des Abendlandes: Mona Lisa, Königin Elizabeth und Winston Churchill. Das vierte Motiv zeigte Sisy Chen mit Bart und Turban, den rechten Zeigefinger erhoben: Osama bin Laden.

Sie war eine Frau, die früher attraktiv gewesen war und nun das reifere Alter einfach missachtete. Auf der Pressekonferenz trug sie ein schwarzes Kleid mit tiefem Ausschnitt, eine Perlenkette war zweimal um ihren Hals gelegt. Sie hatte rot gefärbte Haare, ihre falschen Wimpern waren fast fünf Zentimeter lang. Dank der Beleuchtung des Fotografen glühte ihr dick aufgetragenes Make-up zart orange.

Man konnte sich kaum eine Siegerin vorstellen, die weniger Respekt für die Wahl zeigte, die sie gerade gewonnen hatte. Nach der Pressekonferenz erzählte sie mir, dass die Verfassung Taiwans gewählte Amtsträger dazu ermutige, sich auf kleine Unterstützergruppen zu verlassen, da diese in der zersplitterten politischen Szene ausreichten. Sie war der Ansicht, Taiwan äffe eine Demokratie nach: Es gab Kundgebungen und Reden, es fehlten aber Werte und Transparenz.

»Es ist das lächerlichste System der Welt«, sagte sie. »Die Verfassung ist dank ihrer Tradition von sehr hohem Wert; allerdings kennt die Dritte Welt einen solchen gemeinsamen Wert gar nicht. In Taiwan wird Demokratie zu einer weiteren Tragödie, wie man sie in der Dritten Welt erlebt. Es ist von Land zu Land dasselbe: Demokratie bedeutet nicht Zusammenhalt, vielmehr ist sie ein politisches Instrument, mit dem Länder gespalten werden. Der Staat kann Stimmen kaufen oder den Wählern auf eine billige Weise gefällig sein. Er kümmert sich nur um das eine Drittel Wähler und vernachlässigt die anderen.«

Sie fuhr fort: »Der eigentliche Grund hierfür ist, dass uns die Tradition der europäischen Demokratien fremd ist. Ziel der Wortführer der Dritten Welt ist es, eine Verfassung zu entwerfen, die sie an der

Macht hält. In den USA ist die Institution wichtiger als die gewählten Politiker. Anders auf Taiwan. Anders auf Indonesien. Anders auf den Philippinen.«

Sie sprach sehr gut Englisch. Sie hatte an der Universität von Kalifornien in Berkeley und an der New School University in New York City studiert. Als ich sie auf die Wahlplakate ansprach, lächelte sie.

»Es ist eine Art Nachahmungskunst«, sagte sie. »Ich mag Queen Elizabeth, weil sie Großbritannien zu einem bedeutenden Land gemacht hat. Und ich habe mich als Mona Lisa porträtieren lassen, weil sie eine ältere, aber immer noch stolze Frau ist. Das war vor drei Jahren; ich habe mich für sie entschieden, weil ich vierzig war und immer dicker wurde. Ich musste mich mit der Tatsache anfreunden, dass ich keine gute Figur mehr hatte.

Ich schätze Churchill, weil er eine starke Politikerpersönlichkeit war und Menschen führen konnte. Ich war gespannt, wie die Leute reagieren würden, wenn sie mich als Mann verkleidet sehen. Und Osama bin Laden – ich habe mich gefragt, was wohl passieren würde, wenn ich mein Gesicht auf seinem Kopf platziere. Ich denke über ihn anders als die meisten Menschen. Er ist ein Terrorist, er bringt aber auch Wut gegenüber den Regierungen im Westen zum Ausdruck.

Ich bin natürlich mit dem, was er getan hat, nicht einverstanden, aber ich war hin und her gerissen, als es passierte. Ich lehne sein Vorgehen ab, und ich hoffe, dass der Kreislauf des Terrors gestoppt werden kann. Aber auf der anderen Seite habe ich sehr viel Sympathie für die Geschichte der Muslime, und mich stößt die naive Ansicht ab, dass alle Muslime schlecht sind. Vermutlich steckt eine Art Orientalismus dahinter. Der Palästinenser Edward Said hat beschrieben, wie Menschen diese Welt mit westlichen Augen sehen, vom historischen Standpunkt des Westens aus. Wenn wir diese Sichtweise übernehmen, tun wir nichts anderes, als die Vorurteile des Westens zu verbreiten. Andere entscheiden darüber, wie wir die Welt sehen, und damit habe ich ein großes Problem.

Ich bin kein Mensch, der leichtfertig redet. Das ist böse! Das ist gut! Ich bin jemand, der nach dem tieferen Sinn fragt. Die Menschen hier empfinden sehr viel Mitgefühl für New York, sie verstehen aber nicht, warum Bin Laden in den muslimischen Ländern ein so großer

Held ist. Ich versuche zu erklären, dass Gründe dafür sprechen, in ihm einen Helden zu sehen, obwohl er Unrecht hat. Dafür gibt es historische Gründe. Geschichtstexte sind auch Kriegstexte. Unser Gedächtnis ist voll mit Aufzeichnungen vom Krieg. Wer sind wir? – Der eine ist im Ersten Weltkrieg aufgewachsen, der andere im Zweiten Weltkrieg, der Dritte während des Kalten Krieges. Das sind wir.«

Am Tag nach der Wahl verabschiedete ich mich von Professor Shih. Sein Sohn Shih Lei, ein pensionierter Anthropologe an der Academia Sinica, begleitete mich zur Wohnung des betagten Ehepaars. Auf dem Weg dorthin erzählte er mir, dass sie doch zur Wahl gegangen seien.

»Sie haben für die Kuomintang gestimmt, so wie sie es immer tun«, sagte Shih Lei. »Sie sind ziemlich traditionsbewusst, wissen Sie – die meisten Menschen dieser Generation sind so. Sie sind sehr nationalistisch.«

Ich fragte ihn, ob er genauso sei.

»Ich bin *Zhongguo zhuyi*«, sagte er lächelnd. Es war kein Satz, sondern ein Wortspiel, das ungefähr wie Chinesismus klang. Ich fragte ihn, was es bedeute.

»Es bedeutet, ich unterstütze China«, sagte er. »Aber ich werde eine Partei nicht blindlings unterstützen, nur weil sie angeblich patriotisch ist. Ich unterstütze China, aber ich unterstütze auch die Demokratie. Und ich denke, dass Taiwan eines Tages zum Festland zurückkehren sollte. Das sind meine politischen Leitlinien. Ich unterstütze weder die Kuomintang noch die DPP.«

Wir betraten die Wohnung, das alte Ehepaar saß im Wohnzimmer. Ich hatte einen »National Geographic«-Artikel mitgebracht, den ich über die archäologischen Arbeiten in Xi'an geschrieben hatte und den ich Professor Shih reichte. Er sah sich die Grabdiagramme an.

»Die Ausrichtung ist immer interessant«, sagte der alte Mann. »In Anyang sind alle Königsgräber in gleicher Weise ausgerichtet, leicht abgewinkelt nach Westen. Vermutlich hat es mit der Sonne zu tun – zu einer bestimmten Tageszeit bewegt sich der Schatten in diese Richtung.«

Wir sprachen über Archäologie, anschließend erwähnte Juan Hsing die Wahl.

»Wir haben verloren«, sagte sie. »Es war ein schlechtes Ergebnis. Mehr Unterstützung für die Unabhängigkeit.«

Sie fragte, ob ich irgendwelche Kandidaten interviewt hätte, und ich erwähnte Sisy Chen. »Sie ist interessant«, sagte die alte Frau.

Professor Shih schien eingeschlafen zu sein – seine Augen waren geschlossen, und das aufgeschlagene Magazin ruhte auf seiner vogel-ähnlichen Brust. Sein Sohn sagte, dass er Sisy Chens politischen An-sichten zustimme, worauf sich das linke Auge des alten Mannes plötzlich flatternd öffnete.

»Liegt das Yangling-Grab westlich vom Changling?«, fragte er und bezog sich damit auf die Region um Xi'an.

Ich sagte, dass ich mir nicht sicher sei.

»Ich war dort im zweiunddreißigsten Jahr der Republik«, sagte er. »Ich habe mir auch Wu Zetians Grab angeschaut. Ein schöner Ort. Waren Sie dort?«

Ich sagte ihm, dass ich dort gewesen sei.

»Außerdem habe ich Qin Shihuangs Grab gesehen«, sagte er. »Aber natürlich gab es auf dem Gelände damals noch nichts. Die Ter-rakotta-Krieger hatte man noch nicht entdeckt.«

Der kleine Mann verstummte. Ich sagte, ich müsse gehen und schüttelte ihm die Hand – die Haut war kühl und so dünn wie Papier. Draußen begleitete mich sein Sohn zur Straße, und ich fragte ihn, in welchem Jahr er geboren sei.

»Dreiundzwanzigstes Jahr der Republik.«

Ich rechnete nach – 1934. Verwirrt addierte ich nochmal und sag-te dann: »Aber Juan Hsing sagte, sie hätten erst nach ihrer Ankunft in Taiwan geheiratet.«

»Das stimmt«, sagte Shih Lei. »Sie ist nicht meine Mutter. Die erste Frau meines Vaters – meine Mutter – starb vor mehr als zehn Jahren auf dem Festland. Sie hat es nie bis nach Taiwan geschafft. 1949 war sie nicht in Nanjing, weil sie ihren Schwiegervater pfleg-te. Sie blieb zurück und hoffte, wir würden zurückkehren kön-nen.«

Ein leichter Regen fiel auf die Straße. Jetzt wurde mir klar, warum sich Professor Shih nicht so schnell an das Jahr seiner Hochzeit erin-nerte wie an die Termine der entdeckten Artefakte. Es war ein Stück chinesische Geschichte: hier die Dinge, an die man sich erinnerte,

dort all das, was man zu vergessen versuchte. Sein Sohn wandte sich
mir zu, während wir auf ein Taxi warteten.

»Ich bin etwas später als mein Vater in Taiwan angekommen«, sagte er. »Bevor ich das Festland verließ, gab mir meine Mutter eine
Nachricht für ihn mit. Sie sagte, falls etwas passieren würde und falls
sie für immer getrennt würden, solle er nicht zögern und wieder heiraten. Ich denke, sie hat geahnt, dass das Land geteilt werden würde.«

TEIL 4

Kapitel

20

Chinatown

Januar 2002

Polats zweiter Vermieter stammte aus einem chinesisch-amerikanischen Elternhaus. Der Mann war in Guangdong aufgewachsen, sein Vater war während der Kulturrevolution in einem Ruderboot nach Hongkong geflohen. In den Vereinigten Staaten erhielt er schließlich politisches Asyl und holte seine Söhne nach. Eine Zeit lang führte der Sohn ein chinesisches Restaurant im Raum Washington, D.C. Nachdem er das Restaurant verkauft hatte, investierte er in ein paar ziegelrote Reihenhäuser in der Sixth Street NW. Der Vermieter und seine Familie lebten in einem Teil des Gebäudes, den Rest vermieteten sie an andere Einwanderer.

Für zweihundertsechzig Dollar im Monat bewohnte Polat ein möbliertes Zimmer im Erdgeschoss dieses Hauses. Der Raum war quadratisch – zwei Meter fünfundsiebzig mal zwei Meter fünfundsiebzig –, an den Wänden hing nichts. Im Zimmer gab es einen Farbfernseher, eine Kochplatte, einen Wasserkocher und einen Radiator. Polats fünf Bücher waren Texte zum Englischlernen. Auf dem

Schreibtisch stand ein chinesischer Abreißkalender, der an einem zufälligen Datum stehen geblieben war: 14. Oktober 2001. Aus dem
einzigen Fenster blickte man durch die dünnen, parallel angeordneten Stromleitungen nach draußen.

In dem Zimmer war nicht nur sehr wenig Platz, Polat hätte es
auch vorgezogen, das Badezimmer nicht mit einer chinesischen Familie teilen zu müssen. Sie sprachen nur selten miteinander – Polat
und der Vermieter tauschten nicht einmal Geschichten über ihre
Einwanderung aus. Polat vermied es, mit Chinesen über seine politische Vergangenheit zu sprechen. Der Vermieter hatte ebenfalls kein
Interesse daran, seine Geschichte mit anderen zu teilen. Polat erfuhr
sie von Mitbewohnern.

Das Verhältnis zum Vermieter war schwierig, die Wohnlage war
jedoch deutlich besser als an der Ecke Franklin und Rhode Island. Im
Koordinatennetz des Distrikts war Polat weiter ins Zentrum gerückt; sein Reihenhaus stand nahe der Kreuzung Sixth und Q. Früher
hatte man dies Viertel Shaw oder Mount Vernon genannt, heute
kannte man es eher als Teil von Chinatown. Die Gegend befand sich
im Wandel: In der Nähe wurde das neue Washington Convention
Center errichtet, und die Regierung war dabei, einige der subventio-
nierten städtischen Wohnungen in marktübliche Mietobjekte umzu-
wandeln. Das Viertel war überwiegend schwarz und arm gewesen,
nun aber wurde es immer gemischter. Einige Einwanderer waren zugezogen – viele von ihnen Chinesen –, außerdem junge Weiße aus der
Mittelschicht. Ein paar Blocks von Polats Haus entfernt hatte ein
kirchlicher Kreis von Schwulen die Metropolitan Community
Church gegründet.

All das waren erste Anzeichen einer Gentrifizierung. Vielleicht
würde die Sixth Street eines Tages so wohlhabend und multikulturell
sein, wie es amerikanische Stadtviertel nur selten waren. Aber noch
waren die alten Trennlinien zwischen Schwarzen und Chinesen erkennbar, wenn man südlich von Polats Wohnung einen Spaziergang
machte. Die Sixth Street hatte nur wenige Geschäftshäuser, und einige Reihenhäuser waren in einem schlechten Zustand. Die gepfleg-
testen Grundstücke gehörten traditionell den schwarzen Kirchen:
Springfield Baptist, First Rising Mount Zion Baptist, Galbraith
A.M.E. Zion. An der Ecke L Street lag das Eritreische Kultur- und

Gemeindezentrum, und dahinter, an der I Street, befand sich, auf die
Wand eines Backsteingebäudes gemalt, eine alte Aufschrift: VEREI-
NIGUNG DER EINWOHNER AUS FUJIAN.

Daran schloss sich das Herz der kleinen Chinatown dieses Distrikts an. Restaurants und Geschäfte säumten die Straßen – China
Boy Delicatessen, Chinatown Market –, auch wehte hier fast überall
eine amerikanische Flagge, was in schwarzen Gegenden selten war.
Die H Street entlang hingen massenhaft Flaggen, die Hinweisschilder waren zweisprachig: China Doll Restaurant (麗華園), Eat First
Restaurant (食為先), Wok N Roll Restaurant (珍味樓). In der Nähe
der Ecke H und Seventh hatte man im chinesischen Stil ein *pailou*
(Eingangstor) aufgestellt. Inschriften vermerkten, dass es 1986 als
»Torbogen der Freundschaft« von Chen Xitong und Marion Barry,
den Bürgermeistern von Peking und Washington, D.C., eingeweiht
worden war. Das *pailou* erlebte ein unerwartes Echo, als beide Bürgermeister in den Jahren nach der Einweihung ins Gefängnis gingen.
1990 wurde Barry wegen Besitzes von Crack verurteilt; acht Jahre
später sprach ein Pekinger Gericht Chen wegen Korruption schul-
dig. Diese ganz spezielle Brücke zwischen China und den USA wurde allerdings nicht ins *pailou* eingraviert – eine weitere Unregelmä-
ßigkeit, die unter dem sauberen Gitternetz der Hauptstadt lauerte.

Auch die Schilder in Chinatown sprangen zwischen zwei Welten
hin und her. Die scherzhaften rassistischen englischen Namen gingen
mit der Übersetzung verloren: Das China Doll Restaurant (China
Doll/Chinapuppe: die ostasiatische Frau als exotisch-willfährig-unter-
würfiges Wesen, Anm. d. R.) blühte auf Chinesisch als ›Schöner Chinesischer Garten‹ wieder auf, und China Boy Delicatessén erwarb sich
(inklusive einer komplett neuen Produktlinie) als ›Frische Nudeln für
Chinesische Kinder‹ mehr Respekt. Das Wok N Roll Restaurant ver-
wandelte sich in die ›Halle des Edlen Geschmacks‹. In der H und
Eighth warb ein englisches Schild mit den Worten CHINATOWN
GIFTS (Chinatown Geschenke), während das zugehörige chinesische
Schild – 出國人員服務中心 – etwas völlig anderes bedeutete:

SERVICECENTER FÜR AUSREISEWILLIGE

*   *   *

»Vermutlich handelt es sich um einen Laden, der mit *jiade* Visa-Unternehmen zusammenarbeitet – wie jenes, mit dem ich es in Peking zu tun hatte«, sagte Polat eines Abends, als wir an dem Chinatown-Schild vorbeikamen. »Diese Unternehmen brauchen Kontakte in den USA, und genau damit befasst sich wahrscheinlich dieser Dienstleister. Die Leute beschaffen Briefe, wie ich sie aus Los Angeles hatte. Wenn auf dem Schild ›Ausreise‹ steht, dann ist damit die Ausreise aus China gemeint. Warum sollte jemand Hilfe brauchen, um aus den USA herauszukommen?«

Es war ein kalter Januarnachmittag, und ich begleitete Polat zur Arbeit. Im Oktober hatte er seinen ersten Job in den USA gefunden, und zwar in der Auslieferung eines zentral gelegenen Restaurants namens Café Asia. Einige seiner uighurischen Freunde arbeiteten bereits dort. Für einen Einwanderer, der noch nicht viel Englisch sprach, war es eine relativ praktische Stelle: Zusteller arbeiteten abends, sodass tagsüber Zeit für den Sprachunterricht blieb. Polat hatte vor Kurzem einen zweimonatigen Kurs abgeschlossen und verstand ziemlich gut Englisch – während der Fahrten hörte er im Radio oft Nachrichten. Er tat sich aber noch schwer damit, die Sprache zu sprechen, und gab, wenn möglich, Chinesisch den Vorzug.

Seinen Wagen beherrschte er dagegen bereits wie ein Profi. Er kannte die Macken des Washingtoner Gitternetzes – die Einbahnstraßen und die Bereiche, die während der Hauptverkehrszeit unpassierbar waren. Er wusste auch, wie man den Randstreifen nutzt und verbotenerweise überholt und wie man sich so durch Stoppschilder mogelt, dass es wie ein Versehen aussieht. Er konnte so ungefähr überall eine Einhundertachtzig-Grad-Wende machen. Er hielt Ausschau nach Polizisten und war ein Experte darin, während der Lieferfahrt Parkplätze aufzuspüren. Wenn kein Parkplatz frei war, improvisierte er: Wagen anhalten, Warnblinklicht einschalten, sich beeilen und hoffen. Ein Wort, das er beim Fahren ständig wie ein Mantra auf Englisch wiederholte, war »parken, parken, parken«. Seit seinem Arbeitsantritt hatte er über sechshundert Dollar an Bußgeldern gezahlt. Sein bisheriger Tagesrekord waren drei Strafzettel: zweimal zwanzig Dollar wegen Falschparkens, hinzu kam eine Strafe in Höhe von fünfzig Dollar wegen Überfahrens einer Ampel, die von Gelb auf

Rot umschaltete. Im Café Asia verdiente er sieben Dollar pro Stunde, plus Trinkgeld.

Er hatte einen Unfall gehabt. Als er im Dezember während einer Fahrt vor einer Ampel an der Pennsylvania Avenue hielt, fuhr ihm jemand von hinten auf. Der andere Autofahrer war zu schnell gefahren. Nachdem beide aus ihren Autos gestiegen waren, roch Polat Alkohol im Atem des Mannes. Durch den Aufprall war die hintere Stoßstange von Polats Honda abgefallen.

»Als er mit mir sprach, war er zunächst sehr freundlich, als er aber merkte, dass ich Ausländer war und schlecht Englisch sprach, schüchterte er mich ein. Er gab mir zu verstehen, dass ich nicht die Polizei rufen solle, weil damit eine Menge Ärger verbunden wäre. Er meinte, ich könne den Wagen selbst reparieren, er würde dann die Hälfte der Kosten übernehmen. Ich willigte ein, obwohl ich heute weiß, dass ich die Polizei hätte rufen sollen. Damals dachte ich außerdem, ich würde, wenn die Polizei käme, einen Englisch sprechenden Freund herbeirufen müssen. Den Aufwand wollte ich ihm ersparen. Später haben mir alle meine Freunde gesagt, ich hätte die Polizei rufen sollen. Ich sei versichert, hätte einen Führerschein und hätte gegen kein Gesetz verstoßen. Sie meinten, ich solle Afrikanern grundsätzlich nicht trauen.«

Eine neue Stoßstange hätte tausend Dollar gekostet, und der andere Fahrer hatte ihm zunächst fünfhundert angeboten. Der Scheck traf aber nie ein. Als Polat den Mann in seinem Büro aufsuchte, wollte er nur noch dreihundert herausrücken. Widerwillig stimmte Polat zu und wartete erneut – nichts. Als das nächste Angebot bei hundert Dollar lag, drohte Polat mit einem Anwalt. Zu guter Letzt gab ihm der Mann hundertfünfzig in bar. Polat fand einen chinesischen Mechaniker, der die Reparatur zu einem ermäßigten Preis durchführte. Sie kostete dreihundert.

Polat hatte noch immer die Visitenkarte des Fahrers, auf der eine Adresse in der 13th Street NW stand.

»Wahrscheinlich haben seine Geschäfte mit Betrügereien zu tun«, meinte er. »Die Adresse ist nur ein einfaches Haus, in dem ein Tisch und ein Telefon stehen. Er besitzt nicht einmal einen Computer, einen Drucker oder Ähnliches. Die Geschäfte haben angeblich mit Wohnungsbau zu tun.«

Dennoch hatte Polat gar nicht erst versucht, mehr Geld zu verlangen. Er konnte zwar perfekt Auto fahren, sein Können verflüchtigte sich aber, sobald er aus dem Wagen stieg. Auch war ihm klar, dass seine eigene Akte nicht makellos war. Zusätzlich zu all den Bußgeldbescheiden bestand immer das Risiko, dass jemand einen Blick in seine Fahrerlaubnis aus Virginia werfen und feststellen würde, dass er sie mithilfe einer falschen eidesstattlichen Erklärung erworben hatte. Diese spezielle Gesetzeslücke war zehn Tage nach den Terroranschlägen geschlossen worden, weil sieben der neunzehn Flugzeugentführer mit Personalausweisen an Bord gegangen waren, die sie sich illegal vom Bundesstaat Virginia beschafft hatten.

Die Hinweistafel vor dem Café Asia warb für EXOTISCHE KÜCHE. Die Speisekarte enthielt vor allem japanische Gerichte, darüber hinaus aber auch Speisen aus dem gesamten Osten: Singapur-Nudeln (Curry-Reisnudeln mit Gemüse etc.), Thai-Basilikum-Gerichte, Penang Ha Mein (Nudeln mit Shrimps nach Penang-Art), General Tao Chicken (Hühnchen à la General Tao). Die Köche waren Thailänder, Indonesier und Südamerikaner. Das Geschirr spülten Mexikaner. Am ersten Abend, an dem wir auslieferten, stammten die Sushi-Küchenchefs aus Malaysia und Kanton. Die Männer trugen weiße japanische *happi*-Jacken und arbeiteten in einem gut beleuchteten Fenster, das zur Straße hinausging. Von dort, wo wir standen, sah es warm aus.

An diesem Abend waren alle Boten des Café Asien Uighuren. Die Temperatur betrug zwischen minus zwanzig und minus dreißig Grad, zu viert standen wir dicht gedrängt und warteten auf Aufträge. Die beiden anderen Uighuren waren, wie Polat, vor kurzem in den USA angekommen. Der eine war von Xinjiang über Kasachstan und Usbekistan gereist; der andere war in der Türkei aufgewachsen, seine Familie war dorthin geflüchtet und sesshaft geworden.

»Ich bin hierhergekommen, weil ich nicht zum Militär wollte«, erklärte er. »In der Türkei ist der Militärdienst für Männer Pflicht. Das Leben ist nicht immer leicht, wissen Sie.«

Der Uighure sagte das ohne zu zögern und biss bei der Kälte die Zähne zusammen. Er war ein großer, gut aussehender Mann mit kurzen schwarzen Haaren. Ich fragte ihn, wie alt er sei.

»Dreiundzwanzig alte Jahre.«

Sein Fehler war ein Versehen, aber der Ausdruck gefiel mir – die alten Jahre eines jungen Emigranten. Ich fragte ihn, wie lange ein türkischer Staatsbürger beim Militär dienen müsse.

»Zwei alte Jahre«, sagte er.

»Ist der Dienst gefährlich?«

»Früher war er gefährlicher, wegen der Terroristen im Norden, jetzt ist es nicht mehr so schlimm. Ich möchte vor allem nicht hin, weil es langweilig ist.«

Polat verteilte Marlboro Lights, die Uighuren drehten dem Wind ihre Rücken zu und zündeten sie an. Drinnen im Restaurant herrschte reges Treiben – die meisten Kunden waren junge Berufstätige, die gerade Feierabend hatten. Paare eilten durch die Kälte, vorbei an unserer Gruppe rauchender Uighuren. Nebenan befanden sich ein weiteres asiatisches Restaurant – Star of Siam – und Armand's Chicago Pizzeria. An jedem Betrieb hing eine amerikanische Flagge: Seit den Anschlägen schien für alle, die Geschäfte machten, mindestens eine Flagge Pflicht zu sein.

Polat rief einen uighurischen Freund an, der in der Nähe bei Radio Free Asia arbeitete und sich zu uns gesellte. Sein Name war Alim Seytoff. Er erzählte mir, dass er der einzige Uighure mit einem amerikanischen Abschluss in Journalismus sei. An der Universität von Tennessee in Chattanooga (zuvor hatte er eine Adventistenhochschule in Tennessee besucht) hatte er Rundfunkjournalismus studiert. Er war zweiunddreißig Jahre alt: ein schlanker, ernster Mann in einer schwarzen Lederjacke. Er war verbittert darüber, dass die Situation in Xinjiang weltweit nicht zur Kenntnis genommen wurde.

»Wir haben in China mehr Probleme als jede andere ethnische Gruppe«, sagte er. »Viel mehr als die Tibeter. Aber ihnen schenkt man mehr Aufmerksamkeit, weil sie den Dalai Lama haben. Mein Vater war zehn Jahre lang politischer Gefangener. Als ich ihn das erste Mal sah, war ich elf. Er kannte Leute, die hingerichtet wurden.«

Eine weiße Frau verließ das Café Asia, in einer Schachtel hatte sie Essen zum Mitnehmen. Sie hörte Alims letzte Worte und schien zu glauben, jemand wolle ihr den Kopf abreißen. Einen Augenblick lang sah sie die Uighuren, die sich aneinanderkauerten, prüfend an und ging dann schnellen Schrittes weiter zur Straße. Alim schien sie nicht bemerkt zu haben. »Fast jede uighurische Familie hat einen Angehörigen, der einige Zeit im Gefängnis war«, fuhr er fort. »Es überrascht mich, dass sie noch immer stillhalten.«

Ein anderer Uighure kehrte von einer Fahrt zurück. Er war in den Zwanzigern, ein Mann mit einer langen Nase und einer Pure-Playaz-Baseballkappe. Als Polat ging, um die Parkuhr seines Honda zu füttern, schmunzelte Pure Playaz vielsagend und meinte: »Parking« (parken). Das war das einzige englische Wort, das ich ihn je sprechen hörte. Polat erzählte mir, dass sich der Mann vor fünf Monaten über Kanada in die USA eingeschlichen hatte und aus einer Region in Xinjiang stammte, die so abgelegen war, dass er nicht einmal chinesisch sprach.

Nach einer Weile beschlossen die Männer, dass es Zeit fürs Abendessen sei. Im Café Asia konnten sie zwar kostenlos essen, verzichteten aber darauf. (»Wenn ich einmal im Jahr japanisch esse, reicht mir das«, sagte Polat.) Wir gingen nach nebenan in Armand's Chicago Pizzeria, wo das Personal aus Marokkanern bestand. Sie begrüßten die Uighuren, die genau wie sie islamische Einwanderer waren, herzlich und gewährten uns einen Rabatt. Ohne Schweinefleisch, genau wie in Chicago. Ich fragte Alim, wie er über den Krieg in Afghanistan denke.

»Ich finde ihn großartig«, sagte er. »Ich hasse die Taliban noch mehr als die Amerikaner. Wenn sie nicht kurzen Prozess mit den Taliban machen, könnte es passieren, dass man die Uighuren mit den Taliban in Verbindung bringt. Genau das wollen die Chinesen. Sie sind auf diesen Kriegszug gegen den Terrorismus aufgesprungen. Dabei haben sie erst zögerlich reagiert; ich denke, sie wussten anfangs nicht, was sie tun sollten. Dann haben sie überlegt: Wie können wir uns diese Gelegenheit zunutze machen?«

Eine Strategie bestand darin, einem alten Problem einen neuen Namen zu geben. Nach den Anschlägen begannen chinesische Funktionäre und die staatlich gelenkte Presse, von »ostturkestanischen Terroristen« zu sprechen, die in Afghanistan und in anderen zentralasiatischen Ländern ausgebildet worden seien. Früher hatten sie uighurische Regimekritiker in der Regel als »Xinjiang-Separatisten« bezeichnet. Der neue Begriff klang mehr nach Ausland und schien das Ziel zu ver-

folgen, die Amerikaner den Chinesen sympathischer zu machen: dort
die Bedrohung durch eine islamistische Gefahr aus dem Ausland, hier
die Probleme mit einer unzufriedenen Minderheit im Inland. Als der
chinesische Außenminister im November 2001 vor den Vereinten Nationen über den Terrorismus sprach, betonte er Chinas Probleme mit
den »ostturkestanischen Terroristen«.

China stellte den Antrag, die uighurischen Gruppen in die Liste
der Feinde im Krieg gegen den Terror aufzunehmen. In den Vereinigten Staaten regte sich jedoch Widerstand. Einige der treuesten Verbündeten der Uighuren waren Konservative. Im Oktober 2001 veröffentlichte die »Washington Times« einen Kommentar von Senator
Jesse Helms:

> *Falls die USA in ihrem Kampf gegen den Terrorismus am Ende von*
> *Peking in irgendeiner Form unterstützt werden, dann mit ziemlicher*
> *Sicherheit um den Preis, dass das scharfe Vorgehen Chinas gegen die*
> *Uighuren (sowie Versuche, Tibet zu unterdrücken und Taiwan zu*
> *isolieren) geduldet werden.*
>
> *Das wäre eine moralische Katastrophe, denn es besteht kein*
> *Grund, die Uighuren mit den mörderischen Fanatikern, die uns*
> *nachweislich Schaden zufügen wollen, in einen Topf zu werfen. Die*
> *Uighuren kämpfen einen gerechten, überwiegend friedlichen Kampf*
> *für die Befreiung von der tyrannischen Herrschaft Pekings ...*

Senator Helms war auch ein wichtiger Förderer der uighurischen
Programme auf Radio Free Asia. Der Sender war vergleichbar mit der
Voice of America, aber längst nicht so alt; RFA hatte den Sendebe-
trieb 1996 in verschiedenen asiatischen Sprachen aufgenommen,
einschließlich Hochchinesisch. 1998 kam der uighurische Sprachen-
dienst hinzu. Jeden Tag wurden zwei Stunden Nachrichten und Programme gesendet, die man über Kurzwelle in Xinjiang und anderen
Teilen Chinas empfangen konnte. Gelder für RFA fungierten zeitweise als Gegengewicht zu der widerwillig akzeptierten Welt-
machtstellung Chinas. Als das Repräsentantenhaus im Mai 2000 die
Gesetzesvorlage verabschiedete, die die Grundlage für dauerhafte,
normale Handelsbeziehungen mit China bildete, war daran eine Regelung geknüpft, die eine Ausweitung der Geldmittel für RFA und

VOA vorsah. Sie trug dazu bei, die antichinesische Stimmung im Kongress zu beruhigen: Die Amerikaner akzeptierten zwar, dass die Wirtschaftsmacht China Realität war, sie brachten ihre Verachtung für das politische System aber zum Ausdruck, indem sie unabhängige Rundfunksender unterstützten.

Ein Problem war jedoch, dass praktisch niemand in Amerika verstand, was über den Äther ging. Ein Wissenschaftler für zentralasiatische Studien erklärte mir, dass die uighurischen RFA-Sendungen noch viel radikaler seien als alle Dienste auf Mandarin oder Tibetisch. Er befürchtete, dass die Programme nur dazu dienten, die chinesische Regierung zu verärgern. Er machte sich auch Sorgen, weil die Uighuren die Unterstützung von Politikern wie Senator Helms überschätzten. In Zentralasien war das Vorgehen bestens bekannt: Eine gängige Taktik der USA bestand darin, ethnische oder religiöse Gruppen zu fördern, die sich größeren Mächten wie Russland oder China widersetzten. Sobald sich die geopolitische Situation veränderte, wurde die Unterstützung beendet, und die Widerstandsgruppen gerieten in Vergessenheit. Das Verhaltensmuster der Amerikaner – erst fördern, dann vernachlässigen – trug zum Aufstieg der Taliban in Afghanistan bei.

Das war ein Preis der Bedeutungslosigkeit: eine kleine, abgelegene Volksgruppe wie die Uighuren fand fast nie um ihrer selbst willen Beachtung. Die Chinesen sahen in ihr eine ethnische Minderheit der Volksrepublik, türkische Gruppen sahen in ihr Türken, islamische Fundamentalisten sahen in ihr Islamisten, Senator Helms sah in ihr eine chinafeindliche und proamerikanische Kraft. Sie war wie die Xinjiang-Mumien – man wusste so wenig über sie, dass jeder die ethnische Gruppe nach seinem eigenen Bild formen konnte. Zudem gab es sehr viele desillusionierte Uighuren, die sich bereitwillig von jeder Art ausländischem Einfluss beherrschen ließen.

In Washington, D.C., traf ich mich mit Mehmeh Omer Kanat, einem RFA-Korrespondenten, der über den jüngsten Krieg berichtet hatte. In Afghanistan und Pakistan hatte Kanat ein halbes Dutzend uighurische Gefangene interviewt, die festgenommen worden waren, nachdem sie an der Seite der Taliban gekämpft hatten. Er schätzte, dass möglicherweise Hunderte von Uighuren in Afghanistan irgendwann einmal ausgebildet worden waren. Die Gefangenen, mit denen er sprach, waren allesamt junge Männer in den Zwanzigern oder Anfang dreißig, und sie stammten aus allen traditionellen uighurischen Schichten: Bauern, Kaufleute, Intellektuelle. Ein Gefangener hatte an einer chinesischen Universität einen Abschluss in Wirtschaftswissenschaften gemacht. Letztendlich wurden sie ins amerikanische Verhörzentrum in der Bucht von Guantanamo gebracht.

»Sie wollten nicht als Terroristen bekannt werden«, erläuterte mir Kanat. »Sie sagten mir, sie hätten mit den Arabern, mit Al-Qaida, nichts zu tun. Sie sagten, sie hätten nur mit den Taliban gekämpft, weil sie mit ihnen zusammen ausgebildet wurden, als der Krieg begann. Sie sagten: Dies ist ein Bürgerkrieg, und damit wollen wir nichts zu tun haben. Wir wollen gegen China kämpfen. Deshalb sind wir hergekommen.«

Ich fragte Kanat nach ihrer Haltung gegenüber den USA.

»Sie waren über die Amerikaner nicht verärgert, sondern erfreut«, sagte er. »Sie erzählten mir, die USA würden vielleicht Stützpunkte in Afghanistan errichten, und damit würden sie Nachbarn Chinas. Sie waren voller Hoffnung. Sie hofften, die USA würden ihnen im Kampf gegen China beistehen.«

Nach 19.30 Uhr nahm im Café Asien die Zahl der Bestellungen zu. Polats erster Auftrag war für die 1900 K Street, ein Bürogebäude, dessen Firmenschild einige Rechtsanwaltsbüros und eine Niederlassung von Price Waterhouse auflistete. Er parkte widerrechtlich auf der K und ließ die Warnblinklichter eingeschaltet. Der blonden Frau, die die Bestellung entgegennahm, fehlte ein Teil der rechten Hand. Sie gab ihm ein Trinkgeld von etwas mehr als zwei Dollar.

»Ich habe immer ein schlechtes Gewissen, wenn ich von ihr Trinkgeld nehme«, sagte Polat, als wir zum Honda zurückgingen. »Sie ist immer sehr nett, und sie ist behindert.«

»Darüber würde ich mir keine Sorgen machen«, meinte ich. »Ich glaube, sie ist Anwältin. Sie verdient wahrscheinlich eine Menge Geld.«

»Ich weiß«, sagte er. »Aber ich habe trotzdem ein schlechtes Gewissen.«

Die zweite Bestellung führte uns die L hinauf. Polat bog in die Dreizehnte ein und sah zur Kontrolle in den Spiegel.

»Ich werde eine amerikanische Verkehrsregel übertreten«, kündigte er an. »Hier ist eine durchgezogene orangene Doppellinie. Wenn ein Polizist das mitkriegt, muss ich eine Geldstrafe von dreißig Dollar zahlen.«

Er drehte den Wagen um hundertachtzig Grad und parkte widerrechtlich vor dem Homer Building. Keine Polizei. Noch mehr Rechtsanwaltskanzleien: ein zwölfstöckiges Atrium, dekoriert mit einer riesigen amerikanische Flagge und einer Bronzeskulptur, die den Titel trug »Das Lebensgefühl der Amerikanischen Jugend«. Aus einer Inschrift ging hervor, dass man sie ursprünglich als Omaha-Beach-Mahnmal für die französische Normandie entworfen hatte. Der Wachmann lächelte, als wir eintraten.

»Der Mann ist nett«, meinte Polat, während wir auf den Kunden warteten. »Ich komme oft hierher, und er ist zu allen immer sehr freundlich.«

Der Wachmann mittleren Alters plauderte mit einem jüngeren Mann. Die beiden Schwarzen unterhielten sich, als stünden wir gar nicht neben ihnen. Viele Amerikaner verhielten sich so, sobald sie mitbekamen, dass wir uns in einer fremden Sprache verständigten. Im Homer Building unterhielten sie sich über eine Frau, der Wachmann gab Ratschläge.

»Du hältst dich zurück«, sagte der Ältere.

»Ich halte mich zurück«, stimmte der Jüngere zu.

»Du hältst dich zurück«, sagte der Ältere wieder und lächelte vielsagend.

An dem Abend war viel los, und jedes Mal, wenn wir zum Café Asia zurückkehrten, wartete eine neue Bestellung. California Roll, Lo Mein Beef (chinesische Eiernudeln mit Rindfleisch) und Shrimp Tempura Roll für Nicole Erb. Hot and Sour Soup (Sauer-scharf-Suppe), General Tao Chicken und Algensalat für Sophie Kojuch (»Der Name sieht türkisch aus«, fand Polat.). An den meisten Gebäuden meldete er sich über die Gegensprechanlage mit genau zwei englischen Wörtern: »Hello, delivery.« (Hallo, Lieferservice.) Viele Kunden waren Anwälte, die noch spät arbeiteten; sie kamen mit müden Augen herunter und nestelten an ihren Geldbeuteln und Handtaschen herum. Keiner von ihnen sah uns zweimal an. Sie wären sicher überfordert gewesen, wenn man ihnen von der historischen Last erzählt hätte, die mit ihrem General Tao Chicken daherkam. Der Name war eine falsche Schreibweise von General Tso (bzw. Zuo Zongtang), jenem brillanten und rücksichtslosen Qing-General, der die Expansion des chinesischen Kaiserreichs vorantrieb. Unter Zuos Oberbefehl war Xinjiang 1884 eine chinesische Provinz geworden, und nun lieferten Uighuren seinen Namensvetter, das Hühnchen, in der amerikanischen Hauptstadt aus. General Tso und Colonel Sanders: bedeutende imperialistische Herrscher im Reich der Hühnchen. Esst nicht bei Kentucky, fallt nicht über Xinjiang her.

Unsere letzte Tour führte in die 1701 Massachusetts Avenue. Polat parkte vor einem Verkehrsschild ABSOLUTES HALTEVERBOT und ging in die Eingangshalle, vorbei an einem weiteren Schild mit der Aufschrift KEIN LIEFERANTENEINGANG. Die Frau gab Polat ein Trinkgeld in Höhe von zwei Dollar und zwölf Cent. In der Fünfundzwanzigsten Straße stellte er den Honda in einer Feuerwehrzufahrt ab. Als er auf die Neunzehnte zurückfuhr, wurden wir von einem Taxifahrer geschnitten.

»Ich habe noch nie gesehen, dass ein Weißer Taxi fährt«, bemerkte Polat. »Es sind grundsätzlich immer Ausländer. Sie haben einen wirklich schlechten Einfluss auf den Stadtverkehr. Die Taxifahrer fahren noch schlimmer als ich.«

Um zehn Uhr stempelte er aus. Es war Zahltag – im Café Asia standen die mexikanischen Geschirrspüler Schlange, um ihre Schecks abzuholen. Die Uighuren legten ihr Trinkgeld zusammen und teilten es durch fünf: sechsundzwanzig Dollar für jeden. Polats Einnahmen für zwei Wochen betrugen 544,38 Dollar. Wir gingen nach draußen zu einem Münztelefon auf der anderen Straßenseite, wo Polat seine Frau anrufen wollte; er benutzte Telefonkarten, weil seine Handyrechnungen in letzter Zeit sehr hoch gewesen waren. Der Wind war bitterkalt, als ein wild dreinblickender schwarzer Mann in einem Parka zu uns herübertaumelte.

»Wollen Sie etwas Tylenol?«, fragte er. »Drei Dollar die Schachtel.«

Polat und ich starrten den Mann an.

»Tylenol!« schrie er. »Drei Dollar die Schachtel!«

»Nein, danke«, sagte ich so höflich wie möglich. Der Mann stolperte die Straße hinunter und murmelte wütend etwas vor sich hin.

»Bist du sicher, dass man hier ungestört telefonieren kann?«, fragte ich.

»Kein Problem«, sagte Polat. Er drückte die Ziffertasten – irgendwo in Ürümqi klingelte ein Telefon, aber niemand nahm ab. Wir fuhren zurück zu seinem Reihenhaus und suchten die Seitenstraßen ab. Parken, parken, parken. Schließlich fand Polat einen Platz, nur blieb die Motorhaube direkt vor einem PARKEN-VERBOTEN-Hinweis stehen.

Er sagte: »Solange der größte Teil des Wagens hinter dem Zeichen steht, ist alles in Ordnung.«

Eine riesige amerikanische Flagge schmückte das Erkerfenster an der Vorderseite von Polats Reihenhaus. Er hatte mich eingeladen, in seinem Zimmer zu bleiben, während er selbst im Haus nebenan bei einem uighurischen Freund auf der Couch schlafen wollte. Wir gingen hinein, der chinesische Vermieter saß im Wohnzimmer. Er guckte zweimal hin, als er mich sah.

»Er ist der Freund, von dem ich Ihnen erzählt habe«, sagte Polat. »Er ist Amerikaner.«

Der Mann sah mich prüfend und mit unsicherem Blick an. »Wir kennen uns aus Peking«, sagte ich lächelnd. »Ich lebe zwar dort, bin aber Amerikaner. Ich bin hier zu Besuch.«

»Oh, Sie sprechen Chinesisch«, sagte der Vermieter. Er lächelte, sein Mund verzog sich dabei aber zu einem Gesichtsausdruck, den ich aus China kannte. Er fragte Polat, ob er ihn unter vier Augen sprechen könnte.

Ich wartete in Polats kleinem Zimmer. Kurz darauf kam er zurück.

»Er will nicht, dass du hier bleibst«, sagte er. »Er sagt, du seist ein *wairen*.«

Er spuckte das Wort aus. In China war ich es gewohnt, ein *waiguoren,* ein Ausländer, zu sein, aber hier in Chinatown ging es nicht um *guo,* um die Nationalität. *Wairen* bedeutete einfach Fremder.

»Macht nichts«, sagte ich. »Ich kann genauso gut in einem Hotel übernachten. Ich will nicht, dass du meinetwegen Probleme hast.«

»Er sagte, dass du nebenan bei meinem Freund übernachten kannst. Er will dich nur nicht in seinem Haus haben.«

»Ich verstehe. Sie kennen mich nicht.«
Polat fluchte wütend. Er sagte: »Chinesen sind überall gleich.«

Abends lieferte Polat aus, tagsüber aber hatte er frei. Wir kurvten mit dem Honda durch die Stadt – er stellte mich uighurischen Freunden vor und zeigte mir einige seiner Lieblingsplätze, etwa den Bauernmarkt im Nordosten Washingtons, wo viele Einwanderer einkauften. Für Ausflüge ins Freie war es zu kalt, aber er besuchte gern Museen, und eines Nachmittags gingen wir ins Smithsonian. Die Ausstellung trug den Titel »Vom Feld zur Fabrik«. In der Einführung las ich:

Die Vereinigten Staaten waren die Zufluchtsstätte für Millionen von Einwanderern, die vor Krieg, Armut und Diskriminierung flohen oder Freiheit suchten. An manchen Orten und zu manchen Zeiten hat die amerikanische Gesellschaft jedoch das eigene Volk unterdrückt.

Ein Exponat beschrieb die Migration von Schwarzen in den Norden während der Jahre 1915 bis 1940. Ein Schaukasten zeigte ein beengtes Zimmer in einer Pension: Bett, Nachttisch, Schrank. Wir standen schweigend davor und dachten beide das Gleiche. Schließlich lachte Polat und sagte: »Wahrscheinlich ist es besser als mein Zimmer.«
In der Nähe war ein anderer Abschnitt mit »WAR ES DAS WERT?« überschrieben. Aus einem anonymen Brief, der dem Buch »The Negro in Chicago« (Der Neger in Chicago) des Soziologen Charles Spurgeon Johnson entnommen war, stammte folgendes Zitat:

Ich dachte, [Chicago] sei eine großartige Stadt, musste aber feststellen, dass sie es nicht war. Onkel erzählte mir, er wohne in der Portland Avenue, die eine großartige Allee sei; habe nichts außer einem Schlammloch gefunden. Ich wünschte, ich wäre wieder zu Hause.

Polat sprach nie von Rückkehr. Nachdem er den Schritt getan und politisches Asyl beantragt hatte, gab es kein Zurück mehr. Des Öfteren sprach er davon, dass sein Timing schlecht gewesen sei. Er wünschte, er wäre bereits besser etabliert gewesen, als sich die Anschläge ereigneten. Bisher jedoch hatte es kaum Vorfälle gegeben, in denen Vorurteile offen zutage traten. Als er ein paar Wochen nach 9/11 einmal in Essex, Maryland, tanken wollte, forderten ihn einige Weiße auf, weiterzufahren. Uighurische Freunde hatten kleinere Probleme gehabt, und wer einen islamisch klingenden Namen trug, stellte fest, dass es schwieriger wurde, einen Job zu finden. Das Misstrauen blieb jedoch meist unausgesprochen, es war eher ein Gefühl, das über der Stadt lag. »Amerikaner werden dir nicht ins Gesicht sagen, dass sie dich nicht mögen«, sagte Polat. »Mit den Chinesen ist es anders – wenn sie etwas gegen dich haben, weißt du sofort Bescheid. Die Amerikaner sind intelligent genug, derartige Gefühle zu verbergen.«

Seine größte Sorge war, dass seine Frau nicht aus dem Land herauskommen würde. Sein Anwalt hatte die nötigen Papiere für ihr Visum eingereicht, aber niemand wusste, wie lange die Genehmigung dauern würde. Wegen der Anschläge wurde das gesamte Verfahren neu organisiert. Der Anwalt meinte, es würde mindestens ein, vielleicht zwei oder mehr Jahre dauern. In der Zwischenzeit wurde es immer schwieriger, sie davon zu überzeugen, dass alles nach Plan lief. Im Oktober nach den Anschlägen belief sich Polats Handyrechnung auf 488,75 Dollar.

Ich übernachtete bei Polats uighurischem Freund im Nachbarhaus. Das Haus war voll belegt: drei Mexikaner im Keller, ein Uighure im Erdgeschoss und neun Chinesen in den Schlafzimmern im Obergeschoss. Abgesehen von einem Bewohner arbeiteten alle in der Lebensmittelindustrie, und sie sprachen kaum miteinander. Niemand schien sich daran zu stören, dass im Erdgeschoss ein *wairen* auf der Schlafzimmercouch schlief.

Der Uighure war achtundvierzig Jahre alt und hatte ebenfalls politisches Asyl erhalten. Er wartete auf die Bearbeitung der Visaanträge für seine Frau und seine Zwillingssöhne. Sie hielten sich in der Türkei auf, mehr als zwei Jahre lang hatte er sie nicht gesehen. Er bat mich, seinen Namen nicht zu nennen, falls ich über ihn schreiben würde.

Die Wände im Zimmer des Mannes waren mit Schildern in verschiedenen Sprachen dekoriert: Englisch (STOPPT DIE VERFOLGUNG DER UIGHUREN IN CHINA), Arabisch (ALLAH IST GROSS) und Chinesisch (MÖGEN ALL DEINE WÜNSCHE IN ERFÜLLUNG

GEHEN). An der Tür hing ein japanischer Kabuki-Kalender der Hibachi-Brüder – das Restaurant, für das er als Bote fuhr. An einer Universität in Xi'an hatte er einen Abschluss in Elektrotechnik gemacht. Kürzlich war sein Auto gestohlen worden – das Wohngebiet befand sich vielleicht in einem frühen Stadium der Gentrifizierung, bis dahin war es allerdings noch ein weiter Weg.

Eines Morgens unterhielten wird uns zu dritt, und der Uighure sagte, ihn würde interessieren, wie Amerikaner Kultur wahrnehmen. Er meinte, es sei anders als alles, was er in Xinjiang und anderen Teilen Chinas gesehen habe. »Ich beliefere während der Arbeit viele Häuser«, sagte er. »In der Regel werde ich nicht hineingebeten, manchmal aber doch, und dann kann ich sehen, wie es dort aussieht. Wisst ihr, viele haben chinesische Gemälde in ihren Häusern. Das sagt mir, dass viele Amerikaner ein Faible für China haben.«

Ich fragte, ob ihn das störe.

»Nein«, sagte er. »Es ist schön, wenn man eine andere Kultur wertschätzen kann. Wahrscheinlich zeigt es nur, dass Amerikaner einen breit gefächerten Geschmack haben. Ich sehe auch viele afrikanische Masken in den Häusern.«

Ich fragte Polat nach seiner Meinung, und er runzelte die Stirn. In den vergangenen Jahren hatte er immer von Kultur als etwas Heiligem gesprochen, als etwas, das grundlegender war als Wirtschaft oder Politik. Einmal hatte er mir erzählt, dass genau dies das Problem mit den Schwarzen in Amerika sei – es spiele keine Rolle, dass sie in einem Land mit einer guten Wirtschaft und einem freien politischen System lebten. Die Sklaverei habe ihre Sprache und ihre Kultur zerstört, was mit der Situation von Menschen, die freiwillig auswanderten, nicht zu vergleichen sei. Seiner Meinung nach würden Schwarze immer darum kämpfen, sich von diesem Verlust zu erholen.

Er sprach jetzt langsam und überlegte sehr genau. »Die Amerikaner haben ihre eigene Kultur, die europäische Kultur, die auch großartig ist«, sagte er. »Aber sie haben nicht viel Europäisches in ihren Häusern. Warum gefällt ihnen China so sehr? Ich weiß, die Chinesen sagen, sie hätten eine fünftausendjährige Kultur, aber stimmt das wirklich? Oder behaupten sie es nur pausenlos?«

Er fuhr fort: »Wenn ich diese chinesischen Gemälde sehe, erinnern sie mich an das Restaurant, für das ich arbeite. Es ist kein echtes japanisches Essen – es ist *jiade*. Die Menschen, die das Essen machen, sind keine Japaner. Sie sind Malaysier und Chinesen, die sich als Japaner verkleiden. Auch gehen dort keine Japaner essen, sondern ausschließlich Amerikaner.«

»Nun, echte japanische Restaurants würden wahrscheinlich keinen Lieferservice anbieten«, meinte der andere Uighure. »Sie achten sehr darauf, dass alles frisch ist. Mein Restaurant ist ebenfalls kein echtes japanisches Restaurant. Der Besitzer ist Vietnamese.«

»Ich glaube, es hat mit der amerikanischen Freiheit zu tun«, sagte Polat. »Wenn man eine Möglichkeit findet, Geld zu verdienen, dann ergreift man sie. Darauf kommt es an, und dagegen ist nichts einzuwenden. Aber kein Japaner wird dort jemals essen. Und mich stört es, wenn man Menschen als Japaner verkleidet. Das erinnert mich an die uighurischen Restaurants in Peking, in denen sie Chinesen als Uighuren verkleiden.«

An seinem Geburtstag nahm Polat Urlaub. Am Morgen fuhren wir in der Stadt umher, machten ein paar Besorgungen und besuchten den Bauernmarkt. Polat zeigte auf das öffentliche Gebäude, in dem er seine Strafzettel bezahlte. Im Radio erwähnte ein Sprecher einen Bericht aus der »Washington Post« über die Ausweisung illegaler Einwanderer. Es war ein kalter, klarer Tag. Nur wenige Menschen hielten sich im Freien auf. Polat war sechsundvierzig alte Jahre geworden.

Als die Besorgungen erledigt waren, fragte ich, ob wir einen Blick auf das Pentagon werfen könnten. Früher im Monat hatte ich in New York City Ground Zero besichtigt. Durch das Leben in China mit seinen raubkopierten Videos und den mitleidlosen Reaktionen hatten die Anschläge auf mich weit entfernt gewirkt. Jetzt hatte ich das Gefühl, ich sollte mir die Orte selbst anschauen. Wir fuhren ein paar Mal um das Pentagon herum, bevor wir eine Citgo-Tankstelle mit freiem Blick über den Columbia Pike fanden. Als wir anhielten, ertönte im Radio die Nationalhymne. Polat erzählte mir, dass es seit den Anschlägen zur Tradition geworden sei, sie täglich um zwölf Uhr mittags zu senden.

Den beschädigten Flügel des Pentagons hatte man verschalt, die Spitze des Gerüsts bildeten amerikanische Flaggen. Über uns dröhnten Hubschrauber, die Patrouillenflüge unternahmen. Drei norwegische Touristen hatten ebenfalls den Weg zur Citgo-Tankstelle gefunden, und wir standen neben den Ausländern. Polat schaute immer wieder nach hinten auf den Honda.

»Es ist alles in Ordnung«, sagte ich. »An Tankstellen verteilen sie keine Strafzettel.«

»Diese hier könnte anders sein«, meinte er.

Ich ging in die Tankstelle und kaufte eine »Post«. Die Headline der Titelseite lautete:

USA SUCHEN TAUSENDE VON FLÜCHTIGEN AUSGEWIESENEN AUSLÄNDERN
Menschen aus dem Mittleren Osten stehen im Zentrum der Suche

Ich fasste den Artikel für Polat zusammen: Das Justizministerium ging hart gegen Leute vor, die Ausweisungsanordnungen nicht befolgt hatten.

»Das finde ich richtig«, sagte er. »Die Visa irgendwelcher Leute laufen ständig ab, und die Regierung kümmert sich nicht darum. Und so können sie krumme Dinger drehen.« Er wechselte ins Englische. »Zu viel Freiheit«, sagte er langsam, dann schaltete er wieder zurück auf Chinesisch. »Es sollte egal sein, welcher Rasse die Leute angehören; wenn sie hierherkommen und die Gesetze befolgen, dann sollten sie bleiben dürfen.«

Ich fragte, was er an seinem Geburtstag gern zu Mittag essen würde. Er erzählte mir, dass es ein iranisches Restaurant gebe, das gute Lamm-Kebabs zubereite, so gut wie die in Xinjiang. Wir fuhren an der Statue von Simon Bolivar, an der Weltbank und an der Pennsylvania Avenue vorbei. Parken, parken, parken. Während wir einen Parkplatz suchten, sagte Polat mir, dass das Leben im Distrikt zwangsläufig einfacher werde. »Ich brauche eigentlich nur Mut«, sagte er. »Ich hatte in Peking Mut, und deshalb konnte ich dort viel Geld verdienen. Und es erforderte Mut wegzugehen.«

Er hielt hinter einem schwarzen Lexus und wartete, um zu sehen, ob der Parkplatz frei würde. Der Wagen rührte sich nicht, wir fuhren weiter. »Weißt du, wenn ich mir die Menschen hier so anschaue, sind viele eigentlich nicht schlauer als ich«, sagte Polat. »Einige sind nicht so gut ausgebildet, einige sind älter. Es ist nicht so, als wären alle

Amerikaner intelligent. Aber weißt du, viele Leute, die nicht so intelligent sind, haben dennoch ein gutes Leben. Ich finde, wenn sie ein gutes Leben haben, warum dann nicht auch ich?«

Nachdem wir noch ein paar Minuten gesucht hatten, fand Polat einen Parkplatz, und wir gingen ins Restaurant. Es hieß Moby Dick House of Kabob. Polat lächelte und winkte, als er eintrat. Ein anderer Uighure stand hinter der Theke und bediente den Grill.

ARTEFAKT J

Die Kritik

自我批评

Die Geschichte von Chen Mengjia scheint jedes Mal, wenn sie er-
zählt wird, einen anderen Verlauf zu nehmen. Weil so wenig über das
Lebensende des Mannes geschrieben wurde, bin ich auf Interviews,
Erinnerungen und Gerüchte angewiesen. Die meisten Menschen,
mit denen ich spreche, sind über siebzig. Alter Yang erzählt mir, dass
Chen beschuldigt wurde, eine Affäre gehabt zu haben; Alter Herr
Zhao sagt, dass er in Schwierigkeiten geriet, weil er die traditionelle
Schrift verteidigte; Professor Shih ist zu Ohren gekommen, dass die
Kommunisten ihn umbrachten. Andere haben ihre eigenen Versio-
nen, manchmal aus zweiter Hand. In meinen Notizbüchern nehmen
mit der Zahl der Wörter auch die Widersprüche zu:

> *Chen Mengjia fiel mir als bemerkenswert gut aussehend auf. Ich er-
> innere mich, dass ich, ein wenig unpassend, dachte, er hätte ein Film-
> star sein können.*

> *Ich hörte von jemandem, der ihn kannte, dass er eine Affäre mit einer
> Pekingopern-Darstellerin hatte.*

> *Damals wurde viel geredet. Vielleicht haben sie etwas Persönliches
> kritisiert – das entsprach einfach ihrem Vorgehen. Natürlich ging
> das niemanden etwas an. Wenn seine Frau nicht darüber sprach, wa-
> rum dann sie?*

> *Ich weiß nicht, ob es mit dem übereinstimmt, was Sie gehört haben,
> aber man sagt, dass Chen wegen einer Affäre mit einer Filmschau-*

*spielerin Selbstmord beging. Allerdings möchte ich nicht als Quelle
dieser Behauptung genannt werden. Ich habe es von X erfahren, der
es von Y im Zusammenhang mit Ys Verteidigung von Z gehört hat.*

*Es handelt sich um ein historisches Problem, es ist nichts, worüber
wir heute diskutieren müssen.*

*Er hatte das Temperament eines Dichters. Wenn er eine Meinung hat-
te, dann sprach er sie aus. Er war xinzhi koukuai – er hatte ein reines
Herz und ein flinkes Mundwerk.*

*   *   *

Im dritten Stock des Shanghai-Museums finde ich eine Dauerausstellung mit Chens Möbeln aus der Zeit der Ming-Dynastie. Möbel
in einem Museum haben immer etwas Trauriges, und Chens Sammlung wirkt besonders verlassen: leere Stühle, leer geräumte Tische,
Räucherstäbchenhalter, die nichts halten. Ein Stuhl aus seltenem
gelbem Rosenholz ist mit einem einzelnen geschnitzten Schriftzeichen verziert: 壽. Langes Leben. Das Ausstellungsschild gibt keine
Auskunft über Leben und Tod des Mannes:

DIE MÖBEL IN DIESEM RAUM WURDEN URSPRÜNGLICH
VON HERRN UND FRAU CHEN MENGJIA GESAMMELT.

Ma Chengyuan ist der älteste Kurator des Museums. Er ist fünfundsiebzig Jahre alt, offiziell im Ruhestand, aber noch immer aktiv. Als
ich ihn um ein Interview bitte, reagiert er sofort interessiert: Er war
mit dem Orakelknochenwissenschaftler befreundet. Der Kurator erzählt mir, dass sie sich 1955 kennenlernten. Damals war das Shanghai-Museum eine viel kleinere Einrichtung. Die schöne neue Anlage
wurde 1996 eröffnet. In den Fünfzigerjahren kauften Ma und andere
Kuratoren auf den lokalen Antiquitätenmärkten Bronzeobjekte, und
häufig zogen sie Spezialisten hinzu, die die Stücke prüften.

»Chen Mengjia hat das Museum mehrere Male besucht«, sagt Ma.
»Er war kultiviert, aber er war auch geradeheraus. Er hat immer unverhohlen seine Meinung gesagt. Am Ende hat ihn genau das in

Schwierigkeiten gebracht. Er glaubte, die chinesische Schrift sei schön, und er sprach sich gegen die Reformen aus, die in den Fünfzigerjahren vorgeschlagen wurden. Von anderen habe ich gehört, dass er darüber offen auf einigen Treffen in Peking sprach. Das war gefährlich, weil die Regierung hinter den Plänen zur Reform des Schriftsystems stand. Mit anderen Worten: Er hat nicht nur gegen die Schriftreform Stellung bezogen, sondern auch gegen die Regierung. Ehrlich gesagt gefiel mir die Idee auch nicht, aber ich habe nichts gesagt. All das geschah in Peking, ich hatte nichts damit zu tun.«

Ma fährt fort: »Ich habe Chen unsere Sammlung immer gern gezeigt, wenn er in Shanghai zu Besuch war. Manchmal hat seine Frau ihn begleitet. Ihre Persönlichkeit hatte sich anscheinend im Vergleich zu früher verändert – das habe ich von anderen erfahren. Sie hat nicht sehr viel geredet. Ich glaube, es lastete eine Art Druck auf ihrer Seele. Ich weiß, dass sie ein Kind wollten, aber keines bekommen konnten. Irgendwann haben sie sich mit dem Thema Adoption befasst, was aber zu kompliziert war – dafür gibt es in unserem China keine Tradition. Und ich denke, dass ihr Haus ohne Kinder einsam war. Chen erzählte mir einmal, dass sie keine Kinder haben konnten, allerdings hat er darüber nie im Detail gesprochen. Natürlich hätte ich mich geniert, ihn zu fragen.«

Der Kurator erzählt mir, dass er Chen zuletzt 1963 gesehen habe. »Zu dem Zeitpunkt hatte er bereits politische Probleme gehabt«, sagt er. »Ich war in Peking und ging bei ihm vorbei, um mir seine Möbel anzuschauen. Es waren so viele schöne Stücke, und ich erinnere mich, dass mir eines besonders auffiel: der gelbe Stuhl aus Rosenholz mit dem gravierten 囍. Das Abendessen nahmen wir bei ihm Zuhause ein, und er schenkte mir ein Exemplar seines neuen Buches »Die Shang- und Zhou-Bronzen unseres Landes, erbeutet von amerikanischen Imperialisten«. Sie müssen wissen, dass der Titel nicht von Chen stammt!

Damals eröffnete er mir zum ersten Mal, dass er seine Möbel dem Shanghai-Museum schenken wollte. Ihm lag viel daran, sie zu schützen. Er hat nie ausdrücklich erwähnt, dass er politische Probleme befürchtete. Aber ich weiß, dass jeder Sammler diese Stücke gerne gehabt hätte. Warum also wollte er sie dem Museum schenken? Wir können nur spekulieren. Später schrieb er einen Brief über die Schenkung, den er mir schickte. Ich bin noch im Besitz des Briefes – ich werde ihn für Sie holen. Und das war das letzte Mal, dass ich ihn gesehen habe.«

Ma erwähnt, dass Chens politische Probleme in den späten Fünfzigerjahren ihren Anfang nahmen. »Einige jüngere Akademiker schrieben Artikel, in denen sie ihn kritisierten. Einige Kritiken waren sehr harsch.«

Ich frage ihn, ob er sich an den Namen eines dieser Kritiker erinnert.

»Li Xueqin«, sagt er. »Er schrieb etwas, in dem er behauptete, dass Chen sich in seinen Forschungsarbeiten über die Orakelknochen geirrt habe.«

»War die Kritik berechtigt?«

»Nein«, sagt der Kurator. »Und er hätte diesen Beitrag nicht ausgerechnet zu dem Zeitpunkt schreiben sollen. Chen hatte schon Ärger genug.«

»Was ist Li Xueqin für ein Mensch?«

»Li Xueqin ...« Ma schüttelt den Kopf und denkt einen Moment nach. »*Buhao shuo*«, sagt er. »Das ist schwer zu sagen. Heute steht Li Xueqin an der Spitze des Fachgebiets Archäologie. Eine Zeit lang war er Chen Mengjias Assistent.«

Mehr sagt der Kurator nicht zu der Kritik. Er lässt den Namen fallen und belässt es dabei, er weiß, dass meine Neugier geweckt ist. Ihm eilt der Ruf voraus, in politischer Hinsicht ein kluger Kopf zu sein – während der Kulturrevolution rettete er die Artefakte des Museums angeblich, indem er Banner mit Mao-Zedong-Parolen über ihnen ausbreitete. Ma wusste, dass die Roten Garden die Worte des Vorsitzenden nicht zerstören würden, und so überstanden die Shanghai-Sammlungen die Zeit unversehrt. Heute gilt das Museum als bestes in ganz China, und Ma wird das Verdienst zugeschrieben, die Erweiterung der Einrichtung auf den Weg gebracht zu haben.

Gerüchten zufolge profitierte das Museum von der Kulturrevolution, da viele Intellektuelle und Wohlhabende ihr Hab und Gut verloren. Ich frage den Kurator danach, der mit der Frage kein Problem hat. »Ich wurde auch kritisiert«, sagt er. »Wir kämpften ums Überleben.« Er schildert eine ›Kampfsitzung‹, in der der Kurator und andere Museumsmitarbeiter in die Höhe gehoben und dann auf den Marmorfußboden fallengelassen wurden. Ma sagt, dass er abgesehen von Prellungen unverletzt geblieben sei; ein Kollege hingegen sei mit dem Kopf aufgeprallt und gestorben. Die Geschichte ist kurz, aber wirksam: Auf weitere Fragen, ob die Kulturrevolution für das Shanghai-Museum von Vorteil war, verzichte ich.

Bevor ich mich auf den Weg mache, kopiert der Kurator Chen Mengjias letzten Brief. Das handgeschriebene Dokument ist auf den 26. Januar 1966 datiert, das Jahr, in dem der Wissenschaftler Selbstmord beging. Die Handschrift ist schön, und von Angst oder politischen Problemen ist keine Rede. Die Schriftzeichen sind so akkurat angeordnet wie die Möbel in der Shanghaier Ausstellung – und sie fühlen sich genauso leer an:

> *Wir hatten letztes Mal ein sehr angenehmes Gespräch, vielleicht haben Sie es vergessen, aber es ist schade, dass wir es nicht protokolliert haben. Sie kamen zu mir nach Hause und die Zeit raste ...*
>
> *Der gelbe Rosenholzstuhl ist vielleicht älter als die Ming-Dynastie, und natürlich soll er dem Shanghai-Museum gehören. Wenn Ihnen die anderen Stücke gefallen, können sie ebenfalls in die Schenkung einbezogen werden. Ich hoffe, dass jemand vom Museum vorbeikommen und sie verpacken kann ...*

*   *   *

In Peking spüre ich eine Kopie der Kritik auf. Sie wurde 1957 veröffentlicht, kurz nachdem Chen Mengjia als Rechtsabweichler und Feind der Partei bezeichnet worden war. Der Artikel besteht aus einer langen Rezension von Chens Buch über Orakelknochen: die Chrestomathie. Der Rezensent kritisiert Chens wissenschaftliche Arbeit scharf. Am Ende wird der Angriff dann persönlich:

> *Chen hat nichts dargelegt, was so bedeutsam wäre, dass es seine Arroganz rechtfertigen könnte. Chen hat eine extreme Neigung zur Prahlerei. Zum Beispiel übergeht Chen in den zwanzig Kapiteln des Buches viele Abhandlungen und Theorien anderer Wissenschaftler,*

stattdessen bezieht er nur seine eigenen Ideen mit ein ... Diese
selbstherrliche Haltung sollten wir nicht akzeptieren.

Es fällt nicht schwer, weitere Informationen über Li Xueqin zu finden. In den Fachgebieten Archäologie und Geschichte ist sein Name
allgegenwärtig – er veröffentlicht über Orakelknochen, antike Bronzen und Dokumente aus Bambus. Er ist brillant und produktiv; verschiedene Wissenschaftler erklären mir, dass er die seltene Fähigkeit
besitzt, ein hervorragender Forscher zu sein und gleichzeitig geschickt die Kommunistische Partei zufriedenzustellen. Ein Wissenschaftler für klassisches Chinesisch erzählt mir ohne Umschweife,
dass Li ein »Schleimer« sei. Etliche Leute erwähnen seine Kritik an
Chen Mengjia.

In den vergangenen Jahren fungierte Li als Leiter des Xia-
Shang-Zhou-Chronologieprojekts. Das Projekt wurde 1995 initiiert
und von der Zentralregierung finanziert. Ziel war es, Chinas frühe
Kulturen exakt zu datieren. Bisher war das früheste Datum in der
chinesischen Geschichte, für das es hinreichend archäologische und
textliche Belege gab, das Jahr 842 v. Chr. gewesen. Das Chronologieprojekt entwickelte eine neue Zeitachse. Das Projekt wurde international stark kritisiert – viele ausländische Wissenschaftler glauben,
dass die Chinesen ihre Geschichte auf eine Weise zu untermauern
versuchen, die mehr nationalistisch als wissenschaftlich ist. Manche
meinen, das Projekt sei in erster Linie durch eine Art Wettbewerb
mit dem Westen motiviert, der für Kulturen wie das alte Ägypten zu
einem früheren Zeitpunkt Daten festgelegt habe. Während des
Chronologieprojekts seien akademische Differenzen über sehr alte
Jahreszahlen manchmal durch Abstimmung entschieden worden –
chinesische Gelehrte erläuterten ihre Positionen, und das Jahr, das
die meisten Stimmen erhielt, gewann. Berichte in der heimischen
Presse muteten oft sonderbar an:

CHINA DAILY (16. Dezember 1998) – EIN PROJEKT, das Lücken
in Chinas alter Geschichte schließen soll, hat nach zwei Jahren For-
schung bemerkenswerte Fortschritte erzielt. China ist weltberühmt
für seine fünftausendjährige Geschichte als zivilisierte Nation. Lei-
der hat eine zweitausendjährige Lücke in Chinas Entwicklung das

wahre Alter des Landes verschleiert ... Die fehlenden zweitausend Jahre umfassen die Dynastien Xia, Shang und Zhou sowie die Zeit davor bis weit zurück in die Zeit vor 2100 v. Chr., sagt Li Xueqin, Geschichtsforscher der chinesischen Akademie für Sozialwissenschaften in Peking ...
    Der genaue Zeitpunkt, der den Beginn von Chinas alter Geschichte markiert, wird laut Li Ende nächsten Jahres veröffentlicht.

*   *   *

Nachdem ich Li Xueqins beruflichen Werdegang recherchiert habe, vereinbare ich mit einem Freund, einem chinesischen Journalisten, ein Treffen. Er arbeitet für Xinhua, den Nachrichtendienst der Partei, unternimmt in seiner Freizeit jedoch Recherchen in den Bereichen Geschichte und Archäologie. Er nutzt seine offizielle Stellung, um auf nur eingeschränkt zugängliche Dokumente zuzugreifen und um vergessenen Ereignissen auf den Grund zu gehen; eines Tages hofft er, das gesamte Material veröffentlichen zu können. Er formuliert es gern so, dass er mit seiner linken Hand für Xinhua arbeitet, mit seiner rechten aber für sich selbst. Wir sind gleich alt: Anfang dreißig, geboren im Jahr des Hahns.

Ich bitte meinen Freund um Rat, wie ich am besten mit Li Xueqin ins Gespräch käme. Er rät davon ab, Chen Mengjia zu erwähnen. Ich solle unter einem anderen Vorwand einen Termin für das Interview vereinbaren und dann die Kritik vortragen.

Ich frage: »Was ist, wenn er nicht antworten will?«

»Nun gut, das kann passieren. Aber wenn du ihn überraschst, reagiert er vielleicht.«

»Was glaubst du, wird er sagen?«

»Es gibt einen chinesischen Spruch: ›So wie die Sonne zur Mittagszeit.‹ Dort steht Li Xueqin zurzeit. Er ist auf dem Höhepunkt seiner Karriere. Wenn er die Rezension sieht, dann bezweifle ich, dass er denkt: ›Ich hätte meinen Lehrer nicht auf diese Art und Weise angreifen sollen.‹ Stattdessen denkt er wahrscheinlich: ›Seht her, wie viel ich schon wusste, als ich noch so jung war.‹«

Der Reporter fährt fort: »Die Wissenschaftler in diesem Land sind so. Es ist eine besonders undurchsichtige Gruppe von Leuten – viele von ihnen haben Dinge getan, die sie nicht hätten tun sollen. Ich habe gehört, dass sie nach Chen Mengjias Selbstmord sein Büro durchstöbert, seine Notizen gelesen und einiges davon später als eigene Ideen veröffentlicht haben. Viele Wissenschaftler habe früher so etwas getan, aber sie werden es nicht zugeben. Chinesen hinterfragen nicht gern sich selbst oder ihr Handeln. Nur selten geben sie zu, dass sie sich geirrt haben.«

Am Ende des Gesprächs ermutigt mich mein Freund dazu, die Sache weiterzuverfolgen. Er sagt, dass zu viel Vergangenes in China in Vergessenheit gerate. »Ein chinesischer Journalist kann so etwas nicht übernehmen«, sagt er. »Ich könnte es auf keinen Fall für Xinhua machen. Aber du als Ausländer kannst es schaffen.«

Ich treffe Li Xueqin in seinem Büro in der Tsinghua-Universität. Er ist fast siebzig Jahre alt, hat eine hohe Stirn und schwere Tränensäcke unter den Augen – das Gesicht eines hart arbeitenden Gelehrten. Er trägt einen grauen, wollenen Anzug, eine rote Krawatte und Hausschuhe. Er sagt mir, dass er einige Zeit in den Staaten verbracht habe, darunter ein Forschungsaufenthalt in Dartmouth; er spricht gut Englisch. Ich habe ihm mitgeteilt, dass ich an dem Xia-Shang-Zhou-Chronologie-projekt interessiert sei.

»Es begann mit einem Mann namens Song Jian«, sagt er, »ein Ky-bernetik-Experte, der sich aber schon immer für Archäologie inter-essiert hat. Anfang der Neunzigerjahre reiste er nach Europa und in den Mittelmeerraum und besuchte viele Museen, vor allem in Ägyp-ten, Griechenland und Israel. Danach dachte er: ›Im Ausland ist die Zeitrechnung viel exakter als in China.‹ Als er zurück kam, sprach er mit mir und anderen Wissenschaftlern und fragte, ob wir Möglich-keiten sähen, die Situation zu ändern. Wir fassten im Wesentlichen den Entschluss, Wissenschaftler anderer Disziplinen stärker in die Bereiche Archäologie und Geschichte einzubinden.«

Der Professor erklärt, dass Astronomen dabei behilflich waren, Sonnen- und Mondfinsternisse, die in alten Dokumenten erwähnt werden, zu belegen. Andere Wissenschaftler trugen ihr Know-how im Bereich der Radiokarbondatierung bei. Er hebt hervor, dass im Rahmen des Projekts Arbeiten in Anyang finanziert wurden – die Feldbegehungen, die als Erste Beweise für die Existenz der unterirdi-schen Stadt zutage förderten.

»Es gibt keinen allzu großen Unterschied zwischen unserer Chronologie und früheren Ansätzen«, erläutert er. »Nehmen wir als Beispiel das Ende der Shang-Dynastie, als sie von den Zhou besiegt wurde. Es ist ein entscheidender Augenblick in der Geschichte. Nur gab es in der Vergangenheit vierundvierzig sehr unterschiedliche Meinungen bezüglich der Jahreszahl, die sich über einen Zeitraum von einhundertzwölf Jahren erstreckten. Mithilfe der zuverlässigsten verfügbaren Quellen konnten wir den Radius auf dreißig Jahre eingrenzen – 1050 bis 1020 v. Chr. Wir kamen zu dem Schluss, dass 1046 v. Chr. die genaueste Jahreszahl ist. Wir sagen nicht, dass die Zahl definitiv richtig ist. Aber vor dem Hintergrund der Informationen, die uns derzeit zur Verfügung stehen, ist sie die wahrscheinlichste.«

»Es ist wirklich nur ein Anfang«, sagt er. »Wir sind dabei, ein anderes Projekt über die Geschichte der chinesischen Zivilisation vorzubereiten. Natürlich haben einige Leute behauptet, dass wir versuchen würden, die chinesische Geschichte auszudehnen, aber das stimmt nicht. Wir möchten nur herausfinden, wie sich China entwickelt hat. Es gibt keinen Unterschied zum Studium des alten Griechenland, Ägypten oder Israel. Diese anderen alten Kulturen sind alle viel intensiver erforscht worden als China. Dabei hat die chinesische Zivilisation eine große Besonderheit: Sie existiert noch, während die anderen untergegangen sind.«

Ich warte eine halbe Stunde, bevor ich das Thema wechsle. Ich ziehe die kritische Rezension aus meiner Tasche und lege sie auf den Tisch zwischen uns. Sofern Professor Li überhaupt eine erste Reaktion zeigt, verbirgt er sie.

»Ich habe einige Ihrer Artikel gelesen«, sage ich, »und mir ist dieser hier über die Orakelknochen aufgefallen. Außerdem habe ich festgestellt, dass K. C. Chang Ihre Theorie über die Opfernamen der Shang gelobt hat.«

»Ja, das hat mir sehr viel bedeutet«, sagt der Professor mit einem Lächeln. »Aber ich habe erst viel später erfahren, was er geschrieben hatte. Er war in Taiwan, als er meine Arbeit las, und natürlich hatten wir damals keinen Kontakt. Auf seine Ausführungen bin ich tatsächlich erst 1971 gestoßen.«

Ich zeige auf Chen Mengjias Namen, der im Titel genannt wird. »Ich bin auch an diesem Orakelknochengelehrten interessiert«, sage ich. »Ich habe von Leuten in Anyang und auch in Peking von ihm gehört. Waren Sie sein Schüler?«

»Er war Lehrer hier an der Tsinghua, aber ich war nicht formell sein Schüler«, sagt Professor Li, und dann erläutert er seine Vergangenheit. Ursprünglich hatte Li Xueqin mathematische Logik studiert, in den Jahren nach dem Sieg der Kommunisten wurden die Universitäten in Peking jedoch neu organisiert. Während einer Unterbrechung der offiziellen Kursarbeit ging der junge Logiker seinem Hobby, dem Studium der Orakelknochen, nach.

»Ich habe mich für sie schon seit meinem neunzehnten oder zwanzigsten Lebensjahr interessiert«, sagt er. »Als ich jung war, interessierte ich mich für alles, was ich nicht verstand. Vielleicht klingt es seltsam, aber wann immer mir etwas symbolhaft oder komplex erschien, wollte ich mehr darüber in Erfahrung bringen. Dadurch bin ich zur Logik gekommen. Und als ich zum ersten Mal einen Blick auf die Orakelknochen warf, waren sie für mich ein Rätsel, und deshalb wollte ich mehr wissen.«

Er fährt fort: »Als die Kuomintang vom Festland flohen, nahmen sie die Orakelknochen mit, aber Abreibungen waren bereits in Büchern veröffentlicht worden. Viele von ihnen hatte man nicht sorgfältig untersucht oder nicht einmal zusammengesetzt. In meiner Freizeit arbeitete ich daran. Ich ordnete die zerbrochenen Stücke und versuchte herauszufinden, wie sie zusammenpassten. Ich war einigermaßen erfolgreich, und irgendwann erfuhren Chen Mengjia und andere davon. Sie luden mich ein, am Institut für Archäologie über die Orakelknochen zu arbeiten. Ich war in erster Linie Forschungsassistent von Chen Mengjia.«

Die Stimme des Mannes klingt nun etwas anders. Sein Gesichtsausdruck ist unverändert – die geneigte Haltung des Kopfes und der feste Blick. Aber er spricht jetzt ein wenig schneller, und die Stimmlage ist höher. Er erzählt, was damals geschah:

»Nach 1957 wurde er als Rechtsabweichler bezeichnet – man drückte ihm diesen Stempel auf. Das waren sehr schwere Jahre für ihn. Und während der Kulturrevolution hatten Leute, die Rechtsabweichler gewesen waren, noch größere Probleme. Deshalb beging er Selbstmord.

Zu der Zeit war ich an einem anderen Forschungsinstitut, wir hielten uns also nicht in derselben Stadt auf. Soweit ich mich erinnere, hat er sich im Sommer 1966 umgebracht, ich habe aber erst im Winter davon gehört. Als ich es erfuhr, war ich sehr bestürzt. Er war ein großer Wissenschaftler. Als die Kulturrevolution vorüber war, haben wir uns sehr gewissenhaft um seine Sachen, seine Notizen und Bücher, gekümmert.«

Nachdem er seine Geschichte beendet hat, schlage ich die Rezension auf. In der Mitte der letzten Seite stechen die persönlichen Angriffe auf Chen Mengjia in hässlichen Formulierungen hervor:

自命甚高
竭力鼓吹自已

Der starre Blick des Professors findet irgendwo zwischen dem Dokument und dem Boden Halt. »Das ist etwas, worüber wir nicht reden sollten«, sagt er. »Chen Mengjia war ein großer Mann, und ich würde lieber nicht über diese Dinge sprechen.«

»Ich versuche nur zu verstehen, was damals vorgefallen ist«, sage ich. »Ich habe viele Kritiken über ihn gelesen, und die meisten waren deutlich schlimmer. Alle erzählen mir, dass es einfach eine andere Zeit war. Für mich als Ausländer sind diese Vorgänge schwer zu verstehen, deshalb wollte ich Sie danach fragen.«

Schlagartig wird dem Professor klar, warum das Interview geführt wird. Die Emotionen, die ich erwartet hatte – Verärgerung, Rechtfertigungen, sogar Wut –, bleiben jedoch aus. Der Mann sieht, wenn überhaupt, nur müde aus, die Tränensäcke hängen schlaff unter seinen Augen.

»Nicht nur Ausländern fällt es schwer, das zu verstehen«, sagt er. »Jungen Chinesen geht es genauso. Zu der Zeit standen wir unter einem gewissen Druck, so etwas zu schreiben. Das Institut für Archäologie forderte mich dazu auf. Ich war sehr jung, ich konnte mich nicht weigern. Sie werden feststellen, dass ich es vermied, mich politisch zu äußern. Ich habe nie das Wort »Rechtsabweichler« oder einen anderen dieser Begriffe benutzt. Und meine Kritik habe ich in einem einzigen Absatz am Ende zusammengefasst.«

Er hat recht: Der persönliche Angriff ist in nur fünf Zeilen gepresst.

»Ich wollte das nicht«, fährt der Professor fort. »Die wissenschaftlichen Argumente in den anderen Teilen des Aufsatzes waren
kein Problem. Aber die persönliche Kritik wollte ich nicht schreiben. Nachdem der Aufsatz veröffentlicht war, sah ich Chen Mengjia
nur noch selten. Gelegentlich traf ich ihn Anfang der Sechzigerjahre
im Institut für Archäologie, und in solchen Fällen fühlte ich mich
während des Gesprächs mit ihm jedes Mal unwohl. Ich konnte mich
einfach nicht unterhalten, weil ich ein schlechtes Gewissen hatte.
Ich habe diesen Artikel immer bereut.«

Er fährt fort: »Ich denke, die Leute haben das verstanden. Viel
später, als er tot war, hatte ich noch Kontakt mit seinen Freunden,
und manchmal traf ich seine Frau. Keiner von ihnen hat mich je angegriffen. Ich denke, sie wussten, was geschehen war, aber ich hatte
trotzdem ein schlechtes Gewissen. *Mei banfa.* Es gab nichts, was ich
dagegen hätte tun können.«

Während des gesamten Interviews habe ich mitgeschrieben, und
jetzt sieht Professor Li auf meinen Notizblock.

»Mir wäre es lieb, wenn sie darüber nichts im ›New Yorker‹ schreiben«, sagt er langsam. »Es ist ein persönliches Problem. Mir wäre lieber, Sie würden nur über das Chronologieprojekt und über die Dinge
schreiben, über die wir uns zuvor unterhalten haben.«

Ich sage, dass ich nicht darüber schreiben würde, wenn ich nicht
alles bis ins Detail erklären könne.

»Es ist schwer zu verstehen, abgesehen davon war es eine furcht-
bare Zeit«, sagt er. »Wenn man in der Zeit der Kulturrevolution kritisiert wurde, dann glaubte man tatsächlich, dass man im Unrecht war.
Mich haben sie damals auch kritisiert, und ich habe geglaubt, was sie
sagten. Alle waren so; es war ein sozialpsychologisches Phänomen.
Es gab so viele Feinde – jeder schien ein Feind zu sein.«

Nach dem Interview schlendere ich über den Tsinghua-Campus. Es
ist ein sonniger Morgen, der Schnee auf dem Boden schmilzt zu un-
gleichförmigen, grauen Flecken. Der Campus ist schön, und neben
ihrem ausgezeichneten akademischen Ruf gilt die Universität als
Monument des Aufschwungs. Nachdem ausländische Truppen 1901
den Boxeraufstand niedergeschlagen hatten, zwangen die Besat-
zungsarmeen die Qing zur Zahlung von Reparationen in Höhe von

vierhundertfünfzig Millionen Silbertael (damals etwa dreihundertdreißig Millionen Dollar oder siebenundsechzigeinhalb Millionen
Pfund). Die Amerikaner überließen ihren Anteil dem chinesischen
Bildungssystem; letztlich wurde ein Teil des Geldes dazu verwendet,
die Tsinghua zu gründen.

In der Nähe von Professor Lis Büro schaue ich mir eine alte Ge-
denktafel an, die Wang Guowei, einem frühen Orakelknochengelehrten, gewidmet ist. Ein Ring aus Pinien umgibt die drei Meter
hohe Tafel. Die Inschrift enthält eine Datumsangabe im alten Kuo-
mintang-Stil: achtzehntes Jahr der Republik. Das war 1929 – zwei
Jahre, nachdem sich Wang Guowei aus Verzweiflung über den Sturz
des letzten Kaisers ertränkt hatte. Damals verfasste einer seiner
Freunde in Erinnerung an ihn einen Essay:

> *»Wann immer sich eine Kultur im Niedergang befindet, werden all
> jene zwangsläufig darunter leiden, die von dieser Kultur profitiert
> haben. Je mehr ein Mensch diese Kultur verkörpert, desto größer
> wird sein Leid sein.«*

Mein Freund bei Xinhua hatte recht – manches ist für Ausländer
einfacher. Aber vielleicht ist es aus den falschen Gründen einfacher.
Auf dem Weg zur Tsinghua hatte ich mir gesagt, dass es notwendig
sei, den Professor zu überraschen, weil dies Detail aus der Vergangenheit sonst möglicherweise für immer verloren wäre. Es hätte sich
aber besser angefühlt, wenn der Mann sich verteidigt hätte und wütend geworden wäre. Viel schlimmer war es, seine Reue zu erleben.
Der Autor, der damals die Kritik verfasst hatte, war vierundzwanzig
Jahre alt gewesen.

Kapitel

21

Staatsbesuch

23. Februar 2002

Präsident George W. Bush verbrachte dreißig Stunden in China. Auf der Fahrt machte er halt in Südkorea, wo er durch ein Fernglas über die Demilitarisierte Zone starrte. Weniger als einen Monat zuvor hatte der Präsident erklärt, dass Nordkorea zusammen mit dem Iran und dem Irak die »Achse des Bösen« bilde. An der DMZ erwähnte jemand, dass in einem nordkoreanischen Museum jenseits der Grenze ein Schaukasten mit Äxten ausgestellt werde, mit denen 1976 zwei amerikanische Soldaten getötet worden seien. »Kein Wunder, dass ich sie für böse halte«, meinte Präsident Bush.

Die Reise nach Peking fiel auf den dreißigsten Jahrestag des ersten Chinabesuchs von Präsident Nixon. Während des Besuchs von Präsident Bush waren Journalisten zu zwei Veranstaltungen zugelassen, die chinaweit live im Fernsehen übertragen wurden: eine gemeinsame Pressekonferenz mit Präsident Jiang Zemin und eine Rede des amerikanischen Präsidenten in der Tsinghua-Universität. Auf der Pressekonferenz lächelten die beiden Männer und tauschten ein paar freundliche Worte aus, so wie Spitzenpolitiker beider Staaten es immer machten. Präsident Bush erwähnte Taiwan:

> Wir glauben an die friedliche Beilegung dieser Frage. Es darf keine Provokationen geben. Die Vereinigten Staaten werden auch weiterhin am Taiwan Relations Act festhalten. Chinas Zukunft liegt in den Händen des chinesischen Volkes, doch keine Nation kann sich über die Forderung nach Menschenwürde hinwegsetzen. Die Menschen dieser Erde, einschließlich des chinesischen Volkes, sollten frei darüber entscheiden können, wie sie leben, wie sie beten und wie sie arbeiten.

Als er nach der Möglichkeit eines Regimewechsels im Irak gefragt wurde, sagte Präsident Jiang:

> Wie ich auch soeben in meinem Gespräch mit Präsident Bush betont habe, denke ich, dass der Friede das höchste Gut ist ... Lassen Sie mich mit einem chinesischen Sprichwort schließen: ›Blinder Eifer schadet nur.‹ Das bedeutet: Selbst wenn Probleme auftreten, die eine sofortige Lösung verlangen, ist manchmal doch auch Geduld erforderlich.

An diesem Abend unterhielt Präsident Jiang Zemin die Gäste eines Staatsbanketts damit, dass er »O Sole Mio« sang. Abwechselnd tanzte er mit Laura Bush und Condoleezza Rice. Am nächsten Morgen fuhr Präsident Bush zur Tsinghua-Universität.

Die ausländischen Journalisten kamen im Hotel Shangri-La zusammen, wo die Regierung Sonderbusse bereitstellte, die uns zur Tsinghua bringen sollten. Ich fand einen Platz hinter zwei Mitgliedern des Pressekorps des US-Außenministeriums. Wie die meisten Reporter aus Washington, waren sie Weiße mit kurzen Haaren und dunklen Anzügen. Sie unterhielten sich ununterbrochen über Politik und Journalismus. Heimliches Lauschen fiel leicht, weil alle, die nicht zum Pressekorps des State Department gehörten, Luft für sie waren.

»Powell ist clever.«

»Ich sehe in ihm immer den Erwachsenen, der die Regierung beaufsichtigt.«

»Trotzdem glaube ich nicht, dass er, wie Kissinger, den Blick fürs
Ganze hat.«

Es war 8.25 Uhr, und der Bus kam vor dem Shangri-La langsam
zum Stehen. Die Abfahrt war für acht Uhr geplant gewesen.

»Bushs Sicht der Dinge stammt aus den Marvel Comics. Der
Fürst der Finsternis als böser Führer. Powell dagegen sieht die Sache
ganzheitlich.«

»Bush will sicherstellen, dass alle im Grunde so sind ... wie wir.«

»Wenn man sich so anschaut, wer die Leute tatsächlich umbringt,
dann mache ich mir um Osama bin Laden weniger Sorgen. Ich mache
mir mehr Sorgen um Colonel Sanders, den Bud (Budweiser) Man und
den Marlboro Man.«

»Warum finden sie ihn nicht? Er ist eins fünfundneunzig und
humpelt.«

»Vielleicht hält er sich irgendwo unter lauter großen Leuten auf.«

»Wo sind eigentlich die vielen Fahrräder?«

»Das hier ist ein Potemkinsches Dorf, großgeschrieben. WIRK-
LICH groß. Es ist China.«

»Warum müssen wir hier so lange sitzen?«

»Willkommen in China. Du musst lernen, schnell zu warten.
Wenn die fanatischen Sicherheitsleute im Weißen Haus und die
Kontrollfreaks hier aufeinandertreffen, dann ... Security City.«

Aus dem hinteren Teil des Busses hörte man das gehetzte Rattern
von jemandem, der schnell auf seinem Laptop tippte.

»Es gab mehrere Kämpfe zwischen Ashcroft und Rumsfeld,
Rumsfeld und Powell.«

»Immer wieder hört man, dass O'Neill gehen wird.«

»Letztes Jahr war ich beim APEC-Finanzministertreffen in Suz-
hou.«

»Wo ist das?«

»Rund einhundertfünfundvierzig Kilometer von Shanghai entfernt. Schöne Stadt.«

Um genau 8.38 Uhr fuhr der Bus am Shangri-La ab.

»Ich denke, Journalisten unterschätzen Herrn Bush, weil sie eine
hohe Meinung von Leuten wie sich selbst haben.«

»Ich habe ein Jahr lang über Gore berichtet – man könnte seine Sätze schematisch darstellen und damit Englisch unterrichten. Nur konnte ich nie verstehen, was er eigentlich sagte. Einmal stellte ihm jemand eine Frage zu Stadien mit Kuppeldächern. Dazu Gores druckreifer Text: Der Astrodome hatte das erste Kuppeldach, der Kingdome ist das größte Stadion mit einem geschlossenen Dach – und so weiter in dem Stil. Daraufhin sagte Bush: ›Ich schau mir gern Baseball im Freien an.‹ Wer also ist der Klügere?«

»Hat Arlington eine Kuppel?«

»Nein.«

»Ich kann mich nicht daran erinnern, je zuvor in einer solchen Autokolonne gefahren zu sein.«

Eine Reihe schwarzer Limousinen lotste uns über die Zweite Ringstraße in nördlicher Richtung. Polizisten in schwarzen Mänteln standen an den Straßen und sorgten für freie Fahrt. Fußgänger gafften. Der Himmel war vollkommen klar.

»Ich war am Yucca Mountain. Ich war unten im Yucca Mountain.«

»Vegas ist wirklich eine boomende Stadt.«

Schilder entlang der Straße:

BEIJING WEST AUTO PARTS MART«
(Peking-West Autoersatzteilmarkt)
BEIJING RURAL CREDIT COOPERATIVE
(Peking Ländliche Kreditgenossenschaft)
SINOPEC

»Die Franzosen verarbeiten die Abfälle zu wiederverwertbarem Plutonium.«

»Hier ist ein Journalist namens Jasper Becker mit dabei, der in der chinesischen Bevölkerungsstatistik eine Lücke von dreißig Millionen entdeckt hat. Dreißig Millionen! Man fragt sich, was die anderen Journalisten eigentlich machen.«

Der Bus überquerte die Vierte Ringstraße. Auf einem riesigen englischen Straßenschild stand:

IMPLEMENT NEW TRADEMARK LAW
TO FACE THE CHALLENGE OF THE WTO ENTRY

(Für die Einführung eines neuen Markenrechts, um den
Herausforderungen des WTO-Beitritts gerecht zu werden)

»Schau dir all diese Fahrräder an! Genau das wollte ich sehen!«
»Der Typ von der ›Post‹, Tom Ricks, ist klasse.«

BEIJING CHEMICAL INDUSTRY RESEARCH INSTITUTE
(Pekinger Forschungsinstitut der Chemischen Industrie)

»Er hat als Erster erkannt, dass Satellitenfotos für Journalisten sehr
nützlich sein können.«
    Der Bus fuhr durch das hintere Tor der Tsinghua-Universität.
    »Und für einen Fernsehsender sind tausend Dollar pro Bild keine
große Sache.«
    Kiefern, Rasen, alte Backsteingebäude. Statuen und Denkmäler.
    »Die haben sie mit Geld aus der Boxer-Entschädigung gebaut.«
    »War er der richtige Mann zur richtigen Zeit?«
    »Ich habe mich nur ein paar Monate mit ihm befasst.«
    »Ich saß einmal in einem Flugzeug und las Seamus Heaney, den
irischen Dichter. Clinton kam zurück und fragte, was ich gerade läse.
Und er konnte sich tatsächlich mit mir darüber unterhalten. Er hat
wirklich etwas auf dem Kasten, aber ...«

WELCOME US PRESIDENT GEORGE W. BUSH
TO TSINGHUA UNIVERSITY
(Willkommen US-Präsident George W. Bush
an der Tsinghua-Universität)

*   *   *

Nicht nur die Beziehungen erlebten einen Aufschwung, sondern
auch China selbst. In der Vergangenheit hatten die Chinesen ihr Heil
immer in der Außenwelt gesucht: Anerkennung, Handelsbeziehungen, WTO-Mitgliedschaft, Olympische Spiele. Oft hielten die Vereinigten Staaten die Karten in Händen, auf die es ankam, jetzt aber
hatte sich die Situation geändert. Die Amerikaner brauchten China.
Die Volksrepublik war das einzige Land, das gute Beziehungen zu

Nordkorea unterhielt, und in der Nach-9/11-Ära war die chinesische
Präsenz in Zentralasien entscheidend. Wenn die USA das Thema
Irak vor die Vereinten Nationen bringen wollten, dann war die Un-
terstützung Chinas ausschlaggebend.

Außerdem war die chinesische Wirtschaft zu mächtig, als dass
man sie hätte ignorieren können. Manchmal konnte man kaum glauben, dass erst zwei Jahre vergangen waren, seitdem Polat lange Abende in Yabaolu damit verbracht hatte, Geld zu einem Kurs zu wechseln, der neun Prozent über dem offiziellen Kurs an den Bankschaltern
lag. Damals waren die Menschen davon ausgegangen, dass die Chinesen ihre Währung abwerten würden; inzwischen fragten sie sich, ob
sie aufgewertet würde. Immobilienmärkte boomten, der Handels-
überschuss nahm von Jahr zu Jahr zu. Bald würden die Amerikaner
die Chinesen dazu auffordern, den Wert ihrer Währung anzuheben,
weil die Handelsbilanz so unausgeglichen war.

Während des Besuchs von Präsident Bush schienen all die alten
Konflikte – die Bombardierung der Botschaft, der Zwischenfall mit
dem Spionageflugzeug – längst vergessen zu sein. Auf der gemeinsamen
Pressekonferenz wurden die Ausführungen von Präsident Bush unge-
kürzt im chinesischen Fernsehen übertragen. Auch das ein weiteres gutes Zeichen: Früher hatte man stets Formulierungen weggelassen. 1984,
als Präsident Reagan Abraham Lincoln zitierte – »kein Mensch ist gut
genug, um einen anderen Menschen ohne dessen Zustimmung zu regieren« –, wurde der Satz aus dem zeitversetzt ausgestrahlten Bericht
herausgeschnitten. Als Präsident Bush Shanghai im Oktober 2001 an-
lässlich des Gipfels der Organisation für Asiatisch-Pazifische Wirtschaftliche Zusammenarbeit besuchte, verschwanden mehrere wichtige Sätze aus seiner im Fernsehen übertragenen Pressekonferenz. Einige
der letzten Worte waren: »Der Krieg gegen den Terrorismus sollte nicht
dazu benutzt werden, ethnische Minderheiten zu verfolgen.«

Als Journalist ging man diesem und jenem nach. Gelegentlich erwachte man aus dem Alltagstrott mit seinem Flickenteppich aus
Nachrichten und erkannte, dass sich das Gesamtbild irgendwie un-
merklich verändert hatte. In solchen Augenblicken, wenn man Anzug und Krawatte trug und wenn man mit anderen Weißen in Anzug
und Krawatte in den Pressebus stieg, dann fragte man sich: Kommt
es letztlich darauf an? Macht die Welt tatsächlich wegen dieser Be-

sprechungen und Reden, wegen eines dreißigstündigen Zwischenaufenthalts Fortschritte?

Aber das war nun mal der Job, und deshalb sammelte man die Bruchstücke – die Themen, den Hintergrund, die Farbe – und machte daraus Geschichten. Die Vereinigten Staaten wollten, dass China den Export von Raketentechnologie nach Pakistan stoppt. China wollte, dass die USA die Planung eines Raketenabwehrsystems im Pazifik einstellen. Die USA wollten Sojabohnen exportieren. Der dreißigste Jahrestag war ein nettes Detail. Da ausländische Journalisten fast nie Gelegenheit hatten, mit Präsident Jiang Zemin zu sprechen, und da er noch fader als all die anderen in der aktuellen chinesischen Führungsriege zu sein schien, bot es sich an, seine Gewohnheit zu erwähnen, während der Staatsdinner zu singen. Andere schöne Details lagen in der Luft. Peking hatte achtzehn Price-Smarts. China war die Heimat von sechshundert KFC-Franchisebetrieben. Mehr als vierzig christliche chinesische Aktivisten wurden angeblich unter Hausarrest gestellt, als Präsident Bush zu Besuch war. Die »New York Times« berichtete, dass einer aktuellen Umfrage zufolge fast die Hälfte aller chinesischen Kinder unter zwölf Jahren glaubte, McDonald's sei eine inländische Marke.

Wenige Monate zuvor, zurzeit von Präsident Bushs Besuch in Shanghai, hatte William Jefferson Fosters einen der längsten Sätze in sein VOA-Tagebuch notiert, der je in Special English erschienen ist und auf Deutsch etwa folgenden Wortlaut hat:

Während der Pressekonferenz, China USA haben weltweit den größten Einfluss gemeinsame Verantwortung und interessiert daran, dass sich beide Seiten reibungslos weiterentwickeln, solange beide Seiten festhalten am gemeinsamen Interesse und die bilateralen Beziehungen richtig gestalten besond in Hinblick auf die Taiwan-Frage Taiwan-Frage war das vergleichsweise heikelste Thema hoffen wir beim Ein-China-Prinzip bleiben zu können und den Buchstaben der drei gemeinsamen Kommuniqués zu entsprechen

Über den Kampf gegen den Terrorismus. China ist immer gegen jede Form von Terrorismus und unterstützen Bemühungen ihn zu bekämpfen.

*   *   *

Vizepräsident Hu Jintao stellte Präsident Bush vor. Der chinesische
Regierungsvertreter war Tsinghua-Absolvent, aber es gab andere
Gründe dafür, dass er die Begrüßung übernahm. Präsident Jiang Zemin würde planmäßig später in dem Jahr zurücktreten, und viele sagten voraus, dass Vizepräsident Hu der neue erste Mann im Staat würde. Die Auslandspresse hatte ihn seit Mai 1999 genau beobachtet, als
er nach dem NATO-Bombardement als erster hochrangiger chinesischer Politiker vor die Fernsehkameras trat. Es war weithin bekannt,
dass Hu Jintao Gesellschaftstänze schätzte.

In seinen kurzen einleitenden Worten erwähnte Vizepräsident
Hu den Jahrestag. »Dreißig Jahre sind in der Geschichte der Menschheit nur ein Augenblick«, sagte er. »Aber die großen Veränderungen,
die in dieser Zeit in den Beziehungen beider Länder stattgefunden
haben, werden in die Geschichte eingehen.«

Präsident Bush dankte Hu Jintao und sagte: »Diese Universität
wurde interessanterweise mit Unterstützung meines Landes gegründet, um die Beziehungen zwischen unseren beiden Nationen zu fördern.«

Der kleine Hörsaal war schlecht geheizt, das Publikum bestand
aus dreihundert Studenten. Der Kommunistische Jugendverband
hatte sie sorgfältig aus allen Fachbereichen der Tsinghua ausgewählt.
Ich stand mit den anderen Journalisten hinten im Saal und notierte
Einzelheiten aus Präsident Bushs Rede, die ich später anhand der offiziellen Mitschrift des State Department überprüfte:

(...) Die Vereinigten Staaten lernen mehr über China, aber ich
mache mir Sorgen, dass das chinesische Volk nicht immer ein
deutliches Bild meines Landes hat. Hierfür gibt es vielerlei
Gründe, und einiges haben wir uns selbst zuzuschreiben. Unsere Filme und Fernsehsendungen zeigen oft nicht die Werte
des wirklichen, mir bekannten Amerika. (...)

Wenn Sie in Amerika reisen – und ich hoffe, dass sie das eines
Tages tun werden, wenn Sie noch nicht dort waren –, werden
Sie auf viele Menschen unterschiedlicher ethnischer Herkunft und verschiedenen Glaubens treffen. Wir sind eine vielfältige Nation. Wir sind die Heimat von 2,3 Millionen Ameri-

kanern chinesischer Herkunft, die in den Büros unserer Unternehmen oder im Kabinett des Präsidenten der Vereinigten Staaten arbeiten oder für die amerikanische Olympiamannschaft Eis laufen. Jeder Einwanderer wird durch einen Treueschwur auf unser Land ebenso amerikanisch wie der Präsident. (...)

Der Wandel kommt. Auf kommunaler Ebene hält China bereits geheime Wahlen ab, bei denen ein Wettbewerb stattfindet. Vor fast zwanzig Jahren sagte ein großer chinesischer Politiker, Deng Xiaoping, Folgendes, und ich möchte, dass Sie seine Worte hören. Er sagte, dass China die demokratischen Wahlen schließlich bis zur nationalen Ebene ausweiten würde. Ich freue mich auf diesen Tag. (...)

*   *   *

Nach der Rede ging das Ritual in die informellere Phase über. Berichten zufolge waren im Vorfeld alle Fragen von der Partei gründlich geprüft worden. Der erste Student erhob sich und sagte auf Englisch: »Wenn Sie über die Taiwan-Frage sprechen, verwenden Sie immer Formulierungen wie ›friedliche Beilegung‹. Nie verwenden Sie die Formulierung ›friedliche Wiedervereinigung‹. Worin besteht der Unterschied und warum?«

Präsident Bush wiederholte in seiner Antwort verschiedene Formen des F-Wortes – Friede, friedlich, friedlichen – zehnmal. Er sagte aber nicht »friedliche Wiedervereinigung«. Ein anderer Student schnellte hoch:

F: »Es ist schade, dass Sie uns noch keine klare Frage darauf gegeben haben – Entschuldigung – geben, ob Sie immer ›friedliche Beilegung‹ sagen. Sie haben nie ›friedliche Wiedervereinigung‹ gesagt. Das ist schade.«

PRÄSIDENT BUSH: »Sind wir also wieder bei Taiwan – [Gelächter] – fahren Sie fort.«

F: »Wegen dieser Frage ist unser chinesisches Volk sehr beunruhigt.«

PRÄSIDENT BUSH: »Ja, ich weiß.«

F: »Vor drei Tagen, während Ihrer Rede im japanischen Parlament, sagten Sie, die USA würden sich noch an ihre Verpflichtungen gegenüber Taiwan erinnern.«

PRÄSIDENT BUSH: »Richtig.«

F: »Meine Frage aber ist, erinnern sich die USA auch an ihre Verpflichtungen gegenüber 1,3 Milliarden Chinesen? [Beifall] Entsprechend den drei gemeinsamen Communiqués und den drei Anhängen. Vielen Dank.«

Präsident Bush verwendete das F weitere dreimal: »friedliche Lösung«, »friedlicher Dialog«, »friedlicher Dialog«. Noch immer keine friedliche Wiedervereinigung. Er sagte: »Und zweitens, wenn mein Land ein Abkommen unterzeichnet, halten wir uns daran.« Die Frage hing weiterhin in der Luft. Nach einer Weile fragte jemand, ob Präsident Bush seit seiner ersten Reise nach Peking im Jahr 1975, als sein Vater US-Botschafter in China war, irgendwelche Veränderungen festgestellt hätte.

»1975 trugen alle die gleiche Kleidung«, sagte Präsident Bush. »Jetzt suchen sich die Menschen ihre Kleidung selbst aus. Schauen Sie hier in der ersten Reihe, alle sind unterschiedlich gekleidet. Weil die Menschen sich für das entscheiden, was ihnen persönlich gefällt. Sie haben die Entscheidung getroffen, einen schönen roten Pullover zu tragen. Und wenn man eine Entscheidung getroffen hat, setzt man sie um.

Mit anderen Worten: Die Person, das Individuum, die Nachfrage nach einem Produkt beeinflussen die Produktion, im Gegensatz zum umgekehrten Fall. Die Wünsche des Einzelnen auf dem Markt zu erkennen, ist Teil einer freien Gesellschaft. Es ist Teil der Definition von Freiheit.«

Seine letzten Worte waren: »Gott segne Sie alle.« Ich ließ den Journalistenbus ausfallen und ging in eines der kleinen Cafés vor den Toren der Tsinghua mittagessen. Das Restaurant war voll, und ich hörte keinen einzigen Studenten, der über den Staatsbesuch sprach.

ARTEFAKT K

Die verlorenen Alphabete
斯大林

An ein bestimmtes Detail erinnern sich viele der alten Männer. Jeder hat seine eigene Sicht auf den Selbstmord, und häufig betont der eine etwas, das die anderen außer Acht lassen – die angebliche Affäre, die Kritik, die Jahre in Amerika. Aber die meisten von ihnen erwähnen Chen Mengjias Rolle in der Schriftreform. Spinnt man diesen Faden weiter, dann führt er weiter und weiter zurück in die Zeit, vorbei an den alten Männern, vorbei an dem Dichter-Gelehrten und vorbei an den Ausgrabungen von Anyang, über die Dynastien hinaus und sogar weiter als die Orakelknochen. Und dort endet er dann: am absoluten Anfang.

Die Menschen zeichneten. Im Altertum vereinfachten und vereinheitlichten sie; aus den Skizzen wurden Piktogramme. Das ging so lange gut, bis sie auf das nicht Abbildbare stießen – auf abstrakte Konzepte –, und an dem Punkt wandten sie sich den Lauten zu.

Stellen Sie sich drei einfache Bilder vor, die die englischen Worte *leaf* (Blatt), *bee* (Biene) und *eye* (Auge) darstellen:

Jetzt stellen wir die drei Piktogramme um:

Sprechen Sie die Worte schnell aus: »*Eye-bee-leaf; I believe.*« (Ich glaube.) Damit sind zwei Abstraktionen berücksichtigt: die erste Person des Personalpronomens und die Verbform von Glaube. Man kann nun bei Bedarf einfache Marker hinzufügen, damit Leser *eye* von *I* (ich) und *believe* von *bee-leaf* unterscheiden können:

In einem solchen System achtet der Schreiber auf lautliche Verbindungen zwischen Wörtern – Homonyme, Beinahe-Homonyme, Reime –, um anschließend die Bedeutung der ursprünglichen Piktogramme zu erweitern. Entscheidend sind die Laute: Ein Symbol repräsentiert eher einen gesprochenen Laut als ein Bild. Und genau dadurch erhält man, streng nach Definition, Schrift: die grafische Darstellung der gesprochenen Sprache.

Für diese frühen Entwicklungsstadien wurden keine direkten Belege gefunden – solche Inhalte wären auch nicht aufgeschrieben worden –, Experten gehen jedoch davon aus, dass es sich ungefähr so abgespielt hat. Das älteste bekannte Schriftsystem in Ostasien ist zu der Zeit, als es auf den Orakelknochen auftaucht, bereits voll funktionsfähig. Die Schriftzeichen der Shang sind keine Piktogramme, obwohl viele von ihnen Beziehungen zu der früheren Phase aufweisen. Das Shang-Wort für Auge wird so geschrieben:

Diese Art Schriftsystem wird Logografie genannt. Jedes Schriftzeichen repräsentiert eine gesprochene Silbe, und gleichlautende Silben mit unterschiedlichen Bedeutungen – Homonyme – werden durch unterschiedliche Schriftzeichen dargestellt. Zum Beispiel wird das moderne chinesische 伟 (groß) anders geschrieben als 萎 (welken) und 伪 (falsch), obwohl alle drei genau gleich ausgesprochen werden: *wei*. Erste archäologische Funde der anderen bekannten alten Schriften, sumerische Keilschrift und ägyptische Hieroglyphen, stammen ebenfalls aus dem logografischen Entwicklungsstadium. (Die älteste bekannte Schrift ist Sumerisch, das rund eintausendsiebenhundert Jahre vor den Orakelknocheninschriften nachweisbar ist.) Die meisten Wissenschaftler gehen davon aus, dass sich Chinesisch isoliert entwickelte, obwohl Victor H. Mair und einige andere theoretische Überlegungen darüber anstellten, dass die Shang die Schriften des Nahen Ostens kannten.

Keine dieser frühen Schriften ist einfach. In einem logografischen System muss man Tausende von Symbolen auswendig lernen, zudem können Leser unbekannte Wörter oft nicht korrekt aussprechen, ohne in einem Wörterbuch nachzuschlagen. Im 2. Jahrtausend v. Chr. setzten semitische Gruppen im Nahen Osten ägyptische Hieroglyphen in das erste Alphabet um. Ein Alphabet ermöglicht es, einzelne Silben in noch kleinere Teile zu zerlegen; dadurch ist es deutlich flexibler als ein logografisches System. Anstatt völlig neue Schriftzeichen zu schreiben, lassen sich Homonyme mithilfe eines Alphabets auf raffinierte Weise unterscheiden (mehr und Meer). Unbekannte Wörter können buchstabiert werden, und ein Alphabet lässt sich einfacher auf verschiedene Sprachen und sogar Dialekte anwenden. Wenn zum Beispiel jemand aus dem amerikanischen Süden *I believe* sagt, dann kann man seine Aussprache jeder Silbe mithilfe des lateinischen Alphabets wiedergeben: *Ah bleeve.*

Ein logografisches System ist nicht so nuancenreich. Außerdem müssen im Falle eines Alphabets nur zwei oder drei Dutzend Symbole anstelle von Tausenden von Schriftzeichen auswendig gelernt werden. Deshalb haben die alten Systeme im Nahen Osten und im Mittelmeerraum nicht überlebt. Es gibt keine direkten Nachfahren der sumerischen Keilschrift, und die ägyptischen Hieroglyphen sind uns nur indirekt erhalten geblieben, als Inspirationsquelle für das erste Alphabet.

Dagegen verwenden die Chinesen nach wie vor Schriftzeichen. In der Geschichte der menschlichen Zivilisation ist das geschriebene Chinesisch einzigartig: eine logografische Schrift, deren grundlegende Strukturmerkmale seit mehr als dreitausend Jahren unverändert sind. Auch die Schriftzeichen selbst sind bemerkenswert zeitlos. Wenn ein Chinese heute *mu* (Auge), *yu* (Regen) oder *niu* (Ochse) schreibt, dann wirken die modernen Wörter neben den Shang-Schriftzeichen wie nahe Verwandte:

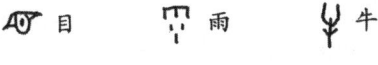

*　　　　　*　　　　　*

Niemand weiß, warum das Schriftsystem erhalten geblieben ist. Die gesprochene Sprache des alten China war überwiegend monosyllabisch (die meisten Wörter bestanden aus nur einer Silbe), und sie war nicht flektiert (keine unterschiedlichen Endungen für Plurale oder Zeitformen von Verben). Einige Sprachwissenschaftler heben hervor, dass sich Chinesisch aufgrund dieser Qualitäten besonders als logografisches System eignete. Die Japaner, deren gesprochene Sprache stark flektiert ist, verwendeten ursprünglich nur chinesische Schriftzeichen, entwickelten sie dann aber zu einer Silbenschrift weiter – ein einfacheres Schriftsystem, das es leichter macht, mit unterschiedlichen Wortendungen umzugehen.

Andere Wissenschaftler verweisen auf kulturelle Gründe. Das alte chinesische Denken war zutiefst konservativ – die Ahnenverehrung, der ausgeprägte Sinn für Ordnung, der Widerstand gegen Neues, die Idealisierung der Vergangenheit im Konfuzianismus –, und ein solcher Wertekanon macht es natürlich weniger wahrscheinlich, dass man sein Schriftsystem ändert. Im Kern handelt es sich hierbei um eine Henne-Ei-Theorie; das eigentliche Thema ist jedoch nicht, warum das Schriftsystem so lange bestehen blieb, entscheidend ist vielmehr die Frage, wie die Beständigkeit der Schrift die chinesische Welt prägte.

In der chinesischen Geschichte wurde meist das klassische Chinesisch als offizielle Schrift verwendet. Als diese Sprache während der Han-Dynastie, vor mehr als zweitausend Jahren, standardisiert wurde, lag sie nur in schriftlicher Form vor. Die Menschen schrieben zwar Klassisches Chinesisch, im Alltag verwendeten sie jedoch eine andere Sprache. Mit der Zeit entwickelten sich die gesprochenen Sprachen weiter, das Reich wurde größer, umfasste neue Regionen und neue Mundarten. Das klassische Chinesisch aber blieb unverändert. Ein Bürger der Ming-Dynastie sprach anders als ein Bürger der Han – mehr als zehn Jahrhunderte lagen zwischen ihnen –, aber beide schrieben in klassischem Chinesisch. Die Muttersprache eines Fujianers war eine andere als die eines Einwohners von Peking, aber wenn beide lesen und schreiben lernten, konnten sie sich mithilfe der Schrift verständigen. Das klassische Chinesisch stellte unabhängig von Raum und Zeit Verbindungen zwischen den Menschen her.

Eine solche literarische Beständigkeit hätte sich mit einem Alphabet nicht so leicht aufrechterhalten lassen. In Europa war Latein jahrhundertelang die geschriebene Sprache der Gebildeten, die aber stets das nötige Hilfsmittel besaßen, um in die Umgangssprache zu wechseln: Das Alphabet machte es ihnen aus sprachwissenschaftlicher Sicht einfach. (Bekanntlich verzögerten kulturelle und soziale Gründe den Übergang.) In China wurde ebenfalls in Umgangssprache geschrieben, doch nur in begrenztem Umfang. In einem logografischen System ist es weniger wahrscheinlich, dass sich geschriebene Umgangssprachen entwickeln, weil es einfach nicht so leicht wie ein Alphabet auf verschiedene Sprachen und Dialekte anwendbar ist.

Doch die chinesischen Schriftzeichen boten andere Vorteile. Sie bildeten einen wichtigen Baustein für die Einheit des Kaiserreichs, das, aus einem anderen Blickwinkel betrachtet, ein Mischmasch aus ethnischen Gruppen und Sprachen war. Das Schriftsystem vermittelte einen Sinn für historische Kontinuität: ein endloser Erzählstrang, der das Chaos der Vergangenheit in geordnete Bahnen lenkte. Die Schriftzeichen waren außerdem schön. Die Kalligrafie entwickelte sich zu einer fundamentalen chinesischen Kunst, die hier viel wichtiger war als im Westen. Überall tauchten Wörter auf: auf Vasen, Gemälden, Türdurchgängen. Frühen ausländischen Besuchern in China fiel oft auf, dass Schriftzeichen Alltagsgegenstände wie Stäbchen oder Schalen dekorierten. In chinesischen Tempeln wurden Gebete traditionell eher geschrieben als gesprochen. Wahrsager machten ihre Vorhersagen häufig, indem sie die Striche geschriebener Namen zählten. Im 19. Jahrhundert befassten sich soziale Organisationen damit, Papierfetzen zu sammeln, denen die Schrift Würde verliehen hatte; sie konnten es nicht mit ansehen, dass die Fetzen wie Müll weggeworfen wurden. Gemeinden stellten spezielle Verbrennungsöfen bereit, um die Worte angemessen einzuäschern.

Natürlich war es schwer, die Schrift zu erlernen. Um lesen und schreiben zu können, musste sich ein chinesischer Schüler Tausende von Schriftzeichen merken. Ohne alphabetische Ordnung fiel die Kategorisierung schwer. (Noch heute ist das Aufbewahren von Akten in Aktenschränken ein Abenteuer, und nur wenige chinesische Bücher haben Stichwortverzeichnisse.) Das erste chinesische Wörterbuch ordnete die Wörter nach ihrer Form. Im Laufe der Zeit erhiel-

ten viele Zeichen sekundäre Elemente – heute bekannt als Radikale
–, was dazu beitrug, Wörter zu unterscheiden und zu klassifizieren.
Aber auch Radikale waren komplex: Das erste chinesische Wörterbuch unterschied fünfhundertvierzig Radikale und mehr als neun-
tausend Schriftzeichen.

Doch in einer Kultur, die sich so stark mit dem geschriebenen
Wort identifizierte, war die Motivation besonders hoch. Bis zum
17. Jahrhundert hatte sich in China bereits eine kommerzielle Presse etabliert, und Lesen und Schreiben schien in den verschiedenen
gesellschaftlichen Schichten besser verankert zu sein als in vielen
Teilen Europas. Ausländischen Reisenden fiel auf, dass man selbst
auf dem Land Bücher fand – oft Handbücher, die den Bauern erläuterten, wie man einfache Verträge abfasste. Evelyn S. Rawski, ein
Historiker an der Universität von Pittsburgh, schätzte die Alphabe-
tisierungsrate männlicher Chinesen im 18. und 19. Jahrhundert auf
dreißig bis fünfundvierzig Prozent – vergleichbar mit der von Männern im vorindustriellen Japan und England. Rawski kommt zu
dem Schluss, dass die Industrialisierung in China zwar nicht so
schnell vorankam wie in diesen Ländern, dass man für die Unterschiede aber nicht die Lese- und Schreibprobleme verantwortlich
machen sollte.

Außenstehenden schien das chinesische Schriftsystem dringend reformbedürftig. Ein jesuitischer Missionar des 16. Jahrhunderts beschrieb das Erlernen der chinesischen Schrift als »halbes Martyrium«. Es verwunderte wenig, dass die Jesuiten die Ersten waren, die
Systeme entwickelten, die lateinische Buchstaben für das Chinesische benutzten. Die Ausländer, die im Laufe der Jahrhunderte ins
Land kamen, glaubten vielfach, dass die Alphabetisierung den Menschen helfen würde. Selbstverständlich würden auch die Ausländer
und ihre Kirchen profitieren. Als im 19. Jahrhundert die Verträge der
Opiumkriege mehr Ausländern erlaubten, in China zu missionieren,
veröffentlichten Christen Bibeln in den inländischen Dialekten. Die
Alphabetisierung wurde ein zentraler Bestandteil der missionari-
schen Arbeit, und gegen Ende des Jahrhunderts hatten Ausländer
und chinesische Konvertiten für alle bedeutenden Dialekte alphabetische Systeme entwickelt.

Unterdessen verloren die chinesischen Intellektuellen ihren Glauben an die Kultur. Nachdem sie von den Ausländern wiederholt besiegt worden waren, begannen sie sämtliche Traditionen in Frage zu stellen, einschließlich der hochgeschätzten Schrift. Zur gleichen Zeit als Wissenschaftler die Orakelknochen wiederentdeckten, dachten viele Chinesen darüber nach, die Schriftzeichen vollständig abzuschaffen. Im zweiten Jahrzehnt des 20. Jahrhunderts schlug Qian Xuantong, ein prominenter Philologe, vor, dass China sowohl in Wort als auch Schrift zu Esperanto wechseln sollte.

Die meisten Lösungen waren weniger radikal. Verschiedene Intellektuelle empfahlen, die Schriftzeichen beizubehalten, aber vom Klassischen Chinesisch auf die Umgangssprache umzusteigen. Dieser Vorschlag fand Ende des Jahrzehnts zunehmend Anhänger und wurde schließlich von der Bewegung des Vierten Mai 1919 aufgegriffen, die eine Reform und Modernisierung vieler Aspekte der chinesischen Politik und Bildung forderte.

Schließlich schafften die Reformer die Tradition, im klassischen Chinesisch zu schreiben, erfolgreich ab. In Schulen, Regierungsstellen, Büchern und Zeitungen fasste ein Schriftsystem Fuß, das sich am Mandarin orientierte, der Umgangssprache in der Region Peking. Die Entwicklung nahm damit einen anderen Verlauf als in Europa, wo Latein durch unterschiedliche Sprachen ersetzt wurde: Französisch, Italienisch, Spanisch und andere. In China ging die Umstellung auf die Umgangssprache vor allem wegen des fehlenden Alphabets nicht mit dem Verlust der literarischen Einheit einher. Alle gebildeten Chinesen lernten noch immer ein und dieselbe Schrift.

Die Reformer glaubten, dass noch ein weiterer Schritt notwendig sei. Sie gaben zu bedenken, dass die meisten Menschen im Süden gewissermaßen in einer zweiten Sprache schrieben. Wenn zum Beispiel jemand gebürtig aus Wenzhou war und gebildet sein wollte, musste er zuerst Mandarin lernen. Das sei vergleichbar mit jemandem, der Englisch spricht, aber Holländisch beherrschen muss, um lesen und schreiben zu können. In Südchina gab es eine große Ausnahme: In Hongkong hatten Autoren ein System entwickelt, mit dem sie ihr heimisches Kantonesisch mithilfe von chinesischen Schriftzeichen schreiben konnten. Dennoch waren die traditionellen Schriftzeichen so ungeeignet für die kantonesischen Laute, dass das Hongkong-System mehr als tausend zusätzliche Symbole benötigte, von denen viele speziell für die Sprache entworfen wurden. Solche Systeme waren für die anderen wichtigen chinesischen Sprachen nicht entwickelt worden, die ohne Schrift blieben. Es wäre ein Riesenaufwand gewesen, die Schriftzeichen an jede gesprochene Sprachversion anzupassen.

Mit einem Alphabet dagegen wäre es viel einfacher, was ausländische Missionare mit ihren Dialektbibeln bereits unter Beweis gestellt hatten. Überall in China forderten Intellektuelle die Alphabetisierung, weil sie glaubten, dass die Schriftzeichen ein Hindernis für Bildung und Demokratie seien. Lu Xun, der von 1881 bis 1936 lebte und vielleicht der größte moderne chinesische Schriftsteller war, sprach sich für die Umstellung auf das lateinische Alphabet aus. Er schrieb (in Schriftzeichen, die er bis zu seinem Tod verwendete): »Wenn wir weiterleben wollen, dann nur ohne die chinesischen Schriftzeichen ... Ich weiß, dass die Schriftzeichen ein wertvolles Erbe sind, das uns von unseren Vorfahren überliefert wurde. Wir können entweder unser Erbe oder uns selbst opfern: Wofür entscheiden wir uns?«

1930 entwickelten in der Sowjetunion lebende chinesische Kommunisten ein System, das für die chinesische Sprache das lateinische Alphabet verwendete. Die Schriftreform wurde ein Kernprojekt der Kommunisten. Als die Revolutionäre zunehmend mächtiger wurden, erklärte Mao Zedong 1936 dem amerikanischen Journalisten Edgar Snow, dass die Alphabetisierung unvermeidlich sei. »Früher oder später«, erklärte Mao, »so glauben wir, werden wir die Schriftzeichen ganz aufgeben müssen, wenn wir eine neue soziale Kultur schaffen wollen, an der die Massen in vollem Umfang partizipieren können.« Die Kommunisten beschrieben die Schriftzeichen als »Große Mauer«, die »zwischen den Massen und der neuen Kultur errichtet worden war«. Sie gaben dem Schriftsystem sogar die Schuld für den Niedergang in der Zeit nach den Opiumkriegen und behaupteten, die Schriftzeichen hätten »die imperialistische Invasion der chinesischen Nation erleichtert«.

In den von den Kommunisten kontrollierten Gebieten im Norden wurde die neue alphabetische Schrift 1941 gesetzlich anerkannt. Verträge und Regierungsdokumente konnten entweder im lateinischen Alphabet oder in Form von Schriftzeichen abgefasst werden. Als die Kommunisten das Land kontrollierten, schien eine Reform unmittelbar bevorzustehen. 1950 veröffentlichte ein US-amerikanischer Sprachwissenschaftler namens John DeFrancis ein Buch, in dem er das Ende der chinesischen Schriftzeichen vorhersagte.

John DeFrancis ist wegen dieser Prognose nach wie vor verbittert. Während ich den Wissenschaftler in seinem Haus interviewe, wird er jedes Mal sichtlich unruhig, wenn wir auf das Thema zu sprechen kommen. Er hatte sich geirrt, dennoch behielt er recht – im Grunde seines Herzens weiß er, dass die Chinesen die Schriftzeichen sofort hätten abschaffen sollen, und sie hätten es gleich nach der Machtübernahme durch die Kommunisten tun sollen. Ereignisse, die unerwartet eintreten, sind immer frustrierend, und manchmal schmerzt die Erinnerung länger als ein halbes Jahrhundert.

Der Professor ist einundneunzig Jahre alt und bei guter Gesundheit. Er forscht weiterhin an seinen Projekten zum chinesischen Wörterbuch, obwohl die Universität von Hawaii in Manoa ihn offiziell in den Ruhestand entlassen hat. Er lebt und arbeitet in einem schönen Haus im japanischen Stil, das in einen Hang des Manoa Valley eingebettet ist. Hinter dem Haus liegt ein Steingarten, der um eine kleine Pagode in der Mitte angeordnet ist. Der süße Duft der Bougainvillea zieht durch die geöffnete Tür ins Haus. In südlicher Richtung fällt der Blick auf die braungrünliche Spitze des Diamond Head. Für einen Wissenschaftler, der seine letzten Jahre auf halber Strecke zwischen dem Festland hier und dort verbringen will, ist dies der ideale Ort.

DeFrancis ging erstmals nach seinem Yale-Abschluss 1933 nach China. Ursprünglich wollte er geschäftliche Interessen verfolgen. Als er in Peking ankam, änderte sich jedoch alles. »Vom ersten Tag an verlor ich jedes Interesse an den amerikanischen Geschäftsleuten«, erzählt er mir. »Wir waren in einem Restaurant. Am Ende des Abendessens gab ein amerikanischer Geschäftsmann einem Kellner ein Trinkgeld, indem er einen Geldschein nahm, ihn in zwei Hälften zerriss und vor seine Füße warf. Zu einer solchen Gruppe wollte ich nicht gehören.«

Die Armut in China verstörte den jungen Mann, der glaubte, dass das Land dringend Reformen brauche. Wie viele Ausländer damals dachte er, dass die Kuomintang hoffnungslos korrupt sei. Er lernte Chinesisch und freundete sich in Peking mit einem anderen idealistischen jungen Gelehrten namens George A. Kennedy an. Die Rockefeller-Stiftung bewilligte Kennedy ein Stipendium für den Aufbau eines chinesischen Sprachprogramms an der Yale-Universität, und von dem Geld kaufte er sich in Shanghai eine Druckmaschine mit einem Satz chinesischer Schriftzeichen. Kennedy hatte vor, die Teile nach New Haven zu schiffen, sie wieder zusammenzusetzen und Lehrbücher für amerikanische Studenten zu veröffentlichen. Er bat John DeFrancis um Unterstützung.

»Ich wurde seine rechte Hand und sein Assistent«, erinnert sich DeFrancis. »Wir stellten die Maschine im Untergeschoss der Harkness Hall der Yale-Universität auf. Stellen Sie sich einen Raum dieser Größe, wenn nicht größer, vor, der mit V-förmigen Holzgestellen gefüllt ist. Wenn ich aufrecht stehe, reichen sie mir bis zum Kinn. Die Gestelle sind unterteilt, sodass sie Ablagekästen halten, die fünfundzwanzig mal dreißig Zentimeter groß sind und die wiederum in kleine, fünf mal fünf Zentimeter große Quadrate unterteilt sind. Jedes Quadrat enthält einzelne Schriftzeichen, geordnet nach Radikalen. Es war meine Aufgabe, den Druck vorzubereiten. Ich nahm einen Winkelhaken, suchte ein Schriftzeichen unter dem Radikal Person (亻) aus und danach ein weiteres Schriftzeichen unter dem Radikal Feld (田). Es ging hin und her, hin und her. Ich fügte ein paar Sätze zusammen und brachte sie hinüber zum Drucker, der die Form mit Metall ausgoss. Wir hatten so wenig Schriftzeichen, dass ich fortwährend zusammensetzen und auseinandernehmen, zusammensetzen und auseinandernehmen musste. Die Geschichten entnahmen wir dem klassischen Chinesisch und setzten sie in modernes umgangssprachliches Chinesisch um.«

Alle Ausländer, die Chinesisch lernen, können ein Lied von ihren Erfahrungen mit den Schriftzeichen singen – von jenem »halben Martyrium«. Bei John DeFrancis hinterließen sie besonders tiefe Narben. Nachdem er jahrelang Holzgestelle nach kleinen Metallteilen abgesucht hatte, die nach Formen wie 亻 und 田 sortiert waren, wurde er ein glühender Verfechter der chinesischen Schriftreform. (Sein Kollege George A. Kennedy wurde der Architekt des Yale-Romanisierungssystems für Chinesisch.) Als er 1950 den Untergang der Schriftzeichen vorhergesagt hatte, wartete DeFrancis in Amerika ungeduldig auf Nachrichten von der Neugestaltung. In jenem Sommer gab Mao endlich den Befehl:

> *Das Schriftsystem muss reformiert werden; es sollte sich zu einem phonetischen System entwickeln, so wie es die Sprachen der Welt kennen; es sollte in seiner Form national sein; das Alphabet und das System sollten auf der Grundlage der bestehenden chinesischen Schriftzeichen ausgearbeitet werden.*

Die Anweisung war für alle eine Überraschung. DeFrancis und andere Wissenschaftler hatten erwartet, dass die Kommunisten einfach die lateinische Schrift übernehmen würden, aber die Weisung von 1950 zielte in eine ganz andere Richtung. Mao Zedong wollte ein chinesisches Alphabet.

Der Befehl des Vorsitzenden stellte einen entscheidenden Wendepunkt dar. Danach verbrachten chinesische Sprachwissenschaftler Jahre mit dem Versuch, ein spezifisch chinesisches Alphabet zu entwickeln, wobei zwischenzeitlich der Reformeifer auf der Strecke blieb. Aus Sicht von John DeFrancis war es eine verpasste Chance, und genau das macht ihn so wütend. Mehrmals erzählt er mir, dass er neunundvierzig Jahre lang aus Verbitterung über die gescheiterte Schriftreform nicht nach China zurückkehrte.

Der Grund für Maos Befehl bleibt, wie so viele Entscheidungen des Vorsitzenden, rätselhaft. Als ich einmal mit DeFrancis telefoniere, um mit ihm über diese Zeit zu sprechen, vermutet er, dass vielleicht der Koreakrieg oder ein anderer Aspekt der Beziehungen zwischen den USA und China Mao beeinflusst hätten, sodass er zu Ungunsten der lateinischen Schrift entschieden habe. DeFrancis drängt mich, die noch lebenden chinesischen Sprachwissenschaftler aufzusuchen, die an dem Projekt beteiligt waren; insbesondere solle ich einen Termin mit Zhou Youguang vereinbaren, der Ende neunzig sei. 1982, als DeFrancis widerwillig einen Gegenbesuch in China antrat, hatte er Zhou Youguang nach diesem entscheidenden Augenblick im Jahr 1950 gefragt.

»Er sagte, er wisse, warum Mao die Entscheidung getroffen habe, er könne aber nicht offen darüber sprechen«, erzählt DeFrancis mir am Telefon. Er kann sich jedoch gut vorstellen, dass Chinas zunehmende Offenheit es in Verbindung mit dem fortgeschrittenen Alter Zhous wahrscheinlicher macht, dass der Mann sich heute ungehindert über die Vergangenheit äußert.

Ich fange im Erdgeschoss an. Zhou Youguang lebt zusammen mit zwei anderen betagten Linguisten im Wohnheim der Staatlichen Sprachenkommission in der Pekinger Innenstadt. Alle drei Männer teilen sich denselben Eingangsbereich. Die Anlage ist für traditionelle kommunistische Arbeitseinheiten ausgelegt, ein Rückfall in die Zeit der Planwirtschaft. Für Reporter dagegen ist sie genau richtig. Ich muss nur die Treppen hinauf- und hinabsteigen und treffe die wichtigsten heute noch lebenden Schriftreformer Chinas. Das Foyer wird zu einer Pforte in die Vergangenheit und in die Sprache: Der Nachmittag vergeht, die Reformer werden immer älter und ihre Erinnerungen wandern rastlos durch die Jahre der gescheiterten Kampagne.

Yin Binyong, der im Erdgeschoss wohnt, ist mit zweiundsiebzig der Jüngste. Monatelang hat er gegen den Leberkrebs gekämpft; sein Körper ist ausgezehrt: winziger Brustkorb, dürre Gliedmaßen. Sein Gesicht ist zerfurcht, und er hat die Augenbrauen eines taoistischen Gottes; große, weiße Büschel werfen Schatten über seine gelb verfärbten Augen. Falls der Mann Schmerzen hat, lässt er sie sich nicht anmerken. Er begrüßt mich herzlich und nimmt das Einführungsschreiben zur Hand, das ich ihm zugesandt habe. Ein anderer Wissenschaftler hatte vorgeschlagen, dass ich die Reformer mit einem Einführungsschreiben in Pinyin kontaktiere, jene Schrift, die für Chinesisch das lateinische Alphabet verwendet. Yin ist begeistert, dass ich mich mit ihm in Verbindung gesetzt habe, ohne auch nur ein einziges Schriftzeichen zu schreiben.

Vor einem halben Jahrhundert machte er an der Sichuan-Universität seinen Abschluss in Mathematik und arbeitete eine Zeit lang als Mittelschullehrer für Mathematik. Nebenher befasste er sich mit Sprachforschung, veröffentlichte Fachbeiträge und wurde schließlich eingeladen, in den Pekinger Ausschüssen für die Schriftreform mitzuarbeiten. Sein fachlicher Hintergrund ist nicht ungewöhnlich – viele Sprachwissenschaftler verfügen über Kenntnisse in Mathematik oder Logik.

»Es gibt definitiv eine Verbindung«, sagt er. »Häufig kann man mathematische Methoden direkt auf die Erforschung der Sprachen anwenden. Um Ihnen ein einfaches Beispiel zu nennen – nehmen wir Tiere: Welches Tier hat die engste Beziehung zu Menschen? Man kann die Frage vermutlich einfach eingrenzen, indem man überlegt: Kuh, Pferd, Hund, Schwein. Aber welches ist für das Leben der Menschen am wichtigsten? Was glauben Sie?«

»Hund«, sage ich.

Yin lächelt, die Augenbrauen tanzen. »Das ist Ihre Vermutung«, sagt er. »Aber wie können Sie sicher sein? Eine Möglichkeit besteht darin, die Literatur mithilfe statistischer Methoden und Untersuchungen zur Häufigkeitsverteilung zu analysieren. In den Fünfzigerjahren sind wir so vorgegangen. Wir haben sowohl moderne als auch alte Texte geprüft, um herauszufinden, welcher Tiername am häufigsten vorkommt. Zu allen Zeiten war es derselbe: das Pferd. Also kamen wir zu dem Schluss, dass das Pferd für die menschliche Gesellschaft in China am wichtigsten ist.«

Bilder blitzen an meinem inneren Auge vorüber: ein Bronzeartefakt, ein begrabener Pferdewagen, ein Mann auf einem Pferd, der geradewegs auf ein Holztor zureitet. Yin weiter: »Darüber habe ich in den Fünfzigerjahren eine wissenschaftliche Arbeit verfasst. Ich habe im Rahmen einer weiteren Studie auch englische und japanische Texte untersucht – beide mit dem gleichen Ergebnis. Nur beim zweitwichtigsten Tier gab es einen Unterschied. Im Englischen ist es der Hund, für uns Chinesen die Kuh.«

Nach dem Umweg über das Pferd wendet er sich den Fragen der chinesischen Schriftreform zu. Manche Leute behaupten, Chinesisch habe zu viele Homonyme, um in alphabetischer Form geschrieben zu werden; die Schriftzeichen seien notwendig, um ähnlich klingende Wörter zu unterscheiden. Yin räumt ein, dass dies auf das klassische Chinesisch zutrifft, nicht aber auf die modernen Sprachen. Es verhalte sich genauso wie mit Radiosendungen, die man sich anhört: Chinesen können ihre Sprachen verstehen, ohne die Schriftzeichen zu sehen. Das wiederum bedeutet, dass sie auch eine alphabetisierte Schrift verstehen können.

»Natürlich ist das Theorie, und die Praxis sieht anders aus«, sagt er. »Die Menschen lassen sich nur schwer ändern, wenn sie seit so langer Zeit Schriftzeichen verwendet haben. Und es stimmt, dass man Probleme mit alten Texten bekommt, wenn man auf ein Alphabet umsteigt. Schauen Sie sich ›Der Traum der roten Kammer‹ an, wo alle Menschen derselben Generation Namen mit demselben Radikal tragen. Solche Einzelheiten gehen verloren, wenn man das Schriftsystem neu gestaltet. Vor allem aber ist es schwer, alte Gewohnheiten zu korrigieren. Sehen Sie sich Ihre Sprache an – das englische Schriftsystem ist ebenfalls reformbedürftig. George Bernard Shaw glaubte, es sollte geändert werden.«

Das gesprochene Englisch hat etwa vierzig Laute, eine Zahl, mit der das lateinische Alphabet nicht sinnvoll umgehen kann – daher auch die oft unlogische Rechtschreibung. George Bernard Shaw, der immer Steno schrieb, verfügte in seinem Testament, dass zukünftige Lizenzgebühren aus seinen Werken in die Entwicklung eines neuen Alphabets fließen sollten. In den Jahren 1958 und 1959 gingen in einem öffentlichen Wettbewerb vierhundertsiebenundsechzig Vorschläge für ein englisches Alphabet ein, von denen vier zu Siegern gekürt wurden. Eines dieser Systeme, das ein Architekt entworfen hatte, wurde die Grundlage des achtundvierzig Buchstaben umfassenden Shavian- (oder: Shaw-)Alphabets. Die Druckauflage eines einzigen Buchs wurde mit dem neuen System publiziert, eine Sonderausgabe von Shaws »Androklus und der Löwe«. Die vier englischen Wörter des Titels sahen so aus:

𝔍𝔩𝔯𝔠𝔨𝔰 𝔩 𝔮 𝔠𝔍𝔯

Zufällig arbeiteten die Chinesen in den Fünfzigerjahren ebenfalls an der Entwicklung neuer Alphabete. Ihr Projekt war jedoch weitaus bedeutsamer; der Vorsitzende hatte es angeordnet, und landesweit machten Sprachwissenschaftler mehr als zweitausend Vorschläge für ein chinesisches Alphabet. Einige verwendeten lateinische Buchstaben, andere kyrillische; einige Vorschläge bezogen die japanische Silbenschrift mit ein. Hinzu kamen chinesische Alphabete auf Arabisch. Yin erinnert sich an ein System, das auf Zahlen beruhte. Ein anderer Vorschlag kombinierte lateinische Buchstaben mit den chinesischen Radikalen. In diesem System wird das chinesische Schriftzeichen 法, das *fa* ausgesprochen wird, folgendermaßen geschrieben:

ʃfa

Die Linguisten bastelten auch am lateinischen Alphabet herum. Ein System sah vier neue Buchstaben vor, die bestimmte chinesische Laute darstellen sollten: *zh, ch, sh,* und *ng.* Diesem Vorschlag zufolge würde *ng* wie das Symbol des Internationalen Phonetischen Alphabets geschrieben:

ŋ

»Die Ostdeutschen hörten davon«, sagt Yin. »Sie entwickelten schnell eine Schreibmaschine, die diese Buchstaben enthielt, und schickten sie an unser Büro. Sie sagten, ihre Fabriken könnten entsprechende Geräte herstellen, wenn wir das System übernehmen würden. Ich glaube, das war etwa 1952, allerdings bin ich mir nicht sicher. Sicher ist, dass die Schreibmaschine noch in den späten Fünfzigerjahren in unserem Büro stand. Es war eine schöne Maschine. Ich habe keine Ahnung, was aus ihr geworden ist.«

1955 grenzte das Reformkomitee das Feld auf die Alphabete von sechs Finalisten ein. Ein System hatte kyrillische Buchstaben, ein anderes verwendete das lateinische Alphabet. Die anderen vier Finalisten setzten völlig neue ›chinesische‹ Alphabete ein, die auf den Formen von Schriftzeichen basierten. Ein Jahr später entschieden Mao und andere führende Politiker jedoch, dass die chinesischen Alphabete noch nicht brauchbar waren. Zwar genehmigten sie das lateinische System, das als Pinyin bekannt ist, für den Bereich der Früherziehung und für andere spezielle Einsatzbereiche, es wurde aber nicht gesetzlich anerkannt. Einstweilen beschlossen sie, eine Reihe von chinesischen Schriftzeichen zu vereinfachen und die Zahl der Striche zu verringern. Zum Beispiel wurde *guo,* das traditionell 國 geschrieben wird, zu 国 verändert. Aus 龍 wurde 龙, aus 偉 wurde 伟 und 夢 wurde zu 梦. Insgesamt fünfhundertfünfzehn Schriftzeichen sowie einige Radikale wurden vereinfacht. Auf der Ebene der einzelnen Schriftzeichen war es eine wichtige Neuerung, das zugrunde liegende Schriftsystem blieb jedoch intakt. Chinesisch war noch immer logografisch, und die meisten Dialekte waren noch immer nicht schreibbar.

Der Ausschuss beschrieb die Vereinfachung als eine »erste Reformetappe«. Er hoffte nach wie vor auf die Einführung eines Alphabets, aber Mao schien mehr Zeit zu benötigen, um die Optionen zu prüfen. In der Zwischenzeit gingen die relativ optimistischen Anfangsjahre der Volksrepublik zu Ende. Im April 1957 startete die Kommunistische Partei die Hundert-Blumen-Kampagne, in der Intellektuelle dazu aufgefordert wurden, ihre Meinung zu sagen, egal wie kritisch sie war. Die Resonanz war überwältigend: Tausende Chinesen sagten zu allen möglichen Themen öffentlich ihre Meinung. Die Schriftreform war ein Anliegen unzufriedener Intellektueller, in der Massenpresse erschienen Dutzende Kommentare:

Chinesisch ist ein Hilfsmittel, um unser Volk zu vereinen … Dass wir ein geeintes Volk bleiben konnten, hat einen einzigen Grund: Die chinesischen Schriftzeichen haben uns zusammengehalten.

Das lateinische Alphabet ist kein Produkt unserer Nation … Wenn wir die chinesische Schrift latinisieren, sagen wir der Welt zugunsten der lateinischen Schrift den Kampf an!

Unser Land ist demokratisch, es verfolgt eine friedliche Politik; es kann die Übernahme der historisch aggressiven lateinischen Schrift nicht gutheißen … Immer wenn China dem Ausland in einem Punkt unterlegen ist, hat das chinesische Volk das Gefühl, es sei ihm in allen Belangen unterlegen.

*   *   *

Bis zu den Hundert Blumen hatte Chen Mengjia nicht in die Debatte um die Schriftreform eingegriffen. Sein Fachbereich, das Institut für Archäologie, lag abgelegen, und der Orakelknochengelehrte hatte nie Gelegenheit, seine Meinung zu sagen. Aber im neuen Klima der Offenheit tauchten seine Worte plötzlich überall in den gedruckten Massenmedien auf. In einem Aufsatz in der »Guangming Daily« schrieb er: »Es muss objektive Gründe dafür geben, dass wir diese Schriftzeichen nach mehr als dreitausend Jahren immer noch verwenden.« In der People's Daily: »Es scheint eine neue Art von Dogmatismus zu geben; manche Menschen verstehen die Worte der Führung als goldene Regel und ignorieren die Realität.« Chen beschwerte sich über die gängige Praxis, über die politischen Fehler anderer zu berichten; er erwähnte, dass viele Beamte wenig oder gar nichts von den Bereichen verstünden, für die sie zuständig seien. Er regte an, dass die Kommunistische Partei mehr Sinn für Humor zeigen sollte, und stellte fest: »Ich mag Dogmen ganz und gar nicht, und in meinen Schriften zitiere ich nur selten marxistisch-leninistische Ausdrücke.« In einer veröffentlichten Rede erklärte er:

> Mit der aktuellen Hundert-Blumen-Kampagne ist meiner Ansicht nach der ideale Zeitpunkt gekommen, um aufrichtig über die Zukunft der chinesischen Schriftzeichen zu diskutieren. Ich werde Ihnen eine andere Meinung vorstellen, und zwar mit rückhaltloser Offenheit ...
>
> Wir haben mehr als dreitausend Jahre lang Schriftzeichen verwendet, und daran war bisher nichts auszusetzen ... In der Vergangenheit meinten ausländische Teufel, dass die chinesische Sprache schlecht sei. Inzwischen äußern sich aufgeschlossenere Wissenschaftler aus den kapitalistischen Ländern nicht mehr in diesem Sinn ...
>
> Vor Kurzem schrieb ich einen Artikel, der für einige Verwirrung sorgte. Ich scheue mich nicht, solchen Unmut in Kauf zu nehmen, weil ich einen Beitrag leisten möchte ... Ich sage voraus, dass wir diese Schriftzeichen noch einige Jahre lang verwenden werden, und wir sollten so mit ihnen umgehen, als seien sie lebendig. Sie sind unser kulturelles Erbe.«

Er hatte recht – die Chinesen hielten noch viele Jahre an den Schriftzeichen fest –, aber er hatte unrecht damit, dass der Zeitpunkt für eine offene Diskussion genau richtig war. Nach nur fünf Wochen beendete Mao die Hundert Blumen, die von einer anderen Bewegung abgelöst wurde: der Kampagne gegen Rechtsabweichler. Bis Ende 1957 hatte man mehr als dreihunderttausend Intellektuelle als Rechtsabweichler abgestempelt. Viele wurden ins Gefängnis oder in Arbeitslager geschickt. Die gleichen Zeitungen, die Chens Meinungen veröffentlicht hatten, machten nun mit wütenden Schlagzeilen auf:

KRITISIERT CHEN MENGJIA

WIDERLEGT DIE ABSURDEN THEORIEN DES RECHTS-
ABWEICHLERISCHEN ELEMENTS CHEN MENGJIA

SETZT DIE VERFOLGUNG UND DEN ANGRIFF AUF DIE
RECHTSABWEICHLER FORT:
KRITISIERT CHEN MENGJIA UND GUAN XI

Ein Artikel verkündete: »Dem rechtsabweichlerischen Element
Chen Mengjia, einem Grashalm, der giftig ist ... sollte niemals erlaubt werden, tiefe Wurzeln auszubilden.« Ein anderer bezeichnete
ihn als einen »Kuh-Dämon« mit einem »bösen Plan«: »Warum hassen
die Konterrevolutionäre aller Epochen vereinfachte Schriftzeichen?
Wollen sie ernsthaft in die Steinzeit zurück?« Jemand schrieb: »Chen
hebt noch immer die Happen der westlichen kapitalistischen Sinolo-
gen auf und behandelt sie wie Delikatessen.« Im Laufe dieser Kampagne im Jahr 1957 veröffentlichte Li Xueqin seine Kritik an Chens
Chrestomathie.

Von Chen kam nichts als Schweigen. Die Machthaber schickten
den Orakelknochengelehrten in die Provinz Henan, die Wiege der
Shang-Kultur, wo er durch manuelle Arbeit umerzogen werden sollte. Für die nächsten fünf Jahre war er in der Volksrepublik mit einem
Veröffentlichungsverbot belegt.

*   *   *

Nach dem Gespräch mit Yin Binyong klettere ich drei Stockwerke
höher und lege beim Alter der Schriftreformer acht Jahre zu. Wang
Jun ist achtzig und lächelt, als ich Chen Mengjia erwähne. »Während
des Krieges war er in Kunming mein Lehrer«, sagt Wang. »Er lehrte
Bronzeinschriften. Die Gruppe war klein, nur drei Studenten. Er war
für mich wie ein älterer Bruder.«

Aus Zeitungsarchiven habe ich einige Kritiken über Chen zusam-
mengesucht, die ich Wang nun zeige. Ich frage ihn, ob er sich an einige der Autoren erinnere. Er blättert durch die Seiten und bemerkt,
dass mehrere Namen offensichtlich Pseudonyme sind. Dann erkennt

er ein paar: ein Phonologe aus Nanjing, ein Linguist aus Fujian. Beide Wissenschaftler sind vor Jahren gestorben.

»Sie sollten sich über diese Kritiken keine Gedanken machen«, sagt Wang. »Das, was die Menschen damals sagten und schrieben, ist ohne Belang. Sie waren nicht frei. Wenn die Kommunistische Partei jemanden kritisieren wollte, dann mussten alle mitmachen. Ich wurde in dem Jahr auch kritisiert. Ich hatte während der Hundert Blumen einen Kommentar verfasst, und später hielt mein Institut eigens eine Versammlung ab, um mich zu kritisieren. Selbst Menschen, die mich gar nicht kannten, ergriffen das Wort. An diejenigen, die mich am schärfsten kritisierten, kann ich mich kaum noch erinnern. Ich hasse sie nicht. Sie sollten sich deshalb keine Gedanken darüber machen, wer diese Artikel geschrieben hat.«

Ich nicke, und wir unterhalten uns eine Weile über die Kampagne zur Schriftreform. An einem Punkt, beim Thema prominente Gegner, erwähne ich den Namen Yuan Xiaoyuan.

Wang Juns Kopf verharrt reglos. Er spricht leise: »Was wissen Sie über sie?«

»Nicht viel. John DeFrancis sagte, dass er sie nicht mochte. Er sagte, dass sie gegen die Schriftreform war.«

DeFrancis hatte Yuan Xiaoyuan als vollendete Opportunistin beschrieben. Einen Großteil ihres Lebens hatte sie für die Kuomintang als Diplomatin im Ausland verbracht – sie war Chinas erste Konsulin und hatte in Kalkutta Dienst getan. Dann aber kündigte sie der Kuomintang die Gefolgschaft und wechselte auf die Seite der Volksrepublik. Aus Dankbarkeit bedachten die Kommunisten sie mit günstigen Geschäftslizenzen, und sie verdiente ein Vermögen. Einen Teil ihres Geldes steckte sie in eine Zeitschrift, die gegen die Kampagne für die Schriftreform Stellung bezog. Nach der Niederschlagung der Pro-Demokratie-Demonstrationen 1989 trat Yuan Xiaoyuan sofort im chinesischen Fernsehen auf, um die Demonstranten zu verurteilen.

»Diese Frau ist eine Lügnerin«, sagt Wang Jun. »Alles, was sie sagt, ist gelogen; das gilt auch für ihr Alter. Sie ist fünfundneunzig, behauptet aber, einhundert zu sein.«

Das Gesicht des Mannes wirkt irgendwie verändert. Er lächelt zwar nach wie vor, aber sein Kinn ist straffer, und hinter seinen Augen scheint ein Licht.

»Früher war sie jünger als Zhou Youguang«, sagt er. »Heute ist sie älter als Zhou Youguang. Was glauben Sie, wie es dazu kam?«

Ich sage, dass ich es nicht wisse.

»Ganz einfach«, sagt er. »Sie lügt. Sie lügt, wenn sie den Mund aufmacht.«

Der Mann lächelt noch immer, und ich lächle zurück. Vor weniger als zehn Minuten sprach er noch von Vergebung.

»Ich habe Beweise«, sagt er. Er geht zu einem Aktenschrank und zieht daraus einen Ordner hervor, der ein Bündel Fotokopien und vergilbte Zeitungsausschnitte enthält. Die Augen des Mannes leuchten.

»Schauen Sie sich zunächst das an.« Er reicht mir eine Seite aus einem Jahrbuch der Regierung, auf der ein Foto zu sehen ist. Eine Großmutter: mildes Lächeln, dauergewelltes Haar, unansehnliche Brille. Ihr Geburtsdatum ist mit 1907 angegeben.

»Jetzt«, sagt Wang Jun triumphierend, »sehen Sie sich das an!«

Der Zeitungsausschnitt stammt aus dem Jahr 2000. Die Überschrift lautet:

YUAN XIAOYUAN, DICHTERIN UND KALLIGRAFIN,
FEIERT IN PEKING IHREN HUNDERTSTEN GEBURTSTAG

Der nächste Zeitungsausschnitt stammt aus dem Jahr 2001:

DIE HUNDERTJÄHRIGE YUAN XIAOYUAN
SPRICHT ÜBER IHRE GESUNDHEIT

Einige Abschnitte der Artikel sind peinlich genau mit roter Tinte unterstrichen. Ein unterstrichener Satz nennt 1901 als Yuans Geburtsjahr. Ein anderer unterstrichener Satz stellt fest, dass sie einhundertein Jahre alt ist. Am Rand hat jemand mit fester roter Schrift »94« geschrieben, wie die Korrektur einer Schulaufgabe.

»Es steht jedes Jahr in der Zeitung«, sagt Wang Jun. »Jedes Jahr lügt sie von Neuem. Auf diese Weise wurde sie älter als Zhou Youguang.«

Er zeigt auf einen anderen unterstrichenen Abschnitt.

»Sie behauptet, sie wäre früher Professorin an der ›West-Ost-Universität‹ in New Jersey gewesen«, sagt er. »Wer hat je von einer

›West-Ost-Universität‹ gehört? Was für ein blöder Name! Sie behauptet außerdem, dass sie an der ›Universität San Francisco‹ gelehrt hätte. Es gibt keine Universität San Francisco!«

In den Artikeln sind auch alle erfundenen akademischen Institutionen rot unterstrichen. Bevor ich gehe, reicht Wang Jun mir die Zeitungsausschnitte; er ist der Ansicht, dass ich meinen Artikel für den »New Yorker« mit einem wichtigen Detail aufwerten kann, wenn ich Yuan Xiaoyuans Lügen offenlege. Ganz zum Schluss erzählt er mir noch: »Sie kann gut schreiben. Eigentlich ist sie eine gute Dichterin, auch ihre Kalligrafie ist sehr gut. »Aber sie ist eine Lügnerin.«

*   *   *

Als ich in der dritten Etage ankomme, ist es bereits dunkel. Sechzehn Jahre kommen hinzu: Zhou Youguang ist fast siebenundneunzig, ein gebrechlicher, gebückter Mann, der Trainingshose und Hausschuhe trägt. Die Haut auf seinem kahlen Kopf ist ganz glatt, so als hätten die Jahrzehnte sie poliert. Wenn wir uns unterhalten, muss ich mich vorbeugen und laut rufen, während der Mann eine Hand um sein Hörgerät legt. Aber er hat einen scharfen Verstand und erinnert sich noch an sein Englisch. In den Vierzigerjahren war er Bankier in New York.

»Früher habe ich Ihr Magazin im Club der Bankiers gelesen!«, sagt er.

Ich schreie ihn an: »Seit der Zeit hat es sich verändert!«

Der Mann kann sich vor Lachen nicht halten, als er meine Visitenkarte liest. Ich erkläre ihm die Übersetzung des Außenministeriums. »Person aus New York!«, sagt er auf Chinesisch, während sein winziger Körper wie eine Weide im Wind schwankt. »Person aus New York! Wie lustig!«

Wie viele junge patriotische Chinesen, die im Ausland lebten, kehrte Zhou nach der Gründung der Volksrepublik nach China zurück. Ursprünglich wollte er die neue Regierung beim Aufbau des Bankwesens unterstützen, ihm wurde aber schnell klar, dass die Zukunftsaussichten im kommunistischen Bankwesen nicht rosig waren. Er stieg auf sein Hobby Linguistik um und wurde am Ende der wichtigste Architekt des Pinyin.

Ich frage Zhou, was mit den vier neuen, unverwechselbar ›chine-sischen‹ Alphabeten geschehen sei, die 1955 als Finalisten ausgewählt wurden. Er erinnert sich vage an sie – ein Alphabet, so der alte Mann rückblickend, hatte ein Physiker namens Ding Xilin konzipiert. Aber anscheinend waren alle Unterlagen zu den Alphabeten zerstört wor-den. »Solche Sachen gingen während der Kulturrevolution leicht ver-loren«, sagt er.

Die Kulturrevolution wird unterschiedlich bewertet: Die einen machen Mao dafür verantwortlich, die anderen seine Frau und die Viererbande. Aus einer weiter gefassten Perspektive erscheint diese Zeit jedoch als Höhepunkt der langen Desillusionierung Chinas mit seiner eigenen Tradition. Mehr als ein halbes Jahrhundert lang hatten die Chinesen an ihrer Kultur gefeilt und versucht, die ›rückständigen‹ Elemente zu ersetzen. Während der Kulturrevolution war dieser Prozess so überhitzt, dass er zuletzt in reine Zerstörungswut um-schlug: Die Leute hassten alles, was chinesisch war, aber sie hassten auch alles, was mit dem Ausland zu tun hatte.

Ironischerweise schützte die Kulturrevolution zumindest eine chinesische Tradition: die Schriftzeichen. Mitsamt des Großen Sprungs nach vorn verhinderte das Chaos jener Zeit, dass die Kam-pagne zur Schriftreform Fortschritte machen konnte. Als Mao starb, hatten die Chinesen ihren Hunger nach einem radikalen kulturellen Wandel verloren. Sie waren von der Krise zur Ideologie und dann zum Nihilismus übergegangen – und danach kamen sie auf der ande-ren Seite heraus, entschieden sich für Pragmatismus und die Slogans von Deng Xiaoping. Seid praktisch und realistisch. Die Wahrheit in den Tatsachen suchen.

Heute spricht in China fast niemand mehr von Alphabetisierung – abgesehen von den alten Männern, die sich das Foyer zum Wohn-heim der Staatlichen Sprachenkommission teilen. Selbst diese Wis-senschaftler sprechen wehmütig darüber. Zhou Youguang meint, dass China seine Schriftzeichen mindestens ein weiteres Jahrhun-dert lang nicht abschaffen werde – wenn überhaupt. Die Vereinfa-chung der Schriftzeichen ist für ihn, wie für die meisten Sprachwis-senschaftler, ein Fehlschlag. Es gibt keine Beweise dafür, dass sie zu höheren Alphabetisierungsraten führte, zumal an der Grundstruktur des Schriftzeichensystems nicht gerüttelt wurde. Eher haben die vereinfachten Schriftzeichen zur Spaltung innerhalb der chinesischen Welt beigetragen. Taiwan, Hongkong und die meisten anderen chinesischen Überseegemeinschaften verwenden weiterhin traditionelle Schriftzeichen. Jahrelang war es Taiwanern nicht erlaubt, Bücher einzuführen, die vereinfachte Schriftzeichen enthielten. Diese Beschränkung war politisch motiviert, heute dagegen hat die Empörung meist ästhetische Gründe. Für einen traditionell gebildeten Chinesen ist das Schreiben vereinfachter Schriftzeichen wie der Gang durch einen ›Kwik-Mart 2 by sumthing‹.

Ich frage Zhou Youguang nach dem entscheidenden Augenblick, Maos Aufruf zur Schaffung eines chinesischen Alphabets im Jahr 1950. Zu meiner Überraschung fällt dem alten Mann die Antwort überhaupt nicht schwer.

»Die Partei setzte bekanntlich schon in den Vierzigerjahren ein latinisiertes System ein«, erklärt er. »Deshalb schien eine Änderung naheliegend. Als die Kommunisten aber an die Macht kamen, wurden sie zurückhaltender. Es gab so viel anderes, um das sie sich kümmern mussten. Das war ein Grund für die Verzögerung.

Aber ein weiterer, sehr wichtiger Faktor war Maos erste Reise in die Sowjetunion im Jahr 1949. Zu der Zeit respektierte Mao Stalin als Führer der kommunistischen Welt. Er erklärte, dass China eine Schriftreform durchführen wolle und bat Stalin um Rat. Stalin sagte ihm: ›Ihr seid ein großes Land und solltet eure eigene, chinesische Form des Schriftsystems haben. Ihr solltet nicht einfach das lateinische Alphabet übernehmen.‹ Deshalb wollte Mao ein in seiner Form nationales Alphabet.«

Als ich frage, ob der Koreakrieg eine Rolle gespielt habe, schüttelt er den kahlen Kopf. Der alte Mann lächelt, als ich Chen Mengjias Namen brülle.

»Ich mochte ihn sehr«, sagt Zhou Youguang. »Aber offen gestanden hatten seine Einwände auf all das keinen Einfluss.«

Zurück nach unten: zweiter Stock, erster, Erdgeschoss. Das Foyer führt hinaus in eine Stadt, die sich so groß wie die Welt anfühlt. Von all den Details, die in meinem Kopf umherschwirren – die Beziehung von Mensch und Pferd, die unterschiedlichen Geburtsjahre von

Yuan Xiaoyuan, die verlorenen Alphabete –, beeindruckt mich am meisten die Erkenntnis, dass Chen Mengjias Abwehrkampf, so mutig er auch war und so teuer er ihn auch bezahlt hat, völlig unnötig war. Josef Stalin hatte die chinesischen Schriftzeichen bereits gerettet.

Kapitel

22

Wahre Schönheit

Juni 2002

In den Monaten nach 9/11 verfolgte William Jefferson Foster weiterhin die Nachrichten. Manchmal rief er mich in Peking an, oft mit einer Frage zur Situation in Afghanistan oder zu einer anderen Entwicklung im Krieg gegen den Terror. Abends hörte er Voice of Amerika und schrieb in sein Tagebuch:

> *US-Kampfjet setzt seinen Auftrag über Afghanistan fort*
> *Weitere Fälle von Milzbrand in den USA aufgetaucht*
> *Heftige Zusammenstöße zwischen der pakistanischen Polizei und*
> *Gegendemonstranten*
> *Friedliche Antikriegsdemonstration in New York, Berlin*
> *Gott segne George W. Bush*

Er übersetzte auch Kommentare aus der lokalen Presse:

> *Interessanterweise verfolgen beide Bruderstädte, Ningbo und*

Wenzhou, das Ziel, das Mailand Chinas zu werden. Der Wettstreit zwischen den Städten muss erbittert sein. Wenzhou will sowohl die Hauptstadt der Bekleidung als auch der Lederschuhe werden. ›Sich in Wenzhou einkleiden‹ ist in der Innenstadt von Wenzhou ein ziemlich auffälliger Slogan.

Und gelegentlich schrieb er englische ›Nachrichten‹ in sein Tagebuch, die auf eigenen Erfahrungen beruhten:

Im vergangenen Jahr war diese Schule sehr erfolgreich. Rund fünfundzwanzig Schüler wurden in die einzige wirklich wichtige höhere Schule dieser Stadt aufgenommen. In diesem Jahr sieht sich die Schule mit großen Herausforderungen von außen konfrontiert – eine neue öffentliche Schule, deren Ziel es ist, unsere Schule in den Konkurs zu treiben ...

Der Konkurrenzkampf war allgegenwärtig. Willy und Nancys Schule stand im Wettbewerb mit der öffentlichen Schule, die Stadt stand in Konkurrenz mit Ningbo, und China musste sich gegen die Welt draußen durchsetzen. Eine der prägendsten Kindheitserinnerungen Willys war es, zunächst den Erfolg und später den Misserfolg im Baugeschäft mitzuerleben, seines Vaters, der ein Opfer seiner Lese- und Schreibdefizite wurde. Es war zugleich die Geschichte von Willys und Nancys Generation: Als Kinder der Marktwirtschaft waren sie mit Chinas Reformen aufgewachsen.

Zu Beginn des Schuljahres 2001/2002 rief Willys Direktor alle Lehrer zusammen und hielt einen Impulsvortrag. Er forderte sie dazu auf, die öffentliche Schule an drei Fronten zu bekämpfen, so wie die Kommunisten die Kuomintang während des Bürgerkriegs bekämpft hatten. Als Willy mir später von dem Vortrag erzählte, konnte er sich nicht mehr genau daran erinnern, welche drei Schulfronten es waren. Im Laufe der Jahre gab es so viele chinesische Parolen mit Zahlen – die drei dies, die fünf das –, die zwangsläufig ineinander verschwammen. Der eigentliche Punkt war, dass aus dem Kampf zwischen den Schulen ein Krieg geworden war. In einem Brief schrieb Willy:

Hallo yagao [Zahnpasta],
ich werde das Frühlingsfest diesmal ganz sicher in Zhejiang verbrin-
gen. Man verlangt von uns, dass wir den Yahoo-Schülern so genann-
te Extra-Unterrichtsstunden geben ... Im Jahr 2002 wird diese Schu-
le starke Konkurrenz erhalten und von dieser verdammten Schule
mit Internat herausgefordert, von der ich hoffte, dass Osama Bin La-
den sie bombardieren würde. Übrigens, wie geht's Ihrer Familie? Und
was gibt's Neues?
   Ich verabschiede mich jetzt. Gleich muss ich meinen besten Schü-
lern Nachhilfe geben. Sie sind mein Einkommen und meine Hoff-
nung für das neue Jahr 2002.«

Als Willys und Nancys Bankkonto ein paar Monate später endlich
hunderttausend Yuan auswies, wurde der Einsatz sogar noch einmal
erhöht:

Hi Peter,
   wie läuft es bei Ihnen in Peking? Zunächst möchte ich Ihnen mittei-
len, dass ich möglicherweise in einem Jahr ein Yahoo-Vater sein wer-
de. Das heißt, Nancy ist in Wenzhou in anderen Umständen.
   Zurzeit bin ich ziemlich stark mit den bevorstehenden Prü-
fungen beschäftigt. Dies Jahr ist besonders wichtig für mich. Mir
wurde gesagt, dass ich einen ordentlichen Bonus bekommen kann,
wenn wir mehr Schüler auf die einzig wichtige Schule schicken
können.

Willy und Nancy hatten schließlich beschlossen, wieder nach Sichuan zurückzukehren. Sie wussten noch nicht genau, wann, und
möglicherweise würden Nancy und das Kind zusammen zurückgehen, während Willy noch eine Weile unter den besseren wirtschaftlichen Bedingungen von Zhejiang arbeiten würde. Getrennte Familien
waren in China gang und gäbe, besonders unter Wanderarbeitern.
Die meisten Menschen glaubten, es sei besser, ein Kind in der Nähe
ihrer Heimatstadt großzuziehen, wo ihnen die Kultur vertraut war
und wo die Eltern und andere Verwandte, wenn nötig, helfen konnten. Willy und Nancy gefiel die Idee, sich in der Kleinstadt Nan-
chong niederzulassen, die von Willys Heimatdorf nicht weit entfernt

lag. Als Lehrer konnten sie überall Arbeit finden, und sie würden mit beträchtlichen Ersparnissen zurückkehren, vor allem, wenn es mit dem Prüfungsbonus klappte.

Die Tests waren an zwei Tagen im Juni geplant. In den letzten Wochen gab Willy zusätzlich Unterricht, paukte mit seinen Schülern und hielt die Ohren nach Hinweisen zu den Examensfragen offen. Einmal mehr bestach seine Schule den Beamten der Bildungsverwaltung von Wenzhou, und einmal mehr gab ihnen der Mann nichts als unbrauchbare Kommentare. Willy hasste diesen Teil der Routine – die undichten Stellen begünstigten immer die öffentlichen Schulen, vor allem diejenigen in der Innenstadt von Wenzhou und in den größeren Städten. Aber er konnte nichts dagegen tun, außer eine zynische Haltung zum System und zum Land zu entwickeln. Nachdem er Anfang Juni ein Spiel der Fußballweltmeisterschaft gesehen hatte, schickte er mir eine E-Mail:

> *Ich bin heilfroh, dass die chinesische Fußballmannschaft gegen Costa Rica verloren hat. In den beiden Hälften habe ich Costa Rica nur deshalb angefeuert, weil ich einmal Spanisch gelernt habe. Die chinesischen Spieler werden sich für ihre beschissene Leistung auf dem Platz schämen.*

Nach dem ersten Prüfungstag trat der Vater eines Schülers an Willy heran. Der Mann schien nervös, er bat um ein Gespräch unter vier Augen. Als sie allein waren, lüftete er sein Geheimnis: Aus zuverlässiger Quelle wisse er, dass es morgen im Englischtest um Beethoven und Bill Gates gehen werde.

Willy verließ die Schule und fand in sicherer Entfernung einen Fotokopierladen. Aus den Lehrbüchern der Schüler kopierte er zwei Abschnitte, in denen jeweils ein berühmter Ausländer porträtiert wurde. An diesem Nachmittag gab er seinen Schülern die strikte Anweisung, sich die Seiten genau anzusehen und niemandem auch nur ein Sterbenswort davon zu erzählen.

Am nächsten Prüfungstag enthielt der Abschnitt zum Leseverstehen tatsächlich einen Auszug aus Lektion 90, der im unverwechselbaren Tonfall des Special English gehalten war:

Bill Gates wurde am 28. Oktober 1955 geboren. Er wuchs in Seattle, Washington, auf. Bill Gates wurde nach seinem Vater und Großvater William Henry genannt. Er war ein sehr kluger Junge ...

Als er dreizehn Jahre alt war, begann Bill mit Computern zu spielen. Zu dieser Zeit waren Computer sehr große Maschinen. Einmal interessierte er sich für einen sehr alten Computer. Er und einige Freunde verbrachten viel Zeit damit, ihn auf ungewöhnliche Weise einzusetzen. Zum Schluss erstellten sie mit der alten Maschine ein Softwareprogramm. Bill verkaufte es für viertausendzweihundert Dollar, als er erst siebzehn war ...

Bill heiratete Melinda French am 1. Januar 1994. Sie haben zwei Kinder, eine Tochter und einen Sohn. Bill liest sehr gerne. Er spielt auch gerne Golf und Bridge.

Möchtest du jemand wie Bill Gates sein? Warum oder warum nicht?

Als später in diesem Sommer die Prüfungsergebnisse bekannt wurden, erzielten Willys Schüler die höchste Punktzahl aller Klassen der Schule. Der Direktor belohnte Willy mit einem Bonus von sechstausend Yuan – ungefähr zwei Monatsgehältern. Er hätte noch besser abschneiden können, aber wie sich herausstellte, war Beethoven eine falsche Spur.

Im Frühjahr 2002 beschloss Emily, ein Semester außerhalb von Shenzhen zu verbringen. Sie kam nach Peking, wo sie sich im Universitätsviertel in einen privaten Englischkurs einschrieb. An Wochenenden besuchte sie mich manchmal in der Innenstadt, und wir aßen zu Mittag und schauten uns Sehenswürdigkeiten an. Eines Nachmittags kam sie bei mir Zuhause vorbei, um sich eine Kopie des Artikels abzuholen, den ich über sie für den »New Yorker« geschrieben hatte. Sie hatte einen frühen Entwurf gelesen, um mir bei der Klärung von Fakten zu helfen, jetzt sah sie zum ersten Mal die veröffentlichte Fassung. Natürlich waren – wie bei allem, was über China geschrieben wird – bestimmte Details schon wieder Geschichte. Inzwischen konnten Bürger ohne spezielle Grenzpässe nach Shenzhen einreisen, und in der Regierung wurde darüber gesprochen, den Grenzzaun niederzureißen. Für die Über-Nacht-Stadt war eine weitere Ära zu Ende gegangen.

Emily saß auf meiner Couch und schlug die erste Seite auf, die eine Porträtzeichnung von ihr enthielt. Sie lachte und verdeckte den Mund: »Das Gesicht ist so groß!«

Der Künstler hatte sich eng an die fotografische Vorlage gehalten: hohe Wangenknochen, gerundeter Mund. Im Hintergrund erhoben sich die angedeuteten Umrisse von Fabrikwohnheimen. Sie blätterte um und stieß auf einen typischen »New Yorker«-Cartoon: Ein Ehepaar trifft auf einer Dinner Party ein. Die Bildunterschrift lautete: »Bitte verzeiht, dass wir so spät kommen, wir hatten Parkplatzprobleme.«

Sie blätterte durch das Magazin und verharrte hier und da, um sich etwas genauer anzuschauen: ein Detail in einem Artikel, einen Cartoon, ein Gedicht. Als sie fertig war, gingen wir in einen Park, und ich fragte sie, ob sie in dem Artikel etwas gelesen habe, mit dem sie nicht einverstanden sei.

»Ich denke, Sie waren mit dem Boss zu kritisch«, sagte sie.

Ich entgegnete, dass sie nie positiv über ihn gesprochen habe, vor allem nicht nach seinen vielen Versuchen, mit den jungen Frauen in der Fabrik zu schlafen.

»Ich weiß«, sagte sie. »Ich mochte ihn nicht. Aber ich wusste, dass er mir nichts antun konnte. Je mehr ich darüber nachdenke, desto mehr tut er mir leid. Er war erbärmlich.«

In Fuling war Emily eine meiner motiviertesten Studentinnen gewesen; sie war jemand, der pausenlos Fragen zur amerikanischen Kultur stellte. Damals schien sie stets auf der Suche nach etwas zu sein: Einmal schickte sie einen Brief an die Vereinigung für Country Music in Nashville, Tennessee, weil sie herausfinden wollte, was Country Music ist. (Sie erhielt nie eine Antwort.) Ihre Tagebucheinträge waren in der Regel die nachdenklichsten in der Klasse. Als Lehrer hatte ich gehofft, sie würde eine Möglichkeit finden, ihre Ausbildung fortzusetzen.

In Peking wirkte sie jedoch unkonzentriert, und ich spürte, dass sie sich nicht allzu sehr mit Englisch befasste. Mir fiel etwas ein, das sie 1996 für den Kurs geschrieben hatte, eine Geschichte über die Entscheidung ihrer Schwester, nach Shenzhen umzuziehen:

*Inzwischen ist meine Schwester seit fünf Monaten in der wohlha-
benden Stadt. Ich frage mich, ob sie sich noch an unser Gespräch erinnert und ob sie noch so viel Energie hat.*

Mehrmals erzählte sie mir, dass es sie deprimiere, keine Zukunft zu
haben. In der Über-Nacht-Stadt war sie erfolgreich – sie hatte an der
Privatschule eine gute Lehrerstelle, und ihr Freund kam in der Fabrik
für Haushaltsgeräte gut voran. Mit fünfundzwanzig hatte sie das Alter erreicht, in dem die meisten ihrer Freundinnen heirateten, sich
Wohnungen kauften und ihr einziges Kind großzogen. Aber aus irgendeinem Grund konnte sie sich nicht dazu aufraffen. Sie hatte
Mühe, es zu erklären; wenn wir darüber redeten, sagte sie nur, das
normale Leben erscheine ihr öde und spießig – eine endlose Anhäu-
fung von Besitztümern. Sie hasste es, wie sich für die Menschen in
Shenzhen alles nur um Immobilien drehte: eine Wohnung kaufen,
mit Mehrwert verkaufen und dann alles wieder von vorne. Es war das
Schlechteste aus beiden Welten: Man war gefangen in den kleinen
Räumen, die man besaß, gleichzeitig lebte man in der Unsicherheit,
ständig in die nächste Wohnung umziehen zu wollen.

Ihr jüngerer Bruder war wegen seiner psychischen Probleme nie
dazu in der Lage gewesen, eine Arbeitsstelle über längere Zeit zu halten, was sie sehr belastete. Vor einer Weile hatte sie mich um die Telefonnummer von Hu Xiaomei, der Radiomoderatorin aus Shenzhen, gebeten. Emily versprach, sie nur im Notfall anzurufen. In
Peking erzählte sie mir, dass sie die Frau im vergangenen Jahr schließlich doch angerufen hatte, als ihr Bruder eine besonders schwere
Phase durchmachte.

»Konnte sie helfen?«, fragte ich.

»Ja«, sagte Emily. »Wir haben darüber gesprochen, und danach
habe ich mich besser gefühlt.«

»Hat sie Ihnen einen Rat gegeben?«

»Sie meinte, ich solle mir selbst vertrauen«, sagte Emily.

Emily glaubte, dass es ihrem Bruder gut gegangen wäre, wenn andere ihn so akzeptiert hätten, wie er war. In der höheren Schule hatte man ihn als seltsam bezeichnet, und die Lehrer hatten zugelassen,
dass die anderen Schüler ihn schikanierten. Sie fragte mich, wie man
in den Vereinigten Staaten mit Behinderungen umging, woraufhin

ich ihr einige Artikel zu dem Thema gab. Vor allem aber fühlte ich mich hilflos: Ihre Welt war viel komplizierter geworden als jene, die wir aus Fuling kannten.

Ich dachte, es könnte vielleicht hilfreich für sie sein, wenn sie mit anderen Ausländern redete. In Peking stellte ich ihr eine chinesisch-amerikanische Freundin namens Mimi Kuo vor. Als ich mich im Juni auf einer Reise in die Staaten befand, schickte Mimi mir eine E-Mail: »Neulich habe ich Emily getroffen, und ihr schien es gut zu gehen. Wir hatten einen schönen Nachmittag – sie kam zum Mittagessen, und wir hingen eine Zeitlang herum, unterhielten uns und hörten Musik (sie wollte wissen, wie sich Country Music anhört).«

Ein paar Tage später schrieb Emily:

Herr Hessler,
wie läuft's bei Ihnen?
Am Sonntag habe ich Mimi besucht und mich sehr gut mit ihr unterhalten. Sie versteht es, auf andere beruhigend zu wirken, finde ich. Wir haben über vieles geplaudert, auch über Country Music, die ganz anders ist, als ich sie mir vorgestellt hatte. Ich hatte es für selbstverständlich gehalten, dass es in der Country Music buchstäblich um Blumen, Gras, Bäche, Sonnenschein, Menschen vom Land und ihre einfache Liebe sowie um alles geht, was mit Schönheit und Glück zu tun hat.

In jenem Sommer kehrte sie nach Shenzhen zurück, allerdings heiratete sie nicht, und sie kaufte sich auch keine Wohnung. Sie arbeitete ein weiteres Jahr, lernte in ihrer freien Zeit und absolvierte eine Prüfung für ein Aufbaustudium in Chongqing. Es war ein neues Programm, das Lehrer für die Arbeit mit behinderten Kindern ausbildete. Als Emily mich anrief, um mir mitzuteilen, dass sie angenommen worden war, klang sie so glücklich wie schon seit Jahren nicht mehr.

Als sie noch in Shenzhen arbeitete, schrieb Emily mir einmal einen Brief, der meine Recherchen für den Magazinbeitrag erwähnte:

Ihre Anwesenheit hat mein Studium leichter gemacht. Sie haben mir gezeigt, dass ein Lehrer mit seinen Schülern auch anders umgehen

kann. Sie können sich kaum ausmalen, wie viel Freude es mir ge-
macht hat, Ihr Feedback in meinem Tagebuch zu lesen. Es hat mich
beruhigt und mich zum Denken angeregt.

Ich habe mich immer gern mit Ihnen unterhalten, Sie kennen
mich wie kein Zweiter ... Aber jedes Mal, wenn Sie nach Peking zu-
rückgegangen sind [nach dem Aufenthalt in Shenzhen], fühlte ich
eine panische Leere. Als ob ich alles gegeben, aber nichts zurückbe-
kommen hätte.

Als ich in Peking eintraf, schien mir der Übergang vom Lehrer zum
Schriftsteller nicht schwer zu fallen. Die Rolle war im Grunde genommen ähnlich: Ich war der Außenseiter, der Informationen zwischen
Welten filterte. Aber je mehr ich im Laufe der Jahre über das nachdachte, was Emily geschrieben hatte, desto klarer wurde mir, dass die
Rolle des Auslandskorrespondenten bis zu einem gewissen Grad immer unnatürlich sein würde. Als Lehrer hatte ich Informationen aus
fernen Ländern genommen – amerikanische Kultur, englische Literatur – und sie lebenden chinesischen Studenten nahegebracht.

Die Arbeit eines Schriftstellers ging jedoch in die entgegengesetzte Richtung. Ausgangspunkt waren lebende Menschen, und anschließend schrieb ich Geschichten, die in einem fernen Land veröffentlicht wurden. Häufig konnten die Menschen, die in meinen
Artikeln Thema waren, nicht einmal die Sprache verstehen, in der
die Texte verfasst waren. Aus meiner Sicht war die Welt der Veröffentlichung so weit weg, dass sie nur halb real zu sein schien. Einmal
im Jahr besuchte ich die Redaktion in New York, und nur selten hörte ich etwas von den Lesern des Magazins. Normalerweise schrieb
ich nicht mehr als zwei oder drei Artikel pro Jahr, was ausreichte, um
in einem Land wie China ein einfaches Leben zu führen. Mit dem
Honorar für ein einziges veröffentlichtes Wort im »New Yorker« –
mehr als zwei Dollar – konnte man in Peking ein Mittagessen bezahlen. Von einem langen Satz konnte ich eine Woche lang essen. So sah
der Umtausch eines freiberuflichen Auslandskorrespondenten aus:
Menschen und Orte wurden zu Wörtern verdichtet, und die Wörter
wurden verkauft.

Immer wenn ich Kopien meiner »New Yorker«-Artikel erhielt,
blätterte ich durch die Seiten und dachte über die Kluft zwischen der

Welt, in der ich lebte, und der Welt, in der ich veröffentlichte, nach. Auf dieser Kluft betrieb ich meinen Handel, dort lag mein Gewinn, und die Werbeanzeigen zeigten die Breite der Trennlinie an. In einer Veröffentlichung waren in die Anekdoten über die Fuling-Studenten Anzeigen von Orb Silversmiths, Tribeca Grand Hotel und Wildflower Log Homes (»Grundstücke ab $49 000«) eingestreut. Der Artikel über Polat trug den Titel »Der Mittelsmann« und begann mit dem Satz »In Yabaolu kann man alles kaufen.« Auf der gegenüberliegenden Seite lautete der Anzeigentext:

> Jedes Jahr treffen sich die wichtigsten Führungspersönlichkeiten der Welt mit 400 der besten BWL-Studenten an der Yale School of Management, um über die Herausforderungen und Chancen zu diskutieren, denen Wirtschaft und Gesellschaft heutzutage gegenüberstehen.
> Gehören auch Sie dazu.

Mehr als ein Jahr, nachdem Peking als Ausrichter der Olympischen Spiele 2008 benannt worden war, erhielt ich eine E-Mail von Fahrer Yangs Tochter. Ich hatte auch über ihn im »New Yorker« geschrieben. Seine Tochter trug den englischen Namen Cindy und war in einem Studienprogramm für Ingenieurwissenschaften an der Nationaluniversität Singapur eingeschrieben. Sie schrieb: »Wissen Sie, Singapur-Englisch ist schwer zu verstehen. Wir nennen es Senglisch. Wenn ich mich mit Singapurern unterhalte, kann ich sie nie richtig verstehen. Ich hoffe, ich kann mein Englisch über die Kommunikation mit Ihnen verbessern.«

Es war kaum zu glauben, dass der einfache Mann in seiner Militäruniform aus überzähligen Armeebeständen eine Tochter hatte, die ins Ausland gegangen war, um zu studieren. Als ich sie nach ihrer Arbeit mit Computersprachen fragte, antwortete sie:

> *Ich arbeite ausschließlich unter Linux, weil die Grafik unter Linux stabiler ist. Zurzeit beschäftige ich mich mit einem Projekt über gemischte Realität. Das bedeutet, virtuelle Realität und erweiterte Realität werden miteinander vermischt. Ich arbeite in einem speziellen Raum. Oben in diesem Raum befindet sich das Ortungssystem. Man*

kann Ultraschallsignale aussenden, und wenn ich einen Eingabestift nehme, erkennt das Ortungssystem die Position, weil der Stift die Ultraschallsignale empfängt ...

In meinem Projekt gehen ich und mein Freund von der erweiterten Welt in die virtuelle Welt, um unseren Freund zu retten. In der virtuellen Welt haben wir einen Kampf mit dem Feind. Falls wir gewinnen, können wir unseren Freund wieder mit zurücknehmen in die erweiterte Welt. Ich finde meine Forschungsarbeit sehr spannend.

*   *   *

In jedem Semester schickte ich hundert Briefe an meine ehemaligen Studenten, und jedes Jahr unternahm ich zumindest eine Reise zurück nach Fuling. Manchmal besuchte ich ehemalige Studenten in den Schulen, in denen sie jetzt unterrichteten – abgelegene Orte, in denen sich die Schüler mit großen Augen, lachend und staunend um den Besucher scharten. Oft hatten sie vier oder fünf Jahre Englisch gelernt, ohne je einen Ausländer gesehen zu haben.

Ich schrieb die Briefe und unternahm die Reisen, weil ich gern wieder zurückging; zugleich aber war es ein Weg, um mich an die begrenzten Möglichkeiten eines Auslandskorrespondenten zu erinnern. Die Entfernung war unvermeidbar, sie gehörte zum Schreiben dazu, und man musste Wege finden, um sie auszugleichen. Und ich erinnerte mich immer daran, dass es zumindest eine Überzeugung gab, die den Lehrer mit dem Autor verband. Wann immer jemand eine andere Sprache lernte und an einen anderen Ort ging – oder es sich auch nur vorstellte –, bestand die Chance, dass er eine neue Sichtweise kennenlernte. Vielleicht interpretierte er Informationen falsch, oder sie verwirrten ihn, was ich immer wieder erlebt hatte. Aber mit Geduld, Entschlossenheit und Ehrlichkeit konnte ein Blick nach außen jemandem helfen, mit seinem Platz in der Welt besser zurechtzukommen.

2001 veröffentlichte das chinesische Bildungsministerium Pläne zur Ausweitung des Englischunterrichts. Das Fach würde ab der dritten Klasse obligatorisch. Am Ende würden mehr als zweihundert Millionen chinesische Kinder Englisch lernen, außerdem alle chinesischen Studenten. (Im Vergleich dazu sind weniger als neun

Prozent der amerikanischen Studenten in einen Fremdsprachenkurs eingeschrieben.) Im neuen chinesischen Lehrplan betonte das
Ministerium die üblichen Gründe, die für das Englischlernen sprachen, nämlich junge Menschen darauf vorzubereiten, mit der Au
ßenwelt zu kommunizieren. Der Lehrplan unterstrich aber auch,
dass Fremdsprachenlernen darauf abziele, die »Individualität zu
entwickeln«.

In Peking traf ich mich mit einem Ministerialbeamten namens
Zhang Lianzhong, um über die neuen Pläne zu sprechen. Er hatte in
England studiert und sprach liebevoll über seine Jahre im Ausland.
Als ich ihn nach dem Wort »Individualität« fragte, räumte er ein, dass
es sich um ein neues Konzept im chinesischen Bildungssystem handele. »Es ist ähnlich wie mit der französischen Vorstellung von Humanismus«, sagte er. »In dem Dokument verwenden wir nie das Wort
›Individualismus‹, weil es in China negative Konnotationen hat. Deshalb umgehen wir es. Wir sagen, das Erlernen einer Fremdsprache
kann die Unabhängigkeit von Menschen fördern. Wir möchten die
Einzigartigkeit des Einzelnen betonen.«

Im Laufe der Jahre erhielt ich Hunderte von Briefen aus Sichuan
und Chongqing. Ehemalige Studenten schrieben, aber noch häufiger
erhielt ich Briefe von ihren Schülern. Die Poststempel stammten aus
den unterschiedlichsten Gegenden, ein Durcheinander von kleinen
Dörfern und vergessenen städtischen Gemeinden, aber jedes Kind
verwendete die Sprache auf seine eigene, charakteristische Weise:

*»In Englisch habe ich Fortschritte gemacht. Einige Redewendungen
und nützliche Ausdrücke sind jedoch schwer zu erlernen. Zum Beispiel ›erkältet sein‹ und ›sich erkälten‹. Erkältet sein ist etwas, das
man hat, und sich erkälten ist etwas, das man tut. Zuerst muss man
sich erkälten. Könnten Sie mir einen Rat geben? Bitte?«*

*»Meine Tante sagte mir sogar, dass ich mich sehr bemühen muss, Englisch zu lernen. Wenn ich es gut lerne, kann ich in die Hauptstadt von
Norwegen fahren – Olso. Ich möchte Englisch besser beherrschen, um
nach Olso fahren zu können. Aber ich bin mir nicht sicher, ob ich es
richtig lernen kann. Ich hoffe, Sie helfen mir. Und geben mir einige
Ratschläge.«*

»Ich bin eine junge Chinesin und gehe in die Mittelschule Nr. 1 von Xiushan in ChongQing. Ihr Student Zeng Bing ist mein Englischlehrer. Ich bin sechzehn Jahre alt, aber nur einen Meter fünfundvierzig groß. Einige Klassenkameraden lachen über mich, was mich aber nicht wütend macht. Ich sage ihnen, dass meine wahre Schönheit von innen kommt. Vermutlich nennt man das Selbstvertrauen. Für mich ist es wichtig, weil Selbstvertrauen das größte Erfolgsgeheimnis ist!«

*   *   *

Im Oktober 2002 kaufte sich William Jefferson Foster ein neues Notizbuch für sein Voice-of-America-Tagebuch. Die Einträge wurden länger und ausführlicher, und dann, im November, kam ein neues Thema hinzu:

2. November 2002
»Und im Namen der Freiheit werden die Vereinigten Staaten von Amerika eine Koalition anführen, um ihn zu entwaffnen.« Ein amerikanischer Arbeiter kann 25 Autos pro Jahr herstellen, sein chinesischer Kollege dagegen nur 1,5.

10. November 2002
Meine Tochter wurde um 14.25 Uhr in Yueqing geboren. Ich bin total begeistert. Philippinen. Ein kleines Flugzeug verunglückte heute früh, bevor es abhob. Mindestens vierzehn Menschen an Bord wurden getötet ...

14. November 2002
Meiner Tochter geht es heute gut. Ihre Mami hat mir erzählt, sie hätte letzte Nacht kurz geweint. Sie trank gern und viel Milch. Sie ist süß.
... Die Ankündigung kam während der Abschlusssitzung des 16. Kongresses der Kommunistischen Partei ... Chinesische Beamte der Nachrichtenagentur Xinhua bestätigten, dass der chinesische Präsident Jiang Zemin in den Ruhestand tritt ...
UN-Generalsekretär Kofi Annan erklärt, dass die Zusammenarbeit der Iraker mit den Waffeninspekteuren von großer Bedeutung ist.

»19. November 2002
Heute habe ich nicht viel Unterricht. Meiner Tochter geht es ziemlich gut. Nancy und ich haben uns endlich für ihren chinesischen Namen entschieden – Dai Yuecan, was bedeutet, dass sie an einem Sonntag geboren wurde. Sie wird eine vielversprechende Zukunft haben und ihr ganzes Leben lang glücklich sein. Einige meiner Kollegen sind gekommen, um sich meine Tochter anzuschauen. Sie sprechen in den höchsten Tönen von ihr. Ich freue mich sehr.

Präsident Bush ist auf dem Weg nach po, wo er am NATO-Gipfel und an der Feier teilnimmt, die mehrere zentral- und osteuropäische Länder zum Bündnisbeitritt einlädt ...

15. Dezember 2002
Heute haben wir eine Rikscha zum örtlichen Krankenhaus genommen, um meine Tochter gegen Hepatitis impfen zu lassen. Aber die verdammten Ärzte arbeiten an Wochenenden nicht.

19. Dezember 2002
Morgen ist der 40. Tag der Geburt meiner Tochter. Wir werden zum Fotografen gehen, um Bilder von ihr machen zu lassen. Diese Bilder sind sehr wichtig, weil es die ersten sind, seit Yuecan geboren wurde ...
Es wird erwartet, dass Bush heute seine ersten öffentlichen Kommentare zu der Waffenerklärung des Irak abgeben wird.

Bei einem meiner Besuche in Wenzhou zeigte Willy mir das Tagebuch, und ich fragte, warum er die Vaterschaft mit den VOA-Notizen kombiniere. Er erklärte mir, dass es für seine Tochter interessant sein könne, wenn sie älter sei. »Es wird ihr helfen, sich an vieles zu erinnern, was sich früher ereignet hat«, sagte er. »Vielleicht wird die Welt dann ganz anders aussehen. Es ist ein richtiges Geschichtsbuch für sie, über sie und über die Welt.«

Am Ende des Schuljahres, vor den Prüfungen, erhielt einer von Willys Kollegen den bislang besten Tipp. Es war ein echtes Regierungsdokument, und es war von der Bildungsbehörde in Wenzhou durchgesickert. Das Papier erläuterte einen Teil der Prüfung sehr genau.

Einmal mehr nahm Willy das Dokument und ging damit aus der Schule hinaus. Diesmal aber faxte er es an einen Kabelfernsehsender in Wenzhou, der eine Sendung für Enthüllungsjournalismus mit dem Titel »Zero Distance« (Der direkte Draht) im Programm hatte. Solche Sendungen wurden in ganz China populär. Die Journalisten durften zwar nicht die Partei oder die höchsten Regierungsebenen direkt angreifen, aber sie deckten häufig die Korruption auf lokaler Ebene auf.

Nachdem Willy das Fax versandt hatte, kontaktierte er den Sender telefonisch. Dabei benutzte er vorsorglich ein öffentliches Telefon und weigerte sich, seinen Namen zu nennen. Er meldete sich einfach als »ein Lehrer vom Land«. Dem Sender empfahl er, einen Reporter zu schicken, der die Schüler beim Verlassen der Prüfungssäle interviewen solle. Anhand des Dokuments ließ sich nachweisen, dass es eine undichte Stelle gegeben hatte.

Nachdem »Zero Distance« die Täuschung öffentlich gemacht hatte, griffen verschiedene regionale Zeitungen die Geschichte auf. »Nanjing Weekend« brachte folgenden Artikel:

UNTERSUCHUNG VON UNDICHTEN STELLEN BEI DER
AUFNAHMEPRÜFUNG FÜR HÖHERE SCHULEN IN WENZHOU

Am Nachmittag des 12. Juni um 2.34 Uhr erhielt das Büro des Kabelfernsehprogramms ›Zero Distance‹ in Wenzhou einen Anruf von einem Englischlehrer einer Mittelschule, der seinen Namen nicht nennen wollte, aber mit einigen ungewöhnlichen Fakten aufwartete ...

Während ihrer Recherchen stellte die Reporterin fest, dass der mysteriöse Mann, der das Fax gesandt hatte, sehr vorsichtig vorgegangen war. Sowohl das Fax als auch die Telefonanrufe kamen von öffentlichen Telefonen. Der Reporterin gelang es nicht, den Mann ausfindig zu machen.

Willy erzählte mir erst viele Monate später von all dem. Er sagte, Sicherheitsbeamte seien in den Schulen der Stadt aufgetaucht und hätten Fragen gestellt, nachdem die Sache an die Öffentlichkeit gelangt war. Sie hätten aber eindeutig versucht, der ursprünglichen undichten Stelle auf die Schliche zu kommen und nicht dem anonymen Fax, sodass er nicht sonderlich besorgt gewesen sei. Als ich ihn fragte, warum er das Risiko auf sich genommen habe, sagte er: »Ich habe es wegen der Schüler vom Land getan. Jedes Mal, wenn so etwas passiert, erhalten nur die Städte die Informationen. Gegenüber Schülern, die vom Land kommen, ist das nicht fair.«

ARTEFAKT L

Das falsch geschriebene Schriftzeichen
毛主席无岁

Nur eines von Chen Mengjias Geschwistern lebt noch. Aus irgendeinem Grund erwähnte Alter Herr Zhao nie, dass es noch einen Verwandten gab. Der Kurator des Shanghai-Museums hingegen erzählt mir, dass ein jüngerer Bruder in Peking lebe. Sein Name ist Chen Mengxiong – alle fünf Chen-Brüder trugen im ersten Teil ihres Namens dasselbe Schriftzeichen meng oder 梦. Es bedeutet Traum.

Mengxiong (Traum eines Bären) ist ein ehemaliger Hydrogeologe und Mitglied der chinesischen Akademie der Wissenschaften. 1946 führte er Erkundungen in der Drei-Schluchten-Region des Jangtse durch; damals bereitete die Kuomintang mit Unterstützung amerikanischer Ingenieure den Bau eines Staudamms vor. Auf Englisch sprach man von der Yangtze Valley Authority – analog zur Tennessee Valley Authority. Mengxiong beurteilte, wie groß das Erdbebenrisiko an potenziellen Standorten war.

Mit fünfundachtzig ist er noch immer ein imposanter Mann: groß, weißhaarig, mit starken Händen, die unentwegt herumspielen, während er spricht. Wir unterhalten uns im Wohnzimmer seiner kleinen Wohnung an der Dritten Ringstraße. Seine Frau bringt zwei Tassen Tee und grüßt mich höflich, bevor sie in ein anderes Zimmer verschwindet. Mengxiong weist darauf hin, dass er gegen eine Erkältung ankämpft. Er sieht müde und etwas misstrauisch aus; mein Gefühl sagt mir, dass es ein kurzes Interview wird.

Er zeigt mir die einzige Fotografie, die je von dem gesamten Chen-Clan gemacht wurde. Wenn man ein Gefühl für Zeit vermitteln will, dann vielleicht am besten mit dem Foto einer Großfamilie – ganz besonders, wenn es in den Zwanzigerjahren in China aufgenom men wurde. Auf dem Familienfoto der Chens sitzen die beiden Eltern in der Mitte, in dunkle Gewänder aus Seide gekleidet. Die schwarze klassische Kappe des Vaters erinnert in ihrem Stil an die Zeit der Qing-Dynastie. Zu seinen Füßen tragen Mengxiong und seine jüngste Schwester die legeren Kleider kleiner Kinder. Mengjia (Traum von Heimat und Wohlstand) und der nächstfolgende Bruder (Traum eines Gelehrten) sind in die traditionellen langen, schwarzen Talare chinesischer Studenten gekleidet. Ihr ältester Bruder (Traum eines Helden) sieht vollkommen anders aus, mit getönter Brille und einem westlichen Anzug mit Krawatte. Die älteste Schwester – Lippenstift, modische Frisur, maßgeschneiderter Mantel mit schmalem Revers – hätte auch in eine amerikanische Stadt gepasst. Eine Familie in der Übergangszeit; eine Nation auf Achse. Traum der Zukunft. 梦.

Mengxiong erzählt mir, dass sein Bruder 1957 als Rechtsabweichler diffamiert wurde, nachdem er das traditionelle chinesische Schriftsystem verteidigt hatte. Die Partei schickte ihn in die Provinz Henan, wo er durch Arbeit geläutert werden sollte.

»Er verbrachte dort zwei oder drei Jahre«, sagt Mengxiong. »Ich weiß nicht genau, um welche Art Arbeit es sich handelte, ich weiß aber, dass er einen Weg fand, um auch dort archäologisch zu forschen. Ich war in den Jahren ziemlich beschäftigt. Ich hatte viel Verantwortung, weshalb die Partei mir keinen Hut aufsetzte. Sie wissen, was damit gemeint ist? *Dai maozi* – jemandem einen Hut aufsetzen. Sobald man den Hut eines Rechtsabweichlers aufhatte, konnte man nicht mehr arbeiten. Zum Glück wurde meine Arbeit benötigt, deshalb haben sie mir keinen Hut aufgesetzt«.

Er fährt fort: »Ich erinnere mich nicht genau, wann Mengjia zurückkam. Jedenfalls nahmen sie ihm den Hut erst 1963 ab. Damals haben wir uns nicht oft gesehen. Früher war er immer extrovertiert gewesen, als er zurückkehrte, redete er nicht viel.«

Der alte Mann hustet und nimmt einen Schluck Tee. Eine halbe Stunde lang haben wir uns unterhalten, in erster Linie über die Familie und über Mengxiongs Forschung, und jetzt streift er erstmals das Thema Politik. Sein Blick zurück nimmt jedoch erneut eine andere Richtung; er erinnert sich an die zahlreichen Interessen seines Bruders, die von den Orakelknochen bis hin zur Pekingoper reichten.

Eine Weile spricht er über die Möbel aus der Ming-Dynastie. Dann verhärtet sich sein Gesicht.

»Mein Bruder sagte immer, dass er die Sammlung dem Land als Schenkung überlassen wolle«, sagt er. »Aber am Ende hat Alter Herr Zhao sie ans Shanghai-Museum verkauft. Ursprünglich war ich mit ihm befreundet, danach nicht mehr. Mengjia wollte die Möbel verschenken, nicht verkaufen. Mit Altem Herrn Zhao habe ich seitdem kein Wort mehr gewechselt.«

In Shanghai hatte mir der Kurator erzählt, dass Lucy Chao zunächst zugestimmt hatte, dem Museum die Möbel gegen eine relativ kleine Geldsumme zu überlassen. Das Angebot zog sie jedoch plötzlich zurück, und der Kurator glaubte, dass Herr Zhao sie dazu veranlasst hatte. Später, nach Lucys Tod, nahm Alter Herr Zhao die Schenkung vor und kassierte einen deutlich höheren Betrag. Ich frage Mengxiong, warum er das getan habe.

»Er ist gierig«, sagt Mengxiong barsch. Er erzählt, dass auch einige Briefe und Fotografien Chen Mengjias in Panjiayuan, einem lokalen Antiquitätenmarkt, zum Verkauf angeboten wurden. Alter Herr Zhao behauptete, ein Dienstmädchen habe sie aus dem Haus des Wohnhofs gestohlen. Dennoch machte der Vorfall Mengxiong wütend. Artikel über den Streit erschienen in der Pekinger Presse.

Der Kurator des Shanghai-Museums hatte mir eine Kopie des Briefs gegeben, in dem Chen Mengjia seine Absicht erklärte, die Möbel zu verschenken. Das Dokument habe ich in meiner Tasche und reiche es Mengxiong. Der alte Mann setzt eine Brille auf. Plötzlich ist es sehr still in dem Raum.

»Woher haben Sie den?«, fragt er.

»Ma Chengyuan gab ihn mir«, sage ich.

Mengxiong blickt auf die Handschrift seines Bruders; langsam vergehen die Minuten. Er liest das Datum mit sanfter Stimme laut vor: 1966. Das Jahr des Selbstmords. Der alte Mann sagt: »Diesen Brief habe ich noch nie gesehen. Kann ich eine Kopie haben?«

In China reden die Menschen oft um den heißen Brei herum, wenn sie mit unangenehmen Erinnerungen konfrontiert werden. Der Blick zurück hat dann keine klare Linie, er ist wie ein Faden, der schlaff zu Boden fällt; der Zuhörer muss selbst herausfinden, wie alles zusammenhängt. Manchmal werden die wichtigsten Informationen ganz weggelassen. Wenn die Chinesen sich aber dazu entschließen, offen zu sprechen, kann ihre Direktheit überwältigend sein. Oftmals sieht man die Emotionen nicht, man hört nur die einfachen, direkten Worte. Der Brief seines Bruders führt aus irgendeinem Grund dazu, dass Mengxiong den Faden aufnimmt und ihn straff zieht. Die nächste Stunde spricht er, ohne müde zu werden.

»Nachdem Mengjia nicht mehr als Rechtsabweichler galt, schrieb er jeden Tag«, sagt der alte Mann. »Er schrieb ständig über die Orakelknochen und über Archäologie. Er schien sich für nichts anderes mehr zu interessieren. Als er starb, hinterließ er eine Unmenge Material; vieles davon war noch nicht veröffentlicht worden.«

Er erwähnt, dass Lucy in diesen Jahren ebenfalls schrieb. Doch im Sommer 1966 wurde es unmöglich, weiterhin Zuflucht in der Arbeit zu finden. Und Mengjia wurde aufgrund seines Werdegangs zu einem natürlichen Ziel: Er hatte jahrelang in den USA gelebt, war Sammler von Antiquitäten und verteidigte die chinesischen Schriftzeichen.

»In jenem August starteten die Roten Garden ihre Kampagne gegen alles Alte«, erinnert sich Mengxiong. »Sie stellten mich in öffentlichen Kritiksitzungen an den Pranger. Mein ältester Sohn war ungefähr neun. Ich sagte ihm, er solle zu Mengjias Haus gehen und ihn warnen. Mengjia hatte so viele alte Gemälde, Bücher und andere Sachen. Ich ließ ihm ausrichten, er solle sie wegwerfen oder verstecken. Mein Sohn kehrte zurück und sagte, alles sei in Ordnung.«

Der alte Mann blickt aus dem Fenster, mit seinen starken Händen fuchtelt er nervös.

»Ich glaube, es passierte in jener Nacht«, sagt er leise. »Ich bin mir aber nicht sicher ...«

Einen Augenblick überlegt er. »Ich bin mir sicher«, sagt er schließlich. »In der Nacht hat Mengjia erstmals versucht, sich umzubringen. Er nahm Schlaftabletten, ist aber nicht gestorben. Sie brachten ihn ins Krankenhaus. Am nächsten Tag hörte ich davon und ging zu seinem Haus. Plakate mit großen Schriftzeichen, die Mengjia kritisierten, hingen an der Tür. Ich trat ein und sah, dass die Rotgardisten bereits den Hof in Beschlag genommen hatten. Sie benutzten ihn als eine Art Stützpunkt für das Stadtviertel. Ich wurde sofort festge nommen. ›Gut‹, sagten sie. ›*Zi tou luowang.*‹ Sie sind freiwillig ins Netz gegangen.«

»Mengjias Frau war auch dort; sie setzten sie und mich im Hof auf Stühle. Als Erstes rasierten sie uns eine Hälfte der Haare ab. Damals nannte man das den Yin-Yang-Kopf, es war eine geläufige Bestrafung. Danach nahmen sie ihre Ledergürtel ab und begannen, uns damit zu schlagen. Zuerst benutzten sie diesen Teil ...«

Der alte Mann berührt die Lederspitze seines Gürtels. Dann gleitet seine Hand hinüber zur Schnalle. »Etwas später war dieser Teil an der Reihe, das Metall. Dann fing ich an zu bluten. Sie schlugen mir auf den Kopf, ich trug ein weißes Hemd – es war Sommer. Es war ganz rot vom Blut. Lucy schlugen sie nicht so wie mir auf den Kopf. Nach einer Weile war ich ernsthaft verletzt und bat sie, mich gehen zu lassen, damit ich mir in der örtlichen Klinik Wundverbände holen könne. Ich erklärte, dass ich sonst verbluten würde und versprach, sofort zurückzukehren. Am Ende waren sie einverstanden. Als ich in der Klinik war, telefonierte ich mit meiner Arbeitseinheit, die sofort einige Leute schickte, die erklärten, dass ich gebraucht würde, woraufhin die Roten Garden mich gehen ließen. Auf dem Weg nach Hause sah ich meine Frau – nicht die Frau, die Sie vorhin getroffen haben, sondern meine damalige Frau. Ich forderte sie auf, schnell nach Hause zu gehen. Es war eine furchtbar gefährliche Zeit. Man hörte die ganze Nacht lang, wie sie an die Türen klopften und die Menschen verprügelten.«

Er fährt fort: »Mengjia war eine Zeit lang im Krankenhaus, wegen seiner Vergangenheit warfen sie ihn jedoch hinaus. Und ich ging nicht zurück zu seinem Haus, es war einfach nicht möglich. Etwa eine Woche später brachte er sich um. Sie hatten ein Dienstmädchen, das im selben Haus wohnte, und ich glaube, dass sie es war, die ihn fand. Als ich davon hörte, konnte ich nicht zu seinem Haus gehen, weil ich öffentlich kritisiert wurde. Eine Beisetzung fand nicht statt.«

Chen Mengxiong ist Mitglied der Kommunistischen Partei. Er war kein Mitglied, als sein Bruder Selbstmord beging, und er war auch 1970 kein Mitglied, als die Regierung ihn zurück zu den Drei Schluchten schickte, um an einem Standort namens Gezhouba zu arbeiten.

Seine Aufgabe bestand wieder einmal darin, das Erdbebenrisiko zu bewerten, nur ging er seiner Aufgabe diesmal unter Führung der Kommunisten und nicht unter Führung der Kuomintang nach. Die Yangtze Valley Authority war nur noch eine Erinnerung; im Neuen China würde kein Mensch einen amerikanisch inspirierten Namen zulassen.

Hydrogeologen verwendeten ein standardisiertes Nummernsystem, um das Erdbebenrisiko anzugeben, und Chen Mengxiong bewertete den Standort Gezhouba mit einer Sechs. Die Zahl war grenzwertig: Ab einer Sieben müssen Dämme mit umfangreichen Sicherheitsmaßnahmen gegen Erdbeben konzipiert werden. Nach der Begutachtung forderte der stellvertretende Direktor des Projekts Mengxiong auf, das Rating auf Fünf zu ändern. Mengxiong weigerte sich, und eine Zeit lang befürchtete er mögliche Konsequenzen. Aber es gab so viele andere Probleme, dass niemand eine politische Kampagne gegen ihn organisierte.

Die Kader am Standort Gezhouba verfolgten eine Strategie, die als »Drei Gleichzeitig« bekannt war. Gemeint waren die gleichzeitige Erkundung, Planung und Konstruktion. Früher hatte man die Teilbereiche als lineare Folge gesehen: erst die Erkundung, dann die Planung und zuletzt die Konstruktion. Aber keine der alten Regeln galt in der Zeit der Kulturrevolution noch etwas, und die Kader glaubten, Erkundung, Planung und Konstruktion gleichzeitig durchführen zu können. Also gruben die Leute Löcher, während Mengxiong das Gelände erkundete, und Ingenieure planten, während gleichzeitig noch mehr Löcher gegraben wurden. 1973 ordnete Zhou Enlai an, das Projekt einzustellen. Nach drei Jahren hatte man nichts erreicht. Die Arbeit an der Staumauer wurde erst mit der Reform- und Öffnungspolitik wieder aufgenommen und schließlich 1988 abgeschlossen.

In jenem Jahrzehnt, als er über siebzig war, trat Chen Mengxiong schließlich in die Kommunistische Partei ein. Er war kein Mitglied aus Überzeugung, er trat nur ein, weil er im Ministerium für Geologie eine Ebene erreicht hatte, die die Mitgliedschaft voraussetzte. Andernfalls wäre er nicht dazu berechtigt gewesen, an bestimmten Sitzungen teilzunehmen. Wie so viele Chinesen heute, war Chen Mengxiong politisch gesehen im Grunde ein Pragmatiker.

Wenn man sich das Foto einer Großfamilie aus den Zwanzigerjahren anschaut, die Kleider im Qing-Stil und die westlichen Anzüge,
die hellen, jungen Gesichter und die stolzen Eltern, dann fragt man
sich, was zum Teufel aus all der Zeit und all den Talenten geworden
ist. 梦.

Mengxiongs Geschichte endet nicht mit dem Tod seines Bruders. Er
macht eine Pause, nippt an seinem Tee und fährt dann fort.

»Meine Frau hatte in dem Jahr Probleme«, sagt er. »Sie stammte aus
der falschen Klasse. Ihr Vater war ein berühmter Kalligraf und arbeitete in der Verwaltung der Kuomintang. Deshalb hatte sie immer große
Probleme. Als 1957 die politischen Kampagnen einsetzten, war ich gerade auf Dienstreise, und sie war mit unserem Kind allein in Peking.
Die Kampagne gegen die Rechtsabweichler versetzte sie so sehr in
Angst und Schrecken, dass sie psychisch krank wurde. Sie verbrachte
ein Jahr in der Klinik und erholte sich daraufhin etwas. Zuvor war sie
Physiklehrerin gewesen, danach konnte sie dieser Arbeit jedoch nicht
mehr nachgehen. Sie schloss sich einer anderen Arbeitseinheit an.

»1966, nicht lange nach Mengjias Tod, sollte sie für ihre Arbeitseinheit revolutionäre Lieder auf Kohlepapier kopieren. Sie schrieb
die Texte: ›Zehntausend Jahre dem Vorsitzenden Mao, zehntausend
Jahre, zehntausend Jahre! Zehntausend Jahre dem Vorsitzenden
Mao, zehntausend Jahre, zehntausend Jahre!‹ Es war immer dieselbe
Leier. Aber bei einem Wort machte sie einen Fehler. Sie schrieb *wu*
statt *wan*.«

Mengxiong schreibt zwei Schriftzeichen in mein Notizbuch:

万岁

Wan sui. Zehntausend Jahre. Dann schreibt er zwei weitere:

无岁

Wu sui. In der traditionellen Schreibweise sehen *wan* und *wu* vollkommen unterschiedlich aus: 萬 und 無. Dagegen werden die vereinfachten Schriftzeichen leicht verwechselt, zumal die Chinesen 1966
weniger als zehn Jahre Erfahrung mit den neuen Formen hatten. *Wu*
ist definiert als nichts, null. Der Fehler der Frau bedeutete: keine Jahre dem Vorsitzenden Mao.

»Sie wurde sofort in Gewahrsam genommen«, sagt Mengxiong.
»Fünf Jahre lang wurde sie in der Provinz Hebei festgehalten. Eine

Zeit lang sperrte man sie in einen Schweinestall. Als sie Anfang der Siebzigerjahre zurückkam, war sie nicht mehr dieselbe. Schließlich verschlechterte sich ihr Gesundheitszustand noch mehr, und sie blieb bis zum Ende ihres Lebens in einem vegetativen Zustand. Sie starb 1982.«

Der alte Mann lächelt ein trockenes, chinesisches Lächeln, das nichts mit Humor zu tun hat. »Es war eine grauenhafte Zeit«, sagt er. »Viele Menschen starben. So viele berühmte Wissenschaftler und Künstler, die ihr Leben ließen. Junge Chinesen wissen heute nichts mehr über Mengjia. Sie kennen weder seine Gedichte noch seine wissenschaftliche Arbeit. Er ist seit fast vierzig Jahren tot.«

Kapitel

23

Pattons Grab

Juni 2002

Ausflüge zu Sehenswürdigkeiten im Distrikt waren für uns zur Gewohnheit geworden. Immer wenn ich in die Stadt kam, verbrachten wir mindestens einen Tag in der Innenstadt und besichtigten Orte, die Polat interessierten. Der Nationalfriedhof Arlington war eines der letzten Ziele auf seiner Liste. Er holte mich mit dem Honda ab, und wir hielten zum Mittagessen an einem Freiluft-Café an. Es war ein perfekter Tag im Juni.

Vor Kurzem hatte Polat Wohnung und Arbeitsplatz gewechselt. Er lebte zwar noch in Chinatown in der Sixth Street, war aber in ein benachbartes Gebäude umgezogen. Er wohnte ein Stockwerk über seinem uighurischen Freund, was viel besser war, als sich den Wohnraum mit dem chinesischen Vermieter zu teilen. Polat arbeitete noch immer als Auslieferungsfahrer, war aber nun bei Spices angestellt, einem anderen asiatischen Restaurant, in dem höhere Trinkgelder gezahlt wurden. Der Chef war ein Chinese aus Singapur. Als er in den USA ankam, arbeitete er zunächst als Tellerwäscher in einem vietnamesischen Restaurant. Jetzt war er Millionär und hatte sein eigenes Geschäft. Der Chef legte Wert darauf, Polat diese Geschichte zu erzählen, als er die Arbeit aufnahm. Bei Spices verdienten Zusteller fünf Dollar pro Stunde plus Trinkgeld.

In den letzten beiden Monaten hatte der Honda einige Reparaturen nötig (tausend Dollar), außerdem fielen nach wie vor Strafzettel wegen Falschparkens an (weitere dreihundert Dollar). Aber Polats Englisch wurde besser, und er fühlte sich sicherer, wenn Probleme auftraten. Kürzlich hatte er an einem Abend einen Mann beliefert, der nicht bezahlen wollte. Der Kunde nahm einfach das Essen, dankte Polat und schloss die Tür. Polat wartete eine Weile draußen und begann dann zu klopfen. Schließlich kam der Mann zurück, erklärte, dass er kein Geld habe, und schloss die Tür wieder. Polat klopfte weiter, dann schrie er, er werde die Polizei rufen. Danach zahlte der Mann und meinte, er hätte »nur einen Scherz gemacht«.

Polat fand, dass es die Einwanderer aus dem Mittleren Osten und aus Zentralasien von allen Minderheiten in dem Distrikt am schwersten hatten – zumindest seit den Terroranschlägen. »Uighuren, die auf Jobsuche sind, müssen sich heute mehr anstrengen«, sagte er. »Ein Freund von mir, Mohammad, hat sich vor Kurzem auf eine Stelle beworben. Der Weiße, der sie ausgeschrieben hatte, schaute sich das Formular an und dann bemerkte er den Namen und schaute auf: ›Oh ... Mohammad.‹ Er sagte, er würde sich melden, was er aber nie getan hat. So etwas passiert häufig.«

Ich sagte, es würde im Laufe der Zeit wahrscheinlich besser, aber Polat schüttelte den Kopf.

»So etwas löst sich nicht in Luft auf«, sagte er. »Ich glaube nicht, dass diese Ressentiments einfach verschwinden. Stattdessen verhärten sie sich mit der Zeit immer mehr. Jedes Mal, wenn die Leute die Bilder im Fernsehen sehen, und jedes Mal, wenn sie die Wörter ›bin Laden‹ oder ›islamisch‹ in den Nachrichten hören, verstärkt sich das Gefühl.«

Von dem Visumsantrag seiner Frau, die ihm in die USA folgen wollte, hatte er noch nichts gehört. Die Mühlen der Einwanderungsbürokratie mahlten langsamer, und so war es schon seit Monaten – was zu schwierigen nächtlichen Telefonaten von Chinatown nach Xinjiang führte.

Nach etwa der Hälfte des Mittagessens stand Polat auf und schaute nach der Parkuhr. Nach dem Essen saßen wir in der Sonne und redeten. Ich fragte ihn, ob er es jemals bereut habe, nach Amerika gekommen zu sein.

»Es gibt ein uighurisches Sprichwort«, sagte er. »Ein Mann, der bereut, ist kein richtiger Mann.‹ Es bringt nichts, sich darüber den Kopf zu zerbrechen. Außerdem glaube ich, dass jeder Einwanderer, der in die USA kommt, zunächst eine schwere Zeit hat. Die ersten Jahre sind sicher für alle schwierig.«

Die chinesische Regierung hatte die Vereinigten Staaten weiterhin dazu gedrängt, uighurische Unabhängigkeitsgruppen in den Krieg gegen den Terror einzubeziehen. Ende Januar hatte der chinesische Staatsrat einen Bericht veröffentlicht, in dem behauptet wurde, dass eine als East Turkestan Islamic Movement (ETIM, Islamische Bewegung Ostturkestans) bekannte Organisation Geld und Waffen von Osama bin Laden erhalten hatte. Nach Angaben der chinesischen Regierung war die ETIM verantwortlich für eine Reihe von Terroranschlägen, die in den vergangenen Jahren in Xinjiang stattgefunden hatten.

Einen Tag, nachdem der Bericht erschienen war, gab der Anführer der ETIM Radio Free Asia ein Telefoninterview. Der Mann, der Hasah Mahsum hieß, weigerte sich, seinen Aufenthaltsort zu nennen. Er hätte sich überall in Zentralasien befinden können. Als er auf Sendung war, betonte er, dass seine Organisation keine finanzielle Unterstützung von Osama bin Laden oder Al-Qaida erhalten habe. »Unsere Organisation unterhält keine Beziehungen zu den Taliban«, sagte Mahsum. »Wir haben genug Probleme, um die wir uns kümmern müssen.«

Über Mahsum oder über die ETIM und viele andere uighurische Gruppen, die der chinesische Staatsrat benannt hatte, war fast nichts bekannt. Die Angriffe in Xinjiang waren in den vergangenen zehn Jahren sporadisch und anonym erfolgt. Dass bekannte Organisationen nicht die Verantwortung für die Gewalt übernahmen, erschwerte die Analyse. Nur vereinzelt wurden Informationen laut, die oft keinen Sinn ergaben. Auf jeden Fall wirkte es seltsam, dass ein vermeintlich islamisch-fundamentalistischer Terrorist sein Anliegen ei-

nem Sender vortrug, der von den USA finanziert wurde – genauso gut
hätte Osama bin Laden seine Bänder an The Voice of America statt
an Al Jazeera schicken können. Die Verbindungen ergaben keinen
Sinn: Die Chinesen behaupteten, die ETIM habe sich mit Osama bin
Laden zusammengetan; die ETIM beschrieb ihre Situation auf Radio Free Asia; Radio Free Asia wurde von Jesse Helms und anderen
patriotischen amerikanischen Konservativen unterstützt. Die verschiedenen Welten passten nicht recht zueinander.

Jede Reise zurück in die Vereinigten Staaten erinnerte mich daran,
dass es aus meiner Sicht immer eine Lücke in der Geschichte des
Landes geben würde. Ich sah die neuen Flaggen, die verschärften Si-
cherheitskontrollen an Flughäfen und die Absperrungen, die in Städten wie New York und Washington, D.C., errichtet worden waren.
Die Sprache enthielt neue Wendungen: Krieg gegen den Terror, Achse des Bösen, Code Orange, Patriot Act. Ich stieg im Mutterland ins
Flugzeug ein und im Heimatland wieder aus. Ich hatte es immer für
ein schlechtes Zeichen gehalten, wenn Länder derartige Vokabeln
verwendeten. Zumal mich das Leben in China davon überzeugt hatte, dass es sich nachteilig auswirkte, wenn Menschen sich ständig mit
Tagen beschäftigten, an denen schreckliche Dinge geschehen waren.
Nur: Solche Überlegungen konnte man leicht aus der Ferne anstel-
len. Am 11. September 2001, als in den USA Geschichte geschrieben
wurde, war ich nicht zu Hause gewesen.

In China hatte ich diesen Blickwinkel als Ausländer schon immer
eingenommen. Ich war in einem Land angekommen, das sich von einem Trauma erholte und in dem sich die Menschen durch die Stimmen und Erinnerungen einen Weg bahnten. Was tatsächlich geschehen war, konnte niemand wissen, aber die Schatten lebten; auf die
Artefakte kam es an, genauso wie auf die Geschichten. Als jemand,
der von außen kam, war ich oft beeindruckt davon, wie beliebig alles
war: die Zufälle und das Durcheinander, Ereignisse, die wichtig waren, und andere, die in Vergessenheit geraten durften. Häufig war die
Trennlinie zwischen Sinn und Chaos unscharf.

Meine Reisen zwischen China und den USA liefen auf das gleiche Gefühl hinaus – alte Grenzen und Unterschiede wurden un-
deutlich. Als ich in China ankam, fielen mir vor allem die Unter-

schiede auf; im Laufe der Zeit wurden jedoch die Ähnlichkeiten immer offensichtlicher. Amerikaner und Chinesen hatten einige Gemeinsamkeiten: Sie waren pragmatisch, ungezwungen und lachten gern. In beiden Ländern waren die Menschen meist optimistisch, manchmal zu optimistisch. Sie arbeiteten hart – der geschäftliche Erfolg kam wie von selbst, und ebenso der Materialismus. Sie waren zutiefst patriotisch, aber der Patriotismus basierte eher auf Glauben als auf Erfahrung: Nur relativ wenige Menschen hatten viel Zeit im Ausland verbracht, dennoch liebten sie ihr Land noch immer heiß und innig. Wenn sie es verließen, waren sie im Allgemeinen schlechte Reisende – sie beschwerten sich gern und passten sich nur langsam an. Wenn sie sich nach einem fremden Land erkundigten, lautete ihre erste Frage meist: Wie denken sie dort über uns? Beide, China und die Vereinigten Staaten, waren geografisch isoliert, und ihre Kulturen waren so stark, dass es den Menschen schwerfiel, sich Alternativen vorzustellen.

Beide Nationen bildeten erstaunlich fest gefügte Einheiten. Sie umfassten ein riesiges Staatsgebiet sowie zahlreiche Ethnien und Sprachen. Keine ausschließlich militärische oder politische Macht hätte so erfolgreich sein können. Stattdessen hielten bestimmte Vorstellungen die Menschen zusammen. Wenn Han-Chinesen über Kultur und Geschichte sprachen, erinnerte mich das an die Art und Weise, wie Amerikaner über Demokratie und Freiheit redeten. Es waren Grundwerte, zugleich hatten sie etwas von der Qualität eines Glaubens, denn wenn man genauer nachforschte – und sich an einer archäologischen Stätte in Gansu oder bei den Wahlen in Florida umsah –, dann konnte man einen Blick auf eine gewisse Unordnung werfen, die direkt unter der Oberfläche lag. Die Macht beider Nationen bestand zum Teil aus Erzählungen: Was uneben war, wurde glatt gebügelt, indem man schöne Geschichten über sich selbst erfand.

Das war ein Grund, warum beide Länder so schlecht mit Misserfolgen umgingen. Wenn etwas schieflief, waren die Menschen über das Chaos erschrocken – die seltsame Wirkung einiger Boote, die Opium transportierten, oder ein paar Männer, die mit Teppichmessern bewaffnet waren. Für Kulturen, die es gewohnt waren, die Welt zu kontrollieren und zu organisieren, war das zutiefst traumatisch. Und wahrscheinlich war es natürlich, dass die Amerikaner in einer schweren Krise Schritte unternahmen, mit denen sie Demokratie und Freiheit untergruben, genauso wie die Chinesen gegen ihre eigene Geschichte und Kultur vorgegangen waren.

Doch selbst die schlimmsten Augenblicke ließen nur erahnen, wie eine Randgruppe wie die Uighuren die Geschichte sah. Aus Polats Sicht war die Welt schon immer willkürlich und unvorhersehbar gewesen, und so würde sie immer bleiben. Später in diesem Sommer, im August, würde er mich in Peking anrufen und mir erklären, dass seine Frau die Scheidung einreichen wolle. Sie war es müde zu warten, und es erschien weit weniger verlockend als noch vor zwei Jahren, von Zentralasien in die Vereinigten Staaten auszuwandern.

Später im selben Monat weilte der stellvertretende US-Außenminister Richard L. Armitage zu Besuch in Peking. Er verkündete, dass die USA die Uighuren-Gruppe, die als ETIM bekannt war, im Krieg gegen den Terror zum Feind erklärt hatten. Viele Kommentatoren kritisierten die Entscheidung. Sie glaubten, dass sie es den Chinesen leichter mache, einheimische Gruppen in Xinjiang zu unterdrücken. Aber die USA mussten sich auf die Irak-Debatte in den Vereinten Nationen vorbereiten, wo China einen permanenten Sitz im Sicherheitsrat hatte. In Peking erzählte Armitage Reportern: »Alles in allem denke ich, dass die USA und China bei der Zusammenarbeit in der Terrorismusbekämpfung ein ziemlich gutes Bild abgeben.«

Aber an diesem Juni-Nachmittag in Washington, D.C., war das noch Zukunftsmusik. Es war ein wunderschöner Tag, weit und breit war keine Wolke zu sehen. Polat fuhr den Honda über den Potomac und nach Arlington hinein.

Wir standen lange am Grab von John F. Kennedy. Der Friedhof war voller Menschen, die aber leise wurden, sobald sie die ewige Flamme sahen. Dann waren nur noch ein Flüstern und das Schlurfen von Schritten auf Granit zu hören.

Als wir weitergingen, leuchteten Polats Augen. »Vor zwanzig Jahren sagte ich, ich wolle Kennedys Grab besuchen – heute habe ich es getan«, meinte er stolz. »Als ich in Xinjiang war, habe ich Filme über ihn gesehen und Bücher gelesen. Ich weiß noch, dass ich all die Theorien über seinen Tod gelesen habe. Einige Leute meinten, dass der KGB oder die CIA ihn getötet hätten. Aber darum ging es mir nicht.

Ich hatte immer das Gefühl, Kennedy sei jemand, der an die Freiheit glaubte. Er war jemand, der nicht hätte sterben dürfen.«

Ich fragte, ob er sich in Arlington noch etwas anderes anschauen wolle. Er erzählte mir, dass er schon immer neben dem Grab von General George S. Patton fotografiert werden wollte.

»Der Patton-Film wurde Anfang der Neunzigerjahre ins Uighurische übersetzt«, erzählte er. »Er hatte auf uns großen Einfluss. In einem Teil spricht Patton darüber, wie sehr er den Kommunismus hasst. Er sagt sinngemäß, dass er am liebsten jeden kommunistischen Ort zerstören würde. Uighurischen Intellektuellen bedeutete das sehr viel, weil wir uns seit fünfzig Jahren damit beschäftigten. Mit meinen Freunden habe ich mich meist über diesen Teil des Films unterhalten.«

Ich fand einen Friedhofsmitarbeiter und fragte ihn nach dem Weg zu Pattons Grab. Der Mann starrte uns an.

»Das ist hier nicht«, sagte er.

»Wo ist es denn?«

»Patton liegt in Luxemburg begraben.«

Polat hatte das Gespräch verfolgt und blickte nun irritiert. Ich versuchte, ihm die Antwort zu erläutern, wusste aber nicht, wie man auf Chinesisch Luxemburg sagt.

»Es ist ein kleines Land in Europa«, erklärte ich. »Es liegt in der Nähe von Belgien. Vielleicht ist Patton dort gestorben. Um ehrlich zu sein – ich bin mir nicht sicher.«

Polat zuckte mit den Schultern, und wir verbrachten die nächste halbe Stunde damit, über den Friedhof zu schlendern. Die Reihen mit Grabsteinen glänzten so weiß wie Knochen in der Nachmittagssonne. Wir begaben uns zurück zum Honda auf dem Parkplatz, und dann, als die Schatten länger wurden, fuhren wir wieder nach Chinatown.

ARTEFAKT Z

Die verkauften Wörter
爱信仰命运上帝耶稣

Als Kind lebte Imre Galambos fünf Jahre lang in Moskau, wo er seinen Spaß an einer Reihe sowjetischer Western hatte. »Sie hießen ›Die geheimnisvollen Rächer‹«, erinnert er sich. »Es gab drei oder vier davon. Sie alle haben das, was gute Western auszeichnet: immer dieselben Cowboys, die auf Pferden reiten. Allerdings dreht sich alles um den Bürgerkrieg in Russland in der Zeit von 1918 bis 1922. Es wurde geschossen, und den Guten gelang es immer zu entkommen. Sie waren Kinder – Jugendliche, die Weißgardisten bekämpften. Darunter ein Zigeuner, ein Mädchen und ein Intellektueller. Sie waren Archetypen der politisch korrekten Menschen in Russland.«

Galambos war für niemanden ein Archetyp: zur Hälfte Ungar, ein Viertel Kasache und ein Viertel Tatar. Seine Kindheit verbrachte er überwiegend in seiner Heimat Ungarn, das damals kommunistisch war. In seiner Studienzeit ging er nach China, den Abschluss machte er anschließend an der Universität von Kalifornien in Berkeley, wo er eine Dissertation über die Entwicklung des alten chinesischen Schriftsystems schrieb. Inzwischen arbeitet er an der British Library und betreut als Kurator die Dunhuang-Manuskripte, eine Sammlung von tausend Jahre alten buddhistischen Texten, die im frühen 20. Jahrhundert in Westchina wiederentdeckt wurden.

Aus Sicht der Chinesen ist es ein äußerst heikles Thema, dass sich diese Dokumente in der British Library befinden. Häufig werden sie als »Beute« beschrieben, allerdings findet Galambos, dass mit dem Wort leichtfertig umgegangen wird. Während der Kuomintang-Jahre, als die Regierung schwach und korrupt war, genehmigten die Beamten den Verkauf und Export der Artefakte an Ausländer. Ganz gleich, wie man die Vorgänge moralisch beurteilt, waren sie legal: ein vollständig dokumentierter Austausch von Manuskripten gegen Geld. Heute arbeitet Galambos gemeinsam mit der Nationalbibliothek in Peking daran, eine ›virtuelle Bibliothek‹ der Dunhuang-Manuskripte auf Websites zu erstellen. Die realen Artefakte bleiben in London, auf ihre Abbildungen kann man jedoch mit Computern auf der ganzen Welt zugreifen.

Galambos' Interessen beschränken sich nicht auf das Altertum. Er analysiert alle möglichen Texte: aus Vergangenheit und Gegenwart, formelle und informelle. Er kennt sich mit Computersprachen aus und lernt Tangutisch, eine tote Sprache, die in Inschriften überlebt hat, die in Westchina gefunden wurden. Und er ist dabei, Uighurisch zu lernen. Bei seinen Besuchen in Peking sammelt er in Restaurants Speisekarten, um sich genau anzusehen, wie Durchschnittsmenschen Schriftzeichen schreiben. Besonders interessieren ihn Abweichungen von der Norm – Fehler und falsche Schreibweisen. Manchmal kauft er Raubkopien von DVDs und schaut sich die in China erstellten englischen Untertitel an, die oft eine völlig andere Geschichte erzählen als der Film. Galambos hat einmal eine Pekinger Raubkopie von »Simone« transkribiert und das hörbare Englisch mit dem geschriebenen Englisch verglichen, was im Folgenden sinngemäß auf Deutsch wiedergegeben wird:

Audio: Ich war der Hauptredner, sicher erinnern Sie sich an meinen Vortrag: »Wer braucht Menschen?«
Untertitel: Ich war der König der Geschwindigkeit, Sie müssen meine Geschwindigkeit bedeutet Menschen.

Audio: Simone hat die Stimme der jungen Jane Fonda, den Körper von Sophia Loren, die Grazie von, naja, Grace Kelly, und das Gesicht von Audrey Hepburn in Verbindung mit einem Engel.
Untertitel: Simone hat die Stimme eines jungen Klonpfeifers, den Körper von Safalaring, die Grazie von Grazie Kelly und das Gesicht der Artyphapen in Verbindung mit einem Winkel.

Alles ist mit allem verbunden: Speisekarten und Raubkopien, Geschichte und Filme, Sprache und Archäologie. Texte erzeugen Sinn, unabhängig davon, wie willkürlich der Prozess erscheinen mag. »Was

ist Wirklichkeit?«, fragt Galambos während eines unserer Gespräche
in Peking. »Es ist diese riesige Datenmenge. Der Philosoph Ernst
Cassirer, der mich stark beeinflusst hat, schrieb das Buch mit dem
Titel ›Sprache und Mythos‹. Ihm geht es im Kern um den Gedanken,
dass die Sprache selbst Realität erzeugt. Um zum Beispiel Wörter wie
Substantive zu bilden, braucht man Begriffe. Wenn man Begriffe bildet, wird man schöpferisch tätig – es ist ein kreativer Prozess. Man
wählt bestimmte Dinge aus der Umwelt, versieht sie mit Namen und
schafft so diese Wirklichkeit um sich herum. Als Kind lernt man
nicht nur sprechen; man lernt, eine Wirklichkeit wahrzunehmen. Es
ist fast wie eine Computersprache – ein interner Code, der uns in die
Lage versetzt zu denken.

Aus linguistischer Sicht handelt es sich um ein sehr altes Gedan-
kengebäude, an das viele Menschen heutzutage nicht mehr glauben.
Ich halte es dennoch bis zu einem gewissen Grad für wahr. Wenn
man kein Wort für ein bestimmtes Gefühl oder für eine bestimmte
Himmelsfarbe hat, dann bemerkt man sie vielleicht nicht. Sie hebt
sich nicht vom Hintergrund ab. Genau das leisten Wörter: Sie bringen Dinge zum Vorschein. Sonst hätten wir vielleicht nur einen großen Nebel aus Daten. In Computersprachen nennt man so etwas
›nicht interpretierte Daten‹. Die Sprache wird damit zum Browser.«

Galambos spricht fünf Sprachen fließend: Ungarisch, Englisch, Chinesisch, Japanisch und Russisch. Seine Gründe, neue Sprachen zu
lernen, waren selten wissenschaftlicher Natur. Chinesisch lernte er,
um der ungarischen Armee zu entkommen, Japanisch lernte er, als er
eine japanische Freundin hatte. Fließend Englisch sprach er, nachdem er zu seiner chinesischen Frau in die USA gezogen war. Heute
sind diese Frauen aus seinem Leben verschwunden, die Sprachen
aber sind geblieben.

In seinem zweiten und dritten Lebensjahrzehnt zog Galambos
um die Welt und erlernte neue Sprachen und Fertigkeiten, während
sich die Länder seiner Kindheit veränderten. Russische Kinder sehen sich keine sowjetischen Western mehr an; Ungarn ist nicht mehr
kommunistisch und hat keine Wehrpflicht mehr. Seit einigen Jahren
besitzt Galambos ein Haus in Budapest, in dem er Zeit verbringt, sofern sein Job es ihm erlaubt, London zu verlassen. In Budapest lebt er

mit einer Frau, die vor zwanzig Jahren seine Studienkollegin war. Als ich ihn frage, warum er zurückgekehrt sei, sagt er nur: »Ich war in meinem gesamten Erwachsenenleben nicht daheim, deshalb habe ich beschlossen, daheim zu bleiben.«

Nach all den Jahren im Ausland kann er verschiedene Kulturen besonders gut vergleichen. Er hat sowohl chinesische als auch amerikanische Studenten unterrichtet. Er erzählt mir, dass Amerikaner nicht die gleiche Beziehung zum geschriebenen Wort hätten wie Chinesen. Für die Chinesen schien das Schriftsystem der Ursprung ihrer kulturellen Identität zu sein, viele amerikanische Studenten hingegen kannten die literarischen Klassiker ihres Landes nicht. Ich frage ihn, ob es in der amerikanischen Kultur etwas gebe, das annähernd ein Äquivalent zum chinesischen Schriftsystem sein könne.

»Vielleicht Spielfilme«, sagt er. »Ich denke, die Filme sind ungeheuer wichtig in Amerika. Auf diesem Weg eignen sich die Leute Informationen über die Welt an. Wenn man Amerikanern eine Frage zu einem Thema stellt, zum Beispiel Buddha, hat die Antwort immer mit Filmen zu tun. Sie werden über ›Little Buddha‹ sprechen oder über irgendeinen Film, den sie gesehen haben.«

Er fährt fort: »Ich denke, die Filme erzeugen ein Netz, wie es in China traditionell Texte erzeugt haben. In chinesischen Texten gab es eine Sicht auf die Wirklichkeit, die eine Sicht auf andere Texte war. Die Gelehrten, die in dieser Welt lebten, sahen ihre Kultur als vernetzt an. Sie lebten nicht in der physischen Welt, sie redeten auch nicht über die physische Welt. Alles drehte sich um die Geschichte und um das Schreiben. In Amerika verhält es sich mit Spielfilmen genauso. Die Menschen in den Filmen reden ununterbrochen über andere Filme. Sie leben in einer ungewöhnlich großen Realität, in einer Art ›Film-Raum‹ oder Ähnlichem. Mittlerweile ist sie richtig gut ausgebaut, und es ist eine Welt, die aus sich selbst heraus existiert. Eine Menge Leute erleben Wirklichkeit auf diese Weise. Das gilt auch für mich, wenn ich in Amerika bin. Ich schaue mir viele Filme an, wenn ich dort bin, und habe das Gefühl, dass die amerikanischen Filme die Realität sind. Nehmen wir an, Sie sagen etwas, worauf ich antworte: Oh, das erinnert mich an etwas in einem Film. Es ist wie mit Traum und Wirklichkeit, es geht ineinander über. Bei allem stellt sich dieses Gefühl ein, dieses Déjà-vu-Gefühl.

Die Filme sind Literatur. Beide verfolgen denselben Zweck, es sind nur unterschiedliche Sprachen. In China haben die Menschen das Meiste in Zeiten geschrieben, in denen es für sie besonders wichtig war, sich neu zu definieren. Der Prozess ist nicht passiv, sondern kreativ. Es geht nicht darum, sich Notizen zu machen, sondern darum, die Vergangenheit zu überdenken und die Gegenwart zu gestalten. Es geht darum, die Gegenwart zu legitimieren und die Weltanschauung zu gestalten. Vor diesem Hintergrund hat Amerika Filme hervorgebracht, die den Menschen das Gefühl geben, Amerikaner zu sein. Wie ›Pearl Harbor‹. Es ist ähnlich wie mit dem Schreiben, mit Büchern. Nur bleiben Filme länger im Gedächtnis, vielleicht weil ihre Sprache visueller ist. Und sie eröffnen den Menschen eine Möglichkeit, ihre Werte zu definieren. Sie enthalten die Modelle und Handlungsmuster, die sie übernehmen können. Sie vermitteln ihnen eine Sprache, genau wie Bücher es tun. Sie vermitteln ihnen eine Sprache, mit der sie ihre Persönlichkeit analysieren können, um sie zu verstehen, um sie sichtbar zu machen oder um ihr Ausdruck zu verleihen.«

Auf Galambos bin ich ursprünglich im Internet gestoßen. Eines Nachmittags führte eine Google-Suche zu einem Chen-Mengjia-Zitat, das auf www.logoi.com stand. Ich nahm Kontakt zu dem Betreiber der Website auf: Imre Galambos. Es stellte sich heraus, dass wir gemeinsame Bekannte hatten – in Berkeley hatte er bei David N. Keightley, dem Orakelknochengelehrten, studiert.

Galambos hatte seine Website aufgebaut, um Sprachlernsoftware zu verkaufen. Er veröffentlichte auch Informationen über das chinesische Schriftzeichensystem (daher das Chen-Mengjia-Zitat). Kurz darauf erhielt er jedoch erste E-Mails von jungen Amerikanern, die ein ganz bestimmtes Anliegen hatten:

»HI! ICH SCHREIBE EIN REFERAT UND BRAUCHE DAS CHINESISCHE ALPHABET VON A – Z. ES WÄRE SUPER, WENN SIE MIR HELFEN KÖNNTEN.
VIELEN DANK«

»ich suche 1 alphabet der chinesischen schrift oder zeichensätze, die offenbar im web extrem gut versteckt sind. wenn sie mir zeigen könnten, wo ich suchen muss, wäre ich ihnen sehr verbunden.
vielen dank«

»Ich lasse mich zum Gedenken an einen Freund, der kürzlich ermordet wurde, tätowieren. Ich hätte gerne gewusst, welche Zeichen, Symbole oder Buchstaben man für die Tätowierung braucht. De-Andra, Liebe und Engel. Ich hätte gern chinesische Schriftzeichen oder Symbole für mein Tattoo. können Sie mir bitte helfen?«

Galambos antwortete per E-Mail und stellte außerdem zusätzliche Informationen auf seine Website. Er erläuterte, dass Chinesisch kein Alphabet hat, dass es ein logografisches System mit Tausenden von Zeichen ist. Was sich jedoch als Fehler erwies. Da er die Wörter chinesisch und Alphabet miteinander kombiniert hatte – auch wenn die Seiten eine solche Kombination ausdrücklich bestritten –, wurde die Website von allen gefunden, die danach googelten. Daraufhin erhielt er massenhaft Anfragen:

»könnte mir jemand das chinesische Alphabet oder mindestens drei Buchstaben schicken … Ich brauche ein (C) ein (D) und (G) danke meine Tochter hätte diese Buchstaben gern, um sie sich auf den Rücken zu tätowieren.«

»Ich brauche dringend den Buchstaben R auf Chinesisch. es wäre prima, wenn Sie mich wissen lassen könnten, wo ich ihn finden kann. Vielen herzlichen Dank!«

»Können sie mir herzlichen Glückwunsch zum Geburtstag heute bis 12 Uhr auf Chinesisch schicken? Danke«

»Meine katze smokey ist vor kurzem gestorben. ich möchte das symbol für smoke oder smokey auf die schachtel mit ihrer asche schreiben können sie mir helfen«

»bitte senden Sie mir eine Info über die chinesische Armee«

»Hallo ich habe überall nach chinesischen Buchstaben für ein Tattoo gesucht. wenn Sie mir bitte helfen könnten. ›Fürchte keinen Menschen‹, ›Nur die Starken überleben‹ bitte schreiben Sie zurück.«

»Sicher haben Sie etwas über die Menschen in China. Etwa wer der erste Kaiser war und andere wichtige Leute wie er. Ich bin auf diese Website gegangen, weil ich den ersten Kaiser suche. Ich kann ihn aber nicht finden. Und ich glaube auch nicht, dass die Informationen hier ›antik‹ sind.«

»Das Symbol für ›Hausmusik‹ ist welches??«

Galambos versuchte, geduldig zu antworten: Chinesisch hat kein Alphabet, es ist ein logografisches System mit Tausenden von Zeichen. Aber die Leute weigerten sich, ein Nein als Antwort zu akzeptieren. Sie wurden wütend:

»Ihre Seite NERVT! Ich will das chinesische Alphabet sofort!«

»BESORGEN SIE EINIGE CHINESISCHE NAMEN ICH FINDE HIER STINKT'S«

»IHRE WEBSITE IST ECHT ÄTZEND!!!«

»Hallo ich möchte eine Bemerkung zu Ihrer Web Site machen. Sie sind verdammt blöd, Ihre Website nach dem chinesischen Alphabet zu benennen wo ist es. Der Grund, warum die Leute versuchen es zu finden keine Erklärung dafür, warum es nicht zu finden ist die Leute wollen nur das Alphabet, also veröffentlichen Sie es.«

Einer von Galambos' Freunden war ebenfalls der Ansicht, dass das eine gute Idee sei. »Er sagte: ›Warum veröffentlichst du es nicht einfach?‹« Galambos erinnert sich: »Also setzten wir uns hin und versuchten herauszufinden, was man als chinesisches Alphabet ausgeben könnte. Jemand schlug vor, dass wir ihnen die Seite mit der chinesischen Zeichencodierung zusenden, und zwar die Unicode-Werte, die jedem Zeichen Nummern zuordnen. Oder man schickt ihnen alle dreizehntausend Zeichen und legt damit ihr Posteingangsfach lahm.«

Am Ende verzichtete Galambos auf Akte der Aggression. Dennoch ist er wegen seiner Reaktion etwas verlegen, schließlich ist er ein ernst zu nehmender Wissenschaftler und Kurator alter Texte. Aber die Amerikaner verlangten weiterhin nach der chinesischen Schrift: Es gab offensichtlich eine Nachfrage, und seine Aufgabe war es, etwas zu liefern.

Auf seiner Website veröffentlichte er chinesische Versionen einiger englischer Namen – Cecilia, Jeremy usw. – und bot sie zum Preis von zehn Dollar an. Zunächst entwickelte sich das Geschäft langsam: zweihundert Dollar pro Monat. Er gestaltete seine Seiten neu und ergänzte sie um weitere chinesische Schriftzeichen, die über Personennamen hinausgingen. Auch baute er die Website so auf, dass sie jedes Mal angezeigt wurde, wenn jemand »chinesische Symbole« in Google eingab.

»Der Verkauf ging hoch bis auf ungefähr sechshundert Dollar pro Monat«, sagt er. »Ich fand das cool. Daraufhin habe ich die Site nochmals überarbeitet, und es ging hoch bis auf rund fünfzehnhundert Dollar im Monat. Im August waren es zwei Riesen für chinesische Symbole. Dabei sind es nur englische Wörter, mehr als einhundert. Man sucht sich die aus, die man haben will, und kann sie kaufen. Man geht auf eine Webseite, auf die man zwei Wochen lang zugreifen kann, und lädt sie sich herunter. Die beliebtesten sind Liebe, Glaube, Schicksal, Freund, Bruder, älterer Bruder, jüngerer Bruder, Schwestern und Ähnliches. Manchmal Gott und Jesus. Ich hatte den Heiligen Geist drauf, als ihn niemand haben wollte, habe ich ihn wieder runtergenommen. Ich habe die westlichen Sternzeichen hochgeladen, und an dem Tag waren die Leute im Kaufrausch, was ich irgendwie cool fand. Dann habe ich die Seite auf Spanisch übersetzt, und die Leute haben auch auf Spanisch bestellt. Und ich hatte noch eine Idee und habe die japanischen Zeichen hochgeladen, und inzwischen gehen vielleicht etwa zwanzig Prozent darauf zurück. Das sind zwei Dollar und fünfzig Cent pro Wort, Mindestabnahme vier Symbole. Schicksal kostet zwei Dollar fünfzig.

»Meiner Schwester in Ungarn geht es nicht so gut, deshalb habe ich ihr die Website geschenkt. Wir teilen uns das Geld. Als Nächstes lade ich die Schriftzeichen der Ägypter und der Maya hoch. Warum auch nicht? Die meisten Leute kaufen sie für Tattoos, aber auch ein paar Designer sind interessiert.«

Er fährt fort: »Die Website ist seit rund einem Jahr online. Wie ich gesehen habe, haben einige Chinesen damit begonnen, ähnliche Seiten im Internet anzubieten. Nur können sie die Schriftzeichen nicht alleinstehend verkaufen. Sie müssen sie auf Tassen, Stiften, T-Shirts oder was auch immer anbringen. Sie können sich anscheinend nicht vorstellen, dass die Leute keine Tassen oder T-Shirts wollen. Sie wollen nur die verdammten Schriftzeichen. Aus Sicht der Chinesen ergibt das keinen Sinn. Es ist so, als würde man den Buchstaben B an Mongolen verkaufen.«

Kapitel

24

Tee

Juni 2002

Ein Freund des alten Mannes brachte mir den Tee nach Peking. Das Päckchen bestand aus zwei Beuteln mit getrockneten Blättern, die in den Gelben Bergen der Provinz Anhui gepflückt worden waren. Das späte Frühjahr ist die beste Jahreszeit für Tee, und ein starker, frischer Duft durchzog mein Gepäck, als ich über den Pazifik flog.

Während eines Besuchs bei Polat in Washington, D.C., machte ich einen Abstecher zu einem Seniorenheim in Reston, Virginia. Blauer Teppich, weiße Wände, Schienen für Rollstühle – der Ort fühlte sich eintönig und langweilig an, so wie man sich das Leben alter Leute aus der Ferne oft vorstellt. Ich ging durch die ruhigen Flure bis zum Apartment 823. Auf einem Aufkleber an der Tür waren eine amerikanische Flagge und das Datum »11. SEPTEMBER 2001« zu sehen.

Wu Ningkun antwortete auf mein Klopfen und lachte vor Freude, als ich ihm die Beutel gab. »Diesen Tee haben sie in früheren Zei-

ten zumeist am Hof getrunken«, sagte er. »Schauen Sie, die grüne Farbe – ist sie nicht schön? Später wird sie rot, aber solange der Tee
frisch ist, sieht er so aus.«

Er sagte, dass der chinesische Tee etwas sei, das er vermisse. Abgesehen davon könne er sich über sein Leben in Amerika kaum beklagen. Ich setzte mich, und er füllte zwei Gläser mit französischem
Raynal Brandy.

Wu Ningkun beschrieb sich gern als »Kriegsprofiteur«. 1937 überfie-
len die Japaner seine Heimatprovinz Jiangsu, wo sie in der Hauptstadt das Nanjing-Massaker anrichteten. Wu, der siebzehn Jahre alt
war, floh nach Westen. Seine Kindheit war nicht glücklich gewesen –
seine Mutter beging Selbstmord, als er sieben Jahre alt war. Das Leben auf der Flucht stellte für den jungen Mann einen Neuanfang dar.
Nachdem er die höhere Schule in Sichuan absolviert hatte, studierte
er in Kunming Englisch. Er fungierte als Dolmetscher für die freiwil-
ligen Piloten der amerikanischen Flying Tigers, die von ihrem Stützpunkt in Sichuan aus die Japaner bekämpften. Nach dem Krieg erhielt Wu ein Stipendium des Manchester College in Indiana, wo er
auf dem Campus der einzige ausländische Student war. Ab 1948 war
er Doktorand für englische Literatur an der Universität von Chicago.
Soweit die – ausschließlich auf seine Ausbildung bezogenen – Vorteile, die der Krieg für Wu Ningkun mit sich brachte.

Nach 1949 wurde Wu, wie andere junge Chinesen in den USA,
mit einer schwierigen Entscheidung konfrontiert. Einige Chica-
go-Absolventen kehrten in das Neue China zurück, einschließlich
Lucy Chao. Von Peking aus ermutigte sie Wu, zurückzukommen und
zu unterrichten. Schließlich willigte er ein. Seine Dissertation – »The
Critical Tradition of T. S. Eliot« (T. S. Eliot und die kritische Tradition) – blieb unvollendet. Einer seiner Freunde an der Graduiertenfa-
kultät, ein junger Physiker namens T. D. Lee, kam nach San Francisco, um sich von ihm zu verabschieden. Wu fragte seinen Freund,
warum er beschlossen habe, in den Staaten zu bleiben. T. D. Lee antwortete: »Ich will mir von anderen nicht das Gehirn waschen lassen.«

Und so kam es dann auch. 1955 bezeichnete man Wu als Konter-
revolutionär, 1957 wurde er zum Rechtsabweichler, 1958 schickte
man ihn in ein Arbeitslager. In den nächsten zwei Jahrzehnten lebte

er die meiste Zeit im Gefängnis oder im Exil auf dem Land. Mehrmals wäre er beinahe verhungert. Aber er überlebte, genau wie seine Frau Li Yikai, die trotz aller Kampagnen und Strafmaßnahmen nie ihren katholischen Glauben aufgab.

1990 verlieh das Manchester College Wu Ningkun einen Ehrendoktortitel in Geisteswissenschaften. Auf Einladung der Hochschule blieb er auf dem Campus und schrieb auf Englisch seine Erinnerungen, »A Single Tear« (Eine einzelne Träne), die von der Atlantic Monthly Press herausgegeben wurden. Nach Erscheinen des Buches widerrief Wus Arbeitseinheit in Peking die Entscheidung über seine Rente und seine Wohnrechte. Er und seine Frau beschlossen, in den Vereinigten Staaten zu bleiben, wo ihre drei erwachsenen Kinder sich nach dem Auslandsstudium bereits niedergelassen hatten. 1996 wurden Wu Ningkun und Li Yikai eingebürgert.

Wu verfasste gelegentlich Beiträge für The Voice of America (»sie bezahlen mir die Getränke«). In einer Sendung besprach er mein erstes Buch, danach schickte er mir ein gedrucktes Exemplar der Rezension. Dieser zufällige Kontakt zeigte mir den Weg in die Vergangenheit: Nachdem Wu mir von seinen Studienfreunden Lucy Chao und Chen Mengjia erzählt hatte, fasste ich den Entschluss, der Geschichte des Orakelknochengelehrten auf den Grund zu gehen.

Wu Ningkun war zweiundachtzig Jahre alt und hatte dichtes, weißes Haar. Er neigte zu einem entwaffnenden Lachen, wenn er über die Vergangenheit sprach. Die Jahre der schrecklichen Hexenjagd schienen ihn nicht zu belasten. Gern erzählte er auch eine weitere Geschichte über T. D. Lee, den jungen Physiker, der in Amerika geblieben war, weil er es vorzog, ohne Gehirnwäsche zu leben. 1957, als Wu als Rechtsabweichler denunziert wurde, wurde T. D. Lee der zweitjüngste Wissenschaftler, dem je ein Nobelpreis zuerkannt wurde.

»Lassen Sie uns auf Chen Mengjia und Lucy Chao, meine große Schwester, trinken«, sagte Wu und griff damit auf die übliche chinesische Wendung zurück, mit der man seine Zuneigung für eine Freundin zum Ausdruck bringt. Wir erhoben unsere Gläser, dann stand er auf und ging zu seinem Schreibtisch. Er reichte mir zwei Briefe. »Die sind sehr persönlich«, sagte er.

Beide hatte Lucy in den frühen Neunzigerjahren mit der Hand geschrieben. Ein Brief bezog sich auf Wus Buch und auf den alten Wohnhof, dessen Zerstörung ich miterlebt hatte. Sie schrieb:

> *Ich bin noch immer begeistert von der Veröffentlichung ... Du und Yikai könnt bei mir wohnen, wenn ihr nach Peking kommt. Ich habe jetzt im Westflügel des Wohnhofs ein Gästezimmer, das gut ausgestattet ist. Ihr könnt auch die Mahlzeiten mit mir zusammen einnehmen.*

»Ich habe stets Zuneigung für sie empfunden«, sagte Wu. »Ich fand immer, dass Alter Herr Zhao sie nicht anständig behandelte. Lucy sagte, ihr Vater habe ihr das Elternhaus vermachen wollen, damals sei sie aber mit Chen Mengjia zusammen gewesen, weshalb sie es ihrem Bruder überließ. Als sich Chen Mengjia dann umbrachte und sie ihrer beider Haus verlor, musste sie bei ihrem Bruder und seiner Frau einziehen. Sie bewohnten den schönsten Teil und überließen ihr nur ein kleines Gebäude. Sie haben sie nicht sehr gut behandelt; die drei aßen nicht einmal am selben Tisch. Eine verwitwete Schwester, direkt nach der Kulturrevolution – sie hätten sich mehr um sie kümmern müssen! Sie hatte nur die zwei kleinen Zimmer.«

Er fuhr fort: »Ihre Charaktere waren völlig verschieden. Alter Herr Zhao und seine Frau spielten gern Mah-Jongg. Außerdem spielte er gern Tennis mit Wan Li und anderen hohen Tieren. Der Englischunterricht interessierte ihn nicht wirklich. Während die beiden mit Mah-Jongg beschäftigt waren, übersetzte Lucy Whitman!«

Wu nahm erneut einen Schluck Brandy. Seine kleine Wohnung war voll mit Zierrat aus zwei Kulturen, und auf seinen Bücherregalen wechselten die Sprachen einander ab: Joseph Brodsky, 張紫葛, Vladimir Nabokov, 徐志摩, John Keats. Ein Foto von Li Yikai mit dem Papst hing an einer Wand, in der Nähe Bilder mit den drei Kindern des Paares und ihren Familien. Zwei von Wus und Lis Kindern hatten weiße Amerikaner geheiratet. (»Sie sind Hybride«, sagte Wu, als er auf die Fotos seiner Enkel zeigte.) An einer anderen Wand hing eine Schriftrolle mit einer Kalligrafie des Dichters 汪曾祺:

往書回思如細雨
舊書重讀似春潮

(Unsere Erinnerung an Vergangenes ist wie ein leichter Regen.
Alte Bücher, neu gelesen, sind wie die Springflut.)

Ich fragte Wu Ningkun, wann er erstmals von Chen Mengjias Selbstmord gehört habe.

»Bevor die Kulturrevolution zu Ende war«, sagte er. »Mir sind Gerüchte zu Ohren gekommen, als ich mich in der Provinz Anhui aufhielt. Er war nicht der Einzige. Ich hätte es nicht getan. Ich hätte
leicht getötet werden können, schließlich hatten die Kommunisten
die Waffen. Sie hätten mich jederzeit umbringen können, ich hätte
mich aber nicht selbst umgebracht. Meine Mutter hat es getan, und
ich wollte es ihr nicht gleichtun.«

Er sagte, dass er Lucy nach dem Ende der politischen Kämpfe
erst 1980 wiedergesehen hatte.

»Wir erwähnten Mengjias Namen nicht einmal«, sagte Wu leise.
»Das wäre mir ungeheuer schwergefallen – zu sagen, dass mir das,
was geschehen war, leid tat. Ich wusste wie nutzlos und sinnlos diese
Worte waren, und ich war froh, dass sie nicht davon sprach. Sie hat
nicht geweint. Sie war sehr willensstark.«

Nach der Kulturrevolution litt Lucy Chao unter Schizophrenie.
Schließlich erholte sie sich so weit, dass sie wieder unterrichten und
schreiben konnte, und in den Achtzigerjahren übersetzte sie als Erste die Gesamtausgabe von Walt Whitmans »Grashalme« ins Chinesische. 1990 besuchte sie ihre Alma Mater, die Universität von Chicago, um einen Vortrag über ihre Übersetzung zu halten. Im
darauffolgenden Jahr verlieh ihr die Universität ihren Distinguished
Achievement Award. Sie starb 1998, ein Jahr, bevor ich nach Peking
kam.

Meine Eindrücke von der Frau waren nur flüchtig und stammten
aus zweiter Hand. Einige waren brutal – Mengxiongs Erinnerung an
sie, die im Wohnhof saß und der die Roten Garden den Kopf rasierten. Wu Ningkun beschrieb, wie sie sich weigerte, über die Vergangenheit zu sprechen. Aber es hatte auch Momente gegeben, in denen

die Fassade bröckelte. Elinor Pearlstein, eine Kuratorin am Kunstinstitut von Chicago, hatte Lucy während ihres Besuchs im Jahr 1990 auf einer Tour durch das Institut begleitet. Pearlstein erzählte mir, dass die alte Dame charmant und heiter gewesen sei, bis sie zu einigen Bronzeobjekten der Shang kamen, über die ihr Mann in den Vierzigerjahren geforscht hatte. Kaum hatte Lucy die Artefakte gesehen, war sie emotional so aufgewühlt, dass sie Mühe hatte zu sprechen. Sie sagte, dass man ihr die Exemplare von Mengjias Buch – »Die Shang- und Zhou-Bronzen unseres Landes, erbeutet von amerikanischen Imperialisten« – während der Kulturrevolution gestohlen habe.

Bei meinen Recherchen wusste ich von Anfang an, dass es zu spät war, um herauszufinden, was wirklich mit Chen Mengjia geschehen war. Seine Lebensgeschichte war mit den alten politischen Kampagnen von der Bildfläche verschwunden. Zudem gehörte er einer verlorenen Generation an: der gebildeten Elite, die sich durch das vergangene Jahrhundert gekämpft hatte. Das heutige China war zukunftsorientiert und wurde von der neuen Mittelschicht angetrieben; Pragmatismus war an die Stelle des Idealismus der Vergangenheit getreten. Die Boomtowns und die Wanderarbeiter standen im Mittelpunkt – junge Leute wie Emily und William Jefferson Foster, die ihren Weg in einem sich verändernden Land fanden. Auch als Reporter war es von Vorteil, wenn man jung war. Die Arbeit setzte Einsatz und Unabhängigkeit voraus; man musste mit allen Schritt halten, die unterwegs waren. Ich konnte unbeschwert reisen: Ich hatte keine Familie, keine feste Adresse, kein Büro. Mein Schreibtisch passte in eine Hosentasche – ein Stempel und ein paar lückenhafte Lizenzen.

Aber je länger ich Chen Mengjias Geschichte nachging und alten Erinnerungen nachspürte, desto mehr verstand ich die Überlebenden. Die Generation war ebenfalls gewandert – sie war vor Krieg, Hunger und Politik geflohen. Sie hatte versucht, westliche Vorstellungen mit chinesischen Traditionen in Einklang zu bringen. Die meisten aus dieser Generation waren gescheitert, aber sie hatten ihre Würde nicht verloren, und irgendwie hatte ein Funke ihres Idealismus überlebt. Ich entdeckte ihn in jungen Menschen wie Emily und Willy, die sich trotz des allgegenwärtigen Pragmatismus ihrer Zeit Fragen nach Recht und Unrecht stellten.

Und irgendwie zeichnete sich die frühere Generation durch ihre Gelassenheit aus. So oder so waren alle zur Ruhe gekommen, was etwas Versöhnliches hatte. Nach jedem Interview mit einem älteren Menschen kehrte ich mit einer veränderten Sicht der Dinge in die Alltagswelt – in die Über-Nacht-Stadt oder zu den aktuellen Meldungen – zurück. All das wird mit der Zeit vorübergehen.

Die Senioren gingen mit den Erinnerungen auf ihre jeweils eigene Art und Weise um. Professor Shih arbeitete geduldig in Taiwan und grub seine alten Feldnotizen aus Anyang aus; Wang Jun sammelte die Lügen einer alten Frau in einer Aktenmappe; Mengxiong trat in die Kommunistische Partei ein; Li Xueqin hatte den Turm der akademischen Welt erklommen und scheute sich nicht, die Kritik zu bereuen, die er als junger Mann verfasst hatte. Dann Alter Herr Zhao: Wenn andere ihn manchmal beschuldigten, seine Schwester und das Andenken seines Schwagers nicht genug gewürdigt zu haben, fragte ich mich, ob die Zerstörung des Wohnhofs eine Art ausgleichende Gerechtigkeit war.

Aber jede Geschichte kann man aus unterschiedlichen Perspektiven erzählen, und so hatte ich in Peking auch einen ehemaligen Schüler Chen Mengjias namens Wang Shimin kennengelernt. Wang hatte bei den Verhandlungen zwischen Altem Herrn Zhao und dem Shanghai-Museum als Vermittler fungiert. Er meinte, man solle dem Mann nicht vorwerfen, Geld für die Möbel genommen zu haben. »Das war sein gutes Recht«, erzählte mir Wang. »Ehrlich gesagt, sollten andere nicht darüber urteilen, ob es gut oder böse ist.« Ich wusste, worauf er hinauswollte: Anstatt der Frage nachzugehen, wer unrecht hatte, war es viel wichtiger zu verstehen, wie die politischen Kampagnen dem Leben, den Freundschaften und den Familien Schaden zugefügt hatten. Und ich verstand, warum Alter Herr Zhao lieber Tennis spielte als auf schlechten Erinnerungen herumzureiten. Das traf auf sie alle zu – ich hatte keinen Überlebenden getroffen, dessen Reaktion mir befremdlich vorgekommen wäre. Die historischen Ereignisse waren unvorstellbar, wie aus einer anderen Welt, aber die Reaktionen der Menschen waren vollkommen verständlich. Sich erholen, in all seinen vielfältigen Formen, ist einfach ein menschlicher Instinkt.

Aber ich wusste besonders Wu Ningkuns Abgeklärtheit zu schätzen. Seine Erinnerungen waren vielleicht kein Bestseller ge-

worden, er hatte aber Ordnung in die Vergangenheit gebracht. Für
jeden Schreiber ist das eine grundlegende Motivation, vor allem für
jemanden, der gelitten hat. Schreiben kann die Wahrheit verschlei-
ern und arglistig täuschen, es kann sowohl zerstören als auch erzeugen. Aber die Suche nach dem Sinn hat eine Würde, die alle Mängel
ausgleicht.

Während unseres Gesprächs erklärte der alte Mann, dass er
nichts in seinem Leben bereue. »Wenn es die Kulturrevolution oder
die Kampagne gegen Rechtsabweichler nicht gegeben hätte, wäre
ich vielleicht ein besserer Gelehrter geworden«, sagte er. »Vielleicht
hätte ich ein paar Bücher über englische oder amerikanische Literatur geschrieben. Na wenn schon! Es gibt schon so viele Bücher. ›A
Single Tear‹ ist möglicherweise bedeutsamer.«

Wir tranken noch Brandy, als Li Yikai in das Apartment zurückkehrte. Sie hatte eine Aufgabe in der lokalen katholischen Kirche wahrgenommen – die Amtseinführung von sechzehn neuen Diakonen – und
trug ein goldenes Kreuz um den Hals. Als sie hörte, dass ihr Mann
über die Vergangenheit redete, schüttelte sie den Kopf.

»Vielleicht liegt es am Alter, dass ich so vergesslich bin«, sagte sie.
»Ich vergesse, wo ich etwas abgelegt habe, und ich vergesse alles, was
mit Neuem zu tun hat. Aber ich erinnere mich noch gut an Dinge aus
der Vergangenheit. Manchmal kann ich mich sogar an Einzelheiten
erinnern, an ein Datum oder an die Uhrzeit. Meine Tochter fragt immer, wie kannst du dir nur solche Details merken?«

Wu Ningkun lachte und nippte an seinem Brandy.

»Zum Beispiel das Datum, an dem mein Mann verhaftet wurde«,
fuhr sie fort. »17. April 1958, am Nachmittag um zwei Uhr. Ich werde
mich immer an die Uhrzeit erinnern. Genauso erinnere ich mich an
meine drei Besuche im Gefängnis in Hebei.«

Ich fragte Wu, wie er es während der Jahre im Gefängnis und im
Arbeitslager schaffte, den Mut nicht zu verlieren.

»Ich dachte an Du Fu, Shakespeare und Dylan Thomas«, sagte er.
»Wissen Sie, was Dylan Thomas schrieb, als sein Vater im Sterben
lag? Diese Zeile: ›die sich winden in Foltern‹. Aus »Und dem Tod soll
kein Reich mehr bleiben«. Es erzählt davon, wie wir uns verhalten
und wie wir uns verhalten sollten. Obwohl wir litten, obwohl wir ge-

foltert wurden, dem Tod soll kein Reich bleiben. Wissen Sie, ich habe gehört, wie Dylan Thomas seine eigenen Gedichte in Chicago vortrug. Ich glaube, es war 1950. Es war sehr bewegend.«

Ich fragte Wu, ob er mit dem walisischen Dichter gesprochen habe.

»Nein, ich war nur im Publikum«, sagte er. »Und er war mehr als halb betrunken. Er wusste nicht, wie man sich um sich selbst kümmert. Er hat gelitten – das Leben war für ihn eine große Last, nehme ich an.«

*   *   *

Rollstuhlschienen, weiße Wände, blauer Teppich. Draußen vor dem Seniorenheim stand ich im Nachmittagslicht und blinzelte. Vor mir lag eine lang gestreckte amerikanische Einkaufsstraße: Burger King, Safeway, Hollywood Video, Lido Pizza, Cincinnati Café. Ich ging in einen Supermarkt, kaufte ein Getränk und kehrte zurück zu einer Bank vor dem Altenheim. Der öffentliche Bus würde in wenigen Minuten kommen. Drei alte Damen saßen auf einer Bank in der Nähe. Sie warteten auf nichts weiter als auf eine Unterhaltung.

»Schmeckt's?«, fragte eine von ihnen. Ich nickte und stellte das Getränk ab.

»Achten Sie auf Ihre Figur«, meinte eine andere Frau trocken. Sie hatte einen starken New Yorker Akzent.

»Wen haben Sie hier besucht?«, fragte die Dritte.

»Wu Ningkun«, sagte ich. »Herrn Wu und seine Ehefrau Li. Kennen Sie sie?«

»Natürlich!«

»Jeder kennt Herrn Wu!«

Ich fragte wieso, und die drei alten Frauen starrten mich an, als wäre ich ein Idiot.

»Wegen seines Buchs, und weil er zur Universität von Chicago ging«, sagte eine Frau sachlich. Ihre Worte klangen vertraut – der tonlose Akzent des Mittleren Westens. Ich fragte, ob sie das Buch gelesen hätten, und sofort wurde mir klar, dass das eine weitere dumme Frage war. In dieser besonderen Ecke von Reston, Virginia, war Wu Ningkun als Autor zu Hause.

Ich fragte die Frauen, was sie von den Erinnerungen hielten.

»Mir haben sie gefallen«, sagte eine.

»Er hatte es schwer im Leben«, sagte die aus dem Mittleren Westen.

»Vor allem, als sie ihn in ein Arbeitslager warfen«, sagte die aus New York.

Der Bus fuhr rechts ran, die Tür zischte auf. Plötzlich war die Sache klar: Drei betagte Schwestern spinnen, weben und schnippeln. Ich blieb stehen, weil ich nicht wusste, wie ich das Gespräch beenden sollte.

»Sie steigen besser in den Bus«, sagte die aus New York, und das tat ich.

In der Bibliothek der Peking-Universität half mir ein Freund, eine zweibändige chinesische Ausgabe von »Grashalme« zu finden. Sie war 1991 veröffentlicht worden, die Titelseite wies Lucy Chao deutlich erkennbar als Übersetzerin aus.

1994 besuchte Kenneth M. Price, ein amerikanischer Whitman-Wissenschaftler, Lucy in Peking. Ihr Gespräch wurde im »Walt Whitman Quarterly« veröffentlicht. Während des Interviews fragte Price, wie sie die erste Strophe von »Aus der Wiege ewig schaukelnd« übersetzt habe, in der Subjekt und Verb erst nach einem langen Satz von zweiundzwanzig Zeilen genannt werden.

Lucy antwortete: »Es ist unmöglich, den Satz als einen zusammenhängenden Satz stehen zu lassen. Obwohl ich texttreu sein möchte, soll mein Chinesisch doch auch leicht lesbar sein.«

Ich las noch einmal Whitmans Original, und griff dann zu der chinesischen Ausgabe. Für schwierige Schriftzeichen benutzte ich ein Wörterbuch. Ich tat mein Bestes, um die letzten drei Zeilen der Frau ins Englische zurück zu übertragen:

»我，痛苦和欢乐的歌手，今世和来世的统一者，
所有音标都接受了不来，加以利用，但又飞速地跃过了这些，
歌唱一件往事«

I, the singer of painful and joyous songs, the uniter of this life and the next,

Receiving all silent signs, using them all,
but then leaping across them at full speed,
Sing of the past.

Ich, der Sänger der Leiden und Freuden,
der Vermittler von Gegenwart und Zukunft,
Singe, all die schweigenden Zeichen aufnehmend,
aber rasch über sie hinwegschreitend,
das Lied der Vergangenheit.

Ein Orakelknochengelehrter sagte einmal: »Dies sind nur die Noten. Um die Musik müssen wir uns selbst kümmern.«

Quellen

In »River Town« verwendete ich noch das Pseudonym »Anne« für Emily, weil ich mir Sorgen machte, wie die Menschen in Fuling auf meine Arbeit als Schriftsteller reagieren würden. In den darauffolgenden Jahren wurde mir klar, dass ich übervorsichtig gewesen war. Deshalb beschloss ich, in »Orakelknochen« auf das Pseudonym zu verzichten (und ihr den richtigen Brontë-Namen zurückzugeben). Ich entschuldige mich für eventuelle Missverständnisse; meine einzige Rechtfertigung ist die, dass das politische Klima in China für Schriftsteller viele Unsicherheiten schafft.

In englischen Publikationen wird der Name des Orakelknochenwissenschaftlers gelegentlich Ch'en Meng-chia geschrieben. Für dies Buch habe ich die Standard-Pinyin-Schreibweise Chen Mengjia benutzt.

Die Stadt Peking war während der Kuomintang-Periode, als Nanjing Hauptstadt wurde, als »Beiping« bekannt. Aus Gründen der Klarheit habe ich im ganzen Buch nur den Namen »Peking« verwendet.

Von Fußnoten habe ich abgesehen, weil sie in einem erzählerischen, nicht fiktionalen Werk ablenken, zumal der überwiegende Teil meiner Recherchen auf Interviews und Beobachtungen beruht. Ich habe jedoch auch stark von schriftlichen Unterlagen profitiert. Im Folgenden nenne ich die Quellen, die in den einzelnen Kapiteln am nützlichsten waren.

Die unterirdische Stadt
Clifford, Nicholas R.: A Truthful Impression of the Country. British and American Travel Writing in China, 1880–1949. Ann Arbor, University of Michigan Press, 2001.
Ich danke David N. Keightley, der mir erlaubte, seine unveröffentlichten Briefe aus China zu lesen und aus ihnen zu zitieren.

Der Mittelsmann
Informationen zur NATO-Bombardierung und den anschließenden Demonstrationen habe ich Beiträgen des Wall Street Journal, des Far Eastern Economic Review, der Washington Post, der New York Times und dem Observer aus London entnommen. Die Chengdu-Demonstrationen werden in Craig Simons Masterarbeit (»He Who Climbs On a Tiger Might Have Trouble Getting Off: Chinese Nationalism, Protest and Control«. Harvard University, 2001) beschrieben.
Bezüglich der Geschichte der Uiguren habe ich ganz besonders auf ein Buch zurückgegriffen:

Benson, Linda: The Ili Rebellion. The Moslem Challenge to Chinese Authority in Xinjiang 1944–1949. Armonk, New York, M. E. Sharpe, Inc., 1990.

Das geschriebene Wort
Sima Qian: Historical Records. Übersetzt von Raymond Dawson. Oxford, Oxford University Press, 1994.
Galambos, Imre: The Evolution of Chinese Writing. Evidence from Newly Excavated Texts (490–221 BC). Dissertation. University of California, Berkeley, 2002.

The Voice of America
Heil Jr., Alan L.: Voice of America. A History. New York, Columbia University Press, 2003.
Ich bin William Jefferson Foster dankbar, der mich dabei unterstützte, seine Eltern und Verwandten zur mündlich überlieferten Geschichte von Dorf Nummer Zehn zu interviewen.

Die Über-Nacht-Stadt
Zur Geschichte von Shenzhen und zur Strategie Chinas bezüglich der Sonderwirtschaftszonen:
Reardon, Lawrence C.: The Reluctant Dragon. Crisis Cycles in Chinese Foreign Economic Policy. Seattle, University of Washington Press and Hong Kong University Press, 2002.
Reardon, Lawrence C.: The Rise and Decline of China's Export Processing Zones. The Journal of Contemporary China 5 (November 1996), 281–303.

Hollywood
Hintergrundinformationen zur zeitgenössischen Kultur und zum Klassensystem der Uighuren: Rudelson, Justin Jon: Oasis Identities. Uyghur Nationalism Along China's Silk Road. New York. Columbia University Press, 1997.
Zu Falun Gong und zum Tian'anmen-Massaker: Johnson, Ian: Wild Grass. Three Stories of Change in Modern China. New York, Pantheon Books, 2004.

Die Stimme der Schildkröte
Zur Geschichte der chinesischen Archäologie, den Ausgrabungen bei Anyang und den frühen Orakelknochengelehrten: Bonner, Joey: Wang Kuo-wei. An Intellectual Biography. Cambridge, Harvard University Press, 1986.

Lawton, Thomas: A Time of Transition. Tuan-fang, 1861–1911. The Franklin D. Murphy Lectures XII. Lawrence, Kansas, Spencer Museum of Art, University of Kansas, 1991.

Li Chi: Anyang. A Chronicle of the Discovery, Excavation, and Reconstruction of the Ancient Capital of the Shang Dynasty. Seattle, University of Washington Press, 1977.

Liu E.: The Travels of Lao Can. University Press of the Pacific, 2001.

Trigger, Bruce G.: A History of Archaeological Thought. Cambridge, Cambridge University Press, 2000.

Hintergrundinformationen zur Shang-Kultur und zu den Orakelknocheninschriften:

Chang Kwang-chih: Shang Civilization. New Haven, Yale University Press, 1980.

Keightley, David N.: The Ancestral Landscape. Time, Space, and Community in Late Shang China (ca. 1200–1045 B.C.). Berkeley, Institute of East Asian Studies, University of California Press, 2000.

Keightley, David N.: Sources of Shang History. The Oracle-Bone Inscriptions of Bronze Age China. Berkeley, University of California Press, 1985.

Loewe, Michael and Edward L. Shaughnessy (Hrsg.): The Cambridge History of China. From the Origins of Civilization to 221 B.C. New York, Cambridge University Press, 1999.

Nachts bist du nicht allein

Miao Yong: Wode Shenghuo Yu Ni Wu Guan. Guangzhou, Huacheng Chubanshe, 1998.

Der Wohnhof

Bezüglich der Geschichte Pekings und der Zerstörung der alten Stadt habe ich neben Ian Johnson's Wild Grass auch zurückgegriffen auf: Wang Jun: Chengji. Beijing, Sanlian Shudian, 2003.

Hintergrundmaterial zu Liang Sicheng and Lin Huiyin: Fairbank, Wilma: Liang and Lin. Partners in Exploring China's Architectural Past. Philadelphia, University of Pennsylvania Press, 1994.

Der Bronzekopf

Bagley, Robert (Hrsg.): Ancient Sichuan. Treasures from a Lost Civilization. Seattle, Seattle Art Museum in Zusammenarbeit mit der Princeton University Press, 2001.

Bagley, Robert: Shang Archaeology. The Cambridge History of China. From the Origins of Civilization to 221 B.C. Herausgegeben von Mi-

chael Loewe and Edward L. Shaughnessy. New York, Cambridge University Press, 1999.
Von Falkenhausen, Lothar: On the Historiographical Orientation of Chinese Archaeology. Antiquity 67 (1993): 839–849.

Das Buch
Chen Mengjia: Yin Xu Buci Zong Shu. Peking, Kexue Chubanshe, 1956.
Kaogusuo, Bianji: Mei Diguo Zhuyi Jieluede Wo Guo Yin Zhou Tongqi Tulu. Peking, Kexue Chubanshe, 1962.
Paper, Jordan: The Meaning of the 'T'ao-T'ieh'. History of Religions 18 (1978): 18–41.
Wu Ningkun: A Single Tear. A Family's Persecution, Love, and Endurance in Communist China. New York, Atlantic Monthly Press, 1993.

Der Knochen, der keine Sprünge hatte
Chen Mengjias Gedichte wurden nicht auf Englisch veröffentlicht. Ich bin Frances Feng zu großem Dank verpflichtet, die viele Gedichte Chens übersetzte, so dass sie in diesem Buch abgedruckt werden konnten. Alle meine Zitate sind den Übersetzungen Frances Fengs entnommen. Chens Gedichte und andere Schriften sind in der ursprünglichen chinesischen Fassung in folgenden Quellen zu finden:
Chen Mengjia: Chen Mengjia Juan. Wuhan, Changjiang Wenyi Chubanshe, 1988.
Chen Mengjia: Tie Ma Ji. 1934.
Xin Yue: Shi Xuan. Shanghai, Xin Yue Shudian, 1933.
Elinor Pearlstein vom Art Institute of Chicago recherchierte Chen Mengjias Jahre in den USA. Sie besuchte die Archive der Rockefeller-Stiftung und viele Museen. Großzügiger Weise erlaubte sie mir, Einsicht in ihr Manuskript zu nehmen: Chen Mengjia in the West: Scholarship Realized, Lost, Preserved. Ich bin ihr für zahlreiche Einzelheiten über Chens Reisen in Amerika und Europa zu Dank verpflichtet. Meine Zitate aus Chens Brief an die Rockefeller-Stiftung und aus Langdon Warners Brief an Chen stammen aus Elinor Pearlsteins Arbeit.
Mein Dank gilt auch Jason Steuber vom Nelson-Atkins Museum of Art, der mir Kopien der Briefe Chens aus dem Jahr 1945 zur Verfügung stellte, die sich in den Museumsarchiven in Kansas City befinden.
Darüber hinaus habe ich die folgenden chinesischen Publikationen zurate gezogen:
Wang Shimin: Chen Mengjia. Zhongguo Shixuejia Pingzhuan (Xia Ce). Peking, Zhongguo Guji Chubanshe, 1985.

Zhao Luorui: Wode Du Shu Shengya. Peking, Beijing Daxue Chubanshe, 1996.

Bezüglich der Orakelknochen und anderer Aspekte von David N. Keightleys Forschung habe ich auf die bereits erwähnten Bände (Sources of Shang History und The Ancestral Landscape) sowie auf die folgenden Publikationen zurückgegriffen:

Elvin, Mark: The Pattern of the Chinese Past. A Social and Economic Interpretation. Palo Alto, Stanford University Press, 1973.

Keightley, David N.: Art, Ancestors, and the Origins of Writing in China. Representations 56 (1996): 68–95.

Keightley, David N.: Clean Hands and Shining Helmets. Heroic Action in Early Chinese and Greek Culture. Religion and the Authority of the Past. Herausgegeben von Tobin Siebers. Ann Arbor, University of Michigan Press, 1993.

Keightley, David N.: The Making of the Ancestors. Late Shang Religion and Its Legacy. Religion and Chinese Society. Herausgegeben von John Lagerwey. Hongkong, The Chinese University Press, 2004.

Keightley, David N.: The Origins of Writing in China. Scripts and Cultural Contexts, in: The Origins of Writing. Herausgegeben von Wayne M. Senner. Lincoln, Nebraska, University of Nebraska Press, 1989.

Keightley, David N.: Shamanism, Death, and the Ancestors. Religious Mediation in Neolithic and Shang China (ca. 5000–1000 B.C.). Asiatische Studien Études Asiatiques LII.3 (1998): 763–831.

Keightley, David N.: What Did Make the Chinese 'Chinese'? Musings of a Would-Be Geographical Determinist. Warring States Working Group, Amherst, Massachusetts, 8. Oktober 2000.

Die Olympischen Spiele

Bredon, Juliet: Peking. Shanghai, Kelly & Walsh, 1920.

Chinese Olympic Committee (Hrsg.): 5,000 Years of Physical Culture & Sports in China. Peking, Beijing Physical Education University, 1996.

Jennings, Andrew: The New Lords of the Rings. Olympic Corruption and How to Buy Gold Medals. New York, Simon & Schuster, 1996.

Senn, Alfred E.: Power, Politics, and the Olympic Games. A History of the Power Brokers, Events, and Controversies That Shaped the Games. Champaign, Illinois, Human Kinetics, 1999.

Das Wort

Lewis, Mark Edward: Writing and Authority in Early China. Albany, State University of New York Press, 1999.

Takashima, Ken-ichi: A Cosmography of Shang Oracle-Bone Graphs. Actes du Colloque International Commémorant le Centenaire de la Découverte des Inscriptions sur Os et Carapaces. Herausgegeben von S. C. Yau. Paris, Centre de recherches linguistiques sur l'Asie Orientale, 2001.

Übersetzung

Chuang Tzu: Wandering on the Way. Early Taoist Tales and Parables of Chuang Tzu. Übersetzt von Victor H. Mair. New York, Bantam Books, 1994.

Das Pferd

Hadingham, Evan: The Mummies of Xinjiang. Discover, April 1994: 68–77. (Eine verkürzte Version von Hadinghams Artikel erschien anschließend in Reader's Digest, August 1994.)

Mair, Victor H. (Hrsg.): The Bronze Age and Early Iron Age Peoples of Eastern Central Asia. Volume I. Washington, D.C. Institute for the Study of Man in Zusammenarbeit mit der University of Pennsylvania Museum Publications, 1998.

Mair, Victor H.: The Horse in Late Prehistoric China. Wresting Culture and Control from the 'Barbarians'. Prehistoric Steppe Adaptation and the Horse. Herausgegeben von Marsha Levine, Colin Renfrew und Katie Boyle. Cambridge, UK, McDonald Institute for Archaeological Research, 2003.

Mair, Victor H.: Mummies of the Tarim Basin. Archaeology, März/April 1995: 28–35.

Mair, Victor H.: The North(west)ern Peoples and the Recurrent Origins of the 'Chinese' State. The Teleology of the Modern Nation-State. Japan and China. Herausgegeben von Joshua A. Fogel. Philadelphia, University of Pennsylvania Press, 2005.

Mair, Victor H.: Prehistoric Caucasoid Corpses of the Tarim Basin. The Journal of Indo-European Studies 23 (1995): 281–307.

Wang Binghua: The Ancient Corpses of Xinjiang. The Peoples of Ancient Xinjiang and Their Culture. Übersetzt von Victor H. Mair. Urumqi, Xinjiang Renmin Chubanshe, 1999.

Wonton Western

Zur Rolle Jiang Wens für das intellektuelle Klima im China der frühen 1990er-Jahre:

Barmé, Geremie R.: In the Red. On Contemporary Chinese Culture. New York, Columbia University Press, 1999.

Wahltag

Shih Chang-ju mit Unterstützung von Liu Hsiu-wen, Feng Jong-meei, and Lai Shu-li: Hou Chia Chuang (The Yin-Shang Cemetery Site at Anyang, Honan). Volume X: Descriptions of Small Tombs. One. Taipei, Institute of History and Philology, Academia Sinica, 2001.

Das folgende Buch, dessen chinesischer Titel übersetzt »The Returned Swan: Memoirs of an Intelligence Agent Who Worked Behind Enemy Lines« (Der zurückgekehrte Schwan: Erinnerungen eines Geheimagenten, der hinter feindlichen Linien arbeitete) lautet, erzählt die Geschichte von Jacky Lins Vater: Lin Kunrong: Gui Hong. Yige Dihou Qingbaoyuan de Huiyi. Taipei, Renjian Chubanshe, 1989.

Die Kritik

Li Xueqin: Ping Chen Mengjia Yin Xu Buci Zong Shu. Kaogu Xuebao, Di San Qi (1957): 119–129.

Wang Shixiang: Classic Chinese Furniture. Ming and Early Qing Dynasties. Übersetzt von Sarah Handler and Wang Shixiang. Hongkong, Joint Publishing, 2000.

Wang Shixiang: In Memory of Mengjia. Journal of the Classical Chinese Furniture Society, Sommer (1991): 70–72.

Die verlorenen Alphabete

Zu den gesprochenen chinesischen Sprachen, dem Schriftsystem und der Reformbewegung:

Boltz, William G.: Language and Writing. The Cambridge History of Ancient China. From the Origins of Civilization to 221 B.C. Herausgegeben von Michael Loewe und Edward L. Shaughnessy. New York, Cambridge University Press, 1999.

Boltz, William G.: The Origin and Early Development of the Chinese Writing System. New Haven, Connecticut, American Oriental Society, 1994.

DeFrancis, John: China's Literary Renaissance. A Reassessment. Bulletin of Concerned Asian Scholars 17.4 (Okt.–Dez. 1985): 52–63.

DeFrancis, John: The Chinese Language. Fact and Fantasy. Honolulu, University of Hawaii Press, 1986.

DeFrancis, John: Language and Script Reform. Current Trends in Linguistics, in: Linguistics in East Asia and South East Asia. Herausgegeben von Thomas A. Sebeok. Den Haag. Mouton, 1967.

DeFrancis, John: Mao Tse-tung and Writing Reform. Perspectives on a Changing China. Herausgegeben von Joshua A. Fogel and William T. Rowe. Boulder, Colorado, Westview Press, 1979.

DeFrancis, John: Nationalism and Language Reform in China. Princeton, Princeton University Press, 1950.

Mair, Victor H.: Review of The Representations of Cantonese with Chinese Characters by Cheung Kwan-hin and Robert S. Bauer. Journal of Chinese Linguistics 32.1 (2002): 157–67.

Rawski, Evelyn Sakakida: Education and Popular Literacy in Ch'ing China. Ann Arbor, University of Michigan Press, 1979.

Rohsenow, John S.: The Second Chinese Character Simplification Scheme. International Journal of the Sociology of Language 59 (1986): 73–85.

Rohsenow, John S.: Diagraphia in China. The International Journal of the Sociology of Language 150 (September 2001).

Su Peicheng: Diagraphia. A Strategy for Chinese Characters in the 21st Century. Übersetzt von John S. Rohsenow. The International Journal of the Sociology of Language 150 (September 2001).

Zhou Youguang: The Historical Evolution of Chinese Languages and Scripts. Übersetzt von Zhang Liqing. Columbus, Ohio, National East Asian Languages Resource Center, The Ohio State University, 2003.

Hintergrundinformationen zu Zhou Youguangs Leben:

Zhang Lijia and Calum MacLeod: China Remembers. Oxford, Oxford University Press, 1999.

Zu Chen Mengjias Engagement in der Hundert-Blumen-Bewegung und in den Debatten über die Schriftreform:

Chen Mengjia: Chai Qiang He Liu Xian. Kaogu Xuejia Chen Mengjia Xiansheng Fangwen Ji. Renmin Ribao, 17. Mai 1957.

Chen Mengjia: Guanyu Hanzi de Qiantu. Wenzi Gaige Di 82 Qi (19. Mai 1957).

Chen Mengjia: Liang Dian Xiwang. Wen Hui Bao, 6. Mai 1957.

Chen Mengjia: Lüe Lun Wenzixue. Guangming Ribao, 4. Februar 1957.

Chen Mengjia: Women Dang Bianji de. Wen Hui Bao, 19. April 1957.

Hong Duren: Jianhua Hanzi Bu Shi 'Zheng Zi' ma? Meishu Luntan 1 (1958).

Huang Cuibo: Bochi Youpai Fenzi Chen Mengjia 'Hanyu Jueding Hanzi' de Miulun'. Jiang Hai Xue Kan 5 (Juli 1958).

Qin Hua: Jixu Zhuiji Youpai: Bochi Chen Mengjia, Guan Xi. Zhongguo Yuwen. 10 Hao 1957.

Seybolt, Peter J. und Gregory Kuei-ke Chiang (Hrsg.): Language Reform in China. Documents and Commentary. White Plains, NY, M. E. Sharpe, 1979.

Shi Zhenye: Ye Tan Guanyu Jie Ci Jiegou Zuo Wei Yu. Zhongguo Yuwen 60 (Juni 1957).

Wahre Schönheit

Chen Lei: Wenzhou Zhongkao 'Xiemi Shijian' Diaocha. Nanjing Zhou-
    mo, 25. Juni 2003.

Das falsch geschriebene Schriftzeichen

Informationen zur Geschichte der Drei-Schluchten-Talsperre:

Chetham, Deirdre: Before the Deluge. The Vanishing World of the Yangt-
    ze's Three Gorges. New York, Palgrave Macmillan, 2002.

Pattons Grab

Uyghur Separatist Denies Links to Taliban, Al-Qaeda. Radio Free Asia
    Uyghur Service, 28. Januar 2002.

Tee

Price, Kenneth M.: An Interview with Zhao Luorui. Walt Whitman
    Quarterly Review 13 (Sommer/Herbst 1995): 59–63.

Walt Whitman: Cao Ye Ji (Leaves of Grass). Übersetzt von Zhao Luorui.
    Shanghai, Yiwen Chubanshe, 1991.

Wu Ningkun: A Single Tear. A Family's Persecution, Love, and Endurance
    in Communist China. New York, Atlantic Monthly Press, 1993.

Danksagung

Als Rechercheur sind mir viele Grenzen gesetzt: Ich spreche nicht Uighurisch, lese keine Orakelknochen und bin nicht im Dorf Nummer Zehn aufgewachsen. Diesen Themen habe ich mich als Außenstehender genähert und dabei erlebt, wie jene, die sich besser auskennen, ihre wissenschaftliche Arbeit, ihre Erinnerungen und ihre Ansichten darlegen. Durch einen solchen Austausch – vom Experten zum Schriftsteller, vom Schriftsteller zum Leser – erzeugen wir Bedeutung. Auf diese Weise begehen wir auch Fehler. Ich habe versucht, so akkurat wie möglich zu sein, und ich habe vom kritischen Urteil vieler Ratgeber profitiert. Ich möchte jedoch betonen, dass jegliche Irrtümer mein Verschulden sind.

Victor H. Mair war so freundlich, das Manuskript zu lesen, viele Korrekturen anzubringen und Empfehlungen zu geben. David N. Keightley beantwortete geduldig zahllose Telefonanrufe und E-Mails. Seine Kommentare zu meinen Kapiteln über die Orakelknochen waren sehr hilfreich. John DeFrancis gab mir wertvolle Hinweise für meine Recherchen zur chinesischen Schriftreform (ich kenne keinen Vierundneunzigjährigen, der so schnell E-Mails über Morpheme beantwortet). Eine große Hilfe war auch John Rohsenow, der mich dabei unterstützte, die in Peking ansässigen Reformer aufzuspüren, und der mir nützliches Recherchematerial mailte. Imre Galambos war so freundlich, einen Entwurf des Manuskripts zu begutachten.

Ich schulde allen Mitarbeitern der Archäologischen Arbeitsstation von Anyang großen Dank, insbesondere Tang Jigen, der sowohl mit seiner Zeit als auch beim Zutritt zu den Ausgrabungen entgegenkommend war. Jing Zhichun war ein ausgezeichneter Fremdenführer durch die Ausgrabungsstätte Huanbei. Ich verdanke ihm außerdem eine Prüfung der Kapitel über die Kartografierung der unterirdischen Stadt. In Anyang und in Peking profitierte ich von Gesprächen und Interviews mit Rip Rapp, Jim Stotlman, Yang Xizhang, Er Yuling, Jonathan Mark Kenoyer und Ken-ichi Takashima.

Ich danke allen meinen ehemaligen Studenten, die über die Jahre den Kontakt aufrechterhalten haben. Emily war bei meinen Besuchen in Shenzhen eine wundervolle Gastgeberin, ebenso Shirley in Wenzhou. Es war eine Freude, Nancy Drew und William Jefferson Foster in Yueqing zu besuchen. Willys Eltern, Dai Xinghui und Liu Guiqing, waren großzügige Gastgeber während meiner Stippvisite im Dorf Nummer Zehn.

Ich hatte das Glück, in Peking unter dem inoffiziellen Dach des Wall Street Journal anzukommen, dessen gut geführtes und kompetentes Büro eine ideale Basis war. Im Laufe der Jahre unterstützten mich viele Reporter des Journal und des Far Eastern Economic Review selbstlos mit ihrem Know-how und mit Ratschlägen: David Murphy, Karby Leggett, Charles Hutzler und Peter Wonacott. Sophie Sonne und Lily Lied halfen mir auf vielfältige Weise, Kersten Zhang unterzog zahllose Details aus Interviews und Reportagereisen einem Faktencheck. Jason Dean, der sowohl mit Taiwan als auch mit Hollywood vertraut ist, war so freundlich, das Manuskript gegenzulesen.

1999 arbeitete ich als clipper des Journal im Büro von Ian Johnson, Matt Forney, Dou Changlu und Xu Jiang – eine wunderbare Truppe, die unter »J« abgelegt ist. Matts Erfahrung und Liebenswürdigkeit half mir, in dem ereignisreichen ersten Frühjahr den Übergang nach Peking zu meistern. Seit dieser Zeit schätze ich seine Freundschaft. Ians Kompetenz, Urteilsvermögen und Humor waren für mich als jungem Reporter von unschätzbarem Wert. Ich danke ihm sehr für seine sorgfältige Durchsicht dieses Buchs.

Ich hatte das Glück, bei verschiedenen Projekten mit Mark Leong zusammenzuarbeiten, dessen Fotos alles zum Leben erwecken können – sogar Stärke und Orakelknochen. Lou Mazzatenta machte beim Erfassen der Artefakte (und Archäologen) in Anyang einen hervorragenden Job. Mimi Kuo dokumentierte die letzten Augenblicke des Wohnhofs des Alten Herrn Zhao. Ihre Freundschaft in all den Jahren (vor allem in Sancha) war für mich sehr wichtig. Shawn McDonald zeigte mir freundlicher Weise Nanjing. Jen Lin-Liu beherbergte mich in Shanghai und war großzügig gegenüber Willy während seines Aufenthalts in Peking. Dankbar bin ich für die gemeinsame Zeit, die ich mit Maria und Adam Weiss sowie anschließend mit Travis Klingberg im Ju'er Hutong verbrachte. Andere ehemalige Kollegen aus dem Friedenscorps, die nach China zurückkehrten – Ad am Meier, Craig Simons, Rob Schmitz und Tamy Chapman – unterstützten mich dabei, den Kontakt nach Sichuan auf unterschiedliche Weise zu halten. Mike Goettig war der beste Reisebegleiter in den vortrefflichsten Regionen – von der Inneren Mongolei bis nach Kham.

Ich schulde Mike Meyer und Frances Feng großen Dank für ihre Freundschaft, für ihre Ermutigung und für ihr feines Gespür dafür, wie sich Worte zwischen China und Amerika hin und her bewegen. Meyer danke ich besonders für redaktionelle Anmerkungen, Frances für die Hilfestellung bei Recherchen und für die Übersetzungen der Gedichte Chen Mengjias.

Als Freiberufler habe ich von der großzügigen Unterstützung von Lektoren und Verlegern profitiert. Ich danke Tim Duggan, meinem Lektor bei HarperCollins, ebenso Gordon Wise bei John Murray. Ich danke

William Clark, meinem Agenten, dafür, dass er frühzeitig von diesem Projekt überzeugt war. Die Möglichkeit, für das Boston Globe Magazine über den Wohnhof des Alten Herr Zhao zu schreiben, habe ich gern wahrgenommen. David Arnold von Worldview gab ein frühes Porträt von William Jefferson Foster in Auftrag. Bei National Geographic hatte ich das Glück, mit Oliver Payne zu arbeiten, und Bernard Ohanian hatte den Weitblick, eine Ausweitung unserer Recherchen über die Shang zu ermöglichen (den ganzen Weg bis nach Taiwan). Besonders dankbar bin ich David Remnick für die Möglichkeit, für den New Yorker zu schreiben, dessen Reichweite und Radius es mir erlaubten, vielen Themen dieses Buchs nachzugehen.

Niemand versteht die Freuden und Leiden der Schriftstellerei besser als John McPhee, die Person aus New Jersey, der ich für all die guten Ratschläge der vergangenen Jahre danke. Mein bester und treuester Lektor war und ist Doug Hunt aus Columbia, Missouri. Seit ich aus China zu schreiben begann, war er mit seiner Zeit und mit seinen Kommentaren nie kleinlich. Durch seine umsichtigen Korrekturen wurde dies Buch enorm verbessert.

Meine Eltern waren während meiner langen Abwesenheiten geduldig. Ihre eigenen Arbeiten – die des Soziologen und der Historikerin – beeinflussten mich aus der Ferne. Amy half mir dabei, Ordnung zu halten; Angela zeichnete eine schöne Landkarte; Birgitta bewahrte Kopien früher Entwürfe auf. Ich habe mich sehr über den Besuch aus Peking von Gary, Matt und Andrea gefreut, und es war stets ein Vergnügen, nach Missouri zurückzukehren und Connor und Heidi zu sehen. Meine Großmutter Doria Hessler nahm mich auf vielen Jetlag-Reisen zwischen dem Mutterland und dem Heimatland bei sich als Gast auf.

Und für Leslie T. Chang – Worte reichen nicht aus für jemanden, der weiß, wie es sich anfühlt, wenn man der Vergangenheit und Gegenwart in einem Land nachspürt, in dem sich das Leben der Menschen ständig im Fluss befindet.

Alex Graf von Columbia Pictures war eine Hilfe bei meinen Recherchen zum chinesischen Film. Die Nachricht von seinem tragischen Tod in der Provinz Qinghai machte mich betroffen. Ich wünschte, ich hätte ihm persönlich danken können. Das Gleiche gilt für andere, die für das Buch interviewt wurden: Ma Chengyuan vom Shanghai-Museum, Yin Binyong von den Ausschüssen zur Schriftreform und Chang Shih-ju von der Academia Sinica. In einer perfekten Welt hätte Shih lange genug gelebt, um Tang Jigen, den Ausgräber der unterirdischen Stadt, zu treffen. Aber selbst hundertundein Jahre konnten die komplizierten Verhältnisse in Politik und Geschichte nicht überleben. Tangs erster Antrag auf einen

Taiwan-Besuch wurde abgelehnt. Als er schließlich die Genehmigung erhielt, war es zu spät, seinen Vorgänger persönlich kennenzulernen. Also ging der junge Mann zum Friedhof in Taipeh, entzündete Weihrauch und machte, vor dem Grab kniend, eine tiefe Verbeugung.

In Australien: Tony Thorne von Wilderness Explorers (www.wilder ness-explorers.com) für seine unschätzbare logistische und moralische Unterstützung beim Planen dieser Reise.

In den Niederlanden: Annemarie Slotboom, Arnold Karskens (dem hervorragenden Radiojournalisten, der über den Dschungelkrieg berichtet hat) und Toon Fey für seine Kameradschaft und Weisheit bei meinen Besuchen in den Maroon-Gebieten.

In England: Ein Dankeschön zunächst an die Reiseexperten, die mir logistische Unterstützung beim guyanischen Teil der Reise geleistet haben, als da wären: Cox and Kings (www.coxandkings.co.uk), Andean Trails (www.andeantrails.co.uk) und Wildlife Worldwide (www.wildlifeworldwi de.com). Mein ganz besonderer Dank geht an Claire Antell von Wilderness Explorers (www.wilderness-explorers.com) für ihre Beharrlichkeit und ihren Einfallsreichtum, um dieses Projekt auf den Weg zu bringen.

Ein Dankeschön auch an Colonel John Blashford-Snell, den surinamischen Honorarkonsul Dr. Ahmed Jethu, Dr. Claire Fuller, David Kerry, Martin Forde QC, Richard Knight von J. P. Knight and Co., Sheila Markham (die wundervolle sachkundige Bibliothekarin im Travellers Club), Bruce Hubbard, Samantha Tross FRCS, Fraser Wheeler (den britischen Hochkommissar für Guyana) und seine Frau Sarah, Yvonne Constantinis, Keith Waithe, Emmanuelle Simon, Judith van Holten, Dan Linstead bei Wanderlust, Michael Kerr beim »Daily Telegraph«, meine Agentin Georgina Capel, Diana Coglianese bei Knopf und Peter Carson bei Profile. Mein ganz besonderer Dank gilt auch meinen Eltern Dr. und Mrs. TMD Gimlette für all ihre Hilfe und Ermutigung bei diesem Buch und für ihre unschätzbar wertvollen Vorschläge für das Manuskript.

Einige der Episoden aus diesem Buch sind – in einer anderen Form – zuerst in »Wanderlust« und dem »Daily Telegraph« erschienen.

Zu guter Letzt möchte ich meiner Frau Jayne und meiner Tochter Lucy danken. Wie immer war mir Jayne eine Quelle unermüdlicher Inspiration und Unterstützung, und Lucy hat meine lange Abwesenheit mit großem Verständnis und Wissbegierde ertragen. Euch beiden gilt, wie immer, nicht nur mein Dank, sondern auch all meine Liebe.

Im Schatten der Seidenstraße

Entlang der historischen Handelsroute von China nach Kurdistan

von Colin Thubron

Übersetzt von Werner Löcher-Lawrence

PAPERBACK, 512 SEITEN
ISBN 978-3-7701-8259-6
PREIS 16,99 € [D]/17,50 € [A]
AUCH ALS E-BOOK ERHÄLTLICH

*»Ein poetisches Buch –
interessant, schockierend und
zutiefst fesselnd ...«*
Daily Telegraph

In Bussen, Zügen, klapprigen Taxis und Geländewagen, auf Eselskarren und Kamelen folgt Colin Thubron dem Verlauf der ältesten und berühmtesten aller historischen Handelsrouten. Im Herzen Chinas beginnend, steigt sie auf in die zentralasiatischen Gebirgsmassive, führt durch Uiguren-Land, durch Usbekistan, Kirgisistan und Afghanistan und zieht sich schließlich durch die weiten Ebenen des Iran und den kurdischen Teil der Türkei bis ins alte Antiochia am Mittelmeer. In sieben Monaten legt Colin Thubron mehr als elftausend Kilometer zurück. Mit Zähigkeit, Ausdauer und bewundernswertem Durchhaltevermögen meistert er die Strapazen und Gefahren seiner geradezu epischen Reise. Den Rucksack nur mit dem Nötigsten gefüllt, das Geld in einer leeren Flasche Mückenschutzmittel versteckt, Sandstürmen, Schnee und Hitze trotzend, sucht er nach den Spuren einer Jahrtausende alten Geschichte und ist immer und überall ein sensibler Beobachter, neugieriger Gesprächspartner und glänzender Erzähler, der sich auf die Menschen, denen er begegnet, einlässt und ihre Identität erspürt. Das geradezu poetisch geschriebene Werk zeigt Thubrons tiefe Passion für die Belange und die Geschichte einer Weltgegend, die uns weithin unbekannt ist.

Weitere DuMont Reiseabenteuer...

Über die Anden bis ans Ende der Welt *8000 Kilometer Motorrad extrem*
von Thomas Aders

Als Spion am Nil *4500 Kilometer ägyptische Wirklichkeit*
von Gerald Drißner

Schwarzer Tee und blaue Augen *Meine Reise durch Anatolien. Von Istanbul zum Berg Ararat* von Gerald Drißner

Empire Antarctica *Eis, Totenstille, Kaiserpinguine*
von Gavin Francis

Dem Nordpol entgegen *Unterwegs im arktischen Europa*
von Gavin Francis

Die Suche nach Indien *Eine Reise in die Geheimnisse Bharat Matas*
von Dennis Freischlad

Wilde Küste *Durch Sumpf und Dschungel zwischen Orinoco und Amazonas* von John Gimlette

Wolkenpfad *Zu Fuß durch das Herzland der Inka*
von John Harrison

Der Mann, der den Tod auslacht *Begegnungen auf meiner Reise durch Äthiopien* von Philipp Hedemann

Das verlorene Paradies *Eine Reise durch Haiti und die Dominikanische Republik* von Philipp Lichterbeck

Zu Fuß durch China *Von der Wüste Gobi zum Südchinesischen Meer*
von Rob Lilwall

Mein Russisches Abenteuer *Auf der Suche nach der wahren russischen Seele* von Jens Mühling

Die letzten Tage der Wildnis *Eine Reise um die Iberische Halbinsel*
von Rolf Neuhaus

Ein Berg in Tibet *Zu Fuß durch den Himalaya zum heiligen Berg Kailash* von Colin Thubron

Infos unter www.dumontreise.de

DUMONTREISE.DE

DUMONT